Gerd Holler

Sophie
Die heimliche
Kaiserin

Gerd Holler

Sophie
Die heimliche Kaiserin

Mutter Franz Joseph I.

Amalthea

© 1993 by Amalthea Verlag Ges.m.b.H.,
Wien · München
Alle Rechte vorbehalten
Umschlaggestaltung: Kaselow-Design, unter Verwendung eines Fotos
der Österr. Nationalbibliothek, Wien
Herstellung: VerlagsService Dr. Helmut Neuberger
& Karl Schaumann GmbH, Heimstetten
Satz: Ludwig Auer GmbH, Donauwörth
Gesetzt aus der 10/12 Punkt Times
Druck und Binden: Wiener Verlag, Himberg
Printed in Austria
ISBN 3-85002-345-1

»Leider wird nicht von jenen, die mich kennen,
Geschichte gemacht! Und es ist ein böses
Gefühl, zu bedenken, daß über das Grab hinaus
die üble Nachrede dauert.«

EH Sophie

Erdödy, H., »Fast hundert Jahre Lebenserinnerungen,
1831–1925«, S. 102

Inhalt

Vordergrund – Demission Metternichs – Proklamation der Konstitution – Triumph von Schwarz-rot-gold und Anschlußgedanken an Deutschland – Franz Josephs Transferierung zur Italien-Armee – Die Flucht des Hofes nach Innsbruck – EH Sophie gerät in das Feuer der Kritik – Revolution in Prag – Sieg in Italien – Heimkehr der Kaiserfamilie – Aufstände in Ungarn – Neuerliche Revolution in Wien – Der Tod des Kriegsministers – Neuerliche Flucht des Hofes nach Olmütz – Der Thronwechsel wird vorbereitet – Schwierigkeiten mit EH Franz Karl – Schwarzenberg verspricht dem Reichstag eine »constitutionelle Monarchie« – Verzichterklärung des Kaisers und seines Bruders – Thronbesteigung Franz Josephs I.

Ungarn trennt sich von Österreich – Die »oktroyierte« Märzverfassung von 1849 – Schließung des Reichstages in Kremsier – Bündnis zwischen Kaiser und Zaren – Franz Joseph und Max auf dem ungarischen Kriegsschauplatz – Zweite Feuertaufe Franz Josephs in Raab – Die Armee rettet neuerlich den Thron Habsburgs – Das Blutgericht von Arad – Metternichs Heimkehr – Der politische Einfluß der Erzherzogin – Tod Schwarzenbergs – Attentat auf Franz Joseph – Brautschau für den Sohn – Entscheidung in Ischl – Verlobung mit Elisabeth in Bayern – Franz Joseph enttäuscht den Zaren – Hochzeit in Wien – Der Kampf zwischen Sophie und Elisabeth ist eröffnet

Die Krimkrise – Das Bündnis mit Rußland zerbricht – Das erste Kind des Kaiserpaares – EH Sophie übernimmt die Erziehung – Einfluß der Erzherzogin auf den Abschluß des Konkordates – Die zweite Tochter des Kaiserpaares – Der Kaiser privat zwischen zwei Fronten – Langsame Abwendung des Sohnes von der Mutter – Ferdinand Max wird Gouverneur Lombardo-Venetiens – Die Reise nach Ungarn – Der Tod der Tochter – Geburt des Thronfolgers – Sophie erzieht den Kronprinzen – Krieg in Italien – Franz Joseph übernimmt den Oberbefehl über die Armee – Verlorene Schlachten – Österreich verliert die Lombardei – Das Volk ruft nach Ferdinand Max – Die Kaiserin verläßt Wien

Vorwort

Obwohl aus vielen Publikationen, Theaterstücken und Filmen bekannt, wurde der für Kaiser Franz Joseph und Kaiserin Elisabeth so wichtigen Person, der Mutter des Kaisers, bisher keine eigene Arbeit gewidmet. Über diese Frau ein objektives Urteil zu sprechen, ist sehr schwierig, liegen doch sehr widersprüchliche Aussagen ihrer Zeitgenossen vor. Von vielen Mitmenschen wegen ihrer Intelligenz und Energie bewundert, war sie für andere eine verhaßte Intrigantin, eine Erzkonservative, die sich dem Fortschritt widersetzte, die Hofcamarilla anführte und unter Einflußnahme auf ihren ältesten Sohn das absolutistische System in Österreich wieder einführte. Das Urteil über die Erzherzogin, die ihrem Sohn zuliebe auf den Kaisertitel verzichtete, ist zwiespältig.

Als »böser Geist des Hofes« geschmäht, als »einziger Mann« unter Männern des herrschenden Geschlechts gelobt, war sie vielleicht doch die »heimliche Kaiserin«, die es verstand, aus den Kulissen heraus Einfluß auf das politische Geschehen in der Monarchie zu nehmen. Rettete sie durch ihr energisches Vorgehen in den Revolutionswirren von 1848 Habsburgs Thron? War das Konkordat von 1855, das Österreich in das Mittelalter zurückwarf, ihr krönendes Werk? Hatte sie rechtzeitig die Zeichen an der Wand verstanden und ihren Sohn, der einmal die Krone tragen sollte, zu einem aufgeschlossenen und modernen Herrscher erzogen oder durch ihre enge, einseitige Sicht der Dinge aus ihm einen »klerikalen Zwangsneurotiker« gemacht, der in allen Belangen – politischen und privaten – scheitern mußte? Auch dafür gibt es Beweise, die von modernen Wissenschaflern ins Treffen geführt werden.

Alle Beurteilungen sind richtig und doch wieder nicht. Es liegt kein Beweis vor, daß sie offiziell auf das politische Leben Einfluß genommen hätte, und doch war ihr Eingreifen jederzeit in allen Belangen spürbar, allein schon durch die Erziehung ihres gehorsamen Sohnes Franz Joseph, der sich ihren Ansichten und Urteilen bis ins hohe Mannesalter nicht entziehen konnte. Der Historiker O. Redlich schrieb dazu: »Bei aller Selbständigkeit, die ihm eigen war, läßt sich die Abhängigkeit des Kaisers von gewissen Persönlichkeiten seiner engsten Umgebung nicht leugnen!«

Die energische und politisch interessierte bayerische Prinzessin war mit dem Bruder des schwerkranken Kaisers Ferdinand verheiratet, dem nächsten in der Thronfolge, der ebenfalls nur mit bescheidenen Geistesgaben ausgestattet war.

Für das Überleben der Dynastie war es daher wichtig, daß Sophies Hauptzweck in Wien darin bestand, gesunden und männlichen Nachwuchs zu zeugen. Und gerade dies war ihr lange aus medizinischen Gründen unmöglich, was sie in Panik stürzte.

Nach sechs kinderlosen Ehejahren wurde endlich ihr erstes Kind, dazu noch ein Sohn, der künftige Thronfolger Franz Joseph, geboren. Es ist nur allzu verständlich, daß sie dieses Kind mit einer übergroßen Liebe »zudeckte« und mit allen Fasern ihres Mutterherzens zu einem großen, strahlenden Kaiser von Gottes Gnaden erzog. Daß sie ihn dabei »deformierte«, wie heutige Psychologen sagen, war die Kehrseite ihrer mütterlichen Liebe. Ihre zahlreichen Briefe, vor allem an ihre Mutter, und ihre Gespräche legen Zeugnis von ihrem Stolz auf ihre Söhne, vor allem auf ihren Ältesten, ab.

Dieses Buch spricht von den Höhen und Tiefen einer intelligenten, energischen Frau, die in einem strahlenden »Kaiser, der seinen Völkern von Gott gesandt wurde«, ihre höchste Erfüllung fand. Es spricht von ihren Enttäuschungen als Ehegattin, von ihren medizinischen Problemen, von traurigen Ereignissen, die sie in der Familie erlebte, von ihrem fortgesetzten Zwist mit der unreifen Schwiegertochter, aber auch von ihrem unbändigen Willen, das große Ziel des Ansehens der Monarchie in der Welt nicht aus den Augen zu verlieren. Politische und private Niederlagen, die ihr nicht erspart blieben, machten sie in ihrem Glauben an Gott und an der Sendung Österreichs nicht schwankend.

Erst der sinnlose Tod ihres Zweitgeborenen Ferdinand Max, der im fernen Mexiko erschossen wurde, raubte ihr die Energie. Sie resignierte und gab ihre Stellung als einigender Mittelpunkt der Familie auf. Als sie starb, meinten viele, daß »ihre, die heimliche Kaiserin« gestorben wäre. Zurück blieb ein einsamer, verschlossener und distanzierter Sohn, der in der Mutter seine treueste und einzige Vertraute verloren hatte.

Der Nachlaß der EH Sophie ist umfangreich; 19 Kartons beinhalten Briefe und Aufzeichnungen, drei Kartons die von ihr geführten über hundert Tagebücher aus der Zeit von 1843 bis zu ihrem Tod. Der Nachlaß ist gesperrt, und der Verfasser hat von Herrn Dr. Otto von Habsburg-Lothringen wegen des desolaten Zustandes des Materials nicht die Erlaubnis erhalten, Einsicht in die Tagebücher zu nehmen. Die hier angeführten Auszüge aus Briefen und den Tagebüchern wurden bereits früher von E. C. C. Corti (1933/34) und F. Reinöhl (1940) eingesehen und teilweise publiziert bzw. liegen in den Corti-Materialien auf. Wie dem Verfasser ein Kenner dieser Aufzeichnungen der Erzherzogin, E. Feigl, versicherte, sind diese Texte nur mit der Lupe lesbar und kaum zu entziffern und, aus Angst vor Schnüfflern bei Hof, auch teilweise chiffriert. Seinerzeit hatte sich die ehemalige Sekretärin Cortis, Frau Puteani, als einzige in dieses schwierige Schriftbild eingelesen und die Tagebücher entziffert. Ebenso im Jahre 1907 Dr. Hanns Schlitter, dessen Aufzeichnungen F. Reinöhl im Jahre 1940 verwendete. Soweit Stellen der Tagebücher übersetzt wurden, kann festgestellt werden, daß sie nur geringen historischen Wert haben und wenig dazu beitragen, politische Entscheidungen in den für die Monarchie entscheidenden Stunden aufzuhellen. Erzherzogin Sophie vertraute den Tagebüchern über Politik viel weniger an, als sie wußte, vor allem betrifft dies ihre eigene Beteiligung.

Baden bei Wien, im Juni 1993   Dr. Gerd Holler

1

Amtlich wurde bekanntgegeben: »Ihre Majestät die Kaiserin sind Dienstag den 7. d. M. Nachmittags um halb fünf Uhr zur innigsten Freude des Hofes, der Stadt und aller Unterthanen von einem Erzherzog glücklich entbunden worden.«[1] Franz II., Herrscher des Heiligen Römischen Reiches Deutscher Nation und Kaiser von Österreich, war am 7. Dezember 1802 von seiner zweiten Gemahlin Maria Theresia Prinzessin von Neapel-Sizilien ein Sohn geboren worden. Franz war viermal verheiratet, hatte aber nur mit seiner zweiten Gemahlin aus dem Haus Bourbon, die er am 19. September 1790 geehelicht hatte, Kinder. Seine erste Frau war nach der Geburt ihres ersten Kindes, das nicht lebensfähig war, 1788 mit 23 Jahren an den schwarzen Blattern gestorben. Aus der jetzigen zweiten Ehe stammten bereits Marie Louise, Ferdinand, Karoline Leopoldine, die das erste Lebensjahr nicht überlebte, Karoline Luise, die im vierten Lebensjahr starb, Leopoldine, die spätere Kaiserin von Brasilien, Klementine und Josef Franz, der im achten Lebensjahr sterben sollte.

Die Taufe des neuen Erzherzogs fand am 8. Dezember 1802 durch den Patriarchen von Venedig, Kardinal Flangini, statt, und der Täufling erhielt die Namen Franz Karl Josef. Taufpate war EH Carl, der spätere Generalissimus. Nicht nur in Wien, sondern auch am Hof von Neapel herrschte große Freude über diesen männlichen Nachkommen, und die begeisterte Großmutter Königin Maria Karoline, Tochter der großen Maria Theresia, schrieb enthusiastische Briefe nach Wien: »Ich habe geweint vor Entzücken, ich habe Gott gepriesen und bin noch jetzt im Taumel... Ich kann von nichts anderem sprechen, als davon, nichts denken, nichts athmen als dies...« Im nächsten Brief schrieb sie an die Tochter: »Dieser theure Neugeborene wird, ich hoffe es, Dein Trost und Deine Stütze sein, er trägt so einen theuren Namen, einen von so guter Bedeutung; ich selbst fühle eine ganz besondere Zärtlichkeit für dieses theure Kind...«[2] Die Gräfin Wrbna sorgte als Aja für das Wohl des Säuglings. Mit drei Jahren mußte er wegen der kritischen militärischen Lage mit seinen Geschwistern nach Ungarn fliehen. Heimgekehrt, kam Franz Karl mit seinen Brüdern Ferdinand und Josef unter die Aufsicht des Demetrius von Görög in einer gemeinsamen Kindkammer, in der der Erzieher Wilhelm Ridler wirkte. Im Jahre 1807, also mit fünf Jahren, verlor Franz Karl seine Mutter, die bei der Geburt ihres dreizehnten Kindes starb. Drei Monate später verstarb auch sein Bruder Josef, der im achten Lebensjahr stand. Franz Karl kam nun in die Obhut der Erzieher Franz von Sommaruga, einem Rechtsgelehrten, und Josef Freiherrn von Obenaus, der später den Herzog von Reichstadt übernahm. In einem späteren Brief schrieb Franz Karls älteste Schwester Marie Louise über ihn, daß er immer »sehr lustig und muthwillig« war und »etwas von dieser neckischen Heiterkeit der Jugend ist ihm auch zeitlebens geblieben«.[3] Die katastrophale militärische Lage im Jahre 1809 erforderte eine neuerliche Evakuierung der Kaiserkinder nach Ungarn. Sie kehrten ein Jahr später nach Wien zurück. Die Eltern – der Kaiser hatte zum drittenmal geheiratet – waren ständig von einem Hauptquartier in das nächste unterwegs und konnten sich kaum um die Erziehung der Kinder kümmern. Die Erzieher hatten nur vom Kaiser die oberste Erziehungsmaxime von Kaiser Joseph II. vorgeschrieben bekommen: »Ein Erzherzog *muß* gerathen!«

Ab 1815 erhielt Franz Karl durch Oberst August von Eckhardt eine militärische Ausbildung. Er war schon seit seinem zweiten Lebensjahr Oberstinhaber des Linien-Infanterieregiments No 52, doch begann erst jetzt der Ernst des Lebens auf dem Kasernenhof. 1817 wurde er zum Oberst befördert. Zwei Jahre später war die militärische Ausbildung abgeschlossen. Franz Karl sah zwar die Notwendigkeit und Wichtigkeit einer Armee ein, war aber keinen Tag gerne Soldat gewesen, das Militär interessierte ihn noch weniger als alle anderen Gebiete der geistigen Fächer, und das will etwas heißen, denn für die interessierte er sich auch nicht! Er wollte nur auf dem zivilen Sektor, hier vor allem auf dem sozialen, tätig sein. Groß war sein Interesse für gemeinnützige Unternehmen und Vereine. Seit 1822 war er Mitglied der »k.k. Landwirtschafts-Gesellschaft« und Ehrenmitglied der »k.k. Gesellschaft zur Beförderung des Ackerbaues, der Natur- und Landeskunde in der Markgrafschaft Mähren und Schlesien«. In insgesamt zwölf Vereinen fungierte er als Mitglied oder Protektor. Sein liebster Verein war ihm der »Niederösterreichische Gewerbeverein«, an dessen Sitzungen er regelmäßig teilnahm.

Im Jahre 1807 war sein Bruder Josef verstorben, und Franz Karl rückte daher in der Thronfolge nach seinem Bruder Ferdinand an die zweite Stelle. Dabei war Ferdinands Thronfolge nach dem Vater noch gar nicht festgelegt, denn er litt an schwerer Epilepsie und geistiger Retardierung und war anfangs ein »hoffnungsloser Fall«. Kaiser Franz hätte also alles unternehmen müssen, Franz Karl zum Thronfolger erziehen zu lassen, zumal die Hofärzte Ferdinand nur ein kurzes Leben voraussagten. Nichts dergleichen geschah. Als Entschuldigung des Kaisers mag gelten, daß ihm die Wahl zwischen diesen beiden Söhnen sehr schwer fallen mußte, denn beide Sprößlinge waren geistig zurückgeblieben. So ließ der Kaiser alles treiben und überließ die Erziehung seiner Kinder seiner dritten Ehefrau Maria Ludovika von Modena-Este, die sich besonders Ferdinands annahm und ihm ein beinhartes Erziehungsprogramm angedeihen ließ, so daß er im Laufe der Jahre noch ein brauchbares Mitglied der Gesellschaft wurde. Diese Frau, die sich um die Zukunft der Dynastie sorgte, ahnte, es könnte vielleicht der Fall eintreten, daß Franz Karl die Krone seines Vaters tragen müsse, und versuchte daher, ihm eine geeignete Bildung angedeihen zu lassen. Dieses Bestreben dürfte nicht auf fruchtbaren Boden gefallen sein, denn immer wieder mußte sie ihren Stiefsohn ermahnen: »Deine Pflicht ist es, allen Bemühungen zu entsprechen durch Fleiß, Folgsamkeit, Betragen; und Bezä(h)mung ausgesprochener Leidenschaften. Bis jetzt sehe ich in Dir die besten Anlagen...«[4] Diese vortreffliche Stiefmutter hatte nach den gesellschaftlichen Belastungen des Wiener Kongresses nur den einen Wunsch, ihre Heimat wiederzusehen und die südliche Wärme zu genießen. Sie litt an Tuberkulose, die sich in Italien akut verschlimmerte und sie auf das Totenbett warf. Den letzten Brief an Franz Karl verfaßte sie in Mailand und ermahnte ihn wieder, gegenüber seinen Lehrern folgsam zu sein und brav zu studieren.[5] Am 7. April 1816 starb die Kaiserin in Verona, und Kaiser Franz war mit seiner Kinderschar wieder allein. Franz tröstete sich sehr rasch und heiratete Charlotte, Tochter des bayerischen Königs Maximilian Joseph I. Sie war bereits mit dem Kronprinzen von Württemberg verheiratet gewesen, doch diese Ehe wurde von Papst Pius VII. annulliert. Sie war, als sie 1816 nach Wien kam, gerade 24 Jahre alt geworden und nahm als Kaiserin von Österreich den Namen Karoline Auguste an.

Im Jahre 1824 wurde EH Franz Karl großjährig gesprochen und erhielt einen eigenen Hofstaat, zu dessen Vorstand der Hofkanzler Peter Graf Goëß ernannt wurde. In diesem Jahr trat der junge Erzherzog mit der Bitte an den Vater heran, heiraten zu dürfen. Der Kaiser beriet sich mit seiner Gemahlin, die sofort für eine Eheschließung ihres Stiefsohnes eintrat und den Vorschlag machte, ihre Stiefschwester Sophie in die engere Wahl zu ziehen.

Zur Klärung späterer Ereignisse muß hier die Genealogie der Wittelsbacher näher behandelt werden. Kurfürst Max Joseph von Bayern wurde durch Napoleons I. Gnaden 1806 als Maximilian Joseph I. König von Bayern. Er stammte aus einer Nebenlinie des Hauses Wittelsbach, Birkenfeld-Zweibrücken. Er hegte zu dem Vetter Herzog Wilhelm, welcher der Zweiglinie Birkenfeld-Gelnhausen angehörte, besondere Freundschaft. Bei seinem Regierungsantritt 1799 verlieh ihm Max Joseph die Würde eines Bayernherzogs und trug ihm die Führung des »Herzogs *in* Bayern« an, um nicht der älteren und vornehmeren Linie den Wert des Titels »Herzog *von* Bayern« zu schmälern.

Der erste König von Bayern besaß aus zwei Ehen zwölf Kinder. Aus der ersten Ehe mit Wilhelmine Auguste von Hessen-Darmstadt gingen sein Nachfolger Ludwig I. und die vierte Frau des Kaisers Franz, Karoline Auguste, hervor. Nach dem Tod Wilhelmines ehelichte er 1797 Karoline Friederike Wilhelmine von Baden. Sie schenkte ihm fünf Töchter, davon zwei Zwillingspärchen, und 1808 Luise, genannt Ludowika. Die »ältere« des zweiten Zwillingspärchens hieß Sophie Friederike, ihre Schwester Marie. Ludowika wird später Herzog Max in Bayern aus der Nebenlinie Birkenfeld-Gelnhausen ehelichen. Das war bereits in den Kindheitstagen des Mädchens von den Eltern bestimmt worden. So war es damals Usus. Mädchen zählten ohnehin nicht, kosteten nur Geld und waren die reinste Handelsware. Ein Aufbegehren gegen diese Kuppelei erschien absurd, und ein Wort Metternichs gewann Aktualität: »Wir heiraten, um Kinder zu haben, und nicht, um die Sehnsüchte unserer Herzen zu stillen.«[6]

Sophie brachte ihren Eltern eine große Verehrung entgegen, die Mutter liebte sie abgöttisch. Als die Eltern beim Wiener Kongreß weilten, schrieb Sophie sehnsüchtig: »Sag' doch den Kaisern und Königen, daß sie sich mit ihren Geschäften beeilen sollen, um endlich den armen Strohwaisen die ihren kleinen Herzen so theuren Eltern wiederzugeben...«[7] Wenige Tage später schrieb Sophie nochmals der Mutter von ihrer Sehnsucht nach ihr: »Daß Wien so bevölkert ist, will ich glauben, aber ich hätte nie gedacht, daß diese Stadt so schmutzig war, dennoch wünsche ich lieber bey Dir in dem schmutzigen Wien zu seyn, als ohne Dich hier in dem reinlichen München...«[8] Die Kinder zählten die Tage, bis die Eltern endlich aus dem »schmutzigen Wien« nach München zurückkehrten.

Die Mädchen erhielten eine gewissenhafte Erziehung. Sophie, jetzt zwölf Jahre alt, tobte mit ihren Geschwistern durch die diversen Schlösser und Parks, freute sich auf die Kinderbälle, bei denen sie sich weniger für die kleinen Kavaliere, als vielmehr für die großen Bonbons, die es dort gab, interessierte. Die Kinder waren überall in den umliegenden Dörfern bekannt, die sie mit ihren Ponykutschen unsicher machten. In dieser Unbeschwertheit gab es nur einen kleinen Wermutstropfen, und das war die pathologische Pedanterie des Königs, ein Pünktlichkeitsfanatiker zu sein, was auf die Kinder abfärbte. »Papa wird jeden Tag genauer«, beschwerte sich Sophie bei der abwesenden Mutter. »Man kann oft gar nicht zu Athem kommen. Wir thun aber unser Möglichstes, dieser Pünktlichkeit zu willfahren...«[9] Sophie wird diesen anerzogenen Pünktlichkeitswahn später an ihren Ältesten weitergeben.

Der bayerische König machte es den Habsburgern gleich und betrieb eine einträgliche Heiratspolitik nach dem Motto: Die anderen mögen Kriege führen, du, glückliches Bayern, heirate! So war sein Bestreben, seine Töchter zu Kaiserinnen und Königinnen zu machen. Amalie Auguste heiratete 1822 den späteren König Johann von Sachsen, Elisabeth Ludowika ein Jahr danach den späteren König Friedrich Wilhelm IV. von Preußen. Die Zwillingsschwester Sophies, Maria Anna, ehelichte 1832 den späteren König Friedrich August IV. von Sachsen. Ludowika war bereits seit Kindertagen dem Herzog Max in Bayern versprochen, blieb also nur noch Sophie, für die nach einer guten Partie Ausschau gehalten wurde.

»Die Erzherzogin Sophie... war eine Frau von hohen Gaben des Geistes und des Herzens«, schrieb ein kritischer Geist über sie.[10] Die jetzt neunzehnjährige Prinzessin von Bayern hatte in München eine grundsolide Erziehung durch den bekannten Altphilologen Wilhelm Thiersch erhalten. Auf religiöse Erziehung war besonderer Wert gelegt worden, was bei ihr später in Bigotterie ausartete. Sie hatte einen scharfen Verstand, war willensstark, ehrgeizig und sehr belesen. Sie war politisch interessiert und gebildet. Ihre Vorliebe galt der Musik, besonders aber dem Sprechtheater. Gegen Ende des 18. Jahrhunderts genossen die Frauen in Mitteleuropa schon zusehends gesellschaftliche Freiheiten. Die französische Revolution hatte, trotz ihrer Schlagworte, für die Frauen herzlich wenig getan, um aus ihnen »freie Bürgerinnen« zu machen. Nur wenigen gelang es, diese Bildungsmöglichkeiten auszuschöpfen. Die »Befreiung« der Frauen drückte sich um die Jahrhundertwende vor allem in der Mode aus. Reifröcke, Perücken und Schönheitspflästerchen verschwanden, die Kleider wurden loser, bequemer und paßten sich den natürlichen Körperformen an. Sophie war ein Spiegelbild dieser neuen Zeit.

Ehrgeizig wie sie war, wollte sie, gerade als intelligenteste der Schwestern, ebenfalls eine »tolle Partie« machen, und auch der Vater fand, daß, nachdem alle Töchter eine solche eingegangen waren, für Sophie auch noch der Richtige zu finden wäre; und nichts lag näher, als in das damals vornehmste Geschlecht, in das Haus Habsburg, einzuheiraten. Zur selben Zeit gab es auch in Wien Überlegungen bezüglich der Heirat Franz Karls. Auch hier war schon fast die Entscheidung zugunsten Sophies gefallen. Auch ihr Bruder, der spätere König Ludwig I., goutierte diese Verbindung zwischen Wittelsbach und Habsburg, den beiden ältesten und angesehendsten Geschlechtern Europas. Die Fäden, zwischen Wien und München gesponnen, wurden fester. Sophie war im Prinzip mit diesem Plan einverstanden, wurde, als sie von den Geistesgaben ihres Zukünftigen erfuhr, wieder schwankend und erklärte ihren Eltern, »den niemals!« Andererseits hatte sie auch gehört, daß der präsumptive Thronfolger Ferdinand auf Grund seiner Krankheit kein langes Leben haben würde. Nach dessen Tod würde ihr Gemahl Kaiser werden und sie die Trägerin der Kaiserkrone Österreichs. Und die Kaiserkrone Österreichs war mehr als die Kronen Preußens und Sachsens zusammen! Dazu war der Hof in Wien wohl der vornehmste der gesamten Christenheit, wenn auch der Kaiser selbst bescheiden wie seine Bürger lebte.

Und dann kam für die aufgeweckte, heitere Sophie eine furchtbare Enttäuschung. Franz Karl war im Mai 1824 privat zur Familie nach Tegernsee geladen worden. Der Kutsche entstieg ein freundlich grinsendes, linkisches Männchen, das einen viel zu großen und nach oben in die Länge gezogenen Turmschädel auf den Schultern trug und einen zu kurz geratenen Körper hatte. Mit wasserblauen kleinen Schweinsäuglein blickte er freundlich aber nichtssagend, wenn nicht gar blöde, in die Gegend. Eine viel zu große und wulstige Unterlippe, das Markenzeichen der Familie Habsburg, verunstaltete mehr das Gesicht, als daß sie es verschönern konnte.

Nach wenigen Einleitungssätzen bemerkte die Gesellschaft seine bescheidenen Geistesgaben. Die Familie war alles andere als begeistert von diesem Bräutigam aus Wien. Die zukünftige Braut war schockiert! Aber irgendwo im Hintergrund winkte die Krone Österreichs, und das machte vieles vergessen. Wenigstens physisch gesund dürfte der Erzherzog sein, stellte die Familie fest, und dadurch könnte Sophie dem alten Kaiser in Wien einen kleinen Kronprinzen gebären, denn von seiten ihres zukünftigen Schwagers war ein Erbe kaum zu erwarten. Franz Karl allein, ohne diese günstigen Aussichten, ließ jedenfalls kein Mädchenherz höher schlagen! Sophie schrieb ihrer Mutter: »Er ist ein bon garçon, er fragt jedermann um Rath, mais il est terrible... Mich würde er zu Tode langweilen!«[11] Das war ein vernichtendes Urteil! Aber, die Kaiserkrone Österreichs...! Die Eltern Sophies fanden, daß trotz allem Franz Karl eine »gute Partie« wäre, und nach längerem Überlegen fand das auch die Braut.

Noch am selben Abend wurde Verlobung gefeiert. Franz Karl meldete dies brav seiner Stiefmutter nach Wien, die sich überrascht gab und ihm antwortete: »Lieber, guter Franz! Der Brief liegt vor mir, ich habe ihn gelesen und wieder gelesen und immer mit neuer Rührung, neuer Freude. Der Himmel segne Ihren Bund und laße Sie und meine theure Schwester Sophie so glücklich werden als es beyde verdienen. – Ich hätte viel darum gegeben, Zeuge Ihrer gegenseitigen Erklärung zu seyn. – Mein Herz, welches mit so warmer Liebe an beyden hängt, wie gleichsam in einem Meer von Wonne... Ihr Vater theilt meine Freude. Er segnet Sie und Ihre Braut und kann den Augenblick kaum erwarten, sie vereint an sein Herz zu drücken. Sagen Sie dieß Sophien, und daß ich zu den

glücklichsten Tagen meines Lebens jenen rechnen werde, der mir die geliebte Schwester als Tochter in die Arme führt. Niemand in der Welt, theurer Franz, kann mehr Antheil an Ihrem Glück nehmen als Ihre Sie zärtlich liebende Mutter Karoline.«[12]
Auch Ludwig, der Kronprinz von Bayern, gratulierte dem Erzherzog: »Lieber Schwager, mit freudvollem Herzen beginn ich meinen Brief an Eure kaiserliche Hoheit mit dieser mir so nahbringenden, mir äußerst erwünschten Benennung... Sie kennen und lieben war für mich eins. Es ist in aller und jeder Hinsicht ein glückliches Band, was sich jetzt für's Leben knüpft... Unsere beiderseitigen Häuser bringt es noch näher, was nur segensreicher auf die Völker wirken kann, daß Österreich und Bayern miteinander verbunden bleiben ist für beyde höchst wichtig...«[13]
Im Laufe der Gespräche bemerkte Sophie, wes Geistes Kind ihr Bräutigam war und für wie wenig er sich interessierte. Er liebe die Jagd, erzählte er, wäre absolut nicht ehrgeizig und wolle nur ein ruhiges und beschauliches Leben führen. Die Sorgen eines Staates würden ihn überhaupt nicht beeindrucken, von Politik verstünde er gar nichts.[14] O doch, seine Leidenschaft wäre, täglich mit einem Sechserzug durch Wien zu fahren und die Grüße der Passanten zu erwidern. Darauf lege er schon großen Wert. Sophie sah rasch, daß sie in dieser Ehe »die Hosen anhaben« werde und daß sie durch ihren Gemahl, wenn er einmal Kaiser war, Macht, unumschränkte Macht, ausüben könnte und würde.
Im August durfte EH Franz Karl seine Braut in München besuchen. Großzügig gaben der König von Bayern und Kaiser Franz die Erlaubnis dazu.[15] Kurz nachdem der Erzherzog wieder abgereist war, erkrankte Sophie, Franz Karl war darüber außer sich und wollte sofort wieder nach München eilen. »Beruhigen Sie sich, guter Franz!« schrieb ihm seine Stiefmutter Karoline Auguste. »Sophies Unpäßlichkeit (eine Folge übermäßiger Bewegung und Erhitzung) war schon behoben, als meine Eltern mich davon in Kenntniß setzten. Ihr Onkel Carl, der von Ihrem Vater den Auftrag erhielt, Sie davon zu benachrichtigen, scheint diesen wesentlichen Umstand vergessen zu haben und ich bereue nun, daß ich ihm nicht einige Zeilen für Sie mitgab...«[16] Wenige Tage später beruhigte ihn die Kaiserin nochmals, teilte ihm mit, daß seine Braut wieder hergestellt sei, der Arzt meinte jedoch, daß der Prinzessin eine Reise

nach Wien noch nicht zugemutet werden könne. Vor Oktober könnte Sophie nicht nach Wien kommen.[17] Vier Wochen später eilte der Erzherzog doch nach München, wo ihn bereits ein Brief seiner Stiefmutter erwartete, in dem es hieß:».. .Sie wissen, daß mich Ihr und Sophies künftiges Glück Tag und Nacht beschäftigt!«[18] Nachdem Franz Karl glücklich seine Braut in die Arme schließen durfte, trat er mit ihr die Reise nach Wien an. Ihre Stiefschwester und zugleich zukünftige Stiefschwiegermutter Karoline Auguste führte Sophie überall herum. Nach dem Sommeraufenthalt des Kaiserpaares im nahen Baden, wo der Kaiser ein Haus auf dem Hauptplatz gekauft hatte und regelmäßig eine Badekur absolvierte, versammelte sich der Hof in Laxenburg.[19] Das Schloß in Laxenburg gefiel ihr recht gut, ebenso der weite Park mit dem großen Teich. Die auf der Insel von Kaiser Franz erbaute Ritterburg fand sie, trotz der vielen wertvollen Antiquitäten, sehr kitschig. Eine im Verlies angekettete mechanische Tempelritter-Puppe erschreckte sie zu Tode. Nicht geringer war der Schreck, als sie erstmals ihren zukünftigen Schwager Ferdinand mit seinem von epileptischen Anfällen verzerrten Gesicht sah. Ständig sabbernd, den Mund – wie der Herzog von Reichstadt seiner Mutter schrieb – zu einem Trichter geformt (».. .le prince héréditaire, dont la bouche a toujours la forme d'un entonnoire. . .«[20]) Großes Interesse erregte bei Sophie die Kunst, die Wien reichlich bieten konnte. Vor allem die Theater waren für sie einzig, vielleicht war Wien hier großzügiger als München, aber auf alle Fälle erstklassiger. Sie sah hier erstmals die ungekürzte Fassung von »Romeo und Julia« im Hofburgtheater und war ob solcher Freizügigkeit leicht schockiert und berichtete sofort der Mutter:».. . Aber ich bedaure die arme Müller (Hauptdarstellerin), denn sie hat in ihrer Rolle sehr unangenehme Anzüglichkeiten zu sagen.«[21] Auch sonst war sie von Wien sehr angenehm berührt, alles gefiel ihr, der Hof machte auf sie einen großen Eindruck.
Auch die Wiener waren von der bayerischen Prinzessin sehr angetan. Sie war keine Schönheit im klassischen Sinn, sie schien eher einem Bilderbuch aus dem Biedermeier entstiegen zu sein: jung, etwas mollig, reizend, recht »herzig«, wie man hier zu sagen pflegte, wie ein großes Bonbon in rosa Seide verpackt, mit hundert Schleifen und bestickten Bändchen verschnürt. Und gesund sah sie aus, das war die Hauptsache. Unter ihrer Biedermeierhaube quoll eine Fülle

von kastanienbraunen Haaren hervor, die kunstvoll zu »Stoppellok-
ken« gedreht waren und wie gedrechselt aussahen. Eine besonders
für sie angefertigte und nicht sehr wohlriechende Pomade hielt diese
Haarpracht zusammen: Das Mark von Ochsenknochen wurde dazu
in einer heißen Pfanne erhitzt, drei hartgekochte Eier zerdrückt und
damit vermengt. Gekochte Spargelspitzen hineinpassiert, dazu kam
etwas Peru-Balsam. Nach kurzem Aufkochen wurde diese Mixtur
bis zum Erkalten und bis zur Konsistenz einer Pomade geschlagen.[22]
Sophie war, obwohl aus Bayern stammend, das typische »Wiener
Mädel«, wie es die Wiener eben liebten. Und gut katholisch war sie
auch, sie hörte täglich zwei Messen.
Die Neunzehnjährige war politisch hoch interessiert. Ihr Ideal war
die große Maria Theresia, die ihr Reich verbissen gegen halb Europa verteidigt hatte, eine moderne und aufgeschlossene Herrscherin und dazu noch eine gute Ehefrau gewesen war, die ihrem Gemahl sechzehn Kinder geschenkt hatte. Die rein absolutistische
Herrschaft, wie sie in Wien üblich war, war für Sophie neu. Ihr
Vater regierte dagegen seit 1818 nach einer Verfassung, die eine
ständische Konstitution war, wo Stände ein Mitspracherecht besaßen, ohne den König in seinem Machtanspruch zu beschneiden.
»Der Monarch war der Herrscher von Gottes Gnaden, die Untertanen waren die in Gottes Gnaden Beherrschten.«[23] Sophie war von
ihrer frühesten Jugend an überzeugt, daß die Herrschenden besondere Auserwählte waren, die mit Hilfe der Gnade Gottes ihre
Untertanen regierten. Kaiser von »Gottes Gnaden« zu sein, war ein
einmaliges, mystisches Schicksal, das nur wenigen zuteil werden
konnte, und die beherrschten Völker durften sich glücklich preisen,
von einem derartigen Herrscher regiert zu werden. Oder wie es
König Ludwig XIV. auf einen einfachen Nenner brachte: »Der-
jenige, der den Menschen Könige gab, hat gewollt, daß man sie
verehre als seine Stellvertreter auf Erden.«[24]
Das »Gottesgnadentum« (Dei gratia) war eine Formel, welche regierende Herrscher ihren Titel voransetzten. Anfangs war es nur ein
demütiges Bekenntnis der Abhängigkeit von Gott. Erstmals fand
diese Formel bei den Bischöfen auf dem Konzil von Ephesus im Jahre
431 Verwendung, die den Patriarchen von Konstantinopel, Nesto-
rius, verdammten. Später fügten alle Kleriker diese Floskel ihren
Briefen und Urkunden bei. Bei den Päpsten wurde sie nach deren

Unterschrift und dem Beinamen »Diener der Diener« (servus servorum) als Zusatz »von Gottes und der Kirche Gnaden« (Dei et ecclesiae gratia) beigefügt. Von der Geistlichkeit der römischen Kirche übernahm der Frankenkönig Pippin der Kleine (715–768) diese Formel, und von ihm ging sie auf alle fränkischen Könige, später auf alle deutschen Kaiser und schließlich auf alle christlichen Herrscher über. Es wird ihr wohl die Bedeutung beigemessen, daß sie dem mittelbar göttlichen Ursprung der königlichen Gewalt (Königtum von Gottes Gnaden), im Gegensatz zum Ursprung aus dem Willen des Volkes, ausdrücken soll.

Obwohl Sophies Angehörige über Franz Karl entsetzt waren – ihre Schwester Auguste dazu: »Man sagt, er sei gebildet, er gefällt aber der Königin gar nicht und noch weniger meiner Schwester. Trotzdem wird die Ehe anscheinend geschlossen werden. Die Partien sind so selten« – machte der Erzherzog in seiner gewohnten Umgebung in Wien gar keine so üble Figur. Er tanzte gut und war in Sophie verliebt.[25] Und wenn sie die anderen Kinder des Kaisers, ihre zukünftigen Schwäger und Schwägerinnen, ansah, schnitt ihr Franz Karl noch passabel ab. Ihre Mutter schrieb dazu: »Sophie ist mit ihrem Mann so glücklich, so begeistert, wie sie als Verlobte unzufrieden war.«

Am 1. Oktober 1824 verfügte Kaiser Franz, daß sein Sohn, EH Franz Karl, ab sofort, weil er bisher unter die Kategorie »von noch nicht standesmässig versorgten Söhnen des regierenden Kaiserhauses, wenn Selbe Wohnung, Küche, Keller und Stallung am väterlichen Hofe geniessen«, fiel, statt bisher 4800 Gulden Conv. M., nun 45 000 Gulden Conv. M. pro Jahr erhalten solle. Allerdings mußte der Erzherzog damit seinen Hofstaat bezahlen.[26] Zwei Wochen später verfügte der Kaiser, daß sein Sohn Franz Karl 30 000 Gulden Conv. M. erhalten sollte, um diesen Betrag seiner Frau nach der Hochzeitsnacht als Morgengabe zu überreichen. Ferner genehmigte Kaiser Franz für seine Schwiegertochter das jährliche »Spenadelgeld« in Höhe von 20 000 Gulden Conv. M.[27]

Bei Eheschließungen in vornehmen Häusern war natürlich die Höhe des Toissons, der Aussteuer der Braut, interessant. Sophie brachte einen ansehnlichen Brautschatz nach Wien mit. Der bayerische König hatte sich diesbezüglich nicht lumpen lassen und wollte keine schlechte Nachrede. An Schmuck besaß die Braut diverse Brillanten, Diademe, Perlenketten, Opal-Brillanten-Ohrgehänge, Broschen, Armbänder und diverse Ringe im Wert von 79 000 Gulden. Auch die Ausstattung an Wäsche war reichlich: 12 Dutzend Hemden, 6 Dutzend leinerne Strümpfe, 6 Dutzend baumwollene Strümpfe, 6 Dutzend seidene Strümpfe, 16 Dutzend diverse Taschentücher, 12 Stück gestickte Nachtleibchen, 9 Dutzend diverse Unterröcke, 6 Dutzend wollene Unterröcke, vier Bademäntel, sechs Aderlaßbinden (!), 60 Stück Nachthäubchen, zwölf Morgenhäubchen, 12 Dutzend diverse Halstücher, 49 verschiedene Kleider, davon neun Ballroben, ein weißes und ein schwarzes Kleid, zwei Pelzmäntel, eine Pelzpelerine aus Chinchilla und eine aus Blaufuchs, 36 Dutzend diverse Handschuhe, 12 Bettücher, 12 Kopfkissen und weitere verschiedene Bettwäsche.[28]

Am 4. November 1824 wurde in der Augustinerkirche in Wien die Trauung zwischen diesem ungleichen Paar vollzogen: »Noch im selben Jahr vermählte sich der Erzherzog; er hatte zur Gefährtin seines Lebens die schöne, geistvolle Tochter des Königs Maximilian von Bayern, Prinzessin Sophie, erkoren. Am 4. November wurde der Ehebund geschlossen, der glücklich war, wie selten einer. Die beiden jungen Gatten hatten so viel Übereinstimmendes in ihrem Wesen, in ihren Neigungen und Empfindungen, und andererseits ergänzten sie sich wechselseitig in ihren Eigenschaften, daß sie sich wechselseitig beglücken mußten. Der feste Kreis, in dem die höchsten Menschenfreuden wohnen, war geschlossen, und jene Bürgschaften für die Dauer des Glückes waren vorhanden, welche uns der Dichter nennt:

Es ist des Herzens reinste Güte,
Der Anmuth unverwelkte Blüthe,
Die mit der holden Scham sich paart,
Die, gleich dem heitern Sonnenbilde,
In allen Herzen Wonne lacht;
Es ist der sanfte Blick der Milde
Und Würde, die sich selbst bewacht.«[29]

Von einer »wechselseitigen Beglückung« konnte keine Rede sein. Sophie hatte ihren Franz Karl nie geliebt, sondern nur versucht, aus dieser Verbindung das Beste zu machen. Ihr Ja-Wort in der Augustinerkirche klang leise und zaghaft, so als ob sie noch zögere und sich die Sache noch einmal überlegen wollte. Nun hatte sie sich in ihr Schicksal gefügt und beschlossen, in Wien unter allen Umständen glücklich zu werden. Trotzdem dauerte es fast ein Jahr, bis sie das ärgste Heimweh überwunden hatte. »Mein Herz, meine Seele, ich kann nur sagen mein Enthusiasmus gehören noch ganz und gar München«, schrieb sie der Mutter. Sie liebte ihre Eltern so sehr und ihren Gemahl so wenig, daß sie sich lange Zeit von ihrer Heimat nicht trennen konnte. »Seht, meine ausgezeichneten Eltern, ich würde es wohl vorziehen, vor Euch in das andere Leben hinüberzugehen, denn in dieser Welt, ohne Euch zu sein, würde für mich viel ärger sein als der Tod... Dich, meine gute liebe Mutter, bete ich an und liebe Dich ungeheuer...«[30]

Sie verdrängte sofort ihre trüben Gedanken, wenn sie an den rauschenden Hoffesten teilnahm oder Anlässe stattfanden, bei denen das spanische Hofzeremoniell nochmals in Erscheinung treten konnte. Besonders prunkvoll empfand sie die Eröffnung des ungarischen Landtages im Herbst: »Ach, es war gar zu schön, man mußte weinen und der große Kaiser sah so glücklich aus.« Sophie war von dieser Prachtentfaltung, von den Uniformen, von den vielen glitzernden Edelsteinen und der Gastfreundschaft der Magyaren fasziniert. Alles schimmerte in Gold, Silber und edelstem Damast, von den Magnaten angefangen bis hinunter zu ihren letzten Lakaien. Dann kam der große Augenblick, als Kaiser Franz im ungarischen Krönungsornat den Landtag betrat und auf dem Thronsessel Platz nahm. Das war für Sophie eher enttäuschend. Der Kaiser trug den Krönungsmantel des hl. Stephan, den die Gemahlinnen der Magnaten vorher ausbessern mußten. »Er fällt schon in Fetzen«, berichtete Sophie, »er ist ja auch schon achthundert Jahre alt, das ist eine Entschuldigung. Die Krone ist sehr häßlich und steht dem Kaiser ganz elend, was Charlotte (Kaiserin) unendlich kränkt. Er wird auch die Strümpfe des Königs Stephan aus dunkelrotem Taffet und scheußlich blaue Schuhe anziehen, die ihm viel zu groß sind und auch schon achthundert Jahre gesehen haben. Stell' Dir den Kaiser vor, liebe Mutter, mit all diesem grotesken Putz und dann noch dazu seine Uniform, die rot wie ein Hummer, das wird schrecklich aussehen...«[31]

Für Frauen der damaligen Zeit bedeutete Glück nicht nur materielle

Werte. Es war nicht so wichtig, wie viele Schmuckstücke und elegante Roben eine Frau besaß und welche gesellschaftliche Rolle sie spielte. Glück zur damaligen Zeit bedeutete für das weibliche Geschlecht nur die Zahl der wohlgeratenen und gesunden Kinder, womöglich nur aus Söhnen bestehend. Es war allgemeine Ansicht, daß nur die Frauen das Geschlecht des Kindes bestimmten, und jeder Ehemann war böse, wenn seine Frau Mädchen auf die Welt brachte. Der Lebenszweck der Frauen regierender Häuser bestand einzig darin, von einem Kindbett ins nächste zu steigen. Die Sorgen ihrer gewöhnlichen Schwestern, wie Küche, Keller und Kinderzimmer waren ihnen genommen, daher hatten sie sich nur für die nächste Schwangerschaft bereitzuhalten. Auch von Sophie wurde nichts anderes erwartet, und sie selbst war sich dieser Aufgabe voll bewußt. Nachdem sie ihren Schwager Ferdinand kennengelernt hatte, wußte sie, daß der Weiterbestand der Dynastie nur von ihrer Fähigkeit, Kinder zu gebären, abhing. Eine riesige Verantwortung also.

Nach anfänglicher Schonzeit von einigen Monaten wurde der Hof bereits unruhig. Fragende Blicke des Schwiegervaters, mehr oder weniger offene Fragen der weiblichen Familienmitglieder begannen Sophie allmählich zu enervieren. Männliche Mitglieder fragten sich bereits, ob sich Franz Karl mit dieser temperamentvollen Frau nicht übernommen und man ihm zu viel zugemutet hatte. Es war jedenfalls auffallend, daß jede Frau eines Habsburgers, trotz Bleichsüchtigkeit, Tuberkulose und Scrophulose Kinder am laufenden Band produzierte, und dieses dralle, vor Kraft und Energie strotzende bayerische Kind war nicht imstande, schwanger zu werden. Damals herrschte auch die übereinstimmende Meinung, bei Kinderlosigkeit trage die Frau allein die Schuld. Auch Sophie wurde langsam nervös, denn sie wußte, ohne ein Kind geboren zu haben, war sie in Wien zur Bedeutungslosigkeit verurteilt.

Am Hof in Wien lebte der jetzt vierzehnjährige Enkel des Kaisers, der Herzog von Reichstadt, der sofort in heftige und schwärmerische Liebe zu seiner um sechs Jahre älteren angeheirateten Tante entbrannte. Er wurde von allen, nun auch von Sophie, nur »Fränzchen« gerufen, und der Kaiser und seine Gemahlin waren »ganz vernarrt« in ihn. Die Erzherzogin berichtete ihrer Mutter viel von ihm. Ihr erster Bericht gipfelte in dem Satz: »Fränzchen war ganz verschämt und hoch errötend als ich an sein Bett kam.«[32] Sophie fand, daß er eigentlich ein schwieriger Jüngling, voll in der Pubertät stehend, war, und »man hat oft seine liebe Mühe mit ihm«.[33] Reichstadt dagegen himmelte Sophie an und fand sie »wunderschön«. Wenn er wollte, konnte er auch gesittet und brav sein, und sein Erzieher schrieb seiner Mutter: ». . . man bewundert sein gutes Aussehen, seinen Anstand und seine Höflichkeit«.[34] Sophie kam mit ihm ganz gut zurecht, denn ihr folgte er auf's Wort, was sonst von ihm nicht zu erwarten war, denn »er macht so viele Dummheiten, daß man Mühe hat, ihn zu bändigen«.[35] Er trieb seinen Widerstand gegen die Erzieher so weit, daß er bestraft werden mußte, indem er an der Familientafel nicht mehr teilnehmen durfte, ja, daß er mit besonderer Genehmigung des Kaisers mehrmals über das Knie gelegt und mit der Rute gezüchtigt wurde. Er dürfte der einzige Prinz bei Hof gewesen sein, der von seinen Erziehern eine Tracht Prügel bezogen hatte.[36] 1826 kam der zweite große Verehrer Sophies an den Hof: Prinz Gustav Wasa. Ihm folgten seine beiden Schwestern, die Prinzessinnen Amalia und Cäcilia von Schweden. Der Prinz war Sohn von König Gustav Adolf IV. von Schweden, der seinen Thron durch Napoleon verloren hatte. Prinz Gustav war nach Österreich emigriert und dort in die Armee eingetreten. Er war sechs Jahre älter als Sophie und eine blendende Erscheinung. Seine Schwester Amalia trat als Hofdame in den Haushalt Sophies ein. Gustav Wasa freundete sich mit Franz Karl an, wurde sein aufrichtiger Freund und treuer Jagdgefährte. Täglich verkehrte der Prinz bei Sophie und ihrem Gemahl. Auch Staatskanzler Metternich war von der bayerischen Prinzessin sehr eingenommen. Sophie schrieb, daß er immer sehr liebenswürdig und entgegenkommend zu ihr war. Langsam teilte sie mit ihm die Abneigung gegen die Ungarn. Er und sie verachteten bald alles, was Verfassung hieß, welche die souveränen Rechte des Herrschers beschnitt und auf die sich die Magyaren ständig beriefen.[37] Soweit wäre für Sophie in Wien alles gut gegangen, auch den Kaiser hätte sie für sich eingenommen, wenn sich nur Nachwuchs eingestellt hätte. Ihrer Mutter gestand sie, daß sie im Winter 1825/26 eine Fehlgeburt erlitten hatte.[38]

EH Sophie konnte sich ihrer beiden Verehrer – Gustav Wasa und »Fränzchen« – kaum erwehren. Beide verkehrten täglich bei ihr, und sicherlich hatte auch Gustav Wasa der Erzherzogin den Kopf ver-

dreht, denn ihr angetrauter Franz Karl konnte es mit diesem Charmeur in keiner Beziehung aufnehmen; dazu brannte die Flamme der Leidenschaft zwischen den Ehegatten zu keiner Zeit. Der jetzt pubertierende Reichstadt wurde, seinem Alter entsprechend, manchmal zudringlich. »Er unterhält mich durch seine gesuchte Galanterie mir gegenüber«, berichtete Sophie der Mutter, »und er erklärt mir, er werde mir täglich einen Blumenstraß aus seinem Garten bringen, ist überhaupt jetzt von einer Art ›ritterlichen Liebe‹. Ich hatte ihn kürzlich ausgescholten, daß er mich oft so ungestüm anpackt, um mich zu küssen, und sagte ihm, daß nur Kinder solche Sachen tun und nicht ein junger Mann wie er.«[39]
Die Schwangerschaften Sophies bildeten ein eigenes Kapitel, bei dem alle Register der damaligen ärztlichen Kunst, die mehr der Kurpfuscherei ähnelte, gezogen wurden. Es war eine Flut von empfohlenen »Hausmitteln« aus der Volksmedizin, die die so auf Kindersegen Erpichte über sich ergehen lassen mußte. Für Sophie war ein Kind das Wichtigste, um bei Hof bestehen, ja überhaupt überleben zu können. In der Literatur wird angegeben, daß EH Sophie von ihrer Eheschließung im November 1824 bis zur Geburt ihres ersten Sohnes im August 1830 zweimal eine Fehlgeburt (Juli 1826 und Juni 1827) erlitten hatte.[40] Tatsächlich war die Erzherzogin, nach unseren Recherchen, von Anfang 1825 bis Anfang 1829 fünfmal schwanger geworden, und alle endeten frühzeitig mit einer »fosse couche«. Eine Frau, die keine Kinder gebären konnte, zählte noch weniger als sonst, und Sophie selbst gestand »mit durchbohrtem Herzen« ihre körperliche Schwäche und Unfähigkeit zur natürlichsten Sache der Welt. Erst Mitte November 1829 konnte eine neuerliche Konzeption stattfinden, die Schwangerschaft war komplikationslos, und es erfolgte am 18. August 1830 die Geburt ihres ersten Kindes, wovon wir noch hören werden. Für EH Sophie war dies die Rettung im letzten Augenblick. Ihren Gemahl berührte die Sache kaum. Er hatte seine Pflicht erfüllt und bewiesen, daß er zeugungsfähig sei, alles andere war Angelegenheit seiner Frau.
In der damaligen Zeit wurde es Mode, Frauen in diverse Bäder zur Kur zu senden, die auf »Frauenleiden« spezialisiert waren. So absolvierte Sophie auf Geheiß ihrer Leibärzte Dr. Brataßewitz, Cappellini und Semlitsch in den Jahren 1827–1829 mehrere Kuren in dem nördlich von Wien gelegenen Schwefel-Moorbad Pirawarth. Im

Jahre 1908 wurde im Kurpark in ehrendem Gedenken an sie eine Büste enthüllt und eine Quelle in »Sophienquelle« nach ihr benannt.[41] Nach vergeblichen Bemühungen wurden der Erzherzogin die in Mode gekommenen stärkenden Solebäder in Ischl im Salzkammergut empfohlen. Die Entdeckung dieses Heilbades verdankte man dem »Kammerguts-Secundararzt« Dr. Joseph Götz und dem zufällig in Ischl weilenden Hofarzt Dr. Franz Wirer von Feldbach. Dr. Wirer veranlaßte auch die Errichtung eines Badehauses mit 25 »Badestübchen«, das vom Salinenkassier Michael Tänzl (»Tänzlbad«) geführt wurde. Daß Ischl für Sophie ausgesucht wurde, geht vielleicht auch auf die Tatsache zurück, daß der Bruder des Kaisers, Kardinal-Erzbischof von Olmütz EH Rudolf, dort Heilung fand und der Onkel Sophies, EH Ludwig, wie aus einem Brief von ihm an Habel hervorgeht, seit dem Jahre 1804 regelmäßig seine Sommer in diesem Ort im Salzkammergut verbrachte.[42] Im Sommer 1828 erschienen Sophie und Franz Karl erstmals in diesem Ort. Sie bezogen ihr Quartier im sogenannten »Hofschmiedehaus«.[43]

Die Kinderlosigkeit der Ehe machte auch schon der Verwandtschaft Sorgen, und so fragte einmal Sophies Großmutter bei der Enkelin an, ob sie denn überhaupt »glücklich« sei, und Sophie antwortete ihr prompt: »Ja, meine liebe Großmama, ich bin recht glücklich und es wäre ja auch schwierig, daß ich es nicht wäre. Man kann nicht besser sein als mein Gatte und er liebt mich so zärtlich. Der Kaiser überschüttet mich mit seiner Güte. Die gesamte Familie bezeugt mir rührende Zuneigung und das einzige was ich da auszusetzen habe, besteht darin, daß sie mich alle ein wenig zu sehr verwöhnen, vor allem meine gute Charlotte, die ich nur meinen Schutzengel nennen kann.«[44]

Im Juni 1827 stellten sich alle Anzeichen einer Schwangerschaft bei der Erzherzogin ein, und sie berichtete davon ihrer Mutter und Schwester. Kaum waren deren Glückwünsche eingetroffen, mußte ihnen Sophie mitteilen, daß sie die Frucht verloren habe. Wieder waren alle Hoffnungen zerstört. Die Erzherzogin erhielt vom Hofarzt Dr. Cappellini »Haller'sche Säure«. Der schweizerische Arzt und Anatom Berthold Haller hatte dieses Mittel bei starken Blutungen angegeben. Es bestand aus einem Teil Schwefelsäure und drei Teilen Spiritus, das in stark verdünnter Form tropfenweise eingenommen wurde. Bis dahin erfreute sich EH Sophie wohl bester

Gesundheit, wenn man von einem ausgesprochenen Abusus mit Abführmitteln aller Art (Glaubersalz, Seignettensalz, Purgierwurzel-Jalappa, Aloe, Rhabarberwurzel usw.) absieht. Groß und regelmäßig war auch ihr Verbrauch diverser Hustensäfte und Hustenteemischungen.[45] Interessant ist auch die Verschreibung von einem »großen Badeschwamm zum Draufsetzen«, der wahrscheinlich nach jeder *fausse couche* angewandt wurde. Diese Therapie sollte »entzündungshemmend« wirken. Die Hofärzte waren ratlos und meinten, Sophie hätte »eine örtliche Schwäche oder zu große Vollblüthigkeit«. Wieder wurde sie auf Kur gesandt. Acht Wochen verbrachte sie in diesem gottverlassenen Pirawarth, und neuerlich überkam sie Heimweh nach München. »Wenn ich doch plötzlich zu Euch zurückkehren könnte«, schrieb sie traurig ihrer Familie. »Trotz aller meiner Melancholie war ich gestern doch recht glücklich nach zweimonatiger Trennung meinen guten Franz wiederzufinden, der eine so rührende Freude bezeigte, daß mir dies ungemein wohltat.«[46]

Ihr Gemahl machte ihr große Sorgen, weil er so gar nichts tat, in den Tag hineinlebte und für nichts Interesse zeigte. Mehrmals hatte sie schon beim Kaiser vorgesprochen, er möge doch seinem Sohn eine Aufgabe zuweisen und ihn beschäftigen. Im November 1827 erreichte sie es endlich, daß Franz Karl in den Staatsrat berufen wurde. Dort hatte er zwar nichts zu reden, aber eine kleine Aufgabe hatte er jetzt wenigstens. Sophie hatte Angst, er könnte sich in diesem Gremium blamieren, und sie bereitete ihn auf die erste Sitzung vor und war glücklich, als er heimkehrte und erzählen konnte, wovon dort geredet wurde. »Ich hatte eine ungeheure Angst für ihn«, schrieb die Erzherzogin der Mutter. »Als er mir später erzählte, wie sich die Sache abgespielt, war ich noch so aufgeregt, daß ich mir nach meiner alten Gewohnheit die Ohren zuhielt, denn ich fürchtete, etwas Unangenehmes zu hören.«[47] Etwas später schrieb sie an die Mutter: »Mein guter Franz hat mir diesmal so viel Freude gemacht, er ist viel reifer geworden und liebt mich so innig... selbst für die kleinen Prüfungen danke ich dem Himmel, denn ohne sie hat mein Innerstes gewonnen...« Das klang eher nach einem Befundbericht über einen geistig Behinderten, als für einen jungen Mann, der die besten Aussichten besaß, Kaiser von Österreich zu werden. Sophie sah das selbst ein und fügte pessimistische Zukunftsprognosen hinzu: »Gott weiß, was (das neue Jahr) uns bringen wird. Unsere Zukunft scheint mir traurig und unklar und vielleicht wird sie auch werden.«[48] Wie sehr sie, trotz dreijähriger Abwesenheit von ihrem Elternhaus, noch immer unter Heimweh und an den in Wien erlebten Enttäuschungen litt, darüber schrieb sie kurz vorher der Mutter: »Du kannst Dir nicht vorstellen, liebe innige Mama, wie viel ich durch Sehnsucht gelitten, seitdem ich Dich verlassen habe ... Es ergriff mich eine so heiße Sehnsucht, ich dachte mir wenn ich plötzlich zu Euch zurückkehren könnte!«[49]

Große Freude und Abwechslung brachte das Theaterleben in der Residenz in das Leben Sophies. Hier bevorzugte sie vor allem das Hofburgtheater, mit ihrem Gemahl suchte sie aber auch Bühnen in der Vorstadt auf. Das neue Stück von Franz Grillparzer »Ein treuer Diener seines Herren«, wühlte sie richtiggehend auf. Reichstadt wurde ihr ständiger Theaterbegleiter, denn beide genossen die Theateratmosphäre. In der Oper gab es »Tancred« von Rossini. Diese Oper hatte der Komponist für die damals berühmte Sopranistin – ihre Stimme umfaßte zweieinhalb Oktaven – Giuditta Pasta geschrieben. Die Arie »tante palpiti« brachte das Publikum zur Raserei, und Sophie berichtete davon begeistert: »Ich konnte den Mund nicht mehr zubringen, so war ich in Ekstase!« Auch Reichstadt erging es nicht besser, er war über die Sängerin außer sich.[50]

Im Hofburgtheater besuchte Sophie mit Reichstadt »Die Heirat aus Neigung«. Maximilian Korn gab einen französischen General, Reichstadt verfolgte angespannt die Szene, wandte sich an Sophie und sagte: »So waren *wir*« und fügte noch hinzu: »Wenn wir doch nur *so* wären!« Sophie an die Mutter: »Ich gab ihm scherzhaft als eine Art Drohung einen leichten Schlag mit meinem Lorgnette auf seine Wange. Das darf Dich nicht wundern, liebe Mama, daß Reichstadt sich so über seine vergangene ruhmvolle Zeit vernehmen ließ. Er spricht jetzt sehr oft davon und es ist dies viel besser, als wenn er seine Gefühle und alle seine Gedanken verbergen würde. Er hegt deren so viele im Grunde seiner Seele ...«[51]

Reichstadt hatte sich zu einem bildhübschen jungen Mann herausgemausert, er war der Schwarm der Komtessen, seine Erscheinung, diese schlanke, biegsame Gestalt war hinreißend, einfach »deliciös«. Er schlug sich mit Sophie im Fasching die Nächte um die Ohren. Die beiden ließen bei den diversen Bällen kaum einen Tanz aus. Im Innersten war jedoch der Herzog ein vereinsamter, todunglücklicher junger Mann von siebzehn Jahren. Am 17. August 1828 wurde ihm sein größter Wunsch, endlich den weißen Waffenrock der Armee tragen zu dürfen, erfüllt. Der Großvater ernannte ihn zum Hauptmann im Tiroler Kaiserjäger-Regiment No 1. Er war so stolz, und Sophie fand, daß er in Uniform blendend aussehe, doch seine auffallende Magerkeit hervorhebe.[52] Die drei Sterne an den Kragenspiegeln seiner Uniform machten ihn fast größenwahnsinnig, doch sein Erzieher holte ihn sofort auf den Boden der Tatsachen zurück und meinte nur, Reichstadt verdanke seinen Offiziersrang nicht seiner Fähigkeit, sondern nur der Tatsache, daß er bei den kommenden Herbstmanövern in Mannersdorf an der Leitha schlecht hätte als Feldwebel mitmarschieren können.

»Fränzchen« wurde als Vierjähriger vom Vater getrennt und war mit der Mutter an den Hof des Großvaters nach Wien gekommen. Die französischen Erzieher, die mitgekommen waren, wollten ihn zum kommenden Kaiser der Franzosen erziehen, der Großvater wollte dagegen aus ihm einen österreichischen Prinzen machen. Die Mutter kümmerte sich kaum um ihren Sohn und war nur mit ihrem eigenen politischen Überleben beschäftigt. Einige Jahre lang war das Wort »Napoleon« am Wiener Hof tabu, und wenn der Kleine nach dem Vater fragte, hörte er vom Großvater nur: »Dei Vota war ka' Guata!« Dann reiste die Mutter nach Parma ab und ließ ihren Sohn zurück. Sporadisch kam sie nach Wien zu Besuch, jede Abreise endete in einem tränenreichen Drama. Der Sohn konnte nie verstehen, warum er nicht mit ihr nach Parma reisen durfte. Allmählich wurde er trotzig und aufsässig, und das Kommen und Gehen der Mutter interessierte ihn immer weniger. »Wenn Du ihn sehen würdest, liebe Mama, wie er sich zu seiner Mutter verhält«, berichtete EH Sophie, »so würdest Du eher glauben, daß er ein Bruder seiner Mama ist als ihr Sohn.«[53]

Reichstadt hatte bis zum Jahre 1829 keine Ahnung, daß sich seine Mutter nach der Trennung von seinem Vater sehr rasch mit General Adam Graf Neipperg getröstet hatte und nach Napoleons Tod im Jahre 1822 mit ihm eine Ehe zur »linken Hand« eingegangen war. Als der General am 6. Februar 1829 verstarb, kam alles ans Tageslicht, für Reichstadt war dies ein Schockerlebnis. Die Mutter vermied es, ihrem Sohn davon Mitteilung zu machen und bat, ihr Vater oder der Erzieher mögen diese Aufgabe übernehmen. An den Erzieher schrieb

sie: »Ich habe manche Gespräche geführt, die mir beweisen, er würde es nicht begreifen und niemals verzeihen, daß man seinen Vater... vergessen könnte. Ich verüble es ihm nicht...«[54] Kaiser Franz hatte auf ihr Ansinnen geantwortet: »...Mit Deinem Sohne habe ich gesprochen und er weiß demnach nur, daß Du verheirathet warst... Um die Kinder hat er nicht gefragt; wenn er es thun wird, so werde ich ihm auch von diesen sprechen... und hierbei läufst Du Gefahr, daß dessen heiligste Gefühle gegen Dich nichts gewinnen können...«[55] Ein Vertrauter Reichstadts schrieb über dessen innere Zerrissenheit: »Sie (die Mutter) nicht lieben zu können so wie er seinen Vater liebte, war vielleicht die größte Folter seines Herzens...«[56] Es war nur zu verständlich, daß sich dieser Jüngling, hin- und hergerissen von seinen Gefühlen in der Sturm- und Drangzeit seines Lebens, an diese fröhliche, gescheite bayerische Prinzessin anschloß und sich mit allen Fasern seiner Gefühlswelt an sie klammerte. Und Sophie ließ sich gerne von seiner schwärmerischen Liebe umfangen und schmeicheln. Er war so ganz anders als ihr lethargischer Franz Karl, der eigentlich immer nur seine Ruhe haben wollte. Nie hätte sie von ihrem Gemahl verlangen können, händchenhaltend mit ihr in den Alleen von Schönbrunn zu flanieren. Reichstadt tat es. Es dauerte daher gar nicht lange, und einige verknöcherte Exzellenzen empfanden das Treiben der beiden skandalös. Hinter vorgehaltener Hand wurde bereits über die beiden gemunkelt und getuschelt, daß sich hier eine Liaison anbahnen würde, zumal die Erzherzogin bekanntlich kein Kind von Traurigkeit wäre und man ihr alles zutrauen könne. Diese Gerüchte wurden immer publiker und fanden einige Jahre später ihren Höhepunkt, als die Erzherzogin offen des Ehebruchs bezichtigt wurde; aber davon später.
In der Zwischenzeit erfuhr Sophie, daß ihre jüngste Schwester, wie bereits vereinbart, Herzog Max in Bayern heiraten würde. Plötzlich hatte sie etwas gegen diese Verbindung einzuwenden, denn Max hatte, wie ihr Franz Karl, keine Aufgabe. Dazu war Max lebenslustig, und sie fürchtete, ihre Schwester würde in dieser Ehe unglücklich werden. Sie sprach aus Erfahrung, wie das ist, wenn ein junger Mann nichts zu tun hätte; er käme nur auf dumme Gedanken. Bei ihrem Franz Karl war sie sich ja sicher, denn einerseits schützte ihn die Faulheit vor irgendwelchen Abenteuern, und andererseits war er so tief religiös, daß er nicht nach links oder rechts zu blicken wagte.

Obwohl Ferdinand immer von der Familie abgeschirmt war, geschah es doch eines Tages, daß Sophie Zeugin eines großen epileptischen Anfalles bei ihrem Schwager wurde. Sie war zu Tode erschrocken, als sich Ferdinand in convulsivischen Zuckungen, mit schwarzblau verfärbtem Gesicht und blutigem Schaum vor dem Mund vor ihr wälzte. Sie fürchtete, seine letzte Stunde wäre gekommen, ihr Gemahl würde nun Thronfolger werden, und sie hätte noch immer kein Kind auf die Welt gebracht! Sophie schrieb, daß Ferdinand immer in Angst gelebt hätte, vor seinem Vater einen epileptischen Anfall zu erleiden, »...daß er die Todesangst hatte wieder einen Anfall bei seinem Vater zu bekommen und er die Hitze für seinen Zustand fürchtete... Vom ersten Anfall werde ich Dir ausführlich erzählen wenn ich bei Dir bin, Du liebe Heißgeliebte, denn den habe ich mitgemacht und einen Todschrecken davon gehabt; ich sehe den Armen zuerst wanken da ich gerade gegen das Fenster hinsah, wo er mit den Übrigen stand...«[57]

Anfang des Jahres 1829 fühlte sich die Erzherzogin wieder schwanger, doch im März kam es neuerlich zum Abbruch.[58] Sophie verfiel in eine schwere Depression. Ende März empfahl ihr der Leibarzt wieder stärkende Solebäder in Ischl zu nehmen und viel Geduld zu haben.[59] Sie fügte sich allen Anordnungen der Ärzte, war bereit, alle Ratschläge zu befolgen und auf Gott zu vertrauen: »Ich will mich also seinem Willen unterordnen und will gerne warten lernen.«[60] Dr. Joseph Brenner, Arzt in Ischl, verordnete ihr die gesamte Palette der Kuranwendungen und vertraute die prominente Patientin dem Bademeister Mathias Gschwandtner an. Solebäder, Salzschwefelbäder und Salzschlammbäder wurden verordnet, zum inneren Gebrauch Trinkkuren mit Kuh-, Schaf- oder Ziegenmolke. Zu Ende des Jahres 1829 war sich Sophie sicher, daß die Kur in Ischl Erfolg gebracht hatte, denn sie fühlte sich neuerlich, nun zum sechstenmal, schwanger. Am 9. Januar 1830 teilte sie ihrer Mutter diese Neuigkeit mit und bat sie jetzt schon, sie und die Schwester mögen unbedingt zur Entbindung nach Wien kommen, denn es wäre ihr Wunsch, daß ihr erstes Kind in den Armen ihrer Mutter auf die Welt kommen möge. Der gesamte Hof war in Aufregung, alle waren um Sophie besorgt, besonders Franz Karl, und hofften, daß diesmal die Schwangerschaft ausgetragen werden konnte. Alle wünschten, daß Sophie einen Sohn gebären würde. »Ich für meinen

Teil«, sagte Sophie, »würde fast mit dem gleichen Vergnügen ein kleines Töchterchen empfangen als einen Buben, aber ich muß für den Kaiser und für meinen Franz einen Knaben wünschen.«[61] Am 23. Januar errechnete Sophie den Geburtstermin für den 16. August. Gerne unterwarf sie sich den Anordnungen ihres neuen, strengen Leibarztes Dr. Malfatti, der bei Hof noch immer einen sagenhaften Ruf genoß, während er in der Stadt, nachdem er vor einigen Jahren Ludwig van Beethoven zu Tode kuriert hatte, bereits weniger galt. Der Arzt verordnete Sophie strengste Bettruhe, nur nach dem Mittag- und Abendessen war es ihr gestattet, einige Schritte in ihrem Zimmer zu wagen. Sophie war so glücklich über die Schwangerschaft, daß sie alles widerspruchslos tat, was von ihr verlangt wurde. Ihrer Mutter schrieb sie: »Niemals war ich Dir so dankbar, daß Du mir das Leben geschenkt hast, als jetzt. Wo es durch Hoffnung verschönt ist, Hoffnung auf etwas, was eine herrliche Zukunft eröffnet und so viele geliebte Wesen glücklich machen kann. Ich schone mich so sehr, daß ich mich schon acht Wochen lang nicht mehr aus meinem Zimmer gerührt habe.«[62]

Manche bei Hof waren mit den Verordnungen des Arztes einverstanden, manche waren strikt dagegen und plädierten für ein »normales Leben«. Darunter war Prinz Philipp von Homburg, der zu EH Franz Karl meinte: »Bei Eintritt des ersten schönen Tages bitte ich Eure kaiserliche Hoheit Ihre Autorität geltend zu machen, alle Ärzte zum Teufel zu jagen und die Erzherzogin an die frische Luft zu führen.«[63] Wenn der Ruf des Dr. Malfatti vielleicht auch schon etwas angekratzt war, in diesem Fall, bei dieser Neigung zu Frühgeburten, hatte er intuitiv die richtige Therapie gewählt. Die Zeit der erhöhten Abortusgefahr war nun vorüber, und am 9. Februar, die Erzherzoge Ludwig und Anton und der Prinz von Salerno waren zufällig zu Besuch, glaubte Sophie, die ersten Kindesbewegungen zu verspüren. Auf Grund dieser Wahrnehmung glaubte Dr. Malfatti, daß der Geburtstermin wesentlich früher sein werde.

Mitte März war in Wien bereits das Frühjahr eingezogen, es war mild und sonnig. Die Erzherzogin wollte unbedingt hinaus an die frische Luft, doch der Leibarzt war unerbittlich und verschrieb bis Ende August strengste Bettruhe. Er erlaubte ihr nicht einmal, sich mit der Sänfte in das Hofburgtheater tragen zu lassen. Dabei wollte Sophie unbedingt das Ballett »Die Schlafwandlerin« sehen, mit der reizenden französischen Ballerina, die Reichstadt zu Tränen gerührt hatte. Schließlich siegte Sophie doch noch über Dr. Malfatti und erzwang einige Theaterbesuche. Am 27. März nahm sie in Begleitung des Kaisers an der Aufführung der Oper »Nina oder die Wahnsinnige aus Liebe« teil. Die Hauptrolle sang wieder Giuditta Pasta, und sie entwickelte dabei eine derartig starke erotische Ausstrahlung, daß Franz Karl seine Gemahlin bat, nicht hinzusehen, damit sie sich bei dieser Leidenschaft nicht »verschaue« und Schaden erleide.[64] Ein herrlicher Mai ging ins Land, »doch ich muß ihn verlaufen sehen mit all seinem Charme und all seiner Schönheit, ohne davon etwas genießen zu können«.[65] Sie sehnte sich schon nach Schönbrunn, um dort in den Alleen zu promenieren, doch vor dem 20. Mai konnte sie nicht hinausfahren, weil der Kaiser noch in der Hofburg logierte. Erst an diesem Tag würde er nach Kärnten reisen, und dann könnte sie mit Franz Karl nach Schönbrunn übersiedeln.

Der Kaiser war um seine Schwiegertochter sehr besorgt, zumal sich in diesen wenigen Monaten große Sorgen in der Familie breitmachten. Es gab Aufregungen am laufenden Band. Sowohl bei Kaiser Franz als auch bei Sophie nagte die unausgesprochene Angst, daß sich die Epilepsie in der Familie vererben könnte. Die Befürchtungen waren nicht unbegründet, denn gerade Ende des Jahres 1829 traten bei Ferdinand wieder Zeiten gehäufter und schwerer epileptischer Anfälle auf. Am 14. September 1829 hatte der Leibarzt Dr. Johann Nepomuk Edler von Raimann dem Patienten zehn Blutegel am Kopf und hinter den Ohren gesetzt, um das Krampfgeschehen zu beruhigen. Ende Mai 1830 ereigneten sich wieder schreckliche Tage, in denen Ferdinand von einem Anfall in den nächsten taumelte. EH Sophie, hochschwanger, wurde Zeugin eines großen Anfalles und schrieb entsetzt ihrer Mutter: »Ferdinand ist schauerlich entstellt, sein Mund steht ständig offen und sein Gesicht erscheint dadurch noch um zwei Finger länger. Der Arzt sagt, daß jeder weitere Anfall noch bleibendere Spuren hinterlassen wird, weil die Kräfte abnehmen und die Muskeln sich ausdehnen. Gott weiß allein, was aus diesem Unglücklichen noch werden wird. Der gute Kaiser und mein Gatte wollen mich um jeden Preis verhindern, ihn zu sehen, aber gestern hatte ich es doch durchgesetzt; sein Anblick erschreckt mich nicht mehr so wie früher und kann daher keine bösen Folgen für mich haben. Und im übrigen kann ich es doch nicht ständig vermeiden, ihm zu begegnen...«[66]

Kaiser Franz sandte seinen Leibarzt Dr. Andreas Stifft sofort nach Schönbrunn zu seinem Sohn, um nach dem Rechten zu sehen. Der Leibarzt gab folgendes Bulletin ab: »Meinen ersten unterthänigsten Bericht sendete ich Morgens um 7 Uhr in die Stadt. Sr.k.k. Hoheit blieben bis gegen 9 Uhr im gleichen Zustande, wo aber ein heftiger apoplektischer Zustand eintrat mit gänzlicher Bewußtlosigkeit, Erbrechen, Fieber und gänzlicher Lähmung des linken Armes und großer Röthung im Gesichte. Nach einem sogleich unternommenen reichlichen Aderlaß kehrte das Bewußtsein zurück und der linke Arm wurde wieder bewegt... Bis gegen 11 Uhr blieb eine große Neigung zum Schlafe und ein betäubtes Aussehen, wo aber, da die äußeren Reizmittel zu wirken anfingen, die Heiterkeit zurückkehrte und bis nun anhielt. Ich ließ den Dr. Viverot aus der Stadt kommen und wir werden Nachmittags um 3 Uhr den Aderlaß wiederholen, was bereits geschehen ist. Sr. k.k. Hoheit sind sich vollkommen gegenwärtig, haben außer einem mäßigen Lallen mit der Zunge weiters keine Lähmungen und es wird wohl möglich seyn, daß Versehen mit dem heiligen Sacramente, wozu nach dem Burgpfarrer gesendet wurde, zu beseitigen.«[67] Eine Reihe ärztlicher Bulletins wurden in den nächsten drei Wochen veröffentlicht und bewiesen, daß sich der Thronfolger wieder völlig erholt hatte.

In dieser Zeit fielen weitreichende Entschlüsse innerhalb der Familie. Wichtige Weichen wurden für die Monarchie gestellt. Kaiser Franz hatte viele Jahre hindurch an den Fähigkeiten seines ältesten Sohnes gezweifelt und ihn nicht von vornherein zu seinem Thronerben erklärt. Erst als er sah, wie sich Ferdinand – endlich – körperlich und geistig entwickelte, war er dieser Art Nachfolge nicht mehr abgeneigt. Vielleicht hatte Metternich doch recht? Es müßte eine Regierungsmaschinerie geschaffen werden, die im Notfall ganz von selbst funktioniert. Nun war die Zeit gekommen, den ersten Schritt für die Nachfolge zu wagen, und Freiherr von Gentz notierte in seinem Tagebuch am 17. Juli 1830: »Der Fürst (Metternich) teilt mir die Nachricht von der bevorstehenden Krönung des Kronprinzen in Ungarn mit.«[68] Damit waren also bereits 1830 die Weichen für eine reibungslose Nachfolge im Hause Habsburg gestellt worden. Vielleicht war die Klärung der Nachfolge aber auch nur eine Antwort auf die immer stärker werdenden Kritiken, die aus dem gesamten Reich den Wiener Hof erreichten. Zur politischen Stimmung in diesen Tagen schrieb A. Prokesch von Osten am 14. März 1830: »Bei Fürst Dietrichstein, der mir über den Verfall der Monarchie in allen ihren Teilen, über die ungeheuerliche Liederlichkeit und Nonchalance der Hohen und Höchsten und über wahrscheinliche Unglücksfälle nach dem Tode des Kaisers spricht.«[69] Oder war der Krönungsakt Ferdinands zum König von Ungarn nichts anderes als ein geschickter diplomatischer Schachzug eines einzelnen, auf den Kaiser Franz hereinfiel und über den berichtet wird: »Dietrichstein erklärt mir die Krönung des Kronprinzen in diesem Augenblick so: Der Hauptgrund ist, daß Reviczky ein Großkreuz haben wollte. Er sagte dem Kaiser: Bei Euer Majestät Lebzeiten werden die Ungarn nicht wagen, dem Kronprinzen harte Bedingungen vorzulegen, wozu sie verleitet werden könnten, nach Euer Majestät Tode. Und den Ungarn sagte er: Eilet jetzt, euren Pakt mit dem künftigen Könige zu schließen, denn nach des Kaisers Tod wisset ihr nicht, in wessen Händen von Ministern er fällt...«[70] Tatsächlich wurde Ferdinand noch in diesem Jahr in Preßburg zum König von Ungarn gekrönt.

Bevor es zur Krönung kam, verlangte der Kaiser von seinem Leibarzt und Protomedicus (oberster Mediziner) Dr. Andreas Stifft ein ärztliches Gutachten über seinen Ältesten. Dieser Arzt hatte bereits im Jahre 1824, anläßlich der Verlobung des EH Franz Karls mit Sophie von Bayern, ein Gutachten über Ferdinand erstellt und damals angeführt, daß dieser »apoplektisch« (von einem Gehirnschlag bedroht) sei und nur über eine begrenzte Lebenserwartung verfügen würde. Außerdem, »daß der Kronprinz wenn nicht impotent, so doch so beschaffen ist, daß eine Ehe für ihn tödlich sein könnte«. Der Kammerherr Ferdinands, Ségur-Cabanac, schrieb dazu, daß Dr. Stifft immer der Überzeugung war und keinen Augenblick zweifelte, daß Franz Karl und nicht Ferdinand dem Vater auf den Thron folgen werde. Mit diesem Gutachten wollte sich der Leibarzt bei EH Franz Karl Liebkind machen. Der junge Erzherzog soll aber dieses intrigante Spiel des Leibarztes durchschaut und es seit damals abgelehnt haben, sich weiter von Dr. Stifft behandeln zu lassen, was an Hand der Rezeptbücher des Hofes bestätigt werden kann. Dieses ärztliche Gutachten war dazu angetan, die Köpfe der Menschen, die sich über den Zustand Ferdinands nicht selbst ein Bild machen konnten, zu verwirren und »späteren Forschern war dieses Gutachten Grundlage ihrer Beurteilung des Kronprinzen«.[71]

Dr. Stifft stieß nun im neuen Gutachten die Behauptungen über Ferdinand aus dem Jahre 1824 um und meinte jetzt, der Thronfolger sei nicht »apoplektisch«, sondern nur »epileptisch« und dies wäre kein Grund, eine Eheschließung nicht einzugehen. Nachdem der Leibarzt sah, daß Ferdinand zum König von Ungarn gekrönt werden würde, machte er sofort eine Kehrtwendung. Plötzlich war der so Schwerkranke gar nicht so krank und unzurechnungsfähig, sondern durchaus geeignet, jetzt König von Ungarn und später Kaiser von Österreich zu werden.

Ärztlicherseits stand sogar einer Eheschließung nichts entgegen. Für EH Sophie war dieses neue Gutachten eine Hiobsbotschaft! Sie kannte natürlich das Gutachten aus dem Jahre 1824 und hatte sich irgendwie immer auf dieses verlassen. Und nun wurde plötzlich das Gegenteil behauptet. Noch hatte sie einen Funken Hoffnung. Wenn Ferdinand auf Grund seiner Krankheit kein langes Leben haben würde, dann würde ihr Gemahl Kaiser werden und dessen Sohn würde die Nachfolge antreten, und sie wäre dann »Kaiserin-Mutter«. Was aber, wenn Ferdinand eine Ehe eingehen würde und Nachkommen bekäme? Dann wären Sophie und ihre Kinder vom Thron ausgeschlossen. Dr. Stifft war klug und gefinkelt genug, der Erzherzogin sofort zu versichern, daß Ferdinand, selbst wenn er eine Ehe eingehen würde, diese niemals konsumieren könne, und aus dieser Verbindung würden nie Nachkommen hervorgehen. Wenigstens in diesem Punkt sollte der Leibarzt des Kaisers recht behalten. Kurz vor ihrer Niederkunft erlebte Sophie täglich neue Aufregungen, und ihre Träume und Pläne kamen ins Wanken.

Als am 20. Juli 1830 in den Straßen von Paris wieder die Gewehrsalven krachten und die Trikolore noch einmal das weiß-goldene Banner der Bourbonen verdrängte, glaubte Reichstadt, sein Stern würde neu aufgehen und seine Stunde, als Napoleon II. nach Frankreich zurückzukehren, wäre gekommen. Sein Erzieher schrieb der Mutter nach Parma: ». . . Alles was geschieht, was gesagt wird und was er in seinem Kopf wälzt, erhitzt natürlich seine Phantasie . . .«[72] Und sein Vertrauter notierte in seinem Tagebuch: »Reichstadt erklärt, daß er nur auf den Ruf der französischen Armee warte.«[73]

Das Warten war vergebens. Die Offiziere der neuen französischen Armee waren nicht mehr jene, die unter seinem Vater gedient hatten; sie waren längst pensioniert. Der Adel stellte wieder das Offizierskorps und nicht mehr das Bürgertum, das jetzt seinen Söhnen verbot, diesen Beruf zu ergreifen. Die niederen Offizierschargen stellten das Kleinbürgertum und der Bauernstand, und diese waren überwiegend gegen die Monarchie eingestellt und votierten für die Republik.[74] Louis Philippe, Sohn des Egalité, bestieg als Bürgerkönig mit seinem Regenschirm und den damals modern gewordenen Galoschen den Thron Frankreichs, die Hoffnungen Reichstadts hatten sich damit in Nichts aufgelöst. Langsam erstarb das Leben in den Adern des zweiten Napoleons.

Für die bevorstehende Pflege von Sophies Erstgeborenem hatte sich der Hof rechtzeitig um eine Aja umgesehen. Die Wahl fiel auf Louise von Sturmfeder, das sechste von zehn Kindern des Karl Theodor von Sturmfeder. Sie wurde 1789 geboren, verlobte sich 1812 mit ihrem Vetter, der in der Schlacht von Brienne schwer verwundet wurde und an den Folgen der Verletzungen starb. Seit 1818 lebte Louise bei ihrer Schwester Charlotte von Dalberg in Datschitz in Mähren und versorgte dort ihre Neffen. Sie strebte schon immer eine Stelle als Erzieherin an, nahm in München Verbindung mit der Gräfin Stadion auf, die sie der EH Sophie weiterempfahl. Da Kaiser Franz die Dalbergs kannte, war er mit der Wahl seiner Schwiegertochter einverstanden und beauftragte Metternich, die Anstellung perfekt zu machen. Die Sturmfeder las alle Erziehungsbücher, derer sie habhaft werden konnte, um für ihre künftige Aufgabe bestens vorbereitet zu sein.

Am 12. Juli 1830 berichtete sie von ihrer Vorstellung bei EH Sophie nach Hause: Sie hatte erwartet, daß ihr ein genauer Erziehungsplan in die Hand gedrückt werde, statt dessen wurden ihr nur allgemeine Direktiven gegeben: »Ich wurde zur Frau Erzherzogin Sophie gerufen. Sie sprach über eine Stunde mit mir und ich hörte manches, was mir Hoffnung gibt, daß es vielleicht möglich sein wird, meiner Methode ein wenig zu folgen. Sie sagte, sie und der Erzherzog wünschen sehr, daß das Kind nicht immer gestört würde, daß alles recht ruhig und leise um es zugehe, daß man aus Eitelkeit es nicht zu kühl kleide, daß man es nicht mit zu vielen Süßigkeiten vollpfropfe, sondern ihm eine gesunde einfache Nahrung gebe. Dies und manches andere in diesem Sinne gesprochen machte, daß ich viel froher fortging, als ich gekommen war...«[75]

Vier Wochen später schrieb die Sturmfeder an ihre Angehörigen: »Nun kommt bald der 18. August. Länger als bis zu diesem, sagt man, könne die Frau Erzherzogin nicht mehr gehen. Ich glaube es immer noch nicht, sie ist mir noch immer zu beweglich... Ich sah nie eine Frau in diesem Stande weniger Faxen machen. Ich glaube, sie ist so glücklich darüber, daß sie sich dergleichen gar nicht erlaubt und alles geduldig erträgt. Man hört sie gar nie klagen... Es ist nur unangenehm, daß man sie so lange warten ließ, auf das, was nicht ausbleiben kann, was man ihr aber immer als ganz nahe vorstellte. Warum, begreife ich nicht und ich sehe darin nur wieder die falsche Manier, den Großen alles glauben zu machen, was sie gerne möchten, daß es geschähe... Bis Samstag kommt der Kaiser und alles was in Baden war, hierher... Der gute Kaiser sprach heute von der Einteilung der Zimmer und wie Er damit gesorgt habe, daß die Erzherzogin ein recht ruhiges Quartier habe. Er sagte, in der Burg geht mir alles über den Kopf herum, da sind Kinder, die Klavier lernen und ein ewiger Lärm... Dann sah er mich an und sagte ›Da ist auch jemand, den ich hören werde, denn Sie wohnen gerade über Mir‹. Ich sagte, ich würde ihn hoffentlich nicht durch zu großen Lärm stören...«[76]

Tags darauf folgte eine neue Schilderung der Vorgänge bei Hof. Sie berichtete, so gut und tief geschlafen zu haben, daß sie gar nicht mitbekam, was vorgefallen war. Die Mutter und die Zwillingsschwester Sophies, die seit einigen Tagen in Wien weilten, gingen noch spätabends zur Erzherzogin, um ihr eine gute Nacht zu wünschen. Sie trafen Sophie mit heftigen Koliken im Bett an und glaubten schon, dies wären einsetzende Wehen und die Geburt beginne. Sie sandten sofort nach der Hebamme Schmalzl, die jedoch feststellte, ein verdorbener Magen hätte die Koliken hervorgerufen. Ursache dürfte das Abendessen gewesen sein. Es hatte »Kindskoch« (Grießbrei) mit Aprikosenkompott gegeben. Die Erzherzogin hatte sich rasch wieder erholt.[77] An diesem Tag hatte Sophie der Sturmfeder ein Kleid aus weißem Tüll mit Silberstickerei und einen dazugehörigen Mantel geschenkt. Sie berichtete, die Erzherzogin »liegt auf der Chaiselongue und sieht vortrefflich aus und ist recht lustig. Ich glaube, wenn man sie gehen ließe, wäre es besser, das

Liegen ist ihr zuwider...«[78] Am 16. August teilte die Sturmfeder mit: »...Madame Schmalzl, die aus meinem Zimmer kommt und mir sagt, daß sie das Ereignis für heute abend erwarte ... Um 7 Uhr wurde das Hochwürdigste ausgesetzt und nun wird fortgebetet, bis es vorbei ist...«[79]

Um 16 Uhr erschien die Hebamme Schmalzl bei EH Franz Karl und teilte ihm mit, daß die Geburt für heute abend zu erwarten wäre. Daraufhin begann emsiges Treiben in den Appartements der Erzherzogin. Das Obersthofmeisteramt hatte bereits alles vorbereitet, die mittelbaren und unmittelbaren Zeugen des Geburtsaktes bestimmt, denn die Geburt eines Thronerben war ein Staatsakt erster Güte. In aller Eile wurde ein Altar im Geburtszimmer aufgebaut, das Allerheiligste ausgesetzt, und ein Hofkaplan begann, mit den bis zur vollendeten Geburt nicht endenwollenden Gebeten. Nach vierundzwanzig Stunden hatte sich die Prognose der Hebamme noch immer nicht erfüllt. Das Gebärzimmer war überfüllt, einer drückte dem anderen die Türschnalle in die Hand. Lassen wir die Baronin Sturmfeder die letzten Stunden vor der Geburt schildern: »Schönbrunn, Mittwoch 18. August 1830... Alles war die Nacht auf, sogar der gute Kaiser seit 4 Uhr. Der ganze Dienstag verging noch in Schmerzen... Um 8 Uhr legte ich mich nieder, um 2 Uhr wurde ich geweckt und man sagte, es würde nun schnell vorbei sein. Ich eilte, so sehr ich konnte. Als ich hinunterkam, war schon der Kaiser und alle wieder da. Bei uns fielen die Damen vor Schlaf und Mattigkeit nieder, in der Kammer lag eine da, die andere dort... auch die Herren waren kaputt... die Nachricht, daß man auf ein baldiges Ende hoffen durfte, brachte nun in alle wieder neues Leben... Je mehr die Erzherzogin schrie, desto lebendiger wurden wir, denn sagte man, nur so kann es enden. Um 8 Uhr wurde erklärt, es müssten Doktoren zu Hilfe genommen werden, denn das Kind könnte sonst zugrunde gehen, oder die Frau Erzherzogin zu sehr erschöpft werden. Es waren alle außer sich. Die Frau Erzherzogin war es aber zufrieden, sie war überhaupt geduldig wie ein Engel und ganz ergeben. Der gute Kaiser sprach ihr immer Mut zu und verließ sie keinen Augenblick...« Viele, die das nicht mehr anhören konnten, verließen die Kammer und Antikammer und entfernten sich. Nur noch sechs Personen, vom Kaplan abgesehen, blieben im Gebärzimmer zurück, darunter die Sturmfeder. »Einige beteten, andere weinten. Nun ward eine gräßliche Stille, dann wieder ein fürchterliches Schreien und Wehklagen, wo man nur von Zeit zu Zeit des guten Kaisers Stimme hörte, welcher ihr Mut zusprach; auf einmal, um ¾ 10 Uhr wurde alles laut: Das Kind ist da, aber es schrie nicht... Es ist ein Sohn! Nun ward aber auch ein Jubel, der Kaiser kam, die Hände gegen Himmel gehoben und Gott dankend, an die Tür, wir drängten uns alle herbei und küßten die Hände... Ich gratulierte der Erzherzogin, welche alle Schmerzen vergessen hatte und glückselig in ihrem Bette lag... Nun blieben wir so drei Stunden lang beinahe regungslos sitzen; nachdem erst das Kind angezogen war, verließ der Kaiser das Zimmer, in welchem nun niemand mehr war, als zwei Ärzte und ich... So blieb ich bis 9 Uhr abends sitzen, dann kam der Kleine in sein Zimmer und nach und nach ging alles zur Ruhe. Und nun hat also mein Dienst angefangen, übrigens sagt mir kein Mensch, was und wie ich es tun soll. Ich gehe nur die eine Stunde aus dem Zimmer, sonst bin ich immer da. Schreibe, lese, arbeite, trage den Kleinen zu der Erzherzogin und schlafe sehr wenig, weil er noch unruhig ist und ich die Kinderfrau, die Schmalzl und den Doktoren nicht allein lassen, da sie beständig im Krieg sind...«[80]

Sophies Mutter und Schwester, die seit achtundvierzig Stunden kein Bett gesehen hatten, berichteten erschöpft nach München an die Großmutter: »Meine liebe Mutter! Sophie ist soeben eines starken, schönen und gesunden Knaben genesen. Wir sind trunken vor Freude nach all den Leiden, die kein Ausdruck Ihnen treffend genug schildern kann. Es sind zweimal 24 Stunden vergangen, seit ich mein Bett nicht mehr gesehen habe. Ich bin vollständig niedergebrochen und doch so glücklich, meine Sophie und ihr Kind, das mit der Zange genommen werden mußte, behalten zu haben. Marie wird meinen Brief beenden. Ich kann nicht mehr. Meine arme Sophie hat sich während der zwei vollen Tage und Nächte dauernden grausamen Leiden wie ein Engel benommen. Bevor ich sie jetzt verlassen habe, hat sie mich, liebe Mutter, beauftragt, Ihnen zu schreiben, daß sie gleich nach der Geburt des Kindes zuerst an Sie gedacht habe. Der Kaiser und die Schwägerinnen haben sie während der grausamen Tage fast keinen Augenblick verlassen.«

Fortsetzung des Briefes durch Marie, Schwester der EH Sophie: »Meine vielgeliebte Großmama! Ich bin wie toll vor Freude und was würde ich darum geben, könnte ich jetzt Ihre lieben Hände küssen... Sagen Sie aller Welt, wie wir so glücklich sind. Unsere Sophie ist ganz verklärt und nach ihrem Glück jenes Mamas und des guten Kaisers, die sie nicht verließen und am meisten mitlitten, die größte Freude. Das Kind ist prachtvoll, aber welch unsägliche Leiden hat es verursacht. Großer Gott, es waren 43 schreckliche Stunden und wir sind alle wie gebrochen, besonders unter den zwei Todesängsten verbrachten Nächten. Die Taufe wird heute um 6 Uhr stattfinden und wir werden alle wie Gespenster in Gala aussehen. Aber seien Sie ruhig, liebe Großmama, ich werde dafür sorgen, daß meine gute Mama sich jetzt schont und ihre Nerven beruhigt...«[81]

Ein anderer Augenzeuge berichtete: »Ein unaussprechlicher Ausdruck von Glück und Freude lag auf dem Antlitz des Erzherzogs Franz Karl, als er seinem kaiserlichen Vater persönlich die Meldung von dem frohen Ereignisse abgestattet hatte. War er ja zum erstenmal nach sechsjähriger Ehe mit einem Kinde, obendrein mit einem Prinzen, beglückt worden, welcher, wie man damals schon mit Grund annahm, bestimmt war, dereinst den Thron der Habsburger zu besteigen.«[82]

Von den Basteien schossen die Kanonen 101 Salven und kündigten die Ankunft eines Thronfolgers. Die Wache trat unter das Gewehr, und der Generalmarsch wurde geblasen. Kaiser Franz ordnete vor Freude sofort an, daß fortan diesem Säugling, jedesmal wenn er die Burg oder Schönbrunn verließ, die Wache die Ehrenbezeugung zu leisten hätte und er sechsspännig fahren dürfe. Franz Grillparzer dichtete aus diesem Anlaß die »Phantasie am Morgen der Niederkunft der Erzherzogin Sophie«:

»Heil Dir und ihm, dem Erben des Thrones!
Lang möcht' er herrschen, uns und Dir zur Lust!
Als Fürst sei er der erste unter Gleichen,
Als Herzog zieh' er her vor seinem Volk...«[83]

»Lang möcht' er herrschen, uns und Dir zur Lust!« Fast waren dies seherische Worte, die der Dichter hier zu Papier gebracht hatte.

Es hing nur an dem berühmten seidenen Faden und EH Sophie hätte wieder ein Unglück erfahren. Die Geburt war schwer und voll mit Komplikationen. Die Wehen setzten Montag abends ein und dauerten mit kurzen Unterbrechungen bis Mittwoch vormittags. Die imperative Forderung der damaligen Accoucheure – »Über einer Gebärenden soll nur einmal die Sonne untergehen« – konnte nicht erfüllt werden. Die Ärzte wußten, daß bei einer über diese Zeitspanne hinausreichenden Geburt schwere, oft tödliche Komplikationen bei Mutter oder Kind auftraten, wie die gefürchtete Wehenschwäche, die schließlich in einem Geburtsstillstand endete, der manchmal medikamentös (Mutterkornalkaloid) beeinflußt wurde; doch war diese Therapie immer eine sehr heikle und auch gefährliche, da keine genaue Dosierung vorgenommen werden konnte, sondern nur nach Gutdünken und Erfahrung therapeutisiert wurde. Bei Wehenstillstand starb das Kind meist sehr rasch ab und mußte anschließend zerstückelt aus dem Mutterleib entfernt werden. Bei Geburten, die allzu lange dauerten, war oft eine durch Sauerstoffmangel hervorgerufene Hirnschädigung des Kindes oder zentrale Läsionen (traumatische Epilepsie) nicht zu vermeiden. War die Entwicklung des Kindes bereits weit fortgeschritten und es trat ein Wehenstillstand ein, mußte die Geburt durch Anlegen einer Geburtszange beschleunigt oder beendet werden, um sowohl die Mutter als auch das Kind am Leben zu erhalten. Hier in diesem Fall war die vollkommene Erschöpfung der Mutter durch die überlang dauernde Geburtstätigkeit sicherlich Veranlassung durch die herbeigerufenen Ärzte, die Geburt mittels Zange abzukürzen, bzw. zu beenden. Jedenfalls war die Erzherzogin als auch ihr erstgeborener Sohn höchsten Gefahren ausgesetzt gewesen. Das Neugeborene hatte lediglich drei kleine, unbedeutende Wunden am Kopf davongetragen, und die Ärzte und die Hebamme stritten tagelang, wer an diesen Verletzungen die Schuld trage.

Am Freitag, den 20. August fand um 12 Uhr die Taufe statt, in der das Kind die Namen Franz Joseph Karl erhielt. Taufpate war der Großvater, Kaiser Franz. Der Obersthofmeister des EH Franz Karl trug das Kind zur Schloßkapelle. Die Sturmfeder hatte von EH Sophie ein goldenes Kollier und goldene Ohrringe zum Geschenk bekommen. Was sie zu tun hatte, sagte man ihr nicht. »...Gesagt hat mir niemand etwas, ich mache es, wie mir gutdünkt, bis mir etwas anderes gesagt wird. Wegen der Kopfwunde diskutieren vier Ärzte. Alle Viertelstunden, Tag und Nacht, werden darauf Umschläge gemacht. Das Kaiserpaar kommt täglich zweimal zu Besuch.

Dazu ein Haufen anderer...«[84] Das Kind wurde zweimal täglich von der Mutter gestillt, die übrigen Mahlzeiten erhielt es von einer Amme. Die Aja war über das Getue, das mit dem Kind gemacht wurde, sehr verärgert. »Das Hauptgeschäft, die Pflege des Kindes, ist mir durch einen unseligen Krieg, der zwischen Doktoren, Accoucheuren, Hebammen und Kindsweibern existiert, sehr erschwert, besonders da ich sehe, daß es bei der Art wie es behandelt wird, nicht recht gedeiht... Morgens um ½7 Uhr kommt schon der Erzherzog, da stehe ich oft im Hemde hinter der spanischen Wand und rufe immer nur zu, wie die Nacht war. Dann kommen vier Doktoren, das Kind wird gebadet und der lädierte Kopf verbunden...«[85] Auch abends erschienen die Ärzte, um einen neuen Verbandwechsel vorzunehmen. »Vier Ärzte doktern an ihm herum, Gott sei Dank, daß er kerngesund ist!« Am 3. September wurde bestimmt, daß die Erzherzogin das Stillen beenden solle, und die Sturmfeder hoffte, daß das Kind nun anständig gedeihen werde. »...Hoffentlich wird es nun Ruhe geben, aber so etwas habe ich noch nie erlebt und das Kind von dem ärmsten Taglöhner wird nicht so gequält, wie diese kleine, unglückliche kaiserliche Hoheit...«[86] Durch die feuchten Umschläge, die Tag und Nacht auf die Wunden aufgelegt wurden, heilten diese nicht ab, und daher entschlossen sich die Ärzte, die Wunden mit Höllenstein (Lapis) »auszubrennen«, was jedesmal ein Protestgeheul des Säuglings auslöste. Erstmals war die Sturmfeder mit dem Kind in der Kirche und »ich habe recht eifrig für ihn gebetet, daß ihn Gott erhalte, denn die schlechte Behandlung, die er erfährt, seit er auf der Welt ist, kann ihm nicht gut tun, davon bin ich überzeugt... Es ist wahr, oft steht mir der Verstand still, wie man so mit einem Kind umgehen kann und ich bin nur froh, daß ich keine Verantwortung habe...«[87] Der 11. September war ein herrlicher, warmer Herbsttag, und EH Sophie wünschte, daß der Kleine erstmals an die frische Luft geführt werden sollte, doch sprachen sich die Ärzte strikt gegen dieses Ansinnen aus. Erst acht Tage später gestatteten sie den ersten Ausgang, und die Sturmfeder suchte dazu ein windgeschütztes, sonniges Plätzchen aus. »Die Schmalzl stürzte herbei und begann zu schreien, wie ich das Kind diesem Wind aussetzen könnte... Malfatti sagte mir abends, daß er gehofft habe, ich würde gescheit genug sein, bei diesem Wind von seiner Erlaubnis keinen Gebrauch zu machen.«[88]

Der gesamte Haushalt drehte sich um den Kleinen, und alle waren ständig auf Trab. Die Aja, die Kindsfrau Cäcilia Ascher, eine Kammerfrau, das Kindermädchen Leopoldine Huber, zwei Leiblakaien, eine Kindsköchin, eine Kammerfrau für die Kammerfrau, ein Kammerweib für das Kammerweib und ein Küchenmensch. Ununterbrochen erschienen diverse bekannte und unbekannte Besucher, um das Kind anzusehen. Natürlich fanden diese Speichellecker große Ähnlichkeiten mit dem Vater, obwohl dem Säugling die typische Habsburgerlippe fehlte, die der Vater noch besaß; andere fanden, daß er dem Großvater, dem Kaiser, wie aus dem Gesicht gerissen wäre, und manche stellten frappierende Ähnlichkeiten mit den größten Habsburgerkaisern fest. Die Damen waren entzückt und hingerissen, als ob sie noch nie ein Kleinkind gesehen hätten. Sophie zeigte ihren ganzen Stolz auch gerne her, sie gab Audienzen und trug dabei das Kind auf dem Arm. Die Damen überschlugen sich mit Komplimenten und nannten das Kind »Gottheiterl«. Das war sogar der Erzherzogin zu viel. Und Reichstadt sagte, der Kleine sähe in seinem rosa Kleidchen aus wie Erdbeereis mit Schlagobers. Reichstadt, der mehr aus Zuneigung zur Erzherzogin als aus Liebe zu dem Kleinen kam und wieder ein treuer und regelmäßiger Besucher wurde, stellte einmal fest: »Nun, wenn man unter solchen Merkmalen zur Welt kommt, so muß man wohl auch ein recht kriegerischer Fürst werden.« Auf die Frage ›wieso‹ sagte er: »Er ist im Sternbild des Löwen geboren, wird von einem Fräulein aufgezogen, die den Sturm im Leibe hat und wächst unter der Trommel auf, denn unter seinem Fenster ist die Wache.«[89] Nach drei Wochen erhielt »Franzi«, wie ihn die Mutter nannte, als Zusatznahrung Hühnerbouillon mit Biskuit, worauf sich prompt eine Diarrhoe einstellte. Jedesmal, wenn die Sturmfeder das Kind in den Kaisergarten trug, trat die Wache unter das Gewehr. »Das erscheint mir doch etwas zu viel für einen so kleinen Kerl«, fand selbst die stolze Mutter. Aber sie war selig. »Ich habe nicht bald ein so freundliches, heiteres Kind gesehen. Das liebe Kind ist so leutselig, die fremdesten Menschen sind ihm willkommen. Neulich war es mit EH Maximilian so liebenswürdig, daß er ganz entzückt über ihn war, auch den Kaiser lächelt er so freundlich an und das macht Ihn – der an so viel Kummer und Sorgen und an so wenig Glück gewohnt ist – so glücklich... Ich muß ihn täglich nach dem Essen zum Kaiser bringen... So beschäftigte sich also der Kaiser ganz allein und zu lieb mit ihm und indem er von ihm auf Reichstadt und dann wieder auf ihn zurückblickte, mit einem Ausdruck von Freude und Glück, der mich entzückte, da er so selten auf seinen Zügen zu finden war, sagte er: Das ist der große Enkel und das ist der kleine. Er sagte dies mit einem so innigen Wohlgefallen, denn beide liebt er wirklich innig...«[90]

Am 8. Dezember 1830 wurde Franzi gegen die Pockenkrankheit geimpft. Dr. Malfatti und ein Wundarzt kamen und übertrugen das Serum aus Pockenpusteln eines kleinen italienischen Buben auf Franz Joseph. Je drei Impfnarben wurden an beiden Oberarmen gesetzt. Schon beim ersten Stich begann der Kleine fürchterlich zu schreien, und der anwesende Vater verließ fluchtartig das Zimmer. Die Mutter begann zu weinen, hielt aber bis zum Ende der Impfung durch. »Was mir so weh tat«, berichtete Sophie ihrer Mutter, »war die Lustigkeit meines armen kleinen Kerlchens, die der Prozedur voranging. Er hatte eben allen zugelächelt und selbst dem fremden Mann, dem Doktor. Und dann tat er ihm so weh, aber kaum war die Sache vorüber, da kehrte Franzis gute Laune zurück und er versuchte noch unter Tränen zu lächeln, wenn ich ihn ansah und mit ihm sprach. Als ihm dann die Amme die Brust reichte, war er noch etwas mißtrauisch und sah sich alle Augenblicke um, ob ihm wohl nicht wieder etwas widerfahren würde.«[91]

Der Kleine war nun schon einige Tage unruhig, und die Sturmfeder vermutete, daß ihn schon die ersten Zähne plagen würden. Vertrauen in die Kunst der Ärzte hatte sie überhaupt keines, am wenigsten zum »Leibarzt« Dr. Malfatti: »...Das Liebste ist mir, daß ich oft vierzehn Tage keinen Arzt sehe, denn, da Malfatti häufig gichtleidend ist, so kann er nicht kommen und da der Kleine sich recht wohl befindet – Gott sei Dank – lasse ich auch keinen anderen kommen.«[92] Erstmals wurde die Aja von EH Sophie gerügt: »...Ich weiß nicht warum, aber ich redete von ihm immer als ›Prinz‹. Heute sagte mir die Erzherzogin, daß ich das nicht tun solle, weil der Kaiser es nicht liebe. Er wolle, daß man den Kindern den ihnen zukommenden Titel gebe, und ich hoffe, daß ich in Zukunft nicht vergessen werde, ihn Erzherzog zu nennen...«[93]

Am 11. Dezember kam die Erzherzogin zur Sturmfeder in die Kindkammer und sprach mit ihr über die große Neuigkeit bei Hof:

Ferdinand würde heiraten! »Sie sprach mit mir lange darüber… Ich finde, daß die Art, wie sie eine Sache, die so großen Einfluß auf ihre Position in der Welt hat und vielleicht einen noch größeren auf das Schicksal ihres Kindes haben wird, nimmt, macht ihr große Ehre. Heute abends sprach ich auch mit dem Erzherzog darüber; auch er redet davon in gleicher Weise…«[94] Sophie berichtete über diese Neuigkeit sofort nach München, daß »daher kein Hindernis bestehe, ihn, wie er es wünscht, zu vermählen«.[95] Kaiser Franz beeilte sich, seinem Ältesten sofort eine Frau zu »besorgen«, und die Wahl fiel auf die schon 28 Jahre alte, wenig hübsche und schon etwas »überwurzelte« Prinzessin Maria Anna von Savoyen. Das Haus Savoyen war froh, die Tochter angebracht zu haben, dazu noch an den künftigen Kaiser eines großen, bedeutenden Reiches. Als diese Tatsachen bekannt wurden, kursierten am Wiener Hof hämische Kommentare über Ferdinands Ehe, besonders aber über seine Zeugungsfähigkeit. Besonders arg und derb trieb es der Bruder des Kaisers, EH Anton. Nur Franz Karl hielt in jeder Hinsicht treu zu seinem Bruder Ferdinand. Sophie an ihre Mutter: »Das ist die fleckenlos reinste Seele, die alleruntertänigste, die ich kenne. Er hat Ehrgeiz nur für das allgemeine Wohl und vergißt gänzlich auf sich. Wenn es sich um das Glück seines Bruders und um die Einigkeit in der Familie handelt, die ihm so am Herzen liegt, sie wird uns in der Zukunft notwendig sein, wenn wir das ungeheure Unglück haben werden, unseren vielgeprüften Kaiser zu verlieren.«[96] Das war ihre größte Sorge, die ihr Angst machte: Was würde nach dem Tod des Kaisers geschehen? Und sie verzieh es Metternich nie, daß er »mit einem Trottel als Repräsentanten der Krone«, dem unglücklichen Ferdinand, das Ansehen der Monarchie geschmälert und ihren eigenen Aufstieg verzögert hatte.[97] Sie hatte allerdings nicht bedacht, daß die weise Maria Theresia auch für jene Fälle vorgesorgt hatte, daß auch ein minder Begabter den Nimbus der Krone aufrecht erhalten konnte. Diese räumte dem Haus Habsburg eine so hohe und unbestrittene Stellung ein, daß niemand zu rütteln oder zweifeln wagte. »Der Bau einer Monarchie, welche noch Jahrhunderte dauern soll, muß eben so eingerichtet sein, daß auch schwächere Kräfte, wie sie eben nach der Natur der Dinge abwechselnd vorkommen müssen, sich erhalten können…«[98]

Einige Tage vor dem ersten Weihnachtsfest, das der kleine Franz

Joseph erleben wird, mußte die Aja mit ihrem Schützling dem Maler Johann Ender Porträt sitzen. Es sollte eine Überraschung für den Vater werden. Zum Fest erhielt Franzi einen Hanswurst, einen Tänzer auf einem Seil, zwei Tamburine und die Figur eines dicken Kapuziners, der eine Glocke läutete. Trotz dieser friedlichen Familienidylle stiegen in Sophie trübe Gedanken über die politische Situation und die eigene Familie auf, sie schrieb am Ende des Jahres ihrer Mutter nach München: »Die Kehrseite der Medaille sind die schreckenserregenden Wirren, die Europa in Aufruhr halten und die mir so viele Sorgen machen. Möge der liebe Gott uns und unseren lieben Kaiser so lange als möglich erhalten, den ich als die *stärkste* und am meisten geachtete Stütze der guten Sache halte. Denn nach ihm... mein Gott! Es scheint mir, daß ich am Rande eines Abgrundes stehe, wenn ich an diese traurigen Zeiten denke. Mögen sie recht weit entfernt sein.«[99]

Wegen des Tamburins bekam die Aja mit Dr. Malfatti sofort wieder Ärger. Er überraschte das Kind beim Spiel mit diesem Instrument und befürchtete, daß es sich damit schwer verletzen könnte, da das Tamburin nicht gepolstert war. Der Arzt lief sofort zur Erzherzogin und beschwerte sich über die Sturmfeder. Tags darauf kam er wieder zur Visite, vorsichtshalber kam Sophie mit, daher konnte der Arzt nicht schimpfen, »aber er hatte eine sehr kritische Miene gegen mich aufgesetzt«.[100]

Am 26. Februar 1831 traf Maria Anna von Savoyen in Wien ein. Sophie schrieb sofort ihrer Mutter, daß der Kaiser mit ihr gesprochen habe: »Mein liebes Kind, ich liebe dich sehr und werde dich immer lieben, aber jetzt darfst du es nicht falsch auffassen, wenn ich mich in Zukunft Mariannes wegen ein wenig zurückhalten muß und nicht zu viele Vorliebe für dich zu zeigen.« Er sagte das mit so viel Güte, daß ihm Sophie um den Hals fallen mußte, »und ihn dermaßen küßte und drückte, daß es zu verwundern ist, wie der gute Kaiser noch ganz bleiben konnte...« Über Maria Anna schrieb sie: »Wir können dem Himmel nicht genug danken, uns ein solch gutes und sanftes Wesen gesendet zu haben, das seine eigentlich trostlose Existenz mit so viel Ergebung und Gleichmut erträgt. Ich glaube, wenn man Ferdinand nicht sagte, er solle von seinem Gattenrecht Gebrauch machen, er niemals daran denken würde, es zu tun.«[101]

Franz Joseph bekam im März seinen ersten Zahn, am 21. März

durfte er, erstmals seit dem 4. Dezember, wieder an die frische Luft gehen. Er war auf Geheiß der Ärzte den ganzen Winter hindurch in der Hofburg eingesperrt. Sophie erhielt wieder strenge Bettruhe, da der Verdacht einer neuerlichen Schwangerschaft bestand, doch sollte sich dies als blinder Alarm herausstellen. Am 23. Mai wurde das Kind entwöhnt, es wurde jetzt hauptsächlich mit verdünnter Kuhmilch ernährt.[102] Sturmfeder berichtete, daß die Erzherzogin nun täglich abends bis 22 Uhr eine Teestunde hielt, bei der sich die Familienmitglieder zwanglos trafen. Am 21. Juli berichtete die Aja über das kranke Aussehen des Herzogs von Reichstadt: »Ihr glaubt nicht, wie interessant dieser arme junge Mann ist. Ich finde aber, daß er immer gelber wird und daß er nicht gesund sein kann.«[103] Reichstadt verkehrte jetzt wieder oft bei der Erzherzogin, die über ihn und ihren Sohn der Mutter berichtete: »Es ist ein hübscher Anblick diesen reizenden jungen Mann anzusehen, wenn er meinen lieben Franzi in den Armen hält und mit ihm spielt. Sie haben beide ein so schönes Lächeln.«[104] Die Aja mußte mit dem Kind nach Baden zum Kaiser fahren, der seinen Enkel noch vor dessen Abreise nach Ischl sehen wollte. Er sollte siebzehn Tage in Ischl bleiben. Eine Fahrt damals von Wien nach Ischl dauerte vierundzwanzig Stunden. »Ich hatte den Kleinen in meinen Wagen genommen«, berichtete Sophie ihrer Mutter, »um mit ihm zugleich in den Ort, dem er grossentheils sein Daseyn verdankt, einzutreten... Man nennt den Kleinen hier im Ort den ›Prinzen aus dem Salz‹...«[105] Sturmfeder schrieb, daß ihr Schützling am 10. September erstmals allein einige Schritte getan hatte.[106]
Nachdem der Kleine Franzi schon »Mama« und »Papa« sagen konnte, gab die stolze Mutter ihrer Mutter eine Charakteristik ihres Sohnes: »Du hast keine Idee, liebe Mutter, wie ausgezeichnet sich dieser Kleine entwickelt, wie hübsch, lebhaft, intelligent, gut, zärtlich er ist. Es ist unglaublich, wie geschickt er sich für sein Alter erweist und süß mitanzusehen... wie gerne er Reichstadt hat. Dieser besucht ihn oft und läßt sich nach türkischer Art mit gekreuzten Beinen vor ihm nieder. Da wälzt er sich auf allen vieren zu ihm hin und legt mit einem einschmeichelnden Lächeln sein hübsches Köpfchen auf Reichstadts Fuß. Es liegt so viel Grazie in dieser Stellung, so viel ruhiges, anheimelndes Wesen, dieser wundervolle junge Mensch mit dem schönen Kind zu seinen Füßen, das sich förmlich in

seinen Schutz zu begeben schien, bildete eine so schöne Gruppe, daß wir alle betroffen waren. Franzi ist derart lustig und lebhaft, daß man glauben könnte, er sei schon ein Kind von eineinhalb Jahren und nicht bloß ein Kerlchen von kaum zehn Monaten. Doch nun muß ich Dir sagen, liebe Mutter, ich glaube, ich bin auf dem besten Wege, ihm einen kleinen Bruder oder ein Schwesterchen zu geben...«[107]

Ende September traten in Wien die ersten Cholerafälle einer beginnenden Epidemie auf, von der auch Kinder betroffen waren. Der Kaiser ängstigte sich sehr um seine Enkel. Reichstadt durfte, trotz seines heftigen Protestes, nicht mehr in die Kaserne gehen. Dr. Raimann gab entsprechende Vorsichtsmaßregeln: Zweimal täglich wurden die Zimmer mit kochendem Essig desinfiziert, alle Briefe, die ein- oder ausgingen, wurden durchbohrt und geräuchert. Es durfte nur abgestandenes Wasser, in dem eine frisch geröstete Semmel zwecks Desinfektion eingetaucht war, verwendet werden. Am 4. Oktober feierte der Kaiser seinen Geburtstag, und EH Sophie hatte Josef Ender beauftragt, die drei Lieblingsenkel, Reichstadt, Franz Joseph und Lina von Salerno, zu malen.

Für den kleinen Franz Joseph war damals schon das Faszinierendste alles Militärische. Er eilte sofort zum Fenster, wenn der »Burgschnarrer«, der Außenposten, die Wache unter das Gewehr rief. Kaum jemals versäumte er das Schauspiel der mittäglichen Wachablöse, wenn die neue Wache mit Pauken und Trompeten in den Burghof einmarschierte. Sophie hatte ihm eine kleine Uniform schneidern lassen und ihm ein kleines Holzgewehr geschenkt, mit dem er ständig präsentierte. Er war ein entzückender Anblick, wie Sophie ihrer Mutter schrieb: »Du würdest nicht glauben, wie hübsch er das zu machen versteht. Er ist zum Fressen mit seinem kleinen Gewehr, seiner Grenadiermütze auf dem Kopf, seinem Säbel an der Seite und dem kleinen Tornister auf dem Rücken. Als ich letzthin nach Hause kam, stand er vor meiner Türe, um mir beim Eintreten das Gewehr zu präsentieren...«[108] Anfang Januar 1832 schrieb die Sturmfeder nach Hause: »Gegen Mittag hatte die Erzherzogin zeremoniöse Audienzen. Sie war denn auch im Schleppkleide und sehr schön frisiert. So zeigte sie sich dem Kleinen, welcher sie bewunderte, von Kopf bis zu den Füßen betrachtete und schließlich sagte: ›Schöne Mama‹. Nachmittags kam der Herzog von Reichstadt...

Er scherzte mit der Erzherzogin, welche er häufig seine Mutter nannte, dazu sagte er zu mir, mich zähle er der Zahl der Schwestern zu...« Sie berichtete auch, daß der kleine Franz Joseph wieder die Wachablöse beobachtete, dazu war sein Freund »Ada«, wie er den Reichstadt nannte, der Wachhabende. »...Die Frau Erzherzogin, der Kleine und ich, wir blieben mehr als eine Viertelstunde am Fenster, um den Herzog von Reichstadt zu beobachten, der heute die Inspection der Garden hatte...«[109]

Aus dieser Zeit stammen über das entzückende Kind zwei so verschiedene Briefe, daß es interessant ist, sie miteinander zu vergleichen. EH Sophie schrieb über ihren Franzi: »Du kannst Dir denken, liebe Mama, wie wohltuend das liebe, lebensfrohe Ding, das ernste, sorgenvolle Leben des Kaisers erheitert und erwärmt. Der Monarch selbst, scheint es so sehr zu fühlen und sagte mir neulich noch, er hätte nie ein solches Kind gesehen. Er ist auf dieses ebenso stolz wie ich...«[110] Die Sturmfeder dagegen schrieb: »...Ich finde, der Kleine beginnt sehr ungeduldig zu werden... Ich denke mit Schrekken, was einmal sein wird... da niemand die Kraft haben wird, sich den Launen des Kindes zu widersetzen, das wir alle lieben, anbeten kann ich wohl sagen.«[111] Wie sehr die Erziehung der Erzherzogin auf ihren Franzi schon in diesem Alter einwirkte, einmal allein die höchste Position und höchste Höhe einnehmen zu müssen, zeigte ein Vorfall im Kaisergarten. Die Sturmfeder ging mit ihrem Schützling spazieren und traf dabei Franziska Gräfin Tige, die Frau des Adjutanten Ferdinands, mit ihren Kindern. Sie umringten sofort den kleinen Franz Joseph und nahmen ihn in ihre Mitte. Nach einer Weile traf die Gruppe die Eltern des Kleinen. Sehr energisch und pikiert fragte die Erzherzogin die Aja, »mit wem geht denn das Kind?« Die Sturmfeder bemerkte sofort, daß sie gegen die Etikette verstoßen hatte und entschuldigte sich tausendmal. Spitz bemerkte Sophie: »Eigentlich gehört sich das nicht. Es ist etwas anderes in Schönbrunn und hier.« Die Gräfin Tige zog sich sofort devot mit ihren Kindern zurück.[112]

Im Januar, anläßlich einer Trauerparade, die der Herzog von Reichstadt kommandierte, versagte ihm die Stimme, und er kehrte mit hohem Fieber in die Hofburg zurück. Seit damals erholte er sich nicht mehr, seine Todeskrankheit nahm ihren Anfang. »...Der Herzog von Reichstadt sieht gar übel aus«, schrieb die Sturmfeder nach Hause. »Ich glaube, man hat Ursache für seine Gesundheit besorgt zu sein.« Auch dem Kaiser Franz ging es in diesen Tagen nicht gut. »Er leidet viel von seinen Zähnen und läßt sich von den wenigen einen nach dem anderen ausziehen. Ich finde, es entstellt ihn ganz, hindert ihn am Sprechen und gibt ihm ein leidendes Aussehen.«[113]

EH Sophie war wieder schwanger geworden, die Ärzte wollten sie wieder für Monate ins Bett stecken, doch diesmal tat sie den besorgten Ärzten nicht diese Freude und lebte ein normales Leben. Die Hofärzte machten sich nur wichtig, sie hatten immer Handlungsbedarf, um ihre Einmaligkeit und Notwendigkeit hervorzuheben. Wieder bestanden sie darauf, daß das Kind nur mit gepolsterten Spielsachen spielen dürfe, um der Gefahr schwerer Verletzungen vorzubeugen. Jetzt wurde auch die Erzherzogin schwankend, doch die Sturmfeder meinte, dann müsse das Kind in einem gepolsterten Kasten aufgezogen werden. Das sah die Erzherzogin ein und entschuldigte sich bei der Aja. Auch wegen der geöffneten Fenster gab es Krach mit den Ärzten. Sie wollten das Lüften des Kinderzimmers verbieten, weil die frische Luft »giftige Miasmen« enthalte, die die Schwindsucht hervorriefen.

Das Ergebnis der vorzüglichen Erziehungsmethoden der Sturmfeder, dem Kind Selbstvertrauen und Zucht, gepaart mit deutscher Gründlichkeit, einzuschärfen, bestand darin, daß der Kleine bereits im Alter von eineinhalb Jahren ein netter, wohlerzogener junger Mann war. Er machte kein Getue bei den Mahlzeiten, war, bis auf geringe Erkältungen, eigentlich kerngesund. Die erste Verschreibung eines Medikamentes für den kleinen Franz Joseph findet sich in den Hofapothekenbüchern am 14. Februar 1834. Dr. Malfatti rezeptierte für den Kleinen Hydromel infantum, ein Mittel gegen Bronchialkatarrh bei kleinen Kindern.[114]

Mit der Zeit gewöhnte er sich sogar daran, während der Besuche von überdrehten, kichernden und läppisch gurrenden Damen zu schlafen. Etwas fiel der Aja allerdings auf. Das Kind hatte panische Angst, im Finstern allein zu bleiben. Sturmfeder forschte nach allen Richtungen und wurde nicht fündig. Eines Morgens aber fand sie die Ursache. Täglich kam der Vater zu seinem Sohn, um mit ihm zu spielen. Bald hatte Franz Karl genug und wollte wieder gehen, da hielt ihn das Kind am Ärmel zurück. Der Erzherzog drehte sich herum, machte ein böses Gesicht und sagte mit verstellter Stimme: »Jetzt kommt der Wau-Wau«. Daraufhin begann das Kind gellend zu schreien. Die Aja, die Zeugin dieses Vorfalles wurde, fuhr wie eine Furie los: »Ich verlor die Geduld«, schrieb sie in einem Brief. »Ich war bald blaß, bald rot vor Ärger und sagte ihm, daß ich mir jetzt nicht mehr den Kopf zerbrechen brauche, woher der Kleine den Schrecken und die Furcht habe, daß ich nunmehr den Schlüssel dazu hätte und daß ich mich wundern würde, als eine Folge von solchen Reden ihn eines Tages vor Schrecken und Konvulsionen fallen zu sehen und ich müsse den Papa aufmerksam machen, daß, wenn der Kleine sie einmal hätte, er sie für sein Leben nicht mehr losbringen werde. Er war sehr erschrocken und sagte, ihm habe man in der Kindheit immer so gesagt. Ich perorierte, glaube ich, noch eine halbe Stunde und er hörte mich geduldig an. Aber ich habe jetzt immer Angst, wenn er bei ihm ist...«[115]

Die Sturmfeder legte größten Wert auf Ordnungssinn. Was immer auf dem Boden lag, am Ende der Spielzeit mußte der Kleine jeden Gegenstand aufheben und ordentlich an seinen Platz stellen. Die von der Aja geübte Strenge rief das Mißfallen vieler Hofdamen hervor, doch die Sturmfeder hatte vom Kaiser persönlich die Vollmacht dazu, dem Kind Ordnung beizubringen. »Wie oft denke ich daran«, schrieb sie nach Hause, »welche Freude meine Lotte empfinden würde, wenn sie sähe, welcher Geist der Ordnung in ihm wohnt, man könnte wahrhaftig sagen, angeboren ist. Ohne daß ihm jemand sagt, arrangiert er seine Spielsachen und hat nicht eher Ruhe, bis jedes Stück auf seinem Platz ist.«[116]

Das Interesse des Kleinen für das Militär nahm von Woche zu Woche zu. Es war ein unverkennbarer Hang und eine Liebe zu den Soldaten und zum Soldatenberuf. Nicht einmal achtzehn Monate alt, unterschied er schon zwischen den »Azizis« (Offiziere) und »Dada« (Soldaten). Seine größte Freude war es, den Soldaten beim Exerzieren zuzusehen. Im Alter von zwanzig Monaten übte er im Zimmer des Großvaters mit ihm und seinem Vater den Gleichschritt und kommandierte dabei »Halt« und »Mars(ch)«. Mit drei Jahren kannte er bereits alle Distinktionen der Armee und die Farben der einzelnen Regimenter.

Der kleine Franzi wurde der Lieblingsenkel des Kaisers. Der Großvater und der Enkel vergötterten einander. Täglich nach dem Diner mußte Sophie Franzi in das Arbeitszimmer des Kaisers bringen. Dort spielten sie miteinander eine Stunde lang, und es ging dabei immer um das Soldatenspielen. An einem Winterabend im Jahre 1831 entzündete der Kaiser eine Kerze und blies sie wieder aus. »So wie dies ist auch das Leben des Menschen – ein Licht das verlöscht.« Die Sturmfeder, Zeugin dieser Szene, schrieb dazu: »Wie ich ihn so sprechen hörte, konnte ich meine Tränen kaum zurückhalten, denn ich wußte, daß er dabei an sich selbst dachte.«[117] Niemand in der Familie machte auf den kleinen Franzi einen größeren Eindruck als der Großvater. Ein Wink mit der Hand, eine Fingerbewegung genügte, um den Enkel sofort zur Räson zu bringen. Die Erkenntnisse der modernen Kinderpsychologie sagen uns, daß der Charakter eines Menschen in seinen wichtigsten Zügen innerhalb der ersten sechs Jahre ausgeprägt wird. Damit gewinnen die Erfahrungen, Neigungen, Eindrücke und Abneigungen der Kinderjahre für das weitere Leben die größte Bedeutung. Die frühen Beziehungen und das Verhalten des Kindes zu seinen Eltern oder zu Bezugspersonen, bestimmen in allen Fällen seine spätere Entwicklung. Dem kleinen Franz Joseph bedeutete sein Vater sehr wenig, eigentlich gar nichts, sein bewunderter und heiß geliebter Großvater dagegen alles. Sein ganzes Streben ging dahin, so zu werden und so zu sein wie der Großvater, der Kaiser Franz. Er schaffte es nur zu gut.

Aus dieser Zeit stammt eine Begebenheit, die der Maler Peter Fendi im Bild festgehalten hatte und die von den »oft reizenden Zügen des Charakters der herrschenden Familie« berichten sollte. Kaiser Franz ging mit seiner Gemahlin und dem kleinen Franz Joseph im Park von Laxenburg spazieren. Sie kamen bei einer Schildwache vorbei, und der Kleine wollte dem Soldaten eine Banknote zustecken. Der aber präsentierte das Gewehr und durfte sich nicht bewegen. Da sagte der Kaiser zu seinem Enkel: »Geh' hin Franzi, und steck' ihm das Geld in die Patronentasch'n, das ist nit gegen den Befehl. In die Hand derf er's nit nehmen.«[118]

Am 15. Juni 1832 schrieb die Sturmfeder ihrer Familie, daß »der arme Herzog von Reichstadt schwer leidend ist. Man erfährt nur wenige Details über seinen Zustand, der so verzweifelt ist, daß man ihn gestern versehen hat. Niemand wollte es ihm vorschlagen. Endlich entschloß sich die Mutter meines Kindes dazu und sie erreichte in einer Viertelstunde, was andere sich gar nicht vorzuschlagen getraut haben. Dies ist eine Handlung, die ihr große Ehre macht, besonders in ihrem gegenwärtigen Zustande, wo ihr diese Aufregungen besser erspart geblieben wären... Sie hat ganz auf sich vergessen, um nur an das Heil eines anderen bedacht sein zu können... Sonst ist viel Betrübniß im Schloß. Der arme Herzog ist in einem elenden Zustand, immer zwischen Leben und Tod. Er leidet grausam, er soll aussehen wie ein Greis. Er tut mir gar so leid...«[119] Im Brief vom 30. Juni meldete sie:»Seit einigen Tagen fühlt die EH Sophie die Vorzeichen des Ereignisses, welches sie erwartet. Die Schmerzen waren so stark, daß sie schon meinte, es würde ernst werden...«[120] Sophie hatte ihre Mutter gebeten, bei der zu erwartenden Geburt wieder anwesend zu sein und bat den Kaiser, auf das Obersthofmeisteramt dahingehend einzuwirken, keine großen Vorbereitungen zu treffen, sie wünsche eine»stille« Geburt, ohne großen Aufwand und nicht wieder mit so vielen Zeugen. Für 5. Juli war die Ankunft der Mutter aus München avisiert worden, und die Familie fuhr ihr entgegen. Sophie hatte großes Glück, denn vierundzwanzig Stunden nach dieser Kutschenfahrt hatte sie bereits entbunden. Die Sturmfeder beschrieb den Ausflug der Familie, um Königin Karoline einzuholen.

»Ich werde Euch jetzt von der Ankunft erzählen. Nach dem Frühstück des Kleinen fuhren wir, nämlich die Frau Erzherzogin, ihr Gemahl, das Kind und ich, in einem Landauer mit sechs Pferden und drei Lakaien hintenauf. Der Erzherzog setzte sich auf den Vordersitz, um dem Grüßen auszuweichen, und ich saß mit meinem Kinde neben der Frau Erzherzogin. Eine Kalesche für den Kleinen folgte uns, ebenso ein Kammerwagen mit einem Kindermädchen und dem treuen Rieder, dem Lakaien des Kleinen... Dies alles hatte sich so in der Stille arrangiert; denn wenn ich ein Wort gesagt hätte, so hätte man alles verworfen, ich hätte ganz allein mitgemußt und den Tag nachher wäre dann alles sicher über mich hergefallen über die Unschicklichkeit der Fahrt und alles, was man mit diesem Kinde sich erlaubt. Wir waren noch nicht weit gefahren, begann der Kleine sich im Wagen zu langweilen. Wir machten Halt bei einem Revierförster und da er nicht zu Hause war, machten Frau und Tochter die Honneurs aufs beste. Der Kleine lief hinter den Hühnern her und hinter den Enten im Geflügelhof und ging in den Stall und gerade, als wir uns in einem kleinen Garten vor dem Haus niederließen, meldete man den Kurier, der bald vom Wagen der Königin, in welchem auch die Prinzessin Marie, Gabriele und Madame de Lodron waren, gefolgt wurde. Die Königin war sehr bewegt, als sie ihre Tochter und ihren Enkel umarmte. Der Kleine war sehr erstaunt, aber sehr brav und lieb. Man plauderte ein wenig auf der Landstraße, dann setzten sich alle die Hoheiten in einen Wagen und ich fuhr mit Gabriele und der Lodron... Wir kamen an, der ganze Hof, sogar alle Herrschaften waren zum Empfang versammelt...«[121]

Kaum war dieser Tag zur Neige gegangen, setzten bei Sophie Wehen ein. Der gestrige Ausflug und die Kutschenfahrt auf der rumpelnden Landstraße hatten sicherlich die Wehentätigkeit angeregt. Mit Hilfe der Hebamme Schmalzl ging die Geburt rasch und komplikationslos zu Ende. Morgens um 6 Uhr wurde die Erzherzogin von einem gesunden Knaben entbunden. In der Taufe erhielt das Kind den Namen Ferdinand Max. Sein Taufpate war der Thronfolger Ferdinand.

Um den zweiten Sohn Sophies rankten sich schon bei der Geburt die wildesten Gerüchte. Tatsächlich war dieses Kind ein ganz neues Gesicht in der Familie. Es hatte weder das prägnante Kinn, noch die ausgeprägte Unterlippe und dazu rotblondes Haar. Das Gerücht, daß Ferdinand Max nicht EH Franz Karl zum Vater hatte, sondern daß der Herzog von Reichstadt sein Vater war, wollte nicht mehr verstummen und findet sich heute noch in manchen Biographien. Der lebensfrohen EH Sophie traute man alles zu.

So glaubt eine britische Biographin, aus einigen Briefzitaten die Abkunft des zweiten Sohnes Sophies von Reichstadt ableiten zu können, und nimmt an, daß die Zuneigung Reichstadts zu seiner Tante über das Stadium einer platonischen, schwärmerischen Liebe hinausgegangen war. So soll der todkranke Herzog einen Tag nach der Geburt Ferdinands Max seiner Mutter Marie Louise geschrieben haben: »Sie muß am Leben bleiben um des Kindes willen, das sie an ihrer Brust hält!«[122] Dazu ist zu sagen, daß im Montenuovo-Archiv, in dem alle Briefe Reichstadts an seine Mutter registriert sind, kein solcher Brief vorhanden ist. Dagegen gibt es ein Schreiben des Erziehers Reichstadts, Graf Hartmann-Prokop, an Kaiser Franz vom 5. Mai 1832, in dem sich der Erzieher im Namen seines Schützlings zur Beförderung zum Oberst bedankt: »... Er versuchte mehrmalen schon selbst Allerhöchdenselben schriftlichen Dank hierfür zu zollen, doch gestattete ihm seine gegenwärtige Körperschwäche nicht die Erfüllung dieser Theuren Pflicht.«[123] Seit dieser Zeit verschlechterte sich der Zustand des Herzogs so rapide, daß er nicht mehr zur Feder greifen konnte. Auch die folgenden Sätze sollen ein Hinweis dafür sein, daß Reichstadt mehr in die Geburt des Zweitgeborenen Sophies gelegt hatte, als es für die Geburt eines Cousins notwendig war. »Man sah Reichstadt zum letzten Mal lächeln, als er von der Geburt Ferdinand Maximilians erfuhr. Der Wille zum Leben, der ihm bis dahin die Kraft zum Kampf gegen die Krankheit gegeben, hatte ihn schließlich verlassen.«[124] EH Ferdinand Max selbst schürte später dieses Gerücht im vertrauten Gespräch. Kurz vor seiner Abreise nach Mexiko äußerte er sich gegenüber seinem Leibarzt Dr. Jilek, daß »Cäsarenblut« in seinen Adern pulsiere. »So lange ich lebe, hat man sich die Münder heiß geredet, daß ich nicht der Sohn meines Vaters sei, sondern der Sohn des Herzogs von Reichstadt, Doktor. Das heißt mit anderen Worten: Ich bin ein Enkel – wenngleich ein illegitimer – des großen Napoleons.«[125] Doch war diese Aussage nicht ernst zu nehmen. Da ging dem Erzherzog wieder einmal seine Phantasie durch. Viel eher dürfen wir uns auf die Aussage Reichstadts selbst verlassen, die er seinem Vertrauten Prokesch-Osten gegenüber am Abend des 10. Oktober 1831 gemacht hatte und damit seine Vaterschaft bei Ferdinand Max widerlegte: »Er sagt mir, er habe noch kein Weib berührt. Ich halte ihn fest an diesen Grundsätzen.«[126] Es gab noch andere Gerüchte. Nicht der Herzog von Reichstadt soll der Vater des Zweitgeborenen, Ferdinand Max, gewesen sein, sondern beide Söhne, Franz Joseph und Max, sollen Prinz Gustav Wasa zum Vater gehabt haben; daher auch ihr Spitzname, die »Wasa-Buben«. In Wahrheit stimmte nur ein Beiname für die beiden: »Die Salzprinzen«. Die Kuranwendungen in Ischl waren für die Fruchtbarkeit der EH Sophie verantwortlich und sicherlich nicht Männer aus ihrem Bekanntenkreis.

Drei Tage nach der Geburt des EH Ferdinand Max berichtete die Sturmfeder nach Hause: »Seitdem ich nicht mehr geschrieben habe, werden Dir die Zeitungen gesagt haben, was bei uns vorgegangen ist. Ich habe nun zwei Kinder, ein rechtes und ein Stiefkind, um das ich mich für den Augenblick freilich nicht annehme, welches mir aber doch alle freien Augenblicke, die ich noch hatte, in Anspruch nimmt... Ich bin sehr beschenkt worden von meiner guten Erzherzogin und erhielt von ihr eine Sevigne aus Türkisen und Brillanten und von dem Taufpaten fünf brillantene Kornähren. Mit diesem Zeichen der Fruchtbarkeit werde ich mich nun schmücken...«[127] Sophie und Franz Karl hatten beschlossen, für den neuen Erdenbürger keine neue Aja einzustellen, sondern der Sturmfeder diesen ebenfalls anzuvertrauen, was ihr gar nicht behagte. Von nun an nannte sie Franz Joseph »mein Kind« und Ferdinand Max »meinen Stiefsohn«, den sie schon von Anfang an gar nicht mochte. Dazu hatte sie viel mehr Arbeit und mußte sich über die Nachlässigkeiten und Schlampereien bei Hof ständig ärgern. »Was ich in der Kammer mit den dienenden und handlangenden Weibsleuten ausstehe«, schrieb sie, »ist mir oft zu viel, da ich sehr oft über Nachlässigkeit und Unordnung klagen muß, was die, an welche es gerichtet ist, sehr hoch aufnehmen. Ich kann aber hoffen, daß es in einigen Monaten auch wieder besser wird. Es ist mir aber peinlich und ängstigend, weil bei so einem kleinen Wesen leicht etwas übersehen wird und ich die Verantwortung auf mir habe. Mein Franzi ist sehr wohl und bis jetzt sind auch die Mutter und der Kleine zum verwundern wohl. Gott erhalte sie so. Sonst ist viel Betrübnis in Schönbrunn. Der arme Herzog von Reichstadt ist in einem elenden Zustand, immer zwischen Leben und Tod. Er tut mir gar so leid. Er muß so viel leiden und hat doch noch immer den festen Willen, nicht krank sein zu wollen...«[128]

Die Sturmfeder war bemüht, Franz Joseph schon einige Brocken der böhmischen Sprache beizubringen, und der Kleine war wißbegierig. Wenn er ein Spielzeug aufhob, ging er damit zur Aja und fragte: »Wie haßt (heißt) dös auf behmisch?« Franz Joseph sprach, wie alle bei Hof, einen schauderhaften Dialekt. Er beschäftigte die Aja den ganzen Tag mit seiner kindlichen Neugier. »Ihr seht«, schrieb sie nach Hause, »wie wenig ich mich mit dem Kleinen abgeben kann. Am meisten noch des Abends, wenn der Große schläft, dann ist dieser wach...« Sie sagte, sie könnte unmöglich alles doppelt machen, »aber ich bin sicher, nach meinen Kräften für einen zu sorgen, den anderen stelle ich einstweilen Gott anheim...

Er ist größer als der Älteste in diesem Alter war und mit einigem Verdruß, glaube ich zu bemerken, daß er schöner werden wird.

Davor ist mir überhaupt bange, daß der erste immer den Vorzug haben wird, denn der Kleine ist sehr langweilig. Sogar die Frau Erzherzogin hat mich schon versichert, bis jetzt sei ihr der Ältere noch lieber. Er wird aber jetzt auch von Tag zu Tag klüger... Dem armen Herzog geht es immer noch im gleichen. Bald ist er so schlecht, daß man glaubt, er wird die Nacht nicht überleben und dann erholt er sich wieder ein wenig. Im ganzen wird er aber immer schwächer und seine Tage scheinen gezählt zu sein. Sein Schicksal geht mir wirklich nahe. Ich kann mir diese jugendliche, interessante Gesichtsbildung, nun durch Leiden und Krankheit entstellt, diesen dominierenden Verstand, der noch jetzt nicht unterliegen will, nicht denken, ohne zu Tränen gerührt zu werden...«[129]

Der Herzog von Reichstadt verfiel zusehends. Am 20. Juli hatte Hartmann-Prokop dem in Oberösterreich weilenden Kaiser einen Lagebericht gegeben, in dem er ausführte: »... Die Schwäche und Abmagerung nimmt täglich zu, die Eßlust aber dergestalt ab, daß man dem Erlauchten Patienten nur mittelst vielen Zureden bewegen kann, etwas Speise zu sich zu nehmen. Gestern Abends hat der Prinz... mit viel Anstrengung bösartigen Eiter ausgeworfen in Folge dessen etwas Erleichterung eingetreten... jedoch scheinen die Kräfte noch bedeutender geschwunden und ich muß Euer Majestät unterthänigst bitten, Sich gnädigst darauf gefaßt zu machen, dem Prinzen in äußerst bedauernswerther und erschreckender Lage zu finden...«[130] Auch Metternich, der Reichstadt in den letzten Tagen besucht hatte, depeschierte dem Kaiser, daß dieser mit dem Ärgsten zu rechnen hätte: »Es war ein herzzerreißender Anblick; ich erinnere mich nicht, jemals ein ärgeres Bild der Zerstörung gesehen zu haben. Er war nicht mehr zu retten und die Autopsie wird beweisen, daß ich mich nicht über sein Grunduebel getäuscht habe...«[131]

Am 22. Juli 1832, es war ein strahlender Sonntag, wurde der Herzog nach qualvollen Monaten von seinem Leiden erlöst. »Wenige Minuten nach 5 Uhr warf der Prinz den Kopf zweimal hin und her; der Atem stockte, die Lippen bewegten sich nicht mehr. Malfatti und ich standen auf und traten zu dem Bette – der Prinz hatte geendet!«[132] Erschüttert und traurig berichtete Sophie ihrer Mutter: »Ach, welch trauriger Anblick war es, das langsame Dahinwelken, das tägliche Sterben dieses armen jungen Mannes im Frühling seines

Lebens, mit anzusehen, und welch' bittere Erinnerung an all die grausamen Leiden, gegen die es keine Mittel gab...«[133]
Der Kaiser war mit seiner Gemahlin nach Schönbrunn zurückgekehrt, das Leben bei Hof ging weiter. »In ein paar Stunden wird mein guter Kaiser erwartet«, schrieb die Sturmfeder, »da muß ich mich und die Kinder ein wenig herrichten. Wenn der Große ihm noch Freude macht, an den Stiefsohn denke ich noch nicht. Für diesen habe ich noch keine Ambitionen und ich ärgere mich, zu sehen, daß er schöner wird als der Ältere. Es geht allen Leuten so, man will noch gar nichts von ihm wissen und er wird Mühe haben, sich in die Herzen hineinzuarbeiten...«[134] Trotzdem, als der Kaiser nach einer Stunde das Kinderzimmer verlassen hatte, meinte er zur Aja, daß ihm der Größere doch besser gefiele, worüber sie sehr glücklich war. EH Sophie allerdings berichtete, daß die Liebe des Kaisers zu seinem neuen Enkel von Tag zu Tag wachsen würde. »Er liebt ihn so sehr, wie ein Verliebter seine Freundin...«[135] Am 2. August berichtete die Sturmfeder: »Der Stiefsohn gedeiht unberufen ohne mein Zutun recht gut bis jetzt, aber ich muß streiten und kämpfen, denn die gute Kaiserin-Großmama... hat ein grenzenloses Mitleid mit dem Kinde von vier Wochen, welches gerne herumgetragen und unterhalten sein möchte. Ich habe nun erklärt, daß, mein Verbot, ihn herumzutragen nicht respektiert wird, ich weder für Auswüchse aller Art, noch für schwache und gereizte Nerven stehe...«[136]
Am 9. August geschah in Baden eine einmalige frevelhafte Tat, die seinesgleichen suchte. Auf den Thronfolger und König von Ungarn Ferdinand wurde von einem ehemaligen Hauptmann auf der Straße ein Pistolenattentat verübt. Ferdinand wurde zum Glück nur leicht verletzt, verzieh dem Attentäter und bat seinen Vater, diesen zu begnadigen. Die Sturmfeder hatte mit Franz Joseph auf Wunsch des Kaisers nach Laxenburg zu kommen, wo er mit ihm im Park spazieren ging. Als der Kleine zum Teich kam, begann er Gänse und Enten zu füttern. Der Großvater beobachtete seinen Enkel und meinte: »Aber er ist gerecht, er gibt nicht nur den Großen, sondern auch den Kleinen. Ihr könnt es nicht glauben, welche Freude es mir ist, wenn ich sehe, wie Er den Kleinen lieb hat und Sich an ihm und seinem ganzen Wesen erfreut...« Der nächste Tag war der zweite Geburtstag Franz Josephs – von nun an mußte er seine Mutter mit

»Sie« ansprechen und Sophie wollte dem Kaiser eine Freude bereiten. ».. um 12 Uhr kam die Nachricht, daß der Großpapa an einer kleinen Erkältung von gestern zu Bette liege. Um Ihm nun eine Überraschung zu bereiten, schickte die Frau Erzherzogin mich mit dem Kinde nach Baden. Dies sagte sie um 12 Uhr. Ich war ganz perplex... Um 1 Uhr lag mein Kind im Wagen und schlief bis Baden, wo er mit größter Freude empfangen wurde...« Franz Joseph bat dort um eine kleine Büste seines Großvaters, die er entdeckt hatte, »und setzte sich auf die Erde und küßte und herzte sie von allen Seiten. Die Kaiserin, welche dies sah, hatte ihre innige Freude daran...«[137] Auch die Erzherzogin war nicht nur sehr stolz auf ihren Ältesten, sondern mit seiner Art äußerst zufrieden und glücklich darüber, daß die religiöse Erziehung schon die ersten Früchte trug. Jeden Mittag, wenn die Glocken von den Kirchtürmen Wiens erklangen, kniete er sofort nieder und begann zu beten. »Das gute Kind hat wirklich schon ein frommes Gemüt«, meinte die Mutter.[138] Ende November hatte Franzi eine Erkältung akquiriert und hustete und schneuzte. Der Leibarzt Dr. Malfatti, der ohnehin täglich zur Visite kam, verordnete sofort strenge Bettruhe und Senfpflaster (blasenziehendes Hautreizmittel) auf beide Fußsohlen und unter den Achseln. Die Sturmfeder hatte aber diese Therapie nicht durchgeführt. »Ich kann mich nicht entschließen, ihm Medikamente zu verabreichen, die reizend sind, wie diese ewigen Senfpflaster, welche immer das zweite Wort von einem Doktor jetzt sind.«[139] Sie schrieb auch, daß die Erzherzogin nun täglich mehrere Stunden bei ihren Kindern verbrachte und sich sehr intensiv mit ihnen beschäftigte.

Zu Weihnachten 1832 wußte EH Sophie, daß sie neuerlich schwanger war. Doch diese Freude wurde durch die akute Verschlechterung des Zustandes des Thronfolgers Ferdinand getrübt. Die ganze Weihnachtsstimmung im Haus war dahin. Der Kaiser und die Familie fürchteten für den armen Kranken das Schlimmste. Im Dezember, nach einer langen Periode des Wohlbefindens, hatte eine Serie von schweren epileptischen Anfällen begonnen. Diese steigerten sich von Tag zu Tag derart, daß am 19. Dezember beschlossen wurde, ihm die Sterbesakramente geben zu lassen. Am Heiligen Abend erlitt der Thronfolger 22 große epileptische Anfälle. Die beiden behandelnden Ärzte, Dr. Raimann und Dr. Stifft, hatten ihn

bereits aufgegeben. Weder Aderlässe, Eisumschläge noch das An-
setzen von Blutegeln an Kopf, Hals und Nasenlöchern brachten eine
Linderung. Am Christtag verfiel Ferdinand in einen totenähnlichen
Schlaf. Besorgt und mit allen Eventualitäten rechnend, berichtete
EH Sophie ihrer Mutter nach München: »Das quälende Warten auf
den letzten Augenblick dieses unglücklichen Geschöpfes bringt
mich ganz außer Rand und Band. Dieses Unglück wird die arme
Marianna und meinen armen ausgezeichneten Franz Karl tief
schmerzen. Mein Franz, der seinen Bruder zärtlich liebt und sich
außerordentlich davor fürchtet, seinen Platz einnehmen zu müssen.
Aber wenn es schon sein soll, ist es besser jetzt als später. Der liebe
Gott möge nur recht, recht lange unseren so geliebten Kaiser erhalten . . .«[140] Zwei Tage später erwachte der Thronfolger wie durch ein
Wunder und fühlte sich wohl. Die beiden Ärzte wurden ganz zu
Unrecht wegen ihrer ärztlichen Kunst beglückwünscht, und Dr.
Stifft meinte ganz ehrlich: »Die Ärzte und die Kunst haben hier
nichts getan. Nur das Sauglück, was dieser Mensch hat, hat ihn auch
diesmal wieder gerettet.«[141] Moritz Graf Dietrichstein, der ehemalige Erzieher Reichstadts, teilte der Schwester Ferdinands, Marie
Louise, in Briefen vom 25., 27. und 29. Dezember die Sorgen des
Hofes wegen Ferdinands Erkrankung mit. Er glaubte, die Ursache
des jetzigen Zustandes des Thronfolgers im Attentat von Baden zu
erkennen.[142]
Das Jahr 1833 begann für den kleinen Franzi gar nicht gut. Am
3. Januar faßte er ein heißes Kolbeneisen verkehrt an und ver-
brannte sich die rechte Hand. In einem Brief von Mitte Februar
teilte die Sturmfeder ihrer Familie ihre Sorgen mit, die sie in letzter
Zeit mit Franz Joseph hatte. Er produzierte bereits einige Allüren
und war nicht mehr einfach zu behandeln. ». . . Bei ihm heißt es
aufpassen. Er kann äußerst liebenswürdig sein, aber dann hat er
auch Momente von Eigenheiten, wovon man keine Idee hat . . . Ich
las jetzt ein Buch von Sailer (Pädagoge) . . . dieser macht einem die
ersten Kinderjahre unendlich wichtig. Festigkeit, Religiosität,
Freundlichkeit sind die Haupterfordernisse, um gut zu wirken auf
ein junges Wesen . . .«[143] Ihre feste Erziehung und das ständige
Korrigieren seines Verhaltens dürften bald Früchte gezeigt haben,
denn vier Wochen später schrieb die Aja: ». . . Der kleine Stiefsohn
ist jetzt neun Monate alt und ich kann und will ihn nicht mehr der

Pflege der Frauen ganz ausschließlich überlassen und beschäftige mich also so viel als möglich mit ihm und finde, daß das noch ein sehr undankbares Geschäft ist, während ich in der Gesellschaft des Älteren nun schon eine wahre Erheiterung und Unterhaltung finde. Er ist nun zweieinhalb Jahre alt und ich finde ihn trotz einiger Unarten sehr liebenswürdig und angenehm.«[144]

Im Mai fand in der Stadt die Fronleichnamsprozession statt, immer ein pompöses Ereignis und zugleich eine große Machtdemonstration des Thrones und der Kirche. Der Kaiser, eine Kerze in der Hand haltend, schritt hinter dem »Himmel« durch die Straßen seiner Residenz. Die Erzherzoginnen erwarteten mit ihren Suiten den »Umgang« bei dem Altar, der auf dem Michaelerplatz errichtet war. Bei jedem Altar schoß ein Infanteriebataillon während des Segens mit dem Allerheiligsten Salut. In diesem Jahr nahm Franzi, an der Seite seiner Mutter, an dieser Feierlichkeit teil, und Sophie machte ihn aufmerksam, daß er nicht erschrecken solle, wenn die Soldaten schießen würden. »... Er ist ganz glücklich über den Feuerschein und Rauch«, berichtete Sophie ihrer Mutter. »Sein bescheidener, kleiner Mut machte Eindruck auf alle Welt und bereitete besonders den Militärs Spaß. Auch der Kaiser zeigte sich begeistert darüber und rühmte ihn zu wiederholten Malen. Und dies, weil er so stolz auf dieses liebe Kind ist.«[145]

Am 30. Juli brachte Sophie, nach einer kurz dauernden und fast schmerzlosen Geburt ihren dritten Sohn zur Welt. Er erhielt in der Taufe den Namen Carl Ludwig. Da die Mutter Sophies bei dieser Geburt nicht anwesend war, schilderte die Erzherzogin den neuen Erdenbürger so: »Er hat große lebhafte und intelligente Augen und einen ganz kleinen Mund. Ich kann dem Himmel nicht genug danken, daß Er nicht aufhört, mich in meinen Kindern zu segnen, die mir bisher unberufen nur Freude und Genugtuung bereitet haben. Mein Mann ist mit einem dritten Buben sehr zufrieden und der Kaiser begeistert. Das ist alles was ich brauche, um selbst zufrieden zu sein... Er kann der Buben nicht genug haben und ich möchte nur wissen, was er einmal mit dieser förmlichen Armee von Erzherzogen anfangen will.«[146] Nun waren drei Buben in der Kindkammer, und da die Sturmfeder dies allein nicht mehr schaffen konnte, wurde eine zusätzliche Kinderfrau eingestellt. Ludmilla von Tysebaerth, Nichte des Grafen Czernin, trat dieses verantwortungsvolle Amt an.

Ende Oktober reisten Sophie, Franz Karl und die Sturmfeder mit
Franzi nach München, um den Ältesten der Verwandtschaft zu
präsentieren, doch wie groß war die Enttäuschung Sophies, als sie
feststellen mußte, daß ihr Franzi nur wenig Anklang fand und sich
die Verwandtschaft über das ungepflegte und struppige Haar mo-
kierte. »Die Erzherzogin Sophie hatte noch nie gehört«, schrieb die
Aja, »daß man ein anderes Kind schöner und herziger finden
könnte als ihres und war ganz derouriert darüber... Die gekränkte
Muttereitelkeit der Erzherzogin tat mir freilich leid, aber auch dies
mußte sie einmal erfahren...«[147] Franzi kam allein aus München
zurück, und sein Großonkel EH Ludwig berichtete darüber der
Mutter: »Ihr Franzi ist recht glücklich hier angekommen. Er war
denselben Abend noch bey mir. Außerordentlich gute Laune, nur
war es mir leid, daß ich nicht mit Spielsachen gekommen bin, er
wünschte einen Nußknacker zu haben, den er bey mir in der Stadt
sah... Vergangenen Sonnabend sah ich Ihre beiden älteren Söhne
im Garten. Franzi ward eben in einem Spazierritt mit seinen Eseln
begriffen ohne sich im mindesten zu fürchten...«[148] Im November
1833 lag in Wien bereits Schnee, und die Sturmfeder rief mit ihren
Erziehungsmethoden, die Kinder abzuhärten, einen größeren Wirbel bei Hof herauf. »Heute war übrigens ganz Schönbrunn alarmiert, weil der kleine Erzherzog gestern bei schlechtem Wetter
ohne Handschuhe spazieren gegangen war und ganz blaue Hände
vor Kälte hatte...«[149] Natürlich, so wurde getuschelt, hätten die
Ärzte recht, wenn sie die Kinder von Ende Oktober bis zum März in
ihren Zimmern einsperren würden.
Bei der Erzherzogin bildete sich über dem rechten Auge eine Geschwulst – dem Verlauf aus heutiger Sicht nach wahrscheinlich ein
Atherom, eine Talggeschwulst, die im Volksmund auch »Grützbeu-
tel« genannt wurde. Die Ärzte stritten, ob Sophie operiert werden
sollte oder nicht. Dr. Malfatti war strikt dagegen, denn er fürchtete,
daß dieses schöne Gesicht durch eine Narbe entstellt werden
könnte; zu Anna Gräfin Herberstein, Hofdame bei der Erzherzogin, sagte er: »Finden sie nicht, daß die Erzherzogin Sophie gerade
jetzt in einem Augenblick höchster Schönheit steht? Sie hat etwas
Romantisches an sich. Ist keine regelrechte Schönheit, nein, aber
hat etwas unendlich Anziehendes. Wenn ich fünfundzwanzig alt
wäre, würde ich wie verrückt nach ihr sein!«[150] Die Geschwulst

wurde größer und mußte doch noch operiert werden. In damaligen Zeiten ohne Narkose und lokale örtliche Betäubung, sozusagen bei »lebendigem Leib«, sicher kein Vergnügen, sondern eine sehr schmerzhafte Angelegenheit. Tatsächlich wurde nur eine größere Stichinzision vorgenommen, die allerdings den Nachteil hatte, daß sich die Wunde rasch schloß und sich der Balg wieder füllte; es erforderte eine zweite Operation, diesmal mit einem großen Schnitt, wie Sophie später ihrer Mutter berichtete.

Zum Hofball 1834 erschien EH Sophie in großer Gala, bewundert von ihren Söhnen mit drei kostbaren Diademen auf ihrer Haarpracht. Zwei Opal- und ein Brillantdiadem, Geschenke ihres Gemahles für je einen Sohn. Im Januar 1834 erkrankte der Kaiser an einer schweren Bronchitis mit Rippenfellentzündung. Er erhielt von Dr. Stifft fortlaufend Laudanum-Sirup (Auszug aus Opium, Safran und Gewürznelken) und wurde mehrmals zur Ader gelassen.[151] Die Erzherzogin war geschockt und sah mit großem Pessimismus in die Zukunft. Auch einen persönlichen Verlust erlitt sie in diesen Wochen. Ihr langjähriger Beichtvater und Vertrauter, Pater Sebastian Job, war gestorben. An ihren neuen Beichtvater mußte sie sich erst gewöhnen. »Als er vorgestern zum erstenmal kam, um mir die Beichte abzuhören«, berichtete sie ihrer Mutter, »da war mir unaussprechlich bang und beklommen zu Mute und ich glaube, er hatte vor diesem ersten Male genau so viel Angst wie ich.«[152] In diesen Wochen bemerkte sie eine neue Schwangerschaft. Wieder war sie darüber hocherfreut und schrieb: »Der Kaiser und Franz Karl wünschen sich allerdings einen Knaben. Ich weiß nicht, was sie mit so viel Buben machen wollen.«[153] Im Mai erlitt sie wieder einen Abortus, verlor viel Blut und fühlte sich physisch und psychisch erschöpft und elend. Im Juni gebrauchte sie die Kur in Marienbad. Von dort zurückgekehrt, fuhr sie nach Ischl weiter, und daran sollte sich eine Reise nach Tegernsee zu den Verwandten anschließen. Die lange Abwesenheit der Mutter rief bei Franz Joseph Protesthaltungen hervor. Trat die Mutter eine längere Reise an, stellte er prompt die Nahrungsaufnahme ein und erlitt Weinkrämpfe. »Ich muß immer rasend achtgeben«, schrieb Sophie, »seine Empfindlichkeit nicht zu nähren... Wenn er nicht so kräftig, kerngesund und frisch wäre, würde mich seine Rührseligkeit erzittern lassen. Unheimlich ist mir das tiefe Gefühl immer ein bißchen.«[154] Eine für sein Alter kluge Frage stellte in dieser Zeit der kleine Franzi, als ihm die Geschichte vom Turmbau zu Babel erzählt wurde und dort das Sprachgewirr herrschte: »Aber waren denn nicht genug Menschen von *einer* Sprache da, die den Turm hätten umbauen können?«[155] Auffallend war es auch, daß sich der jetzt vierjährige Franzi zu einem »Pünktlichkeitsfanatiker« entwickelte. Beim Familiendiner am 15. Dezember 1834 saß Franz Joseph erstmals an der Hoftafel zwischen dem Kaiser und der Kaiserin, seiner Mutter gegenüber.

Nach dem Weihnachtsfest begann für den kleinen Franz Joseph der erste militärische Drill bei einem alten ungarischen Korporal, der ihm auch einige Brocken der ungarischen Sprache beibrachte. Mit ihm exerzierten Rudolf Falkenhayn, Heinrich Salis und Richard Metternich. Richard war in den Augen der Erzherzogin nicht gerade »ebenbürtig«, denn er entstammte der Ehe des Staatskanzlers mit der um 33 Jahre jüngeren, bildhübschen Baronesse Antoinette von Leykam, die Metternich 1827 geehelicht hatte und die bei der Geburt Richards gestorben war. Sophie hatte sich seinerzeit über diese »Mesalliance« alteriert gezeigt. Die Mutter des Mädchens war eine geborene Antonie Pedrella, eine Sängerin aus Palermo. Sie sang zwar wie eine Nachtigall, war aber vulgär und wog »mindestens drei Zentner«. Sophie fand, daß sich diese Frau nur durch schlechtes Benehmen auszeichnete. »Stell Dir vor, liebe Mama«, schrieb pikiert Sophie, »sie soll nach der Heirat ihrer Tochter mit dem Staatskanzler gesagt haben, eine Frau, die es zusammenbringe, ihre Tochter den Mann heiraten zu lassen, den sie will, sei eine dumme Gans. Auch hat sie ihr Ziel dadurch erreicht, daß sie ihre Tochter so lange mit dem Fürsten kompromittierte, bis sie ihn dadurch gezwungen habe, sie zu heiraten.«[156]

Seit Ende Januar 1835 fühlte sich EH Sophie wieder schwanger. »Ich bin also zum neuntenmal am Beginn einer Schwangerschaft«, lautete die Mitteilung der Erzherzogin an ihre Mutter. »Nun, in einem Zeitraum von zehn Jahren habe ich wenigstens meine Zeit nicht verloren.«[157] Die Wiener Bevölkerung wurde im naßkalten Februar von einer Grippewelle heimgesucht. Auch Kaiser Franz wurde ein Opfer dieser Krankheit. Schon seit September 1834 laborierte er an einer chronischen Bronchitis, die Dr. Stifft mit Hustensäften, vor allem mit Syrupus Diacodii (Sirup aus gekochten Mohnköpfen zur Hustenstillung) behandelte.[158] Bereits am 16. Februar berichtete Graf Dietrichstein der ältesten Tochter des Kaisers, Marie Louise, daß ihr Vater mit einer schweren Krankheit, einer »Todeskrankheit« darnieder liege.[159] Sophie schrieb einige Tage später nach München: »Das Fieber ist mäßig, das Seitenstechen hat gänzlich aufgehört und der Kaiser fühlt sich sehr müde, was auch ein gutes Zeichen ist!«[160] Zehn Tage später wurde in der »Wiener Zeitung« das erste ärztliche Bulletin veröffentlicht: »Seine Majestät der Kaiser sind am 24. d. M. gegen Mittag von einem entzündlichen Fieber befallen worden. Der Verlauf der Krankheit ist regelmäßig und läßt sonach mit Grund auf eine baldige Genesung Seiner Majestät erwarten.«[161] Es ist auffallend, daß Dietrichstein bereits am 16. Februar von einer »Todeskrankheit« sprechen konnte und die Bevölkerung zehn Tage lang mit der Bekanntgabe der Erkrankung hingehalten wurde. Waren die ärztlichen Bulletins noch vorsichtig abgefaßt, wurden sie von Tag zu Tag ernster und die Menschen auf das Ärgste vorbereitet.

Bei dem Kranken hatte sich sehr rasch eine Lungenentzündung herausgebildet. Am 25. Februar wurde der Patient von seinem Leibarzt fünfmal zur Ader gelassen. Der Aderlaß war damals die gebräuchlichste Therapie bei der Lungenentzündung, um die »schlechten Stoffe« aus dem Blut zu entfernen. Der junge Wiener Arzt Dr. Joseph Dietl trat schon in dieser Zeit vehement gegen diese Methode auf, die seiner Meinung nach dem Kranken mehr schade als nütze. Die Hofärzte verschlossen sich noch diesen neuen Ansichten, und es dauerte dreizehn Jahre, bis sie von allen Ärzten angenommen wurden. Bis dahin starben die Kranken in einem Meer von Blut.[162] Der Kaiser war durch diese Eingriffe derart geschwächt, daß er in tiefe Bewußtlosigkeit fiel, und abends glaubte Dr. Stifft, das Ende des Patienten wäre gekommen. Trotz seiner guten Konstitution konnte der Kaiser diese Art von »Therapie« nicht überstehen. Am nächsten Tag hatte er sich etwas erholt. Am Abend wurde der sechste Aderlaß vorgenommen, der Arzt wog die Menge: Zwei Pfund und acht Wiener Unzen (ca. 1,1 Kilogramm). Dr. Stifft sah kaum noch eine Chance für seinen Patienten. Sophie dazu: »Der Arzt verlor gänzlich den Kopf!« Wiederholt bestürmte die Familie den Leibarzt, er möge doch andere Ärzte heranziehen und mit ihnen ein Consilium abhalten. Tatsächlich kamen noch zwei

Mediziner, darunter Dr. Franz Wirer von Feldbach, der den Kaiser untersuchte und seinen Zustand gar nicht so hoffnungslos fand. Freudig eilte EH Franz Karl mit dem Arzt zu Sophie, und schon beim Eintritt rief er:»Ich bringe den Boten des Lichts!«Sophie an ihre Mutter:»Sie fanden den Zustand des Kaisers bedenklich, aber nicht so trostlos wie Stifft ihn fand.«[163] Das ärztliche Bulletin lautete an diesem Tag:»Am 1. März trat die Steigerung des Fiebers schon zu Mittag ein, und die Gefahr vermehrte sich auf einen höheren Grad. Am Abend empfingen Seine Majestät das Sacrament der letzten Oehlung.«[164] Am Nachmittag wurde der siebente Aderlaß vorgenommen, Sophie schrieb dazu:»Das Blut rauchte nur so, so entzündet war es.« Abends wurde der schon schwer geschwächte Patient ein achtes Mal zur Ader gelassen, und das raubte ihm die letzten Kräfte. Dr. Wirer verabreichte ihm ein Mittel, um»das schrecklich entzündete Blut zu zerteilen und dadurch den Tod zu erleichtern«.[165] An diesem Abend berichtete Graf Dietrichstein Marie Louise nach Parma:»Das Ende naht! Der Herr wird wohl nicht den Morgen erleben. Gott schenke ihm eine sanfte Sterbestunde ... Das Fieber ist in der Nacht gestiegen; die Crisis will sich nicht herausbilden; die Ärzte geben keine Hoffnung mehr, der Kranke fühlt seinen Zustand.«[166]

Für seine Nachfolge hatte Franz alles geregelt und am Prinzip der Legitimität festgehalten. Am Abend des 28. Februar hatte er noch zwei Handbillette geschrieben – es wurde behauptet, Metternich hätte sie verfaßt –, die seinem Sohn Ferdinand galten und ihn für seine Regierungszeit ein für allemal festlegten. In diesem Schreiben wurde dem Thronfolger aufgetragen,»nichts an den Grundlagen des Staatsgebäudes zu verrücken ... Regiere und verändere nichts ... übertrage auf den Fürsten Metternich Meinem treuesten Diener und Freund, das Vertrauen, welches Ich ihm während einer so langen Reihe von Jahren gewidmet habe.... Fasse über öffentliche Angelegenheiten wie über Personen keine Entschlüsse, ohne ihn gehört zu haben. Dagegen mache Ichs ihm zur Pflicht, gegen dich mit derselben Aufrichtigkeit und treuen Anhänglichkeit vorzugehen, die er mir stets bewiesen hat.«[167] Noch am Totenbett hatte Kaiser Franz seine fortschrittlichen Brüder – EH Carl und EH Johann – ausgeschaltet und von seinem konservativ denkenden Bruder EH Ludwig, das Ehrenwort verlangt, darauf zu achten, daß alles in gewohnten Bahnen verlaufen sollte.

Der Kaiser fühlte, daß sein Ende gekommen war. Er ließ seine Familie in das Sterbezimmer eintreten, selbst der kleine Enkel Franz Joseph mußte geweckt werden und zum Großvater kommen. »Er entschlief um ¾ vor 1 Uhr«, schrieb Dietrichstein, »sanft und ganz gegenwärtig nachdem er Alle gesegnet und ermahnt hatte... Wir haben dem guten Herrn nach dem Tode die Hand geküßt. Ich bin erschöpft!«[168]

Offiziell wurde bekanntgegeben: »Es hat Gott dem Allmächtigen gefallen, Seine kaiserliche und königliche Majestät dem Kaiser und König Franz den Ersten, unsern innigst geliebten Landesvater, von dieser Welt abzuberufen. Allerhöchst-dieselben sind heute um drey Viertel auf Ein Uhr Morgens verschieden.«[169]

»Ach Mama«, schrieb EH Sophie traurig, »wir sind zu unglücklich, nachdem wir während so vieler Jahre so glücklich waren, gestützt, geliebt, geleitet durch ihn, unseren vielgeliebten Herrn. Wir sind seit dieser schrecklichen Nacht, die ihn uns entführt hat, ganz verwaist. Er war unsere einzige Stütze, unser einziges Heil, es schien mir, als müsste die Welt zusammenstürzen, daß wir alle zugrunde gehen müssen...«[170] Die Sturmfeder berichtete nach Hause: »Am 1. März habe ich Euch einen kurzen Brief geschrieben und am 2. März lebte mein Kaiser nicht mehr. Ich hatte meinen Beschützer und Wohltäter verloren... Er segnete Alle und nahm Abschied von uns Allen. Auch seine beiden Enkel segnete er. Es war der erste Ausgang von dem armen kleinen Prinzen zum Sterbebett seines Großvaters...«[171]

Innerhalb der Familie kam es zu einer emotional geführten Auseinandersetzung, ob die Ärzte auch die richtige Therapie bei dem Schwerkranken angewandt hatten und ob nicht der Leibarzt noch einen Aderlaß hätte vornehmen sollen. Dr. Malfatti meinte dazu, *er* hätte den Kaiser »bis zur Bewußtlosigkeit bluten lassen«.[172] Am 2. März wurde für den Kaiser »die Hoftrauer angesagt«, welche von Samstag, dem 7. März, durch sechs Monate mit verschiedenen Abwechslungen eingehalten werden mußte. »Durch die ersten 14 Wochen, d. i. vom 7. März bis einschlüssig 12. Juny 1835, erscheinen die allerhöchsten und höchsten Frauen dann die Damen in schwarzwollenem Zeug, mit schwarzem Kopfputze, schwarzem Schmucke, schwarzen Handschuhen und schwarzem Fächer...«[173]

Der Leichnam des Kaisers verblieb bis zum 3. März im Sterbezimmer. »Da Ihre Majestät, die verwitibte Kaiserin es den Hofburgbewohnern und mehreren anderen Personen nicht versagen wollte, die Züge ihres verehrten Herrschers auch im Tode noch einmal zu sehen, und daher die Erlaubnis zum Zwecke in das Sterbezimmer ertheilte...«[174] Auch EH Sophie betrat mit ihren Söhnen nochmals das Sterbezimmer, um an der Bahre des Kaisers zu beten. Franz Joseph sagte allerdings hinterher, »es wäre ihm lieber gewesen, den Großpapa nicht so gelb zu sehen«.[175] An diesem Tage wurde der Leichnam durch die Hofärzte geöffnet, das Herz und die Eingeweide entnommen und der übrige Leichnam einbalsamiert. Der Leibarzt übergab den Obduktionsbefund dem Obersthofmeisteramt. Sodann wurde die Leiche in die deutsche Feldmarschalluniform gekleidet, alle Orden angelegt und in einen mit Goldbrokat ausgekleideten Sarg gelegt. Um 19 Uhr wurde das Testament des Kaisers eröffnet, in dem er verlangte, daß der Paragraph 14 der Bevölkerung bekanntgegeben werden sollte:

»Meine Liebe vermache Ich meinen Unterthanen. Ich hoffe, daß Ich für sie bey Gott werde bethen können, und Ich fordere sie auf zur Treue und Anhänglichkeit gegen Meinen legithimen Nachfolger, sowie sie Mir dieselbe in guten und schlimmen Tagen bewiesen haben. Ich sage Meiner threuen Armee Meinen herzlichen Dank für die Dienste, welche sie Mir erwiesen hat und durch welche sie Meinen Thron erhalten hat...«[176]

Für EH Sophie war mit dem Tod ihres Schwiegervaters eine Welt zugrunde gegangen, sie sah für sich und ihre Familie sehr pessimistisch in die Zukunft. Für sie war das Idol eines großen Herrschers, eines fürsorglichen Familienvaters, eines souveränen Familienvorstandes mit dem Tod des Kaisers ausgelöscht worden. Die Untertanen des Kaisers berührte sein Tod kaum. Das Ärgste und Ärgerlichste für sie war, daß jetzt in der Faschingszeit sämtliche Belustigungen und Bälle abgesagt wurden. Das war der größte Schmerz! In einem Brief Dietrichsteins wird diese ganze Misere geschildert: »In einem Briefe, den ich gestern aus Graz erhielt, kommt folgende Stelle vor... Man trauerte in den ersten Tagen so um die Bälle, die man sich versagen mußte. Montags ließ nämlich Graf Narko seinen großen Maskenball absagen, worüber der hohe Adel trostlos war und dienstags war natürlich nichts mit der Redoute. Da wußten die Leute gar nicht, was sie mit ihrem Tag anfangen sollen... Es scheint also in Graz nicht besser als hier gegangen zu seyn. Hier war, wie alle Berichte lauten, auch keine Spur von Trauer... Von den Wienern verstehe ich das nicht, denn sie wurden ja auf Kosten der ganzen Monarchie gehätschelt...«[177]

Die Politik des Kaisers Franz war mit fortschreitendem Alter noch statischer und unbeweglicher geworden. Die Zensur wurde zu einer Allmacht im Staat, das Pressegesetz nach der am 12. Juni 1834 stattgefundenen Ministerkonferenz nochmals verschärft. Die nach mehr Freiheit in der Monarchie dürstenden Kreise gaben dem Kaiser allein die Schuld an diesen unhaltbaren Zuständen. Für sie war der Kaiser nicht mehr »Franz der Gute«, sondern nur noch ein verknöcherter, zahnloser, zynischer Greis. Ein Zeitgenosse sagte über ihn: »Hinter Franzens angeblicher Gutmütigkeit lag eine Schlauheit und Härte verborgen, vor denen selbst ein Metternich zurückschreckte.«[178] Viele Verantwortliche in diesem Staat machten sich bereits Sorgen, wohin der Kurs des Staatsschiffes gehen würde, und sahen nur noch im Tod des Kaisers die einzige Chance für einen Neubeginn. So schrieb Prokesch von Osten in sein Tagebuch: »...Zu Gentz, mit dem ich den Abend recht angenehm verplaudere. Über die Lebenskraft der Monarchie sieht er schwarz und eigentlich keine Rettung, als den Tod des Kaisers Franz...«[179]

Im Jahre 1826, als der Kaiser schwer erkrankt war, hatte das Volk noch Teilnahme und Interesse gezeigt. In den kommenden Jahren schwanden diese Regungen immer mehr. Für seine Untertanen wurde der Kaiser immer entrückter und fremder. Sein jetzt erfolgter Tod war für sie mehr Erlösung als Anlaß zu einer echten Trauer.

EH Sophie, voll Klugheit und Ehrgeiz, war nur in den ersten Tagen nach dem Tod des Kaisers schockiert darüber, daß der kranke Ferdinand so anstandslos und ohne jeglichen Zweifel die Nachfolge nach dem Vater angetreten hatte. Irgendwie hoffte sie doch im geheimen, Franz Karl, der zwar auch keine Geistesgröße war, würde seinem älteren Bruder vorgezogen werden. Die tief religiöse und loyale Frau wußte aber, daß das Gesetz der Legitimität über allem stand und man sich daher, ob man wollte oder nicht, zu fügen hatte; sie war die Letzte, die deswegen Zwist oder Meinungsverschiedenheiten in die Familie bringen wollte. Wenn sie zusammenstehen würde, das war auch der letzte Wunsch des sterbenden

Kaisers, könnten alle Anfechtungen und Stürme überwunden werden. »Wir verdanken es dieser bewundernswerten Familie, deren Eintracht und Selbstlosigkeit ganz ausnehmend rührend sind«, schrieb sie ihrer Mutter. »Dann auch der Einigkeit zwischen Metternich und Kolowrat (dessen Haltung über alles Lob erhaben ist). Endlich auch unserem lieben Onkel Ludwig, auf den sich aller Augen, sowohl der Familie, wie der Minister in gemeinsamem Einverständnis gewandt haben, und in den unser neuer Kaiser Gott sei Dank ein rührendes und grenzenloses Vertrauen setzt. Möge der Himmel alle drei erhalten, das ist mein tägliches Gebet...«[180]

2

In den Morgenstunden des 2. März 1835 erließ der neue Kaiser Ferdinand I. von Österreich als erste Amtshandlung folgendes Handschreiben: »Es hat Gott dem Allmächtigen gefallen, Seine Majestät den Kaiser und König Meinen hochverehrten, innig geliebten Vater, aus dem irdischen Seyn abzuberufen... Mit dem Gefühle des tiefsten Schmerzes über den Verlust des erlauchten Verklärten... dessen Tugenden allen Zeiten als Vorbild dienen, folge ich dem hohen Berufe, auf der Bahn fortzuschreiten, die Er so weise bezeichnet und so beharrlich verfolgt hat. Ich besteige den mir angestammten Thron, mit dem festen Entschlusse, den Gesinnungen Meines Vaters getreu, wie Er, im frommen Vertrauen auf Gott, das Glück und die Wohlfahrt Meiner Völker... zum Zwecke aller meiner Bestrebungen und Anstrengungen zu machen...«[1]

Kaiser Franz hatte noch zu Lebzeiten gedacht, seinem Sohn einen perfekt funktionierenden Staatsapparat zu hinterlassen, wenn Metternich und Kolowrat, dem er ebenfalls bedingungslos vertraute, an der Spitze der Regierung stünden. Sicherheitshalber hatte er auch noch die sogenannte Staatskonferenz, bestehend aus EH Ludwig, Metternich und Kolowrat, eingesetzt, die den Kaiser, wenn er aus Krankheitsgründen verhindert wäre, ersetzen sollten. Eine der ersten Amtshandlungen Ferdinands bestand darin, auch seinen Bruder und Nachfolger EH Franz Karl in diese Konferenz zu delegieren. Wie Ségur-Cabanac, der langjährige Kammerherr Ferdinands, glaubwürdig versicherte, teilte der Kaiser nicht von vornherein die Zuneigung des Vaters zum Staatskanzler Metternich. Nur das Versprechen seinem Vater gegenüber auf dem Totenbett, Metternich zu belassen, zwang ihn, den Staatskanzler zu bestätigen. Der Kammerherr schrieb, daß Ferdinand in den Augen der Öffentlichkeit und der Historiker nur ein willenloses Werkzeug Metternichs war. Dem war aber nicht so. Der Kaiser wußte genau, daß das »Metternich'sche System« unweigerlich zu einer Konfrontation mit den Untertanen führen mußte. Der Polizeistaat, der nichts gab und nichts gewährte, sondern nur forderte, lastete schwer auf den Seelen der Österreicher. Eine Änderung der Verhältnisse war aber zu diesem Zeitpunkt unmöglich. Die schwankenden und unruhigen Verhältnisse in Frankreich konnten für andere europäische Staaten kein Vorbild sein. Die Masse der Bevölkerung hatte in ihrem Elend die Fesseln gesprengt. Ein in Wien aufgewachsener und im Absolutismus erzogener Prinz konnte alle diese Dinge nicht begreifen, geschweige denn große Reformen durchführen und der Monarchie neue Wege weisen. So blieb alles in gewohnten und festgefahrenen Bahnen, und vielleicht wäre es gut gegangen, wenn es innerhalb der Staatskonferenz Einigung und Zusammenarbeit gegeben hätte.

EH Sophie, um eine Stufe näher an die Macht herangerückt, hatte nun größeren Einblick in die Zusammenhänge. »Ach Mama«, schrieb sie schon nach wenigen Wochen der Regierungszeit Ferdinands, »wie ich dem Himmel alle Tage hundertmal danke, daß mein armer, armer Franz nicht seinem Vater auf dem Thron gefolgt ist; das hätte mir mein Herz zerrissen. Die Familienmitglieder sind alle so gut, so rührend mit ihm, weinen so herzlich mit ihm zusammen und das wäre nicht ganz gut gewesen, wenn sie das unheimliche Gefühl hätten, daß er an die Stelle unseres armen Toten, dieses Patriarchen seines Volkes getreten wäre... Habe keine Sorge für die Zukunft, meine liebe Mama, ich glaube, daß sich alles gut regeln wird. Wir werden wahrscheinlich eine fixe Geldsumme aus dem Familienfondvermögen bekommen und Apanagen für unsere Kinder. Wir bleiben die Hausherrn bei Hof, was anders geworden wäre im Augenblick, da der neue Kaiser Kinder bekommen hätte...«[2]

Auch der Verbündete Österreichs, Zar Nikolaus I., war skeptisch, wie sich die Monarchie mit Ferdinand und der Staatskonferenz an der Spitze entwickeln würde; er sandte daher seinen persönlichen Botschafter und Beobachter, Nikolaus Alexejewitsch Fürst Orlow, nach Wien. Der meldete nach St. Petersburg: »Ich finde ihn in Beziehung auf seine Intelligenz weit, weit höher, als man früher darüber gesprochen. Aus Mangel an Übung sei er der Rede nicht mächtig, aber daß er ein tiefer Denker sei, könne dem Beobachter nicht entgehen.«[3]

Bald nach der Thronbesteigung mußte die Staatskonferenz bereits in Aktion treten, da der Kaiser Mitte April mehrere epileptische Anfälle erlitt. So mußten ihm am 11. April zwölf Blutegel angesetzt werden, und Dr. Raimann verordnete Zinkblume (Zinkoxyd), ein neues Antikonvulsivum.[4] Entsetzt schrieb EH Sophie ihrer Mutter: »Du kannst meinen neuerlichen Schrecken beurteilen, ich war tief betroffen. Welch furchtbarer Gedanke, daß von einem Augenblick zum anderen eine gänzliche Umwälzung unserer Existenz eintreten könnte.«[5]

Die Regierungsarbeit wurde durch einen gravierenden Fehler des verstorbenen Kaisers erschwert. In seinem letzten Handbillett hatte Kaiser Franz Graf Kolowrat nicht namentlich erwähnt, sondern nur Metternich, der daraus für sich eine Sonderstellung reklamierte. Dies machte ihm Kolowrat streitig und rief sogar die Kaiserinwitwe Karoline Auguste als Zeugin an, daß er Metternich gleichgestellt sei. Der Zusammenstoß dieser beiden Mächtigen war also schon vorprogrammiert. So wie Ferdinand, verfolgte Kolowrat ebenfalls einen weicheren Kurs, doch der Staatskanzler blockte alle diese Intentionen ab. Es war, wie Ségur-Cabanac schrieb, der »rocher de bronce«, der Fels aus Bronze, an dem sich alle anderen die Zähne ausbissen. EH Sophie war anfangs überzeugt, daß die von ihrem vergötterten Schwiegervater eingesetzte Regierungsform klaglos funktionieren würde, und bemerkte erst später, wie sich Metternich und Kolowrat gegenseitig, auf Kosten der Staatsinteressen, blockierten. Und der Kaiser, durch seine Krankheit gehindert, sprach kein Machtwort. »Ich danke vor allem dem Himmel«, schrieb die Erzherzogin, »daß wir nach jenem größten Unglück ruhig weiterexistieren können, aber unsere gegenwärtige Lage ist die merkwürdigste und sonderbarste dieser Welt. Die gesamte Geschichte bietet kein zweites Beispiel dafür. Überall sonst hätte es in einem Falle wie dem unsrigen eine Regentschaft gegeben. Eine klare Vormundschaft, während sich bei uns alle, die uns beherrschen, in ein Geheimnis hüllen und der Kaiser mit ihnen. Wir wissen am Ende gar nicht, wem wir eigentlich angehören und das ist ein so trauriges, so entmutigendes Gefühl. Onkel Ludwig ist sicherlich eine große Stütze für uns alle, aber da er nicht Monarch ist, hat er auch nicht unbegrenzte Macht, was seine Stellung außerordentlich schwierig und heikel gestaltet... Oft glaube ich mich eher in einer gut organisierten Republik als in einer Monarchie, denn wie kann ich mich an die Idee gewöhnen, daß unser armer kleiner Kaiser (mit all seinen Schwächen) wirklich mein Gebieter sei. Und ich besonders, die

79

zeitlebens gewohnt war, in meinem Souverän nur eine der Bewunderung und Ergebenheit, ja der Begeisterung würdige Gestalt zu sehen, die es verdient, von ihren Völkern angebetet zu werden, so wie mein geliebter Vater und der verstorbene Kaiser es waren...«[6] EH Sophie, die sich in dieser Zeit intensiv mit ihren Kindern beschäftigte, war sehr stolz auf ihre beiden Ältesten, die bereits »schußfest« waren und bei Paraden oder sonstigen militärischen Gelegenheiten Gewehr- und Kanonensalven über sich ergehen ließen, ohne mit den Wimpern zu zucken. Dem kleinen Maxi imponierte besonders das »Klopfen« (Kanonensalven).[7] Seinen fünften Geburtstag mußte Franzi im Bett zubringen, da er an einer Erkältung erkrankt war und Dr. Malfatti sofort strenge Bettruhe verordnet hatte. »Er war... so leicht zu beschäftigen und zu unterhalten«, berichtete die Mutter. »Glücklich, daß ich so viel bei ihm war, und sehr geschmeichelt, daß viele Leute kamen, um sich nach seinem Befinden zu erkundigen. Den Onkel Ludwig wollte er gar nicht weglassen. Schließlich auch den Kaiser und die Kaiserin, die letztere hat eine rührende Neigung für dieses Kind, das ihr großer Liebling ist.«[8]

Im Spätsommer fanden in Kalisch preußisch-russische Manöver statt, und der Zar lud EH Franz Karl dazu ein. Er wollte sich von dem Mann, der nun dem Thron am nächsten stand, ein genaues Bild verschaffen. Als Franzi hörte, daß der Vater abreisen würde, bekam er wieder seine Tränenausbrüche. Bei der Abfahrt hat »er fast geschrien!«[9] Trotz seiner Bescheidenheit trat der Erzherzog jetzt immer mehr an die Öffentlichkeit und mußte sehr oft den Kaiser vertreten. Er wurde von allen Kreisen als der künftige Kaiser angesehen. »Was daher von Staatsbeamten und Würdenträgern von Deputationen oder einzelnen Bittstellern sich in Wien einfand, oder was sonst vor dem Throne ein Anliegen hatte oder sich vorstellen zu müssen glaubte, nahm vom Kaiser regelmäßig seinen Weg zum Erzherzog, der sich bei diesen Anlässen eingehend und in wohlwollender Weise um alle Einzelheiten zu erkundigen pflegte, und dadurch bei seinem treuen Gedächtnisse für Namen und Gesichter, einem Erbstück seines Hauses, nicht bloß den Kreis seiner persönlichen Bekanntschaften fortwährend erweiterte, sondern zugleich eine ins Einzelne gehende Kenntnis der Zustände des Reiches gewann...«[10]

In diesem Jahr hatte der Erzherzog einen neuen Obersthofmeister erhalten: Rudolf Graf Salis Zizers. EH Franz Karl konnte nicht mehr faul in den Tag hineinleben, sondern hatte einige Verpflichtungen aufgebürdet bekommen. Seine beiden Kammerherren, GM Franz Graf Coudenhove und Oberstlieutenant Eugen Graf Falkenhayn, sowie der Sekretär Dr. Franz Seraph Erb, erstellten das tägliche Programm: 7 Uhr: aufstehen und Festlegung der Termine des Tages. 9 Uhr: Teilnahme an einer Messe in der Hofburgkapelle. Von dort zurückgekehrt, las der Erzherzog bis 11 Uhr die Tageszeitungen; die »Wiener Zeitung«, die »Presse«, den »Volksfreund« und das »Fremdenblatt«. Um 11 Uhr begannen die Audienzen, und jeder Bittsteller wurde mit der stereotypen Floskel, »Adieu, mein Lieber, bleiben S'gsund bis wir uns wiedersehen«, verabschiedet.[11] Um 13 Uhr nach den Audienzen fuhr der Erzherzog täglich sechsspännig in den Prater. »So einfach und schlicht er in seinem Wesen war, auf diesen Punkt hielt er etwas. ›Geh'n will ich wie jeder Bürgerliche, fahren aber kaiserlich‹, pflegte er zu sagen.«[12] Bevor eingespannt wurde, mußten die sechs Schimmel im Halbkreis vor ihm aufgestellt werden, und er hielt täglich an die Pferde eine kleine Ansprache. Wenn er dann die Kutsche bestieg, sagte er mit stereotyper Regelmäßigkeit: »Laß' ma's füri geh'n.« Im Prater stieg er aus und ging ein Stück Weges zu Fuß. Oft begleitete ihn dabei seine Gemahlin oder sonst ein Mitglied der Familie. Er lud fremde Menschen zum Spaziergang ein, denn er liebte die Gesellschaft und wollte nicht allein sein.

Der Erzherzog war ein begeisterter Jäger und ein sehr guter Schütze. Seine Lieblingsforste waren der Lainzer Tiergarten, der Hütteldorfer Forst und die Weidlinger und Dornbacher Wälder. Er ließ auf eigene Kosten das Gebiet von Hainbach und Mauerbach in einen Wildpark umgestalten und öffentliche Wege anlegen. Sein »Architekt« war der Teichgräber Franz Jacob, der bei Franz Karl unangemeldet eintreten durfte, um mit dem Erzherzog diverse Pläne zu besprechen. In diesem Gebiet wurden zwei Aussichtspunkte errichtet, die Sophien-Alpe und die Franz Karl-Aussicht. Oft war das Ehepaar mit seinen Kindern in dieser Gegend unterwegs und kehrte zwanglos in Gasthäusern ein. »...Mit welcher Herablassung und Leutseligkeit Erzherzog Franz Karl und Erzherzogin Sophie in dem Gasthausgarten von Hainbach ihre Jause nahmen«, berichtete ein Augenzeuge, »während die kaiserlichen Prinzen in einem mit Eseln bespannten kleinen Wagen herumfuhren und so unter den Augen der Eltern sich erlustigten...«[13]

EH Franz Karl war caritativ sehr rege. Seine besondere Aufmerksamkeit galt den Blinden Wiens, und der Organisator der Spenden, Herr von Manussi, fand bei ihm immer ein offenes Ohr und eine offene Geldbörse. »Ein Engel in Menschengestalt, der mit vollen Händen alles Gute unterstützte«, sagte Herr von Manussi vom Erzherzog.[14] Franz Karl ging, wie alle Habsburger, früh zu Bett. Nur einmal im Jahr blieb er bis zwei Uhr morgens wach, da besuchte er die Wohltätigkeitsredoute des Blindenvereins.

Fast jeden Abend war er Gast eines Theaters. Gerne besuchte das Ehepaar das Stadttheater, denn es liebte den dortigen Direktor Heinrich Laube, der durch Protektion der Erzherzogin nach Wien verpflichtet wurde. Auch im Sommer wollte der Erzherzog das Theater nicht missen, und so förderte er die Bühne in Ischl. Er wurde ihr großer Gönner. Alle unverkauften Eintrittskarten kaufte Franz Karl auf, so daß der Direktor immer ein ausverkauftes Hause hatte. Dafür mußte er allerdings spielen, was Franz Karl sehen wollte. Er blieb fast jährlich bis Oktober, manchmal bis November in Ischl. Trotzdem es dann kaum mehr Kurgäste gab, mußten das Theater und die Kurmusik täglich spielen. Der spätere Generaladjutant Franz Josephs, Graf Creneville, berichtete davon seiner Frau: »...Dann besuchte ich das neu eröffnete restaurierte Theater, welches ganz niedlich (weiß und gold) hergerichtet wurde. Seine Majestät nennt es ›Papas Hoftheater‹, da EH Franz Karl es ungeheuer unterstützt, täglich besucht und vom halben September bis Ende Oktober alljährig ganz erhält mit Gagen der Schauspieler etc....«[15] Auch für musikalische Darbietungen hatte er viel Interesse. Täglich besuchte er morgens in Ischl die Schulmesse, weil er Kinderchöre liebte. Wenn er in Salzburg weilte, ließ er die Harfenvirtuosin Maria Moeßmer zu sich bitten, die ihm vorspielen mußte. Jeden Samstag pilgerte er von Ischl nach Maria-Laufen, wie er überhaupt Wallfahrten und Prozessionen liebte, die seine tiefe Religiosität noch verstärkten. In der Fastenzeit besuchte er mit Sophie die Fastenpredigten des bekannten Kanzelredners Pater Joseph Klinkostroem in der Universitätskirche.

Bei der jährlichen Fußwaschung bei Hofe am Gründonnerstag hatte er während der Zeremonie seinen fixen Platz. Erstmals wurde die Fußwaschung von Kaiser Franz im Jahre 1808 im Zeremoniensaal der Hofburg durchgeführt, und EH Franz Karl setzte diese Tradition fort, »damit die hergebrachte Uebung keinen Abbruch erleide« und er sich bei dieser Zeremonie »mit rührender Beflissenheit« hervortun konnte. Diejenigen alten Männer und Frauen, die sich zur Fußwaschung bewarben, mußten sich Donnerstag nach Aschermittwoch um 10 Uhr in der Hofburg melden. Im Falle einer Eignung wurden sie vom Hof zur Anprobe neuer Kleidung vorgeladen. Am Dienstag vor Gründonnerstag wusch der Hof-Wundarzt ihnen die Füße, pedikürte sie und untersuchte sie auf ansteckende Hautausschläge. Tags darauf mußten sie mittels eines Beichtzettels die Beichte ablegen und am Gründonnerstag an einer stillen Messe teilnehmen und das Sakrament empfangen. Zu dieser Messe um 7 Uhr erschien auch das Kaiserpaar. Anschließend gab es im Schweizerhof das Frühstück. Um 9 Uhr fand ein feierliches Hochamt statt, daran anschließend wurden die Greise in Begleitung ihrer Angehörigen in den Zeremoniensaal geführt. Nun erschien der gesamte Hof: Das Kaiserpaar, sämtliche Erzherzoge und die Erzherzoginnen, zwölf Palastdamen, die Chefs der Hofämter, Kämmerer und die Gardekapitäne, dazu alle Obersthofmeister. Truchsesse trugen die Speisen und das Zuckerwerk aus der Hofküche auf. Der Kaiser und die Kaiserin servierten den zwölf Greisen das Essen, die Erzherzoge mußten das Geschirr abräumen. Die Begleiter zogen nun den Greisen die Schuhe und Strümpfe aus. Der Kaiser legte Tschako und Säbel ab, der Obersthofmeister legte ihm eine weiße Schürze an, der Hofkaplan begann das Tagesevangelium zu singen. Der Kaiser kniete vor jedem nieder, auch die beiden ältesten Hofkapläne. Der eine goß aus einer goldenen Kanne das Wasser über die Füße, der andere fing es in einem goldenen Becken auf. Der Kaiser trocknete die Füße und küßte sie. Dann hing der Kaiser jedem der Greise einen kleinen weißen Lederbeutel, in dem Münzen enthalten waren, an einer schwarz-gelben Kordel um den Hals. Nach der Zeremonie zog der Hof feierlich aus dem Saal, und die Greise wurden in Hofwagen nach Hause gebracht [16]

Die Naivität des Erzherzogs, sein grenzenloses Vertrauen in die Mitmenschen und seine Gutherzigkeit sprachen sich rasch herum, und er saß oft Betrügern auf. Als einmal ein Bauer in St. Wolfgang eine stattliche Linde schlägern wollte, um seine Steuerschuld zu begleichen, kaufte ihm Franz Karl diese um den Betrag der Steuer ab. Das sprach sich so schnell herum, daß ununterbrochen Bittgesuche bei ihm einliefen, in denen die Bauern drohten, ganze Wälder niederzuschlagen, um ihre Steuern bezahlen zu können. Später wird er Bauern in Ischl, die ihre Kühe zum Schlachthof brachten, die Tiere abkaufen und in seinem Haus das Gnadenbrot geben.[17]

Anfang des Jahres 1835 war EH Sophie wieder schwanger, und die Hebamme Schmalzl sagte zu ihr: »Wenn wir einen vierten Buben kriegen, so ist der Postzug voll!«[18] Ende September kam es zum Treffen des russischen Zaren mit Kaiser Ferdinand in Bad Teplitz. Im Anschluß daran besuchte der Zar Wien und lernte dabei die Erzherzogin persönlich kennen. Sophie berichtete ihrer Mutter enthusiamiert von dieser Begegnung: »Eben habe ich den Kaiser von Rußland gesehen und einer meiner heißesten Wünsche ist damit erfüllt. Ich vermeine noch zu träumen und doch war dieser wunderbare Mann wirklich da. Ich habe ihn nicht nur gesehen, ich habe ihn auch sprechen gehört und so gut sprechen, daß man immer weiter zuhören möchte. Onkel Ludwig hat recht, wenn er sagt, man könnte gleich alles niederschreiben, so schön und klar spricht der Zar und dabei so einfach, so wahr, so bestimmt und kräftig, wie ein Mensch eben sprechen soll. Er ist Kaiser von Kopf bis zum Fuß, aber so einfach, so herzlich, daß es mir vorkommt, als könnte ich ihm seine geheimsten Gedanken enthüllen. So viel Vertrauen flößt er mir ein. Sein schönes Gesicht trägt den Stempel der Reinheit der Seele und seines fleckenlosen Gewissens. Er ist nicht galant, er hat nicht die tadellosen Formen eines Mannes von Welt wie Zar Alexander, aber ich ziehe ihn doch vor um seiner schlichten und einfachen Größe willens, denn es scheint mir, daß ein Kaiser etwas Besseres zu tun hat, als nur immer damit beschäftigt zu sein, zu gefallen. Gerade die reine Klarheit seines Lebens verleiht ihm einen unwiderstehlichen Charme...«[19] EH Sophie mußte natürlich von diesem Mann begeistert sein, wenn sie die männlichen Exemplare in ihrer Umgebung am Wiener Hof ansah. »Daß Gott erbarm'«, wie einmal der verstorbene Kaiser Franz über seine Söhne sagte.

EH Sophies neunte Schwangerschaft ging am 27. Oktober 1835 zu Ende. An diesem Morgen erwachte sie mit einem »Ausschlag um den Mund«. Der herbeigerufene Arzt Dr. Wirer meinte dazu, daß so etwas immer dann auftrete, wenn ein Mädchen geboren wird (??). Woher der Mediziner diese empirische Erkenntnis hatte, ist unklar, ebenso der »Ausschlag um den Mund«. Da keine genauen Angaben vorliegen, kann das Krankheitsbild nicht verifiziert werden, doch scheint es wahrscheinlich, daß durch hormonelle Veränderungen eine Herpesinfektion virulent wurde und ein Ausschlag mit Herpesbläschen (Fieberblasen) auftrat. Tatsächlich hatte der Hofarzt einen »Zufallstreffer« gelandet, denn noch an diesem Abend wurde die Erzherzogin von einem Mädchen entbunden. Das Kind erhielt in der Taufe den Namen Maria Anna Karoline. Sofort nach der Geburt wurden EH Sophie von Dr. Malfatti eine ganze Palette verschiedenster Abführmittel durch fast acht Wochen hindurch verschrieben.[20] Ob dies die richtige Therapie war, eine Wöchnerin wieder zu Kräften zu bringen, bleibt dahingestellt. Am 31. Oktober sandte König Ludwig I. von Bayern, der Bruder Sophies, ein Gratulationsschreiben an EH Franz Karl, in dem er ausführte, ». . . daß das Neugeborene in allen ihrer Mutter gleichen möge, daß sie gut und schön werde wie Sophie!«[21] EH Franz Karl ernannte nun Sophie zur »Vormünderin« seiner Kinder mit voller Erziehungsgewalt, dagegen sollte bei seinem Ableben sein Onkel EH Ludwig dieses Amt übernehmen.[22]

Der kleine Franzi war an seiner Schwester sehr interessiert und entwickelte schon zu Beginn ihres Daseins eine große Zuneigung zu ihr. Er war jetzt etwas über fünf Jahre alt, neugierig und wißbegierig. Nun, nachdem wieder ein Säugling in der Wiege lag und dazu noch mit ihm verwandt, war es für ihn naheliegend, die Frage zu stellen, woher diese Schwester überhaupt kam. »Wie haben Sie es denn angefangen, um Kinder zu bekommen?«, fragte er eines Tages die Mutter. »Haben Sie den lieben Gott darum gebeten?« Noch blieb ihm ein Phänomen unklar, und er verlangte Aufklärung von der Mutter: »Was hat denn die kleine Schwester für Auswüchse an beiden Seiten der Brust? Wie überhaupt alle Frauen dort Auswüchse haben.«[23]

Im Juni 1836 starb der ehemalige Leibarzt Kaisers Franz, Dr. Andreas Stifft, den die Erzherzogin und ihr Gemahl wegen dessen Intrigen als Arzt abgelehnt hatten. »So hat es denn noch bei seinem Begräbnis donnern und blitzen müssen«, schrieb Sophie der Mutter, »nachdem er selbst so viel in seinem Leben geblitzt und gedonnert hat.«[24] Dieses Jahr brachte große Umwälzungen in den Haushalt der Erzherzogin. Die gemeinsame Kindkammer unter der Aufsicht der Baronin Sturmfeder wurde gesprengt und die Kinder getrennt. »Sie lieben sich zärtlich«, schrieb Sophie, »und obwohl sie sehr oft streiten, kann doch einer ohne den anderen nicht leben.«[25] Mit seinem vollendeten sechsten Lebensjahr mußte Franzi nach althergebrachter Tradition »zu die Männer kommen«, wie Kaiser Franz zu sagen pflegte. Metternich, besonders aber die Erzherzogin, machten sich rechtzeitig Gedanken darüber, wer die Stelle des »Primo Ajo« einnehmen sollte, denn die Erziehung eines Prinzen war eine besondere und große Aufgabe und die eines Thronfolgers und vermutlichen Kaisers erst recht. Der »Primo Ajo« war der oberste Erzieher und Vorstand in einem erzherzoglichen Haushalt und hatte naturgemäß eine große Verantwortung. Die Wahl des Staatskanzlers fiel auf Heinrich (Henri) Graf Bombelles und nicht wenigen Leuten kam sie seltsam vor. EH Sophie war darunter und von dieser Bestellung gar nicht begeistert. Erst als EH Ludwig, hinter dem Metternich stand, auf Sophie einwirkte, gab sie zögernd ihre Zustimmung. Der Staatskanzler war überzeugt, mit diesem Mann den Besten für eine solche Aufgabe gefunden zu haben. »Ich reihe Bombelles unter die geringe Zahl von Menschen ein«, schrieb er, »die infolge einer angeborenen Neigung das dachten, was ich dachte, das sahen, was ich sah und das wollten, was ich wollte.«[26]

Was die Menschen an diesem Ajo am meisten störte, war, daß Bombelles ein Ausländer, ein Franzose, war. Er war Sohn eines Diplomaten aus dem ancien régime, dessen Dienstorte Lissabon und Venedig waren. Nach der französischen Revolution floh der Vater ins Ausland und kam auf Umwegen nach Wien. Er hatte fünf Söhne und eine Tochter und war fast mittellos. Der Graf war ein übereifriger Katholik, nach dem Tod seiner Frau trat er in ein Kloster ein, das für seinen Lebensunterhalt sorgte. Dadurch konnte er sein bescheidendes Vermögen seinen Kindern hinterlassen. Als Ludwig XVIII. nach Frankreich zurückkehrte, wurde Bombelles Bischof von Amiens. Seine Söhne traten in österreichische Dienste. Charles, der von Metternich als Haushofmeister nach Parma gesandt wurde, heiratete EH Marie Louise. Sein jüngerer Bruder Heinrich, ein tiefgläubiger Mensch und Bewunderer der Jesuiten, wurde vom Staatskanzler gefördert und schließlich »Primo Ajo« des EH Franz Joseph.

Die tiefe Gläubigkeit des Grafen mag vielleicht auf Sophie Eindruck gemacht haben, doch war sie trotzdem mit dieser Wahl anfangs nicht einverstanden. Sie konnte die Bestellung zwar nicht verhindern, jedoch Bombelles ein Gegengewicht entgegensetzen, denn der »Primo Ajo« war bloß die oberste Aufsichtsperson. Der eigentliche Erzieher, der den meisten Einfluß ausübte, war der Haushofmeister, der von mehreren Lehrern unterstützt wurde. Diesen verantwortungsvollen Posten besetzte die Erzherzogin mit dem zu diesem Zeitpunkt 42 Jahre alten Oberst Johann Alexander Graf Coronini-Cronberg. Er war ein Soldat der alten Schule, aufgewachsen in der Ära der josephinischen Aufklärung. Er war streng, steif, unnahbar und pedantisch. Sein Mangel an Phantasie und Einbildungskraft wurde reichlich durch die strenge Zuchtschule des Soldatenhandwerks aufgehoben. Seine Hauptaufgabe war es, aus dem kleinen, fröhlichen Franzi der Baronin Sturmfeder einen richtigen Soldaten und Thronanwärter zu formen. Dies gelang dem Oberst nur zu gut, hatte doch die Sturmfeder durch sechs Jahre hindurch einen kleinen Buben zum pedantischen, Ordnungssinn liebenden Pünktlichkeitsfanatiker erzogen. Unter Coroninis eher grimmiger Leitung überwucherten diese Erscheinungen fast alles andere. Es dauerte gar nicht lange, und aus dem unbeschwerten, fröhlichen Franzi war ein schmallippiger, sehr ernster, zurückhaltender, altkluger junger Mann geworden, der von der Wichtigkeit seiner Persönlichkeit überzeugt und eingenommen war. »Es ist überhaupt eine ganz harte Zeit für mich«, schrieb die Sturmfeder nach Hause, »seitdem ich *meinen* Franzi verloren habe... wie unerträglich ist mir jetzt mein Geschäft. Durch ihn... den Liebling meines Kaisers war mir alles leicht und sogar eine Freude und jetzt, ohne ihn, ist mir alles eine wahre Last. Ich sehe wohl Franzi noch«, setzte sie traurig hinzu, »aber er ist nicht mehr mein Franzi, er ist jetzt der Erzherzog Franz...«[27] Wie zum Trost hatte ihr kurz vorher der kleine Maxi gesagt, daß er sie so sehr liebe, wie sie Franzi geliebt hatte.[28] Es war für die Sturmfeder kein Trost. Ihre ganze mütterliche Liebe gehörte ihrem einzigen Franzi, den sie nun hergeben mußte und den sie nie vergessen konnte.

Der Baronin Sturmfeder sollte es noch dreimal so ergehen. Jedesmal, wenn ihr einer ihrer Schützlinge weggenommen wurde, brach ihr fast das Herz. Sie wollte schon mehrmals ihren Dienst bei Hof quittieren, doch EH Sophie hielt sie jedesmal von diesem Schritt zurück. Schließlich, als kein Kind mehr in der Kindkammer lebte, wurde sie Hofdame bei der Kaiserin-Witwe Karoline Auguste. Später wird die Sturmfeder aus Schönbrunn ihrer Familie schreiben, wie sehr sie noch immer unter dem Verlust der Kinder litt: »Über meinem Kopf trappen sie den ganzen Tag herum, ich bin also gezwungen, an sie zu denken und im Garten seh' ich sie und darf nicht zu ihnen, muß ihnen ausweichen. Es ist eine namenlose Pein. Habe ich sie denn nicht lieb genug gehabt? Wäre es nicht ein Glück für mich, hätte ich sie nie lieb gehabt!« Im nächsten Brief schüttete sie sich noch einmal ihr Herz aus: »Obgleich ich Schönbrunn dieses Jahr nicht so lustig verlasse, so war es doch nicht mit so herzzerreißenden Gefühlen, wie in den vorhergegangenen Jahren, wo mir jedes Jahr eines der Kinder entzogen wurde. Nun ist alles aus, ich habe sie verloren, meine vier Kinder, welche mir beinahe das Leben gekostet hätten, und damit basta!«[29] Der Einfluß der Baronin auf die Entwicklung des Charakters der Kinder des erzherzoglichen Elternpaares, besonders aber auf den ihres kleinen Franzi, soll nicht unterschätzt werden. EH Sophie hatte aber mit der Bestellung der Sturmfeder zur Erzieherin ihrer Söhne eine glückliche Hand bewiesen.

Zum Haushalt des kleinen EH Franz Joseph gehörten ein Kammerdiener, ein Kammerjunge, zwei Leiblakaien, ein Zimmerputzer, ein Hausknecht und ein Kammermensch. Die Erzherzogin war wie ein Schießhund hinter dem Personal her und kümmerte sich persönlich um die Reinlichkeit und die Hygiene im Haushalt ihrer Kinder. Sie nahm auch an den ersten Unterrichtsstunden ihres Ältesten teil und kontrollierte die Lehrer. Diese Zeit war etwas gestört, weil Franz Joseph nicht die Milchzähne verlor und sie alle vom Hof-Zahnarzt Carabelli gezogen werden mußten. »Es ist grausam«, schrieb die Mutter, »dem armen Buben derartige Schmerzen bereiten zu müssen, die doch den meisten Kindern erspart bleiben.«[30]

In der damaligen Zeit liebten alle Buben das Soldatenspielen, doch die meisten vergaßen es, wenn sie herangewachsen waren. Den kleinen Erzherzogen aber war es nicht erlaubt, darauf zu vergessen. Für sie begann der Ernst jenes Spiels zu einem Zeitpunkt, als die anderen schon wieder damit aufgehört hatten. Sie »spielten« ein Leben lang und nannten es Berufung oder Arbeit. Die Mutter war stolz und glücklich darüber. »Ich führte Franzi zur Truppenschau«, berichtete sie ihrer Mutter anläßlich eines Staatsbesuches, »und kam aus dem Entzücken nicht heraus; er war genau so begeistert von den Kanonenschüssen, die ganz knapp in seiner Nähe abgegeben wurden, wie von dem Gewehrfeuer, das beim Plänkeln unmittelbar rund um uns erklang. Alle Militärs hatten, wie ich, großes Vergnügen an seinem Mut. Bei der Defilierung war auch Maxi an seiner Seite, aber er schien sich eher zu langweilen, weil er sich aus militärischen Dingen so wenig macht, daß ich ihn zu den Manövern des nächsten Tages gar nicht mehr mitnahm. Franzi dagegen sagte nachher, er hätte in seinem ganzen Leben nichts Schöneres gesehen...«[31]

Die Tageseinteilung wurde dem kleinen EH Franz Joseph genau vorgeschrieben. Das Lernpensum war umfangreich und nur durch wenige Stunden der Erholung unterbrochen. Es gab keinen Leerlauf, mehr Pflichten als Vergnügungen, und nichts wurde dem Zufall überlassen. Um 7 Uhr morgens war Weckruf und um 8 Uhr abends »Zapfenstreich«. In den dreizehn Stunden des Wachzustandes war der Knabe nichts anderes als ein kleiner Sklave. Der Stundenplan:

	Montag, Mittwoch, Freitag	Dienstag, Donnerstag, Samstag
7 – 7.30	Ankleiden	Ankleiden
7.30– 8	Ungarisch	Ungarisch
8 – 9.30	Frühstück	Frühstück
9.30–10	Zeichnen	Französisch
10 –10.30	Deutsch	Deutsch
10.30–11	Deutsch	Schreiben
11 –11.30	Schreiben	Schreiben
11.30–12	Geographie	Geographie
12 –14	Spaziergang	Spaziergang
14 –15	Mittagessen	Mittagessen
15 –16	Ruhe	Ruhe
16 –17	Französisch	Deutsch
17 –19	Reiten oder Tanzen	Exerzieren
19 –20	Abendessen	Abendessen
20	Bettruhe	Bettruhe[32]

Für einen Sechsjährigen war das mehr als genug, und bald kamen neue Unterrichtsfächer hinzu: Latein, Geschichte, Rechtskunde, Politikwissenschaften, Physik, Chemie, Mathematik und Religion. Durch Coroninis strenge Erziehung wurde das gewünschte Ergebnis erzielt: Sie ließ den Hang zu geregelter Arbeit zur zweiten Natur werden. Es entwickelte sich ein fast religiöser Glauben an den Wert bürokratischer Leistungen, die eigentlich an das erinnerten, was Graf Colloredo in Bezug auf Großvater Franz »eine Vorliebe für Nichtigkeiten« genannt hatte. Franz Joseph, der den ganzen Tag über am Schreibtisch saß, verlor sich immer mehr in Details. Den Untertanen wurde diese Haltung als »pünktliche Pflichterfüllung« und erstrebenswerte Berufsauffassung verkauft.

Am 7. September 1835 wurde Kaiser Ferdinand in Prag zum König von Böhmen mit der Wenzelskrone gekrönt. EH Sophie und ihr Gemahl waren Zeugen dieser Zeremonie. Im Oktober 1836 wurde Sophie neuerlich schwanger, erlitt aber am Ende des vierten Schwangerschaftsmonats im Januar 1837 abermals eine *fausse couche*. Das Drama dieser Frühgeburt hatte sich schon im November abgezeichnet, als ihr Dr. Malfatti »Haller'sche Säure« wegen Blutungen verordnen mußte.[33] Die Frucht konnte unter diesen Umständen nicht ausgetragen werden. »Das arme Kleine, das nun im vierten Monat nicht mehr weiterleben kann«, schrieb die Erzherzogin untröstlich ihrer Mutter, »wäre ein lieber Spielkamerad für meine kleine Anna gewesen, aber es wäre sicher zu zart auf die Welt gekommen und so muß ich vielleicht Gott danken, daß es so und nicht anders gekommen ist.«[34] Im Anschluß an dieses traurige Ereignis war die Erzherzogin depressiv und litt unter Herzbeschwerden. Franz Karl, der jetzt besonders rücksichtsvoll zu ihr war, tröstete sie, so weit es in seiner Macht stand. »Wie mein Mann gut und lieb für mich ist, kann ich Dir nicht ausdrücken«, schrieb Sophie ihrer Mutter am 8. Februar nach München. »Ich danke Gott, daß ich Dir diese Beruhigung aus dem Grunde meines Herzens geben kann. Einen besseren und liebevolleren Mann hätte der liebe Gott und Du, lieber Vater, mir niemals geben können.«

Sophie hatte noch einen anderen Grund, depressiv zu sein. Bei ihrer Tochter zeigten sich die ersten Symptome einer Anfallskrankheit. Unterschwellig hatte die Erzherzogin immer Angst vor der Epilepsie in der Familie, in die sie eingeheiratet hatte. Die Schwester ihres

Gemahls, »Johanna die Wahnsinnige«, schlich durch die Hofburg, ihr Schwager Ferdinand litt zeitweise tagelang an Konvulsionen, ebenso der Onkel Franz Karls, EH Carl. Nun traten bei ihrem jüngsten Kind ebensolche Symptome auf. Bei Sophie schrillten die Alarmglocken, doch die Hofärzte beruhigten sie und meinten, es handle sich bei diesen Anfällen um harmlose »Zahn-Fraisen«. Sophie schrieb diesbezüglich nach München: »Malfatti ist nicht im geringsten beunruhigt über Ännchen; er lacht über mich, wenn ich ihm sage, daß ich es wäre. Hoffentlich haben aber die Ärzte doch recht und es handelt sich um das Zahnen, aber es tut so weh, ein armes Kind leiden zu sehen...«[35]

Eine intrigante Rolle spielte Sophie – entgegen ihrem religiösen Charakter – gegenüber EH Maria Theresia, der ältesten Tochter des EH Carl. Sie hintertrieb deren Verbindung mit Prinz Philippe von Orléans, der bereits zur Brautschau nach Wien gekommen war. EH Carl und die Braut wären mit dieser Verbindung einverstanden gewesen, doch Sophie vereitelte diesen Plan, da sie alles haßte, was mit Frankreich zusammenhing. Sie hatte eine derartige Aversion, daß sie Vernunftgründen nicht zugänglich war. »Ich möchte aber doch keinen in unserer Familie haben«, war ihre Meinung, »wegen der bösen, illegitimen Verwandtschaft!«[36] Diese Verbindung zwischen dem Haus Habsburg und dem Haus Orléans wurde auf dem Altar der Staatsräson geopfert, die junge Erzherzogin zog sich als Äbtissin in das Damenstift nach Prag zurück. Nun tat dieses junge Ding Sophie leid, und sie spielte die Kupplerin. Ausersehen war König Ferdinand II. von Neapel und beider Sizilien, der gerade Witwer geworden war. Auch er erschien als Brautwerber in Wien, und die Ehe wurde über den Kopf der Erzherzogin Maria Theresia hinweg beschlossen. Die junge Braut tat Sophie zwar leid, doch sollte sie ihrer Meinung nach nicht vergessen, daß sie Königin werden würde, das Höchste, was ein Mädchen erreichen könnte, dafür müßten Opfer gebracht werden. Maria Theresia heiratete als gehorsame Tochter den König, gebar ihm neun Söhne und vier Töchter und starb mit 51 Jahren in Neapel an der Cholera. Als sich der erste verschmähte Bräutigam, Philippe von Orléans, später mit Helene von Mecklenburg-Schwerin verheiratete, war Sophie froh, daß es keine Habsburgerin geworden war, zeigte sich aber empört, daß sich »deutsches Blut für eine solche Heirat hergibt«.[37]

Wie weit EH Sophie politisch und am Zeitgeschehen interessiert war, davon gibt uns ein Brief an ihre Mutter Auskunft. Die Erzherzogin erhielt jeden Morgen die angesehene »Augsburger Allgemeine Zeitung«, die 1798 von dem bekannten Verlags und Buchhändler Johann Friedrich Freiherr Cotta von Cottendorf gegründet worden war und eine weltoffene Sicht vertrat. Der Erzherzogin waren die Kommentare dieser Zeitung nicht gerade Balsam für die Seele, sie nannten die Dinge ungeschminkt beim Namen und entsprachen so gar nicht dem Weltbild der prominenten Leserin. Aber sie waren für Sophie wichtig, denn die Zeitung unterlag keiner Zensur und schärfte ihre politische Bildung und Urteilskraft, zeigte die aufkommenden politischen Tendenzen in Europa. »Sie ist ja wohl immer die Qual meines Lebens«, schrieb Sophie, »und gehört dazu, denn obgleich sie nicht stets in gutem Sinne geschrieben ist, enthält sie doch immer interessante Artikel. Man lacht mich vielfach aus, besonders mein Mann und Onkel Ludwig, weil ich die Zeitung stets wie einen Schatz mit mir trage, am Spaziergang, bei meinen Kindern, selbst auf einem gewissen Ort. Aber ich lese sie alle Tage, da ich dies für eine Notwendigkeit halte.«[38]

Den Sommer 1837 verbrachte die erzherzogliche Familie in Ischl, wo sie die Ferien genoß. Narcisse Alexandre Taigny, genannt »Narcisse«, dritter kaiserlicher Mundkoch, der immer in Ischl aufkochte, verwöhnte die Familie mit den Köstlichkeiten seiner Küche. Franz Karl ging wallfahren, und die übrige Familie unternahm ausgedehnte Spaziergänge in die Umgebung und kehrte in den beliebten Ausflugslokalen der Herren Schmalnauer und Molkensieder ein, wobei letzterer einen besonders guten Kaffee braute.[39] Im September fuhr die Familie zu Sophies Verwandten nach Tegernsee.

Nach Wien zurückgekehrt, begannen für Franz Joseph und Max wieder die Pflichten der Schule. Die Wochenstunden für Franz Joseph erhöhten sich auf zweiunddreißig. Die französische Sprache wurde forciert, dazu kam der Unterricht in der böhmischen Sprache, die Ritter von Wittek lehrte. Franzi hatte mehr Unterrichtsstunden als sein Bruder und auch einen größeren Stoff zu bewältigen als Max. Der Älteste wurde immer dem Jüngeren zum Vorbild des braven Schülers dargestellt. In Musik war Franz Joseph ein hoffnungsloser Fall, da er absolut kein Gehör hatte. Dafür schrieb er sehr schön und regelmäßig, was ihm Herr Doré beigebracht hatte, und außerdem zeichnete er ausnehmend gut. Die Grundbegriffe des Zeichnens brachte ihm Franz Dullinger bei, die Begabung förderte später der Maler Peter Johann Nepomuk Geiger. Die Gefahr der Sprachstudien lag darin, daß die Mitglieder des Kaiserhauses alle mehrere Sprachen beherrschten, aber keine richtig, und daß schließlich auch die eigene Muttersprache darunter litt. Erschwerend kam noch hinzu, daß der Hof und die österreichischen Adelshäuser nur Dialekt sprachen. Das Schriftdeutsch Franz Josephs war allerdings perfekt und fehlerfrei, und bis ins hohe Alter hatte er eine feste, gut leserliche Handschrift. Der Älteste liebte seine Arbeit, das Lernen, wenn es ihm auch nicht leicht fiel, er empfand es jedenfalls schwerer als Max. Nur die Sonntagnachmittage waren Festtage mit Freiheit und Spiel. Da kamen der Edi Taffee, Henry Salis, die vier Falkenhayn-Buben und Coroninis Sohn Franz zu Besuch, da wurde bei Kaffee und Kuchen gefeiert.

Das Verhältnis der Buben untereinander war im Grunde ein sehr aufrichtiges und herzliches, von kleineren Rangeleien und Raufereien abgesehen, wie sie eben in jeder Familie üblich sind. Besonders der kleine Max fühlte sich oft zurückgesetzt und glaubte, sich mit Fäusten seinen Platz in der Hierarchie erkämpfen zu müssen. Prompt folgte die Strafe, und die Mutter machte sich anschließend wegen ihrer Strenge Vorwürfe. Zwischen den beiden Brüdern herrschte eine aufrichtige Liebe. Briefe und Zeichnungen wechselten, wenn sie sich nicht sehen konnten. Franz Joseph sandte seinem Bruder Zeichnungen und Karikaturen, Berichte von Kuchenorgien, Piraten und Pavianen. »Lieber Max!«, schrieb Franz Joseph dem Bruder. »Sonntag haben wir einen großen Schmaus, zu welchem Franzi Coronini, und vermutlich auch die Falkenhayn kommen werden, er wird in Gefrorenem bestehen, welches uns Graf Coronini von Dehne kommen lassen wird. Ich bitte Dich um Verzeihung, daß ich noch keine Zeichnung geschickt habe, aber gestern hatte ich keine Zeit dazu, weil mich Stephan beauftragte, so bald als möglich für seine Mutter etwas zu zeichnen. Die Großmama schenkte mir eine Festung zum Aufstellen, welche man mit einer kleinen Kanone zusammenschießen muß. Das Ganze ist recht niedlich gemacht, und mit pappendeckelnen Soldaten versehen. Lebe wohl, ich werde immer so viel als möglich beitragen, Dich zu unterhalten Franz. Verzeihe, daß ich so schlecht schreibe, aber wir sind hier sehr übel

Liebe Mama!

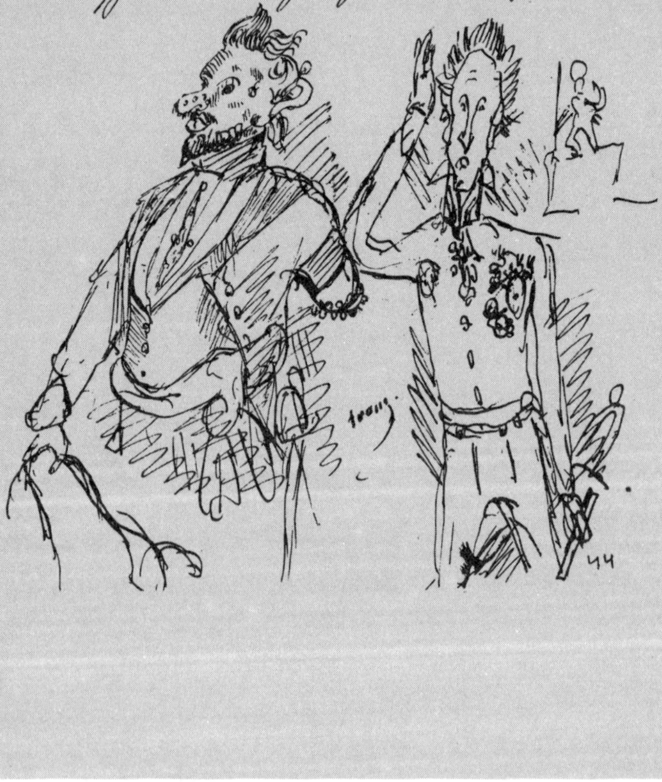

mit Federn versehen.« Im nächsten Brief berichtete Franz Joseph, daß ihr Bruder »Karl immer mehr an Dicke zunimmt«.

Nun mußte Franz Joseph seinem Bruder auch schildern, wie dieser »große Schmaus« ausgefallen war. Zwar berichtete er, daß die Falkenhayns dabei waren, und wie sie mit der Kanone die Festung zusammengeschossen hatten. »Anschließend wurde Café mit einer Menge Bäckereien serviert, nachher kamen Faschingskrapfen, gefrorene Mandelmilch und Bonbons...« Wenige Tage später sandte er nochmals einen Brief an den Bruder, in dem er schrieb: »...Ich werde die ganze Zeit so viel wie möglich Dich durch Zeichnungen und kleine Schriften zu zerstreuen versuchen!«[40]

Der Inhalt und die Diktion der Briefe des sechs- bis siebenjährigen Franzi ähneln eher dem eines Zwölfjährigen, und wenn der Leser die des Zwölfjährigen analysiert, wird er kaum einen Unterschied finden. Sie zeigen zwar Fortschritte in der Verständigkeit und Selbstbeherrschung, doch das taten sie vor fünf Jahren auch. Franz Joseph war ein frühreifes Kind. Der Sechsjährige schrieb wie ein Zwölfjähriger und dieser wieder wie ein Zwanzigjähriger, der sich Floskeln und Redewendungen angewöhnt, die er bei Erwachsenen gehört hatte und die in seine Ausdrucksweise einflossen. Die Phrasen, die er verwendete, entsprangen nicht seinem jugendlichen Naturell und seiner kindlichen Phantasie, sondern eher einem gut trainierten Gedächtnis. Wie Joseph II. einmal über seinen Neffen Franz sagte: »Es ist alles Maschine, Diktandoschreiben, aber keine eigenen Gedanken, kein eigener Stil im Schreiben wie im Sprechen.«[41] Franz Joseph war ein Musterknabe. Still, ernst, introvertiert, mit besten Manieren, fleißig, gehorsam, der seine Eltern mit »Sie« ansprach, Mama die Hand küßte und »sich ihr zu Füßen legte«. Welche Mutter wünscht sich nicht so einen komplikationslosen, ritterlichen Sohn?

Im Juni 1838 erkrankte Franzi an Masern und kam in die Quarantäne. Kaum geheilt entlassen, lernte er in Schönbrunn im Teich hinter dem Obelisken an der Leine schwimmen. Er ging genau so ungern wie seine Brüder, die jedesmal ein fürchterliches Spektakel aufführten, ins kalte Wasser, doch er beherrschte sich und machte brav und auf Kommando seine Tempi. Die Mutter, die zusah, hatte Angst um ihre Söhne. Die Eltern mußten mit dem Kaiserpaar nach Teplitz, zum Treffen mit dem preußischen König und dem russischen Zaren. Zum Glück kam auch Sophies Schwester, die Königin von Preußen, »denn die Idee, mich als einzige Frau zwei Majestäten gegenüberzusehen, beeindruckte mich tief und regte mich auf«, aber zum Glück kannte die Schwester »bereits die Allüren der Majestäten«.[42] Die Abfahrt der Eltern brachte bei Franzi wieder das Tränenkrüglein zum Überlaufen. Von Teplitz fuhren Sophie und Franz Karl in das königliche Lustschloß Pillnitz bei Dresden weiter, wo sich Sophie mit ihrer Schwester, der Königin von Sachsen, traf. Von dort schrieb die Erzherzogin ihrer Mutter einen begeisterten Brief über das Kaisertreffen in Teplitz und berichtete in höchsten Tönen des Lobes und der Begeisterung über das Zarenpaar. Das waren in ihren Augen Lichtgestalten, das waren Herrscherfiguren und nicht so mickrige, kleine Männlein wie Ferdinand, der den Kaiser von Österreich repräsentierte.[43] Onkel Ludwig berichtete sie: »Als ich diesen prächtigen Kaiser in seiner strahlenden Herrlichkeit vor mir sah, dankte ich Gott, daß mir der Anblick seines Zusammentreffens mit unserem armen kleinen Herrscher vor drei Jahren erspart blieb; ich glaube, ich hätte dadurch Spektakel angerichtet.«[44]

Nach kurzem Aufenthalt ging die Reise weiter nach Tegernsee zu ihrer Verwandtschaft, wo sie schon sehnsüchtig von ihren Kindern erwartet wurden. Die Hauptferien verbrachte Sophie mit den Kindern in Ischl.

Bereits im Jahre 1836 äußerte Sophie gegenüber Heinrich Graf Clam-Martinitz den dringenden Wunsch, dem sechsjährigen Franz Joseph eine ordentliche militärische Erziehung angedeihen zu lassen. Dazu sollte nicht ein General aus der Armee herangezogen werden, sondern der Primo Ajo Graf Bombelles, Hauptmann a. D., müßte zum General befördert werden. Clam-Martinitz warnte vor einer frühzeitigen militärischen Ausbildung, denn sie wäre für einen Sechsjährigen zu hart und könnte sich schädlich auf das Kind auswirken. Vielmehr sollte der kleine Erzherzog zu moralischer und religiöser Erbauung herangeführt werden.[45] Trotzdem begann ein regelmäßiger Exerzierdienst, die eigentliche militärische Ausbildung erst im Schuljahr 1838/39. Die Unterrichtsstunden wurden nun auf 37 Wochenstunden erhöht. Die Studienfortschritte ließen jetzt nach, und die Mutter war mit den Lernergebnissen unzufrieden. Die Lehrer meinten, die Kinder hätten zu viele Abwechslungen, und dadurch würde die Konzentration nachlassen. Unter anderem schrieb die Erzherzogin ihrer Mutter: »Maxi ist sehr faul und schwätzt zu viel, weil seine lebhafte Phantasie ihn wider seinen Willen mit sich reißt. Er wird häufig ausgezankt, aber es ist, als spräche man zu einer Kuh. Doch er ist ein gutes Kind...«[46] Sophie arrangierte nun kleine Theateraufführungen, und die Kinder mußten ihre Texte auswendig lernen. Franz Joseph konnte zwar seinen Text, sprach ihn aber emotionslos herunter. Maxi deklamierte mit hinreißendem Pathos, dafür konnte er seinen Text nicht und hatte Hänger. Eine kleine Charakterstudie der Kinder aus dieser Zeit lieferte die Baronin Sturmfeder in einem Brief an ihre Familie: »Abends war ich bei den Kindern. Sie waren gar so lieb und freundlich. Franzi las Gedichte vor. Sein Gedächtnis ist unglaublich. Er liest das Gedicht und wiederholt Dir sogleich ein paar Strophen auswendig. Er sagte mir heute, er ziehe Schiller Goethe vor. Wie gefällt Dir das von einem Kinde, das erst zehn Jahre alt ist? Ferdinand Max hörte aufmerksam zu, verbat sich manches, denn, sagte er, dann träume ich wieder so häßlich. Carl nahm wenig teil...«[47] Der erste Brief Franz Josephs an seine Mutter datiert vom 18. August 1838, seinem achten Geburtstag: »Liebe Mama! Ich danke Ihnen und der lieben Großmama für meine Geschenke, die mir sehr viel Freude machen. Wir sind alle sehr fröhlich, nur bedauern wir, daß Sie und der gute Papa nicht hier sind. Ich bitte dies, dem Papa zu sagen. Ihr Sie innig liebender Sohn Franz.« Wenige Tage später schrieb er wieder. »Liebe Mama! Ich danke Ihnen herzlich für Ihren lieben Brief vom 14. d.M., welcher mich sehr gefreut und gerührt hat. Ich werde mir Mühe geben, um Ihnen Freude zu machen...«[48] Ende des Jahres hatte sich bei Sophie die Geschwulst über dem rechten Auge neuerlich vergrößert, und nun mußte eine Operation vorgenommen werden. Der Hof-Wundarzt Professor Dr. Wattmann nahm den schmerzhaften Eingriff vor. Durch eine Wundinfektion bildete sich im Anschluß daran ein Gesichts-Rotlauf (Erysipel), der die Erzherzogin bis Ende Januar 1839 ans Bett fesselte. Durch das hohe Fieber geschwächt, erholte sich die Erzherzogin nur sehr langsam. Kaum war Sophie wieder halbwegs hergestellt, blieb sie eines Tages an einer Teppichkante hängen, stolperte und fiel auf das Gesicht, wobei sie sich die Vorderzähne beschädigte. Ausgedehnte Blutergüsse bedeckten ihr Gesicht. Verzweifelt schrieb sie ihrer Mutter über ihr Schicksal, das sie nun schon seit Jahren verfolgte: »Es ist sicher, daß das mir von der Vorsehung bescherte Glück zum großen Teil durch all das aufgewogen ist, was mein armer Leib auszuhalten gehabt hat seit ich auf der Welt bin. Vor allem meine zwei armen Füße, dann mein ewiges Kopfweh aller Art, zwei Operationen oberhalb des Auges, Rotlauf, endlich mein Sturz anderntags und meine zahlreichen fausses couches haben mir weiß Gott recht schwere Augenblicke bereitet.«[49]

Im Fasching 1839 veranstaltete die Erzherzogin in ihren Räumen Kinderbälle für ihre Buben und deren Freunde. Sie selbst mußte bei anderen Veranstaltungen repräsentieren. Eine lästige Verpflichtung war für sie der Ball in der französischen Botschaft, wohin sie nur mit Widerwillen ging, »... kann ich mich in diesem Haus nicht wohlfühlen, seit es die Illegitimität verkörpert.«[50] Ihr Vergnügen an Faschingsveranstaltungen wurde aber durch häusliche Sorgen arg getrübt. Ihre Tochter mußte in diesen Tagen wieder schwere epileptische Anfälle erleiden. »Und ich bin recht traurig«, schrieb die Sturmfeder ihrer Familie, »die Kleine ist seit mehreren Tagen sehr krank.«[51]

Noch ein Familienereignis wühlte EH Sophie in dieser Zeit auf, und sie konnte es sich nicht versagen, das Geschehen mit spitzen Bemerkungen zu kommentieren. Onkel EH Johann hatte bekanntlich am 18. Februar 1829 gegen den Willen und heftigen Widerstand seines Bruders, des Kaisers Franz, die Bürgerliche Anna Plochl, Postmeisterstochter aus Aussee, zur Frau genommen. EH Sophie hatte die Kämpfe der Brüder und der ganzen Familie hautnah miterlebt und sich in dieser Ehefrage ganz auf die Seite des Kaisers gestellt. Mit großer Beharrlichkeit und Zähigkeit hatte EH Johann endlich dem Kaiser das Placet zu dieser Ehe abgerungen, der dann seiner Schwägerin den Titel Freifrau von Brandhof verliehen hatte. Trotzdem blieb sie aber von der Familie weiter geächtet und unbeachtet und nicht als gleichwertiges Familienmitglied angesehen. Nach zehn kinderlosen Ehejahren gebar Anna am 11. März 1839 in Wien ihr erstes Kind, einen Sohn, der in der Taufe die Namen Franz Ludwig Johann Baptist erhielt. Taufpate war EH Ludwig, der wahrscheinlich nur mit Widerwillen und Überwindung dieses Amt übernommen hatte. EH Sophie berichtete ihrer Mutter von diesem Ereignis und meinte, daß dieses Kind sein Leben lang eine falsche Stellung in der Familie einnehmen würde, und über das Amt des EH Ludwigs schrieb sie: »Ich weiß nicht, was ich dafür gegeben hätte, um ihn und seine Miene bei dieser Gelegenheit und in dieser Eigenschaft zu sehen, ihn, dessen spanische Grandezza sich so sehr gegen diese Heirat auflehnte und den der verstorbene Kaiser beauftragt hatte, mit aller Kraft dagegen zu predigen...« Das Neugeborene zeigte schon das »Markenzeichen« der Habsburger, die prominente Unterlippe. »Der Vater sieht das mit Vergnügen und das ist natürlich, weil sie für dieses Kind ein ›brevet de distinction‹, ein schlagender Beweis der Zugehörigkeit zu so vornehmen Haus darstellt...«[52]

In der Entwicklung der Kinder waren bereits große Unterschiede der Charaktere festzustellen. Franz Joseph frühreif, ernst, verschlossen, mustergültig, Max laut, sich in den Vordergrund spielend, phantasiebegabt. Carl Ludwig träge, pastös, dick und schwer von Begriff. Seit dem Frühjahr mußten die Kinder bereits an der wöchentlich stattfindenden Hoftafel teilnehmen. Einmal waren 33 Mitglieder der Familie bei Tisch versammelt und nahmen anschließend an einem Konzert teil. Sarkastisch schrieb Sophie darüber: »Die Mehrzahl der Erzherzoge war während des Konzertes in der großen Galerie gleichsam wie in Schlachtordnung entlang der Fenster aufgestellt. Es war fast erschreckend, das mitanzusehen, denn unwillkürlich fragt man sich, was denn einmal werden soll, denn alle wollen leben und eine Laufbahn haben.«[53] Dabei lag die Führung des Staates darnieder. Metternich und Kolowrat blockierten sich gegenseitig, EH Ludwig konsultierte wegen jeder Nichtigkeit seinen Neffen EH Franz Karl, bevor er eine Entscheidung treffen sollte, die er dann doch nicht traf.

Im Sommer 1839 wurde Metternich schwer krank, und damit kam der gesamte Staatsapparat ins Stocken. Wie sehr sich noch die kaiserliche Familie auf den Staatskanzler verließ, geht aus einem Schreiben der EH Sophie hervor: »Es ist offenbar, daß durch die orientalische Verwicklung bedingte Übermaß an Arbeit, die ihm das Blut erhitzt und ihn krank gemacht hat. Täglich fünfzehn Stunden mit einziger Unterbrechung durch das Mittagessen ist zuviel. Diese Ursache seiner Krankheit quält mich so und hat mich und die Ärzte so machtlos gemacht. Die Nerven seines armen Kopfes sind zu stark überbeansprucht. Du kannst Dir, liebe Mutter, den Zustand vorstellen in dem wir, mein Franz, Onkel Ludwig, ich und auch die Kaiserin uns befinden. Der bloße Gedanke an ein solches Unglück, an einen so unersetzlichen Verlust, läßt uns schaudern...«[54] In einem fast flehentlich gehaltenen Brief, bat Kaiser Ferdinand seinen Bruder in der Staatskonferenz zu arbeiten und ihn zu unterstützen: »...Sey mir, liebster, bester Bruder, wie bisher eine treue Hilfe! Ich bete täglich zu Gott, daß er seinen Segen über unser Land obwalten laße!«[55]

Zum neunten Geburtstag ihres Franzi arrangierte Sophie in Schönbrunn einen Kinderball, der sehr fröhlich und ausgelassen verlief. Sogar EH Ludwig und EH Franz Karl drehten einige Walzerrunden auf dem Tanzparkett. Die Stimmung war so aufgelockert, daß Baronin Sturmfeder die Gelegenheit wahrnahm und es wagte, Sophie und ihren Gemahl anzusprechen und zu bitten, sie von ihrer Aufgabe als Aja von EH Carl Ludwig und der kleinen Maria Anna – die beiden Ältesten waren ja schon ihrem Einfluß entzogen – zu entbinden und ihr einen anderen Tätigkeitsbereich anzuweisen. Entrüstet lehnte das Elternpaar dieses Ansinnen der Sturmfeder ab.[56]

Am 2. November 1839 erlebte Franz Joseph die Erstkommunion, »von deren Bedeutung er voll erfüllt zu sein scheint«, wie Sophie schrieb. Er machte sich jetzt wegen jeder Kleinigkeit große Gewissensbisse und brach oft in Tränen aus, überstand aber diesen Tag und die Zeremonie heil. »Franzi war so durchdrungen von dieser wichtigen Handlung, daß wir alle unsere Freude daran hatten und ich Gott nicht genug danken konnte... Der Hofpfarrer sagt mir, daß er wie ein Erwachsener gebeichtet hat, so deutlich klar und unbefangen, ohne die mindeste Ängstlichkeit. Er war danach überglücklich, als alles überstanden war, ja, er hatte einen solchen Geschmack daran gewonnen, daß er mich bat, ihn doch gleich wieder in vierzehn Tagen beichten zu lassen. Alle seine Damen und Herren lachten herzlich, als ich ihnen dies beim Tee erzählte...«[57]

Anläßlich der Erstkommunion wollte EH Sophie mit der Verleihung des höchsten österreichischen Ordens ihren Sohn auszeichnen. Sie bat EH Ludwig, Franzi das Goldene Vlies zu verleihen. Ihre Bitte wurde abgeschlagen. Franz Joseph erhielt diesen Orden erst im Jahre 1844.[58]

Für EH Sophie begann das Jahr 1840 mit schweren familiären Sorgen. Bei ihrer jetzt vierjährigen Tochter Maria Anna traten verstärkt epileptische Anfälle auf. Die Mutter war über den Zustand ihrer kleinen Tochter äußerst besorgt, doch die Ärzte beruhigten sie und meinten noch immer, dieser Zustand wäre gar nicht so schlimm und es bestünde eine berechtigte Hoffnung auf völlige Genesung. Besonders Dr. Malfatti war diesbezüglich optimistisch, obwohl die Anfälle nun schon zehn Tage lang anhielten. Die Ärzte ließen der kleinen Patientin die Haare scheren und setzten Blutegel an ihrem Kopf und an den Nasenlöchern an, wogegen sich die Kleine heftigst wehrte. Am 5. Februar hielten die großen Anfälle den ganzen Tag an, und am Abend starb Maria Anna im Status epilepticus. »Ich selbst habe ihre lieben und schönen Augen geschlossen«, schrieb die Mutter. »Meine armen Buben sind so rührend in ihrem Schmerz, besonders Franzi, der am tiefsten empfindet. Er bat mich heute, ein Bildchen behalten zu dürfen, das Anna so geliebt hat... Ich bitte Dich auf Knien, liebe Mutter, zu mir zu kommen... Ich fühle, daß ich ohne das geliebte Kind leben kann und muß, und ich bisher zu glücklich war, was ich mit innigem Dank gegen Gott, aber oft mit Schrecken erkannte. Ich halte ja auch gerne ohne Murren still unter Gottes um so schwer auf mir ruhender Hand. Mein armer Franzi ist durch den Verlust seiner Schwester so schmerzlich ergriffen, daß mir dies in Anbetracht seines Alters mehr weh- denn wohltut. Er rührt mich außerordentlich durch seinen ständigen Wunsch mich zufriedenzustellen, um mir jeden Kummer zu ersparen... Er weiß nichts aus sich zu machen, er geht nicht so aus sich heraus wie seine Brüder, aber er fühlt um so tiefer... Wir haben die Leiche nicht öffnen lassen, weil es mir so sehr widerstrebt, meines Kindes Eingeweide in der Stephanskirche und sein Herz bei den Augustinern, also so zerstückelt in der Stadt verteilt zu sehen...«[59] Wenige Tage später klagte Sophie ihrer Mutter nochmals über ihren tiefen Schmerz: »Je deutlicher mir es wird durch die immer längere Trennung, daß ich das heißgeliebte Kind in diesem Leben nie mehr sehen, nie mehr an mein verarmtes Herz drücken soll – desto mehr leide ich – und oft so unaussprechlich, daß ich nicht begreifen kann, wie man ohne festen Glauben und Liebe zu Gott einen solchen Schmerz ertragen kann...«[60] Und noch einmal kam sie im Brief vom 12. März auf ihre verstorbene Tochter zu sprechen »...Diese schmerzliche Lücke, dieser tiefe Riß in meinem Leben wird immer bleiben!«

EH Albrecht kondulierte Franz Karl zu dem schweren Verlust, den die Familie erlitten hatte: ».. . Mit tiefstem Bedauern und der innigsten Teilnahme vernehme ich den schweren Verlust, den Du und Sophie an dem betrübenden Tode der armen, kleinen Anna erlitten habt. Für solche schwere Prüfungen gibt es wohl keinen menschlichen Trost, blos die Religion und der Gedanke an den nun verklärten Engel...«[61]

Ende April akquirierte Franz Joseph Keuchhusten und kaum war er genesen, legte sich Max mit derselben Krankheit zu Bett. Die Erzherzogin behandelte ihre Kinder mit einem alten Hausmittel: Geriebene Muskatnuß mit Butter vermengt und als Brustwickel angewandt. Im Mai hatte EH Sophie wegen des Gesundheitszustandes ihrer jetzt vierundsechzigjährigen Mutter große Sorgen. In einem Brief beschwor die Erzherzogin ihre Mutter, diese möge auf ihre Gesundheit achten, damit sie ihr noch recht lange erhalten bliebe; »Heißgeliebte Mama – ich bitte Dich inständigst, schone Deine theure Gesundheit – thue es mir zu Liebe!«[62] Sophie bat noch den behandelnden Arzt der Mutter, Med. Rath Dr. Graf, ihr einen ungeschminkten ärztlichen Bericht zu senden, der im Mai erstellt wurde und für die Patientin nicht günstig ausfiel. »Der Gesundheitszustand Ihrer Majestät Königin-Witwe von Bayern hat seit ungefähr einem Jahr Störungen erlitten, die, wenn sie gleich zum Theil vorübergehend und durch den seit Jahren vorhandenen Zustand der Konstitution Ihrer Majestät bedingt, zum Teil aber als nothwendige Folge das bis in das siebente Lebensjahrzehnt vorgeschrittene Alter nicht unerwartet erscheinen ... Derzeit handelt es sich ... um eine tuberkulöse Induration des größten Theiles der linken Lunge...«[63]

Ein großer Trost für die Erzherzogin waren in dieser sorgenvollen Zeit ihre Buben. Ausführlich berichtete sie ihrer kranken Mutter über die Lernerfolge, ihre Streiche und Aussprüche, um sie brieflich aufzuheitern. Über Max schrieb Sophie: »Er bringt mir eine rührende Liebe entgegen, die mir allerdings alle meine Kinder bezeigen, Max aber besitzt das reichste Gemüt...«[64] Als ihr jemand über ihren Franzi ein Kompliment machte und sagte, daß er ihm imponiere, schrieb sie dies sofort der Mutter: ».. . Und das verstehe ich, weil es mir selbst manchmal passiert, da sein Geist und Charakter so positiv sind und seine Haltung manchmal ernst, ja *würdig* ist... «[65]

Im letzten Brief, den Sophie Anfang 1841 an die Mutter sandte – die bald darauf starb – berichtete sie von einem bösen Sturz Maxis, der sich dabei das Bein verletzt hatte. Die besorgten Ärzte verordneten Bettruhe und wahrscheinlich wegen eines Blutergusses auch eine Blutegeltherapie. Max war darüber gar nicht begeistert, aber mannhaft ließ er diese Prozedur über sich ergehen: »Sie können mir wirklich glauben, Mama, daß ich mich nicht fürchte«, sagte er tapfer, »aber es ist mir so graußlich!... Während der Franzi auf dem Ball tanzt, werden die Blutegel auf mir tanzen!«[66]

Seit Beginn des Jahres 1840 fühlte sich EH Sophie wieder schwanger. Für sie war dies ein freudiger Zustand, und sie hoffte diesmal inbrünstig, daß das Kind, das sie jetzt unter ihrem Herzen trug, unbedingt ein Mädchen werde, das ihr die verstorbene Maria Anna ersetzen sollte. Am 24. Oktober war es so weit. Die Geburt ging rasch vonstatten, doch die Enttäuschung und der Schmerz waren riesengroß. Sophie gebar einen toten Sohn. Bis dahin war die Erzherzogin elfmal schwanger gewesen, hatte fünf Kinder geboren, davon eine Totgeburt. Ein Kind war mit vier Jahren im epileptischen Anfall gestorben, drei Söhne erfreuten sich bisher der besten Gesundheit. Sechs Schwangerschaften endeten vorzeitig mit einer *fausse couche*. Eine wahrhaft schreckliche Statistik, doch in dieser Zeit bei dem damaligen Stand der Geburtshilfe war dies keine Ausnahmeerscheinung, sondern trauriger Alltag in allen Familien.

Einige Monate nach diesem Ereignis – Sophie hatte sich weder physisch noch psychisch von diesem Schockerlebnis erholt gehabt – starb ihre Mutter in München. Mit ihr verlor die Erzherzogin ihre Stütze und intimste Vertraute. Damit brach auch ein langjähriger, interessanter Briefwechsel ab, der uns nicht nur Einblick in die Familie gewährt hatte, sondern in dem auch Sophies Hoffnungen, ihre Ängste und ihre politischen Ansichten zu Papier gebracht worden waren. Von nun an begann die Erzherzogin Tagebücher zu verfassen, es wurden über hundert, doch hier legte sie nie mehr ihre geheimsten Gedanken nieder. Viele wichtige politische Ereignisse erwähnte sie überhaupt nicht, und intime Familienangelegenheiten wurden ausgespart. Damit verlieren die Tagebücher ihren besonderen historischen Wert.

Ein Jahr nach den tragischen Ereignissen war die Erzherzogin neuerlich schwanger. Die Geburt, die komplikationslos verlief, ereignete sich am 15. Mai 1842. Es wurde ein fünfter Sohn geboren:

Ludwig Viktor, der in der Familie nur »Bubi« oder »Hetzi« gerufen wurde. Laut ärztlichem Gutachten erlitt die Erzherzogin nach der Geburt einen derartigen Gebärmuttervorfall, daß von da an eine neuerliche Schwangerschaft unmöglich wurde.[67]

In diesem Schuljahr hatte Franz Joseph bereits fünfzig Lernstunden in der Woche zu absolvieren. Neben Latein, Französisch, Ungarisch und Böhmisch wurde nun auch die italienische Sprache gelehrt. Der junge Franz Joseph wurde damit weit über die Grenzen seiner Belastbarkeit überfordert. Bei ihm stellte sich die typische Abwehrhaltung der Kinder gegenüber dem Druck der Schule ein, die damals aber niemand weiter beachtete. Bevor der Unterricht begann, kam es bei dem jungen Erzherzog regelmäßig zu Erbrechen, und er klagte über Magenschmerzen. EH Carl hatte den Erzieher seiner Söhne, Major Franz Hauslab, der EH Sophie zur militärischen Ausbildung Franz Josephs überlassen. Hauslab war einer der tüchtigsten Offiziere der Armee. Er verfügte über eine umfassende Bildung und hatte durchaus moderne Ansichten. Für den jungen Erzherzog hätte kein besserer Erzieher gefunden werden können. Er stellte für seinen Schützling sofort einen umfassenden Erziehungsplan auf, in dem klar vom Unterricht »eines künftigen Thronfolgers« gesprochen wurde.[68] Der Major brachte Franz Joseph die Grundelemente der Militärtheorie bei. Ganz hervorragend gezeichnete Geländestudien von der Hand des Erzherzogs sind uns erhalten geblieben. Ebenso von ihm eingezeichnete und entworfene Verteidigungsanlagen am Küniglberg, auf der Baumgartner Höhe und anderen markanten Punkten in der Nähe Wiens und im Wiener Wald.[69] Die Ausbildung wurde dem Erzherzog schwer gemacht, denn er wurde wie jeder andere gemeine Rekrut in der Armee behandelt. Doch Hauslab hatte in dem Jungen einen selten gelehrigen Schüler gefunden – vielleicht sogar einen zu braven. Der Knabe war weit über sein Alter hinaus ernst, gehorsam, gefügig und erfüllt von einem unwandelbaren, ja pathologischen Pflichtbewußtsein. Er trug den Stempel Coroninis strenger Zucht. Schlank, biegsam, eher groß, besaß er eine gehörige Portion Mut, jedoch eher aus dem verbissenen Wunsch heraus, eine Sache durchzuführen, als aus persönlicher Schneidigkeit. Vor Pferden hatte er nicht nur eine gewisse Scheu, sondern eine ausgesprochen panische Angst. Es war eine Katastrophe, als er erstmals ein großes Pferd besteigen mußte. Sein

Reitlehrer fürchtete schon, der Erzherzog würde nie reiten lernen, aber er irrte. Er hatte nicht das psychologische Moment bedacht. Der Knabe, der anfangs Angst hatte, sich in den Sattel zu schwingen, wurde später nur kraft seiner Willensanstrengung, seiner Ausdauer und seines Fleißes einer der elegantesten Reiter der Monarchie. Franz Joseph wurde dank seines unbeugsamen Willens ein tüchtiger Leutnant. Es war seine Tragik, daß er bereits mit achtzehn Jahren Feldmarschall und Oberbefehlshaber einer der größten Armeen der damaligen Zeit wurde.

Er war später in militärischen Angelegenheiten von den besten Absichten beseelt, dabei aber ganz und gar nicht Soldat. Diese Feststellung erscheint befremdend, widersinnig und unlogisch, da doch seine einzige Freude seine Armee war, er ständig in Uniform gekleidet war und streng auf militärische Ordnung, später bis in seine Familie hinein, achtete. Der gesamte Staat sollte nach seinem Willen militärisch organisiert sein, und selbst den Beamten wurden ab 1849 Uniformen verpaßt. Sie trugen dazu Degen und Hüte, die den militärischen nachempfunden waren. Dadurch sollte der militärische Charakter des Beamtentums betont werden.[70] Franz Josephs Tragik war, daß er in seinem Leutnantsverstand stecken geblieben war. Er lebte sein Leben lang in den Gedanken und in dem ihm übermittelten Wissen seiner Jugend. Er blieb in seiner Entwicklung zurück, ihm fehlte der große Überblick. Er bewegte sich stets in ausgefahrenen Bahnen, das Alte ständig bewahrend. Große Gedanken waren von ihm nicht zu erwarten. Da die leitenden Militärs wußten, daß ihr Oberbefehlshaber keine Neuerungen wünschte, wurden ihm auch keine vorgelegt. Der technische Fortschritt ging an Franz Joseph völlig vorbei, leider auch bei seiner Wehrmacht. »Er betrachtete die Armee hauptsächlich als prunkvollen Rahmen, als Gloriole und Werkzeug der Machtstellung des Gottesgnadentums des Monarchen.«[71] In der aufsehenerregenden Publikation »Sibyllinische Bücher aus Österreich«, in der Monarchie selbstverständlich durch die Zensur auf den Index gesetzt, wurden schon damals die Erziehungsmethoden der Söhne Sophies angeprangert und kritisiert. Die Prinzen würden zu sehr von der Außenwelt abgeschirmt, die Erziehung sei zu einseitig und der Kontakt zu anderen Schichten der Bevölkerung fehle überhaupt. So erziehe man Duckmäuser und Neurotiker, aber nicht freie, aufrechte Männer.[72]

Anfang August fuhr die Erzherzogin mit ihren Kindern nach Ischl. Sie legte jetzt größten Wert auf den Religions- und Geschichtsunterricht – ihrer Meinung nach die beiden wichtigsten Fächer – und überwachte persönlich die Unterrichtsstunden. Abends, beim Tee, ließ sie sich von Franz Joseph die »Augsburger Allgemeine« vorlesen und gab dabei ihre Kommentare zum Tagesgeschehen ab, die den Erzherzog natürlich unwillkürlich in seiner Sicht zu den Themen beeinflußten. Sophie las alles, was ihr in die Hände kam. So auch das 1843 in Hamburg erschienene und in Österreich verbotene Buch »Österreich und seine Zukunft«, verfaßt von einem anonymen Autor. Die zuständigen Staatsstellen vermuteten hinter dem Anonymus den liberalen Politiker F. Schuselka, doch sie irrten. Der eigentliche Verfasser war Victor Freiherr von Andrian-Werburg, ebenfalls ein liberaler Kopf, der sogar einst in der österreichischen Staatskanzlei gearbeitet hatte und natürlich über ein großes Insiderwissen verfügte. Die Publikation machte auf EH Sophie einen nachhaltigen Eindruck und riß sie aus ihren politischen Vorstellungen und Träumen. Sie fand darin zwar vieles übertrieben, konnte aber nicht leugnen, daß der Verfasser in vielem Recht hatte. Sie mußte dem Autor zustimmen, daß der erhabene Kaiser von Österreich politisch eine Null war, und nicht anders erging es in der Beurteilung dem EH Ludwig und ihrem Gemahl Franz Karl. Die »Augsburger Allgemeine« und solche Bücher waren es, die den politischen Horizont der Erzherzogin erweiterten und zurechtrückten. Die Welt außerhalb dieser sterilen Hofburg und des Ballhauses sah doch ganz anders aus, auch wenn es der Hof und die Staatskanzlei nicht wahrhaben wollten. Sophie machte einen Lernprozeß durch. Die maßgebenden Männer taten dies jedoch nicht. Sie nahmen diese intelligente und politisierende Frau nicht ernst, sondern lachten sie aus, wenn sie aus der »Augsburger Allgemeinen« rezitierte.

Wenn die Mutter auf Reisen war, berichtete ihr Ältester regelmäßig über das Treiben in Wien. So schrieb er einmal: »...Donnerstag hatten wir hier einen Ball, wobei Carl und ich auch tanzten. Papa machte auch einige Walzer mit... Der Herr Lanner dirigierte die Musik und machte dabei entsetzliche Grimassen...«[73]

Trotz seines ausgefüllten Stundenplanes fand Franz Joseph noch Zeit für Sport mit seinem Bruder Max und einigen Freunden, Zeit für seine Lieblingsbeschäftigung, das Zeichnen, und sogar als Dichter versuchte er sich. Hier ein Gedicht für Max über eine Steeple-chase:

> »Auf die Wurst, die dreisitzige
> Springt Fürst Paul der vorwitzige,
> Und Graf Rudi mit dem weiten Machintosch,
> Dem sein Springergeist erlosch,
> Denn er war der letzte fast,
> Als man überspringt den entscheidenden Ast,
> Auch Karli der schöne Jockey,
> Der aussieht wie ein Papagei,
> Und Eduard mit der roten Kolatschen,
> Der sich beschmutzt, als sie im Kote platschten...«[74]

In der schönen Jahreszeit wurden Turnstunden und Wettläufe im Kaisergarten absolviert. Im ersten Lauf starteten: Franz Joseph, Richard Metternich, Féri Erdödy, Henry Salis, im dritten Ferdinand Max, Thomas Erdödy, Rudolf Falkenhayn und Carl Bombelles jun.[75] Wenn die Brüder getrennt waren, hielten sie miteinander Briefkontakt. Als im Mai 1841 Max allein in München weilte, berichtete ihm Franz Joseph, daß im Kaisergarten ein Taschenspieler mit dressierten Vögeln aufgetreten wäre. Nach der Vorstellung gab es dort unter freiem Himmel eine Abendtafel, bei der ein »prächtiger Kugelhupf« serviert wurde. Wenige Tage später gratulierte er Max zu seinem Namenstag, »...und wünsche Dir alles mögliche Glück, ein langes und glückliches Leben und viele Tugenden.«[76]
Im Frühjahr war EH Franz Karl ernstlich krank geworden, und Sophie hatte wegen seines Zustandes große Sorgen. Von einem kleinen Spaziergang über die Basteien bei schönem Wetter heimgekehrt, vertraute sie ihrem Tagebuch an: »Aber ein schöner, tiefblauer Himmel über einer angstvollen Seele tut weh!«[77]
Den Sommer verbrachte Franz Joseph mit Eltern und Brüdern in Ischl. Hier wurde ihm ein schon lang gehegter und ersehnter Wunsch erfüllt: Noch in Wien hatte EH Sophie wegen einer Regiments-Inhaberschaft für ihren Ältesten mit EH Ludwig verhandelt. Nun ging ihr Wunsch in Erfüllung und von Ischl aus schrieb sie dem Onkel: »Gestern mittag fuhren wir mit den vier Kindern an den

Steg, wo wir zu Mittag aßen, während eine Bauernhochzeit im Zimmer gegenüber tanzte und schmauste... Hetzi war rührend glücklich, mit uns zum Steg zu fahren und auf meinem Schoß zu sitzen. Er sah mich so freundlich und zärtlich an und streichelte mir das Gesicht... muß ich Ihnen, lieber Onkel, noch meinen Dank dafür abstatten, daß sie meinen Franzi bei der Gelegenheit eines vacanten Regimentes gedachten; kindlich freue ich mich auf den Augenblick wo er sein Glück erfahren wird; er wird ganz außer sich sein, da er nicht die geringste Ahnung hat, daß ihm eine solche Auszeichnung widerfahren kann.«[78] Kaiser Ferdinand verlieh ihm das Goldene Vlies und ernannte ihn zum Oberstinhaber des Dragoner-Regiments No 3 mit gleichzeitiger Beförderung zum Oberst.[79] Das Ernennungsdekret lautete: »Wir Ferdinand der Erste... machen Jedermann kund, daß Wir des durchlauchtigsten des Kaiserthums Österreich kaiserlichen, zu Hungarn und Böhmen ect. ect. königlichen Prinzen, Unseres vielgeliebten Herrn Vetters und Neffen Franz (Joseph Carl), Erzherzog von Oesterreich... in Anbetracht seiner guten Gesinnungen für Unser durchlauchtigstes Kaiserhaus und bewährten Anhänglichkeit an dasselbe, zu Unserem wirklichen kaiserlichen königlichen Obersten zu Pferd und Inhaber über das Dragoner-Regiment No 3 ernannt und bestellt haben.«[80] Franz Joseph bedankte sich bei seinem Onkel für die hohen Auszeichnungen und versicherte, daß dieser »Augenblick... einer der glücklichsten meines Lebens ist und wird mir somit gewiß unvergeßlich bleiben...«[81] Seit diesem Tag zeichnete Franz Joseph seine Briefe nur noch mit »Franz, Oberst«. Auch die Mutter war überglücklich und schrieb EH Ludwig, wie Franzi diese Auszeichnung aufgenommen hatte: »Franzi ist ein sehr glücklicher Oberst... als er seine Uniform gewahrte und wir ihm Hardeggs Brief überreichten. Nie werde ich den Ausdruck unaussprechlichen Glücks vergessen, mit welchem er später in seiner Uniform zu mir hereintrat... Als er das erste Mal in seiner Uniform die Treppe herunterging, lief das ganze Haus zusammen, um ihn zu sehen, selbst die Köchin der Kinder im tiefen Négligé... Maxi erlaubt nicht, daß man Franzi anders als mit Herr Oberst ansprach...«[82]
Einen Tag nach seinem Geburtstag nahm der junge Erzherzog erstmals in Ischl an einer Gemsenjagd teil, die sein Vater arrangiert hatte. Franz Joseph erwies sich noch als schlechter Schütze, denn

seinen ersten Gemsbock »schoß« er nicht, sondern »schlachtete« ihn eher. Aber von nun an wurde die Gemsenjagd seine große Leidenschaft. Für ein solches Abenteuer ließ er alles liegen und stehen und eilte auf den Anstand. Wenn er starkem psychischen Druck ausgesetzt war oder die Probleme ihm über den Kopf zu wachsen drohten, wußte die Mutter immer ein probates Mittel, um ihren Sohn sofort wieder »auf die Beine zu stellen«. Sie bat dann ihren Gemahl, für den Sohn eine »Gamsjagd« auszurichten. Sofort erschien Franz Joseph, und seine Laune hob sich prompt um einige Grade.

»Franz, Oberst« begann im Herbst, zu Beginn des Schuljahres 1843/ 44, wieder mit dem morgendlichen Erbrechen vor dem Unterricht und mit Magenschmerzen. Dieser Zustand hielt bis Anfang des Jahres 1844 an. Am 13. April akquirierte er eine Scharlachinfektion und kam wieder in die Quarantäne. Während dieser Zeit stand Franz Joseph mit seinen Brüdern wieder brieflich in Kontakt und ein nettes, humorvolles Schreiben ist aus diesen Tagen erhalten geblieben:

»An diejenigen, die unter Uns wohnen!
Impertinente Kreaturen! Wie habt Ihr Euch unterstehen können, nicht Nachfrage zu führen, wie sich meine Hoheit befinden? Ich lasse mich herab Euch Impertinenten zu sagen, daß ich bläulichroth bin, mich ganz gut befinde und Euch in Gnaden gewogen bleibe. Dem Prinzen Hetzius (Ludwig Viktor) melde ich mit hoher Gewogenheit meinen Respekt und schicke ihm ein Bußl. Der mit Euren Impertinenzen Unzufriedene Erzherzog Franz Joseph mit Herablassung gegeben auf Unserem Bette den 15ten des Ostermonathes nach Chr. Geb. anno 1844.«[83]

Erst nach vier Wochen durfte Franz Joseph wieder mit seinen Brüdern verkehren. Im Juni erkrankte er an einer »rheumatisch-gastrischen Infektion« und bekam mehrmals Blutegel an die Waden gesetzt, um die »Blutstauungen des Kopfes« abzuleiten.

Den Sommer 1844 verbrachte der junge Erzherzog wieder in Ischl. Ferdinand Max, noch in Wien geblieben, gratulierte seinem älteren Bruder zu dessen Geburtstag, »aber leider kann ich mich mit Dir nicht länger aufhalten«, antwortete Franz Joseph, »denn ich habe so unzählige Gratulationen zu beantworten, daß ich mit der Zeit sehr sparen muß.« Die Brüder schrieben sich auch Briefe in verschiedenen Sprachen. So bedankte sich Franz Joseph einmal für einen Brief von Max in ungarischer, ein andermal für einen in lateinischer Sprache. Ende August berichtete Franz Joseph, daß er mit seinem Vater eine anstrengende Gemsenjagd – sieben Stunden Fußmarsch – absolviert hätte, wobei jeder von beiden je zwei Gemsen erlegt hatte.[84]

Diesmal waren in Ischl hohe Besuche angesagt. Franz Josephs Tante, die Königin von Preußen, suchte den Kurort im Salzkammergut auf, der sich immer mehr steigender Beliebtheit erfreute. In ihrem Gefolge reiste auch ein gewisses Fräulein von Marwitz. Der vierzehnjährige Franz Joseph, jetzt voll in der Pubertät stehend, entbrannte in glühender Leidenschaft zu der preußischen Baronesse. Lassen wir seine Mutter darüber berichten: »Franzi ist in zarter Art und Weise mit Fräulein von Marwitz beschäftigt. Es ist das erstemal, daß solch ein Gefühl in ihm erwacht. Ich kann den Eindruck nicht genügend beschreiben, den mir das gemacht hat. Dieser Bub, den ich noch für ein Kind hielt, geht plötzlich, ohne daß ich es merke, zu den Neigungen und Gefühlen eines jungen Mannes über. Das ließ mich eine vage Unruhe wie eine peinliche Sensation empfinden und es scheint mir, als gehöre er mir nicht mehr so wie früher.«[85]

Auf Anordnung seines Vaters wurde in diesem Jahr Franz Joseph erstmals zu Manövern seines Regiments nach Brünn und Olmütz einberufen. Begeistert schrieb er seiner Mutter von dem echten Soldatenleben, das er hier führen konnte: »... Ich unterhalte mich hier vortrefflich; ich reite, kutschiere und was die Hauptsache ist, bin den ganzen Tag in Uniform, weil es hier nicht erlaubt ist, anders angezogen zu sein ...«[86] Schon tags darauf berichtete er, daß er sein Regiment und eine Division Auersperg-Kürassiere mit Schneid und großem Geschick befehligt habe. Der junge Erzherzog erntete tatsächlich Anerkennung bei den Offizieren des Regiments, wie EH Albrecht dem Vater Franz Josephs bestätigte: »Theuerster Franz! Empfange unseren herzlichsten Dank, daß Du uns Deinen Sohn zur Besichtigung seines Regimentes schicktest; erlaube, daß ich hierin das Wort im Namen des mährischen Gen. Kommandos und seines Regimentes führe, denn allgemeine Freude, fast möchte ich sagen: Begeisterung regte sein in jeder Beziehung ausgezeichnetes Auftreten ... Ich fühle mich glücklich, dies dem Vater ohne mindeste Überhitzung oder Schmeichelei sagen zu können ... Beim Regiments-Exerzieren ritt er sehr hübsch und rasch und führte zum Schluß sein Regiment bei der Defilierung im Schritt, Trab und Galopp vor mit einem Anstand und Aplomb, wie ein alter Stabsoffizier und zum Erstaunen der Generäle und Stabsoffiziere ... Du kannst überzeugt sein, daß dieser Ausflug allgemein einen vortrefflichen Eindruck zurückließ, der sich weithin verbreiten wird ... Du, liebster Franz, kennst mich und weißt daher, daß dies keine leeren Worte sondern mein innigstes Gefühl ausspricht.«[87] Auch EH Ludwig gratulierte der stolzen Mutter zu dem exzellenten Abschneiden ihres Sohnes bei den Manövern in Mähren und schrieb, er habe gehört, daß alle Offiziere des Regiments von ihrem Oberstinhaber begeistert waren. »Das hat uns die größte Freude gemacht«, vermerkte Sophie in ihrem Tagebuch. »Möge Gott dieses liebe Kind segnen!«[88]

Im September erkrankte EH Ludwig Viktor in Ischl an Masern und mußte mit der Mutter isoliert werden. Sophie war darüber sehr unglücklich, weil sie in Ischl zurückbleiben mußte, während die anderen Söhne nach Wien abreisten. Traurig berichtete sie EH Ludwig: »Mein kleiner Bubi hat seit gestern Masern ... Nun bin ich von den großen Kindern wenigstens bis 20. Oktober getrennt ... Wie mich das und ihre verlängerte Einsamkeit in Schönbrunn betrübt und quält, können Sie sich vorstellen; die armen Kinder werden recht jammern. Franzi schreibt mir in jedem Brief von seiner Sehnsucht nach mir und nun mußte ich ihm gestern diese Hiobsbotschaft senden ...«[89] Erst vier Wochen später gab es ein Wiedersehen der Kinder mit ihrer Mutter.

Zu Schulbeginn stand ein wichtiges Problem an, das gut überlegt sein wollte. Für Franz Joseph mußte ein Lehrer für das Fach Philosophie gefunden werden. Die Wahl fiel auf den Vorstand der k.k. Orientalischen Akademie in Wien, Pater Joseph Othmar von Rauscher. Er war 48 Jahre alt, hatte 1823 mit sechsundzwanzig Jahren die Weihen erhalten, war später als Kirchenrechtler in Salzburg tätig, bis ihn 1832 der Ruf nach Wien ereilte. Er sollte Franz Joseph Philosophie lehren, es wurde in erster Linie eine theologische Philosophie, die bei der Erzherzogin höchste Zufriedenheit erntete. Rauscher war ein religiöser Eiferer und Fanatiker, allerdings ein Mann von höchster Bildung und Beredsamkeit. Von ihm ging eine große Faszination aus. Er galt, vom orthodox-österreichischen Gesichtspunkt aus, als Revolutionär, der danach strebte, die noch immer vorhandene josephinische Kirchenpolitik umzustürzen und die Wiedereinsetzung der päpstlichen Oberhoheit in kirchlichen Angelegenheiten, sowie den Primat des kanonischen über das zivile Recht durchzusetzen. Mit diesen Bestrebungen stimmte er mit seinen Beschützern Metternich und Bombelles überein. Als Lehrer für Politikwissenschaften war Karl Ernst Jarcke, Rat in der Staatskanzlei, vorgesehen gewesen. Jarcke, wie Gentz Preuße und an seine Stelle nach Wien berufen, konvertierte erst 1832 zum Katholizismus, und wie das in solchen Fällen immer wieder zu beobachten ist, werden diese Menschen päpstlicher als der Papst. Er war ein Ultrakonservativer, und Coronini legte gegen diese Ernennung schärfsten Protest ein, seltsamerweise auch EH Sophie. So wurde das bereits unterschriebene Ernennungsdekret zurückgezogen und an Stelle Jarckes trat Freiherr von Pilgram, ein Beamter josephinischen Zuschnitts. Interessant war auch, daß das Fachgebiet kanonisches Recht nicht von Rauscher, der auf diesem Gebiet ein höchst Qualifizierter war, sondern von dem gemäßigten Domherrn zu St. Stephan, Dr. Joseph Columbus, gelehrt wurde. Für die zivilen juridischen Fächer wurde für Franz Joseph ein eigener Lehrplan ausgearbeitet.[90] Das Kapitel Staatskunst und Diplomatie behielt sich Metternich persönlich vor. Jeden Sonntagnachmittag ging Franz Joseph von der Burg hinüber ins Ballhaus, wo der Staatskanzler seine Wohnung hatte, um sich von ihm über dieses Kapitel unterrichten zu lassen. Von den Lehrern des Erzherzogs sollte Rauscher später noch großen Einfluß am Kaiserhof erlangen.

Die Glückwünsche der Mutter zu seinem fünfzehnten Geburtstag beantwortete Franz Joseph: »Gott gebe, daß ich alle Vorsätze, die ich zu meinem 15. Geburtstag mache, in Ausführung bringe, damit ich Ihnen immer recht viel Freude mache.«[91] Die Schulzeit im Jahre 1846 dauerte diesmal sehr lange. Die Eltern waren bereits nach Ischl vorausgefahren, und am 22. Juli schrieb Franz Joseph sehnsüchtig der Mutter: »... Wir frühstücken zu Hause und gehen allein aus. Ich sehne mich daher *enorm* nach Ischl, nach Ihnen und dem prächtigen Ischler Leben, ich zähle die Tage und sie verfließen mir immer zu langsam...«[92]

Das Jahresende war für EH Sophie, wie fast alle Jahre, durch schwere Sorgen in der Familie überschattet. Ihr Bruder Ludwig I.

Karl August von Bayern, hatte mit der abenteuerlichen Tänzerin Lola Montez ein aufsehenerregendes Verhältnis, das jetzt dem Höhepunkt zustrebte. Montez, Tochter eines schottischen Offiziers und einer Kreolin, trat als spanische Tänzerin auf, und überall, wo sie gastierte, gab es Skandale, Duelle und Aufenthaltsverbote für sie. 1846 wußte sie in München, wo sie ebenfalls als Tänzerin auftrat, die besondere Gunst des Königs zu erlangen, der sie adeln wollte. Die Regierung weigerte sich, diesem Ansinnen zu entsprechen. Montez reizte durch ihr übermütiges und emanzipatorisches Benehmen die Bevölkerung von München. Sie bewog den König, das Kabinett zu entlassen, verbündete sich mit der Studentenverbindung »Alemannia« und begann, den König und die Regierung zu tyrannisieren. Tatsächlich entließ Ludwig sein Kabinett, das neue Ministerium Öttinger-Wallerstein gab den Widerstand gegen die Montez auf, und sie konnte zur Gräfin von Landesfeld ernannt werden. »Wohlmeinende« Menschen aus München sandten EH Sophie die Liebesgedichte des Königs an die Tänzerin. Eine Hofdame schrieb ihrer Freundin über diese aufsehenerregende Affäre: »Was sagst Du von der Lola Montez des Königs von Bayern? Man soll in München empört sein – der alte Narr könnte auch Besseres machen als Verse auf eine Tänzerin...« Und einige Tage später: »Ich habe vier Gedichte des verirrten Greises, wie der König von Bayern genannt wird, gelesen – so brennend, daß es ein Wunder ist, daß die Glut nicht das Papier versengte! Es rappelt der Alte complet! Und die Dame Montez benutzt es zu ihrem Vorteil!«[93] EH Sophie war um ihren Bruder ernstlich besorgt, fürchtete sie doch, er könnte wegen dieser Affäre den Thron verlieren, was Jahre später tatsächlich geschah.

Das Jahr 1847 zog ins Land. Schon in den ersten Wochen des neuen Jahres mußte Franz Joseph erstmals eine offizielle Repräsentationsaufgabe übernehmen. Am 13. Januar war EH Joseph, Palatin von Ungarn, verstorben. »Ich bekam gleich Befehl«, schrieb der Erzherzog, »nach Ofen zu reisen, um dem Leichenbegräbnis beizuwohnen, und verließ demnach Wien am 15. um 4 Uhr früh... und meine Wenigkeit fuhren mit der Eisenbahn bis Bruck an der Leitha, wo unsere Reisewägen mit Bauernpferden bespannt wurden...«[94] Trotz der Zweifel, die bei Sophie durch die Lektüre ausländischer Zeitungen geweckt worden waren, vertraute die Erzherzogin noch immer der Staatskunst Metternichs. Sie sah zwar die österreichischen Verhältnisse bereits mit anderen Augen und blickte skeptisch in die Zukunft, doch hoffte sie insgeheim, der Staatskanzler würde mit seiner großen Erfahrung diese aufkommenden Fährnisse souverän umschiffen können. Sie ahnte nur dunkel, daß die Zukunft für ihren Ältesten hart und unsicher werden würde. Sie forcierte daher seinen Religions- und Geschichtsunterricht, und es verging kaum ein Tag, an dem sie nicht persönlich daran teilnahm und die Lehrer und den Lernstoff überwachte. Der Staatskanzler, selbst ein »Wissenschaftsgläubiger«, verstand es, die Erzherzogin für den technischen Fortschritt dieser Zeit zu interessieren. So verzeichnete sie, daß ihr der Fürst die Grundbegriffe der Vorläufer der Fotografie erklärt hätte. Eines Tages fuhr sie mit ihren Söhnen zum Nordbahnhof, ließ sich den Telegrafen vorführen und staunte, daß in wenigen Minuten eine Botschaft nach Brünn abgesandt werden konnte und kurze Zeit darauf schon die Antwort eintraf.

Am 30. April 1847 starb EH Carl, der Sieger von Aspern. Franz Joseph kommandierte sein Regiment zum Trauerkondukt. In diesem Jahr weilte der Erzherzog nicht in Ischl. Seine Eltern und Geschwister mußten ohne ihn seinen Geburtstag feiern. Der Erzherzog verbrachte den Sommer bei seinem Regiment im Manöver. Aus Saaz in Böhmen schrieb er der Mutter wieder einen begeisterten Brief über die Armee, nahm auch oberflächlich Bezug über die Unruhen in Italien, die dort seit Jahresbeginn gärten. So schrieb er: »... Der Standartenführer des Regiments dient schon 47 Jahre, hat die goldene Medaille und einen russischen Orden. Wir ließen ihn zu uns heraufkommen und ich sprach mit ihm ungarisch. Solche, mit diesem Ehrenzeichen geschmückten Leute, werden leider schon sehr selten und man muß sie daher in Ehren halten, um den guten Geist, der gottlob noch in unserer Armee besteht, zu erhalten und dieselbe in diesen schweren Zeiten brauchen zu können. In Italien geht es noch immer sehr bunt zu und wer weiß was daraus entstehen wird ...«[95] Die Unruhen in Mailand und Livorno beunruhigten den Staatskanzler kaum, der ruhig und gefaßt blieb und die Vorkommnisse nur als ein vorübergehendes Intermezzo auffaßte. Franz Joseph lag da ganz auf seiner Linie. Kein Wunder, er war sein gelehriger Schüler.

Im Anschluß an die Manöver besuchte Franz Joseph noch mehrere hohe Adelshäuser in Böhmen, anschließend traf er sich mit seinen Brüdern, und sie reisten nach Dresden auf Besuch zu ihrer Tante, der Königin von Sachsen. Erst am 1. Oktober trafen sie wieder in Wien ein, wo sie von den Eltern am Bahnhof erwartet wurden. »Ich war so glücklich«, schrieb Sophie in ihr Tagebuch, »mein geliebter Franz war der erste, den ich in meine Arme schloß, in die er sich mit wahrhaft rührender Freude warf.«[96] Am 16. Oktober reiste Franz Joseph bereits wieder zu einer Repräsentationsaufgabe nach Ofen ab. Dort wurde die Installation des neuen Palatins, des EH Stephans, vorgenommen. »Die Installation ist glücklich abgelaufen«, berichtete er der Mutter. »Meine Reden, deren Zahl in Ofen noch gewachsen ist, habe ich glücklich angebracht und bin dabei nur von den Eljenrufen... unterbrochen worden. Mein Amt ist gottlob jetzt zu Ende.«[97] Kaum in Wien führte ihn die nächste Aufgabe nach Preßburg, wohin er den Kaiser und seinen Vater begleiten mußte, »... um hier mit Papa die Schützenoffiziere und beim Kaiser alle Staende zu empfangen. Darauf ist großes Diner beim Kaiser und abends Theater...«[98]

Im Jahre 1846 war Papst Benedikt XIV. gestorben, am 15. Juni folgte ihm Pius IX. (Pio nono) auf den Stuhl Petri. Guiseppe Mazzini, ein wortgewaltiger italienischer Agitator, der schon in seinem berühmt gewordenen offenen Brief König Karl Albert von Sardinien zur Einheit Italiens aufgerufen hatte, stellte auch dem neuen Papst diese Forderung: »Einigen Sie Italien, Ihr Vaterland! Behandeln Sie Österreich als Usurpator!« Von da an gärte es in Italien, Geheimbünde schossen wie Pilze aus dem Boden, und die Polizei hatte alle Hände voll zu tun. Metternich blieb davon unbeeindruckt. Er war auch jetzt noch der Meinung, der Hauptpunkt der Politik liege in der Außen- und nicht in der Innenpolitik. Ein Versäumnis, für das Franz Joseph später bitteres Lehrgeld bezahlen sollte. Der Staatskanzler erschien jetzt immer öfter bei EH Sophie und EH Franz Karl, seine vermeintlichen treuesten Verbündeten bei Hof, und hielt dort endlose Monologe über seine Politik und seine Meinung, der Konservatismus müsse jetzt seine schwerste Belastung gegen den Liberalismus bestehen.

Kommende Veränderungen begannen sich langsam abzuzeichnen, doch es waren keine neuen außenpolitischen Konstellationen, die auf Österreich einstürzten, sondern alles hausgemachte Probleme auf den Gebieten der Innenpolitik und der Wirtschaft. Sie waren es, die Veränderungen und Bedrohungen andeuteten. In den Jahren 1846 und 1847 war es zu exorbitanten Preissteigerungen der Grundnahrungsmittel gekommen. Hungerrevolten und Plünderungen der Lebensmittelgeschäfte waren die Folgen. Von 1842 bis 1846 betrug das Handelsbilanzdefizit der Monarchie vierzig Millionen Gulden![99] Der Stand der öffentlichen Sicherheit war erschreckend. Eine Brutalisierung des öffentlichen Lebens war festzustellen. Für 24 Millionen Einwohner sorgten nur fünftausend Polizisten für Ordnung. Für 24 000 Wiener 607 Polizisten zu Fuß und vierzig zu Pferd. Die Verbrecher, die sogenannten »Kappelbuben«, hatten ein sicheres und feines Leben. In keiner Stadt Europas war die Polizei so schlecht gestellt wie in der Residenz. Auf dem flachen Land war die Sicherheit der Bevölkerung überhaupt nicht gegeben, und es war an der Tagesordnung, daß organisierte Banden ganze Dörfer überfielen und ausraubten.[100]

Die gesellschaftlichen und sozialen Strukturen waren in der Monarchie so gelagert, daß dieses immer noch bestehende System Metternichs und des Kaisers Franz geradezu nach einer Reform schrie, die seit Jahren überfällig war. Es war falsch anzunehmen, daß der »gute Kaiser Franz« wie ein treusorgender Familienvater seine Untertanen regierte und für sie sorgte, so daß jeder zu ihm kommen konnte und er die Probleme lösen würde. Die Herrschaft des Kaisers Franz erblickte nach den napoleonischen Kriegen ihren Sinn nicht darin die Zusammengehörigkeit der Völker zu fördern, daß Bildung und Gesittung und Wohlhabenheit zunahmen, sondern allein darin, »die Souveränitätsrechte ungeschmälert aufrecht zu erhalten und jeden Angriff auf sie energischst abzuwehren. Darin erblickte man eigentlich die Herrscheraufgabe.«[101]

Das Elend der Untertanen ging quer durch alle Schichten der Bevölkerung und erfaßte alle arbeitenden Menschen, ob Bauern, Gewerbetreibende, Arbeiter oder Intellektuelle. Die Leibeigenschaft der Bauern war zwar dem Namen nach aufgehoben, doch durch verschiedene Rechtstitel blieb der Fron- und Robotdienst bestehen. Mindestens ebenso triste wie die Lage der Bauern war die der Arbeiter. Um eine Arbeiterfamilie überhaupt am Leben erhalten zu können, war es notwendig, daß auch die Frauen und Kinder arbeiteten. Mehr als die Hälfte der Arbeiter waren Frauen, die aber bei gleicher Arbeitsleistung nur die Hälfte des Lohnes eines Mannes verdienten. Die Fabriken und Vorstädte boten das Bild eines Massenelends. Der Staat unternahm nichts dagegen, sondern überließ alles der privaten Wohlfahrt.

Studenten und Intelligenzler waren nicht besser gestellt. Sie hatten in diesem System überhaupt keinen Platz, sondern wurden von den staatlichen Stellen nur mit dem größten Mißtrauen beobachtet.[102] Was Kaiser Franz von diesem Stand hielt, postulierte er vor Jahren an der Laibacher Universität vor dem versammelten Professorenkollegium: »Ich brauche keine Gelehrten, sondern gute und rechtschaffene Bürger. Die Jugend zu solchen zu bilden liege ihnen ob. Wer dies nicht thun kann oder mir mit neuen Ideen kommt, der kann gehen oder ich werde ihn entlassen!«[103] Wie zur Bekräftigung setzte sein oberster Zensor Graf Sedlnitzky, hinzu, »daß ein Volk, von dem Augenblick an, wo es anfängt, Freigeisterei zu betreiben, Bildung in sich aufzunehmen, sich bereits im ersten Stadium der Revolution befindet.«[104] Es war nicht verwunderlich, daß Österreich durch Massenelend, Trostlosigkeit und Hoffnungslosigkeit bedingt, in der Selbstmordstatistik Europas Spitzenplatz einnahm.

Österreich bekam aus dem Ausland immer mehr Warnungen über die gärende Stimmung im Volk. In den Wiener Salons wurde offen darüber gesprochen, daß sich EH Sophie gegen »das Greisenregime Ludwigs und Metternichs« stemmen würde. Noch einmal verbündete sie sich mit dem Staatskanzler, um Kolowrat auszuschalten; dadurch würde ihr Franz Karl und mit ihm sie mehr Einfluß gewinnen. Doch dieser Plan schlug fehl. Metternich schwankte nur noch zwischen Trübsinn und Resignation und nahm den Kampf gegen seine Gegner in der Staatskonferenz nicht mehr auf. Er hatte nur noch Sehnsucht nach Ruhe und den alten Zeiten. Auf der anderen Seite versuchte Kolowrat, EH Ludwig auszuschalten und EH Franz Karl zum Stellvertreter des Kaisers in der Staatskonferenz zu machen. Im letzten Augenblick ließ er diesen Plan fallen, und Metternich sah diesem Treiben nur uninteressiert zu. Dabei ersehnten Sophie und Franz Karl den Rücktritt des indolenten EH Ludwigs.[105] Das Zentrum des Staates war im Zerfall begriffen, und der Staatskanzler »spielte die Rolle des Jeremias und niemand hörte auf ihn . . .«[106] Sophies Ehrgeiz und ihre Aktivität wurden so groß, daß sie ihren Gemahl aufstachelte, EH Ludwig zum Rücktritt aufzufordern.[107] Dabei hielt Metternich nicht viel von den Geistesgaben Franz Karls. Dazu richtete sich die Stimmung im Volk gegen dieses Paar; gegen den beschränkten Erzherzog und gegen seine von Ehrgeiz zerfressene Gemahlin. Melanie Metternich schrieb 1846 bissige Bemerkungen über den Gemahl Sophies. Er kompromittiere sich alle Tage, lasse sich ungünstig von seiner Umgebung beeinflussen, wolle alles dirigieren und sei doch zu nichts Gutem zu gebrauchen. Die verwitwete Kaiserin (Karoline Auguste) und die EH Sophie seien dagegen überzeugt, daß Franz Karl in seinem Tatendrang gehemmt würde, ein großer Mann zu werden, doch fehle es ihm ganz an Charakter.[108]

Genaue Aufschlüsse, wann sich EH Sophie von Metternich abrupt abwandte, lassen sich heute nicht mehr erbringen, aber es hieß, daß auf die Kunde über die revolutionären Ereignisse in Frankreich hin, ein Familienrat einberufen wurde. In diesem traten dann Sophie, EH Johann und Kolowrat für eine rasche Änderung des Kurses ein, und die Erzherzogin soll Ludwig auf den Knien gebeten haben, endlich zu handeln, bevor es zu spät wäre. Mit dem Hinweis auf das tragische Schicksal des Herzogs von Bordeaux verließ sie die Zusammenkunft. Ludwig berief dann einen zweiten Familienrat ein, bei dem er auf das Ehrenwort pochte, das er seinem sterbenden Bruder, dem Kaiser Franz, geleistet hatte, in diesem Staat nichts zu verändern und keine Konzessionen zu machen.

Der Glaube Sophies an den anfangs verehrten Staatskanzler war endgültig vorbei. Nun glaubte sie, den Ständisch-Liberalen müßten Zugeständnisse gemacht werden, um das System zu retten. Sie war skeptisch geworden, den neuen Trend in Europa mit Militär und Polizei lösen zu können. Immer mehr gab sie jetzt Metternich die Schuld an dieser hereinbrechenden Katastrophe, da er immer nur geredet hatte und nichts verhindern konnte. Wenn er wenigstens Kaiser Franz in die Richtung beeinflußt hätte, statt Ferdinand ihren Gemahl Franz Karl zum Nachfolger zu ernennen. Es wäre dann nicht so weit gekommen, denn hinter ihrem Franz Karl wäre sie gestanden![109] Sie hatte ihrem Gemahl einen akiven Geist einflößen können, der EH Ludwig völlig fehlte. Ehrgeizig und leidenschaftlich übte sie stets auf Franz Karl starken Einfluß aus und fand in ihrer Schwester, der Kaiserin-Witwe, eine treue Verbündete. Die Kaiserin Maria Anna dagegen soll gegen diese beiden aktiven Damen eifersüchtige Empfindungen gehegt haben.[110]

Das Jahr 1848 begann bereits in den ersten Tagen mit dem sogenannten »Zigarrenrummel« in Italien, vorwiegend in den Städten
Mailand, Padua und Brescia. Um das österreichische staatliche Ta-
bakmonopol zu schädigen, wurde eine Nichtraucherkampagne ausgerufen und jedem, der sich mit einer Zigarre blicken ließ, wurde
der Glimmstengel aus dem Mund geschlagen und zertreten. Die
Italiener machten auch nicht vor rauchenden österreichischen Soldaten halt, doch die zogen sofort die Säbel und zurück blieben
Schwerverletzte. Auch zur Sabotage der österreichischen Lotterie
wurde aufgerufen. Der Hof in Wien war beunruhigt. EH Sophie
notierte in ihrem Tagebuch: »Welche traurige Zeiten sind die unsrigen. Die leidenschaftliche Erhitzung der Geister breitet sich immer
mehr aus und insbesondere in diesem armen schönen Italien, das so
glücklich sein könnte, wenn es vernünftig wäre.« In diesen Tagen
forderte sie ihren Ältesten auf, jetzt oft die Sakramente zu empfangen, denn »Du wirst dieser religiösen Stärkung in unseren schweren
Zeiten besonders bedürfen.«[111]

Am 23. Januar abends fand ein Familiendiner statt, an dem vierzehn
Erzherzoge teilnahmen, und selbstverständlich waren die Ereignisse
in Italien das Gesprächsthema. Besonders beunruhigt war der Wiener Hof, daß einige Sekundo- und Tertiärgarnituren der Habsburger in Italien mit der Stammfamilie in den politischen Ansichten
nicht mehr übereinstimmten, denn sie gingen gegen die Revolutionäre nicht mit der nötigen Schärfe vor, sondern schlossen bereits
Kompromisse und machten Zugeständnisse, um Ärgeres von ihren
Familien abzuwenden. Zwei Tage später wurde EH Marie Louise,
die älteste Tochter des Kaiser Franz, in der Kapuzinergruft zu
Grabe getragen. Sie war am 17. Dezember 1847 als Herzogin von
Parma, Piacenza und Guastalla im 56. Lebensjahr verstorben. Mit
ihrem Tod verlor die Familie ein weiteres Einflußgebiet in Italien.

Am 9. Februar führten Sophies Söhne und deren Freunde den
»Wirrwarr« des deutschen Dichters Friedrich Ferdinand von Kotze-
bue, einem der »fruchtbarsten und gewandtesten, aber auch ober-
flächlichsten und charakterlosesten Schriftsteller«, wie er von den
Zeitgenossen beschrieben wurde, auf. Die Vorstellung fand in den
Alexander-Appartements der Hofburg statt. Die Hauptrolle, den
»Hurlebusch« spielte Franz Joseph. Dieser Abend wurde von So-
phie in ihrem Tagebuch rezensiert. Sie besprach das Stück und

benotete die Leistung jedes Darstellers, nur nicht den Hauptdarsteller, ihren ältesten Sohn. Der war tatsächlich eine Fehlbesetzung. Er spielte seinen Part brav herunter, jedoch sehr steif, und hölzern sprach er seine Verse. Ihre vernichtende Kritik über ihn wollte sie ihrem Tagebuch nicht anvertrauen.

Erstmals nahm Franz Joseph in diesem Fasching am größten Ballereignis der Residenz, am Ball bei Hof, teil. Dieser fand am 24. Februar in den Repräsentationsräumen der Hofburg statt. Der junge fesche und elegante Tänzer war der Schwarm aller anwesenden Komtesserln und der stille Traum der Fürstinnen, Gräfinnen und sonstiger adeliger Mütter, die heiratsfähige Töchter ihr eigen nannten.

In Frankreich wurde die Monarchie gestürzt und die Republik ausgerufen. Aus den Tuilerien wurde der Thronsessel geholt und unter dem Gejohle der Menge auf dem Platz vor der Bastille verbrannt. Sophie vertraute ihrem Tagebuch ihre Ängste über die Revolution in Frankreich an. EH Franz Karl eilte zum Staatskanzler, um mit ihm die Ereignisse zu besprechen und Vorschläge auszuarbeiten, was in Österreich geschehen solle, um solche Ausschreitungen zu verhindern. Am 22. Februar hatte FM Radetzky in der Lombardei bereits das Standrecht verhängt, von dessen Wirkung sich die politisch verantwortlichen Stellen viel versprachen. Solche Maßnahmen wollte Metternich auch hier angewandt wissen, sollte die Revolution auf das österreichische Kernland übergreifen. Militär und Polizei waren noch immer Garanten für Ruhe und Ordnung. Die Berichte der französischen Zeitungen waren aber nicht dazu angetan, den Wiener Hof in Sicherheit zu wiegen, und unwillkürlich wurde in der Familie wieder die Frage aufgeworfen, was wohl geschehen würde, wenn es auch in Wien zu einer Revolution käme. »Welch tragisches Los dieser Orléans«, schrieb Sophie. »Wie unglücklich sind sie, in diesem Elend nicht einmal alle vereint zu sein, sondern verweht wie Staub, den ein Windstoß durch die Lüfte entweht!«[112] Sophie wurde jetzt wieder schwankend in ihren Ansichten und schloß sich der Meinung der anderen Familienmitglieder an, daß nur stärkste Repressionen imstande sein würden, revolutionäre Bestrebungen zu unterdrücken. Radetzky hatte in ihren Augen völlig recht gehandelt, doch wie groß war ihre Enttäuschug, als sie entsetzt erfahren mußte, daß auch die härteste Maßnahme, das Standrecht, keinen

Erfolg zeitigte. Preußen und Rußland ließen wissen, daß sie mit dem Vorgehen der Österreicher in Italien einverstanden waren und daß diese Maßnahmen sicherlich Erfolg bringen würden. Nach einigen Tagen stellte sich jedoch heraus, daß alles umsonst war, denn die Unruhen griffen von Italien und Frankreich bereits auf andere Länder wie Bayern, Württemberg, Baden und andere deutsche Kleinstaaten über. »Unglücklicherweise ist auch der Geist ganz, ganz schlecht«, schrieb Sophie über die Vorgänge, »ebenso wie er selbst bei uns hier nicht allzu gut ist. Möge sich der liebe Gott unser und unserer Kinder erbarmen!«[113] Die Sorgen der Mutter über die Zukunft ihrer Kinder war verständlich.

Um die Söhne nicht in die politischen Tagesgeschehnisse hineinzuziehen und von ihren Spannungen und Unruhen in der eigenen Familie abzuwenden, befahl die Mutter, den Unterricht der Kinder, so als ob nichts geschehen wäre, fortzusetzen. Die beiden Ältesten durften französische Zeitungen lesen, und Franz Joseph erhielt von der Mutter das Buch des französischen Dichters und Politikers Alphonse Marie Louis Lamartine, »Histoire des Girondins« zum Studium, das dieser in Ischia verfaßt und 1847 publiziert hatte. Eine romantisch-sentimentale Religionsschwärmerei war die Beigabe seiner dichterischen Eigentümlichkeit. Phrasen und religiöse Begeisterung herrschen in seinen Büchern vor, wobei er es sich mit den historischen Tatsachen sehr leicht gemacht hatte. Lamartine trat vehement für eine konstitutionelle Monarchie ein, ausgestattet mit allen Fortschritten und Freiheiten der Neuzeit. Franz Joseph mußte beim abendlichen Tee aus diesem Buch vorlesen, und sie gab ihre Kommentare dazu. Bei der Schilderung der Hinrichtung des Königs brach sie in Tränen aus. Zu jener Zeit gab es bereits genügend historische Publikationen über die französische Revolution, doch es war typisch, daß die Mutter für ihren Ältesten gerade dieses Buch von Lamartine auswählte. Franz Joseph sollte, ohnehin durch den Unterricht durch Metternich sehr einseitig beeinflußt, auch von dem größten politischen Ereignis des 18. Jahrhunderts, nur eine sehr subjektive Schilderung erfahren. Vielleicht würden wir heute dazu den Ausdruck »Gehirnwäsche« verwenden.

EH Sophie machte sich auch wegen der Stimmung in Ungarn zunehmend Sorgen, doch sie vertraute noch ganz dem Palatin EH Stephan, der die Treue der Magyaren garantierte. Auch er wird sie in

entscheidenden Stunden enttäuschen. Metternich meinte, daß
»Ungarn die Vorhölle der Revolution« sei. Am 6. März nahm EH
Franz Karl an der Sitzung des »Niederösterreichischen Gewerbe-
vereins« teil – er versäumte nie eine Zusammenkunft dieses Gre-
miums –, und dort erhob sich, gegen die Tagesordnung, der Fabri-
kant Rudolf von Arthaber. Er richtete eine Ansprache an den
Erzherzog, der sehr überrascht war. Arthaber machte auf die Unruhen und umstürzlerische Umtriebe, besonders in Frankreich,
aufmerksam und forderte Thron und Regierung auf, wachsam zu
sein. Er überreichte dem Erzherzog eine Petition und bat, diese an
den Kaiser weiterzuleiten. Franz Karl antwortete: »Ich danke Ihnen im Namen Seiner Majestät für diesen Ausdruck Ihrer Anhänglichkeit, den ich nicht ermangeln werde, dem Kaiser allsogleich
mitzutheilen. Gewiß, wir haben nie in die Treue Zweifel gesetzt,
welche Sie neuerdings an den Tag legen... In der Mitte solcher
Männer zu stehen, ist eine wahre Freude!«[114] Am 11. März erhielt
EH Sophie die beruhigende Nachricht, daß sich die Familie Orléans nach England retten konnte. Gott sei Dank, daß sie nicht das
Schicksal Ludwigs XVI. teilen mußte. Tags darauf erschien Graf
Bombelles bei der Erzherzogin und überbrachte ihr die Rede des
landlosen Landjunkers Lajos Kossuth wider die Habsburger, in der
er forderte, alles niederzureißen und aus den Trümmern einen rein
ungarischen Nationalstaat entstehen zu lassen. Diese Brandrede
bestärkte die Erzherzogin nur in ihrer ablehnenden Haltung gegen
die Magyaren.
Der Staatskanzler war der Meinung, daß das österreichische Bürgertum in seiner Entwicklung noch lange nicht so reif war, wie das
französische oder deutsche. Die Liberalisierung des Geistes kam
hier offiziell kaum vorwärts, doch im Untergrund brodelte es bereits
gewaltig, ohne daß die Spitzel des Staatskanzlers und seines Polizeipräsidenten etwas bemerkten. Als die Spitzen der Gesellschaft am
Ball bei Hof die Nacht durchtanzten, war in Paris der große Kehraus
und der König vertrieben worden. »Republik in Frankreich« lautete
das Telegramm, das Baron Rothschild am nächsten Morgen Metternich präsentierte. Der zuckte nur angewidert die Schultern und
meinte, jetzt sei alles zu Ende. Viele hier waren der Meinung, daß
es in Österreich nicht so weit kommen würde, irgendwie würde der
Giftbecher der Revolution an diesem Land vorübergehen. Öster-

reich sei immer zurück, um eine Idee, ein Jahr, ein Armeekorps, das hatte schon Napoleon Bonaparte gesagt. So würde es auch mit einer Revolution sein, und Metternich hielt dies für keinen Nachteil.

Die Studenten sangen bereits Spott- und Protestlieder. Ihre Zielscheibe war jedoch nicht das Kaiserhaus, sondern der bereits klapprige, senile Staatskanzler. »O Metternich, o Metternich, Ich wollte, daß das Wetter dich tief in den Boden schlüge!« Melanie, seine Gemahlin und einzige Stütze, vermerkte in ihrem Tagebuch: »Klemens ist bewunderungswürdig, so unerschrocken, aber zuweilen sehr aufgeregt. Alle Welt scheint in Schlaf versunken und mit Blindheit geschlagen. Schließlich verzweifelt man an allem; klar ist mir nur, daß der allgemeine Haß wider uns entbrannt ist und die Kraft unserer Gegner wie die unglaubliche Schwäche unserer Freunde uns endlich zugrunderichten wird.«[115] Die »unglaubliche Schwäche unserer Freunde« war eigentlich keine Schwäche, sondern bereits die typische Absetzbewegung, wenn sich ein Mächtiger Blößen gibt und zu straucheln beginnt. Er wird wie ein Lepröser gemieden. Das Haupt dieser Hofopposition gegen den Staatskanzler war jetzt EH Sophie. Sie machte ihm bald sehr zu schaffen und regte ihn mehr auf als die liberalen Bürger, die demokratischen Studenten und die deutschtümelnden Nationalen. Hatte er nicht immer gewarnt, den Liberalen nicht einmal den kleinen Finger zu reichen, weil sie dann sofort die ganze Hand beanspruchten? Und nun mußte er mitansehen, wie bei Hof hin und her überlegt wurde, den Liberalen Zugeständnisse zu gewähren, nur um die eigene Haut zu retten. Nun wurde er auch etwas schwankend und war der Ansicht, man könnte über alles reden, »deliberieren« wie er meinte, aber dazu müsse vorerst Ruhe und Ordnung herrschen. Der alte Fuchs und Taktierer!

Die Jugend, vor allem die Studenten, hatten sich aber schon auf ihr altes Feindbild eingeschossen: Auf Metternich und seinen Oberzensor, den Grafen Sedlnitzky von Choltitz. Die Studenten beschlossen eine Petition, mit der sie am Sonntag, den 12. März zur Hofburg marschieren wollten, um sie dem Kaiser zu überreichen. Mit vereinten Kräften waren die Professoren imstande, diese Demonstration zu verhindern, und sie verpflichteten sich, eine Professorenabordnung mit der Petition in die Hofburg zu entsenden. Tatsächlich wurde sie von EH Ludwig empfangen, auch der Kaiser trat hinzu, ließ aber nur einige unbedeutende Bemerkungen fallen. EH Ludwig erklärte sofort, er könne den Polizeipräsidenten Sedlnitzky entlassen und opfern, wenn es die Studenten verlangen würden, doch der Staatskanzler müsse bleiben! Diese öffentliche Demonstration des Staatsratsvorsitzenden zugunsten Metternichs, stärkte diesen ganz außerordentlich, und neuerlich forderte er harte Maßnahmen gegen die Aufmüpfigen. Nur eine »starke Hand« würde diesen Kreisen imponieren und sie in ihre Schranken weisen. Daraufhin wurde die Wiener Garnison – 13 000 Mann – alarmiert und scharfe Munition ausgegeben. Auf dem Glacis wurden den Truppen bestimmte Alarmplätze zugewiesen.

Metternich ahnte, daß alle diese Maßnahmen, wie immer sie auch aussehen würden, zu spät kamen. Mit diesen Männern, die sich am Wiener Hof herumtrieben, war »kein Staat« im Staat zu machen. Von ihnen würden keine Impulse ausgehen. Dazu fehlte es allen an der nötigen Intelligenz und Tatkraft, und EH Ludwig blockierte alles mit seinem dem letzten Kaiser gegebenen Ehrenwort, nichts zu verändern und zu bewegen. Der Staatskanzler setzte bereits auf ein völlig neues Gesicht, auf eine unverbrauchte und nicht kompromittierte Figur. Die war sein braver und gehorsamer Schüler EH Franz Joseph. Obwohl er nur einige Zimmer weiter in seiner Studierstube saß, bekam er von diesen weitgehenden Verhandlungen und Entscheidungen nichts mit. Noch sollte er im Hintergrund gehalten werden und erst mit seiner Großjährigkeit am 18. August dieses Jahres in die Öffentlichkeit treten, doch vorher, meinte der Staatskanzler, »mache man erst Ordnung in diesem Haus, bevor ihm die Zügel übergeben werden«.[116] Das war Metternichs letzter Ratschlag, doch davor lag noch eine Zeitspanne von fünf Monaten, und in dieser konnte noch viel geschehen!

EH Sophie, die jetzt in der Angst lebte, revolutionäre Strömungen könnten Österreich erreichen und die Kaiserfamilie an Leib und Leben bedrohen, hatte den Entschluß gefaßt, sich mit den niederösterreichischen Ständen zu verbünden, um mit deren Hilfe und mit ihrem Einfluß eine offene Revolution zu verhindern. Doch die Stände standen weltanschaulich bereits im Lager der Liberalen und waren vollends mit dessen Ideen infiziert. Ségur-Cabanac war später der Meinung, die kommenden Ereignisse hätten nicht ein so großes

Ausmaß annehmen müssen, wenn die Intentionen des Kaisers, des »gütigen Ferdinand«, beachtet worden wären. »Vielleicht«, so schrieb der Graf, »wäre Österreich die Revolution mit all ihren Greueln erspart geblieben, wenn Güte und Milde früher zu ihrem Rechte gekommen wären.«[117]

3

B ereits im Jahre 1847 waren die »Zeichen an der Wand« – zu einer grundlegenden politischen Erneuerung des Reiches – nicht mehr zu übersehen. Eigentlich litt die politische Situation Österreichs seit 1815 unter dem übertriebenen Konservatismus Metternichs. Sein starres System führte zwangsläufig zu Zuständen, die mit Berechtigung als reine Unterdrückung empfunden wurden. Zur sozial und wirtschaftlich schwieriger werdenden Situation der Arbeiter und Bauern kam die Unzufriedenheit des Bürgertums und der Intellektuellen, die die geistige Einengung nicht mehr ertragen wollten. Diese Menschen hatten kein »Programm« für einen Umsturz, wie die Revolutionäre in Frankreich und Deutschland. Sie besaßen nur vage Vorstellungen von einem Regimewechsel; nie und nimmer richteten sich ihre Bestrebungen gegen den regierenden Herrscher oder gegen die Staatsform einer Monarchie. Eigentlich wollten sie nur das repressive »Metternich'sche System« stürzen, um freier atmen zu können. Das allein hätte ihnen genügt, doch immer wenn Schleusen geöffnet werden, bricht eine Sturzflut los.
Im Frühjahr 1847 plünderten Arbeiter in den Wiener Vorstädten Lebensmittelgeschäfte. Am 1. Juni mußten die Brot- und Fleischpreise wegen der Mißernte des Vorjahres und der erwarteten schlechten Ernte dieses Jahres empfindlich erhöht werden, was eine neue Hungerrevolte auslöste. Im Oktober wurden wegen der schlechten wirtschaftlichen Lage viele Arbeiter auf die Straße gesetzt, die nun, wegen mangelnder sozialer Absicherungen, mit ihren Familien vor dem Nichts standen. Die vierzig in Wien vorhandenen Wohltätigkeitsvereine konnten nur milde Gaben verteilen, das Elend aber nicht grundlegend abwenden. Am 10. Oktober gingen in Wien Bäckerläden und Fabrikantenvillen in Flammen auf. In Ungarn riefen Lajos Kossuth und Stephan Graf Széchényi ihre Landsleute auf, endlich »aus dem tausendjährigen asiatischen Schlaf« zu erwachen und die »koloniale Bindung« an Österreich zu überdenken. Das Deutsche Theater in Pest brannte lichterloh.

Ein guter Kenner österreichischer Verhältnisse, der sächsische Legationssekretär Carl Friedrich Vitzthum von Eckstädt schrieb über die momentane Situation am 21. Januar 1848 an seine Mutter: »Ich bin der festen Überzeugung, daß der Friede nur an einem Haar hängt. Österreich muß Krieg anfangen, um sich zu retten!« Am 29. Februar setzte er fort: »Täglich brachte die italienische Post Nachricht von einer Konstitution, einer Revolution oder wenigstens einigen politischen Meuchelmorden. Wenn Metternich das ›après nous le déluge‹ (nach uns die Sintflut. Angeblicher Ausspruch der Madame de Pompadour) zur Staatsmaxime genommen, so rächt sich die Geschichte furchtbar an ihm, indem sie ihn die Sintflut noch erleben läßt.« Am 5. März schrieb er seiner Mutter: »Hier herrscht eine trübe, unheimliche Stimmung in allen Kreisen. Wie ein Donnerschlag hat die Pariser Revolution die Dunkelheiten unserer Lage erhellt. Die Vorstädte sollen in sehr gereiztem Zustand sein. Der kleinere Bürgerstand befindet sich in offenbarer Gärung. Die unheilvollsten Gerüchte zirkulieren. Es ist, als wäre es darauf abgesehen, den Staat demnächst zum Bankrott zu zwingen... Das Fleisch hat um zwei Kreuzer aufgeschlagen, und vorgestern versammelte sich ein Volkshaufe auf dem Graben unter den Fenstern eines jüdischen Bankiers, der einen Ball gab; man solle nicht tanzen, hieß es, während das Volk kein Fleisch habe...«[1]

Aber nicht nur die kleinen Leute begehrten mit lautstarken Protesten, Brandschatzungen und Plünderungen auf, sondern auch offizielle Staatseinrichtungen, hier vor allem die Stände von Niederösterreich, Böhmen, Mähren und Siebenbürgen »löckten wider den Stachel«, und es fielen in diesen Gremien Worte, die vor wenigen Jahren noch unvorstellbar waren. Schon am 9. Juni 1847 war in der Ständeversammlung von Niederösterreich die Forderung nach Pressefreiheit ein Tagungsthema.

Es wäre ungerecht zu behaupten, Metternich sei an diesen kommenden Geschehnissen der Alleinschuldige gewesen. Bereits im Jahre 1817, so schrieb Alexander von Hübner, hatte der Staatskanzler Kaiser Franz ein Memorandum überreicht, in dem er eine Neuordnung des Staatswesens vorschlug, wobei im Machtzentrum des Reiches ein beratender Körper, bestehend aus den klügsten Köpfen aller Provinzen, gebildet werden sollte. »Jahrelang«, so sagte einmal der Staatskanzler, »sah ich mein Aktenstück auf dem Schreibtisch des Kaisers liegen.« Doch der Kaiser konnte keine Entscheidung treffen. Im Jahre 1826 war Franz ernstlich erkrankt, und nachdem er genesen war, sagte er zu seinem Kanzler, er hätte sich große Sorgen gemacht, daß er vielleicht sterben könnte, ohne diesen Akt erledigt zu haben; aber nun werde er ihn sofort bearbeiten. Anfang des Jahres 1835 meinte Franz, nun müsse dieser Akt zum Abschluß gebracht werden, doch zwei Monate später war der Kaiser tot.[2]

Jetzt war es für grundlegende Änderungen zu spät geworden. Der Staatskanzler war nur noch ein Schatten seiner selbst. Graf Vitzthum schrieb am 29. Februar 1848 über ihn: ».. . Wenn man ihn sieht, diesen schwachen, stocktauben Mann, in längst verbrauchten Phrasen und Redensarten eingepuppt, ein kindgewordener Greis, so begreift man, daß dieser Kopf nicht mehr stark genug ist, den jetzigen Stürmen zu trotzen...«[3]

Alexander von Hübner notierte in seinem Tagebuch unter dem Datum 25. und 26. Februar 1848, daß er in diesen Tagen fast jeden Abend im Salon der Fürstin Melanie Metternich und der Tochter des Staatskanzlers, Hermine, verkehrte und über die politische Unbedarftheit dieser Familie erschüttert war. »Was mir auffällt«, schrieb er, »ist die fröhliche Sorglosigkeit, welche, trotz der am Horizont aufsteigenden Gewitterwolken in diesem Salon vorherrscht... Das schöne Wetter hat bei uns in Österreich so lange angehalten, daß wir nicht mehr wissen was Sturm ist...«[4] Am 28. Februar trafen die ersten düsteren Nachrichten von der Revolution in Frankreich und Italien in Wien ein. Metternich faselte im Salon seiner Gemahlin allabendlich – Hübner war über diese Naivität erschüttert – über »Interventionen« in Italien, ohne daß auch nur die geringsten militärischen Vorkehrungen getroffen worden waren. Radetzky hatte zwar um dringende Verstärkungen ersucht, doch diese nie bekommen, da die Staatskonferenz unter Vorsitz des EH Ludwigs, der sich zu keinem Entschluß aufraffen konnte, paralysiert war. »Je deutlicher wird mir das, in Anbetracht der unzulänglichen Mittel in der Hand des Staatskanzlers, daß die Partie verloren ist. Eine Revolution verhindert man nicht mit diplomatischen Noten und Zeitungsartikeln, die niemand liest... Und Metternich steht allein, ist gelähmt, machtlos.«[5] Der Staatskanzler meinte in diesen Tagen wiederholt, daß »unsere Monarchie ein altes Haus ist, in dem nicht ohne Gefahren Mauern niedergerissen und neue Türen und

Fenster eingesetzt werden könnten. Und dennoch *muß* etwas geschehen, nur begreifen die Leute nicht, daß *alles* neu zu machen ist.«[6]

Kehren wir aber zur Hauptfigur dieser Arbeit zurück und beobachten wir, welche Rolle sie in diesen dramatischen Tagen gespielt hat. Es könnte angenommen werden, daß Sophie die Begebenheiten, Hintergründe, Zusammenhänge und ihre geheimen Gedanken, Hoffnungen und Befürchtungen ihrem Tagebuch anvertraut hat, doch wird der Leser dieser Eintragungen eher enttäuscht sein. Ihre Gedanken über die Politik vertraute sie ihren Tagebüchern nicht an, sie wußte viel mehr als sie niederschrieb, vor allem trifft dies auf ihre eigene Beteiligung an den Dingen zu, und es läßt sich kein grundlegender Gedanke ihrer Pläne feststellen. Oft wird völlig Nebensächliches erwähnt, dagegen werden bedeutende Ereignisse, wie die Entthronung der Habsburger in Ungarn, nicht einmal mit einem Wort gestreift. Das Tagebuch läßt auf eine sehr kluge, politisch interessierte Frau schließen, die mit größter Aufmerksamkeit die Ereignisse um sich herum verfolgte. Ihre tiefe Religiosität kommt ständig zum Durchbruch. Gott ist in ihren Augen alles. Stoßgebete und religiöse Floskeln werden den kurzen Schilderungen des politischen Geschehens hintangestellt. Die Tagebücher der Erzherzogin sind großteils in französischer Sprache und in einer kaum lesbaren winzigen Handschrift abgefaßt. Ursprünglich war EH Carl Ludwig der Besitzer dieser Bücher. Sie gingen dann in Verwahrung des EH Ludwig Viktor über, der behauptete, seine Mutter hätte nur für ihn diese Tagebücher geführt.[7] Es erhebt sich die berechtigte Frage, ob die Tagebücher mit all dem Für und Wider dieser dramatischen Zeit, Dokumente sind, in denen ein Eingeweihter und Hauptakteur seine Wünsche und Befürchtungen zu Papier gebracht hat, oder ob es tatsächlich nur Allgemeinbetrachtungen waren, welche die Schreiberin für ihren jetzt sechs Jahre alten Sohn Ludwig Viktor anfertigte, damit sich dieser später ein Bild der Vorgänge machen konnte.

Franz Joseph war jetzt über siebzehn Jahre alt. Der Plan seiner Mutter, ihn zur Jahreswende 1847/48 vorzeitig großjährig zu erklären, war am Widerstand Metternichs gescheitert. Sophie war darüber sehr verärgert und meinte, ihr Sohn könnte nur ohne den Staatskanzler Kaiser werden. Das ließ sie auch die Gemahlin Metternichs spüren, indem sie ihr so nebenbei erklärte, daß jeder Mensch durch einen anderen ersetzt werden könne, ohne daß dies einen Unterschied in der Welt mache. Melanie Metternich wurde hellhörig. Sophie war in ihren Ansichten über den Staatskanzler hin- und hergerissen. Fast war sie schon in Versuchung, ihr Urteil über ihn zu revidieren. Franz Joseph, sein Sonntagsschüler, bekam vor seinem Mentor noch mehr Respekt. Metternich triumphierte. Waren seine Prophezeiungen nicht in Erfüllung gegangen? Auf 1783 folgte 1793, auf den Liberalismus von 1830 folgte der demokratische Radikalismus von 1848 und auf diesen folgte der Sozialismus und »hinter diesem stehe die Anarchie, welche das Chaos ist – das heißt das reine Nichts!«[9]

Europa wurde von Unmut und Unruhe erfaßt. Die Pariser Revolution sprang auf Preußen, Sachsen und Süddeutschland über. In Österreich gab der Ungar Lajos Kossuth das Signal, als er am 3. März vor dem ungarischen Reichstag erklärte: »Aus den Bleikammern des Wiener Systems weht eine verpestete Luft uns an, die unsere Nerven lähmt, unseren Geistesflug hemmt. Die Quelle allen Übels liegt in der verkehrten Politik der österreichischen Minister... »Kossuth appellierte an den jungen EH Franz Joseph, den Fortschritt seiner Völker zu fördern. Auf ihn warte die Erbschaft des Thrones, und er allein sei der hoffnungsvolle Sproß des Hauses Habsburg.[10] Sophie verstand diesen Wink sofort und wurde endgültig in ihrer Meinung bestärkt: Metternich müsse verschwinden. Wiens Liberale und große Kreise des Adels bestätigten die Ansichten Kossuths und waren sich einig, daß der Staatskanzler einem anderen Platz machen sollte.

Sophie fielen wieder die vielen, anonymen Briefe ein, die sie ständig erhielt und in denen sie aufgefordert wurde, endlich Neuerungen zu veranlassen. Sie wußte auch von der Forderung einer Offiziersdeputation, die mit dem »Juridisch-politischen Leseverein« sympathisierte, die am 14. Februar 1848 beim Kriegsminister Grafen Latour vorgesprochen und ihn gewarnt hatte, daß »die Stürme in der französischen Kammer« und die Unruhen in Italien auf Österreich übergreifen würden. Latour gab noch am selben Abend im Salon Metternichs diesen Vorfall bekannt, doch der Staatskanzler lachte ihn nur aus, worauf sich Latour »pikiert« zurückzog.[11] Nicht nur der Staatskanzler sondern auch die übrigen Mitglieder der Staatskonferenz hatten Warnungen erhalten. Graf Kolowrat wurde mehrmals vom Industriellen Michael Spörlin gewarnt. Nur EH Ludwig war völlig isoliert, seit er erklärt hatte, man möge ihn »mit diesen Neuerungen in Ruhe lassen«.[12]

Vielleicht erinnerte sich die Erzherzogin in diesen Tagen wieder an das aufsehenerregende Buch von C. Möring »Sibyllinische Bücher aus Österreich«, das vor kurzem in Hamburg erschienen und ihr gewidmet war. Auf Seite 1 stand: »Ihrer kaiserlichen Hoheit der Durchlauchtigsten Frau Erzherzogin Sophie, der edlen erleuchteten Mutter des Thronfolgers von Österreich in tiefster Ehrfurcht gewidmet.« Der Verfasser ging mit dem politischen Leben in Österreich offen und hart ins Gericht. Er bemängelte, daß sich nicht der geringste Fortschritt in diesem Land bemerkbar mache, daß alle Neuerungen auf politischem und sozialem Gebiet, die andere Völker Europas bereits erfaßt hatten, hier spurlos vorübergingen und Österreich auf allen Gebieten ins Hintertreffen brachten. »Der Österreicher hat kein Vaterland«, schrieb der Autor. Der Österreicher hätte keinen Stolz, keine Ehre, nur ein indolentes Desinteresse an Dingen, die andere Völker bewegten. Er sprach vom »Schlagfluß der Monarchie«, von einem Fatalismus der Untertanen. Wozu sollte sich auch das Volk Gedanken über die Zukunft machen? Es lag alles in Gottes und des Kaisers Hand, »und wir haben die Bittgänge nach Maria Taferl zur heiligen Jungfrau . . . und es genügt sehr religiös zu sein, recht viel wallfahren, recht viel beichten«, das übrige würde die große Mater Austriae schon besorgen.[13] Nur der oberste Polizeichef Graf Sedlnitzky war bei solchen Tönen hellhörig geworden und ließ in diesen Tagen vorsichtshalber mißliebige und auffällig gewordene Ungarn, Franzosen und Italiener aus Wien ausweisen und, weil die Gelegenheit günstig war, auch gleich eine Anzahl von Juden.

Als die Nachricht vom Sturz des französischen Königs in Wien eintraf, waren alle konsterniert; vor allem das Bürgertum ängstigte sich, denn Revolution bedeutete wieder Krieg, und der bedeutete Verlust des Wohlstandes und der wirtschaftlichen Prosperität. In der Nacht zum 1. März eilte Metternich zu EH Ludwig und beide konferierten mit verschiedenen Familienmitgliedern hinter verschlossenen Türen bis in den frühen Morgen. Beigezogen waren vor allem die Kaiserin Maria Anna und EH Sophie. Ihr Gemahl, EH

Franz Karl, und die Söhne des EH Carl, des Siegers von Aspern, verlangten Einlaß zu dieser Konferenz; sie warteten auf die Bestätigung der Meldung, daß in Paris die Republik ausgerufen worden sei. Die anwesenden Männer waren durchwegs überzeugt, daß die Vorgänge in Paris rein örtlicher Natur wären, während beide Frauen vom Übergreifen der Ereignisse auf Österreich sprachen und von ihrer Meinung nicht abzubringen waren.

Der Schweizer Gesandte Effinger meldete an diesem Tag seiner Regierung: »Man meint hier . . . der EH Sophie, deren konservative Gesinnungen Bürge sind, werde es gelingen, den EH Ludwig, der als Präsident der Staatskonferenz den Ausschlag gibt, daß er für Änderungen zu gewinnen wäre, denen er sich von jeher abgeneigt zeigte . . .«[14] Er meinte noch, daß Metternich und Kolowrat erfahrene Staatsmänner wären, die den neuen Strömungen Rechnung tragen würden, um das aus dem Ruder laufende Staatsschiff auf neuen Kurs zu bringen. Sieben Tage später mußte er allerdings melden, daß EH Ludwig und Metternich keine weiteren Konzessionen machen würden und die schon gegebenen »nicht weiter zu beeilen bereit sind.«

Am 6. März tagte der »Niederösterreichische Gewerbeverein« und verabschiedete eine »Adresse gegen die herrschenden Verhältnisse«, der aber kein Echo widerfuhr.

Zwei Tage vorher hatten Mitglieder der Familie Rothschild im Salon der Lady Palmerston bereits erzählt, Metternich hätte sein Amt niedergelegt.[15] Am Abend des 9. oder 10. März fragte Graf Montbel beim Diner die Kaiserin Maria Anna, »weshalb beurteilen Sie die Regierung so hart? Was fehlt denn zur Ruhe und Wohlfahrt Österreichs?« Die Antwort: »Wenn wir uns Metternichs entledigen können, werden wir uns alle beglückwünschen können.« Zwei Tage später äußerte sich Felicie Gräfin Esterházy naiv im Salon Metternichs: »Ist es denn wahr, daß ihr morgen weggeht? Man sagte uns, wir sollen Kerzen kaufen, um morgen zu illuminieren, weil ihr weggeschickt werdet!« Sie gab auf Befragen zu, daß diese Nachricht vom Obersthofmeister der EH Sophie, dem Grafen Ludwig Széchényi, stamme.[16]

Am 8. März hatte die Erzherzogin in ihr Tagebuch notiert: »In München – o weh – neue Revolten und Konzessionen, diese auch in Baden, Württemberg und Nassau, und der Geist ist in Deutschland am schlechtesten. Auch bei uns ist er nicht mehr sehr gut. Der gute Gott möge uns und unsere Kinder beschützen.«[17] Zwei Tage später vermerkte sie: »Die Spaziergänger ergehen sich in Gemütsruhe trotz der Bewegungen an der Universität. Heute morgen wollen die Studenten dem Kaiser eine Petition überbringen, was die Professoren aber verhinderten, da sie sofort zu Onkel EH Ludwig gingen.«[18] Sonntag, der 12. März verlief noch friedlich. Der Gottesdienst der Studenten war besonders gut besucht; anschließend fanden sich die Studiosi zu einer Diskussion in der Universitätsaula ein. Später empfing der Kaiser eine Abordnung von ihnen, die ihm endlich eine Petition überreichen konnte. Sophie ging in den ersten milden Strahlen der Märzsonne mit ihrem Ältesten auf der Bastei spazieren. Nach ihrer Heimkehr in die Burg las sie einige anonyme Briefe, die an sie gerichtet waren. Die Inhalte waren fast alle gleich: Sie solle dem Fortschritt endlich eine Bahn brechen.

Am Montag, den 13. März, hing morgens ein riesiges Plakat an den Mauern des Domes, auf dem zu lesen war: »Wiener! Befreit Euren guten Kaiser Ferdinand aus den Banden seiner Feinde! Wer Österreichs Emporkommen will, muß seiner Staatslenker Untergang wollen!« In der Stadt war alles ruhig. Da heute der Todestag Kaiser Josephs II. begangen wurde, hatten sich einige Leute vor seiner Statue auf dem Josephsplatz versammelt und das Standbild mit einer schwarz-rot-goldenen Schärpe geschmückt. Man wolle einen neuen Kaiser, einen fortschrittlichen, wie Joseph II. einer war, artikulierten die paar Menschen, und sie forderten einen bedingungslosen Anschluß Österreichs an das Deutsche Reich.

In den bekannten Caféhäusern wie beim Daum und dem Griensteidl, im französischen Café auf dem Stephansplatz und im slawischen bei Gerlović am Bauernmarkt, war mehr Betrieb als an anderen Tagen. In den Lokalen kam plötzlich das Gerücht auf, daß viele Angehörige der Ständeversammlung in der Nacht verhaftet worden seien und heute keine Versammlung stattfinden würde. Anwesende Abgeordnete meinten jedoch, daß die Sitzung selbstverständlich abgehalten würde, nur dort fänden die Verhaftungen statt. Bereits um 7 Uhr morgens hatten sich die Medizinstudenten in ihren Stammkneipen in der Alser Vorstadt eingefunden und sich in hitzige Debatten verstrickt. Die Studenten des Polytechnikums zogen bereits von der Wieden in die Innere Stadt. Soldaten der Wiener

Garnison faßten zum Morgenappell scharfe Munition aus, blieben aber in den Kasernen. Viele Offiziere waren auch für einen »Sistemwechsel«, denn die Korruption, die überall herrschte, war ihnen zuwider und ging ihnen gegen die Ehre. Die Ärmsten an diesem Morgen waren die Universitätsprofessoren, denn sie hatten den strikten Auftrag erhalten, ihre Vorlesungen abzuhalten, nur kamen keine Studenten, und man sah, daß die Herren professores große Angst hatten. Auf den Tafeln in den Hörsälen war das Wort »Constitution« geschrieben, und Professoren, die dagegen protestierten, wurden niedergeschrien. Ein Professor versuchte die Studenten zu beruhigen und meinte, der Kaiser in seiner sprichwörtlichen Güte würde für Reformen sorgen, doch bei dem Wort »Kaiser« begannen die Zuhörer zu pfeifen und zu scharren. Da trat der allseits verehrte Physiker Kunzek vor das Auditorium und erzählte, daß er aus Lemberg komme, dort wären voriges Jahr aufmüpfige Studenten in Ketten gelegt und in den Kerker geworfen worden. Er rief die Hochschüler zur Mäßigung auf, doch die wollten »Sofortmaßnahmen« sehen und riefen im Chor: »Auf in's Landhaus!« In Fünferreihen zogen sie von der Universität durch die Bäckerstraße, über den Hohen Markt zum Judenplatz, Am Hof und weiter in die Herrengasse. Kaum waren die Studenten abgezogen, liefen drei Professoren zum niederösterreichischen Regierungspräsidenten Talatzko von Gestieticz, der sie noch im Nachthemd empfing. Sie warnten ihn, und er wollte sofort Militär mobilisieren und die Studenten auseinandertreiben. Kaum waren die drei wieder an die Universität zurückgekehrt, erschien ein Regierungssprecher, der die Professoren im barschen Ton aufforderte, in die Herrengasse zu gehen, um dort ihre Studenten zu beruhigen. Doch die Herren lehnten diese Forderung ab, da sie auf ihre Schützlinge keinen Einfluß mehr besaßen.

Der Landmarschall für Niederösterreich, Albrecht Graf Montecuccoli, hatte die Stände einberufen, und er war es gewesen, der vor einigen Tagen der Staatskonferenz Zugeständnisse abfordern wollte, was ihm aber nicht gelungen war. Um 10 Uhr begann die Versammlung der Stände, zu der 127 Mitglieder erschienen waren. Währenddessen hatte sich der Hof des Landhauses mit Demonstranten gefüllt, und ein Sekundararzt aus dem Allgemeinen Krankenhaus, Dr. Adolf Fischhof, hielt eher aus Versehen eine Ansprache. Er forderte: »Preßfreiheit, Religionsfreiheit, Lehr- und Lernfreiheit, verantwortliche Minister, Volksvertretung und Anschluß Österreichs an das Deutsche Reich.«[19] Bis dahin war alles eine Demonstration, doch nach der Rede Fischhofs war es eine Revolution. Der Medizinstudent Anton Arnsteiner schrieb: »... Dabei ließ man den konstitutionellen Kaiser von Österreich, die liberalen Mitglieder des Kaiserhauses, namentlich den EH Franz Karl und die EH Sophie hoch leben!«[20] Als Dr. Fischhof sprach, sagte ein Abgeordneter zu seinem Sitznachbar: »Da unten bricht die Revolution aus und wir werden von ihr ins Schlepptau genommen.«[21] Die Abgeordneten hatten Angst, die Menge würde heraufkommen, den Sitzungssaal stürmen und ihnen Konzessionen abverlangen, die sie dann der Regierung vorlegen müßten. Einige plädierten dafür, sofort auseinanderzugehen, viele wollten von diesem feigen Schritt nichts wissen. Plötzlich stürmte die Menge die Treppen herauf und in den Saal. Montecuccoli und Fischhof verhandelten, und der Arzt forderte die Menge auf, wieder hinunterzugehen und zu warten, damit die Stände verhandeln könnten. In diesem Augenblick kam der ungarische Student Maximilian Goldner in den Hof und trug die Rede Kossuths vom 3. März in deutscher Sprache vor. Währenddessen warfen einige Abgeordnete Zettel unter die Leute, auf denen die lauen Forderungen an den Kaiser notiert waren. Darüber war das Volk aufgebracht und stürmte nochmals in den Saal. Es gab laute Debatten. Die schnell gewählten Deputierten des Volkes zwangen den Ständen eine Resolution auf, und beide Teile zogen in die Hofburg, um sie der Regierung vorzulegen. Es wurde gemeldet, daß die Wiener Garnison die Kasernen verlassen hätte und beginne, alle wichtigen Punkte der Stadt zu besetzen. Daraufhin wogte eine Welle der Verbitterung über die Menge, und ein gewisser Schwendtner hielt eine Rede, in der er die sofortige Absetzung des Kaisers verlangte. Alle widersprachen ihm, denn »Ferdinand ist gütig und wohlwollend, nur die Menschen um ihn herum wären keinen Schuß Pulver werth!«[22] Immer lauter wurde der Ruf, die Menge möge zum Rathaus ziehen und Bürgermeister Czapka zwingen, die Bürgermiliz zu mobilisieren und ausmarschieren zu lassen. In der Zwischenzeit war es 11 Uhr vorbei und das Militär erhielt den Befehl, die Straßen um das Landhaus »allsogleich und womöglich ohne Gewalt zu räumen.«[23] Eine Infanterie-Kompanie marschierte vor dem Landhaus auf, wurde aber durch das Gedränge und Geschiebe vom Tor abgedrängt. Erst um 13 Uhr marschierte eine Kompanie italienischer Soldaten vom Josefstädter Glacis durch das kleine Franzenstor über den Minoritenplatz in die Herrengasse bis zum Heidenschuß. Eine Kompanie der Genie-Truppe nahm vor der Schottenkirche Aufstellung. Kurz darauf ritt der Platzkommandant General von Matauschek in die Herrengasse, bekam aber mit einer Holzlatte einen Schlag gegen die Schläfe und fiel blutend vom Pferd. Da erschien EH Albrecht mit seiner Suite und bog in die Herrengasse ein. Aus einem Fenster wurde ein Möbelstück auf die Straße geworfen, jenes traf Hut und Brille des EH. Er floh mit seinen Begleitern in die Hofburg zurück, und eine Kompanie der Genie-Truppe unter dem Kommando des Obersten Frank von Seewies marschierte auf. Als die Soldaten weiterhin mit Möbelstücken, die aus den Fenstern geflogen kamen, traktiert wurden, eröffneten sie das Feuer und gingen mit gefälltem Bajonett vor. Fünf Tote forderte dieses Unterfangen. Das Volk war so aufgebracht, daß es zur Hofburg ziehen wollte, um diese zu stürmen, doch vor den Toreinfahrten der Burg standen scharf geladene Kanonen und dahinter Kanoniere mit den brennenden Lunten, um das Pulver in den Pfannen zu entzünden.

Die Machthaber waren an diesem Tag mit Blindheit geschlagen. Ein Diener weckte morgens den Staatskanzler in seiner Wohnung am Ballhaus und sagte ihm, es gehe in der Stadt ein Gerücht um, daß es heute in Wien »losgehen« werde, doch Metternich tat dies nur als »dummes Gewäsch« ab. Er ließ Graf Sedlnitzky kommen, der ihm versicherte, daß es in Wien völlig ruhig sei. EH Sophie hörte, wie sonst auch, die Morgenmesse in der Hofburgkapelle. Kaiserin Maria Anna hatte sich, wie jeden Tag, mit ihrem Beichtvater eingeschlossen und betete. EH Franz Karl tat, wie gewöhnlich, nichts. Die jungen Erzherzoge saßen auf der Schulbank und erhielten ihren täglichen Unterricht. Plötzlich summte es in der Burg wie in einem Bienenhaus. Minister erschienen, die Angehörigen der Staatskonferenz wurden in die Burg befohlen, Adjutanten liefen hin und her, und im Burghof zog verstärkt Militär auf. Die Staatskonferenz tagte in Permanenz, verkannte noch immer die Situation und war bestrebt, daß es zwischen der Bevölkerung und dem Militär nicht mehr weiter zu Zwischenfällen kam. Um 12 Uhr mittags alarmierte der

Bürgermeister endlich die Bürgerwehr, die sich uniformierte, bewaffnete, auf das Josefstädter Glacis marschierte und sich unter das Kommando der Armee stellte. Daß unter allen Umständen Zwischenfälle zwischen Armee und Bevölkerung vermieden werden mußten, dafür plädierte der Kriegsminister Graf Latour, weil er wußte, wie schwach die Wiener Garnison war. Vor allem auf die italienischen Kontingente war kein Verlaß. Ein bewaffneter Konflikt mit der Bevölkerung wäre nicht durchzustehen gewesen. Auch in der Bürgerwehr gärte es. Vor allem die jüngeren Offiziere waren gegen das »Sistem«, gegen Metternich und gegen den Bürgermeister eingestellt. Beide sollten zurücktreten, und plötzlich wurden aus politischen immer mehr private Motive. In der Zwischenzeit hatte sich das Volk am Ballhaus versammelt, und der Ruf nach Metternichs Rücktritt wurde immer lauter. In der Burg traf Fürst Windischgraetz ein. Er gab der Regierung den Rat, die Protestanten mit Artillerie »niederzukartätschn«. EH Franz Karl rang vor Entsetzen die Hände und wollte von diesem Ratschlag nichts wissen.

Am frühen Nachmittag sah die Menge, wie eine Reihe von Erzherzogen und Erzherzoginnen, darunter Franz Karl mit seiner Gemahlin Sophie, auf der Bastei spazieren gingen. Als sie in die Burg zurückkehrten, brachte ihnen die Menge Ovationen dar, besonders dem EH Franz Karl und Sophie, die als Liberale galten. Alle wußten, daß die Erzherzogin selbst eine große Gegnerin des »Sistems« war und Metternich haßte. Der Regierung war jetzt klar geworden, daß sie nur mit Waffengewalt dem Volk entgegentreten konnte, so wie es der Fürst Windischgraetz am Vormittag vorgeschlagen hatte, und dazu sollte das Kriegsrecht über die Stadt verhängt werden. In den Zeitungen wurde Metternich bereits als »Fürst Mitternacht« bezeichnet.[24]

Graf Latour wurde nochmals vor die Staatskonferenz zitiert, und alle machten ihm Vorwürfe, daß er vormittags nicht imstande gewesen war, die Revolution mit friedlichen Mitteln niederzuschlagen. Er verwies nochmals auf die Argumente, die er bereits vor der Konferenz geäußert hatte. Daraufhin beauftragten EH Ludwig und Metternich den Kriegsminister, er möge einen Plan ausarbeiten, die gesamte Garnison im Hofburgbereich zusammenzuziehen und dieses Objekt so lange zu verteidigen, bis Windischgraetz in Mähren Truppen zusammenziehen könnte, um mit diesen nach Wien zu marschieren und die Stadt zu entsetzen. Latour lehnte diesen utopischen Plan ab, worauf er entlassen wurde. Nochmals wurde Windischgraetz gerufen. Der machte der Konferenz wieder Vorwürfe, warum sie seinen Rat vom Vormittag, mit Kanonen in die Menschen zu schießen, nicht befolgt hätte. Jetzt wäre die Situation völlig verfahren und man könne nur mehr die Kanonen sprechen lassen. EH Maximilian d'Este war mit dem Plan Windischgraetz' einverstanden, EH Franz Karl, EH Johann und Graf Kolowrat waren dagegen. Kolowrat machte den Vorschlag, die Bürgerwehr sollte beauftragt werden, die Revolution zu bereinigen und die Ruhe wieder herzustellen. Sollte dieses Unternehmen scheitern, dann könnte Windischgraetz immer noch mit seinen Kanonen schießen und vorübergehend eine Militärdiktatur errichten.[25]

Um 17 Uhr 30 erhielten sie jedoch die Meldung, daß die Bürgerwehr im Begriff sei, zu den Aufständischen überzugehen. Diese Nachricht machte auf die Staatskonferenz einen verheerenden Eindruck. Jahrzehntelang war den Bürgern gepredigt worden, daß sie einem höheren Stand angehörten und sie hoch über dem gemeinen Volk stünden – ihre Offiziere wurden sogar zu den Hofbällen eingeladen – und nun verbündeten sich diese Bürger mit den Proleten gegen Kaiser und Staat. Obwohl die Staatskonferenz erst zögernd Windischgraetz die Vollmachten für eine Militärdiktatur zugestand, nahm man jetzt wieder Abstand davon.

Die Bürgerwehr übernahm jetzt den Schutz der Stadt, und das Militär zog sich, bis auf die verstärkte Wache der Burg, zurück. Die Medizinstudenten hatten sich neuerlich versammelt, beschlossen eine Resolution, mit der sie direkt zu Kaiser Ferdinand gehen wollten. Nach 17 Uhr wurden sie in der Burg von Freiherrn von Pilgram entsprechend empfangen. Dieser erklärte ihnen, daß sie sich im Irrtum befänden, wenn sie annähmen, der Kaiser würde, wie der französische König, allem zustimmen, oder wie der bayerische König, innerhalb von nur drei Stunden die Konstitution bewilligen. Außerdem sei der Kaiser krank, sie könnten nur mit EH Ludwig sprechen. Dieses Ansinnen lehnten die Studenten ab und verlangten, vom Kaiser empfangen zu werden. EH Ludwig begab sich zur Delegation, empfing sie sehr unwirsch und barsch und überhörte die Drohung, daß heute nachts noch mehr vorfallen könne. »Von Konzessionen an das Volk kann keine Rede sein«, sagte der Erzherzog und verschwand wieder.[26] Unschlüssig stand die Abordnung in einem Vorzimmer, als EH Johann vorbeikam und um den Grund ihres Hierseins fragte. Spontan forderten die Studenten den Rücktritt des Staatskanzlers. Daraufhin der Erzherzog: »Glauben Sie, daß Seine Majestät den Staatskanzler nach dreißig Jahren Staatsdienst entläßt und den Launen des Volkes opfern werde?« Nochmals wies die Delegation darauf hin, daß es für Konzessionen bald zu spät sein könnte. Es verging wieder eine geraume Zeit, und die Delegation wurde nochmals vorgelassen. Anwesend waren: EH Ludwig, EH Maximilian d'Este, EH Albrecht, Metternich und die gesamte kaiserliche Familie, bis auf den Kaiser. Metternich gab sich sehr jovial und appellierte an die Mediziner, sie mögen doch mit diesen Straßenkrawallen selbst fertig werden. Daraufhin antworteten die Studenten, das wären keine Straßenkrawalle, sondern eine Revolution. EH Maximilian riet ihnen, sich mit dem Militär zu verbünden und die Ruhe wiederherzustellen. Das lehnten die Mediziner ab. »Dann seid ihr Rebellen«, antwortete ihnen der Erzherzog, »und man wird auf euch schießen!«[27] Ununterbrochen kamen Kuriere mit den Meldungen, daß es in den Vorstädten Tote und Verwundete gäbe. Auch die Professoren hatten eine Abordnung in die Burg entsandt, welche vom Grafen Kolowrat empfangen wurde. Er ging mit ihr zu EH Franz Karl, der ihnen als »ehrlicher Mann« die Zusicherung gab, es würden Konzessionen gemacht werden, er spreche sich jedoch gegen die Bewaffnung der Studenten aus. Zu dieser Zeit waren drei verschiedene Delegationen in der Hofburg, und jede verhandelte mit einem anderen Mitglied der Kaiserfamilie. Auch eine rein bürgerliche Delegation war anwesend, die vor allem aus Offizieren der Bürgerwehr bestand: Scherzer, Leibenfrost, List, Knoth, Tschapek, Steinfeld, Daum, Morgenbesser, Freund, Klaar, Moser, Dr. Lerch, Dr. Engel, Magistratsrat Walter und andere. Hinterher gaben alle Situationsberichte ab, die aber untereinander divergierten.

An diesem Abend war die Verwirrung bei Hof groß. Die Erzherzoge Albrecht, Wilhelm und Maximilian d'Este forderten die drastischsten Mittel anzuwenden. EH Ludwig verlor vollends den Kopf und war zu nichts mehr fähig. Ruhe bewahrten nur die Kaiserin Maria Anna, EH Sophie und nun auch der Kaiser, der in ihrer Mitte weilte. Er wollte nur diesen Mitteln zustimmen, die keine Gewaltanwendung vorsahen. In diesem Punkt wurde er von EH Sophie unterstützt.[28] Metternich war in diesen Stunden sehr schweigsam geworden. Immer mehr begriff er, daß sich für ihn niemand mehr einsetzte, und er spürte, daß jeder hier froh wäre, wenn er freiwillig zurücktrete.

Der militärische Held der Revolution wurde in diesen Stunden der Oberfeuerwerker, Johann Poller. Der 34jährige Poller diente im Bombardierkorps und kommandierte in der Hofburg zwei Kanonen. Um 20 Uhr inspizierte EH Maximilian die Hofburgwache im Franzenshof. Als er lautes Gejohle vom Michaelerplatz her hörte, befahl er Poller, seine Geschütze weiter vor das Tor zu ziehen, und als er sah, wie die Menge heranbrandete, gab er ihm den Schießbefehl. Der Oberfeuerwerker weigerte sich, dies zu tun, hatte er doch Befehl erhalten, nur dann zu schießen, wenn eine »höchste Persönlichkeit« dies verlangte. Und Poller zählte den Erzherzog Maximilian nicht zu den höchsten Persönlichkeiten. Daher stellte sich der Oberfeuerwerker vor die Mündung des einen Geschützes und ein Kadett vor das andere. Graf Latour schrieb zu diesem Vorfall: »Hätte man mit Kanonen gefeuert, so glaube ich selbst, daß eine gräßliche Revolution entstanden wäre und daß die Leiter, stärker als die Gemäßigten, die Republik ausgerufen hätten!«[29]

Kurz nach 20 Uhr gingen wieder Meldungen über Tote in der Vorstadt ein. Mehrere Delegationen, die kaiserliche Familie, Metternich und die höchsten Beamten waren nun versammelt, und unisono verlangten die Deputierten den Rücktritt des Staatskanzlers. Da trat Metternich in die Mitte des Saales und sagte: »Sie haben im Namen der Bürger gesprochen; da es in meiner Macht liegt, die Ruhe in Österreich wieder herzustellen. So sei es denn; mit Freude lege ich meine Würde zu Füßen des Kaisers nieder. Ich wünsche Ihnen Glück zur neuen Regierung, ich wünsche Österreich Glück!«[30] Der alte Staatsmann hatte jetzt hoch gepokert und war noch immer überzeugt, der Kaiser und seine Familie würden ihn nicht gehen lassen; er war wie vor den Kopf gestoßen, als Ferdinand die Demission sofort annahm. Scherzer lief daraufhin vor das Michaelertor und rief der Menge zu, daß der verhaßte Metternich abgedankt hätte. Ein unbeschreiblicher Jubel brandete über den Michaelerplatz, für Minuten wurden die Plünderungen eingestellt. Die kaiserliche Familie schloß sich nun EH Ludwig an und wollte absolut keine Konzessionen mehr machen, das Althergebrachte sollte bewahrt bleiben. Alle erwarteten, daß nun Ferdinand zugunsten seines Bruders, Franz Karl, abdanken würde. Kaiser Ferdinand unterschrieb noch in der Nacht das Gesetz über die Gewährung der Pressefreiheit und der Aufstellung einer Nationalgarde.

Als Metternich den Saal verließ und über die Stiege hinunter auf den Franzensplatz schritt, gedachte er einer Unterredung, die er seinerzeit mit Karl Graf von Neselrode, dem russischen Außenminister, geführt hatte und dabei meinte: »Mein geheimster Gedanke ist, daß das alte Europa am Anfang des Endes steht, das Neue dagegen steht noch nicht an seinem Anfang, und zwischen Ende und Anfang wird das Chaos sein!«[31] Nun war es da, das Chaos. Mit müdem Schritt und hängenden Schultern ging er durch die Reihen der biwakierenden Soldaten im Franzenshof die kurze Strecke zum Ballhaus, wo er seine Wohnung hatte. Er mußte sich durch eine geifernde Menge, in der sich ein junger Anwalt, ein gewisser Dr. Alexander Bach, besonders hervortat, den Weg bahnen. Und als er im obersten Stockwerk seiner Wohnung die Lichter sah, dachte er wehmütig an den Brief an seine Gemahlin Lorel, den er vor vielen Jahren geschrieben hatte: »Ich will die Räume gut ausstatten, denn ich habe mehr Chancen als ich sie mir wünschen konnte, viele Jahre in diesem Gebäude zuzubringen...«[32] Auch das war vorbei!

Als er seine Wohnung betrat, befragte ihn seine Gemahlin entsetzt über die Vorfälle. »Sind wir jetzt tot?« Und der Staatskanzler antwortete tonlos: »Ja, meine Liebe. Wir sind tot!« Unten auf dem Ballhausplatz forderte die Menge in Sprechchören, Metternich auf den Galgen zu bringen. Zu dem ganzen Unglück kam noch die Nachricht, daß sein Palais am Rennweg geplündert worden sei. Also auch dorthin konnte er sich nicht flüchten.

Nachdem sich in den hereinbrechenden Nachtstunden die Demonstranten verlaufen hatten, ging Metternich nochmals zurück in die Burg. Zuerst benötigte er Geld für die Flucht und hoffte, der Kaiser würde ihm eine ansehnliche Summe ausbezahlen lassen, doch er wurde enttäuscht. Der »Kretin« verweigerte glatt jegliche Zahlung. Danach hatte der Staatskanzler noch mit der Kaiserin eine lange Unterredung über die weitere Zukunft. Er beschwor sie, an jenem Plan festzuhalten, wonach der Kaiser zurücktreten und auch sein Bruder dem Thron fernbleiben solle. Dafür sollte der junge EH

Franz Joseph, der nicht mit den Ereignissen kompromittiert war, zum neuen Kaiser ernannt werden. Nach dieser Unterredung, in der Metternich wieder der überragende Staatsmann war, bereute es die Kaiserin, diesen wichtigen Mann von den Staatsgeschäften ausgeschlossen zu haben.

Der »Peitschenknaller Europas«, wie er am Zenith seines Lebens genannt wurde, schlich zurück in seine Wohnung. Dort wurde bereits fieberhaft gepackt (Rothschild finanzierte seine Flucht), und dann diktierte der Staatskanzler seinem Sekretär sein Rücktrittsansuchen.[33] Nun war das eingetreten, was Gentz schon vor Jahren in einem Brief geschrieben hatte: »Metternich ist kahl, alt, häßlich und freue sich nur darüber, nicht schon bald ganz blind zu sein...«[34] Metternichs Leibarzt, Dr. Friedrich Jäger, teilte mit, daß sich der Staatskanzler 1816 in Mailand eine katarrhalisch-rheumatische Augenentzündung zugezogen hatte, die große Geschwüre auf der Hornhaut erzeugte und fast mit einer Erblindung ausheilte.[35] Zu allem Unglück litt Metternich in diesen Tagen auch noch an Blasensteinen, und auch seine Gemahlin war ebenfalls schonungsbedürftig, denn kurz vorher war an ihrer Gebärmutter ein »Gewächs« festgestellt worden.

In einer einfachen Mietkutsche wurde noch in dieser Nacht die Flucht angetreten. Vorerst ging die Fahrt an die österreichisch-mährische Grenze nach Feldsberg in das »Hansel-Schloß« von Baron Hügel. Von dort wollten die Metternichs nach Olmütz weiterreisen, doch der Stadtkommandant und auch der Erzbischof von Olmütz verweigerten aus Feigheit dem Staatskanzler einen Aufenthalt in der Stadt. Am nächsten Tag beschloß der Gemeinderat von Feldsberg, daß Metternich innerhalb von 24 Stunden den Ort zu verlassen habe. Baron Hügel bat EH Ludwig, das Ehepaar durch die nahegelegene Garnison Nikolsburg schützen zu lassen, doch der Erzherzog ließ den Brief unbeantwortet. Die Metternichs mußten Feldsberg verlassen, begaben sich auf Umwegen nach Dresden, weiter nach Holland und England, wo sie endlich eine Bleibe fanden.

Am 23. März sandte EH Sophie an Metternich, den Flüchtling, einen tief empfundenen Brief, der Ausdruck zarten Mitgefühls war und nannte sein Ausscheiden aus dem Dienst einen »Akt übertriebener Großherzigkeit und Feinfühligkeit«. Wenn ihr Schmerz, ihre

Liebe, ihre Tränen, von denen sie in diesem Brief schrieb, ehrlich gemeint waren, so hat sie nichts dazu getan, um das Leben des kranken Greises, das sie mitbereitet hat, erträglicher zu gestalten. Die Erzherzogin wußte doch schon, daß Metternich am 13. März weggeschickt werden, und daß sich ein Sturm gegen ihn erheben würde. Sie und ihr Anhang, die »Wiener Phantasten, unsere verdrehten Köpfe, die in einer sentimental, romantischen und religiösen Atmosphäre lebten«, wie Metternich von ihnen sprach, rechneten allerdings nicht mit welcher Größe und welchen Erschütterungen diese Bewegung hervorbrechen würde, welcher die Erzherzogin ihre Sympathien schenkte.[36] Später wurde Kolowrat angeklagt, Urheber dieser Intrigen gewesen zu sein, um Metternich zu stürzen, und Franz Karl wurde beschuldigt, daß er sich von dieser reformsüchtigen Partei zu dem Gedanken verleiten ließ, EH Ludwig »kalt zu stellen«. Manche Autoren, sie sind allerdings in der Minderzahl, waren der Meinung, die Rolle Sophies in den Märztagen 1848 sei eine »aufgewärmte Fabel«.[37] Das entspricht jedoch nicht den Tatsachen. Wie sonst hätte ein enger Vertrauter des Hofes, der Erzieher Franz Josephs, Heinrich Graf Bombelles, Metternich am 13. Juni 1848 nach England schreiben können, daß die Kaiserin, vor allem aber EH Sophie, in diesen dramatischen Tagen »die einzigen beiden männlichen Wesen am Hof zu Wien« waren.[38] Ein wichtiger Hinweis für ihre Tatkraft, Entschlußfähigkeit und ihr Handeln.

Wie entgegengesetzt die Meinungen über die politischen Verhältnisse in diesen Stunden in der Stadt waren, schilderte ein Offizier der Bürgergarde: Er war in dieser Nacht im Zeughaus und schlenderte mit einem Kameraden über den Platz Am Hof. Sie kamen am Kriegsministerium vorbei und wurden von Offizieren zu einem Umtrunk eingeladen. Anwesend waren auch Prinz Gustav Wasa und der junge EH Franz Joseph. Auf die Frage des Bürgerwehroffiziers, wer wohl der Nachfolger von Metternich werden würde, antwortete ihnen ein General im barschen Ton: »Fürst Metternichs Rücktritt wäre ein unersetzlicher Verlust für die Monarchie und es wäre eine Schande, wenn man sich im Wiener Bürgeroffiziers-Korps dieser Einsicht verschließen und sich nicht der Erwartung hingeben sollte, am nächsten Tag alles wieder rückgängig zu machen, was am vorherigen Tage von einer Anzahl Böswilliger in ruchloser Weise angestiftet wurde.« Auch der Bürgermeister meinte: »Morgen, meine

Herren, können sie wieder so gut schlafen wie bisher. Der Fürst Windischgraetz und seine braven Soldaten werden schon dafür sorgen, daß der gestrige Rummel nicht mehr von vorne wieder anfangen wird.«[39] Doch am nächsten Morgen wurde bereits bekanntgegeben: »Der geheime Haus-Hof- und Staatskanzler, Fürst Metternich hat seine Stelle in die Hände Seiner Majestät des Kaisers zurückgelegt...«[40]

An diesem Tag tauchten überall politische Plakate und Flugschriften auf. Bis dahin waren in der Stadt nur Steuerbescheide, Rekrutierungsaufrufe, Verluste oder Funde plakatiert worden. Nun gab es politische Plakate verschiedenen Inhaltes, aber immer wurde der Kaiser geschont und gelobt. »Die Großkopferten sollten darum schon nachgeben, damit der arme, kranke Herr Ruh' bekommt...«[41] Der bekannte Satiriker Moritz Saphir schrieb an diesem Morgen triumphierend: »Metternich, ein Mann, der fünfzig Jahre unbeweglich auf einem Fleck stehen blieb, hat sich plötzlich auf den Rennweg gemacht...«[42] Groß war die Zahl der Flugschriften mit kurzen prägnanten Kommentaren oder Verlautbarungen, welche Frauen am Stephansplatz und am Graben, »auf Bänken und in Obstkörben zur Schau bothen oder in Gast- oder Kaffeehäusern und in Verkaufsgewölben anbothen...«[43]

Am frühen Vormittag des 14. März, hatten sich wieder Tausende vor der Hofburg und dem Zeughaus eingefunden, wo Waffen ausgegeben wurden. Nicht nur Studenten und Bürgerwehr, sondern auch Ungarn, Polen und Italiener. Gegen Mittag waren bereits dreißigtausend bewaffnet. Vorläufig blieb alles ruhig, nur Gerüchte schwirrten durch die Stadt. Vor allem hieß es, daß der Kaiser abdanken müsse, weil die »Hofpartei« alles beim alten belassen möchte, und der Kaiser stünde dazu im Weg. Es hieß aber auch, daß der Fürst Windischgraetz den Belagerungszustand verhängen werde, der gesagt haben soll, für ihn »beginne der Mensch erst beim Baron«.[44] Und Metternich soll in einem Wäschewagen des Hofes mit seiner Frau aus der Stadt geflüchtet sein, Graf Sedlnitzky wäre in Pension geschickt und der EH Albrecht wäre seines Kommandos enthoben worden. Das wurde alles mit großer Genugtuung aufgenommen, doch die Angst vor Windischgraetz, dem »Erzaristokraten«, blieb.

Auch die Konservativen sandten eine Deputation in die Burg zu EH

Ludwig. Sie verlangten Pressefreiheit und die Aufstellung einer Nationalgarde. Letzteres wurde abgelehnt, denn dann hätten auch die Proletarier bewaffnet werden müssen, und was das bedeutete, hätte man in Frankreich gesehen. Der Erzherzog ließ sich nicht blicken, er schickte Windischgraetz zu den Verhandlungen. Die gesamte kaiserliche Familie wurde zu einem Staatsrat zusammengerufen. Über das Ergebnis wurde nichts bekannt, erst zwei Jahre später veröffentlichte ein Adjutant das damalige Ergebnis. Er richtete schwere Vorwürfe gegen den Kaiser, der sich einer »meutherischen Partei« in die Arme geworfen hätte, und der Fürst Metternich, der »unverantwortliche Bewahrer der Ordnung«, hätte sich einen besseren Abgang verdient gehabt. »Zwei Frauen standen um den Thron, Sinnbilder der Erhabenheit und Milde, nur Wohlthuen bezeichnete ihre Pfade ... mächtig pochte in ihrer Brust die Überzeugung: ›Die Ehre verloren, Alles verloren!‹ Auch sie riethen für Strenge. Glaubt ihr, daß Herrschsucht aus ihnen sprachen? Wisset, diese beiden Frauen (Maria Anna und Sophie) haben freiwillig auf Österreichs Kronen entsagt! Noch viele andere bewährte Diener des Hauses Habsburg erhoben ihre Stimmen; sie zeigten auf jene treuen Scharen, die wuthentbrannt, in vollem Waffenschmuck, die Schmähungen des Pöbels ertrugen und doch all diese Stimmen der Warnung und der Bitte verhallten in dem Beifallsgeschrei zügelloser Rotten, welches dem Kaiser, dem Gütigen, gegolten, und mit den unheilvollen Worten(!): ›Ich laß' auf mein Volk net schieß'n!‹, war der Grundstein zu einer Revolution gelegt, deren Schlußstein wir vergebens suchen...«[45] Ferdinand dürfte nicht die ganze Zeit an der Konferenz teilgenommen haben, denn um 11 Uhr erlitt er einen schweren epileptischen Anfall und wurde bewußtlos in sein Zimmer gebracht, der Familienrat war dagegen erst um 13 Uhr zu Ende. Jedenfalls wurde in seiner Abwesenheit bestimmt, daß Fürst Windischgraetz das Kommando über die Stadt übernehmen und den Belagerungszustand verhängen sollte. Das geschah um 15 Uhr.
An diesem Tag ging es aber auch noch um die »Preßfreiheit«, das heißt Aufhebung jeglicher Zensurbestimmungen. Die Menge war von dieser Maßnahme hellauf begeistert, glaubte sie doch ernstlich, weil der Wein »gepreßt« wird, würden auf dieses Getränk keine Steuern mehr eingehoben werden; viele lebten in der Annahme, daß die Steuern überhaupt abgeschafft würden. Das rief natürlich

große Begeisterung hervor, und alle Menschen traten vehement für die »Preßfreiheit« ein.[46]

In der Hofburg tauchte das Gerücht auf, daß die Massen heute die Hofburg stürmen und den Kaiser gefangennehmen würden und einigen Mitgliedern der Familie nach dem Leben getrachtet werden sollte. Graf Kolowrat eilte daraufhin in die Winterreitschule, in der gerade eine Versammlung stattfand, und sagte dort, daß der EH Ludwig gerade in Ohnmacht gefallen sei, das Geschrei und Gebrüll hätten ihn enerviert und die kaiserliche Familie in Angst und Schrecken versetzt. Auf dem Josephsplatz versuchten radikale Trupps, von dort in die Burg einzudringen, um den Kaiser aus den Händen der »Camarilla« zu befreien. »Also schon in den Märztagen wurde von einer ›Camarilla‹ gesprochen.«[47] Noch wurde in Hofkreisen über die Pressefreiheit verhandelt. EH Ludwig war noch immer dagegen, EH Johann war dafür, und Franz Karl meinte, sie solle jetzt bewilligt, später aber wieder abgeschafft werden. Zu dieser Besprechung kam EH Maximilian d'Este zurecht, der einige Polizeiberichte mitbrachte. Daraus ging hervor, daß die Unruhen nicht eher beendet sein würden, bis der »Sistemwechsel« vollzogen sei. Die große Masse der Demonstranten wisse überhaupt nicht, was sie sich wünsche, sie war in den Händen einiger Intelligenzler – die Polizei schätzte sie auf 137 Mann – die die Menge manipulierte. Sie sollten mit Revolutionären in anderen Ländern in Verbindung stehen. EH Maximilian warnte: Gestern wurde die Absetzung Metternichs verlangt, heute die Einführung der Preßfreiheit und Gründung der Nationalgarde, morgen werde wahrscheinlich die Konstituierung eines Reichsparlaments gefordert werden und das Volk würde begeistert zustimmen, obwohl es nicht weiß, was diese neue Regierungsform bedeuten soll. Die Polizei hatte schon eine Liste der wichtigsten Antreiber dieser neuen Zeit zusammengestellt und schlug vor, diese Leute zu verhaften und sie zu isolieren, dann würden die Unruhen zusammenbrechen. Diese neuen Leute waren Intelligenzler, Künstler, Universitätsangehörige und solche, die dem juridisch-politischen Leseverein nahestanden. EH Ludwig rief wieder den Familienrat zusammen; es sollte das weitere Vorgehen besprochen werden, denn kämen diese Probleme auf die Familie zu, dann wäre es mit der Dynastie Habsburg zu Ende.[48]

Am Morgen des 15. März kam es in den Vorstädten neuerlich zu

Plünderungen. Ganz Wien war in Angst und Schrecken versetzt, alle erwarteten an diesem Tag eine Entscheidung. Der Kommandant der neu gegründeten Nationalgarde, Graf Hoyos, gab der Garde den Befehl, nach Reindorf abzumarschieren, um dortige Unruhen zu beenden. Tatsächlich sollte nur die Nationalgarde aus der Stadt entfernt werden. Es kam zu zahlreichen Befehlsverweigerungen. Der Bürgermeister hatte an diesem Morgen ein Bürgerkomitee gebildet, dem auch Herr von Arthaber angehörte. Dieser bekam vormittags ein Billett zugesteckt, auf dem zu lesen war: »Geehrter Herr von Arthaber! Verfügen Sie sich schleunigst zur durchlauchtigsten Frau Erzherzogin Sophie. Bitten Sie Hochdieselbe, daß sie ihren mächtigen Einfluß dazu verwende, um Sr. Majestät den Kaiser zum Erscheinen unter der Bevölkerung zu bringen...«[49] Arthaber verließ sofort das Rathaus und begab sich in die Burg. Um 7 Uhr hatte, wie jeden Tag, Sophies Leibarzt, Dr. Hussian, bei ihr die Visite abgehalten und ihr von der bedrohlichen Stimmung der Bevölkerung außerhalb der Hofburg erzählt, doch Sophie meinte nur, er sähe alles zu schwarz und entließ ihn. Als der Arzt auf den Michaelerplatz hinaustrat und am Kohlmarkt wieder die aufgebrachte Menschenmenge sah, kehrte er um und ging neuerlich zur Erzherzogin, die gerade von der Morgenmesse zurückkam. In diesem Augenblick trat auch Baron Sommaruga sen. bei ihr ein, der die Angaben des Arztes bestätigte. Der Baron war ein Lehrer Franz Josephs, auf den die Erzherzogin viel hielt. Beide bestürmten Sophie, den Kaiser oder EH Franz Karl dazu zu bringen, sich dem Volk zu zeigen. Auch Franz Joseph sollte an die Öffentlichkeit treten. Beide erklärten aber, daß die Ausfahrt sinnlos wäre, wenn nicht hinterher entsprechende Maßnahmen getroffen würden, ähnlich denen des Königs von Bayern, nämlich die Proklamation einer Konstitution für Österreich. »Die Erzherzogin versprach, sich auch dafür einzusetzen.«[50]
Um 11 Uhr schwirrte das Gerücht durch die Gassen, der Kaiser würde durch Wien fahren. Ihm selbst soll bei diesem Gedanken nicht wohl gewesen sein, er ließ sich von seinem Beichtvater vorsichtshalber die Kommunion reichen. Es gehörte jedenfalls viel persönlicher Mut dazu, zwischen der tobenden Masse hindurchzufahren. Eine halbe Stunde später trat ein Hofbeamter auf den Michaelerplatz hinaus und bat Offiziere der Nationalgarde, von

ihren Fahnen die roten Bänder, Symbole der Republik, abzunehmen, sie würden den Kaiser stören.

Um 12 Uhr fuhr der Kaiser in einem offenen Wagen aus der Burg. An seiner Seite EH Franz Karl und der junge EH Franz Joseph. Die Fahrt ging in die Bischofsgasse und verlief weiter über den Stephansplatz zum Graben, auf den Kohlmarkt und wieder in die Hofburg. Die Bevölkerung war von ihrem »Nandl« begeistert und applaudierte, spannte ihm die Pferde aus und zog die Kutsche bis in die Burg. Unterwegs lüftete der Kaiser fortwährend seinen Zylinder und rief den Menschen zu: »Ich gewähr' Euch alles!" Nun ging es um die Gewährung der Konstitution, und das war nicht so einfach, denn dazu mußten gesetzliche Verordnungen erlassen werden.

Graf Latour erschien mit einem Bündel Depeschen in der Hofburg: Aufstand in Mailand! Er verlangte die sofortige Einberufung der Staatskonferenz, doch das scheiterte daran, daß sich einige Mitglieder zur Ruhe begeben hatten. Daraufhin verlangte er die Einberufung des Familienrates, der auch nicht zustande kam, weil einige Herrschaften beim Mittagstisch saßen. Eduard von Bauernfeld, eigentlich ein Lustspieldichter, aber in der Revolution stark engagiert, der gerade in der Burg anwesend war, brüllte laut: »Wie kann man in dieser Stunde fressen?«[51] Da kam EH Ludwig auf ihn zu und überreichte ihm einen Zettel, auf dem geschrieben stand: »Ich gebe Constitution und Preßfreiheit.« Die Gegner dieser Regierungsform sammelten sich. Die Familie wollte, um weitere Empfänge von Deputationen und neuerliche Zugeständnisse zu verhindern, den Kaiser zu Bett bringen, doch der weigerte sich. Im Gegenteil, er gab bekannt, er wolle die Konstitution gewähren und sofort ein entsprechendes Dokument unterzeichnen. Vor allem EH Ludwig und EH Maximilian bestürmten ihn, dies nicht zu tun und erinnerten ihn an den Eid am Sterbelager seines Vaters, nichts zu verändern und in diesem Reich alles beim alten zu belassen. Da fuhr sie der Kaiser an: »Bin ich nun der Kaiser oder bin ich's nicht?«[52] Er unterschrieb! »Wir Ferdinand der Erste, von Gottes Gnaden Kaiser von Österreich, König von Hungarn und Böhmen, dieses Namens der Fünfte«, begann die Proklamation, »... Haben nunmehr solche Verfügungen getroffen, die Wir als zur Erfüllung der Wünsche unserer threuen Völker erforderlich erkannten. Die Preßfreiheit ist durch Meine Erklärung, der Aufhebung der Zensur ... gewährleistet. Eine Nationalgarde, errichtet auf den Grundlagen des Besitzes und der Intelligenz, leistet bereits die ersprießlichsten Dienste. Wegen Einberufung von Abgeordneten aller Provinzstände... zum Behufe der von Uns beschlossenen Constitution des Vaterlandes, ist das Nöthigste erfüllt...«[53] Den Republikanern war das noch zu wenig. »Unser gefeierter Kaiser Ferdinand, der Vater unseres Volkes, der alle gleich liebt, sie alle glücklich machen will, hat mit dem kaiserlichen Patent vom 15. März unsere Treue für das Herrscherhaus in den Tagen der Gefahr kaiserlich belohnt...«[54] Im politischen Entscheidungsprozeß rückte in diesen Tagen immer mehr der Begriff »Volkssouveränität« in den Vordergrund. Nicht mehr der Monarch, sondern das souveräne Volk stand jetzt an der Spitze. Die große Masse der Bevölkerung verstand von Politik gar nichts. Die Zeitungen mußten die Leser überhaupt erst aufklären, was eine »Konstitution« ist. Das Volk verehrte nur auf naive und volkstümliche Art ihren »Nandl, den Trottel«.[55] Was nun die Konstitution tatsächlich war, wurde so definiert: »Constitution ist diejenige gesetzliche Staatsverfassung, durch welche das Verhältniß des Regenten zu dem Regierten und umgekehrt des Volkes zum Monarchen dergestalt festgesetzt wird, daß die Macht des Staatsoberhauptes eingeschränkt und es ihm unmöglich gemacht wird, unbeschränkte Befehle zu erlassen und nach Willkür diese Befehle zum Gesetz zu machen. In dieser Beziehung bildet daher der Monarch nicht mehr die einzige Macht im Staate, sondern theilt diese mit seinem Volke...«[56]

Freitag, den 17. März, war die Leichenfeier für die Märztoten. Fünfzehn Tote wurden vom Allgemeinen Krankenhaus auf den Schmelzer-Friedhof überführt und in einem Massengrab beigesetzt. Am offenen Grab sprachen die Professoren Anton Füster, Josef Neumann, der israelitische Prediger Mannheimer, Superintendent Dr. Josef Pauer und im Namen der Bürgerschaft der Nationalgarde-Offizier Scherzer. Die katholische Kirche hatte sich geweigert, einen Geistlichen zur Einsegnung zu entsenden. Acht Bürger starben noch einige Tage später in den Spitälern, und 46 Tote hatten die Kämpfe in den Vorstädten gefordert.[57]

Drei Tage später erließ der Kaiser eine Amnestie für politische Gefangene und gestattete den Studenten die Gründung einer »Akademischen Legion«, deren Kommandant Major Graf Colloredo-

151

Mannsfeld wurde. Was die Akademiker mit ihrer Legion bezweckten, wurde so definiert: »Unsere Begeisterung galt wohl der Befreiung der Völker, richtete sich aber zunächst auf die Einigung Deutschlands mit Ausbildung des constitutionellen Systems. Ein allgemeines deutsches Parlament war das Ziel unserer Wünsche, wogegen die Spitzen des Reiches, ob Kaiserthum, ob Republik, ziemlich gleichgültig blieb. Ich muß beifügen, daß wir nach der Zukunft Österreichs wenig fragten, nach einer österreichischen Verfassung eines Staates von Österreichs Bedeutung unserem ersehnten deutschen Reiche nothwendig Eintrag thun müsse. Mit hoffnungsvoller Freude hatte uns die rasche Umwälzung in der Schweiz erfüllt, die Bewegungen in Italien konnten unsern Eifer nur erhitzen.«[58]

Wie hat nun EH Sophie diese dramatischen Tage gesehen und welche Gedanken brachte sie in ihrem Tagebuch zu Papier? »Montag der 13., Dienstag der 14. und Mittwoch der 15. waren schreckliche und schlimme Tage, die mir einen Schmerz im Herzen zurückgelassen haben, eine Erinnerung, die unvergeßlich sein wird, und eine Schande, daß mein liebes Wien Schauplatz einer Revolution, die systematisch organisiert wurde, so bedrückend und erniedrigend ist. Am 15. wurde eine Konstituion durch den Kaiser erlassen. Am Vorabend hatte man schon der Bewaffnung der Bürger zugestimmt und ach weh(!) der Freiheit der Presse! Montag abend gab unser alter Metternich seine Demission bekannt und es wurde der Bewaffnung der Studenten zugestimmt, die jetzt ihre Pflicht erfüllen und die Ordnung in den Vorstädten wiederherstellen, wo die Proletarier die kleinen Zollhäuser an den Schranken beraubt und in Brand gesteckt haben. Das Militär ist bestens geführt. Es biwakiert, auch die ungarischen und italienischen Garden, auf dem Burghof und allen wichtigen Punkten. Prinz Windischgraetz hat das Kommando übernommen und erfüllt seinen Platz bestens.« 16. März 1848: »Ich empfing den jungen Szechényi, dessen Schmerz über Ungarn mich erfreut. Ferdinand empfing eine ungarische Delegation, die ›Eljen‹ rief und sie wollte auch Franzi sehen und rief ihn auf den Balkon...« Sophie schrieb, sie sei im Kaisergarten promeniert, als dort der Leichenzug für die Märzgefallenen gerade vorüberzog. »... Überall herrscht der Geist der Unordnung. Wo wird das alles enden?«[59]

Am 23. März versuchte der Kommandant der Nationalgarde, Graf Hoyos, das Rad der Geschichte wieder zurückzudrehen und an die Tage vor dem 13. März anzuknüpfen. Er befahl seiner Truppe, alle Plakate und Flugschriften einzusammeln und deren Verfasser dem nächsten Gericht zu übergeben. Die Garde weigerte sich, diesen Befehl auszuführen; sie sei keine Polizeitruppe.[60] Acht Tage später tauchte erstmals in der Wiener Öffentlichkeit ein gewisser Wenzel Messenhauser auf. Er war als Oberlieutenant des Deutschmeister-Regiments in Polen eingesetzt und überwarf sich wegen eines Befehles bei der Bekämpfung polnischer Insurgenten mit seinem Regimentskommandanten FML Baron Hammerstein. Daraufhin quittierte Messenhauser seinen Dienst. Da dies aber nur in Wien geschehen konnte, wurde er in das Wiener Stabsstockhaus (Garnisonarrest) gebracht und mußte dort hinter Gittern auf die ordnungsmäßige Entlassung aus der Armee warten.[61]

Am Morgen des 2. April hing eine riesige lange schwarz-rot-goldene Fahne vom Turm zu St. Stephan, die die Studenten in der Nacht angebracht hatten. Die studiosi schmückten sich mit Schärpen dieser Farben und zogen zur Burg. Dr. Neuwall hielt vor dem Kaiser eine Rede, in der er unter anderem sagte: »Diese Fahne, mit Jubel begrüßt, ist ein Zeichen unserer festen, innigen Vereinigung mit Deutschland!« Ferdinand war über diese pathetischen Worte gerührt. Plötzlich hing auch eine schwarz-rot-goldene Fahne aus einem Fenster des Reichskanzleitraktes der Burg und der Kaiser ergriff die Fahnenstange. Neben ihm standen die Kaiserin und Studenten mit gezogenen Rapieren. Der Redakteur der »Wiener Zeitung«, Franz Schuselka, wurde wegen eines Artikels von EH Johann zu einer Aussprache in die Burg eingeladen, in deren Verlauf der Erzherzog sagte: »Es scheint schon in den Sternen bestimmt zu sein, daß die Menschheit einmal in einer Republik ihr Heil finden wird; jetzt aber, glaub' ich, ist es dafür noch zu früh, überhaupt bei uns...«[62]

Am 25. März notierte Sophie in ihrem Tagebuch: »Aus Venedig ist die Nachricht eingetroffen, daß es sich zur Republik erklärt hat und unsere Truppen die Stadt verlassen. Ich sprach darüber mit Franz Karl, der mit allen Erzherzogen, außer meinen Kindern, eine Konferenz abhielt. Jeden Tag gibt es schlechte Nachrichten. Gott erbarme dich unser!« Unter dem Datum des 31. März vermerkte sie:

»Bischof Rauscher beklagte mit mir unsere triste Lage in unseren Königreichen. Onkel Ludwig brachte die Neuigkeit, daß auch der König von Sardinien gegen uns marschieren wird. Gott, wie wird das enden?« In diesen Tagen wurde vom Familienrat bestimmt, daß der junge EH Franz Joseph als Statthalter von Böhmen nach Prag gehen solle. »Ich sprach mit Merveld (Adjutant Ferdinands), der Franzi nach Prag begleiten muß, wo er Statthalter wird, im Alter von siebzehn Jahren... Die Ausschreitungen halten an... deutsche Fahnen auf allen Kirchen, dem Erzbischöflichen Palais und der Reichskanzlei...«[63] Die Ernennungsurkunde für Franz Joseph war bereits ausgefertigt und vom Kaiser unterschrieben worden.[64]

Da die Durchführung der Konstitution noch immer nicht verhandelt worden war, wurde die Stimmung immer gereizter, und am 14. April wurde für 19 Uhr eine Bürger- und Nationalgardeversammlung in den Odeonsaal einberufen. Eine neue Petition wurde beschlossen. Sie hatte zum Inhalt, daß der Kaiser einen konstitutionellen Reichstag einberufen sollte, um mit dem Volk die Macht zu teilen. In dieser Nacht unterschrieben zwanzigtausend Bürger diese Petition.[65]

Am 19. April wurde der Namenstag des Kaisers mit einer Militärparade festlich begangen. Auf dem Glacis waren Militär, Nationalgarde und Akademische Legion aufmarschiert. Dabei gab es das Gerücht, das Militär hätte scharfe Munition in doppelter Menge ausgefaßt, um während der Feldmesse die Legion zu überfallen. Der Aufmarsch auf dem Josefstädter Glacis dauerte zwei Stunden, und ganz Wien war auf den Beinen. Um 10 Uhr erklangen Trompetensignale. EH Franz Karl ritt mit seinen drei ältesten Söhnen auf den Platz, ihm folgte Sophie im offenen Wagen mit dem kleinen EH Ludwig Viktor. Die Feldmesse verlief völlig ruhig, danach zogen zwanzigtausend Mann durch das Schottentor zur Burg und paradierten dort vor dem Kaiserpaar, das sich am Balkon zeigte. Am nächsten Tag wurde im Familienrat beschlossen, EH Franz Joseph doch nicht nach Prag zu entsenden. »Man kam überein«, so Sophie, »daß Franzi in die italienische Armee eintreten sollte, was auch sein großer Wunsch ist.«[66]

Die Erzherzogin gab ihrem Ältesten ein Schreiben an den Oberbefehlshaber der Italienarmee, FM Radetzky mit, in dem sie ausführte: »Verehrter Herr Feldmarschall! Mein Theuerstes, mein

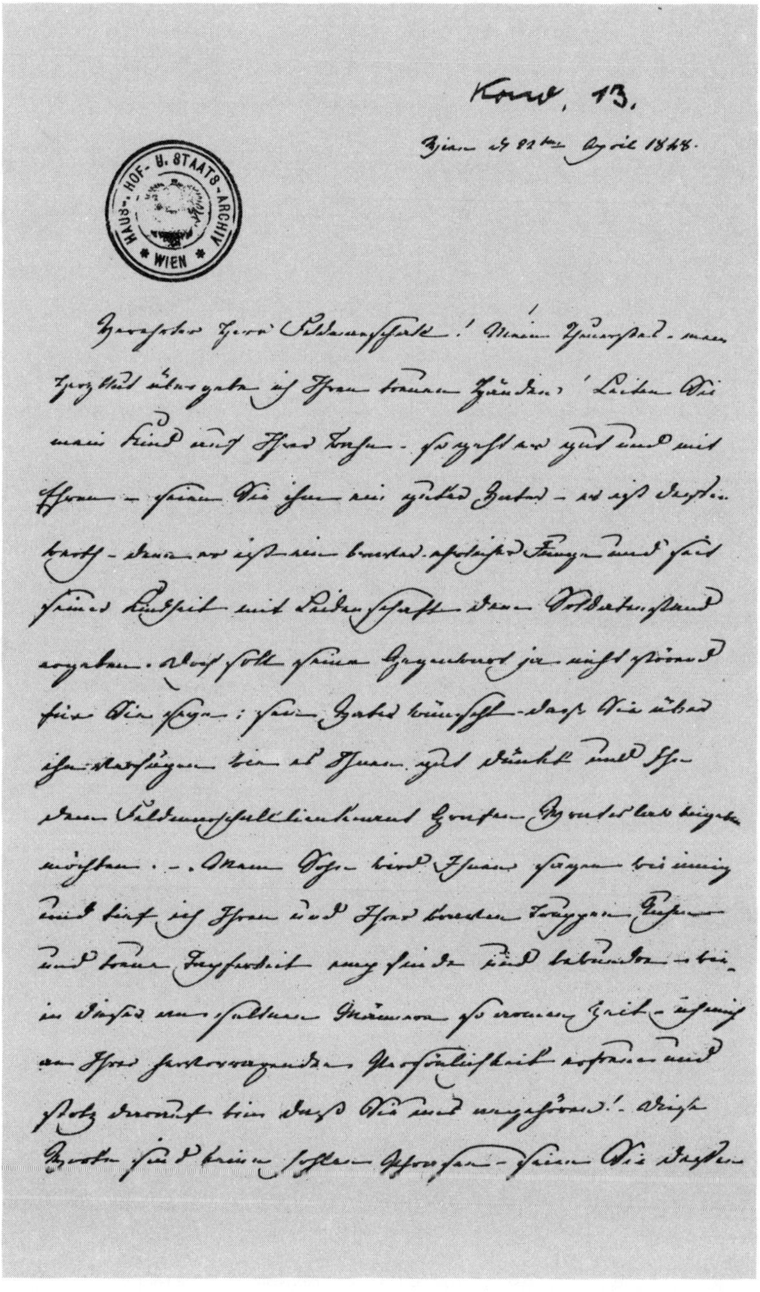

Konv. 13.

Wien den 22ten April 1848.

HAUS-, HOF- U. STAATS-ARCHIV WIEN

Verehrter Herr Feldmarschall! Meinen Theuersten – mein Herzblut übergebe ich Ihren treuen Händen! Leiten Sie mein Kind auf Ihren Wegen – so geht er gut und mit Ihnen – seien Sie ihm ein guter Vater – er ist dessen werth – denn er ist ein braver, ehrlicher Junge und seit seiner Kindheit mit Leidenschaft dem Soldatenstand ergeben. Doch soll seine Gegenwart ja nicht störend für Sie seyn; sein Vater wünscht, daß Sie über ihn verfügen wie es Ihnen gut dünkt und ihn dem Feldmarschallieutenant Grafen Wratislaw beigeben möchten. – Mein Sohn wird Ihnen sagen wie innig und tief ich Ihre und Ihrer braven Truppen Thaten und treue Tapferkeit empfinde und bewundere – wie in dieser an großen Männern so armen Zeit – ich mich an Ihrer hervorragenden Persönlichkeit erfreue und stolz darauf bin daß Sie uns angehören! – Diese Worte sind keine hohlen Phrasen – seien Sie dessen

überzeugt – sie sprechen das innigste Gefühl meines
dankbaren Herzens aus – und was ich nicht fühle kann
ich nicht sagen – Gott sei mit Ihnen – Herr Feldmarschall
und segne den Bund und die Kinder Ihrer treuen
Armee – das ist mein inniges Gefühl – mein heißes
Gebeth – heute sollte ich zu verreisen – wo nach ich mich
schon lange sehne – ungern Ihnen vorhin Bekanntschaft
zu machen und Ihnen mündlich zu darsehen wie
sehr ich Sie verehre! –

Therese Erzherzogin von Österreich

Herzblut übergebe ich Ihren threuen Händen! Leiten Sie mein Kind auf Ihrer Bahn – so geht er gut und in Ehren. Seien Sie ihm ein guter Vater. Er ist dessen werth, denn er ist ein ehrlicher, braver Junge und seit seiner Kindheit mit Leidenschaft dem Soldatenstande ergeben. Doch soll seine Gegenwart ja nicht störend für Sie seyn; sein Vater wünscht, daß Sie über ihn verfügen, wie es Ihnen gut dünkt und ihm dem Feldmarschallieutenant Grafen Wratislaw beigeben möchten. Mein Sohn wird Ihnen sagen, wie innig und tief ich Ihnen und Ihrer braven Truppe Ruhm und threue Tapferkeit empfinde und bewundere und wie in dieser an seltenen Männern so armen Zeit ich mich an Ihrer hervorragenden Persönlichkeit erfreue und stolz darauf bin, daß Sie uns angehören! Diese Worte sind keine hohlen Phrasen, seien Sie dessen überzeugt – sie sprechen das innigste Gefühl meines dankbaren Herzens aus und was ich nicht fühle, kann ich nicht sagen! Gott sei mit Ihnen, Herr Feldmarschall und segne den Muth und die Ausdauer Ihrer tapferen Armee. Dies ist mein inniger Wunsch, mein heißes Gebet! Einst hoffe ich zu erreichen, wonach ich mich schon längst sehne, nehmlich Ihre werthe Bekanntschaft zu machen und Ihnen mündlich zu versichern, wie sehr ich Sie verehre! Sophie, EH von Österreich.«[67]

Am 25. April wurde endlich die neue Verfassung verkündet. »Heute wurde die Verfassung proklamiert. Man hörte die Begeisterung vom Glacis her, wo sich das Bürgertum seit 6 Uhr morgens zur Parade versammelt hatte, bis in unser Appartement.«[68] Aus diesem Anlaß spendete der Kaiser hunderttausend Gulden für die Armen der Stadt, »um die in dem Versatzamte erliegenden Pfänder… auszulösen und den Inhabern der Pfandzettel unentgeltlich zurückzuerstatten…«[69] Am nächsten Tag wurde die erste Verordnung veröffentlicht. Danach wurden die Soldaten nicht mehr auf den Kaiser, sondern auf die Verfassung vereidigt.[70] Über die lautere Gesinnung des Kaisers herrschte kein Zweifel, nachdem die Menschen überhaupt erfahren hatten, Ferdinand hätte sich dahin geäußert, daß er bisher irregeleitet worden war und jetzt erst durch die Wiener mit der Wahrheit bekanntgemacht wurde. Abends gab es einen Fackelzug und der Kaiser zeigte sich in Zivil vom Balkon den Vorbeimarschierenden. Am nächsten Tag wurde ein Dankschreiben des Kaisers veröffentlicht, doch der letzte Satz, »die zufriedene und dankbare Aufnahme der Verfassungs-Urkunde, wodurch Ich das

Glück der Mir anvertrauten Völker dauernd begründet zu haben hoffe«, ließ aufhorchen. In manchen Teilen der Bevölkerung, vor allem an der Universität, fanden diese Worte keine Zustimmung.[71] Die Ablehnung wurde damit begründet, daß die Verfassung nicht vom Volk ausgegangen, sondern daß sie »oktroyiert« (aufgezwungen) worden war. Nicht vom Volk stammte sie, sondern von Hofbeamten. Das Mitspracherecht des Volkes war somit ausgeschaltet. »Schon am Wiegenfeste der Verfassung, am 25. April, rüstete man sich allwärts zu ihrer Leichenbestattung.«[72]

Nach der Revolution war FML Zanini neuer Kriegsminister geworden, und das fand Anerkennung. Hatte sich doch der Dalmatiner vom Laufburschen bis zum General hochgearbeitet. Um so bestürzter waren die Menschen, als er bereits am 20. April durch den alten Kriegsminister, den Adeligen Theodor Graf Latour-Baillet, ersetzt wurde. Der Grund der Verabschiedung Zaninis soll gewesen sein, daß er sich gegen die Entsendung der jungen Erzherzoge Albrecht und Franz Joseph zur Italienarmee ausgesprochen hatte; er kritisierte, daß kaiserliche Prinzen gewohnheitsmäßig höhere Kommanden erhielten, denen sie nicht gewachsen waren.[73] Auch der neue Minister des Äußern, ein treuer Schüler Metternichs, Karl Ludwig Graf Fiquelmont, hatte kein langes Leben im Ministerium. Das Volk war gegen ihn, ohne ihm konkrete Vorwürfe machen zu können. Er wurde Tag und Nacht verfolgt, bis er am 4. Mai seine Demission einreichte.[74] Daß die eigentlich Regierenden in diesen Tagen die Studenten waren, verdankten sie nur der Unfähigkeit und der Angst der Minister. Wichtig und meinungsbildend wurde dabei das Blatt »Gerad' aus!« von Fischer, der unter dem Pseudonym Bernhard Friedmann schrieb. Das Blatt kostete nur einen Kreuzer und war für die Ansprüche des primitiven Volkes konzipiert.

15. Mai: Schon morgens kam das Gerücht auf, die Akademische Legion würde aufgelöst werden. Bald folgte das nächste: Zehntausend Proletarier aus den Vorstädten würden heute friedlich in der Innenstadt demonstrieren, und schon hieß es, die Zehntausend wären schon im Anmarsch. Daraufhin rückte die Garnison aus. Ganz Wien war auf den Beinen, die meisten bewaffnet. Die Radikalen sahen die Stunde gekommen, auf die sie schon lange hingearbeitet hatten: Sie wollten vor allem den engsten Anschluß Österreichs an das Deutsche Reich. Diese Forderung bedeutete den Verzicht

auf die Hoheitsrechte des Kaisers und deren Übertragung auf ein Parlament. Würde dies zustandekommen, wäre der Kaiser nur mehr ein mediastinierter Fürst und die Republikaner hätten gesiegt. Ferner verlangten sie die Aufteilung der Majorate und der Fideikommisse, Aufhebung der Klöster und Einziehung ihres Vermögens zugunsten des Staatsschatzes. »Es sind dies die ersten Anfänge zu Eigenthumsangriffen, als Mittel, um zum Communismus vorzubereiten.«[75]

Die Vertreter der Radikalen hatten sich unter die Demonstranten gemischt, das Volk aufgeputscht, zur Hofburg zu ziehen und den Minister Pillersdorff gezwungen, mit einer Petition zum Kaiser zu gehen, um ihn zur Annahme der Forderungen zu erpressen. Diese lauteten: Alle Petitionen sind sofort zu bewilligen, das Wahlgesetz müsse geändert werden, Wahlen müssen ohne Census durchgeführt werden, eine Kammer zur ersten konstitutionellen Reichsversammlung sei sofort einzuberufen. Pillersdorff trat zurück.

Der Hofadel versuchte trotz der Zusagen des Kaisers, seine Positionen zu halten. Dazu gehörten vor allem ihre Stellungen im Ministerrang. »Dabei fand der Ehrgeiz und die Intrigue mannigfaches Amusement und Mancher ihrer Sippe die schönste Gelegenheit, mit liberalem Geflunker sich zu staatsmännischer Popularitaet hinaufzuschwindeln...«[76] Dieser Tag begrub allerdings ihre Hoffnungen. Als sie bemerkten, daß der Kaiser nicht wortbrüchig werden würde, gab es für sie nur einen Weg, um ihre Privilegien zu retten; den Kaiser aus Wien wegzubringen. Wer als erster diesen Plan hatte, ist unbekannt geblieben. EH Sophie schrieb über diesen dramatischen Schritt in ihr Tagebuch: »17. Mai 1848: (Sophie war in der Kirche und betete)... Ich fühlte in meinem Herzen, es geht doch gut aus. Während der morgendlichen Besprechung bei der Kaiserin, bald mit Franz Karl, bald bei mir mit ihnen, ob wir Wien verlassen sollten oder nicht. Ich fand Taffee bei Franz Karl und auch General Hanekart, der schwarz sah und selbst erwartete, daß die Burg und die Stadt geplündert werden könnte. Er war, wie wir alle, sehr niedergeschmettert über die schlimmen Konzessionen, die von Pillersdorff in der Nacht vom 14. zum 15. erpreßt wurden und das Militär nicht wagte, die Kasernen zu verlassen, da die Nationalgarde dies nicht gestattete. Ich vergoß Tränen, als ich unsere schönen Truppen auf dem Burgplatz sah... Wir wagten es nicht, unseren

159

Cousinen zu sagen, daß wir abreisen werden bis zur Ankunft in Tirol, einem treuen Land, dem die Kaiserin den Vorzug gegeben hatte. Sie kam nach dem Diner und nahm Franz Karl und mich in ihr Zimmer, in dem sie Franz Karl die Entscheidung unterbreitete, was zu tun sei. Er entschied sich für die Abreise, aber wollte noch einen Moment vorher ausruhen. Er glaubte an seine Pflicht, die er nie erfüllt hätte, wenn wir nicht in einer Mausefalle gesessen wären.«[77] Wenige Tage darauf war in einer deutschen Zeitung zu lesen: »Wir wissen jetzt aus guter Quelle, welche hochverrätherischen Umtriebe und Intriguen angewendet wurden, um den lange zaudernden Monarchen zu dem verhängnisvollen Entschluß der Abreise zu bewegen. Der gütige Kaiser, der biedersinnige EH Franz Karl, die erleuchtete EH Sophie, sie alle zögerten bis zur letzten Stunde, die getreue Stadt Wien zu verlassen. Aber ein hochadeliger Kammervorsteher, eine erlauchte Obersthofmeisterin, ein nichtdeutscher ehemaliger Hofkanzler und sein Schwager, ein Offizier, der seit mehreren Tagen auf jede Weise das Militär zu bearbeiten versuchte, diese und die lange Kette ihrer vornehmen Sippschaft wußten die Gefahr als so drohend und unausweichlich darzustellen, daß es ihm gelang, den Kaiser und seine Familie in den Reisewagen zu bringen...«[78]

Es gab keinen Zweifel, sondern Übereinstimmung in der Annahme, daß der Hauptbetreiber der Abreise der kaiserlichen Familie Heinrich Graf Bombelles war. Er wurde als ein Charakter geschildert, der jeden Einfluß neben sich zum Schweigen brachte. Für ihn gab es nur Herren und Knechte, und er zählte sich zu den Herren, die weit über den anderen standen. Menschenwürde war ihm ein unbekannter Begriff. Alle waren der Meinung, daß er aus der Umgebung der Kaiserfamilie und vor allem der Prinzen entfernt gehört hätte. Er anerkannte nicht die Konstitution, denn in seinen Augen war sie dem Kaiser mit Gewalt abgetrotzt worden. Sie war aus der Not des Augenblicks ein Zugeständnis, das jederzeit wieder rückgängig gemacht werden könnte und sollte.[79] Der Sinn der »Entführung« des Kaisers war eigentlich simpel: In Wien sollte ein Machtvakuum entstehen, und dadurch die Parteien gegeneinander ausgespielt und aufeinandergehetzt und so in eine Anarchie gestürzt werden. Gelang dieser Streich, könnte ein anderer Kaiser kommen, der sich zu nichts verpflichtet hatte, alle Zugeständnisse zurücknehmen und

wieder den Absolutismus errichten, in erster Linie aber den Adel in
seinen Privilegien bestätigen. So spielten und schürten diese Hofschranzen ganz bewußt die Angst der kaiserlichen Familie. Alle
verleumderischen Einflüsterungen dieser Hofleute fielen bei der
Kaiserfamilie auf fruchtbaren Boden. Man sagte, das Militär in der
Hofburg wäre bestochen und bereits von der Nationalgarde unterwandert, gewisse Leute würden dem Kaiser nach dem Leben trachten und die Republik ausrufen. Vom Dehne'schen Haus am Michaelerplatz würde schon ein unterirdischer Gang unter die Hofburg
gegraben werden, um den Kaisertrakt in die Luft zu sprengen.
Am 17. Mai stellte die Nationalgarde mit dem Militär die Hofburgwache. Der Familie wurde erzählt, daß auch der französische König
Ludwig XVI. und Marie Antoinette einst in den Tuilerien von der
Bürgergarde bewacht wurden und letztlich auf dem Schafott endeten. Diese Schauergeschichten trieben die kaiserliche Familie, vor
allem Kaiserin Maria Anna, in Panik. Nur der Graf Bombelles und
ganz wenige Auserwählte wußten von der bevorstehenden Flucht.
Am späten Nachmittag dieses Tages – in der Hofburg wurden bereits die Kerzen an den Lustern entzündet – gab die kaiserliche
Familie bekannt, noch eine kleine Spazierfahrt unternehmen zu
wollen. Der Kaiser wurde übertölpelt, der genaue Fluchtplan wurde
noch in der Hofburg besprochen. In drei Kutschen fuhren das
Kaiserpaar, EH Sophie mit Franz Karl und den drei Söhnen (Franz
Joseph war bei der Armee in Italien) nach Schönbrunn. Dort angekommen, flanierte die Reisegesellschaft ein wenig im botanischen
Garten. Laut Aussage des Hofarztes stürzte Graf Bombelles plötzlich herbei und rief, daß in Wien soeben die Republik ausgerufen
worden sei und die Herrschaften sofort weiterfahren müßten. Der
Kaiser schrieb noch auf einen Zettel, die Republikaner mögen seine
geisteskranke Schwester, EH Maria Anna, die abwechselnd in
Schloß Hetzendorf und in der Weilburg in Baden bei Wien lebte,
verschonen.[80] Die Abreise war so spontan, daß keine warmen Sachen zum Anziehen mitgenommen werden konnten. Um 19 Uhr 30
war die Gesellschaft schon in Purkersdorf, wo die Pferde gewechselt
wurden. In Sieghartskirchen auf der Poststation mußten der Kaiser
und seine Familie Mäntel ausborgen. Am nächsten Morgen erreichten sie die Poststation in Strengberg, wo EH Sophie den Leuten
erzählte, daß der Kaiser wegen seiner angegriffenen Gesundheit zur

Erholung nach Innsbruck reise. Am 18. Mai um 23 Uhr trafen die Kutschen in Salzburg ein, und die Familie übernachtete im Gasthaus »Zum goldenen Schiff«. Um 4 Uhr morgens ging es weiter nach Bad Reichenhall und um 22 Uhr 30 erreichten sie endlich Innsbruck, wo dem Kaiser ein jubelnder Empfang bereitet wurde. Der Statthalter von Tirol, Graf Brandis, und GM Eliatschek begrüßten das Kaiserpaar, das sich den Innsbruckern auf dem Balkon der Hofburg zeigte. Das Volk schimpfte dabei auf die »undankbaren Wiener«.

Wie waren die Wiener noch vor Wochen vom Kaiserhaus, vor allem aber von ihrem »Nandl« begeistert. Jeder hatte das Gefühl, er könne mit seinen Sorgen einfach zum Kaiser gehen, und er würde sie ihm nehmen. Als die Mietzinse gesenkt und die Herrschaft der Hausherrn gebrochen wurden, war das Volk überzeugt, daß es diese Wohltat nur dem Kaiser verdanke. In einem Flugblatt hieß es: »Das ist vorbei; wir sind ein freies deutsches Volk, Kinder eines Vaters, unseres gütigen Kaisers Ferdinand. Er hat der armen Klasse das schwere Joch, welches uns jahrelang gedrückt, entnommen und wir können frei Athem holen...«[81] Viele wollten schon die Kaiserhymne – »Gott erhalte unseren Kaiser Franz« – auf Ferdinand umdichten.[82] Schriftsteller hobelten schon an Versen für läppische Gedichte, die sie dem »größten Kaiser aller Zeiten« widmeten.[83] Auch die eher zurückhaltende »Wiener Zeitung« sprach vom »großen Kaiser, der die Ketten der Knechtschaft gesprengt hat, dem ganz Europa zujubeln wird«.[84] Die Nationalgarde hatte geschworen, Ferdinand und seine Familie »zu schützen und zu schirmen«.[85] Radikale vermeinten, daß die Nationalgarde eigentlich für andere Dinge gegründet worden wäre: »Allein es will uns bedünken, als habe die Nationalgarde neben dem Throne ein anderes Dingelchen zu beschützen – es heißt Nation!«[86] Viele stellten sich jetzt die Frage, warum sie der Kaiser nun plötzlich mit dem Füllhorn der Güte überschüttete und warum er dies nicht schon die letzten dreizehn Jahre seiner Herrschaft gemacht habe? »Ja ... weil der Fürst Metternich ... und seine guten Freunde Nichts eifrigeres zu thun gehabt haben, als das gute Herz des Kaisers aus allen Leibeskräften von seinem Volk abzuwenden.«[87] Der Kaiser war also an Zensur und Polizeiterror gar nicht schuld. Für alles waren nur Metternich und die Camarilla verantwortlich. »Camarilla« wurde zum beliebtesten Schlagwort. Sie war die finstere Hofpartei, die im Hintergrund agierte, die volksfeindlich war, über

die nichts Genaues bekannt wurde, die geheimnisvoll und einfluß-
reich war. »Ist doch die Umgebung eines noch so humanen, gütigen
Haus- und Familienvaters ... nicht immer fleckenlos und dem
Hause gedeihlich...«[88] Die ersten Mißtöne und Zweifel gab es
schon, als die Durchführungsbestimmungen des neuen Pressegeset-
zes bekannt wurden. Auf Majestätsbeleidigung und Verächtlichma-
chung der höchsten Familie standen immer noch Kerkerstrafen.[89]
»In einem constitutionellen Staate ist die Ehre des letzten Bürgers
ebenso heilig als die eines kaiserlichen Prinzen!«[90]
Die Schwäche des Kaisers wurde immer als Güte deklariert, die nur
von seinen Ratgebern schändlich mißbraucht worden war. Erst im
Sommer 1848 wurde offen über die Krankheit, Epilepsie, gesprochen.[91] Früher war Ferdinand von der Außenwelt abgeschirmt worden, doch damit war es jetzt vorbei.[92]
Langsam wendete sich das Blatt. Die Person des Kaisers war nicht
mehr tabu und wurde zwischen den Zeilen kritisiert, um so heftiger
aber seine Umgebung: »So viel Liebe, Treue und Anhänglichkeit,
festes Vertrauen wir in unseren gewiß volksthümlichen Kaiser setzen, so wenig Vertrauen können wir ... gegen seine ausgewählten
Männer hegen...«[93] Als dann am 25. April die neue Verfassung
verkündet wurde, war die Ernüchterung groß und alle Euphorie
verflogen. Die Feste und Fackelzüge aus diesem Anlaß machten den
Kaiser glücklich, und wie war er enttäuscht, daß die Begeisterung
nicht der Konstitution, sondern seinem Geburtstag galt.[94] Der »juri-
disch-politische Leseverein« und der »Niederösterreichische Gewerbeverein« versuchten mäßigend auf das Volk einzuwirken und rede-
ten ihm ein, es solle doch mit dem bisher Erreichten zufrieden
sein.[95] Langsam wurde die Person des Kaisers immer mehr der
Kritik unterzogen. »Ein souveränes Volk darf keinen Monarchen
lieben, es kann höchstens mit ihm zufrieden sein.«[96]
Der 15. Mai, der Tag, an dem die »Sturmpetition« übergeben
wurde, war für die kaiserliche Familie ein gefährlicher. Fast wäre
die Hofburg von den aufgebrachten Menschen gestürmt worden.
Abends kam EH Franz Karl auf den Josefsplatz und versprach den
dort Demonstrierenden, daß alles bewilligt werden würde.[97] Am
nächsten Tag war eine Proklamation Ferdinands veröffentlicht und
die Regierung entlassen worden. Konservative Kreise behaupteten,
nur die Güte des Kaisers hätte ein Blutbad verhindert.[98]

In diesen Tagen schrieb EH Franz Joseph, der in der Italienarmee diente und von den Vorgängen in Wien gerüchteweise hörte, besorgt an seine Mutter Sophie: »Verona, 20. May 1848 ... Ich bitte Sie, liebe Mama, rufen Sie mich um Gotteswillen nicht so bald zurück, da ich mich jetzt in Wien nur kompromittieren könnte und heben Sie mich für Zeiten auf, wo ich dort noch vielleicht werde etwas leisten können...«[99] Auch EH Ludwig, der in der Zwischenzeit nach Ischl retiriert war, schloß sich dieser Meinung an, wie er in einem Brief an EH Sophie meinte: »...Die Ungeduld des Franzi begreife ich, ich finde aber, daß der Feldmarschall vollkommen recht hat, ihn bei sich zu behalten. Die Verantwortung ist zu groß und ihm darf nichts geschehen, da die Hoffnung unserer Zukunft allein auf ihn beruht... es ist unmöglich, daß der Kaiser nach Wien zurückkommen könne und daß der Reichstag ... durchaus nicht in Wien abgehalten werden könne...« Und dann das Kompliment an die Erzherzogin: »Die Art, wie die Abreise des Kaisers eingeleitet wurde, war meisterhaft!«[100] Als Franz Joseph erfuhr, daß sich die Familie nach Innsbruck gerettet hatte, beschwor er seine Mutter, unbedingt in Tirol zu bleiben und zu verhindern, daß der Kaiser nach Wien zurückkehre, wo ihm wieder Konzessionen abverlangt werden könnten.[101]

Das konstitutionelle Staatswesen in Österreich war in Frage gestellt, denn die Entführung des Herrschers geschah ohne Wissen der Regierung. Sie war von Hofschranzen herbeigeführt worden, die sich ohne Mission zu Ratgebern der Krone aufgespielt hatten. »Sonst gehen die Revolutionen immer vom Volk aus; dies ist jedoch eine Hofrevolution!«, schrieb eine Zeitung.[102] Andere behaupteten, daß die Aristokratie den Kaiser nur zum Mittel ihrer Privatrache benützt habe. In einer weiteren Zeitung hieß es: »Des Kaisers Abreise wäre die Flucht Ludwigs XVI., der letzte Tag seines Hierseins wäre der erste Tag der Republik. Der Kaiser kann nicht nur in Wien bleiben, er *muß* hier bleiben!«[103] Die Minister gaben eine gemeinsame Erklärung ab, daß sie von der Abreise des Kaisers nichts gewußt hätten. »Das unterzeichnete Ministerium, welches die Gründe und näheren Umstände dieser Reise nicht kennt, sieht sich verpflichtet, dieselbe zur Kenntniß der Bevölkerung zu bringen.«[104] Die demokratische Partei versuchte, durch einen Aufruf das Volk zu gewinnen, Ferdinand abzusetzen und durch EH Johann zu ersetzen.[105] Der Redakteur Leopold Häfner von der Zeitung »Constitution«, fuhr aus eigenem Antrieb in die Vorstädte und proklamierte dort vom Fiaker herunter die Republik. Das Volk war darüber aufgebracht und ließ Häfner verhaften. Ähnlich erging es Josef Tuvora vom »Freimüthigen« in Mariahilf. Beide Männer hatten Glück, daß sie nicht gelyncht wurden.

Am Hof kam es vor dem Gebäude des Oberkommandos der Garde zu Ausschreitungen, die anarchistische Züge trugen. Die Nationalgarde, die Bürgergarde und die Akademische Legion wurden zusammengefaßt und unter Militärkommando gestellt. Befehlshaber wurde FML Karl Graf Auersperg. Eine Kundmachung mahnte, Ruhe und Ordnung zu bewahren, ansonsten würde über Wien das Standrecht verhängt werden. Viele Menschen fürchteten durch die Kaiserlosigkeit den Staatsbankrott und eilten zur Nationalbank, um das Papiergeld in Silbermünzen umzutauschen und versteckten oder vergruben ihre Schätze.

Langsam sahen die Wiener ein, daß sie zu weit gegangen waren. Am 21. Mai wählten der Sicherheitsausschuß und der Magistrat acht Männer aus ihrer Mitte, die nach Innsbruck reisen sollten, um den Kaiser zur Rückkehr in die Residenz zu bewegen. Dieser sagte lediglich, daß er von seinen Wienern zutiefst enttäuscht worden sei. Auch die Vorsprache bei EH Franz Karl und EH Sophie brachte keine Ergebnisse. Nur der Hofarzt Dr. Günther teilte den Deputierten mit, daß der Kaiser wahrscheinlich in zehn Tagen zurückkehre. Der Innsbrucker Polizeipräsident forderte die Wiener auf abzureisen, da die Bevölkerung so aufgebracht sei und er für ihre Sicherheit nicht garantieren könne. Die Deputierten fuhren mit einem Manifest Ferdinands im Gepäck in die Residenzstadt zurück. Darin hieß es, daß eine »anarchische Fraktion« die Nationalgarde und die Legion unterwandert und ihn seiner Freiheit beraubt hätte. Er deponierte, daß alle von ihm gemachten Konzessionen aufrecht bleiben würde, weiters stehe er für Verhandlungen zur Verfügung, jedoch nur auf legalem Weg und nicht unter Androhung von Waffen.[106] Auch eine Wiener Frauendeputation kam nach Innsbruck. »Eine Frauendeputation aus Wien kam zu mir und weinte und bat um die Rückkehr des Kaisers«, schrieb EH Sophie.[107]

Die kaiserliche Familie fühlte sich in Tirol wohl und völlig sicher. Der Statthalter Graf Brandis schrieb nach Wien: »... Ich kann Euer

Exzellenz die beruhigende Mittheilung machen, daß Ihre Majestäten der allgeliebte Kaiser und die Kaiserin und Seine kaiserliche Hoheit der durchlauchtigste Herr Erzherzog Franz Karl und Höchstdessen Gemahlin Erzherzogin Sophie ... im besten Wohlsein sich befinden ...« Es bestünde kein Grund zur Besorgnis, denn achthunderttausend Tiroler würden für die Sicherheit der Kaiserfamilie mit ihrem Blut einstehen.[108]

EH Sophie pflegte regen Kontakt mit Einheimischen, fast könnte von Freundschaft gesprochen werden. Noch Jahre nach ihrer Rückkehr nach Wien stand sie mit einigen Bekannten in Tirol in Briefkontakt. So mit dem Generalrat Graf Fünfkirchen, Magdalena Gräfin Wolkenstein, der Vorsteherin des Innsbrucker Frauenvereines, mit der Frau des Obersten Zobel, dem Kommandanten des Kaiserjäger-Regiments, und mit einigen Mitgliedern des adeligen Damenstiftes. Dazu noch mit dem Stadtdechant Alois Moriggel, der ihr täglich die Messe las. Sehr gnädig war sie zum Landrat Johann von Miol, der eine Kompanie Freiwilliger ausrüstete und mit ihr auf den italienischen Kriegsschauplatz zog. Sie fühlte sich geschmeichelt, als ihr sechsjähriger Ludwig Viktor in die Wiltener Schützenkompanie aufgenommen wurde. Sophie präsentierte ihren Jüngsten mit rotem Wams, grünen Hosenträgern und schwarzen Kniebundhosen der Innsbrucker Bevölkerung. Die Wiener empfanden dies eher als »lächerlichen Scherz«.[109]

Am 4. Juni erreichte Sophie die Kunde vom Fall der Festung Peschiera, die sie sehr erschütterte. Fast täglich fanden in Innsbruck Konferenzen statt, so auch am 30. Mai mit Baron Doblhoff-Dier und Friedrich Graf Thun. »Man sprach was in Wien zu tun wäre«, schrieb EH Sophie. Tags darauf erschien das in Wien akkreditierte Diplomatische Corps beim Kaiser. »Empfang mit Franz Karl von fünf Wiener Fabrikanten, die lange genug blieben und denen ich meine Meinung sagte.« Am 8. Juni kam wieder eine große Delegation aus Wien. Einzelpersonen aus Mähren, Niederösterreich und Kärnten hatten sich angeschlossen.[110] Ihrem Tagebuch nach war die Erzherzogin auch in Innsbruck politisch tätig und führte kräftig Regie. Mehrmals betonte sie, daß Delegierte, bevor diese zum Kaiser und ihrem Gemahl gingen, zuerst von ihr in Audienz empfangen wurden. Wie sehr sie die Fäden zog und die Dinge in ihrem Sinne und in dem der Dynastie zu beeinflussen trachtete, zeigt ein

Vorfall, den ein Gewährsmann überlieferte. Dieser hatte Anfang Mai den Kriegsminister Latour zu einem Rapport nach Schönbrunn begleitet. Latour hatte sich bei der Erzherzogin zu melden. Nach einer Viertelstunde war die Audienz beendet. Ganz gegen seine Gewohnheit war der Graf nachher gesprächig:»Ja, diese Weiber! Sie haben, lieber Freund, in ihrem ganzen Leben keinen solchen Wischer bekommen, wie ich jetzt einen bekam. Ich habe die Ernennung des präsumptiven Thronfolgers zum Oberkommandanten der Nationalgarde durchsetzen wollen – aber alle meine Vorstellungen waren umsonst!«[111]

Am 16. Juni erfuhr EH Sophie von der Revolution in Prag. Von den in Innsbruck durchmarschierenden Regimentern desertierten viele Ungarn und Italiener. Sophie:»Wieviel Untreue und Verrat war noch zu erwarten?« Um so wohltuender war dagegen die Treue und Anhänglichkeit der Tiroler«, die ihr in kritischen Momenten den Glauben an die Vorsehung und an die eigenen Regierungsgrundsätze bewahren half.«[112] Sophie kam bei ihren ausgedehnten Spaziergängen bis Absam. In der Kirche hing ein Gnadenbild, und dorthin wallfahrtete die Erzherzogin regelmäßig. Unterhalb der Kirche stand ein Gasthaus »Zum Bogner«, in dem Sophie regelmäßig einkehrte. Die Gaststätte wurde von der Witwe Walpurga Schindl mit ihren fünf Töchtern geführt. Die Älteste hieß ebenfalls Walpurga und war von ihrem Onkel, dem Pfarrer Sebastian Ruf, erzogen und gebildet worden. Sie wurde später Dichterin und schloß sich dem Absamer Künstlerkreis an. Sophie gefiel dieses Tiroler Kind, sie blieb bis zur Vermählung Walpurgas im Sommer 1856 in Briefkontakt mit ihr. Insgesamt schrieb Sophie fünfzehn Briefe nach Absam, aus denen später zitiert werden wird. Alle Briefe waren »an die wohlgeborene Jungfrau Walpurga Schindl in Absam« gerichtet.

EH Franz Joseph diente noch bei der Armee Radetzkys in Norditalien. Die Mutter war gefühlsmäßig hin- und hergerissen. Einerseits war es für ihren Sohn die beste Gelegenheit, sich aus allen Zwistigkeiten in Wien herauszuhalten, andererseits war sie ängstlich und zitterte um ihren Sohn. Welche Mutter läßt schon gerne ihr Kind in den Krieg ziehen? Auf Grund seiner hohen Stellung wußte sie, daß er nicht in der ersten Linie kämpfen werde, aber in einem Krieg konnte niemand eine Garantie abgeben, unversehrt daraus hervorzugehen. Als der junge Erzherzog am 25. April mit seinem Adjutanten Major Alexander Graf Mensdorff-Pouilly von Wien abreiste, begleitete ihn die Mutter bis zum Auhof und nahm dort von ihrem Sohn Abschied. Radetzky war gar nicht begeistert davon, daß der präsumptive Thronfolger mit dem Drang eines noch nicht Achtzehnjährigen bei ihm dienen sollte. Er schrieb der Erzherzogin, daß er jetzt sechs Erzherzoge in der Armee habe, die nur schwer zusammenzuhalten wären. Franz Joseph machte er sofort den Vorschlag, solange die Straßen durch Norditalien noch offen wären, sich nach Innsbruck zurückzuziehen. »Allein der junge Prinz erwiderte mit ritterlichem Sinne, daß seine Abreise einen nachteiligen Eindruck hervorbringen würde und daß es Höchstihm von seinen Eltern zur besonderen Pflicht gemacht worden sei, keiner Gefahr auszuweichen.«[113]

Wie optimistisch und siegesgewiß Franz Joseph anfangs war, zeigt ein Brief an die Mutter aus Bozen, wo er mit dem Vizekönig EH Rainer zusammentraf: ». . . und er sah aus allem, was ich hier auch von anderer Seite hörte und sah, daß es mit uns in Italien gar nicht so schlecht steht . . . Ich hoffe, daß, wenn wir ihnen einmal eine ordentliche Schlacht liefern können, sie einen fürchterlichen Rückzug haben werden und wir ohne große Hindernisse in Mailand einrücken werden, wo wir vom Volk mit offenen Armen empfangen werden. Darum, daß um Gotteswillen nicht auf diplomatischem Wege negoziiert werde, denn dies wäre eine Schande. Wir sind es unserer Ehre, unserem Vaterlande, unserer Stellung vis-à-vis von ganz Europa, unserer braven Armee schuldig, nicht eher zu ruhen, bis wir . . . den Doppeladler in Turin aufgepflanzt haben . . .«[114] Am 6. Mai war es so weit. Im Gefecht von Santa Lucia erlebte der junge Franz Joseph seine Feuertaufe, die ihn nachhaltig prägte. Begeistert berichtete er der Mutter: »Ich habe zum ersten Male die Kanonenkugeln pfeifen gehört und bin ganz glücklich!«[115]

Franz Joseph war tatsächlich einer der wenigen Habsburgerkaiser, der am eigenen Leib einen Krieg erlebte, dem die Kugeln um die Ohren geflogen waren, und der mit seinem Pferd durch ein Artilleriefeuer gesprengt war.

Nun war er vom italienischen Kriegsschauplatz zu seiner Familie nach Innsbruck heimgekehrt. Die Mutter notierte in ihrem Tagebuch, daß sie mit »Franzi« einen langen Spaziergang gemacht und

mit ihm »ein langes Gespräch hatte«.[116] Sicherlich wurde dabei nicht
nur vom satten Grün der Wiesen und von den bunten Blumen
gesprochen, sondern von handfesten politischen Problemen und
ihren Lösungen, so wie sie sich die Erzherzogin vorstellte und
erträumte.

Als gehorsamer Sohn und von der Mutter beeinflußt, ging er mit
ihren politischen Plänen sicher konform. In seinem jugendlichen
Eifer war er für's Dreinschlagen, so wie er es jetzt bei der Armee
gesehen hatte: »Es ist höchste Zeit«, schrieb er aus Italien, »daß
man diesen Exzessen, die in einem konstitutionellen Lande vorfallen, ein Ende macht... Wie man hier bei der so ausgezeichneten
Armee über die Zustände in Wien schimpft, läßt sich denken. Wer
da nicht pariert, und wenn es Fürsten oder Geistliche wären, wird
arretiert und energisch bestraft!«[117]

In Wien konnte man nicht länger auf den Kaiser verzichten. Es war
nicht sehr die Liebe, die nach ihm verlangte, sondern die Sorge
um die Geschäfte und das liebe Geld, das nicht mehr in den Kassen
klingelte, denn auch die Adeligen hatten die Stadt verlassen und
sich auf ihre Landsitze zurückgezogen. Die Stimmung war schlecht,
und immer öfter wurde der Ruf laut, nur die Studenten wären an
diesem Übel schuld. Man sprach von einer »übermüthigen und
unbesonnenen Jugend«, von den »bösen Buben«, von »Wühlern«,
die »den gütigsten aller Menschen« beleidigt hatten. Der Haß auf
die Akademische Legion wurde immer größer. Das Bestreben der
Regierung, die Legion aufzulösen, schien jetzt günstig.[118] Zuerst
schloß der Minister für Unterricht die Universitäten und entzog
damit vielen Studenten die Aufenthaltsbewilligung in der Stadt. Am
26. Mai besetzte das Militär die Universität. Daraufhin traten Nationalgarde und Arbeiter an die Seite der Studierenden. Das Militär
hatte die Stadttore besetzt. Arbeiter rammten das Rotenturmtor,
ein Schuß fiel und forderte einen Toten. Nun wurde mit Wutgeheul
die Innere Stadt gestürmt. Die Sturmglocken läuteten und Barrikaden wurden errichtet. Die Anordnung zur Auflösung der Legion
wurde zurückgezogen und das Militär aus der Stadt verbannt. Bei
Hohenau rissen Arbeiter die Geleise der Nordbahn weg, um so
Truppentransporte aus Mähren zu unterbinden. Im Nu waren überall Plakate mit den Forderungen des Volkes angeschlagen. »Baldige
Rückkehr des Kaisers unter Aufrechterhaltung der Errungenschaf-

ten des 15. Mai.«[119] Dann wurde »der Urheber allen Unheils«, Graf Bombelles, in seiner Abwesenheit zum Tode verurteilt. »Tod den Aristokraten! Nieder mit der Camarilla!« scholl es tausendfach durch die Stadt. Kurz nach Mitternacht hörten die Wachen auf den Barrikaden dröhnende Abschüsse, und alle waren überzeugt, Fürst Windischgraetz stehe vor den Toren, doch es war blinder Alarm: Studenten aus Preßburg waren mit einem Schiff die Donau heraufgekommen und wurden an der Anlegestelle mit Böllerschüssen empfangen.

Am 27. Mai wurden aus allen Kompanien Deputierte gewählt, insgesamt 234 Männer, die die bisherigen Ausschüsse ersetzen sollten und sich zu einem gemeinsamen Sicherheitsausschuß zusammenschlossen. In der Zwischenzeit fuhren zahlreiche Deputationen nach Innsbruck, um den Kaiser zur Rückkehr zu bewegen; doch alle kamen mit leeren Händen zurück. Die Kammerfrau der Kaiserin, Katharina Cibbini, sagte sogar einer Frauendelegation, »daß es das vernünftigste wäre, in die Kanaille hineinzuschießen«.[120] Der Schweizer Gesandte Effinger meldete seiner Regierung: »Was die Gemüter in Wien am meisten beschäftigt, ist die Rückkehr des Kaisers. Die regierende Kaiserin und die Erzherzogin Sophie, deren jede auf ihren Gemahl den größten Einfluß ausübt, sind der Verlegung der Residenz nach Wien durchaus entgegen...«[121]

Auch die Zeitungen verlangten jetzt immer öfter die Rückkehr des Hofes: »Das Wohl der seit Jahrhunderten treuest ergebenen Residenzstadt... Die Wohlfahrt von Millionen, der bedrohte Handel und Erwerb... rufen Eure Majestät dringlichst zurück!«[122] Als aber die Wiener hörten, wie ungnädig ihre Delegationen in Innsbruck empfangen wurden, änderte sich die Stimmung. »...So müssen wir uns auf das Entschiedenste gegen die Petitionsflut erklären... die man dem Kaiser nachsendet... die sich in den Staub werfen, an die Brust schlagen und die Haare raufen.«[123] Als in Innsbruck eine Frauendelegation aus Prag empfangen wurde, versprach ihr der Kaiser, bald in die Goldene Stadt zu kommen. Wiener Zeitungen griffen erstmals EH Sophie an, weil sie bei der Audienz einen Kopfputz in den Farben Böhmens getragen hatte.[124] Die Wiener Frauen, die zehntausend Unterschriften mitbrachten, sollen in Innsbruck kaum beachtet worden sein. »....Die Wiener Frauendeputation hatte beinahe das Schicksal erlebt, bei Hofe nicht vorgelassen zu werden, weil ein paar hochnäsige Hofdamen beliebten ... ihren blitzblanken Zorn auszulassen.«[125]

Sophie soll sich den Frauen gegenüber besonders ungnädig gezeigt haben, und auch EH Johann, bis dahin eine persona grata, kam ins Kreuzfeuer der Kritik: »Unglaublich und doch wahr! Der freisinnigste Prinz unseres Kaiserhauses verlangt die Auseinandersprengung der Studenten ... verlangt die Herstellung der alten Ordnung! Was wird da erst der Graf Bombelles verlangen?«[126] Die Wiener waren über das Verhalten der kaiserlichen Familie erbost. »...Die alte Liebe zum Kaiserhaus beginnt in den Herzen der besten Bürger zu rosten; haben sich die populärsten Glieder der Kaiserfamilie Sophie und Johann stolz und verletzend gegen uns ... benommen... Es war unwürdig von jenen Deputiertenfrauen sich auf die Knie zu werfen und mit hocherhobenen Händen wie um die Gnade eines Kruzifixes zu flehen!« Auch die Schriftsteller, die achtzigtausend Unterschriften vorlegten, mußten drei Tage auf eine kurze Audienz in Innsbruck warten. »Wir werden künftighin keine Unterschriften mehr sammeln und weder Schriftsteller noch Weiber nach Innsbruck schicken!«[127] Wieder wurde Sophie hart kritisiert: »Am 18. Mai sagte man in Wien statt ›guten Morgen‹ – ›der Kaiser ist fort!‹ und das war vorzüglich ihr Werk, liebe Frau Erzherzogin!«[128] Der Hof hielt die Delegierten mit leeren Versprechungen hin. Am 18. Juni kam nicht der Kaiser zur Eröffnung des Reichstages nach Wien, sondern sein Bruder, EH Franz Karl. Ferdinand war angeblich krank. Die Wiener waren darüber sehr enttäuscht.[129] Dies war ein unkluger Schachzug, und Franz Karl verlor dadurch viel an Reputation. Man warf ihm vor, nicht den günstigsten Augenblick wahrgenommen und sich als Nachfolger Ferdinands profiliert zu haben.[130] Daraufhin zog Ferdinand sein Dekret zurück und ernannte EH Johann zu seinem Delegierten bei der Eröffnung des Reichstages. Zugleich erreichte Johann die Berufung nach Frankfurt als Reichsverweser. Er schlug nun vor, EH Franz Joseph und Ferdinand Max an seiner Stelle nach Wien zu entsenden. »Wir weigerten uns dies zu tun«, vermerkte Sophie in ihrem Tagebuch, »und mein guter Franz Karl schrieb an seinen Onkel einen ehrlichen Brief, warum wir uns weigerten.«[131] Noch ein Vorschlag ging von Johann nach Innsbruck: Er verlangte, daß Franz Joseph an seinem 18. Geburtstag für großjährig erklärt werden und den Thron von

Ferdinand einnehmen sollte. Auf diesen Vorschlag reagierte EH Ludwig: »Ich glaube, der Franzi sollte jetzt auf keinen Fall verwendet und dadurch vor der Zeit abgenützt werden. Auf ihm beruhen unsere Hoffnungen für die Zukunft. Wenn die Reihe an ihn kommt, muß er ganz unbefangen eintreten. Nur so kann er wirken und dann etwas zuwege bringen, wenn er noch nicht gekannt ist. Zudem ist er noch zu jung und bei allen seinen vielversprechenden Eigenschaften fehlt ihm noch die Erfahrung und Menschenkenntnis, ohne welche man in unserer trostlosen Zeit nicht weiter kommt... Wenn es besser wird, dann wäre es meiner Meinung nach an der Zeit, den Franzi ins Ausland zu seiner weiteren Ausbildung reisen zu lassen. Ich mische mich hier unberufen in Dinge, die mich nichts mehr angehen, denn die Zukunft meines Vaterlandes und die des Franzi liegen mir sehr am Herzen, als daß ich diese meine Gedanken hätte verschweigen können...«[132] Auch aus diesem Brief geht hervor, daß EH Ludwig mit den Plänen und geheimen Absichten des Hofes nicht mehr betraut war. Er hegte über »Franzis« Zukunft andere Vorstellungen als die Kaiserin und EH Sophie.

Franz Joseph, von Italien zurückgekehrt, fand seinen alten Erzieher, Bombelles, nicht mehr vor. Durch die schweren Attacken der Parteien und der Presse war er für das Kaiserhaus nur noch eine Belastung. Auf Wunsch Sophies »zog er sich zurück«. Unbedankt, wie es bei den Habsburgern üblich war, verließ er Innsbruck und ging auf sein Altenteil nach Südtirol. Als neuen Obersthofmeister bekam Franz Joseph den vierzig Jahre alten Graf Grünne. Der stand im Dienst des Palatins von Ungarn. Er kritisierte dessen magyarenfreundliche Politik, dadurch war er Sophie aufgefallen. »Diesen Mann muß man sich merken!«, war ihre Meinung, und jetzt war der Augenblick gekommen, diesen, in der Wolle gefärbten Schwarz-gelben, in die Familie einzubauen. Auf diesen Mann war Verlaß! Der Unterricht für den jungen Erzherzog wurde in Innsbruck sofort wieder aufgenommen. Religion lehrte jetzt der Beichtiger Sophies, Dr. Columbus. Für das Staatsrecht war Professor Albaneder zuständig, für Geschichte Professor Jäger, Politik lehrte die Erzherzogin selbst.

Obwohl die »Wiener Zeitung« schrieb, der Kaiser sei gesund und fühle sich wohl, kam er nicht nach Wien zurück. Die Zeitungen munkelten, er befände sich in den »Fängen der Hofcamarilla«, die

ihn nicht die Reisekutsche besteigen ließe.».. . wir müssen mit
Recht zweifeln, ob er auf eine bloße Einladung kommen werde,
nachdem er früher auf unsere Bitten nicht gekommen war!«[133]
Immer leichter fanden sich die Wiener damit ab, daß sie eben ohne
den Kaiser werden leben müssen. Die Anhänglichkeit an das Kaiserhaus näherte sich dem Nullpunkt. Als am 4. Juni in der National-
halle in Fünfhaus die Kaiserhymne gespielt wurde, wurde gezischt,
gebuht und mit den Füßen gescharrt. In Unger's Kasino in Hernals
trank, speiste und klingelte das Publikum während des Abspielens
der Hymne, daß sie kaum zu hören war,».. . Kurz, man ignorierte
die Volkshymne, und wer weiß, ob man am Ende nicht noch ›Den‹
ignoriert, dem sie galt!«[134]
Auch in Prag herrschte Aufbruchstimmung. »Das vielthürmige Prag
war durch seine das Ultraczechenthums und Panslawismus tollende
Jugend zu einem Narrenthurm geworden, in dessen Mauern natio-
nale Tobsucht ungehindert raste, weil sich bisher kein kräftiger
Wärter vorfand, der sie in die Zwangsjacke zu schnüren ver-
mochte.«[135] Aber es fand sich ein »Wärter« in der Gestalt des
Fürsten Windischgraetz, dem »Soldatenhäuptling und Fürsten-
knecht«, wie er jetzt genannt wurde.
Am Pfingstsonntag, den 11. Juni 1848, fand an der Prager Karlsuni-
versität eine Protestveranstaltung der Studenten statt. Ein Manifest
wurde verabschiedet, nach dem das Militär die Stadt verlassen
sollte. Am nächsten Tag kam es zwischen Soldaten und Zivilisten in
den Straßen zu einem Handgemenge, das mit der Errichtung von
Barrikaden endete. Prompt folgte der Sturm des Militärs auf die
Hindernisse. »k.k. Truppen Brigade-Commando, Generalmajor
von Schütte: Relation über die am 12. 6. 1848 mittags 12 Uhr
ausgebrochene Revolution zu Prag: Als der Aufruhr und der Bau
von Barricaden in der ganzen Stadt Prag gleichsam wie auf ein
gegebenes Zeichen allgemein wurde, und in Folge dessen Se.
Durchlaucht der kommandierende General Fürst Windischgraetz
befahl, die Kommunikation . . . zu öffnen, versuchte der Herr Generalmajor und Ober-Commandant der Nationalgarde Fürst Lobkowitz mit einer starken Abtheilung der Nationalgarde diesem hohen
Befehle nachzukommen, wurde aber von der bedeutenden Barrica-
den-Besatzung mit Hohn zurückgewiesen; und da gleichzeitig . . .
viele Schüsse aus den Fenstern auf die aus den Kasernen eilenden

Truppen fielen, wobei unsere Militärs erschossen und blessiert wurden ... erhielt der Gefertigte den hohen Auftrag: die Barrikaden zu zerstören und die Kommunikation mit der Kleinseite mit jeder zu Gebothe stehenden Gewalt herzustellen.«[136] Den ganzen und auch den nächsten Tag über war das Militär beschäftigt, die Barrikaden zu stürmen und wegzuräumen. Gleich zu Beginn der Kämpfe steckte die Gemahlin des Fürsten Windischgraetz neugierig ihren Kopf aus dem Fenster und wurde dabei von einer verirrten Kugel tödlich getroffen.

Die Mitglieder des Wiener Sicherheitsausschusses pflegten im »Rothen Igel« bei Herrn Kohlbauer am Wildpretmarkt zu verkehren. Es war dies eine »stammgästliche Wühlerbande«. Einer, der sich besonders hervortat, war der Fürst Alexander Radziwill, von dem wir noch hören werden. Er war ein mit der freiheitlichen Zeitrechnung kokettierender Pole, später Hochstapler und Betrüger. Er war in diesen Tagen ein gefürchteter Vollstrecker der Beschlüsse des Wiener Sicherheitsausschusses.[137]

Zwanzigtausend Proletarier erhielten von der Gemeinde Wien Arbeit, die zwar völlig sinnlos war – sie buddelten im Prater riesige Löcher und schütteten sie wieder zu – aber sie wurden auf diese Weise vom Revoltieren abgehalten. Bis zum 21. August ging das, von kleineren Reibereien bei der Lohnauszahlung abgesehen, recht gut. Am 8. Juli war auf Verlangen des Sicherheitsausschusses die Regierung unter Franz Freiherrn von Pillersdorf zurückgetreten. EH Johann, der am 24. Juni abends inkognito nach Wien gekommen war, betraute Anton Freiherrn von Doblhoff-Dier mit der Bildung eines neuen Kabinetts. Der bereits bekannte Dr. Alexander Bach übernahm das Justizministerium. Am 22. Juli eröffnete EH Johann den neuen Reichstag in Wien. Der Sicherheitsausschuß delegierte für das Gebiet Wien fünfzehn Deputierte in dieses Gremium, darunter auch den Fürsten Radziwill. Zwei Tage später wurde die Arbeit aufgenommen. Erster Tagungspunkt: Geschäftsordnung. Darüber wurde bis 19. Dezember, ohne je zu einer Einigung gekommen zu sein, verhandelt.

Die Gefechte auf dem italienischen Kriegsschauplatz verliefen für die Österreicher immer günstiger. Am 25. Juli schlug Radetzky die Truppen des Königs Karl Albert von Sardinien bei Custozza. Am 6. August war die gesamte Lombardei wieder fest in den Händen der Österreicher. Angesichts der erfolgreichen politischen Lage war der Zeitpunkt einer Rückkehr des Kaiserhauses nach Wien günstig, der Hof war jetzt nicht mehr ohnmächtig, sondern konnte den Wienern wieder die Zähne zeigen. Unter dem Datum des 2. August schrieb EH Sophie in ihr Tagebuch: »Die Kaiserin kam und sprach mit uns über die Rückkehr nach Wien. Sie war wie eine Heilige mit der bewundernswürdigsten Resignation, einer Ruhe und sublimer Entschlossenheit. Sie machte mich weinen vor Schmerz und Rührung.«[138] Nicht nur der günstige Augenblick, durch einen militärischen Sieg hervorgerufen, veranlaßte die Familie nach Wien heimzukehren, auch die bestehende Gefahr, immer mehr Anhänger zu verlieren und eines Tages vielleicht nur noch Republikanern gegenüberzustehen. Als Ferdinand am 25. Juli meinte, er käme erst dann nach Wien zurück, wenn der Reichstag frei und unabhängig beraten könne, schrie die Presse auf: »Ein Beweis dafür, daß Seine Majestät nicht frei von Einflüssen einer antidemokratischen und daher revolutionären Partei ist . . . daß der Kaiser die Freiheit der gesetzgebenden Versammlung als illusorisch anzusehen scheint.« Eine andere Zeitung kritisierte Ferdinand drastischer: »Das soll so viel heißen, als ich werde erst dann zurückkehren bis ich sehe, ob die Gesetzgebung in dem Sinne aufgefaßt wurde, wie *ich* sie für notwendig halte!«[139] Der Kaiser und seine Familie waren immer weniger Mittelpunkt des politischen Geschehens. Die Rückkehr Ferdinands war kein Liebesbeweis mehr, sondern nur noch eine kaiserliche Pflichterfüllung. Liebe, Treue, Anhänglichkeit des Volkes wurden zu hohlen Phrasen. Wenn früher manche das Wort »Republik« laut sagten, zuckten viele noch vor Schreck zusammen. Jetzt war diese Vokabel schon in aller Munde, und keiner stieß sich daran.

»Die Wiener, die vor acht Wochen noch nicht fähig waren, sich das Bestehen der Monarchie ohne Anwesenheit des Kaisers in der Hauptstadt zu denken«, schrieb eine Zeitung, »gewöhnen sich nun schon allmählich daran, sich selbst zu regieren.« Oder: »Man fängt nach und nach den theuren Ferdinand zu vergessen an, da die treue Unterthanenliebe glücklicherweise schon durch die Tage des Mai vernichtet worden ist.« Eine andere Zeitung: »An jenem Feierabend war es, wo ich mich mit stillem Schmerz fragte, warum nicht von einer Lippe der Name Ferdinand erklang! Alles – Alles hatte seiner vergessen.« Radikale meinten: »Nun wir brauchen ihn nicht, wenn er nicht kommen will! Wir unterhalten uns auch so recht gut!«[140] Einige Blätter berichteten, wie wohl sich die Kaiserfamilie in Tirol fühle, manche aber prophezeiten, daß sie auch dort bald keine Ruhe finden würde. »O, wie mag jetzt die kaiserliche Familie mit Wollust die reine katholische Luft einatmen, wie wohl mag es ihr thun, ein Volk sich bewahrt zu haben, das mit dem Alten vollauf zufrieden ist...« Eine andere Zeitung schrieb: »Die altbiblische Einfalt dieses Volkes ist nicht mehr frei von Anwandlungen moderner Regungen und wer das Ohr dazu hat, hört unter den glatten Wogen ... die Sturmglocken läuten...«[141]

In Wien gingen die Auseinandersetzungen mit den Republikanern weiter. Es wurde gekämpft, um sie von den Hebeln der Macht abzuhalten. »Was wollen die Republikaner? Keinen Monarchen, dessen Person geheiligt ist, denn sie wollen selber regieren oder solche Regenten, die's nach Gutdünken, wann's ihnen net passen, davonjagen können.« Die konservativen Blätter mobilisierten die Kaisertreuen und fragten: »Keine Republik hat einen Rudolf I., Maximilian I., Carl V., eine Maria Theresia, Joseph II. und Ferdinand I. ... aufzuweisen.«[142] Im Reichstag forderte Dr. Karl Klaudi aus Kuttenberg in Böhmen ultimativ: »Die Zeit des Bittens ist vorüber! Der Reichstag darf nicht des Kaisers Rückkehr erbitten, sondern fordern und zwar im Namen des Gesetzes, des Volkes!«[143] Es wurde beschlossen, mit dieser Forderung nochmals eine Delegation nach Innsbruck zu entsenden. Am 4. August traf sie in Tirol ein und wurde schon am nächsten Tag in Audienz vom Kaiserpaar, dem EH Franz Karl und EH Sophie in eisiger Atmosphäre empfangen. Ferdinand sagte zu, am 8. August die Heimreise anzutreten.

In Wien begann das Bürgertum zu revoltieren. Die Geschäfte gingen schlecht, die Krawalle hatten die Wirtschaft ruiniert, und die Angst vor den Übergriffen durch das Proletariat wuchs täglich. Der Sicherheitsausschuß der Stadt griff unter diesem Druck durch und verwies die Dirnen und das arbeitsscheue Gesindel aus der Innenstadt. Der Lohn für Frauen und Kinder unter fünfzehn Jahren wurde um ein Drittel herabgesetzt.

Kaiser Ferdinand trat tatsächlich mit seiner Familie die Reise nach Wien an. Einige Stunden vor der Abfahrt waren schon Franz Karl und Sophie aufgebrochen, denn sie pilgerten noch zum Gnadenbild nach Absam, um eine glückliche Heimkehr zu erflehen. Franz Karl richtete zum Abschied einen Brief an die Tiroler und gedachte »mit dankbarer Erinnerung an die glücklichen Tage, die er ... in schwer bewegter Zeit bei dem so treuen, biederen Tiroler Volke erlebte, für welches er seinen letzten Blutstropfen freudig geben und dessen Andenken nie aus seinem Herzen erlöschen wird...«[144] Die Fahrt ging mit der Kutsche bis Linz, dort wurde ein Dampfboot bestiegen, das die Familie nach Wien-Nußdorf brachte. Durch ein tausendköpfiges Spalier ging die Fahrt bis zu St. Stephan, wo ein feierliches Te Deum abgehalten wurde, und weiter ging die Fahrt nach Schloß Schönbrunn. Dort stellten das Militär, die Nationalgarde und die Legion gemeinsam die Wachen. Die Kaiserfamilie fuhr in drei offenen Kutschen. Der Kaiser sah kaum auf, die Kaiserin starrte unbeweglichen Gesichts nach vorne. EH Sophie verbarg ihre Tränen hinter einem Lorgnon, und im dritten Wagen saßen die Söhne des Erzherzogspaares. Über Franz Joseph berichtete ein Augenzeuge: »Der ernste, fast finstere Ausdruck, nicht ohne einen Anflug der Entrüstung, auf dem Antlitz des Erzherzogs Franz Joseph wirkte auf mich wie ein Licht- und Hoffnungsstrahl.«[145] Die Zeitungen berichteten über die Rückkehr des Hofes: »Während am 15. März jedes Herz im Jubel der vollbrachten Erlösung zitterte, während damals ganz Wien von dem stürmenden Jauchzen des freiheitsbegeisterten Volkes erbebte, machte am 12. August die Haltung des Volkes auf uns den Eindruck eines abgekühlten Mannes, der seine Braut wiedersieht, die er vor Jahren als glühender Jüngling verlassen. Er liebt sie wohl noch, aber die anbetende Begeisterung ist verraucht...« Auch solche Kommentare waren zu lesen: »... man vermeide, um die Abreise vergessen zu machen auch eine offizielle publike Rückkehr!« Auch die eben errungenen Siege Radetzkys, die dem Kaiserhaus helfen sollten, wurden vom Volk mit anderen Augen gesehen, denn »Radetzky kämpft bloß für die Dynastie, für die Vergrößerung der Kaiserkrone!«[146] Die Adeligen kehrten wieder in die Stadt zurück und trugen ihre Häupter stolz erhoben.

In Wien hatten sich zwei Lager gebildet: Adelige und bürgerlich Liberale, auf der anderen Seite einige bürgerlich Liberale und Radikale von der Studentenorganisation »Aula« und dem »Demokratischen Club«. Das zweite Lager kämpfte gegen das Großbürgertum und das wiedererstarkte Kaiserhaus. Außer diesen aufreibenden Machtkämpfen war in Wien bis zur Rückkehr des Kaiserhauses nicht viel geschehen. Die einzig positive Tat war am 26. Juli der Antrag des jüngsten Mitgliedes des Reichsrates, Hanns Kudlich, über die Aufhebung der Leibeigenschaft: »Unter diesen Eindrücken – auf einem Liechtenstein'schem Gut in Bennisch in Schlesien – wuchs ich auf und nahm vom Lande eine leidenschaftliche Entrüstung gegen alle die höheren und reicheren Stände mit, die noch mehr stieg, als ich das frivole Leben derselben in Wien durch eigene Anschauung kennen lernte...«[147] Nachdem die Löhne der Arbeiter im Prater neuerlich herabgesetzt wurden, zogen diese, mit Krampen und Schaufeln bewaffnet, in die Stadt. Es kam mit der Nationalgarde und der wieder hervortretenden Sicherheitswache zu blutigen Auseinandersetzungen. Fazit: achtzehn Tote und 282 Verletzte. Die Nationalgarde beklagte vier Tote und 56 Verletzte. »...Berittene Munizipalgarden verfolgten die Arbeiter, und hieben viele derselben nieder. Hierüber eilten große Massen der Arbeiter, welche sich verhalten hatten, ihren Kameraden zu Hilfe, einzelne derselben hatten Gewehre, alle waren todesmuthig, sie schrien wild durcheinander ›Tod oder Brot‹, National- und Munizipalgarde machten fortwährend Gebrauch von der Waffe...«[148]

Die Lage im Königreich Ungarn spitzte sich ebenfalls zu. Am 9. September wollte eine ungarische Delegation Ferdinand ein Memorandum überreichen. Kurz davor wurde ihr ein Exemplar der »Agramer Zeitung« vom 4. September ausgehändigt, in der ein Handschreiben Ferdinands abgedruckt war und in dem es hieß, daß »der Hochverräter Jellačić wieder als Banus von Kroatien wegen seiner Treue und Anhänglichkeit an die Dynastie willen«, eingesetzt worden war. Die Delegation wurde sehr kühl empfangen, und Ferdiannd sagte nur einige unbedeutende Sätze. Hinterher meinte ein Deputierter: »Es war das kläglichste Lebewohl, das je ein Monarch seinem Volk gesagt hat.«[149]

Sofort nach der Heimkehr hatte EH Sophie ihrer lieben Freundin Walpurga Schindl über ihr Schicksal in der Residenzstadt geschrieben:

»Schönbrunn bei Wien, den 15. August 1848.

Meine liebe Frau Schindl! Meinem Versprechen gemäß gebe ich Dir Nachricht von meinem Befinden und zwar fürs erstemal mit eigener Hand; denn es drängt mich, meiner heißen Sehnsucht nach meinem geliebten Tirol Worte zu geben, indem ich an Dich, Du treue Seele,

schreibe. Wir sind vorgestern nachmittags glücklich in Wien angekommen, von einer großen Volksmasse empfangen und begleitet
worden, bis in die Domkirche, wo der gute Kaiser ein Te Deum für
die Einnahme Mailands absingen ließ... Während der langsamen
und ermüdenden Fahrt nach Schönbrunn dachte ich an mein liebes
Tirol und sehnte mich nach Deiner schönen, großen Wiese unter
den Obstbäumen, wo mir so wohl war! Ach, glaube mir, mein
ganzes Herz hat sich an Euer schönes Land, an Euer treues, biede-
res Volk geklammert und läßt sich nie mehr davon losreißen! Gott
lohne Euch allen die gute Zeit, die ich mitten in Kummer und
Trübsal bei Euch verlebt, gestärkt und getröstet durch Tiroler Liebe
und Treue zu ihrem Kaiser und seinem Haus! Möchte ich nur recht
bald zu Euch wieder kommen können, in mein liebes, liebes Tirol,
das die Heimat meines Herzens ist... Solltest Du an der kaiserlichen Burg vorübergehen, so wirf einen Blick zu meiner Wohnung
hinauf und sage Dir: ›Dort ging es der Erzherzogin gut!‹ In Eurer
hübschen Kirche in Absam bete für meinen Mann, meine Kinder
und mich beim Muttergottes-Altar... Lebe wohl – behüt' Dich
Gott!«
Walpurga Schindl beantwortete diesen Brief und sandte dazu einige
Bergblumen zur Erinnerung an Tirol. Daraufhin schrieb EH Sophie
zurück:
»Schönbrunn bei Wien, den 21. September 1848.
Meine gute Walpurga! Dein liebevoller Brief hat mich zu sehr
erfreut und ich danke Dir für ihn herzlichst – sowie Deinem Bruder
für die schönen Blumen, die er für mich ... gepflückt hat ... Euer
Gebet auf dem Georgenberg und jenes des kranken Soldaten, der
so mühsam nach Absam ging, um für meinen Mann zu beten, bringt
uns gewiß Glück! Ich denke oft, daß wir es hauptsächlich dem festen
Glauben und dem frommen Gebet unserer lieben Tiroler zu verdanken haben werden, wenn uns der liebe Gott einen glücklichen
Ausgang aus den Sorgen und Prüfungen aus der jetzigen so traurigen Zeit verleiht. Schon wenden sich die Verhältnisse zum Besseren, diejenigen Wiener, die gut und dem Kaiser treu geblieben sind
... bekommen nun Mut, für Ordnung und Gesetzlichkeit sich auszusprechen und zu handeln; das gute Beispiel der Treue und Anhänglichkeit der Tiroler an den Kaiser und sein Haus, hat sehr
wohltätig auf die Wiener gewirkt... Bald nach unserer Rückkehr

hierher habe ich bei der Kaiserin etliche Tiroler und Tirolerinnen aus dem Zillertal singen gehört; ihr Anblick und ihre hübschen Lieder ergriffen mich sehr und als ich mit ihnen sprach und ihnen erzählte, wie gut es uns in ihrem Lande ergangen wäre, kam ich vollends so ins Weinen, daß ich oft nicht sprechen konnte.«[150]

Die Kritiken verschonten, außer den Kaiser, kein Mitglied der höchsten Familie. Die Wiener liebten einfach ihren »Nandl«, ihren »Kretin«. Der Mitleideffekt rettete ihn. Selbst der liberale Prinz, EH Johann, hatte die denkbar schlechteste Presse. In ihn hatten seinerzeit die Massen ihre ganzen Hoffnungen gesetzt. Nun wurden sie von ihm zutiefst enttäuscht. Er hatte als Reichsverweser in Frankfurt versagt, seine Befehle und Anordnungen wurden einfach ignoriert. Seine Sympathien hatte er endgültig verspielt, als er zur finanziellen Absicherung seines Sohnes auf eine ungerechte Einrichtung, den Fideicommiß, zurückgriff.[151] Besonderen Angriffen war auch der verstorbene Kaiser Franz ausgesetzt. Sein Staatsbankrott und die Geldentwertung von 1811 war den meisten noch in schlechter Erinnerung. Der Gegensatz zwischen ihm und seinem Sohn wurde besonders hervorgehoben. Während Ferdinand als leutselig und volkstümlich beschrieben wurde, sagte man dem früheren Kaiser nach, daß er jeden engeren Kontakt zu seinem Volk vermied.[152]

Am 6. September überschritt Jellačić mit vierzigtausend Mann die Drau und marschierte gegen die ungarische Hauptstadt. Die Atmosphäre zwischen ungarischen Slawen und den Magyaren war zum Zerreißen gespannt. Die Ungarn forderten den Palatin EH Stephan auf, sich an die Spitze der Truppen zu setzen, da er im Kriegsfall Generalkapitän aller in Ungarn stationierten Truppen wäre. Der Erzherzog versteckte sich in einem Bauernwagen, floh aus Ungarn und legte in Wien sein Amt nieder. Daraufhin ernannte der Kaiser FML Philipp Viktor Graf Lamberg zum neuen Statthalter von Ungarn. Als dieser acht Tage später in Pest Einzug hielt, wurde er auf der Kettenbrücke von Demonstranten gelyncht. Am 3. Oktober löste Ferdinand den ungarischen Landtag auf, erklärte Gesetze, die er nicht gezeichnet hatte, für ungültig und ernannte Jellačić zum neuen Statthalter. Die »Revolutionsregierung« Kossuths erkannte die Verordnungen aus Wien nicht mehr an. Österreich entsandte Truppen.

Für 6. Oktober, 4 Uhr morgens, war der Abmarsch des Bataillons

Richter von der Gumpendorfer-Kaserne zum Nordbahnhof befohlen worden. Mit der Eisenbahn sollte der Transport nach Preßburg gehen und dann zu Fuß weiter zu anderen Truppenteilen nach Westungarn. Am Vorabend kam es in den Gumpendorfer Weinschenken zwischen den Soldaten und der Zivilbevölkerung zu Fraternisierungen, und die Zivilisten versprachen, sich dafür einzusetzen, daß sie nicht nach Ungarn müßten. Tatsächlich kam es zu Subordinationen, und mit Mühe hatte Major Richter um 6 Uhr sein Bataillon so weit, daß er abmarschieren konnte. Während des Marsches drängten sich Zivilisten in die Marschreihen, und als die Truppe am Nordbahnhof anlangte, war das Tor versperrt und die Geleise abmontiert. Daraufhin wollte der Major zum Floridsdorfer Bahnhof, doch dies ließen die Zivilisten nicht zu. Sie wollten zum Kaiser und zum Kriegsminister gehen, damit der Marschbefehl zurückgenommen werde. In der Zwischenzeit waren andere Truppenteile am Bahnhof erschienen, um wieder Ruhe herzustellen. Generalmajor Hugo von Bredy versuchte die Männer des Bataillons vergeblich zu Gehorsam aufzufordern. Angehörige der Nationalgarde erschossen den Generalmajor und Oberst Klein. Das Volk war so aufgebracht, daß es beschloß, zum Kriegsministerium zu ziehen. Der Weg dorthin war blutig, denn nun bekämpften sich verschiedene Garden gegenseitig. Der Demonstrationszug bewegte sich weiter in Richtung Graben, und das zur Wiederherstellung der Ordnung gerufene Militär wurde zum Schottentor hinausgedrängt. Die Meute stürmte nun das Kriegsministerium Am Hof. Graf Latour wurde von einem Hammerschlag am Kopf getroffen, ein Bajonett fuhr ihm zwischen die Rippen, und ein Säbelhieb spaltete ihm das Gesicht. Schließlich wurde er vor dem Gebäude an einem Gaskandelaber aufgehängt. Die Attentäter Brambosch, Jurkovich und Wangler wurden am 8. Juli 1849 füsiliert. Am Attentatstag wurde auch das Zeughaus am Rennweg geplündert. 30000 Gewehre wurden gestohlen. Wien war in den Händen der Revolutionäre.
Die Vorgänge der letzten Zeit wurden vom Hof mit größter Sorge verfolgt. Die Angst in der Familie stieg von Tag zu Tag. Im Tagebuch der EH Sophie kommt dies deutlich zum Ausdruck. Am 6. September hatte sie noch von einem friedlichen Familienausflug nach Kaltenleutgeben berichtet. »Klagen der Gastwirte über diese tristen Zeiten und all das Elend, das die sogenannte Freiheit hinter

sich zieht... Die Ungarn liegen in den letzten Zügen ihrer Umtriebe.« Zwei Tage später berichtete sie von der eingetroffenen ungarischen Deputation: »Eine ungarische Delegation, hundert Mann stark, wurde jedoch nicht empfangen, denn die beleidigende Rede, die sie halten wollten, wurde nicht akzeptiert. Erst nach Änderung der Adresse wurden sie empfangen.« Am 27. September schrieb sie: »Ich vergoß aus Verzweiflung Tränenströme über die Maßnahmen, die in Ungarn getroffen wurden. Ich empfing den Minister Bach, der mir sehr gut gefiel.«

Und am 4. Oktober notierte sie: »Die Kaiserin kam zu mir, um mir mitzuteilen, daß das Manifest des Kaisers für Ungarn und Jellačić, das Franz Karl seit Samstag vorbereitet hatte – den Tag der Ankunft der Nachricht vom Mord am armen Lamberg – durch die Intrigen des infamen Batthyany noch nicht abgeschickt wurde. Franzi kam und hob ein wenig unseren Mut und gab Ratschläge, die eines jungen Mannes von 26 bis 28 Jahren würdig waren und er ist erst achtzehn!« Den Tag, als Wien in die Hände der Revolutionäre fiel, schilderte sie so: »6. Oktober 1848: Schlimme Nachricht, daß der arme Latour durch die Nationalgarde ermordet worden sei. Er wurde aus einem Fenster im 4. Stock auf die Straße geworfen und an einer Laterne gehängt, wo er bis Mitternacht nackt verblieb! Was für ein Tag, großer Gott! Welche Schande für Österreich! Ich war vernichtet! Ich ging zu Bubi (Ludwig Viktor), um meine Gefühle zu ordnen. Dann begab ich mich zur Kaiserin. Eine illegale Deputation aus Wien war gekommen, um vom Kaiser eine Amnestie zu fordern – und das nach den Taten von heute – und Abberufung von Jellačić's. Wir gingen abends zur Kaiserin, Franz Karl und ich und Carl Ludwig. Es wurde lange darum gerungen, auch mit Lobkowitz, ob wir abreisen sollten oder nicht. Auch Grünne wurde dazugerufen.«[153]

Fürst Josef Lobkowitz, auf Vermittlung Windischgraetz' neuer Generaladjutant des Kaisers, hatte vom Feldmarschall folgendes Schreiben erhalten: »...Sobald Du bemerken solltest, daß man auf eine Konzession dringt, oder daß die Person des Kaisers auf irgend eine Weise in Gefahr kommt, so nehme so viele Truppen wie möglich zusammen und führe Seine Majestät mit der kaiserlichen Familie unter dem Schutz seiner Armee ... über Krems nach Olmütz. Dann werde ich Wien erobern, Seine Majestät wird zu Gunsten seines Neffen E. H. Franz Joseph abdiciren und dann werde ich Ofen erobern.«[154] So geschah es auch.

Die Vorfälle am 6. Oktober gingen sogar den Leuten, die die Revolution bejaht hatten, zu weit. Sie hielten dies für blanke Anarchie. Künstler, Professoren, Bürger und Studenten hatten sich zusammengefunden und wählten aus ihren Reihen eine Delegation, die sich beim Kaiser entschuldigen sollte. Doch das Schloß war bereits verlassen.

EH Sophie hatte noch am Abend vorher das gesamte Geld, das in Schönbrunn aufzutreiben war, gesammelt. Die Familie sollte nicht, wie bei der Flucht nach Innsbruck, bargeldlos dastehen.«7. Oktober 1848: Franzi ließ uns um ½6 Uhr morgens sagen, daß wir bald abreisen würden. Abfahrt gegen ½8 Uhr, nachdem der Kaiser noch ein sehr schönes Manifest unterzeichnet hatte ...«[155] Viertausend Mann Militär (Infanterie, Kavallerie und zwei Batterien Artillerie) standen bereit, um den Kaiser und seine Familie nach Olmütz zu begleiten. EH Franz Joseph ritt die gesamte Strecke neben dem Wagen seiner Eltern. Die Kunde von der neuerlichen Flucht des Kaiserhauses regte in Wien niemanden auf. »Soviel ist gewiß, daß der Kaiser abermals nicht aus freiem Antrieb floh, sondern entführt wurde, und daß bei dieser Entführung Fürst Lobkowitz die Rolle des Grafen Bombelles maitäglichen Andenkens spielte!«[156]

Am 9. Oktober versuchte der Gastwirt Eder aus Stein die Donaubrücke bei Mautern zu sprengen, um den Kaiser an der Flucht zu hindern, doch der Anschlag mißlang. Nach den Tagebuchaufzeichnungen der Erzherzogin und des Kaisers glich die Fahrt nach Olmütz eher einem Triumphzug. Es wurde bemerkt, daß überall Jubel in der Bevölkerung herrschte und es nirgends zu Demonstrationen kam. In Znaim erwartete der Abgeordnete Löhmer den Kaiser. Er wurde jedoch weder von ihm noch von seinem Bruder Franz Karl empfangen. Erst am nächsten Tag wurde der Deputation des Reichstages in Schloß Selowitz eine Audienz gewährt. EH Sophie schrieb, daß die Deputierten »naive Vorstellungen hatten, die nicht akzeptiert werden konnten«. Am 13. Oktober morgens stieß Fürst Felix Schwarzenberg zur kaiserlichen Familie und wurde zum Frühstück geladen.[157]

Schwarzenberg, zu jenem Zeitpunkt 48 Jahre alt, wurde in Krumau in Böhmen geboren, trat in kaiserlichen Dienst und wurde mit 38

Jahren österreichischer Gesandter in Turin und Parma, 1844 in Neapel und 1848 Feldmarschallieutenant. Auf Betreiben seines Schwagers, des Fürsten Alfred Windischgraetz, wurde er in den Hofdienst übernommen und für höhere Weihen vorgesehen. EH Franz Joseph hatte Schwarzenberg auf dem italienischen Kriegsschauplatz kennengelernt und war von ihm begeistert. Auch EH Sophie war von ihm sehr eingenommen. Ein Metternich »in Gamaschen«. Um alle Zukunftspläne verwirklichen zu können, mußte die jetzige Regierung unter Ministerpräsidenten Philipp von Wessenberg abgelöst werden. Dies geschah am 1. November. Ein neues Kabinett wurde gebildet: Ministerpräsident wurde Schwarzenberg, Minister des Innern Franz Graf Stadion, Handelsminister Ludwig Bruck, Justizminister Dr. Alexander Bach. Schwarzenbergs erste Handlung war die Einberufung des Reichsrates nach Kremsier in die Sommerresidenz des Fürsterzbischofes von Olmütz. In langen Gesprächen zwischen Schwarzenberg und EH Sophie wurde der zukünftige politische Kurs festgelegt. Der Fürst forderte einen Neubeginn mit einem unbelasteten Kaiser. Die Intentionen Sophies trafen sich mit den seinen.

Am 12. Oktober wurde der bis dahin im Wiener Stabsstockhaus einsitzende Oberleutnant Wenzel Messenhauser vom Reichstag zum Militärkommandanten von Wien ernannt. Sein Feldadjutant wurde Daniel Fenner von Fenneberg. Der polnische General Josef Bem unterstützte die beiden mit seinem Rat. Bald sah Bem die Sinnlosigkeit einer militärischen Verteidigung Wiens ein und floh am 28. Oktober um 1 Uhr nachts nach Preßburg und weiter zu den Truppen des ungarischen Revolutionsheeres.

Am 14. Oktober erreichte der Hof Olmütz und bezog in der Erzbischöflichen Residenz Quartier. EH Franz Joseph logierte im Haus des Dompropstes. Beim Einmarsch der Truppen in Olmütz machten Soldaten Jagd auf die Studenten. Sie schlugen ihnen die Kalabreser vom Kopf und rissen ihnen die Bärte aus, beides Zeichen revolutionärer Gesinnung. Zwei Tage später trafen wieder die ersten Deputationen aus Wien in Olmütz ein, es wurde jedoch keine mehr empfangen. Es wehte ein anderer Wind als im Frühjahr in Innsbruck, und die eiserne Hand Schwarzenbergs war nicht zu übersehen. Nun stellte sich die Frage, wie sich ein Thronwechsel reibungslos vollziehen ließ. Kaiserin Maria Anna und EH Sophie erhielten den Auftrag, ihre beiden Männer so weit zu bringen, daß sie freiwillig auf ihre Ämter verzichteten. Die Kaiserin hatte mit ihrem Ferdinand das leichtere Los gezogen, denn er war des Regierens nach so vielen Enttäuschungen ohnehin überdrüssig. In seinem Tagebuch gibt Ferdinand allerdings an, daß ihn niemand »bearbeitet« habe, sein Amt niederzulegen. Der Entschluß abzudanken, war allein seine Idee. Die Gemeinheiten, die vielen Enttäuschungen dieses Jahres und vor allem die »Undankbarkeit Meiner Unterthanen« hätten ihn bewogen, auf die Regentschaft zu verzichten, weil er einfach »von allem genug hatte«.[158] Schwierig und zeitraubend war es für Sophie, die Franz Karl lange nicht überzeugen konnte, auf die Thronfolge nach seinem Bruder zu verzichten. Immer berief er sich auf die »Legitimität«, wie sie sein Vater auf dem Sterbebett verlangt hatte.

Die politische und militärische Lage in Wien wurde immer konfuser. Die Radikalen propagierten, daß Österreich republikanisch werde, Wien sei es bereits! Der Kaiser könne mit seiner Camarilla in Olmütz bleiben! Eine dubiose Rolle spielte in diesen Tagen der »Demokratische Verein« des Dr. Tausenau. Der Verein hatte sein Parteilokal im Gasthaus »Zur goldenen Ente«. Mit einem Plakataufwand sondergleichen machten sie sich mit starken und radikalen Sprüchen bekannt und hatten anfangs großen Zulauf. Bald jedoch kam die Ernüchterung. Die militärisch Begabten verließen die Partei und traten in den Verteidigungs-Ausschuß ein, andere, wie der »kindisch-phantastische« Redakteur des »Radikalen«, Dr. Alfred Becher, und der »philosophisch-abstrakte« Journalist Hermann Jellinek, zogen sich, vom ewigen Schwanken der Partei enttäuscht, ins Privatleben zurück und überließen das Lokal einer neugegründeten Organisation. Beide Journalisten werden im November verhaftet und abgeurteilt und von Windischgraetz »zu Pulver und Blei« begnadigt werden. Jellineks Verbrechen waren – wie Bauernfeld bemerkte – ein paar radikale, nebenbei hegelisierende Journal-Artikel, die nur wenige lasen und niemand verstand, er selbst kaum, Fürst Windischgraetz am allerwenigsten. »Aber man brauchte auch einen Juden und hatte keinen anderen zur Hand.«[159] Dr. Tausenau war rechtzeitig aus Wien verschwunden. Wie er sagte, wollte er nach Ungarn, um die Magyaren zum Marsch auf Wien aufzustacheln. Auffallend bei allen Beschreibungen der Wiener Revolution dieses Jahres, sind die stark antisemitischen Strömungen und Äußerungen wichtiger Persönlichkeiten.

Der neue »Demokratische Verein« wählte Awrum Cheizes, einen Juden aus Polen, zum neuen Vorsitzenden. Er war erst im März 1848 in Wien aufgetaucht. Ursprünglich war er Barbiergeselle. Weiters betätigte er sich als Kurpfuscher für »galante Krankheiten«, als Tenor in kleinen Theatern, er bildete Schauspielerinnen aus, agierte als Kuppler, Wechselfälscher und besaß plötzlich auch einen Doktortitel. Mit seiner blendenden Überredungskunst riß er vor allem die primitiven Menschen mit. Nach anfänglichen Erfolgen gründete er die »Radikale Partei«, die ihren Sitz im »Zum weißen Kreuz« auf der Wieden hatte. Bald durchschauten ihn seine Anhänger und wiesen ihm Unterschlagungen nach. Er wurde aufgefordert, ein Gewehr in die Hand zu nehmen und die Basteien zu verteidigen. Tatsächlich schnallte er sich einen großen Säbel um, war plötzlich »Oberst«, ging zu Messenhauser und bat um die Bewilligung, ein Korps aufstellen zu dürfen, das für die innere Sicherheit der Stadt zuständig sein sollte. Der Oberkommandant bewilligte dieses Korps. »Oberst« Cheizes warb nun Freiwillige an, kassierte Handgeld, verschwand mit der Kassa aus Wien und entging so dem späteren Blutgericht. Auch solche Figuren gab es unter dem Heer der Idealisten.[160]

Am 14. Oktober erließ der Kaiser von Olmütz aus ein Manifest an die Wiener: »Als MICH die zu Wien am 6. Oktober verübten Frevelthaten bewogen, eine Stadt zu verlassen, welche der Tummelplatz der wildesten und verworfensten Leidenschaften geworden war, konnte ich Mich noch der Hoffnung hingeben, daß der verbrecherische Wahnsinn eines Theiles der Bevölkerung nicht von Dauer sein würde... Diese Erwartung ist getäuscht worden...« In dieser Proklamation gab Ferdinand weiter bekannt, daß er Fürst Windischgraetz zum Feldmarschall befördere und ihn zum Oberkommandierenden aller Truppen – ausgenommen der Italien-Armee unter Radetzky – ernenne. Doch kein Mensch kümmerte sich mehr um die Worte des Herrschers.[161]

Die Wiener reagierten nur noch mit Empörung über kaiserliche Ermahnungen. »Leider wurde Se. Majestät zu dem tief beklagenswerten Entschluß bewogen, sich aus der Nähe der Hauptstadt zu entfernen. Dadurch ist das Vaterland, ist das Wohl und die so

herrlich errungene Freiheit ... abermals in Gefahr...«[162] Nun
wurde auch dem letzten klar, daß das Kaiserhaus seine Untertanen
verraten hatte.»Diese zweite Flucht ... muß der Kaiser selbst
gebilligt haben! Er hat sein österreichisches Volk ... verlassen in
einem Momente wo unsere ... Freiheit vielleicht der Bestand der
Monarchie, ja selbst der Thron, auf dem Spiele steht...«[163] Alle
hatten sich bereits mit dem Sturz der Dynastie, die Jahrhunderte
lang über Österreich geherrscht hatte, abgefunden.»Die abermalige
Entfernung hat so ziemlich hinter der Dynastie die Brücke der
Rückkehr abgetragen!«[164] Als der Bericht des mährisch-schlesischen
Gubernalrates, Leopold Graf Lazansky, über die glückliche Ankunft der Höchsten Familie in Olmütz in Wien einlangte, empfand
die Presse nur noch Spott und Hohn darüber.»... Der Spießbürger,
der, indem er an der Deichsel des vergoldeten Reisewagens einher-
keuchte, wahrscheinlich Bilanz gemacht hat, wieviel ihm wohl die
Anwesenheit des Allerhöchsten Hofes ... eintragen könnte, wird
doch wohl mit der Zeit einsehen lernen, daß die neue Goldader
versiegen muß, so lange die Lebensader der Freiheit in Wien unter-
bunden ist!«[165]
Als die Wiener die Kapitulationsaufforderung Windischgraetz' aus
Lundenburg erhalten hatten, erreichte der Haß gegen das Kaiserhaus seinen Höhepunkt. Ferdinand wurde ein doppeltes Spiel vorgeworfen, er wolle wieder alle Errungenschaften rückgängig machen. Außerdem stünde ihm die Ernennung Windischgraetz' zum
Feldmarschall nicht mehr zu. Das Recht auf Leben und Tod ginge
vom Volk aus, somit vom Reichstag und nicht mehr vom Herrscher.
Ferdinand wurde Verrat vorgeworfen.»... Kein Tyrann ... habe je
gegen seine eigenen Leute ... die ihn abgöttisch liebten und mit
seinen Schwächen Geduld hatten, sich eine solche Verräterei erlaubt!«[166] Den Beinamen »der Gütige« hatte er endgültig verwirkt!
»... Ob ein ›Vater‹, der seine ›lieben Kinder‹ nur einige Wochen
will hungern lassen, ob ein solcher Vater der ›Gütige‹ oder sonstwie
benannt werden soll, werden sämtliche Herren Geschichtsschreiber
aufgefordert, zu überlegen.«[167]
Nachdem die unmißverständliche Kapitulationsaufforderung in
Wien bekannt wurde, tagten die Studenten und waren so naiv zu
glauben, der Bundestag in Frankfurt würde ihnen zu Hilfe eilen. Sie
waren der Überzeugung, daß der Einbruch Jellačićs bis vor die

Tore Wiens einer Kriegserklärung an Deutschland gleichkomme. Die Bundesmacht wäre damit gezwungen, aktiv zu werden und eine Streitmacht gegen das Heer des Banus zu stellen. Dieser Resolution schloß sich auch der Gemeinderat der Stadt Wien an. Die Überreichung der Note hatte zur Folge, daß der Bundestag zwei Abgeordnete nach Wien sandte, die aber nur bis Krems kamen und von dort die Wiener wissen ließen, sie müßten erst nach Olmütz reisen. Tatsächlich besuchten sie erst Windischgraetz im Hauptquartier in Stammersdorf und fuhren anschließend nach Olmütz. Der österreichische Delegierte, Berger, war darüber so aufgebracht, daß es ihm in Frankfurt gelang, 65 andere Abgeordnete auf seine Seite zu ziehen und dem Bundestag zumindest eine Lob- und Dankadresse an die Stadt Wien abzutrotzen. Vier Delegierte sollten diese Note nach Wien bringen: Robert Blum aus Leipzig, Julius Fröbel aus Reuß, Moritz Hartmann aus Leitmeritz und Albert Trampusch aus Weidenau in Böhmen. Am 17. Oktober trafen die vier in Wien ein und wurden stürmisch begrüßt. Sie wollten schon wieder abreisen, sahen aber, welch verheerende Wirkung die Kapitulationsaufforderung auf die Moral der Wiener ausgelöst hatte; so beschlossen sie, zu bleiben und sich am Kampf aktiv zu beteiligen. Blum und Fröbel wurden Hauptleute, die beiden anderen tauchten unter. Bald erkannten Blum und Fröbel die Sinnlosigkeit des Kampfes und versuchten, die Studenten zur Besinnung zu bringen und den ungleichen Kampf einzustellen. Vergebens. Daraufhin legten die beiden Deputierten ihre Ämter nieder und zogen sich in ihr Hotel »Zur Stadt London« auf dem Fleischmarkt zurück.

In den Vororten Wiens tobten bereits die Kämpfe. Am 29. Oktober gelang es den ersten Militäreinheiten, in die Innenstadt vorzudringen. Oberkommandant Messenhauser gab wegen Munitionsmangel auf, und der Gemeinderat beschloß, die Stadt auf Gedeih und Verderb zu übergeben. Von überall her strömten Truppen in die inneren Bezirke, und um 14 Uhr meldete der Wächter der Turmstube zu St. Stephan, daß sich das ungarische Revolutionsheer nähere. Wieder griffen die Wiener zu den Waffen, und der Kampf entbrannte neuerlich. Die Stadt wurde jedoch im Sturm erobert, und das ungarische Heer von den Grenzern Jellačićs bei Schwechat und Rauchenwarth geschlagen und nach Ungarn abgedrängt. Messenhauser erließ seinen letzten Aufruf: »Mitbürger! Es ist notorisch festgelegt, daß unsere ungarischen Brüder der Waffen-Übermacht unterlegen sind. Die heldenmüthigen Verteidiger Wiens haben vor den Augen der Welt ihre Ehre bisher glänzend erhalten. Wäre die Möglichkeit eines siegreichen Widerstandes denkbar ... Eure Vertreter würden mit Euch kämpfen, würden nicht von Uebergabe sprechen, aber uns fehlt Munition und Proviant... Legt die Waffen nieder, denn wir müssen es thun, stürzt Euch nicht tollkühn ins Verderben, erhaltet Euch dem Vaterlande...«[168]

In Olmütz gab es für die jungen Erzherzoge täglich Religionsunterricht, den Sophie abhielt. Auf ihren besonderen Wunsch mußte Othmar Rauscher nach Olmütz kommen. Freiherr von Wessenberg teilte es ihm mit: »Die Frau Erzherzogin Sophie hat mir den Wunsch geäußert, daß Dieselben bald wieder ihre Vorlesungen bei den jungen Erzherzogen fortsetzen könnten. Es war mir angenehm, zu bemerken, daß die Erzherzoge sich freuen, Dieselben wieder zu sehen, und ein Wohlgefallen an Ihren Vorträgen äußern. Ach, nie war das Studium der Geschichte für Prinzen nothwendiger als jetzt!«[169] Die Konzentration der Söhne war sichtlich unter der Anspannung der Ereignisse gestört. Besonders Franz Joseph eilte ständig zu einem Telegraphen, der die neuesten Nachrichten ausspuckte. »Während des Abends kam ein Telegramm«, schrieb Sophie, »daß Wien kapituliert hat.« Am nächsten Tag findet sich folgende Notiz: »Wien hat sich ergeben. Die guten Bürger begaben sich zu Windischgraetz nach Hetzendorf, um ihn zu bitten, das Feuer und das Bombardement auf Wien fortzusetzen, da dies das einzige Mittel wäre, die Anarchie zu beenden. Telegraphische Nachricht, daß unsere Truppen den Einzug in die Stadt beim Burgtor erzwungen haben und die Proletarier hatten begonnen, das Dach der Hofbibliothek in Brand zu setzen.« Unter dem 8. November lesen wir: »Ich las ein interessantes Schreiben von Kübeck. Messenhauser, einer der Intriganten und Kommandant der Nationalgarde wurde heute morgen in Wien hingerichtet und auch Robert Blum, einer der größten und schlimmsten Wühler Deutschlands und Deputierter des Frankfurter Reichstages...«

Blum und Fröbel, die sich die letzten Tage im Hotel aufgehalten und sich jeder Tätigkeit enthalten hatten, hatten am 2. November beim Stadtkommandanten General von Cordon Ausweispapiere zur Heimfahrt nach Frankfurt beantragt. Statt einer Antwort kam eine

Militärstreife und führte sie ins Stabsstockhaus ab. Am 8. November fand die Verhandlung vor einem Militärgericht statt. Um 20 Uhr war die Gerichtsverhandlung zu Ende, im Morgengrauen des nächsten Tages wurde das Urteil verkündet und sofort vollstreckt. Tod durch den Strang. In »Ermangelung eines Freimannes (Henkers)« wurde Blum erschossen. Sein Leichnam wurde sofort am Währinger Friedhof bestattet. Fröbel, ebenfalls zum Tode verurteilt, wurde begnadigt.[170]

Die Verluste der Revolution waren beträchtlich. Viertausend Menschen, nicht eingerechnet die zwischen 26. und 31. Oktober von der »Soldateska massakrierten Einwohner«, kamen ums Leben. Dazu wurden noch viele Personen bei der Einnahme der Stadt »auf höheren Befehl« im Stadtgraben erschossen. Von den Militärgerichten wurden 24 Zivilpersonen zum Tode verurteilt, 145 Personen wurden zu »langjähriger schwerer Festungshaft, Schanzarbeit oder Stockarrest« verurteilt. 906 Personen waren festgenommen worden. Die Armee verlor 56 Offiziere, 1142 Soldaten und 70 Pferde.[171]

In diesen dramatischen Tagen lebte die Kaiserfamilie im spätherbstlichen Olmütz. So triste das Wetter, so triste war auch die Stimmung. In dieser bedrückenden Atmosphäre hatte EH Sophie am 30. Oktober an EH Ludwig, der im Posthof in Ischl logierte, einen langen Brief geschrieben: »... Ich will Ihnen Nachricht geben von uns armen Wanderern und bin überzeugt, daß es Ihnen wie mir ganz gleichgültig, die Zielscheibe des Hasses und der Verleumdung der Wühler in Wien zu sein; ja, hätte ich mich nicht von jeher sehr wenig um die Meinung der Menschen gekümmert, so müßte ich jetzt ganz stolz darauf sein, daß jene, die nur Jammer und Elend vertreiben, mir am grauenvollen 6. (Oktober) dieselbe Ehre wie den von mir so tief verehrten Windisch-Graetz und Jellačić zudachten, nämlich den Strang! Ja, den Strang! Nicht mehr und nicht weniger... Dann wurde beratschlagt, ob meine Kinder und ich auf zwei oder drei Jahre oder auf immer aus der Monarchie verbannt werden sollten! Und das in dem Augenblick, wo es sehr problematisch sein konnte, ob der tiefverletzte Kaiser sich jemals entschließen würde, nach den Greuelszenen des 6. nach Wien zurückzukehren, ob er nicht nach umsonst erschöpfter Geduld und Langmut diese bisher so treue Stadt selbst aus seinem Herzen verbannen würde. Ist das nicht eine bodenlose Dummheit neben leider Gottes tiefer Verderbnis, heilloser Verwirrung der Begriffe von Recht und Unrecht, von Pflicht und Gewissen! Gott erbarme sich der armen verblendeten Wiener! Ich fürchte, daß ihr Mangel an Verstand und selbständigem Urteil ihre Heilung sehr verzögern wird! Die Guten und Vernünftigen unter ihnen (und gottlob, deren gibt es doch auch eine große Zahl) haben unsere braven Truppen, als sie den 28. und 29. in die Vorstädte eindrangen, mit Jubel als ihre Befreier von dem schmählichen Joch des Terrorismus begrüßt ... Die näheren Nachrichten kamen mit Blitzesschnelle über den Telegraphen – eine unbeschreibliche Wohltat ... Radetzky hat Philipp Stadion hergeschickt und dieser erzählte mir, daß der arme alte Mann bitterlichst über die Schmach des 6. Oktobers geweint und gesagt habe, es wäre doch hart, so alt zu werden, um dies zu erleben ... Vielleicht nimmt mich der liebe Gott zur ewigen Ruhe hinüber, bevor der Kampf ausgekämpft und die guten Geister wieder die Oberhand gewinnen! Wenn sie nur einst meine Kinder wieder umgeben, sie schützen und stützen, zumal meinen armen Franzi, der einem so schweren Beruf entgegengeht. Möge er eine neue Grundlage der Ordnung und der Gesetzlichkeit vorfinden, auf der er dann einen festen Bau aufführen kann ... Eben kam mir Franz Karl mit der Freudenbotschaft auf der Treppe entgegen, daß sich Wien unbedingt ergeben habe! Gott sei gelobt und bedankt ... Wie mögen sich die gutgesinnten Wiener Bürger heute glücklich fühlen, tief aufatmen, sich endlich von dem sie so lange drückenden Joch befreit zu sehen! Wie werden sie gut und ruhig schlafen nach so vielen langen durchwachten Nächten! Dieser Gedanke ist wohltuend ...«[172]

Am 13. November kehrte Schwarzenberg aus dem Hauptquartier bei Wien nach Olmütz zurück und hatte mit der Kaiserin, EH Franz Karl und EH Sophie eine lange Unterredung. Obwohl die Kaiserin schon öfter auf den Thronwechsel drängte, waren sich die Anwesenden bewußt, daß jetzt der günstigste Zeitpunkt gekommen sei. Windischgraetz und Schwarzenberg waren sich einig, daß nach Ferdinand nicht sein Bruder Franz Karl den Thron besteigen dürfe, denn er war durch seine Tätigkeit im Staatsrat belastet, und in der Revolution hatte er sich den Haß der Bevölkerung zugezogen.

Nun hatte EH Sophie schon seit einiger Zeit ihrem Gemahl seinen Verzicht auf die Thronfolge schmackhaft zu machen versucht, und es schien, als wäre er zu diesem Opfer bereit. Doch nun, da die

Entscheidung endgültig werden sollte, spielte Franz Karl plötzlich nicht mehr mit. Seine Weigerung stellte den ganzen Plan wieder in Frage.

Sicher war es für ihn nicht einfach, die so greifbar nahe Kaiserkrone auszuschlagen. Er verzichtete zwar freiwillig auf sein »Recht«, doch nun wollte er sich nicht seiner »Pflicht« entschlagen. Er geriet in schwere Gewissensnöte, weil er sich der Aufgabe entzog, »für die ihn die natürliche Ordnung der Dinge – Gott selbst – vorherbestimmte, deren Erfüllung ihm sein theurer Vater noch in den letzten Stunden so heilg an's Herz gelegt hatte? Konnten nicht Jene im Irrthum sein, welche die Nothwendigkeit einer Entsagung mit den Zeitverhältnissen begründeten?«[173] Sophie war über die Starrköpfigkeit ihres Gemahls entsetzt, war doch jeder Tag kostbar, um zu einer Entscheidung zu kommen. Je heftiger sie auf ihn einredete, um so halsstarriger und uneinsichtiger wurde ihr Franz Karl. Sie verdiente sich in diesen Tagen ehrlich den Titel »heimliche Kaiserin von Österreich«. Franz Karl, sonst schüchtern und leicht zu behandeln, entwickelte plötzlich eine ganz unerwartete Selbständigkeit. Er erklärte wiederholt, daß eine Verzichterklärung einem Vergehen gegen das geheiligte Prinzip der Legitimität gleichkäme. Ständig brachte er seinen verstorbenen Vater ins Spiel, der sich damit nie einverstanden erklärt hätte. Er sah es als seine höchste Pflicht an, nach seinem Bruder das Thronerbe anzutreten, und dachte nicht daran, zugunsten seines Sohnes darauf zu verzichten. Gott sei Dank löste sich dieser Konflikt im letzten Moment durch höchste Autorität. Weiland Kaiser Franz erschien seinem Sohn im Traum und meinte, er möge zugunsten Franz Josephs auf den Thron verzichten; das wäre sein Wille. Nun war die Entscheidung gefallen. Ein untertänigster »Hof-Schön-Schreiber« berichtete über diesen Vorgang so: »Da war es ihm, als er eines Tages tief ergriffen im Gebet lag, als sähe er den verklärten Vater, wie er segnend seine Hände auf das jugendliche Haupt des Enkels legte und von diesem Augenblick an war sein Entschluß gefaßt.«[174]

Nun traten die Verhandlungen Schwarzenbergs mit der Kaiserin und EH Sophie, zu denen auch zeitweise Franz Joseph beigezogen wurde, in die entscheidende Phase. Der junge Erzherzog absolvierte zwar regelmäßig, jedoch mit nachlassender Konzentration seine Unterrichtsstunden.

Der Zar sandte General von Lieven nach Olmütz, der die Ansichten seines Herrn überbrachte. Der Zar habe kein Interesse, die Revolution zu importieren, er plädierte daher für die Niederschlagung des Aufstandes mit allen zu Gebote stehenden Mitteln. Der General war am 18. November bei der Erzherzogin zur Tafel geladen und sie lauschte seinen Ausführungen.»Jedes seiner Worte wirkte wie Balsam auf meiner Seele.« In diesen Tagen erhielt sie auch einen Brief EH Ludwigs, der ihr mitteilte, daß er sich über die Erfolge Windischgraetz' freue, der Hof möge ihm bei seinen »Aufräumungsarbeiten« nicht in den Arm fallen. ». . . Man solle ihn vorgehen lassen, wie er es am zweckmäßigsten finde und ihn ja nicht durch vorzeitige Milde lähmen. Denn nach allem, was ich höre, ist der Geist der Wiener noch immer schlecht. . . Die Leute sind zu lange von böse gesinnten Menschen bearbeitet worden, als daß sie mit einem Schlag wieder gut werden könnten. Hier muß eine heilsame Furcht eintreten. Jetzt würde zu große Milde als Schwäche ausgelegt werden. . .«[175] Sophie antwortete dahingehend, daß ihm ohnehin erlaubt wurde zu »wüten«, es sollte aber der Bogen nicht überspannt werden, und sie selbst hätte überhaupt erst überzeugt werden müssen, daß diese strengen Maßnahmen unumgänglich waren.

Kaiser Ferdinand richtete noch ein Schreiben an seinen Bruder und dankte ihm für die jahrelange Mitarbeit. Franz Karl antwortete: »Lieber Bruder! Innig gerührt hat mich Dein herzlicher wohlthuender Brief, für den ich Dir nicht innig genug danken kann. Sehr lohnend ist für mich Deine Anerkennung meiner wenigen Dir mit innigster Freude geleisteten Dienste. Oft dachte ich, wenn diese Tage, die Stunden kommen, wo wir traulich zusammen waren, wahrhaftig an Dich und an die vorzüglich durch so viele Jahre frohe Stunden, welche wir zusammen verlebten . . . meine Gedanken sind stets bei Dir, und mein einziger Trost ist, daß ich in vielen Angelegenheiten mit Rath und Tath Dir habe beistehen können . . . Lebe wohl, Theuerster Ferdinand. Dein Dich innigst liebender Bruder Franz Karl.«[176]

Am 27. November hatte Schwarzenberg vor dem in Kremsier tagenden Reichstag verkündet: »Wir übernehmen die Handhabung der Regierungsgewalt aus den Händen Seiner Majestät zugleich mit der Verantwortlichkeit, fest entschlossen, jeden unverfassungsmäßigen Einfluß fern zu halten . . . Wir wollen die constitutionelle Monarchie aufrichtig und ohne Rückhalt... Wir hoffen das Ergebnis Ihrer Beratungen über die Verfassung möglichst bald der Sanction Seiner Majestät des Kaisers unterlegen zu können...«[177]

Die hektischen Vorbereitungen und Besprechungen legten sich dem jungen Franz Joseph »auf den Magen«. Er bekam wieder Magenschmerzen und begann zu erbrechen. Schon fürchtete der Hof, die Feierlichkeiten müßten verschoben werden. Sophie setzte sofort eine Jagd an und wußte, daß ihr Ältester daraufhin gesunden werde. Die Zeit drängte, die bevorstehende Zeremonie zu fixieren. Sophie und Franz Karl wünschten, daß zur Ehre des verstorbenen Großvaters ihr Ältester als Franz II. den Thron einnehmen sollte. Am 23. November begann Alexander von Hübner mit der Abfassung der Dokumente über die Thronbesteigung Franz II., der Thronentsagung Ferdinands I. und der Verzichterklärung EH Franz Karls. Die Dokumente wurden noch ausgiebig im Ministerrat diskutiert. Am Freitag, den 1. Dezember, waren alle Unterlagen gedruckt und unterzeichnet, ebenso die Verständigungen an die diplomatischen Behörden. Plötzlich erhob Schwarzenberg Einwände gegen den Namen, denn die Untertanen hätten vermuten können, es würde wieder das System Metternichs auferstehen. Darum sollte der zweite Name des Erzherzogs, »Joseph«, zum Andenken an den Reformkaiser herangezogen werden. »Franz Joseph« stand also für den Inbegriff von Tradition und Fortschritt. Dieser Entscheidung gingen im Familienkreis große Debatten voraus, und EH Sophie berichtete darüber EH Ludwig: »In langen Schritten geht der junge Erzherzog im Zimmer seines Vaters mit Felix Schwarzenberg auf und ab, streitend und widerstreitend. Aber sämtliche Minister legen einen so großen Wert auf diesen Namen, daß er endlich nachgibt... Ich konnte gegen seine guten Gründe nichts einwenden, verbarg ihm aber nicht meine widerstrebenden Gefühle; ich weinte dann still in meinem Zimmer über diesen neuen Raub an dem Andenken unseres seligen Kaisers, der mir *so* weh tat...«[178] Nun mußten bis zum nächsten Tag alle Dokumente umgeschrieben und neu gedruckt werden.[179]

Samstag, der 2. Dezember 1848: Für 8 Uhr morgens waren alle in Olmütz anwesenden Mitglieder der kaiserlichen Familie und die höheren Hofbeamten in die Erzbischöfliche Residenz befohlen worden. EH Sophie kleidete sich an diesem Morgen in ein weißes

Moirékleid, trug rosa Blüten im Haar, und legte den Brillant-Türkis-Schmuck an, den ihr Franz Karl anläßlich der Geburt Franz Josephs verehrt hatte. Franz Joseph trug die Uniform eines österreichischen Generals: Weißer Waffenrock mit goldenem Kragen, rote Hosen mit goldenen Lampas. Die Geladenen waren in zwei Sälen versammelt. In einem der Hof, im anderen der Hofstaat. Im größeren Saal war eine kleine Empore errichtet, hier würden der Kaiser und die Kaiserin Platz nehmen. Zu ihren Füßen waren Sessel im Halbkreis aufgestellt. Anwesend waren: EH Maria Dorothea, Witwe nach dem Palatin EH Joseph, EH Elisabeth, Gemahlin EH Ferdinand d'Este. Dazu die Söhne Sophies. Ferner die EHe Karl Ferdinand, Wilhelm Joseph und Ferdinand d'Este. An der Empore standen FM Fürst Windischgraetz und der Banus Jellačić. Franz Joseph betrat mit seinen Eltern den Saal. Als Sophie die beiden Generale sah, eilte sie auf sie zu, reichte ihnen die Hand und sagte: »Ich danke für alles, was Sie für uns getan haben!« Die beiden hatten die Oktoberrevolution niedergeschlagen, Ministerpräsident Schwarzenberg war dabei, daraus die politischen Konsequenzen zu ziehen.

Der Kaiser, in Feldmarschalluniform, und die Kaiserin erschienen in Begleitung des Generaladjutanten, Fürst Joseph Lobkowitz und des Obersthofmarschalls, Friedrich Egon Landgraf von Fürstenberg. Nun verlas Schwarzenberg drei Dokumente: Eines über die Thronentsagung Ferdinands, weiters die Verzichtserklärung Franz Karls und schließlich die Großjährigkeitserklärung Franz Josephs. In seinem letzten Tagebuch, von dem noch 56 Seiten erhalten sind, schilderte Ferdinand in einfachen Worten diese Zeremonie: »... Die Funktion endete damit, daß der neue Kaiser von seinem alten Kaiser und Herrn, nämlich vor mir kniend um den Segen bat, welchen ich auch unter Auflegung der Hände auf seinen Kopf und Bezeichnung mit dem heiligen Kreuz gab, ich ihn dann umarmte und er mir die Hand küßte. Und auch meine liebe Frau umarmte und küßte unseren neuen Herrn, dann entfernten wir uns in unsere Zimmer...«[180] Dabei soll Ferdinand – so wird kolportiert, um seine Schwachsinnigkeit zum Ausdruck zu bringen – in seiner gutmütigen und naiven Art gesagt haben: »Gott segne Dich, sei nur brav, Gott wird Dich schützen, es ist gern geschehen!«[181]

EH Sophie sah diese Zeremonie natürlich mit den Augen der stolzen Mutter und schrieb darüber: »Gegen 8 Uhr versammelte sich die Familie vor dem Kaiser im Saal, außer Bubi. Die Minister Windischgraetz und Jellačić, die gestern abends ankamen und wie ich mich freute sie wiederzusehen und zu danken für alles, was sie für uns getan hatten. Wir setzten uns im Halbkreis, der Kaiser las einige Worte des Verzichts, die mich weinen ließen, auch Elisabeth und besonders Maxi, Charles und Joseph, die nichts geahnt hatten. Schwarzenberg las alle Papiere vor, die sich auf diesen Akt bezogen, die beiden Kaiser unterzeichneten sie. Franzi erbat den Segen des Kaisers, der ihn umarmte, ebenso die Kaiserin. Diese besonders zärtlich. Unser liebes Kind kniete vor Franz Karl und mir nieder und erbat unseren Segen. Er warf sich an mein Herz und hielt mich lange in den Armen. Es war so berührend. Wir unterzeichneten alle ein Protokoll. Der Kaiser und die Kaiserin zogen sich in ein angrenzendes Zimmer zurück. Lobkowitz ging in ein Zimmer, in dem der ganze Hofstaat versammelt war, um ihm die Abdankung Ferdinands, den Verzicht von Franz Karl zugunsten von Franzi mitzuteilen. Die Überraschung war groß und allgemein, und alle kamen herein, um dem jungen Kaiser zu gratulieren, der allen die Hand drückte. Ich war gegen 9 Uhr bei mir zurück. Ich erzählte Bubi über die Größe seines Bruders. Er wollte es anfangs nicht glauben.«[182]

Sophie schrieb EH Ludwig sofort einen ausführlichen Brief, in dem sie diese wichtigen Stunden schilderte. Am Ende führte sie, nicht ohne Stolz, aus: »Unter uns gesagt – wir dürfen es uns eingestehen – wir haben einen guten Kampf gekämpft, als schwache Weiber, aber in Gottes Hand!«[183] Für Sophie war es ein Sieg. Ihre Bemühungen und Ratschläge hatten Früchte getragen. Franz Joseph war in Liebe und Verehrung zu einer unbeschränkten Macht, die seiner harrte, aufgezogen worden. »Du bist geboren, um über Menschen zu herrschen« – dies war der Anfang und das Ende des Erziehungssystems seiner Mutter gewesen.

An diesem Tag kam in Olmütz das Gerücht auf, das Kaiserpaar, Franz Karl und Sophie würden sich in Innsbruck niederlassen und dort den Lebensabend verbringen. Auch ein Palais wurde bereits genannt, das Sophie erwerben sollte.[184]

Als erste Amtshandlung erließ der junge Kaiser eine Proklamation: »Fest entschlossen, den Glanz der Krone ungetrübt und die Gesamtmonarchie zu erhalten... daß es mit Gottes Beistand und im

196

Einverständnis mit den Völkern gelingen werde, alle Lande und Stämme der Monarchie zu einem großen Staatskörper zu vereinigen...« Dies war ein klarer Hinweis auf das zentralistische, gesamtösterreichische Regierungsprogramm für die staatliche Neuordnung, ergänzt durch ein Bekenntnis zu »konstitutionellen Grundsätzen und zur Gleichberechtigung aller Völker des Reiches«.[185]

Die Panik von 1789 hatte das Leben und die Regierung Franz I. bestimmt. Die Panik von 1848 bestimmte das Leben und die Regierung Franz Josephs I. »Die Armee hob ihn auf ihren Schild«, hatte der sächsische Diplomat Vitzthum geschrieben. Das war eine bedeutungsvolle Phrase, denn während seines langen Lebens blieb der Schild der Armee der einzig sichere Hort Franz Josephs. Er war entschieden ein Soldatenkaiser und stolz darauf einer zu sein, denn dies war seine Bestimmung.

Die Olmützer Garnison hatte am Vorabend den Befehl erhalten, morgens in Paradeuniform gestellt zu sein. Da erschien der junge Kaiser in Begleitung von FM Windischgraetz und ritt die Reihen der Formationen ab. Unter den jubelnden Truppen befand sich auch der Sohn des Feldmarschalls und schrieb: »Es war ein wundervoller Anblick wie dieser achtzehnjährige Knabe unter Hurrarufen die Reihen entlangritt. In seiner Haltung liegt eine Sicherheit und Entschiedenheit, die jedermann bezaubert. Es ist herrlich, sich für einen Kaiser begeistern zu können.«[186]

Kehren wir nochmals in das Erzbischöfliche Palais zurück. Nachdem die Zeremonie beendet war, zog sich das Kaiserpaar in seine Zimmer zurück. Ferdinand in seinem Tagebuch: »...Bald darauf hörten ich und meine liebe Frau in der Kapelle der erzbischöflichen Residenz die heilige Messe. Nachher packten ich und meine liebe Frau unsere Effekten zusammen...«[187] Das Kaiserpaar bestieg eine Kutsche, eine zweite folgte mit Franz Karl und Sophie. Vor den Wagen ritt allein, mit gezogenem Säbel, der neue Kaiser Franz Joseph. Vom Palais bis zum Bahnhof stand Militär Spalier. An der Station angekommen, verabschiedete sich der alte Kaiser von seiner Familie, bestieg einen Extrazug und fuhr nach Prag, seinem neuen Aufenthaltsort. Er wird Wien zu Lebzeiten nicht mehr wiedersehen.

»Die Presse« in Wien schrieb: »Der Kaiser Ferdinand von Österreich hat abgedankt... Die Nachricht von diesem Wechsel hat die Bevölkerung Wiens auf das erschütterndste überrascht...«[188] Nun

197

hatten die sich republikanisch gebärdenden Wiener doch ein schlechtes Gewissen, und sie machten sich Vorwürfe, zu weit gegangen zu sein. Wieder schlug die Stimmung um, und das Volk verbreitete Lobhudeleien über ihren »gütigen Ferdinand«. »Wiener! Trauert und laßt die Thränen der Scham und Reue in Euren Augen zur Thräne der Rührung und der Bewunderung werden, denn Vater Ferdinand hat Euch vergeben...«[189]

Der einstmalige Traum Sophies, Kaiserin von Österreich zu werden und die damals begehrteste Krone tragen zu dürfen, war mit dem heutigen Tag ausgeträumt. Ab heute war sie »Kaiserin-Mutter« und, solange Franz Joseph unverheiratet blieb, die erste Dame des Hofes. Ihr war außerdem gewiß, daß sie als Mutter mehr Einfluß auf den jungen Kaiser haben werde, als sie ihn je hätte, wenn ihr Gemahl Ferdinand auf den Thron gefolgt wäre. Ihr Sohn, da war sie gewiß, würde ihrem Einfluß nie entrinnen können; dazu war das Band dieses abnormen Mutter-Sohn-Verhältnisses viel zu stark gesponnen. In ihren Augen würde der Kaiser immer ihr lieber »Franzi« bleiben. Brav und gehorsam wie bisher. Ihre übergroße Sorge galt nur ihm, der ab jetzt auf seine Jugend verzichten mußte und eine schwere Bürde auf seine Schultern gelegt bekam. Sie würde ihm helfen, wo sie nur konnte. Er selbst spürte an diesem Abend, daß aus »Franzi« der Kaiser »Franz Joseph« geworden war, und daß es hieß, von der Jugend Abschied zu nehmen. Er brachte dies drastisch zum Ausdruck: Als sich der ganze Wirbel dieses Tages gelegt hatte, spielte er noch einmal mit seinen Brüdern Ball und in einem Anfall von Übermut – vielleicht sogar in einem Anfall der aufgestauten Aggression – nahm er den Ball und knallte ihn absichtlich in eine große Glastür, die in tausend Scherben brach.[190]

Die größte und ehrlichste Freude über den Thronwechsel empfand wohl die Kaiserin-Witwe, Karoline Auguste. Ihr Lieblingsenkel Franzi, den sie in seiner Kindheit stundenlang in den Alleen von Schönbrunn oder im Kaisergarten im Kinderwagen hin- und hergeschoben hatte, hatte den Thron bestiegen. Sofort nach der Bekanntgabe des Ereignisses in Olmütz, schrieb sie ihrem Enkel aus Salzburg am 5. Dezember einen Brief: »Ja, bester Franz, ich bete für Dich, den mein Herz schon seit Jahren ›meine Hoffnung‹ nannte! Er wird Dir auch die nöthige Einsicht und Kraft geben, doch verkenne ich das Schreckliche Deiner Lage nicht, aber bei so reinem

Willen und umgeben von Rathgebern, wie das jetzige Ministerium, kann man hoffen, daß es Dir gelingen werde, die fürchterliche, riesenhafte Aufgabe zu lösen. Und daß mein Herz von jeher nicht minder an Dir hing als jenes Deines Großvaters, weißt Du. Es wird nie aufhören, jede Freude und jedes Leid mit Dir zu theilen. Ami (Baronin Sturmfeder) verläßt so eben mein Zimmer, um in die Kirche zu eilen. Sie zerfließt wie ich in Thränen. Ihre ganze Seele löst sich ohnedies in beständigem Gebete für Euch auf. Wo möglich, wird sie jetzt ihr Gebet für Dich verdoppeln. Der Allgütige wolle es erhören! Mit treuer mütterlicher Anhänglichkeit drückt Dich an Ihr Herz, Deine Dich liebende Großmama Caroline.«[191]

EH Ludwig hatte nach den aufregenden und turbulenten Tagen von Olmütz EH Sophie einen Brief geschrieben, in dem er ausführte: »Der Franzi hat mir auch einen so lieben Brief geschrieben, der mich sehr rührte, weil er in einem so für ihn wichtigen Augenblick an mich dachte und ich daraus auch viel Freude ersah, daß ich die Schwierigkeiten seiner Lage nicht verkennend, doch Mut, Vertrauen auf Gott zeigt... ich kann für ihn jetzt nichts thun, als fleißig zu beten, daß Gott ihn erleuchte... Auch an den Franzi erlaube ich mir eine Antwort beizulegen, da ich mich im ersten Augenblick noch nicht gewöhnen kann, ihn anders zu titulieren, als ich es bisher tat...«[192]

Von dem Thronwechsel wurden alle diplomatische Vertretungen verständigt. Nur nach Berlin (EH Ferdinand d'Este) und nach St. Petersburg (EH Wilhelm) wurden persönliche Emissäre gesandt. EH Sophie hatte dem Kurier auch ein persönliches Schreiben an den Zaren mitgegeben, in dem sie über ihre Zukunftssorgen für ihren Sohn berichtete. Am 6. Dezember erhielt sie jedoch ein beruhigendes Schreiben des Zaren: »Ich verstehe nur zu gut die Angst und Sorge«, schrieb er, »die Ihnen die Zukunft eines so vielgeliebten Sohnes bereiten muß, der so jung und unverhofft zur großen Verantwortung eines Thrones gelangt. Die Lage ist wirklich schwierig, wenige Fürsten haben je unter so kritischen Umständen beginnen müssen... Was von mir abhängen wird, ich werde alles tun, um ihm zu helfen... Ich wünsche, daß diese bestimmte Versicherung dazu beitragen moge, die Mutterangst Eurer kaiserlichen Hoheit etwas zu mildern...«[193] Darüber war Sophie erfreut, vor allem beruhigt. Ihr Sohn hatte einen neuen, verläßlichen Freund gewonnen.

4

In der neuen »Residenz« zu Olmütz war das Glück daheim. EH Franz Karl hatte sich seit dem 2. Dezember völlig aus der Politik zurückgezogen und wollte nur seine Ruhe haben. Die letzten Monate als »Staatsmann« hatten ihm völlig gereicht. Ferdinand Max bewunderte einerseits seinen Bruder, war aber auch eifersüchtig auf ihn, da er so große Beachtung fand, und war ihm um den »Posten« richtig neidig. Franz Joseph trug nur noch Uniform, was manchen Leuten unangenehm auffiel, und so manche Exzellenz war entsetzt, denn Franz Joseph war der erste Kaiser, der öffentlich rauchte. Dieses Laster hatte er bei der Italien-Armee gelernt.

Am 6. Dezember veranstaltete die Garnison einen Fackelzug. Am nächsten Tag war eine große Parade angesetzt. Der junge Kaiser war in seinem Element. Täglich erschien der Kaiser bei seiner Mutter zum Tee. »In geschäftlicher Hinsicht war ein Einfluß von ihrer Seite nicht wahrzunehmen, im Gegenteile, voreingenommen wie die allgemeine Meinung in diesem Punkte einmal war, hielt sie sich durch die selbstbewußte Haltung des jungen Monarchen zur Erwartung zu allerhand Schritten berechtigt, die jenen Einfluß für immer brechen sollten; das erzherzogliche Paar, hieß es gleich in den ersten Tagen, werde nach München abreisen, die Lobkowitz, die Falkenhayn bleibend vom Hof entfernt werden.«[1] So hörte man es in Hofkreisen, doch es war anders.

Sophie hielt immer noch ihre schützende Hand über ihren Sohn, ihr Kind, das er für sie zeitlebens bleiben würde, und sie machte sich – wie es jede Mutter tun würde – Sorgen um ihn. Stolz und Sorgen waren die Grundbefindlichkeit ihrer Seele. Dies kommt deutlich in ihren Briefen zum Ausdruck.

Als sie in Olmütz eine Delegation Brünner Bürger empfing und der Sprecher meinte, »wie glücklich sind Sie als Mutter, einen solchen Sohn zu haben«, war sie selbstverständlich geschmeichelt und konnte solche Elogen nicht oft genug hören. In ihrem Tagebuch schrieb sie am 3. Dezember: »Mein liebes Kind hatte an diesem Tag großen Erfolg gehabt, als er eine Offiziersdeputation empfing und so gut mit ihr sprach, daß die Vivatrufe bis in das Zimmer des glücklichen Vaters drangen. Dann empfing er eine Bauerndeputation, mit der er böhmisch sprach, und schließlich empfing er noch eine Abordnung des Reichstages, der die Nachricht von seiner Thronbesteigung am Vortag mit Enthusiasmus, ausgenommen der extremen Linken, aufgenommen hatte.«

Anläßlich des ersten Ministerrates, den Franz Joseph am 5. Dezember präsidieren mußte, schrieb Sophie: »Mir war lieb für ihn, daß Franzis ach so junges Gesicht mitten in dem eindrucksvollen Kreis großer Staatsmänner saß. Sie können sich denken, wie ich an diesem Tage für mein Kind gebetet und den Heiligen Geist angerufen habe... Erst bei Tische sagte ich zu ihm: ›Ich bitte Dich, sage mir, hast du auch *deine* Meinung gesagt?‹ Da sah er mich mit einem so lieben freudig zuversichtlichen Lächeln an, das mir das Gelingen der ersten Sitzung verkündete und sagte: ›Seien Sie ruhig, ich habe *meine* Meinung gesagt!‹...«[2] Wie sie innerlich aufgeregt und in Sorge war, vertraute sie ihrem Tagebuch an: »Mein lieber Franzi hat heute seinen ersten Ministerrat gehabt. Ich habe so für ihn gebetet! Er geht jeden Tag um 8 Uhr mit seinem Vater zur Messe.«

Als ihre junge Freundin, Walpurga Schindl aus Absam, Sophie zur Thronbesteigung Franz Josephs gratulierte, sandte die Mutter eine ausführliche Antwort nach Tirol: »...Ich habe die feste Überzeugung, daß der liebe Gott meines Sohnes Regierung segnen wird, da den guten Kaiser Ferdinand, meine liebe Kaiserin, meinem lieben Manne und mich die reinste, beste Absicht für das Wohl des Kaiserreiches beseelte, als wir unserem Kinde die schwere Krone auf das jugendliche Haupt setzten und so viele Opfer... verbunden waren, denn mein armes Kind gab seine glückliche, harmlose Jugend hin für die Übernahme von drückenden Sorgen für sein großes Reich; sein Vater brachte das für sein edles, wohlwollendes Herz so große Opfer, auf das süße Recht zu verzichten, selbst für seiner Völker Wohl und Glück zu sorgen und ich brachte dem lieben Gott meine Mutterangst zum Opfer – denn einen Sohn im 19. Jahr die schwere Last eines großen Reiches auf die zarten Schultern legen zu sehen, ist keine geringe Bangigkeit für ein Mutterherz... Dich und Deine Geschwister bitte ich, recht viel für meinen Sohn, unseren lieben, jungen Kaiser zu beten, daß Gott ihn segne, stärke und erleuchte in seinem schweren Berufe, dem er sich mit so rührendem Eifer und mit so viel Pflichtgefühl widmet...«[3]

Die »nicht geringe Bangigkeit für ein Mutterherz« war bereits nach kürzester Zeit eingetreten, und ob »die feste Überzeugung« ihrerseits berechtigt war, daß der liebe Gott die Regierung des Sohnes segnen würde, blieb vorerst dahingestellt. Nach wenigen Tagen des Glücks und der Hochstimmung war wieder die Armee gefragt, Habsburg zum zweitenmal vor dem Untergang zu bewahren.

Der Thronverzicht des regierenden Kaisers und Königs Ferdinand und die Thronbesteigung Franz Josephs waren eigentlich der Gipfel der Illegalität, denn beides geschah ohne die Zustimmung der Ungarn und unter Umgehung und Mißachtung der ungarischen Gesetze. Es gab daher rechtlich keinen Herrscher mehr in Ungarn. Die Magyaren erklärten sich aller Verpflichtungen für ledig und verkündeten die Absetzung der Habsburg-Dynastie. Kossuth rief die Republik aus und übernahm die Präsidentschaft. Dieses Ereignis fand in ganz Europa größte Zustimmung, und viele Menschen begeisterten sich für die ungarische Sache: »Die Rebellen, welcher Nation sie auch angehören, setzen ihre Hoffnungen auf Ungarn, und jeder Erfolg der Aufständischen wird von den Revolutionären aller Länder in der Weise begrüßt, als wäre er der Vorbote des nahen Sieges über die böse Sache.«[4] Im ungarischen Parlament sprach ein gewisser Madarássy das aus, was viele Ungarn dachten. Er meinte, Franz Joseph wäre überhaupt noch nicht »Majorenn«. Franz Joseph, meinte er, »zeigt an, daß er den Thron besteigt; meint er wohl, daß, wenn man auf den Thron hinaufklettert, man schon das Recht auf den Thron hat?«[5]

Aus vielen Ländern strömten Freiwillige herbei, eilten unter die rotweißgrünen Fahnen Ungarns und nahmen den Kampf gegen das Haus Habsburg auf. Das Unternehmen bekam einen internationalen Anstrich, die Parole lautete: »Heilige Weltfreiheit.« Im Verband der ungarischen Armee, der »Honved«, gab es eine Wiener, eine Deutsche, eine Polnische, eine Italienische Legion, und die so braven Tiroler stellten ein Freikorps. An der Spitze vieler ungarischer Regimenter standen Ausländer, vorwiegend österreichische Offiziere, nicht selten abtrünnige Söhne des Hochadels, die auf den Schlachtfeldern ihren Generationskonflikt austrugen. Ein Anliegen der Magyaren war es, bei ihrer Armee sofort die ungarische Kommandosprache einzuführen, es scheiterte jedoch daran, daß die wenigsten Offiziere die ungarische Sprache beherrschten; Deutsch mußte beibehalten werden. Aus England kam General Richard Guyon, aus Polen General Henrik Dembinski, aus Norddeutschland General Carl Graf Leiningen-Westerburg, aus Österreich General Ernst Ritter Pölt von Pöltenberg und General Anton Vetter von Doggenfeld.[6] Sie alle kämpften gegen ihren Kaiser, dem sie den Treueid bis zum Tode geschworen hatten. In den Reihen des Tiroler Freikorps kämpfte auch die neunzehnjährige in Agram geborene Maria Lebstück, die sich später im Husarenregiment »Miklòs« durch besondere Tapferkeit auszeichnete und sich bis zum »Oberleutnant Maria« hochdiente. »Ist es nicht herzzerreißend, daß sich die Truppen ein und desselben Souveräns bekämpfen?« schrieb EH Sophie.[7]

Binnen weniger Wochen hatte Ungarn das Land auf Kriegswirtschaft umgestellt, das Heer in neun Armeekorps gegliedert, die kaisertreuen österreichischen Streitkräfte angegriffen und bis Preßburg aus dem Land gedrängt. Die Lage war kritisch geworden, da die militärischen Kräfte Österreichs gleichzeitig auch in Norditalien eingesetzt werden mußten. FM Windischgraetz eilte an die Front und schlug die Ungarn zurück. In wenigen Tagen eroberte er Tyrnau, Raab, Ödenburg und marschierte auf die Hauptstadt. EH Sophie: »... Als wir zu unserem Sohn kamen, sein Vater und ich, um mit ihm zu dinieren und ich in der Hand Grünne's die Kassette mit den großen Schlüsseln sah, sagte mir der Kaiser, ›Das sind die Schlüssel von Raab‹, mit großer Freude.«[8] In der Nacht vom 4. zum 5. Januar 1849 floh Kossuth mit den Ministern, unter Mitnahme der Kroninsignien und der Notenpresse, nach Debrecen. Am nächsten Morgen zog Windischgraetz siegreich in Ofen ein. Der polnische General Bem, einst aus Wien geflohen, setzte den Österreichern in Siebenbürgen und im Banat gehörig zu.

Der junge Kaiser war nicht zu beneiden. Von überall kamen Hiobsbotschaften, die auf seine Stimmung drückten. Die Last auf seinen Schultern schien ihn zu erdrücken. »Die Krone von Österreich«, beschrieb eine Zeitung treffend die Lage, »der kostbarste Schatz auf Erden, war bis zu den Märztagen gar leicht zu tragen; ein Wort, ein Blick war Gebot für nahezu vierzig Millionen Getreuer. Es ist anders gekommen. Kaiser Franz Joseph hat mit Österreichs Krone nicht den leichten, schimmernden Schmuck, er hat die schwerste Last der Erde auf sein jugendliches Haupt genommen, und daß er die rosigen Freuden der goldenen Jugend mit den unabsehbaren Sorgen und Mühen der Regierung vertauscht, das allein müßte Ihm unsern Dank, unser Vertrauen gewinnen...«[9]

Am 20. Januar notierte EH Sophie: »... der Kaiser... hielt Rat mit den Ministern über die Abschaffung des Adels, die der Reichstag gestern verfügt hatte!« Dies war eine alte Forderung des Reichstages, die er schon im September 1848 postuliert hatte. Damals hieß es: »§ 5: Vor dem Gesetze sind alle Arten von Adelsbezeichnungen abgeschafft und dürfen nicht mehr verliehen werden.«[10] An diesem Tag fiel im engsten Kreis die Entscheidung, den Reichstag ehebaldigst aufzulösen und aus der »kaiserlichen Macht« heraus eine neue Verfassung zu erlassen. Am 12. Februar wurde durch ein »Allerhöchstes Handschreiben« der vom Kaiser gewählte Wahlspruch – »Viribus unitis« (mit vereinten Kräften) – bekanntgegeben. Dieser Wahlspruch ging auf den Lehrer des EH Albrecht, Joseph von Bergmann, zurück. Erstmals wurde er von Franz Joseph am 4. März 1849 verwendet, als er das Dekret zur Auflösung des Reichstages veröffentlichte, in dem es im Schlußsatz hieß: »Groß ist das Werk, aber gelingen wird es den *vereinten Kräften*.«

Die Mutter war von ihrem Sohn begeistert, als sie sah, daß er brav den erzkonservativen Kurs seiner Ratgeber steuerte. »Mit innigem Entzücken folge ich den Spuren der Allmacht und Weisheit Gottes«, schrieb sie in diesen Tagen an EH Ludwig. »Mir ist immer, als wenn er mir leise zuflüstere. Sei nur ruhig – laß mich nur machen! Wenn man den guten Willen hat, sein weises Walten zu verstehen, so kann man ihm nur innig danken... Die böswilligen und albernen Menschen läßt Er an ihren Schlechtigkeiten und Albernheiten und falschen Theorien nach und nach langsam untergehen. Diejenigen, die mit fester Überzeugung und Muth das Gute wollen und vermöge ihrer Stellung berufen sind, es durchzuführen, sind fest entschlossen, von dem Platze nicht zu weichen, auf den sie Gott gestellt und fühlen sich... gestützt und gehalten durch den neuen Anker, den Gott in seiner Gnade gegeben...«[11]

Der Gegenschlag des Hofes erfolgt am 4. März. Der Kaiser, Inhaber aller Staatsgewalt, und Schwarzenberg, sein verlängerter Arm, kamen mit ihrer Verfassung, jener vom Reichstag in Ausarbeitung befindlichen zuvor. Diese »oktroyierte Märzverfassung« galt dann bis 1851, als Franz Joseph wieder die absolute Monarchie einführte. Das war der erste große Schlag der Gegenrevolution. Vergessen die Versprechungen des Kaiserhauses und Schwarzenbergs, der noch am 27. November 1848 vor dem Reichstag erklärt hatte: »Wir wollen die constitutionelle Monarchie aufrichtig und rückhaltlos!« Vorbei! Der junge Kaiser begann seine Regierungszeit mit Lüge und Betrug!

Große Freude herrschte nun in der kaiserlichen Familie! »7. März 1849: Als der Kaiser zum Frühstück kam, übergab er mir sein wunderbares Manifest, dasjenige der Minister und die neue Verfassung, die heute veröffentlicht wurden, wo schließlich der Reichstag geschlossen worden ist durch M. (Franz Xaver Graf von Mercandin, Kreishauptmann von Olmütz) und Major Huyn (Johann Graf Huyn, Major im Generalquartiermeisteramt)... Gott sei tausendmal gedankt!«[12] Noch vor kurzer Zeit hatte Sophie EH Ludwig geschrieben, daß »die Konstitution so weise und verständig aufgesetzt ist, als man es nur im jetzigen Augenblick – wo dem Zeitgeist in mancher Hinsicht Rechnung getragen werden muß – verlangen kann!« Heute konnte sie bereits frei und ohne Hemmungen schreiben: »Über die Schließung des Reichstages jubeln alle Rechtsgesinnten, denn sie hat den letzten Rest von Schmach vom Kaiserreich genommen, für das es doch sehr demütigend war, Gesetze aus den Händen von solchen Menschen zu empfangen, die rastlos an seiner Vernichtung arbeiteten!« Für diese Untermenschen, die in Kremsier saßen und sich »Reichstag« schimpften, empfand Sophie nur Verachtung. Sie hatte scheinbar vergessen, wie sie und die Kaiserfamilie vor diesem Gremium einst zitterten. »Sieben der sauberen Herren Deputierten sollen vor Gericht gezogen werden, zwei wurden noch glücklich in Kremsier erwischt... Die Übrigen... hofft man bald zu bekommen... Gott gebe es!«, fügte sie dem Brief hinzu.[13] In ihrem Tagebuch vermerkte sie: »Die radikalen Deputierten, Fischhof und Prato, sind unmittelbar nach Schließung des Reichstages verhaftet worden – der schreckliche Füster wurde in Ratibor gefangengenommen.«

Nach diesem putschähnlichen Streich des Kaisers und Schwarzenbergs war der Reichstag überflüssig geworden, und die Deputierten wurden nach Hause geschickt. »Die Auflösung geschah durch Militärgewalt«, schrieb der Schweizer Gesandte. »Die Bestürzung der Mitglieder soll groß, die letzten Augenblicke der Versammlung sollen ergreifend gewesen sein.«[14] In Olmütz wurde ein feierliches Te Deum gesungen.

Bald kam der erste Rückschlag und auch eine herbe persönliche Enttäuschung für die kaiserliche Familie. FM Windischgraetz war nach Ungarn entsandt worden, um das Revolutionsheer zu Paaren zu treiben. Wohl hatte der Feldmarschall die Hauptstadt eingenommen, doch dann verließ ihn das Kriegsglück. Vielleicht auch deswegen, weil er nur mit halbem Herzen kämpfte. Eine Schlacht gegen Freunde und alte Kameraden entsprach nicht seiner Vorstellung von einem ritterlichen Kampf. Dazu fühlte er sich als Retter des Thrones, doch nun befand er sich, weit von Olmütz, dem Machtzentrum: Er versuchte brieflich Einfluß zu nehmen, was ihm aber von seinem Schwager Schwarzenberg, den Ministern und von Grünne, der rasch aufgestiegenen »grauen Eminenz« des Hofes, übel genommen wurde. Der Schwager glaubte überhaupt, Windischgraetz wolle seine Stelle einnehmen. Selbst wenn am österreichischen Hof nichts mehr funktionierte, das Spiel der Intrigen, der Andeutungen und der versteckten Verleumdungen war immer intakt. Durch die guten Ratschläge Windischgraetz' war auch der junge Kaiser in seinem Stolz gekränkt worden; schließlich war er jetzt der Herr der Armee und trug die Feldmarschalluniform und wollte sich nicht wie ein kleiner Leutnant belehren lassen. Die Tage Windischgraetz' waren gezählt.

Die Hauptfigur in diesem intriganten Spiel war der Generaladjutant Grünne. Er war es, der den Befehl des Kaisers entwarf und auch unterzeichnete, daß Windischgraetz das Kommando über die in Ungarn stehenden Truppen sofort dem FZM Ludwig Freiherrn von Welden zu übergeben habe. Windischgraetz reiste vor Wut schäumend und maßlos enttäuscht nach Olmütz und ließ dem Kaiser folgenden Brief übergeben: »Die Opfer, die ich dem Kaiserhaus gebracht, die unbedingte Hingebung, mit welcher ich Euer Majestät, Ihrer Dynastie, der Monarchie und der Armee gedient, und ich darf sagen, was ich dabei geleistet habe, läßt es nicht zu, daß ich noch die Zeichen von dem zu tragen imstande bin, was Sie mir nun nach dem Geleisteten so leicht zu entziehen keinen Anstand nehmen. Euer Majestät werden daher zu entschuldigen geruhen, die

Welt kein nachteiliges Urteil fällen, wenn ich mich bemüßigt finde, Allerhöchstdemselben alles an Würde und Dekorationen zu Füßen zu legen, was ich vom Kaiserhaus besitze.«[15] EH Sophie notierte unter dem 17. April 1849: »Am Nachmittag empfing ich Prinz Windischgraetz. Langes Gespräch, sehr sehr mühsam.« Auf den Dank des Hauses Habsburg konnte man sich verlassen!

Mit der Entlassung Windischgraetz' sollte die Armee nie mehr einen befähigten und selbständigen Oberbefehlshaber besitzen, denn der Kaiser selbst fühlte sich berufen, von nun an das Oberkommando zu übernehmen. Seine bisherige militärische Ausbildung hätte ihn gerade noch zum Hauptmann befähigt, doch er fühlte sich zum Marschall berufen. Der eigentliche Kommandierende war allerdings Generaladjutant Grünne, der »Leiter der Militärkanzlei Seiner Majestät« wurde und im Namen des Kaisers Befehle ausgab. Nur der alte Radetzky war weit vom Schuß und konnte trotz Kaiser und Grünne selbständig in Norditalien operieren. Im März 1849 muß den schon einmal geschlagenen König Karl Albert von Sardinien neuerlich der Hafer gestochen haben, denn er kündigte den Waffenstillstand mit den Österreichern. Wenige Tage später wurde er bei Mortara und am 23. März bei Novara furchtbar aufs Haupt geschlagen. Er dankte zugunsten seines Sohnes Viktor Emmanuel II. ab und ging ins Exil. Freudig notierte EH Sophie am 27. März in ihr Tagebuch: »...Um 11 Uhr vormittags kam der Kaiser ungestüm – was ein gutes Zeichen war – und sagte mir noch unter der Tür mit strahlender Miene: ›Die Piemontesen sind ganz geschlagen!‹...« Die Eroberung des gesamten lombardo-venezianischen Königreiches ging mit aller Härte weiter, Venedig kapitulierte zuletzt am 22. August.[16] Ein Aufstand in Brescia wurde mit aller Brutalität durch den FZM Julius Freiherrn von Haynau niedergeschlagen. Er war der uneheliche Sohn aus der Verbindung des Kurfürsten Wilhelm I. von Hessen-Kassel und der Apothekertochter Rebekka Ritter. Er wurde schon in Friedenszeiten als »Schleifer« und »Soldatenschinder« berühmt. »Die Hyäne von Brescia«, wie er jetzt genannt wurde, war zwar von Radetzky als tüchtiger Offizier anerkannt, aber, so sagte der Feldmarschall, er sei wie ein »Rasiermesser das nach getaner Arbeit sofort wieder in das Futteral gesteckt werden müsse«.

Haynau wurde aber noch dringend in Ungarn gebraucht. Dort hatte der Nachfolger von Windischgraetz, FZM von Welden, jämmerlich versagt. Die Österreicher waren aus Siebenbürgen vertrieben worden, mußten Pest räumen und wurden wieder bis Preßburg zurückgedrängt. »Ich selbst«, meldete Welden, »habe keine Hoffnung mehr, als unter den Trümmern begraben zu werden.«[17]

Mitte April fuhren EH Franz Karl und Sophie nach Prag, um den Staatspensionär Ferdinand und seine Gemahlin zu besuchen. In Olmütz war nun die Residenz leer und vereinsamt, und dem jungen Kaiser kam zu Bewußtsein, wie sehr er von der Mutter abhing, die ihm ein gemütliches Ambiente zu verschaffen pflegte und immer für ihn da war. »Hier ist jetzt alles für mich so leer und öde, seit sie alle weg sind«, schrieb er der Mutter sehnsüchtig. »Das Frühstück und der Tee allein sind sehr traurig, dazu kommt das viele Unangenehme, was ich jetzt zu ertragen habe... Um mich zu zerstreuen war ich gestern im Theater... heute will ich in ›Dichter und Bauer‹ gehen...«[18] Am 25. April schrieb EH Sophie deprimiert in ihr Tagebuch: »...Der Krieg mit Ungarn fängt leider wieder an... Der Großteil der Armee konzentriert sich in Raab unter dem Kommando des Generals Welden und verläßt im Moment Buda und Pest und gibt die Belagerung von Komorn auf! Gott möge unsere Waffen segnen!«

Am 5. Mai traf der Kaiser mit seinem Beraterstab in Wien ein. Am nächsten Tag gab er erstmals Audienzen in der Hofburg. Auch der Direktor des Hofburgtheaters, Heinrich Laube, wurde zugelassen. Er war gespannt, wie der neue Kaiser sich ihm gegenüber verhalten werde. Bei seiner Mutter hatte er immer eine gute Kritik gehabt und in ihr eine Fürsprecherin gefunden, die ihm wohlgesinnt war. »Erzherzogin Sophie, sie empfing mich so heiter, ohne Förmlichkeit«, erinnerte er sich an früher. »Sie hörte mich ruhig und wohlwollend an und rieth mir, meist mit lächelndem Ernst: die Dinge nicht gar so dogmatisch zu nehmen, sondern mitunter auch hübsch nachgiebig zu sein. Es geschah solcher Empfang... daß ihre Söhne Max und Carl zuweilen durch das Zimmer liefen, keines Fremden gegenwärtig und wenn sie ihn sahen, eine Weile zuhörend...« Doch der junge Kaiser war, wie die Mutter, Laube wohlgesonnen: »...Es war ihm noch etwas eingefallen, was er aussprechen wollte... Was war's? Ein Lob meines ›Struensee‹, offenbar ein Auftrag der Erzherzogin Sophie, seiner Mutter; ich konnte gar nicht freundlicher behandelt werden...«[19]

Franz Joseph erließ am 12. Mai eine Proklamation an die »Völker Ungarns«, in der er ankündigte, er werde die Hilfe Rußlands erbitten, um die Revolution in Ungarn niederzuschlagen. Auch in einigen Ländern Deutschlands war es wieder zu offenen Revolten gekommen, die Sophie ängstigten und die in ihrem Tagebuch ihren Niederschlag fanden. Sie war gebrochen und konsterniert und rief Gott um Hilfe an. »Möge der gute Gott uns nicht verlassen und uns immer beschützen«, oder »Mein Gott, wie wird das enden?« Auch was sie von der deutschen Bundesversammlung in Frankfurt hielt, ist nachzulesen: »Nach dem Tee haben wir uns die Litographien der Deputierten in Frankfurt angesehen... fast alle Figuren lassen an den Galgen denken!«[20]

Von Seiten Österreichs wurde wieder die »Heilige Allianz« beschworen. Schon im April hatte Franz Joseph an den Zaren Nikolaus I. ein Schreiben gerichtet: »Ich bitte Sie zu glauben, Sire, daß ich inmitten der peinlichen Prüfungen, die die Vorsehung mir zubestimmt hat, seit Beginn meiner Regierung unaufhörlich Trost und Hoffnungsgründe aus der glücklichen Sicherheit schöpfe, in jeder Lage auf die unerschütterliche Freundschaft Euer kaiserlichen Majestät zählen zu dürfen.«[21] Neun Tage später, als sich die Niederlage der kaiserlichen Truppen abzuzeichnen begann, mußte Franz Joseph nochmals auf den Ernst der Lage hinweisen. Schwarzenberg tat das nicht gerne, denn er wußte, die Russen zu rufen, war die eine Seite, sie aber wieder loszuwerden, eine andere und schwerere. Doch die Intentionen des Zaren trafen sich mit den österreichischen. Nikolaus I. war an der Niederschlagung genauso interessiert wie der Kaiser von Österreich. Was heute in Ungarn geschah, konnte morgen, wenn die Revolution siegreich blieb, in Polen oder sogar in seinem eigenen Land geschehen. Er empfing daher Franz Joseph wohlwollend wie ein väterlicher Freund am 21. Mai in Warschau. Der junge Kaiser bat um militärische Hilfe, die der Zar sofort versprach. In diesen dreitägigen Gesprächen wurde auch die einzuschlagende Strategie erlaubt: Von Norden würden russische Truppen unter Führung des Fürsten Iwan Gregorewitsch Paskewitsch in Ungarn einmarschieren, von Süden sollte wieder der Banus von Kroatien, Josef von Jellačić, vorstoßen, und von Westen die kaiserlichen Truppen unter dem Kommando der »Hyäne von Brescia«, FZM von Haynau. EH Sophie vermerkte über diese so entscheidenden Tage in ihr Tagebuch, daß ihr Sohn von der Reise begeistert war und »In Warschau haben die beiden Kaiser gemeinsam diniert«.[22] Am 26. Mai fuhren die Eltern des Kaisers mit der Eisenbahn von Olmütz ab und trafen um 22 Uhr in Schloß Schönbrunn ein, »wo wir die traurigen Erinnerungen an den 6. und 7. Oktober wiederfanden«. Schon am nächsten Tag langte die Hiobsbotschaft in Wien ein, daß die Ungarn die seit dem 21. April gehaltene Festung von Ofen gestürmt hätten. Sie war durch Verrat gefallen. Der Verteidiger, General Hentzi, fand dabei den Tod. »Ich erfuhr beim Frühstück von der Einnahme durch die Aufständischen und ich war darüber vernichtet! Wieder Ströme von Blut!«

Der 7. Juni war das Fronleichnamsfest, und dieses wurde durch den feierlichen »Umzug« in der Inneren Stadt in Anwesenheit des Hofes immer schon festlich begangen. Diese kirchliche Machtdemonstration gehörte an dem Tag dem Kaiser, der Kirche und der Armee. In diesem Jahr würde erstmals die drahtige blendende Figur des jungen Franz Joseph hinter dem »Himmel«, umgeben von den Garden des Hofes, einherschreiten. Sophie schilderte diese Zeremonie: »7. 6. 1849: Donnerstag, Fronleichnam ... erwarteten wir die Ankunft des Kaisers mit der Prozession auf dem Michaelerplatz. Er kam um 9 Uhr 30, voran alle Bischöfe, die hier zu einer Synode versammelt sind, das heilige Sakrament durch die Straßen Wiens tragend, gefolgt vom Kaiser – diese junge Seele so rein und seinen Pflichten hingegeben. Es machte auf mich den Eindruck einer Reinigung dieser armen Stadt, die Mord und Skandal während des Jahres 1848 ausgeliefert war und die das empörende Schauspiel eines Juden ertragen mußte – des Schurken Fischhof, der im vergangenen Jahr bei der Fronleichnamsprozession unmittelbar hinter dem heiligen Sakrament an Stelle des Kaisers folgte. Der berührende Anblick des jungen und edlen Kaisers rührte all die zahlreichen Zuschauer, Männer weinten, selbst Molly Zichy ... weinte über die schöne und berührende Entsagung Franz Karls, der heute seinen Sohn gehen sah, und über den Schmerz darüber, daß die ungarische Garde, das erste Mal seit sie existiert, bei der Prozession fehlte; das macht mich auch so unglücklich! Sie war immer mit Freuden und Schmerzen der kaiserlichen Familie verbunden gewesen, und nun einigt sie sich nicht um diesen tapferen und jungen Kaiser, sondern im Gegenteil, sie kämpft gegen ihn!« Acht Tage später doch ein

kleiner Hoffnungsstrahl: »Während einer Truppenparade erhielt der Kaiser die Nachricht, daß Ban Jellačić Perczel an der Theiß schwer geschlagen hat...«
Die Kampfhandlungen in Ungarn waren eröffnet. Der Zar und Franz Joseph begaben sich, beide mit dem Hintergedanken, bei der Siegesparade in Buda-Pest der erste zu sein, zu ihren Truppen. Franz Joseph nahm seinen Bruder Max mit ins Feld, und beide brannten darauf, bald »Pulverdampf riechen« zu dürfen. Am 27. Juni berichtete der Kaiser seiner Mutter aus dem Hauptquartier in Unter-Altenburg, daß er sich bei der Division des Generals Schlik befinde. Am nächsten Tag nahm die Division das brennende Raab, an der Spitze der Truppen der junge Kaiser. Max berichtete nach Hause, daß der »herrliche Kaiser« über eine brennende Brücke in die Stadt gestürmt sei. Franz Joseph, zum zweitenmal im Feuer stehend, sah die Sache bereits gelassener und gab sich ganz als Feldherr. Er berichtete seiner Mutter: ».. Die gestrige Einnahme von Raab war recht hübsch. Die Vorrückung zweier Armeekorps in geschlossenen Kolonnen während dem Geschützfeuer (unter den Truppen acht Grenadierbataillone) war imposant, wenngleich nicht sehr blutig. Darauf drangen die Kolonnen von zwei Seiten unter Vivatrufen und Volkshymne in die Vorstädte bis zu den teilweise abgebrochenen Brücken. Bei einer derselben langten wir auf der anderen Seite an, während die andere Kolonne auf der anderen Seite erschien, ohne daß wir beide über die Brücken konnten; als ich auf die teilweise brennende Brücke ritt, fuhr auch gerade Franzi Liechtenstein vom anderen Ufer zu Schiff über das Wasser und wir begrüßten uns unter Vivatgebrülle von allen Seiten. Heute ist Rasttag und morgen geht es, so Gott will, wieder vorwärts. Zu ihrer Beruhigung melde ich Ihnen, daß wir heute in der Messe waren, wobei Geistliche funktionierten, denen man den Ingrimm darüber in den Gesichtern las...«[23]
Schwarzenberg, der immer um Franz Joseph war, fand diese Soldatenspielerei entsetzlich und hatte genug. Schließlich war Franz Joseph der Kaiser und Oberbefehlshaber der Armee und nicht der Stoßtruppführer einer Infanteriekompanie. Er und Max wurden sofort nach Wien zurücktransferiert. Die Mutter machte sich ohnehin genug Sorgen um die Söhne. ».. Grünne, der mit mir, mit Tränen in den Augen, über unseren Kaiser in Ungarn sprach, wo

alle in Angst um ihn waren.«[24] Als Trostpflaster verlieh der Zar Franz Joseph für seine Tapferkeit das Georgkreuz. Von nun an trug der Kaiser von Österreich dieses weiße Kreuz am schwarz-gelben Band ständig an seiner Uniform. Er sollte es erst nach der Kriegserklärung Österreich-Ungarns im Jahre 1914 abnehmen und nie wieder anheften. Diese Auszeichnung hatte er sich in Raab redlich verdient und war stolz darauf.

Am 25. Juli schrieb Sophie in ihr Tagebuch:»...Als wir uns in unseren Wagen begaben... erfuhren wir, daß in unserem Zug die Grafen Louis Batthyány und (Stephan) Károly mit einer Eskorte von Laibach nach Preßburg transportiert wurden. Wie die Wege Gottes doch unerforschlich sind! ...Am 7. Oktober des Jahres 1848, als Batthyány von unserer Abreise von Schönbrunn erfuhr, sagte er in Ödenburg: ›Die Sophie hätten sie mir wenigstens nicht weggehen lassen sollen!‹ – und gestern war er mit mir als Gefangener im selben Zug, vielleicht sogar seiner Exekution entgegensehend, und ich, ich kehrte in dasselbe Schloß zurück, das seine verhassenswerten Umtriebe uns verlassen ließen und ich nahe bei meinem Sohn, der durch die Barmherzigkeit Gottes gerufen wurde, diese Monarchie zu retten, die dieser Mann zerstören wollte.«

Ludwig Graf Batthyány erlangte seit 1838, als er sich dem patriotischen Beispiel Széchényis anschloß, durch Pflege der ungarischen Sprache und Förderer der materiellen Interessen des Landes große Popularität. Er war Mitglied der Magnatentafel, wegen seiner entschiedenen liberalen Haltung galt er bald als Radikaler, zumal er 1847 die Wahl Kossuths zum Deputierten des Pester Komitates unterstützte. Batthyánys Einfluß stieg noch, als sein Freund, EH Stephan, Palatin von Ungarn wurde. Als in den Märztagen 1848 Ungarns Forderungen von Kaiser Ferdinand bestätigt wurden, trat er an die Spitze des Kabinetts und bemühte sich, die politische Union Ungarns mit Österreich aufrechtzuerhalten. Als Jellačić am 11. September in Ungarn einfiel, trat Batthyány nach fruchtlosen Verhandlungen mit der österreichischen Regierung zurück. Tags darauf wurde er vom Palatin mit der Regierungsbildung betraut, doch diese wurde vom König «nicht anerkannt. Nachdem Graf Lamberg auf der Kettenbrücke ermordet worden war, ging Batthyány nach Wien, um Sanktionen gegen das Land zu verhindern. Da sein Bemühen scheiterte, zog er sich auf sein Gut in Ikovár zurück. Am

6. Oktober brach die Revolution in Wien nach dem Mord am Grafen Latour neuerlich aus, und es wurde versucht, Batthyány die Schuld daran zuzuweisen. Nun beteiligte sich der Graf an den Kämpfen gegen die kaisertreuen Truppen. Er war Mitglied der Deputation, die zu Windischgraetz gesandt wurde, um für die Schonung der Hauptstadt zu bitten, doch wurde diese nicht empfangen. Die Regierung Kossuths war nach Debrecen geflohen, Batthyány blieb in Pest. Dort wurde er am 8. Januar 1849 im Salon der Gräfin Károly verhaftet und vor ein Kriegsgericht gestellt. Er verweigerte jede Aussage und verlangte eine Verhandlung vor der Magnatentafel. Als ihm das Kriegsgericht mit Erschießen drohte, ließ er den Prozeß beginnen. Schon schien es, daß er aus Mangel an Beweisen freizusprechen wäre, selbst der Auditor des Gerichtes plädierte für die Einstellung des Verfahrens, als General Haynau Oberkommandierender in Ungarn wurde. Der verlangte, daß der Prozeß neu aufgerollt werde. Der Spruch des Gerichtes lautete am 5. Oktober: Tod durch den Strang.[25]

Ungarn konnte sich gegen die massiv vorgetragenen militärischen Operationen der Russen und Österreicher nicht halten. Nur gegen die kaiserlichen Truppen konnten einzelne Erfolge erzielt werden, so bei Komorn, was in Wien Bestürzung hervorrief: »6. 8. 1849: (Der Kaiser weilt bei seiner Mutter und geht in ihrem Zimmer unruhig auf und ab.) Der Kopf hoch, der Schritt fest, sprach mit Überzeugung und Vertrauen, es gelang ihm, meinen Mut wieder aufzurichten, der durch den Mißerfolg in Ungarn niedergeschlagen war.«[26] Fünf Tage später vereinigte Jellačić seine Truppen mit den vorrückenden Österreichern bei Schäßburg. Obwohl Kossuth noch am 1. Juli an die Welt appelliert hatte, den ungarischen Freiheitskampf zu unterstützen und für die »Freiheit Europas« zu kämpfen, war die Kapitulation des ungarischen Revolutionsheeres nicht abzuwenden. Kossuth floh unter Mitnahme der Kroninsignien, die er dann bei Orsowa vergrub, in die Türkei. Die Hauptmasse der Armee kapitulierte nicht vor den Österreichern, sondern vor den russischen Truppen. Am 13. August übergab der ungarische General Arthur Görgey seine Armee mit 30 000 Mann dem russischen Fürsten Paskewitsch. Der telegrafierte dem Zaren: »Sie, Majestät, und niemand anderer sind der Sieger. Ungarn liegt Ihnen zu Ihren Füßen und der Krieg ist beendet.« Diese Meldung faßte der österreichische Befehlshaber FZM Haynau als eklatante Lüge auf, er fühlte sich in seiner Ehre gekränkt und sandte Schwarzenberg ein Protestschreiben, in dem es hieß: ».. . Ich bin ein Opfer der Politik, da die Belobigung meinerseits des FM Paskevich als ob dieser meine Operationen unterstützt hätte und zu der schnellen Beendigung des Krieges beigetragen, offenbar eine Lüge ist! Schon bei dem Übertritte der ungarischen Grenze haben die russischen Generale und Offiziere Simpathien für die Rebellen... an den Tag gelegt und selbst das Benehmen des FM Paskevich erscheint in einem höchst zweideutigen Lichte, wovon ich Beweise in Händen halte...«[27]

Seinen 19. Geburtstag verbrachte Franz Joseph im Kreise seiner Familie in Ischl. Sein Vater hatte eine Jagd ausgerichtet, und der junge Kaiser schoß sechs Gemsen. Das war seine einzige private Freude. Abends stand auf der Hoftafel eine Torte mit neunzehn Kerzen. Lassen wir aber die Mutter diesen Abend schildern: »(Ischl). Gegen Ende des Diners brachte ein Kurier aus Wien dem Kaiser die glückliche Nachricht, daß Görgey (einer der geschicktesten Generale der Aufständischen) mit dreißig- bis vierzigtausend Mann die Waffen niedergelegt hat! Vinzenz Müller (Adjutant) brachte, zitternd vor Freude, dem Kaiser die telegrafische Depesche. Strahlende und allgemeine Freude. Wir tranken ein zweites Mal auf das Wohl des Kaisers... Der Kaiser verließ das Essen und kehrte bald in Uniform in den Salon zurück, bereit, nach Wien abzureisen. Überraschung bei allen Tischgästen. In einem Feldpostbrief vom ungarischen Kriegsschauplatz hieß es: »Wir können jetzt wirklich sagen, unsere Bajonette sind des Thrones festeste Stütze; mit unserem Herzblut haben wir die Monarchie zusammengekittet!«[28]

Tags darauf erschien der russische Thronfolger in Ischl, um Franz Joseph zu sehen und ihm einen Brief seines Vaters zu überbringen, doch er traf den Kaiser nicht mehr an. Sofort eilte der Zarewitsch nach Wien.[29] Der Brief des Zaren enthielt mahnende Worte an den jungen Franz Joseph. »Danken wir Gott, daß Er das kostbare Blut unserer Untertanen nicht länger vergießen läßt und die Gelegenheit gibt, das schönste unserer souveränen Rechte zu gebrauchen, das einer wohlverstandenen Milde... Eine gerechte Strenge gegen die Führer und Verzeihung für die Verirrten scheinen mir die einzigen praktischen Mittel, um zu einer dauernden Befriedung zu kommen.«[30] Auch der russische Thronfolger und Fürst Paskewitsch bemühten sich, das Schicksal der Kriegsgefangenen zu mildern. Es war vergeblich. Franz Joseph antwortete dem Zaren, daß er glücklich wäre – so seine persönlichen Gefühle – Gnade walten zu lassen, doch das Wohlergehen des Staates mache es ihm zur heiligen Pflicht, äußerste Strenge walten zu lassen. Für die »äußerste Strenge« hatte der Kaiser den richtigen Exekutor in Ungarn: General Haynau. Das »Rasiermesser« konnte sich im Land richtig austoben. Weder der Kaiser noch der Hof, noch Schwarzenberg fielen ihm in den Arm. Franz Joseph beging in diesen Tagen einen folgenschweren Fehler. Unter seinem Vorsitz wurde im Ministerrat am 20. August beschlossen, daß alle auf ungarischer Seite kämpfenden Stabsoffiziere wegen Hochverrats vor die Kriegsgerichte gestellt werden müßten. Das war Wasser auf die Mühlen Haynaus. Damit er nicht zu brutal vorging, wurde ihm befohlen, kein Todesurteil zu vollstrecken, das nicht von Wien aus bestätigt wurde. Doch der General wollte sich keiner Beschränkung unterwerfen. Der Kaiser gab nach und stimmte zu, die Todesurteile nach Wien melden zu lassen. Das Schicksal der ungarischen Soldaten wurde ihm allein anheimgestellt, und er erklärte, daß er es »der Welt und der österreichischen Armee« schuldig sei, hier ein abschreckendes Exempel zu statuieren.

General Görgeys Leben wurde durch die Vermittlung des Zaren gerettet. Dagegen wurden dreizehn andere Generäle zum Tod verurteilt. Vier wurden erschossen, neun gehängt. Den Zaren störte es, daß jene neun, die sich ihm ergeben hatten, den schmachvollen Tod auf dem Galgen sterben mußten, während die vier anderen, die sich den Österreichern ergeben hatten, den ehrenvollen Tod »durch Pulver und Blei« sterben durften. Alle empfingen den Tod gleich Helden. Einer von ihnen, der deutsche General Aulich, erklärte vor dem Kriegsgericht: »Der König befahl mir als Soldaten, auf die Konstitution zu schwören. Ich schwor. Der König hielt seinen Schwur nicht, ich habe den meinen gehalten.«[31] Die Hinrichtung von Kriegsgefangenen stand natürlich im krassen Gegensatz zu den damals geltenden Kriegsbräuchen, wie sie in zivilisierten Staaten Geltung hatten. Die österreichische Regierung rechtfertigte sich dahingehend, daß diese Soldaten Deserteure und Hochverräter seien und damit den strengsten Urteilen zu unterwerfen wären. Der junge Kaiser schloß sich dieser Stellungnahme voll und ganz an und lehnte die Gnadengesuche ab. Die Devise galt: »Der Sieger ist immer im Recht!« Der wahre Beweggrund dieser Maßnahmen war nichts anderes als blanker Haß, Rachedurst und die eigene Unsicherheit und Unfähigkeit.

Der 6. Oktober wurde deshalb zum Hinrichtungstag bestimmt, weil er der Jahrestag der Ermordung Latours und des Ausbruches der Wiener Revolution war. Im Festungsgraben von Arad wurden die Todesurteile vollstreckt. Am gleichen Abend wurde im Neugebäude von Pest Graf Batthyány nicht gehängt – wie das Urteil lautete – sondern erschossen. Wie bereits erwähnt, erbrachte der erste Prozeß gegen den Grafen keine Schuldbeweise, doch aus Wien kam die Order: Schuldig oder nicht schuldig! Batthyány muß hängen! Für den zweiten Militärgerichtshof war daher der Weg vorgezeichnet.

Am Abend vor der Hinrichtung gelang es Gräfin Batthyány, in einem Wäschepaket einen kleinen Dolch ins Gefängnis zu schmuggeln. In den frühen Morgenstunden schnitt sich der Graf, um der Schande am Galgen zu entkommen, die Halsschlagader auf. Obwohl ihm ein kunstvoller Verband angelegt worden war, war es nicht möglich, ihm die Schlinge um den Hals zu legen. Der österreichische Polizeiminister Johann Freiherr von Kempen berichtete darüber in seinem Tagebuch: »6. Oktober 1849: Ich erhielt Nachricht vom Versuch des Selbstmordes des Grafen Batthyány, dies man mir wirklich früh nach 6 Uhr berichtete. Er kam – noch weiß man nicht wie – in den Besitz eines kleinen stumpfen Dolches und verletzte sich unter dem rechten Kinnladen die Schlagader, wodurch eine Verblutung entstand. Nachdem diese gestillt und alle Hindernisse behoben waren, ließ ich denselben abends erschießen; mir selbst verursachen die Verhandlungen, die aus diesen Hindernissen hervorgegangen sind, ein tiefgehendes Mißbehagen.«[32]

Europa war starr vor Entsetzen. Metternich war, wie seine Frau berichtete, tief entrüstet über Batthyánys Hinrichtung, »für die nicht einmal eine Erklärung gegeben wurde«. Kurz darauf tauchten in Wien häßliche Gerüchte auf, wobei hinter vorgehaltener Hand geflüstert wurde, daß der auffallend schöne Graf sterben mußte, weil er bei einer gewissen Gelegenheit die weibliche Eitelkeit der EH Sophie tödlich getroffen habe.

Der Justizmord von Arad war aber erst der Auftakt einer Schrek-kensherrschaft in Ungarn, gegen welche das Blutgericht Windisch-graetz' in Wien nur ein Werk christlicher Barmherzigkeit war. Es ge-lang Haynau zwar nicht, wie er es beabsichtigte, sämtliche Offiziers-chargen vor die Militärgerichte zu bringen, sondern er mußte sich mit der Anklage gegen die Stabsoffiziere begnügen; aber es kamen in den nächsten Wochen doch noch 114 Todesurteile zusammen, und 1765 Personen wurden zu Kerkerstrafen verurteilt. Haynaus Mannen waren überall im Land unterwegs. Selbst kleinste Verstöße zogen schwerste Strafen nach sich. Eine besondere Belustigung waren die öffentlichen Auspeitschungen. Auch Frauen blieb diese Strafe nicht erspart. So wurde eine Frau von Madersbach, wegen abfälliger Äußerungen über die österreichische Armee, auf dem Hauptplatz von Weißenkirchen nackt ausgepeitscht. Ihr Mann beging wegen dieser Schande Selbstmord. So brutal Haynau auch war, in Ungarn war er doch nur das Werkzeug Schwarzenbergs, der den jungen Kaiser völlig beherrschte. Der Fürst war in seinem Element. Freunde rieten zur Mäßigung. Wiederholt wurde ihm gesagt, er möge die Ungarn durch Milde zu gewinnen trachten. »Das ist schon recht«, antwortete er zynisch, »aber vorerst wollen wir ein bißchen hängen lassen!«[33]

Der Zar forderte Franz Joseph auf, das Terrorregime in Ungarn zu beenden, was den Stolz des jungen Kaisers traf, der keine Einmi-schung von außen gestattete. Dr. Alexander Bach trat für eine menschliche Behandlung der Magyaren ein. Es bestand sogar der Verdacht, daß ein Dekret Bachs, das die Milderung der Urteile betraf, von Schwarzenberg unterlaufen und die Abänderung der Urteile widerrufen wurde. Eine andere Stimme, die nach Gnade rief, war die Wessenbergs. Der alte Staatsmann, ein glühender öster-reichischer Patriot, schlug den Ratgebern des Kaisers vor, Franz Joseph zu beeinflussen, seine Macht auf Frieden und guten Willen aufzubauen und nicht auf Schafott und Galgen. Auch EH Johann, vom Kaiser und seiner Mutter spöttisch »Reichsvermoderer« statt »Reichsverweser« genannt, gab dem Kaiser den Rat, die Ungarn mit Nachsicht und Milde für sich einzunehmen. Sie würden durch eine derartige Politik für immer zu treuen Untertanen werden. All diese Ratschläge waren dem jungen Kaiser zuwider. Schwarzen-bergs Terror blieb aufrecht. Der sächsische Legationssekretär in

Wien, Vitzthum von Eckstädt, schrieb seinem Onkel: »...Felix Schwarzenbergs jüngste Erklärung...: So lange der Kaiser Franz Joseph lebt, sagte der Fürst, und so lange ich die Ehre habe, sein Minister zu sein, so lange wird Österreich nicht einen Finger breit von der bisher befolgten politischen Linie weichen!«[34]

Es stellt sich hier die berechtigte Frage, wie weit EH Sophie ihren Sohn in dieser Haltung bestärkte, statt einen mildernden Einfluß auf ihn auszuüben? Daß sie, die eifrige Leserin der »Allgemeinen Augsburger Zeitung«, von diesen Taten Haynaus nichts ahnte oder wußte, ist unglaubwürdig. Als Haynau in London von Brauereiarbeitern wegen seiner Taten in Ungarn fast zu Tode geprügelt wurde, fand sie, daß diesem rechtschaffenen Mann schweres Unrecht geschah: »Die Grausamkeiten die gegen General Haynau in London in einer Bierbrauerei betrieben wurden, erregen allgemein Entrüstung und betrüben mich sehr!«[35] Auffallend ist, daß sie die Vorgänge in Ungarn kommentarlos überging.

Die Besatzungsmethoden Haynaus waren tatsächlich untragbar geworden, und der Kaiser beauftragte Schwarzenberg, den Feldzeugmeister aufzufordern, sein Pensionsgesuch einzureichen, das er wohlwollend entgegennehmen würde. Aber es war für Franz Joseph nicht so sehr die Brutalität und Härte Haynaus, die ihn gestört hätte, sondern vielmehr das selbständige Handeln, das der General in seiner Provinz an den Tag legte. Und wie uneinsichtig der General selbst war, zeigt ein Brief von ihm an Schwarzenberg: »Soeben erhalte ich das Handschreiben S.M. meines vielgeliebten Gebiethers und Herrn, welches mich ganz glücklich macht, weil ich mich schon nach Ruhe nach einer geleisteten 50jährigen Dienstzeit sehnte... Mit dem ruhigen und glücklichen Bewusstsein trete ich aus der Armee und von der Verwaltung von Ungarn ab, alle Pflichten nicht allein Genüge geleistet, sondern alles zu der Pacifierung des Landes befördert zu haben, was nur möglichst in meinen Kräften stand. Der Kaiser kann ganz beruhigt in das Land kommen und wird mit reuigen offenen Armen empfangen werden, denn tausende von Herzen der Nation habe ich ihm durch meine Handlungen und Benehmen gewonnen...«[36] Die Ruhe in Ungarn, die Haynau ins Land brachte, glich eher einer Friedhofsruhe.

»Das Tagesereignis ist noch immer die Absetzung Haynaus«, schrieb Vitzthum seinem Onkel. »Nur durch den offenkundigen

Ungehorsam gegen den ausführlichen Befehl des Kaisers, S.M. fortan alle Begnadigungen zu überlassen, wurde diese Massregel zu einer dura necessitas. So schwer es auch dem Monarchen geworden, diesen hochverdienten General zu pensionieren. Aber wenn es sich um seine Autoritaet handelt, da pflegt der junge Herr nicht zu spassen...«[37]

Wie weit der Ruf nach einer starken Hand in der Monarchie bereits gedrungen war und manche Kreise, hier vor allem die Armee, die alten Zustände in der Monarchie wieder hergestellt wissen wollten, zeigt ein Brief des sächsischen Diplomaten: »Ich habe heute eine merkwürdige Broschüre gelesen, welche nicht im Buchhandel erschienen und nur in 50 Exemplaren gedruckt sein soll. Unter dem Titel ›Bekenntnisse eines Soldaten‹ bekämpft der Autor, ein hochgestellter junger Offizier, den Constitutionalismus und ertheilt den Rath, unter Durchführung zeitgemässer Reformen, gestützt auf 500 000 Bajonette, die Monarchie auf den Urfelsen des absoluten Systems wieder aufzubauen. Der Kaiser hat ein Exemplar dieser Schrift auf seinem Schreibtisch gefunden und nicht erfahren können, wie dieselbe dahin gekommen ist. In den Reihen der Armee dürfte dieses Votum viele Tausende von Stimmen für sich haben...«[38]

Wir wissen, daß Sophies Einfluß noch immer ungebrochen war, daß sie sogar friedensstiftend eingreifen konnte, was besonders im Konflikt Österreich-Preußen im Jahre 1850 zum Ausdruck kam. Wegen Unruhen in Hessen wäre es fast zu einem europäischen Krieg gekommen. Mit Hilfe ihrer Schwester, der Königin von Preußen, konnte Sophie über ihren Sohn beschwichtigend auf den Scharfmacher Schwarzenberg einwirken.[39] Sie jubelte, als ihr Schwager, der preußische König, Vernunft annahm und seinen Truppen verbot, auf die in Hessen einmarschierenden Bayern und Österreicher zu schießen. Trotzdem blieb die Erzherzogin beunruhigt, hatte Angst vor der Zukunft und damit um das Leben ihres heißgeliebten Sohnes. »Der politische Horizont ist leider sehr getrübt! Ich würde gerne die Augen vor der Zukunft verschließen! Man kann sich nur in die Arme Gottes werfen, betend und stöhnend!«[40]

Sie ließ keine Gelegenheit aus, sich für ihren Sohn einzusetzen und ihn zu unterstützen. Heute würden wir sagen, sie führte für ihren Ältesten eine ununterbrochene Public-relation-Kampagne. Sie drängte den Menschen die Meinung auf, daß sie den schönsten, strahlendsten und besten Kaiser besäßen, sie appellierte an die Ehre der Bürger, für diesen »Übermenschen« alles zu geben, und sie weckte das Mitleid der Untertanen, daß dieser herrliche, junge Mann, zum Wohle des Reiches und der Bürger, auf seine Jugend verzichtet habe. Kempen berichtete: ». . . Zur kaiserlichen Tafel geladen, erschien ich um 4½ Uhr zu Schönbrunn. Es speisten über fünfzig Personen. . . Die EH Sophie sprach mit mütterlicher Eitelkeit vom Kaiser, daß er die Armee so sehr liebe, und von dem Siege, den diese über die Revolution gewonnen. Sie sagte unter anderem, ›leichter hätte ich mich über den möglichen Verlust meiner Kinder getröstet, als über die Schmach, einer Studentenherrschaft zu unterliegen!‹. . .«[41] Auch Vitzthum von Eckstädt berichtete einmal seiner Mutter, daß er zur Hoftafel nach Schönbrunn eingeladen war und ihn dort die Erzherzogin in ein Gespräch zog. »Rührend die EH Sophie, wenn sie von ihrem Kaiser spricht«, berichtete er. ». . .›Gewiss, sagte die Erzherzogin, seine Obrigkeit muss sein und für die Einzelnen ist es ohne Zweifel ehrenvoller unter einem von Gott eingesetzten Herrscher zu stehen, als unter solchen, die ihre Wahl dem Zufall und der Willkür verdanken.‹ Als ich nun darauf hinwies, dass es das grosse Verdienst der österreichischen Armee sei, diese Wahrheit erkannt zu haben, rief die hohe Frau mit strahlenden Augen: ›Wenn Sie unserer braven Armee dankbar sind, so vergessen Sie darum den Kaiser nicht!‹ Als die Sprache auf Preußen kam, meinte ich, in Preußen gäbe es genug Leute, die sich gerne von Franz Joseph erobern laasen würden. ›O, nur nicht erobern!‹ fiel die Erzherzogin mir ins Wort. ›Wir wollen nur erhalten was uns von Gott und Rechts wegen zukommt. Für die Idee der deutschen Kaiserkrone habe ich nie geschwärmt!‹. . .«[42] Sophie hielt auch – vielleicht mit berechnender Absicht – den Briefverkehr mit Walpurga Schindl aufrecht, da sie wußte, daß ihre Worte in Tirol sofort Verbreitung finden würden. So berichtete sie, daß sie die Briefe aus Tirol regelmäßig dem Kaiser vorlese, der sich darüber sehr freue und ebenfalls herzlich nach Tirol grüße. Sophie erzählte von ihrer Familie, von ihrem Jubiläum der silbernen Hochzeit, von ihrer überstandenen »schweren Gelbsucht«, von ihrem »Seemann Max«, der in Triest an Nervenfieber erkrankt sei.[43] Das waren natürlich keine weltbewegenden Neuigkeiten, doch intime

Die Eltern

EH Franz Karl

2 EH Sophie, geb. Prinzessin von Bayern

Die Söhne

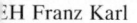

on links: EH Franz Joseph, EH Ludwig Viktor, EH Carl Ludwig, EH Ferdinand Max

Die Schwiegertöchter

4 Kaiserin Elisabeth,
geb. Prinzessin in Bayern

5 Charlotte Prinzessin von Belgien,
Kaiserin von Mexiko

Die Enkelkinder

6 EH Gisela mit 14 Jahren

7 EH Rudolf mit 10 Jahren

8 EH Marie Valerie
mit 3 Jahren

Die Verwandtschaft

Kaiser Franz I. von Österreich,
Schwiegervater d. EH Sophie

10 Kaiserin Caroline Auguste,
geb. Prinzessin von Bayern,
Stiefschwester der EH Sophie

Kaiser Ferdinand I. von Österreich,
Schwager der EH Sophie

12 Kaiserin Maria Anna von Österreich,
Schwägerin der EH Sophie

Die politischen Berater

13 Fürst Clemens Lothar Metternich

14 EH Ludwig

15 Fürst Felix Schwarzenberg

Die Freunde

Franz Herzog von Reichstadt   17 Gustav Prinz von Wasa

Die Leibärzte

Dr. Johann Edler v. Malfatti-Monteregio   19 Hofrat Dr. F. Seeburger

Übergabe des Thrones

20 2. 12. 1848. Thronbesteigung Kaiser Franz Josephs I. von Österreich. Franz Joseph vor Kaise Ferdinand kniend. Szene im Thronsaal der fürsterzbischöflichen Residenz zu Olmütz.

21 »Die Allerhöchste Kaiserfamilie«. Franz Joseph und seine Brüder Ferdinand Max mit Gattin Charlotte v. Belgien, Ludwig Viktor und Carl Ludwig stehend. Kaiserin Elisabeth mit den Kindern Rudolf und Gisela und Schwiegereltern EH Sophie und EH Franz Karl davor sitzend.

Schriftproben aus den Tagebüchern der EH Sophie (Juillet. Aout. Septembre 1871)

23 Altersbild der EH Sophie von Österreich

Details des Hofes, die sich in Tirol wie ein Lauffeuer verbreiten würden. Sophie war keine Schwätzerin, die frei von der Leber weg berichtete; dazu war sie viel zu intelligent. Sie wußte aber, daß ihre Worte und Briefe in Tirol positive Wirkung erzielen würden. Am 5. Dezember rief Franz Joseph Baron Joseph Kübeck zu sich und ernannte ihn zum Präsidenten des Reichstages, Kübeck zählte seit den Märztagen 1848 zum »inneren Kreis« der Erzherzogin, der für die Gegenrevolution arbeitete. Kübeck hatte sich als kleinbürgerlicher Schneidermeistersohn aus Iglau in Mähren auf der Beamtenleiter bis in die höchsten Ränge emporgearbeitet. »Zu Mittag empfing ich den alten Kübeck«, schrieb Sophie in ihr Tagebuch, »den der Kaiser zum Präsidenten des Reichstages nominiert hat ...« Dem Onkel EH Ludwig berichtete sie nach Ischl, daß sich nun langsam in Wien wieder die »alten Zeiten« einstellten, und das wäre der Tatkraft und Tüchtigkeit ihres Ältesten zu verdanken. »... Ihre so harmlose Heiterkeit, die meines geliebten Kindes sorgenvolles Leben sanft erhellt und für welche ich Ihnen so dankbar bin ... Maxi hat nehmlich im Kaisergarten einen Rutschberg angelegt, von dem sämtliche Jugend ... täglich herabrutschen, manche überpurzeln sich dabei zum großen Ergötzen der anderen ... Noch habe ich diese Belustigung nicht mit angesehen, mein Grundsatz von jeher ist, nicht überall dabei zu sein, wo die Jugend sich erfreut ... Wie mir zu Mute war als wir doch endlich in die Stadt zogen, kann ich Ihnen gar nicht schildern. In meinem Zimmer fand ich überall die schmerzlichsten und schmachvollsten Erinnerungen wieder ... Bei Tisch beim Kaiser überwältigte mich die schmerzliche Erinnerung an unser letztes kleines Diner in demselben Zimmer wie den 17. Mai, dem Tag unserer Abreise nach Innsbruck, ein Strom von Tränen machte damals meinem Herzen Luft ... Daß an jenem Tage mein Kopf nicht verwirrt wurde, ist nur die Barmherzigkeit Gottes gewesen ... Ich kann Ihnen gar nicht sagen, was es für eine Seligkeit ist, daß wir uns nicht mehr über unseren Monarchen schämen, sondern jetzt stolz auf ihn sein können ...«[44] Ja, ihr Franzi, das war ein Kaiser vom Scheitel bis zur Sohle. So stellte sich das Volk einen Herrscher vor! Das erfüllte sie mit einem unbändigen Stolz. Er wirkte nicht wie sein Vorgänger, über den sogar der Zar zu ihr gesagt hatte, »wie weh ihm der Contrast zwischen unserem seligen Herrn (Kaiser Franz) und seinem armen, kleinen Sohn gethan ...«[45]

Zu Beginn des Jahres 1850 schrieb EH Sophie nochmals dem Onkel und schilderte ihm das anstrengende Leben des Kaisers. Täglich sitze er von 6 Uhr morgens bis 4 Uhr nachmittags am Schreibtisch, erledige Akte und empfange Besuche zu Besprechungen. Er müsse auf jede körperliche Bewegung verzichten, die jeder Jugendliche so nötig hätte. »Aber oft sieht er so angegriffen und müde aus.« Sie ersuchte EH Ludwig auf Franz Joseph insoferne einzuwirken, daß »er seine Gesundheit mehr berücksichtige«.[46] Einige Wochen später berichtete sie EH Ludwig, daß bei »Bubi«, dem EH Ludwig Viktor, ein Ball stattgefunden hätte. Daran nahm auch Franz Joseph teil und absolvierte einige Tänze. Der Kaiser war über die Abwechslung so begeistert, daß er der Mutter sagte: »Mama, das ist zu hübsch, das muß wiederholt werden! Solche Worte machen mich so glücklich, denn seine Freude ist ein erquickender Sonnenschein für mein Herz!«[47]

Wie sehr Franz Joseph allein und isoliert war und sich nach der gewohnten Umgebung der Familie sehnte, geht aus einem Brief an seine Mutter hervor, die im Salzkammergut weilte. »...Ich fühle jetzt ein förmliches Heimweh nach Ischl. Hier wird der Geist alle Tage schlechter, und doch sind die Leute zu pfiffig, um es nicht zum Dreinschlagen kommen zu lassen...« Er klagte der Mutter, daß er sehr viel Arbeit habe und sich in Wien einsam fühle, »doch am 8. reise ich nach Böhmen, um dort die Truppen zu sehen und den Manövern beizuwohnen, die durch vier Tage bei Leitmeritz stattfinden. In einer halben Stunde reite ich auf die Schmelz zu einem taktischen Manöver des I. Korps, morgen ist Feldmanöver und Sonntag große Kirchenparade auf dem Glacis, um den lieben Wienern zu zeigen, daß es noch Truppen und Kanonen gibt...«[48] Und als die Mutter endlich nach Wien zurückkehrte, gab es sofort wieder eine festliche Parade, der sie persönlich beiwohnte. »...Die EH Sophie wohnte in einem offenen à la Daumont bespannten Wagen der Parade bei, welche sich durch äusseren Glanz vor den früheren auszeichnete...«[49] EH Ludwig stand die ganzen Jahre hindurch mit Metternich in Verbindung und tauschte mit ihm Gedanken über die neue Zeit aus. So schrieb Ludwig an den ehemaligen Staatskanzler: »...Schreibe Ihnen diese Zeilen um Sie zu versichern, daß ich Ihre Ansichten über die Begebenheiten, die sich seit Ihrer Abwesenheit von Wien ereigneten sowie über die Folgen teile...«[50]

Im Oktober 1850 reiste Sophie nach Triest, um ihre beiden Söhne Ferdinand Max und Carl Ludwig zu erwarten, die mit einem Schiff aus Griechenland kamen. Die Faschingssaison 1851 eröffnete die Erzherzogin in ihren Räumen in der Hofburg, um ihrem angestrengt arbeitenden Ältesten Freude und Entspannung zu bieten. Vitzthum von Eckstädt berichtete davon seiner Mutter: »... Gestern war der 3 thé dansant bei der Frau Erzherzogin Sophie, welche immer voll Huld und Liebenswürdigkeit für den interimistischen Vertreter Sachsens ist. Sie hat die Gabe, jeder ihrer Äußerungen den Stempel der Eigentümlichkeit aufzudrücken, und der gerechte mütterliche Stolz, mit welchem sie von ihren Kindern spricht, bezaubert alle, die der hohen Frau zu nahen das Glück haben... Auf den kleinen Bällen bei seiner Frau Mutter erscheint der Kaiser immer in Oberst-Uniform, nur geschmückt mit dem Goldenen Vlies und dem bei Raab erworbenen russischen Georgs-Orden 4. Klasse und mischt sich gerne in die Reihen der Tänzer. Er tanzt vortrefflich, wie er reitet und außer der Jagd sind diese Bälle seine einzige Erholung. Den Regierungsgeschäften widmet S.M. täglich mindestens 13 Stunden und entwickelt dabei eine Spannkraft... Es liegt eine seltene Dosis von Wollenskraft auf diesen 20jährigen Augenbrauen und dabei ein tief melancholischer Zug in den Mundwinkeln, wo die Sorge nistet, wie man sagt...«[51] Am 12. Februar wurde wieder ein festlicher Ball bei Hof abgehalten. »Gestern auf dem Ball«, schrieb Sophie, »hörte ich viel über die Freude der Ungarn sprechen, daß der Kaiser auf ihrer Veranstaltung in Begleitung seines Vaters war. Sie sagten: ›Jetzt wissen wir, daß der Kaiser nicht mehr hart gegen uns ist.‹ Das bereitete mir große Freude, da es beweist, daß sie ihre Schuld fühlen und sich danach sehnen, das Wohlwollen des Kaisers wieder zu erlangen.« Im Herbst wurde EH Albrecht zum zivilen und militärischen Gouverneur von Ungarn ernannt, was, laut Sophie, »bei den Ungarn große Freude auslöste«.[52]
Ein weiteres Ereignis, das Sophie allerdings nicht übermäßig erfreute, war die Heimkehr der Metternichs nach Wien, die sie nur kurz in ihrem Tagebuch erwähnte. Kein Wort über Wahrheiten und Peinlichkeiten, die sie aus dem Mund Melanie Metternichs bei dieser Gelegenheit hören mußte. »5.10. 1851: ...Fürst Metternich kam. Wir umarmten einander; er war sehr gerührt. Lange Unterhaltung über fünf Viertelstunden. Er ist mit seiner Familie seit dem

23. September hier.« Bekanntlich waren die Metternichs im März 1848 krank aus Wien geflohen. Kurz vor der Abreise wurde bei Melanie ein »Gewächs« an der Gebärmutter festgestellt, der Fürst litt an Blasensteinen. Sein Exil im naßkalten Brighton drückte weiter auf die Gesundheit. Im Herbst 1849 wollte die Familie wieder nach Wien, in ihre alte Umgebung, zurückkehren. EH Sophie verhinderte dies und erlaubte dem Fürsten nur einen Aufenthalt auf seinem Schloß Plass in Böhmen, stellte aber in Aussicht, daß vielleicht später eine Einreise nach Österreich möglich sein könnte. Das war für den ehemaligen Staatskanzler unzumutbar, und er verzichtete auf diese Gnade. Er übersiedelte daher im November 1849 nach Brüssel und bezog im Juni 1851 Quartier auf dem Johannisberg im Rheingau. Erst im September dieses Jahres durfte er in Österreich einreisen. Alle, die ihn während der Revolution verleumdet hatten, stellten sich jetzt wieder an, um eine Audienz bei ihm zu erhalten und um ihn begrüßen zu dürfen. Als die Metternichs in Wien eintrafen, war der junge Kaiser gerade auf einer Inspektionsreise in Galizien, doch nach seiner Heimkehr suchte er den Fürsten sofort auf. Dies war das Zeichen, daß die Metternichs wieder »hoffähig« waren, man vergab sich also nichts, wenn man ihnen die Hand reichte. Der Besuch des Kaisers galt als Signal, daß auch seine Eltern wieder mit den Metternichs »verkehren« durften. Am 4. Oktober war EH Franz Karl bei Metternich und lud ihn mit seiner Gemahlin zum Tee in die Hofburg. Es war nicht leicht, besonders für die beiden Frauen, nach allem was vorgefallen war, eine Brücke zu schlagen. Die Begegnung vollzog sich in gereizter Stimmung. Als Schützerin der Ehre ihres Mannes kannte Melanie Metternich auch gegenüber der EH Sophie keine Hemmungen und nahm sich kein Blatt vor den Mund. Die Fürstin machte in ihren Temperamentsausbrüchen kein Hehl daraus, wie sehr sie von der Erzherzogin enttäuscht worden war. Mit aller Schärfe bestritt sie, daß sie und ihr Gemahl im März 1848 Wien aus Furcht verlassen hätten. Sie wies darauf hin, daß EH Franz Karl durch seine Haltung während der Revolution seine Unfähigkeit zur Thronbesteigung selbst bewiesen hätte. Sie meinte, der Erzherzog wäre zur Regentschaft genauso unfähig gewesen wie der »schwachsinnige Kaiser Ferdinand«. Sofort nach Ankunft der Metternichs in Wien, erzählte die Fürstin in der Gesellschaft, daß die Erzherzogin in den Märztagen gegen ihren Gemahl eine richtiggehende »Wühlarbeit« entfacht habe.[53]

Im April 1851 reiste die besorgte Mutter mit dem Leibarzt Dr. Seeburger nach Triest, um ihren kranken Sohn Max zu besuchen. Am 20. August erließ der Kaiser ein »Allerhöchstes Cabinettschreiben«, in dem festgelegt wurde, daß die Minister nur noch ihm verantwortlich seien. An seine Mutter schrieb er:». . . Wenn Sie die heutige ›Wiener Zeitung‹ lesen, so werden Sie sehen, daß heute ein großer Schritt weiter geschehen ist. Wir haben das Konstitutionelle über Bord gewofen und Österreich hat nur *einen* Herrn. Jetzt muß aber noch fleißiger gearbeitet werden. Danken wir Gott, daß wir in drei Jahren fast schon dort sind, wohin wir kommen wollen. . .«[54] Zum dritten Jahrestag der Oktoberrevolution trug Sophie zufrieden in ihr Tagebuch ein: »6. Oktober 1851: Zum ersten Mal erleben wir diesen Tag des schrecklichen Geschehens hier in diesem Schloß (Schönbrunn), wo wir überall den Erinnerungen an die Katastrophen des 6. Oktober 1848 begegnen! Aber Gott ist gut und barmherzig und hat uns schnell aus der Schande des Unglücks dieses unerfreulichen Jahres befreit, um Österreich am Ende von drei Jahren unter der Führung unseres jungen Kaisers höher zu plazieren als es seit einem halben Jahrhundert gewesen ist. Man muß Gottes Vorsehung und unerforschlichen Wege anbeten und bewundern!« Am 10. November notierte sie, daß der Kaiser und die gesamte Familie den schön renovierten und mit Gas beleuchteten Reitsaal besichtigen, und daß »der Reichstag – Gott sei Dank – nicht mehr dort ist!«.

Das Neue Jahr 1852 begann für Sophie mit einer glücklichen Stunde, die sie in ihrem Tagebuch festhielt: »Schöner und strahlender Morgen. . . noch schöner durch die Patente und Erlässe meines geliebten Kindes, in der ›Wiener Zeitung‹ von heute morgen, die mir mein guter Mann gegen 8 Uhr 15 brachte. Über die Reorganisierung der Regierung auf der soliden Basis des monarchischen Prinzips und die guten Gesetze der alten Zeit wieder aufnehmen und das hinzufügen, was die neue Zeit erfordert. Ich habe meinem lieben Kinde mit einem doppelten Glückwunsch gratuliert, als es zum Frühstück kam, das Onkel Ludwig mit uns einnahm. Danach las ich mit lauter Stimme die Dekrete und ließ mir von Onkel Ludwig das erklären, was ich nicht verstand, und der Kaiser und sein Vater halfen dabei.« Am Tag vorher, Silvester 1851, hatte der Kaiser das sogenannte »Silvesterpatent« erlassen. Damit wurde die absolute Monarchie wieder eingeführt. Die oktroyierte Verfassung vom 4. März 1849 wurde damit aufgehoben. Pressefreiheit, öffentliche Gerichtsverfahren und Gemeindeverfassungen wurden wieder abgeschafft. Das sogenannte »Bach'sche System« (36 Paragraphen waren von Alexander Bach und Freiherrn von Kübeck verfaßt worden), bildeten die Grundsätze des absolutistischen Systems.

Über die Gräfin Schönborn ließ FM Fürst Windischgraetz EH Sophie wissen, daß er gekränkt sei, weil er nicht mehr bei Hof empfangen werde. Das war auch nicht verwunderlich, nach dem was der Feldmarschall anläßlich seiner Entlassung dem jungen Kaiser sagte. Wenn wir den Aussagen des Polizeiministers von Kempen glauben dürfen, kam es bei diesem Anlaß zu einem Wortwechsel zwischen Windischgraetz und Franz Joseph. »Dabei ... entschuldigte sich der Kaiser mit den Pflichten seiner Stellung. Fürst Windischgraetz aber erwiderte: ›Euer Majestät wollen nicht vergessen, daß Sie keine Pflichten hätten, wenn ich nicht gewesen wäre!‹«[55] Franz Joseph verlor seine seit Geburt eingeübte Contenance nie, aber in solchen Augenblicken wurde die Atmosphäre eisig, eine Mauer des Schweigens stand plötzlich zwischen den Gesprächspartnern, und der Mann war für den Kaiser für immer erledigt. Dieser ließ niemanden an sich herankommen, er stand immer über allen. Leider wirkte sich diese seine Art auch bei öffentlichen Auftritten aus. So berichtete Dr. Bach dem Polizeiminister, nachdem er den Kaiser im Mai 1850 nach Triest begleitet hatte: »... Schade, daß der Kaiser flüchtig an allen vorbeieilte, mit den Leuten nicht sprach und Herzen zu erobern nicht zu verstehen scheint ...«

Wie weit politische Entscheidungen von EH Sophie beeinflußt wurden, bewiesen einige Bemerkungen im Tagebuch des Polizeiministers von Kempen: »1. 3. 1850: Gräfin Schönborn ließ mich zur Mittagszeit zu sich bescheiden und empfahl mir im Auftrage der EH Sophie den Rittmeister Ow zur Gendarmerie. Kittelprotektion!« Am 27. April wieder: »... Bei der EH Sophie erschien ich zur Mittagszeit; sie wünscht Rittmeister Ow zur Gendarmerie. Im Verfolge des Gespräches sagte sie, der Kaiser bringe seine Jugend dem Staate zum Opfer ...« Im Juni 1851 wurde Kempen zusätzlich zum Militärgouverneur von Wien ernannt. Beim nächsten Diner trat die Erzherzogin auf ihn zu und empfahl ihm, die »Stadt mit festen Händen zu führen und Wien wird es Ihnen danken!«[56] Am 22.

November 1851 notierte er: »Um 5 Uhr speiste ich beim Kaiser...
Der Kaiser sprach nach Tisch lange mit mir. Das Abschaffen des
Judengesindels von der Börse wurde sehr gebilligt!« Antisemitische
Töne nicht nur in der Armee, in höchsten Adelskreisen, in der
konservativen Presse, sondern auch bis in die allerhöchsten Kreise,
zum Kaiser selbst. Die Saat des Religionsunterrichtes – Kollektiv-
schuld der Juden am Tod Christi – trug reichlich Früchte. Am
2. Januar 1852 schrieb Kempen in sein Tagebuch: »... Abends nach
6 Uhr empfing mich die Kaiserinmutter mit großer und gnädiger
Herablassung; die Gendarmerie, Louis Napoleons Staatsstreich und
Palmerstons Sturz bildeten den Knoten des Gespräches...« Kempen, er war schließlich der Polizeiminister (!) schilderte noch öfter,
daß er von der Erzherzogin eingeladen oder zum Rapport bestellt
wurde, wobei sie ihn immer in längere Gespräche verwickelte.
Mehrmals berichtete er, daß er allein mit dem Kaiser Besprechungen führte und daß, unangemeldet, die Erzherzogin plötzlich ins
Audienzzimmer trat, um den Kaiser zu sprechen, worauf sich Kempen sofort zurückziehen mußte.[57] Das sind doch eindeutige Beweise, wie aktiv die Erzherzogin sowohl auf außen- als auch auf
innenpolitischem Gebiet tätig war, Menschen protegierte, zumindest aber Informationen sammelte und diese sicherlich beim täglichen Frühstück und abendlichen Tee an ihren Sohn weiterleitete.
Gewiß unterbrach sie nicht einfach Besprechungen des Kaisers mit
einem Minister, um mit ihrem Sohn Belanglosigkeiten auszutau-
schen.
Am 12. Januar 1852 notierte EH Sophie, daß sie von »Graf Ler-
chenfeld erschreckt wurde, als er sagte, daß Felix Schwarzenberg
indisponiert war... Es geht ihm besser, Gott sei Dank!« Vierzehn
Tage danach: »Um 3 Uhr mit Fritzi in der großen Eisenfabrik des
Prinzen Salm, um dort das gotische Eisenmonument, das sehr erhaben und elegant ist, zu sehen, das der Kaiser für den tapferen
General Hentzi und die Garnison von Buda anfertigen ließ, die sich
lieber töten ließen als sich den Aufständischen im Monat Mai 1849
zu ergeben.«
In den ersten Apriltagen begab sich die Erzherzogin mit ihren drei
Söhnen nach Venedig. Dort sollte Ludwig Viktor nach wochenlan-
ger Krankheit Erholung finden. Am 5. April 1852 erreichte sie auf
der Durchfahrt in Graz eine Hiobsbotschaft, die sie in ihrem Tage-

buch vermerkte: »...wurde unterbrochen durch die schreckliche telegrafische Nachricht über den Tod unseres tapferen, lieben Felix Schwarzenberg, der diesen Abend um 6 Uhr verstorben ist... Unersetzlicher Verlust, der mich erschüttert hat und in Tränen ausbrechen ließ und mich besonders für meinen armen Sohn beunruhigte.« Von Görz, der nächsten Station ihrer Reise, schrieb sie sofort an ihren Sohn nach Wien: »Görz, 8. April 1852. Nach einem ewig langen Gottesdienst kann ich leider nur einige Zeilen an Dich richten, mein geliebtes armes Kind... Wie viel ich an Dich denke, für Dich bete, wie ich mit Dir Deinen theuersten Freund und Diener bedaure, dessen eigentlich einzige ganze Liebe Du warst, dessen einzige wahre Sorge, Dein Wohl war, kannst Du Dir leicht vorstellen! Und daß ich jetzt nicht bei Dir bin in den schwersten Augenblicken Deiner dornenreichen Lebensbahn, Dir nicht, wenn auch nur geringen Trost bieten kann, das thut mir gar so weh! ...und die Besorgnis, man könnte glauben, ich wollte mich in die so schwere Wahl eines Nachfolgers des unvergeßlichen, unersetzlichen Schwarzenberg mischen, hielten mich zurück, gleich nach Wien zurückzukehren, doch von hier aus, das weißt Du durch den Telegraphen, bin ich ganz bereit, nach Wien zurückzukehren, denn meine Trauer um Schwarzenberg und meine Unruhe für Dich nehmen mir die Freude an der Reise nach Venedig... Max ist rührend mit Dir und Deiner schweren Lage beschäftigt... Mit schwerem Herzen entschließe ich mich also nach Venedig zu fahren, aber nur, weil Du und der gute Papa, der mir so lieb schrieb, es wollt...«[58]
Tags darauf schrieb Sophie nochmals an ihren Sohn. Der Anlaß war auch, daß sie von der Kaiserin Rußlands einen Orden verliehen bekam. Ihre Hauptsorge in diesem Brief galt jedoch dem jungen Kaiser: »Der Orden selbst freut mich nicht besonders, denn seitdem Melanie Metternich ihn bekam, was nicht ganz angezeigt und auch Metternich selbst nicht ganz recht war, wünschte ich stets ihn nicht hintennach zu bekommen... Ach, ich bin aber immer bei Dir in Gedanken, mein armes, einziges Kind und habe keine Ruhe! Fürchte so, daß den Einzigen einige zugleich ersetzen könnten und Du nur Plage davon und keine bestimmte Hilfe hast! Möge Gott Dich erleuchten und leiten; ich danke ihm innig für den frischen Muth, der Dich trotz Deines Kummers beseelt...«[59]
Der Tod Schwarzenbergs riß eine große Lücke und traf besonders

den jungen Kaiser und seine Mutter. Der Ministerpräsident war tatsächlich eine seltsame und einsame Erscheinung in der österreichischen Politik. Einst war er ein schneidiger Kürassieroffizier und aalglatter Diplomat, der das Lügen gelernt hatte. Er war vielgereist, gebildet, aber ein ausgebrannter Lebemann. Er war nur zufällig und auf Fürsprache seines Schwagers, des FM Windischgraetz, Staatsmann geworden. Er setzte seine konservativen Ansichten mit kaltem Zynismus durch und imponierte damit der EH Sophie und dem jungen Kaiser, der von ihm völlig abhängig wurde. Schwarzenberg diente dem Haus Habsburg in unbedingter Treue, seine persönlichen Motive und Ziele blieben jedoch im dunklen. Vielleicht genoß er nur das Spiel mit der Macht. Am 5. April 1852 starb der Ministerpräsident im Alter von 51 Jahren. Nach einigen Angaben soll er an Lungenkrebs gestorben sein.[60] EH Sophie allerdings nannte in ihrem Tagebuch Schlaganfall als Todesursache. Sollte diese Diagnose zutreffen, muß unbedingt an ein zentrales luetisches Geschehen (Progressive Paralyse) gedacht werden, eine damals weit verbreitete Krankheit, die den frühen Tod und die besonderen Charaktereigenschaften des Fürsten erklären würden.

Auch Fürst Metternich nahm den Tod Schwarzenbergs nicht kommentarlos hin. In einem Brief an Alexander von Hübner meinte er, daß die Aufregungen der Politik die Männer vorzeitig verschleiße, denn es wäre auffallend, wie viele nach den Revolutionswirren an Gehirnleiden starben oder in einer psychiatrischen Anstalt Heilung suchen mußten. »Mein unglücklicher Schwiegersohn Sandór ist nun zu Hause. Sein Geisteszustand ist nach meiner Überzeugung hoffnungslos... Diese Wirkung ist hier auf gut und schlechtgesinnte, massenweise Insanien hervorgerufen. Soeben ist der frühere Minister Kulmer ins Irrenhaus getreten. Er ist das dritte Individuum des Ministeriums von 1849, welches der Aufregung erlegen ist, denn daß der Fürst Schwarzenberg in die Zahl gehört, ist sicher. Stadion war ein Phantast von Haus aus; er war als solcher längst ein Candidat des geistigen Todes... Der Fürst Schwarzenberg war ein kräftiger Willens-Mensch, aber kein Arbeiter. Ihn hat die Arbeit erdrückt, mit welcher er die Sinneslust vereinigen zu können glaubte...«[61]

Im August 1852 reiste EH Sophie nach Innsbruck, um dort Kaiser Ferdinand und seine Gemahlin zu treffen. Vorher war sie in Absam bei dem Gnadenbild und dankte der Muttergottes für die Gesundung ihres jüngsten Sohnes. Schon im Juli hatte Sophie Walpurga Schindl berichtet, daß sich Ludwig Viktor beim Laufen das Bein verletzt habe und vierzehn Wochen das Bett hüten mußte. Nach seiner Wiederherstellung war er zur Kur am Meer, und nun sei er wieder nach Wien zurückgekehrt. ».. . Ich kann Gott nicht genug danken, daß er mir das geliebte Kind in diesem so befriedigenden Gesundheitszustande wieder gegeben hat. Er ist rührend glücklich wieder mitten unter uns zu sein, denn sein liebendes Gemüt entbehrte uns alle schwer, zumal mich, da er mit der rührendsten Liebe an mir hängt . . .«[62]

Die Nachfolge Schwarzenbergs verlief nicht ohne eine gewisse Pikanterie. Der Fürst wollte immer seinen Freund Dr. Alexander Bach als seinen Nachfolger sehen. Der Kaiser fragte den erfahrenen Kübeck um Rat, der aber beide nicht ausstehen konnte. Kübeck warnte den Kaiser vor Bach; doch wenn der alte Staatsmann nun glaubte, Bach erledigt zu haben, irrte er. Der Minister hatte noch genügend Reserven. Neuerlich umwarb er die Erzherzogin und wußte, daß ihre Gunst durch eine Kirchentür zu erringen war. Bach, der Radikale von 1848, hatte eine seltsame Metamorphose durchgemacht. Jetzt war er ein Ultrakonservativer, der täglich zur heiligen Kommunion schritt, in der sicheren Hoffnung, EH Sophie würde davon erfahren.

Die Erzherzogin, klarsichtig wie immer und frei von Vorurteilen wie Schwarzenberg selbst, mußte wohl erkannt haben, daß Bach das geeignete Werkzeug für jene gefahrlose und unangezweifelte Autokratie war, nach der sie suchte. Ihre Abneigung gegen Metternich – der Haß der durchwegs praktisch Denkenden gegen Ideologen – mag dazu beigetragen haben, daß sie sich zu Bach hingezogen fühlte, von dem sie wußte, daß er mehr als der röteste Revolutionär von Metternich verabscheut wurde. Noch einmal zog sie zu Gunsten Bachs die Fäden und erreichte tatsächlich, daß ihr Sohn ihn zum Ministerpräsidenten ernannte. Das entsprechende Dekret war bereits ausgefertigt, unterschrieben und Grünne beauftragt, es zur Veröffentlichung zu expedieren. Da Grünne aber der adeligen Militärclique angehörte, die schon lange den Kopf Bachs forderte, zeigte der Generaladjutant zuerst Kübeck das Dekret, der Metternich verständigte.

Was jetzt geschah, ist niemals aufgeklärt worden. Bach's Ernennung zum Ministerpräsidenten wurde nicht veröffentlicht. Vielmehr wurde in der »Wiener Zeitung« ein kaiserliches Handschreiben abgedruckt, das die Aufhebung des Ministerrates und die Wiedereinsetzung der Staatskonferenz unter Vorsitz des Kaisers anzeigte. Alle Angelegenheiten der Ministerien mußten nun über die Kabinettskanzlei dem Kaiser vorgelegt werden, und dieser hatte nach Anhörung des Ministers allein zu entscheiden. Wie unter Kaiser Franz sollten von nun an die vitalsten Fragen der Monarchie nicht mehr vom Kaiser und seinen Ministern beschlossen werden, sondern nur noch vom Kaiser allein, dem es dabei überlassen blieb, den entsprechenden Fachminister anzuhören oder nicht. Bach war am Boden zerstört. Dazu wurde einige Tage später die oberste Polizeibehörde, bisher dem Innenminister unterstellt, dort herausgelöst und mit einer neuen Truppe, der Gendarmerie, einem Polizeiminister unterstellt. Kommandant dieser Truppe wurde FML von Kempen, ein wilder Gegner Bachs.[63]

Vom 1. bis zum 11. Mai 1852 war Zar Nikolaus I. zu Gast bei Franz Joseph in der Hofburg. Die beiden Majestäten sahen sich seit Warschau zum ersten Male wieder, sie versicherten sich größtes Vertrauen und gute Freundschaft. Das hielt den Zaren jedoch nicht davon ab, über die russische Botschaft in Wien Spionage gegen den Freund betreiben zu lassen. So hatte sich der russische Botschaftsrat Felix von Fonton in den Besitz der Ordre de Bataille der österreichischen Armee gesetzt und drei Wochen später wurde den Österreichern klar, daß die Russen, ebenfalls über die Botschaft, in der Raketenversuchsanstalt Wöllersdorf Werkspionage betrieben hatten.[64]

Am 18. Februar 1853 ging Franz Joseph mit seinem Adjutanten Maximilian Graf O'Donall mittags auf der Bastei spazieren. Als sie oberhalb des Kärntnertors angelangt waren, beugte sich der Kaiser über die Brüstung, um exerzierenden Soldaten im Basteigraben zuzusehen. In diesem Augenblick stürzte sich der einundzwanzigjährige ungarische Schneidergeselle János Libényi von hinten mit einem langen Messer auf den Kaiser und wollte es ihm in das Genick stoßen. Das Messer rutschte aber am steifen Uniformkragen ab und drang nur gering in das Fleisch des Hinterhauptes, verursachte aber eine stark blutende Wunde. Der Anschlag auf einen regierenden

Kaiser, der erste seit der Ermordung Albrechts I. im Jahre 1308, war mißlungen. Der Adjutant dürfte nicht sehr rasch reagiert haben, ein vorbeikommender Fleischhauermeister, Josef Ettenreich von der Wieden, stürzte sich auf den Attentäter, der ununterbrochen »Eljen Kossuth« rief, und überwältigte ihn. O'Donall glaubte, daß die Messerspitze vergiftet wäre, und saugte sofort die Wunde aus. Das Messer war erst kurz vor der Tat auf dem Tandelmarkt gekauft worden. Dann preßte der Adjutant sein Taschentuch fest auf die Wunde, wobei der Kaiser immerfort sagte: »Daß nur meine Mutter nichts davon erfährt!«[65] Im ersten Schock war er wie ein kleiner Junge, der dem Nachbarn eine Fensterscheibe eingeschmissen hatte und dessen Mutter die Untat nie erfahren sollte. Sofort gab es einen Volksauflauf, doch Franz Joseph winkte ab und rief: »Beruhigt euch, es ist nichts! Ich trage nur das Schicksal meiner braven Soldaten in Mailand.«[66] Das war eine Anspielung auf die revolutionären Vorgänge am 6. Februar in Mailand, bei denen zwölf österreichische Soldaten getötet, 25 schwer- und 49 leichtverletzt worden waren. Der Kaiser begab sich bleich in das nahegelegene Palais des EH Albrecht. Dorthin kamen die Ärzte und brachten den Kaiser mit einem Wagen in die Hofburg, wo ihm der Leibchirurg Wattmann die Haare schor und die Wunde versorgte. Sie war einen Zoll lang, klaffte auseinander, war aber nicht lebensgefährlich.

Der Kaiser konnte das Attentat natürlich nicht vor seiner Mutter verbergen. Sophie war einer Ohnmacht nahe, der Hof erstarrte vor Entsetzen. Die Erzherzogin schilderte die Heimkehr des Kaisers am 18. Februar 1853 in ihrem Tagebuch: »Unterdessen kam mein armes Kind mit Karl Liechtenstein... Außer mir stürzte ich mich in seine Arme; seine einzige Sorge war, mich zu beruhigen. Wir legten ihn nieder. Der Chirurg Wattmann untersuchte die Wunde, nachdem er die Haare abgeschnitten hatte. Glücklicherweise ist sie nicht sehr gefährlich, einen halben Daumen breit aber nicht tief, weil das schmal zulaufende Messer sich im Augenblick des Stoßes verbogen hatte. Aber der Schock war sehr groß, und der liebe Kranke bedarf guter Pflege und Ruhe. Seine armen blauen Augen hatten sehr unter der Erschütterung gelitten; er sah nur wie durch einen Schleier... Nach der ersten Aufregung schlief mein armer Franzi nahezu den ganzen Tag. Ich sagte Grünne, daß man in den Kirchen um 10 Uhr ein Te Deum für die Errettung des Kaisers aus den

Händen des Mörders anordnen soll.« Die Behörden vermuteten ein Komplott gegen das Kaiserhaus. Militär zog auf und besetzte die wichtigsten Punkte der Innenstadt. Die Polizei verhaftete eine Anzahl von Schneidermeistern und Schneidergesellen, als ob aus dieser Zunft der ruchlose Akt gekommen wäre.

Um 16 Uhr gab es die ersten Extraausgaben der Presse: »Ein schändliches Attentat ist soeben auf die Person Seiner k.k. Apostolischen Majestät verübt worden. Seine Majestät wurden heute um halb ein Uhr während eines Spazierganges auf der Bastei nächst dem Kärntnertore von einem Individuum meuchlerisch von rückwärts angefallen und mit einem Küchenmesser in der Gegend des Hinterhauptes verwundet. Die Wunde ist nach dem Ausspruch der Ärzte nicht gefährlich. Der Mörder wurde auf der Tat von dem Seine Majestät begleitenden Flügeladjutanten ergriffen. Für die glückliche Rettung wird heute, 6 Uhr, in der Stephanskirche ein Tedeum abgehalten.«

Angefügt war das erste ärztliche Bulletin:

»Die Seiner k.k. Apostolischen Majestät heute meuchlerisch am Hinterhaupte zugefügte Stichwunde hat glücklicherweise keine Gefahr drohenden Theile betroffen. Die durch dieselbe zugleich bewirkte Erschütterung mit ihren Folgen ist im Abnehmen begriffen. Das allgemeine ist beruhigend.«[67]

Offiziell stellte sich heraus, daß Libényi ein exaltierter Einzelgänger war, der nur eine aufsehenerregende Tat vollbringen und Ungarn von dem Tyrannen Franz Joseph befreien wollte. Inoffiziell wurde ein anderer Grund genannt. Libényi soll an Franz Joseph persönlich Rache wegen der Verführung seiner Schwester Margit, der Tänzerin Mizzi Langer, geübt haben. Ein Eingeweihter des Hofes, Ulrich Tartaruga, hat diese Version verbreitet und der »zweifellos sehr gut unterrichtete« ungarische Journalist Keményi hat dies noch 1918 in seiner Artikelserie »Kaiser Franz Joseph und seine Zeit« im »Neuen politischen Volksblatt« gebracht.[68]

Am 21. Februar meldete die »Wiener Zeitung«: »Seine Majestät der Kaiser hat dem Bürger und Hausbesitzer auf der Wieden, Herrn Josef Ettenreich ... den Franz Josephs-Orden verliehen und denselben dem wackeren Manne gestern im Beisein sämtlicher Mitglieder der k.k. Familie höchst eigenhändig übergeben.« Merkwürdigerweise erhielt O'Donall diesen Orden erst am 10. März. Max O'Donall schrieb aus diesem Anlaß seiner Mutter und erzählte ihr von der Erzherzogin: ».. . Schließlich muß ich Dir noch sagen, daß die Erzherzogin Sophie auf die rührendste Art mir gedankt hat; mit Tränen in den Augen sagte sie mir: Gott segne Sie, Gott segne all die Ihrigen, Gott segne Ihre Mutter! Dieses Wort hat mir all die Fassung genommen und mir alten Kerl sind die Thränen in die Augen gekommen!«[69]

Der Attentäter wurde einem Kriegsgericht übergeben, das schnell und prompt arbeitete und das Todesurteil aussprach. In seiner Kundmachung wurde noch einmal der Tathergang des Verbrechens geschildert, wie Libényi, »wahrhaft nach Tigerart, mit einem Satze, und das Mordwerkzeug in der rechten Hand schwingend, rücklings gegen Seine Majestät und versetzte Allerhöchst Demselben, unter Anwendung aller ihm zu Gebothe stehenden Kraft, mit der Spitze des Messers einen gewaltigen Stoß gegen das Hinterhaupte, daß die Klinge an der Spitze einen Zoll lang, aufwärts schief gebogen ward . . .«[70] Das Kriegsgericht verhängte gegen den Attentäter die Todesstrafe. Kempen in seinem Tagebuch: »24. 2. 1853: Das Kriegsgericht verurteilte Libényi zum Tode durch den Strang. Ich bestätigte das Urteil heute früh um 8 Uhr. Die Meinung, ihn magnetisieren zu lassen, brachte mich in Berührung mit Herrn Schnorr und mit dem Manne der Frau Leschtina: diese Hellseherin sieht noch zwei Mörder in der Nähe und besorgt Attentate gegen den Kaiser im Theater und im Prater . . .« Es ist hier wohl der Maler Ludwig Schnorr von Karolsfeld gemeint, der in den zwanziger Jahren als Magnetiseur auftrat und sich eines jungen Mädchens als Medium bediente. Das hatte schon ein Giftattentat auf den Herzog von Reichstadt vorausgesagt. Es ist anzunehmen, daß dieses junge Mädchen die spätere Frau Leschtina, verheiratet mit dem Distriktsadjunkten beim Grundsteuerkataster, war. Jedenfalls meldete Kempen am 25. Februar: »Auch heute befindet sich der Kaiser besser und Frau Leschtina erklärte ihn für gerettet . . .«

Sofort setzten sich zahlreiche Deputationen nach Wien in Bewegung, um dem Hof Treue zu versichern und Gott Dank zu sagen. Sie wurden vom Vater des Kaisers empfangen, worüber Grünne sehr erbost war, weil Franz Karl viel zu freundlich und nachsichtig, besonders den ungarischen Deputationen gegenüber, war.[71] Der Bruder des Kaisers, der gerade mit seinem Schiff in Cattaro lag, reiste sofort nach Wien. »Dazu sagte Grünne: ›Gegen meine Geneigtheit, nur aus Pflicht, schlug ich der EH Sophie vor, ihren Sohn Max, den Thronerben, aus Cattaro kommen zu lassen, als das Attentat gegen den Kaiser ausgeführt wurde. Sie lehnte ab und auch der Kaiser wollte davon nichts wissen. Nun aber kam der Erzherzog aus eigenem Antriebe und wird dem Kaiser verborgen gehalten‹...« Grünne führte Kempen gegenüber weiter aus, daß, wäre das Attentat gelungen, er seine Rolle bei Hof sofort ausgespielt hätte, »denn hier wechsle man den Menschen so leicht wie einen Handschuh«. Um 22 Uhr, so berichtete Kempen weiter, erschien bei ihm Louise Gräfin Almássy und trug sich an zu Libényi in die Zelle gelassen zu werden, um ihn zu Geständnissen über seine Mitbeschwörer zu bewegen. »Ich wies diesen wahnsinnigen Antrag ab.«[72]

Am 26. Februar morgens wurde Libényi während eines Schneesturmes in einem offenen Leiterwagen vom Stabsstockhaus zur Spinnerin am Kreuz gebracht und dort um 8 Uhr zum Gaudium der Vorstädter gehängt. Zur selben Zeit hatte EH Sophie für den Hof eine Gebetsstunde in der Hofburgkapelle für das Seelenheil des Attentäters angesetzt. Ein Hof-Schönschreiber aus dem Jahre 1888 berichtete, daß der Kaiser seinen Attentäter ursprünglich unbedingt begnadigen wollte, »doch Rücksichten der Staatsraison ließen die Minister darauf beharren, daß ihm die verdiente Strafe zuteil werde«. Dafür setzte der Kaiser in seiner Güte der Mutter Libényis eine Pension aus.[73] Wie weit es mit der Gnade und Großzügigkeit des Kaisers her war, entnehmen wir dem Bericht des Polizeiministers, der besagt, daß tags darauf vier Magyaren, die für Kossuth Agitation betrieben hatten, zum Tode verurteilt wurden. Kempen bestätigte die Urteile, nachdem der Kaiser alle Gnadengesuche abgelehnt hatte.

Am 6. März verließ der Kaiser erstmals das Bett, am 12. März, nach Ausgabe von dreißig ärztlichen Bulletins, fuhr er mit seiner Familie im offenen Wagen zum Dankgottesdienst in die Stephanskirche. An diesem Tag arbeitete niemand in Wien, denn alles drängte in die Innenstadt, um den Kaiser zu sehen. Fünf Tage später überreichte ihm der päpstliche Nuntius in Wien einen Zahn des Heiligen Petrus, den Papst Pius IX. aus dem Schädelskelett des Heiligen gebrochen hatte.[74] Dazu ließ er ein Schreiben überbringen, in dem ein Rat enthalten war: »Um so stärker wird dieser Schutz sich auswirken, je mehr Euer Majestät in der schon begonnenen Ausführung des Vorsatzes verharren, die Rechte der Kirche Jesu Christi aufrechtzu-erhalten und zu schirmen, von der hier allein das Rückführen der verderbten Ideen und der üblen Grundsätze in ihre richtigen Bah-nen erwarten können.«[75] Das war ganz im Sinne der Mutter Sophie, daher auch im Sinne des Sohnes gesprochen. Seit dem Attentat trug die Erzherzogin ein goldenes Armband mit einem brillant-ge-schmückten Herz, in dessen Mitte, wie ein Blutstropfen, ein Rubin leuchtete. Dazu eine kleine goldene Kapsel, die blutverkrustete Haare ihres Sohnes enthielt.

Die Idee, aus Anlaß der Errettung ihres Sohnes aus der Todesge-fahr, eine »Votivkirche« zu errichten, stammte von EH Sophie, die die Durchführung des Projektes ihrem Sohn Max übertrug. »Ein Gotteshaus wird das schönste Denkmal sein durch welches sich Österreichs Dankbarkeit und Freude der Welt verkünden kann«, hieß es im Aufruf.[76] Spontan stellten sich dreihunderttausend Spen-der ein, unter ihnen Metternich: »Durch ein Gotteshaus drückt sich unser warmes Gefühl der Dankbarkeit gegen Gott, den Erhalter und Schützer unseres innigstgeliebten Monarchen, glaube ich, je-denfalls am besten aus; zugleich kann die Anregung der Religion und Kunst in unserer jetzigen, leider so materiellen Zeit, nur heil-bringend sein.«[77] Ferdinand Max richtete an den ehemaligen Staats-kanzler folgendes Dankschreiben: ». . . Wie freut es mich zu sehen, daß Sie auch mit dem Gedanken einverstanden sind, im Kirchenbau für diesen Fall das würdigste Denkmal. Durch ein Gotteshaus drückt sich unser warmes Gefühl der Dankbarkeit gegen Gott, dem Erhalter und Schützer unseres innigstgeliebten Monarchen, glaube ich jedenfalls, am besten aus . . .«[78] Doch nicht jede Spende war erwünscht. Das Theater an der Wien beispielsweise, das die Oper »Tannhäuser« von Richard Wagner aufführen wollte, die vom Hof als »schlecht und areligiös« bezeichnet wurde, wollte die Einnahme der Premierenvorstellung dem Fond überweisen. Das wurde vom Hof abgelehnt. 1856 wurde mit dem Bau der »Votivkirche« nach den Plänen von Heinrich Ferstl begonnen. 75 Projekte waren einge-reicht worden. Der Grundstein stammte vom Ölberg in Jerusalem. Durch den Mordanschlag wurden die Polizeibehörden aufge-schreckt, sie hielten vermehrt nach Attentätern Ausschau und wur-den dabei fündig. Bereits am 5. April notierte Kempen: ». . . Ich

236

speiste beim Kaiser; seine Mutter empfahl mir die Beaufsichtigung seines Lebens.« Bald darauf: »...EH Sophie sprach längere Zeit mit mir, ich beruhigte sie über die Maßregeln, welche zur Sicherheit des Kaisers von mir getroffen worden sind.« Am 23. Juli wurde in Ischl ein Attentatskomplott gegen den Kaiser aufgedeckt und Verhaftungen durchgeführt, zugleich wurde eine Verschwörung in Lemberg ausgehoben. Fünf Tage später: »...Was mich am meisten erschütterte, war, daß die ungarischen Emigranten in Konstantinopel das Leben des Kaisers abkürzen wollen, um seinen, den alten Institutionen Ungarns geneigten Bruder Max als König zu sehen.«[79] Am 2. August kam die Königin von Preußen, Sophies Schwester, nach Wien, um einige Tage später nach Ischl weiterzureisen. Sie wurde von Sophie und Franz Karl empfangen. Bei dieser Gelegenheit sprach die Erzherzogin mit Kempen und war besorgt um die Sicherheit ihres Sohnes und wegen der Verhaftungen in Ischl. Am 2. September 1853 wurde in Preßburg der Franziskanerpater Gasparich hingerichtet, weil er an einem Attentatskomplott gegen den Kaiser teilgenommen hatte. Vor seiner Hinrichtung warnte der Mönch Franz Joseph »inständigst« vor weiteren Anschlägen. Die Tage danach konferierten Grünne und Kempen eingehend über Sicherheitsmaßnahmen zum Schutz des Herrschers. »Auch der Kaiser besprach mit mir ferner die ihm angedrohten Attentate.« Kaum eine Woche später bekam der Kaiser von einer Militärperson eine Morddrohung, die ihn besonders schmerzte: »Der Kaiser sagte mir: Ich fürchte mich gewiß nicht, aber es wäre ein großer Skandal, wenn von Seite eines Militärs ein Attentat gegen mich verübt würde.« Wenige Tage später sprach EH Sophie bei der Hoftafel Kempen an und bedankte sich für die Maßnahmen, die zum Schutz ihres Sohnes veranlaßt worden waren, vor allem aber, daß in Ischl eine Dienststelle der Geheimpolizei eingerichtet wurde. Zu Silvester 1853 ließ der französische König den österreichischen Gesandten in Paris vor zwei ungarischen Deserteuren warnen, die angeworben wurden, um in Wien einen Anschlag auf Franz Joseph durchzuführen. Wenige Wochen später berichtete Kempen: »Agentenmeldung, daß zwei Italiener aufgebrochen sind, um in Wien ein Attentat auf den Kaiser auszuführen. Der Kaiser enthebt mich meiner Aufgabe, für seine Person verantwortlich zu sein...« Außerdem bemerkte Franz Joseph, daß ihn die ständige Beschattung und Begleitung durch die

Polizei störe und er bitte, die Bewachung einzustellen.[80] Mitte September 1854 hatte Kempen eine anonyme Morddrohung gegen den Kaiser erhalten. »Der Kaiser müsse sterben wie der ungarische König bei Mohacs« und es wurde dabei sogar der Attentatsplan angegeben: Versenkung der kaiserlichen Yacht »Adler« auf der Fahrt von Linz nach Wien. Am 30. September fuhr der Kaiser überraschend mit dieser Yacht von Linz nach Wien, zum Glück begleitete ihn das Dampfboot »Hermine«. Kempen hatte die Warnung ad acta gelegt. Im Strudengau bekam »Adler« tatsächlich ein großes Leck und lag sofort tief im Wasser. Der Kaiser und seine Begleitung mußten schleunigst auf die »Hermine« übersetzen. Jetzt erst erinnerte sich die Polizei an diese Anzeige, doch wurden keine Attentäter mehr gefunden.[81] Von nun an begleiteten Franz Joseph fast bis an sein Lebensende Anschlagsdrohungen und Mordversuche, die aber rechtzeitig abgewendet werden konnten.

EH Sophie leitete und lenkte weiterhin ihren Sohn, wenn auch jetzt viel diskreter, denn der Umgang mit einem von Gottes Gnaden regierenden Herrscher konnte nicht mehr so direkt erfolgen wie früher. Der Kaiser war nun 23 Jahre alt, und ein Problem wurde akut, das Sophie als ein in ihre Kompetenzen fallendes auffaßte: die Verheiratung ihres Sohnes. Die Mutter wußte, wie wir erfahren haben, wie sehr der Kaiser physisch bedroht war, und daher war es aus dynastischen Gründen wichtig, so schnell wie möglich eine Familie zu gründen und durch Kinder den Fortbestand des Geschlechtes zu sichern. Für alles, was Sophie tat, war ihr Sohn unendlich dankbar, und er nahm von ihr jede Hilfe an, wenn sich auch die Erzherzogin vorgenommen hatte, den Sohn nach der Thronbesteigung »frei schwimmen« zu lassen. Sie betonte, »daß ich mir bei der Thronbesteigung meines Sohnes fest vorgenommen (habe), mich in keine Staatsangelegenheiten zu mischen; ich fühle mir kein Recht dazu und weiß sie auch in so guten Händen nach dreizehnjähriger herrenloser Zeit, daß ich innig froh bin, nach dem schwer durchkämpften Jahre 48 ruhig und mit Vertrauen das jetzige Gebaren mitansehen zu können...«[82] Wie wir wissen, hielt sich die Erzherzogin nicht an ihre guten Vorsätze, und als sie sah, welchen Gefahren ihr Sohn ständig ausgesetzt war, ergriff sie neuerlich die Initiative.

Der junge Franz Joseph trat nicht gerade unerfahren in die Ehe ein.

Seine außerordentlich sorgfältige und vorausblickende Mutter, die klug sein Studium geleitet und mit viel Gewissenhaftigkeit die Lehrer ausgewählt hatte, achtete darauf, daß in dieser wichtigen Phase des Lebens ihres Sohnes nichts dem Zufall überlassen wurde. Die von ihr getroffenen Maßregeln stellten nichts Außergewöhnliches dar, denn der Wiener Hof pflegte diese heikle, aber nicht zu umgehende Angelegenheit als rein hygienisches Problem zu behandeln. Eine weibliche Würdenträgerin, »initiatrice« (Einführerin) genannt, nahm zwar eine inoffizielle, aber durchaus angesehene Stellung in den Haushalten der Erzherzoge ein. Bei der Auswahl dieser Damen wurde viel weniger auf Stand und Herkunft geachtet, sondern vielmehr auf eine gesunde, animalische Konstitution. Die Frau, in deren Armen Franz Joseph Dinge gelernt haben soll, die auch ein Kaiser beherrschen muß, soll eine reife, üppige, vollerblühte Frau aus der Nähe von Krems gewesen sein.[83] In den Tagen von Olmütz soll Franz Joseph noch gewisse Beziehungen zu einem Kind dieser Stadt gehabt haben.[84] Ein österreichischer Psychiater bezweifelt allerdings, daß dieser von der Mutter zum Zwangsneurotiker erzogene Jüngling überhaupt imstande war, Gefühle zu haben und zu zeigen. »Mit der zwangsneurotischen Pedanterie einer Maschine ist er am Schreibtisch gesessen, hat Akten studiert und unterschrieben, als personifiziertes Pflichtgefühl; wo blieben die anderen Gefühle?«[85] Die gleich nüchterne Selbstbeherrschung, mit der der kleine Franzi auf seine Aja, die Baronin Sturmfeder, Eindruck gemacht hat, erhielt sich bei ihm später im Umgang mit anderen Frauen. Exzesse oder heftige Leidenschaften waren bei Franz Joseph undenkbar; sie entluden sich nur beim Lesen von Akten, beim Studium des Militärschematismus und dem Niedermetzeln von Hochwild. Alles was er unternahm, stand immer unter der Kontrolle der Vernunft und unter der heimlichen, uneingestandenen Angst vor der Mutter; er wollte immer brav sein, nicht aufmucken, immer gehorsam sein. Wäre er ein »normal Sterblicher« gewesen, hätten Mütter, alte Tanten und Lehrer wohlwollend auf diesen Musterschüler geblickt, seine gleichaltrigen Kameraden hätten diesen »Vorzügsschüler« bis aufs Mark kujoniert.

Der Winter 1851 entschädigte die Wiener Gesellschaft, nach drei Jahren Abstinenz, mit einer besonders glänzenden Faschingszeit. Im Drängen nach allgemeiner Lustbarkeit stand der Hof an der

Spitze. Bis Aschermittwoch gab die Erzherzogin sieben Kammer-
bälle. Ihre Begründung war, daß sich ihr Sohn unterhalten sollte,
nachdem er schon seine Jugend dem Staat opfere, eine Floskel, die
sie immer und überall gebrauchte. Auch der Polizeiminister Kempen
erwähnte in seinem Tagebuch die Bälle in den Räumen der Erzherzogin: »Der Kaiser ließ keinen Tanz vorübergehen, ohne mitzutan-
zen.«[86] Er war aber auch ein Bild zum Verlieben, den Backfische und
ältere Amoureusen umschwärmt hätten, wäre er nur ein einfacher
Leutnant gewesen. So aber war er der Kaiser, der von einer Schar
schönster Frauen der Residenz angehimmelt wurde. »Der Kaiser
tanzt so gern und vortrefflich«, schrieb eine entzückte Dame, »ohne
schmeicheln zu wollen, ist er der beste Tänzer und auch der unermüd-
lichste . . . Die Komtessen schwelgen im Glück, des Kaisers Erwählte
zu sein. Sie fliegen dahin, wie von Oberons Horn beseelt . . .«[87] Auch
ein Kaiser ist manchmal nicht gefeit, sich zu blamieren. Bei einem
Privatball, den die Fürstin Schwarzenberg veranstaltete, betätigte
sich der Kaiser wieder als begeisterter Tänzer, hatte aber das Unglück, bei einem Walzer mit seiner Partnerin Fürstin Melanie Metternich auf dem glatten Parkett auszurutschen und mit ihr hinzufallen.[88]
Unter diesen wenigen auserwählten »Kaiserkomtessen«, wie sie
auch genannt wurden, war die reizende Elisabeth Gräfin Ugarte,
die sich besonderer Gunst erfreute und mit dem Kaiser schon neun
Walzer und zwei Kotillons absolviert hatte. »Hofbälle interessieren
mich am meisten«, berichtete sie ihrer Freundin, »da ich jedesmal
mit unserem deliziösen Kaiser tanze. Schon zweimal tanzten wir den
Kotillon zusammen, was, wie Du Dir denken kannst, großes Aufsehen erregte und ma petite vanité doch etwas schmeichelte. Ich bin,
so wie alle, entzückt von unserem allerliebsten Monarchen, der
alles, was man sich Gutes, Edles denken kann, in sich vereinigt . . .«[89] Sofort blühte der Hofklatsch, besonders als sich der Kaiser eines Abends mit der Gräfin allein in ein anschließendes Zimmer zurückzog. So etwas konnte die Mutter allerdings nicht tolerie-
ren. Sie hatte gegen »hygienische Damen« nichts einzuwenden,
doch es ging zu weit, daß ein solches Abenteuer offiziellen Charakter annahm. Eines Tages beorderte die Erzherzogin die Gräfin zu
sich und ließ sie wissen, daß ihr alter Vater in der Provinz lebe und
dringend der Hilfe der Tochter bedürfe. Das war kein Wink, sondern ein Befehl, und die Gräfin verschwand aus Wien.

Wahrscheinlich waren seine Triumphe über Frauen viel zu leicht errungen worden. Immer nur befehlen, nie auf nur geringsten Widerstand, ständig auf entzückte Unterordnung stoßend, niemals Gleichgültigkeit oder hochmütiger Geringschätzung begegnend, stets der Wunscherfüllung sicher zu sein, das war nicht die richtige Schule, um Liebe kennenzulernen, noch weniger, um aufrichtige zwischenmenschliche Gefühle aufzubauen. Immer hatte er die Mahnungen der Mutter im Ohr, welch' »glänzende Partie« er darstelle, und daß jede Frau sich glücklich schätzen und Gott danken müsse, wenn sie seine Gemahlin sein »dürfe«. Ganz abgesehen von seinem einmaligen Charakter, war die Aussicht, Kaiserin von Österreich zu werden, so verlockend wie keine andere Verbindung auf dieser Welt; einem Mann anzugehören, der von »Gottes Gnaden Kaiser« war und dem man dienen durfte. Sophie und ihr Sohn waren überzeugt, daß diese Aussicht das Allerhöchste für eine Frau darstellte. Er sollte Liebe, Wärme und Zärtlichkeit empfangen, so selbstverständlich wie er seine Krone empfangen hatte. Als sein gutes Recht in der von Gott so gewollten und vorgeschriebenen Ordnung.

Doch das Schicksal hobelt alle gleich. Unfähig, durch Erziehung und Neurose bedingt, intensive Gefühle aufzubauen, wird er das gleiche Schicksal vieler anderer erleben. Er wird dieselben Enttäuschungen und Kränkungen über sich ergehen lassen müssen, wie draußen in der Vorstadt der »Schneidermeister Prohaska« mit seiner Alten. Zurückbleiben wird ein resignierendes, läppisches »Männeken«, wie er sich in den Briefen an seine in der Ferne weilende Gemahlin bezeichnen wird.

Eine der heiligsten Pflichten eines Monarchen gegenüber seinem Reich, seinem Volk und der göttlichen Weltordnung ist es, sich zu verehelichen und viele Kinder zu zeugen, um die Legitimität der Nachfolge und den Fortbestand der Dynastie zu sichern. Um das Jahr 1852 wandten sich Mütter katholischer Prinzessinnen im Gebet wienwärts, so wie sich Muslime beim Gebet nach Mekka wenden, denn in Wien herrschte ein zweiundzwanzigjähriger, noch unverheirateter Kaiser, die beste Partie der gesamten Christenheit.

In Hofkreisen wurde bereits viel und ausgiebig über berechtigte Aussichten der EH Elisabeth, Tochter des EH Joseph und Palatins von Ungarn, gesprochen, die also eine Cousine zweiten Grades zu Franz Joseph war. Sie war schön und klug und mit 22 Jahren bereits

Witwe. Ihre nur ein Jahr dauernde Ehe mit EH Ferdinand d'Este wurde durch dessen Tod beendet. Zwischen ihr und Franz Joseph entwickelte sich eine frohe Kameradschaft, und Eingeweihte hofften, daß daraus Liebe werden könnte. Die Auguren des Hofes sahen hier bereits ein ewiges Band entstehen, weil der Kaiser der Erzherzogin schon dreimal in der Öffentlichkeit die Hand geküßt hatte und mit ihr morgens im Prater flanierte. Doch da griff Sophie ein, die gegen eine Verbindung mit der ungarischen Linie war. In ihren Augen waren alle Ungarn Rebellen und Verbrecher. Sowohl der verstorbene Palatin Joseph, als auch dessen Sohn Stephan hatten den Magyaren 1848/49 gewisse Sympathien entgegengebracht. Stephans Verhalten in den Revolutionsjahren hatte ihm sogar die Verbannung aus der Monarchie eingetragen. Sophie nützte eines Tages die Abwesenheit ihres Sohnes aus Wien, begab sich zur Erzherzogin und forderte sie auf, sich sofort wieder zu vermählen. Die faßte dies als einen Befehl des Kaisers auf, und bei seiner Rückkehr erfuhr er, daß sich seine Cousine mit EH Karl Ferdinand verlobt habe. Als Chef des Hauses mußte er diese Verbindung bestätigen und auch noch gratulieren.

Sophie hielt Ausschau nach einer deutschen Prinzessin. Die Wahl geschah ganz im Sinne einer grundsätzlichen Ausrichtung der österreichischen Außenpolitik, und Deutschland blieb noch immer der bevorzugte Aktionsbereich der Monarchie. Österreich sah sich, trotz so vieler Rückschläge, als die erste deutsche Macht. Eine Heirat mit einer Deutschen hätte den Vorteil, diese Vorrangstellung zu festigen. Sophie blickte zuerst nach Berlin, um eine Aussöhnung mit Wien herbeizuführen, und damit auch eine Kräfteverschiebung zugunsten Österreichs zu erzielen. Sophies Schwester war mit König Friedrich Wilhelm IV. von Preußen verheiratet; seine Nichte Prinzessin Anna sollte die Gemahlin Franz Josephs werden.

Im Winter 1852 fuhr Franz Joseph nach Berlin und verliebte sich prompt in die Prinzessin. Sie war so alt wie er, jedoch bereits mit einem deutschen Prinzen verlobt und dazu noch Protestantin. Das störte Sophie nicht. Über ihre Schwester Elise versuchte sie Einfluß zu nehmen, die Verlobung zu lösen, damit die Prinzessin dann für ihren »Franzi« frei werde. Doch Preußen winkte ab. Nochmals Sophie: ».. . ob es keine Hoffnung gibt, daß diese traurige Heirat, die man dieser reizenden Anna auferlegt und die keinerlei Aussicht

auf Glück für sie übrigläßt, vermieden werden könnte...« Sophie schrieb weiter, daß sich »Franzi« unsterblich in die kleine Anna verliebt hätte. Sie erwähnte, »das Glück, das sich ihm wie ein flüchtiger Traum gezeigt hat und sein junges Herz – hélas – viel stärker und viel tiefer beeindruckt hat, als ich es zunächst glaubte... Du kennst ihn genug, daß man seinem Geschmack nicht so leicht entsprechen kann und ihm nicht die nächste beste genügt, daß er das Wesen lieben können muß, die seine Gefährtin werden soll, daß sie ihm gefalle, ihm sympathisch sei. Allen diesen Bedingungen scheint Eure liebe Kleine zu entsprechen, beurteile selbst, wie ich sie also für einen Sohn ersehne, der so sehr des Glückes bedarf, nachdem er so schnell auf die Sorglosigkeit und die Illusionen der Jugend hat verzichten müssen...«[90] Die Schwester scheiterte mit ihrer Mission in Berlin. Das Haus Hohenzollern war an einer familiären Bindung an das Haus Habsburg nicht interessiert. Franz Josephs Besuch war vergebens, und unfreundliche Kommentare begleiteten ihn nach Wien. So sagte Prinz Wilhelm von Preußen: »Wir Preußen beglückwünschen uns, daß Österreich seine Unterwerfung in unserer Hauptstadt bezeugt hat, ohne daß wir nur einen Fußbreit politischen Boden preisgegeben haben.«[91] Eine Vermählung zwischen Hohenzollern und Habsburg wird auch aus politischen Gründen nicht opportun. Am Hof in Berlin herrschten ganz andere Tendenzen, von denen weder Sophie noch Franz Joseph etwas ahnten. Der kommende »eiserne Kanzler von Preußen«, Fürst Bismarck, hatte in dieser Zeit schon andere Pläne und sagte einmal: »Für beide (Österreich und Preußen) ist kein Platz nach den Ansprüchen, die Österreich macht, also können wir uns auf Dauer nicht vertragen. Wir athmen einer dem anderen die Luft vor dem Mund fort, einer muß weichen, oder der andere gewichen werden. Bis dahin müssen wir Gegner sein, das halte ich für eine unignorierbare Tatsache, wie unwillkommen sie auch sein mag.«[92] EH Sophie ahnte nicht, welche Gefahr für Österreich von diesem Mann ausging und noch ausgehen wird. Als sie ihn einmal persönlich in Wien kennenlernte, war sie von ihm noch sehr eingenommen: »Er gefällt mir«, schrieb sie, »er scheint Geist zu haben und seine Loyalität hat sich in den Jahren 48 und 49 in Frankfurt bewährt.«[93]
Die Mutter setzte die intensive Suche nach einer Braut für den Sohn fort. Es gab in Dresden eine heiratsfähige Prinzessin namens Sido-

nie. Eine weitere Schwester Sophies war Königin Marie von Sachsen; also ein politisch einwandfreies und obendrein katholisches Haus. Franz Joseph ging jedoch nicht auf die Pläne der Mutter ein, weil Sidonie unhübsch und dazu kränkelnd war. Sie starb auch im 28. Lebensjahr.

Sophie konnte einem Kaiser nicht einfach seine Gemahlin vorschreiben; bei einem Thronfolger wäre das noch eher möglich gewesen, weil die zukünftige Gemahlin noch Zeit gehabt hätte, sich von der Gattin des Thronfolgers allmählich zu einer Kaiserin zu entwikkeln. Hier, in diesem Fall, mußte eine fertige Kaiserin gefunden werden, und die gab es in ganz Europa nicht. Sophie war weiterhin auf der Suche, die dadurch noch erschwert wurde, daß die Erzherzogin partout nicht von ihrer utopischen politischen Vorstellung abrücken wollte, daß durch Einheirat in ein deutsches Fürstenhaus Österreich in Deutschland politischen Einfluß erlangen könnte. Schließlich blieb sie in ihrer eigenen Verwandtschaft, bei den Wittelsbachern, hängen. Bayern hatte wenigstens ein gewichtiges Wort in deutschen Gremien. Leider war hier nur die »zweite Garnitur« heiratsfähig und zwar in der Nebenlinie der »Herzoge in Bayern«. Und der Herzogtitel war auch noch sehr jung, erst im Jahre 1845 verliehen! Doch die Gemahlin des Herzogs in Bayern war Ludowika, Sophies Schwester, die sicher keine Schwierigkeiten machen würde, wenn sie ihre neunzehnjährige Tochter Helene, genannt Nené, dem Kaiser zur Frau geben würde. Für Ludowika, die eigentlich unter ihrem Stand geheiratet hatte, würde vom Glanz, Schwiegermutter eines Kaisers zu sein, einiges abfallen. Ludowika war drei Jahre jünger als Sophie, liebte sie sehr und konnte ihr keinen Wunsch abschlagen. Helene war nicht unhübsch, wohlerzogen, sehr ernst und Sophie dachte, daß sie bestimmt keine großen Schwierigkeiten bereiten würde, wenn sie zur Kaiserin erzogen werde.

Die beiden Schwestern hatten kaum Gemeinsamkeiten. Die jüngere lebte mit ihrem zitherspielenden und jodelnden Max in Bayern im Dorf Possenhofen, war, wie sie selbst sagte, bereits »verbauert« und zog ihre acht Kinder selbst auf, für hocharistokratische Kreise eine Unmöglichkeit. Sie war im Gegensatz zu ihrer bigotten Schwester Sophie wenig religiös und sogar »angeprotestantelt«, wie sie meinte. Sie beneidete Sophie, die die Höhenluft des Wiener Hofes atmen durfte. Mit dem Hof in München, dessen Vorstand ihr Neffe Maximlian II. Joseph war, hatte Ludowika kaum Kontakt. In dieses eher monotone, trostlose Landleben platzte plötzlich die Schwester aus Wien und wollte Tochter Nené zur Kaiserin von Österreich machen. Ludowika konnte sich vor Freude kaum fassen. Es war selbstverständlich, daß sie ihre Tochter, ohne zu überlegen, hingab.[94]

Der zukünftige Schwiegervater des Kaisers von Österreich war ein derbes, polterndes Original und der beliebteste Wittelsbacher. Er war gar nicht nach dem Geschmack Sophies. Er unterhielt in Possenhofen eine regelmäßig tagende Saufrunde, in der er sich sehr wohl fühlte. Von Etikette und feinem Benehmen hielt er gar nichts.

Die beiden Schwestern verstanden es, ihre Männer bei den Hochzeitsplänen völlig auszuschalten, denn der eine hätte durch seine Doofheit, der andere durch seine Derbheit den Plan noch zum Platzen gebracht.

Ludowika und Sophie kamen überein, daß sich das zukünftige Brautpaar ganz zwanglos zum Geburtstag des Kaisers in Ischl begegnen sollte. Sophie wußte, daß ihr Sohn Ischl liebte, dort »auftauen« würde, und die liebliche Atmosphäre dieses schönen Flecken Erde würde dazu beitragen, diese Tage in großer Harmonie zu genießen. Die beiden Damen hatten bis jetzt großartig Regie geführt, nur Ludowika hatte unbeabsichtigt einen Fehler gemacht.

Am 5. August 1853 traf EH Sophie mit 35 Begleitpersonen in Ischl ein und nahm, wie alle Jahre, Quartier im Haus Sommerau No 50 auf der Promenade. Tags darauf kam EH Franz Karl mit den beiden Söhnen Ferdinand Max und Carl Ludwig mit 22 Leuten Personal. In den nächsten Tagen traf Ludowika mit Nené in Ischl ein und bezog Zimmer in einem Hotel. Ludowika hatte aber auch Nenés jüngste Schwester Elisabeth, genannt Sisi, mitgebracht. Dieses junge Mädchen, fünfzehn Jahre alt, hatte gerade ihre erste Romanze mit einem Grafen hinter sich. Der Graf wurde auf Reisen geschickt und Sisi, um sie auf andere Gedanken zu bringen, ahnungslos von der Mutter nach Ischl mitgenommen. Vielleicht auch mit einer kleinen Hoffnung, denn Elisabeth und Carl Ludwig hatten schon eine Korrespondenz begonnen, nun sollten sie sich persönlich kennenlernen, und man konnte nie wissen, was sich noch entwickeln würde. Ludowika mußte die Fahrt wegen Migräne unterbrechen und verspätete sich etwas. Alles kam durcheinander, und die Koffer gingen verloren. Jedenfalls standen die drei bayerischen Prinzessinnen, wegen des Todesfalles einer Tante, in Trauerkleidern in Ischl. Nicht gerade das passende Kostüm für eine strahlende Braut.

Am 17. August traf Franz Joseph in Ischl ein und logierte bei seinen Eltern.[95] Eigentlich war es keine Zeit, Verlobungen zu feiern, denn der politische Himmel hatte sich über Österreich verdüstert. Große Entscheidungen standen an, die Politik der Monarchie befand sich am Scheideweg. Es ging um wichtige wirtschaftliche Interessen und um die Zerschlagung des Osmanischen Reiches. Rußland hatte die Donaufürstentümer besetzt, und Zar Nikolaus I. erwartete sich die Hilfe Österreichs als Revanche für sein Eingreifen seinerzeit in Ungarn. Als Lohn sollte Österreich die osmanische Provinz Bosnien-Herzegowina erhalten. Franz Josephs Ratgeber waren sich uneins. Manche wollten auf der Seite Rußlands kämpfen, einige neutral bleiben, und Männer um den Minister des Äußern, Karl Graf Buol-Schauenstein, dachten daran, mit England und Frankreich zu koalieren. Der Kaiser selbst war unschlüssig und jammerte seiner Mutter »ob der immer komplizierter werdenden orientalischen Komplikationen«, vor.[96] Jedenfalls vergaß er in diesen Tagen die Politik und konzentrierte sich ganz auf seine Herzensangelegenheit, was für Österreich verheerende Folgen nach sich zog.

Nun herrschte in Ischl Hochbetrieb. Obwohl die Garderobe für die Damen aus Bayern noch nicht angekommen war, wurde Nené wenigstens schön frisiert. Sisi ordnete sich selbst die Frisur und flocht sich Zöpfe. EH Sophie beobachtete die Kleine und registrierte »Anmut und Grazie, desto mehr, als sie sich so gar nicht bewußt war, einen so angenehmen Eindruck hervorgebracht zu haben. Trotz der Trauer... war Sisi so reizend in ihrem ganz einfachen, hohen schwarzen Kleid...«[97] War Sisi in ihrem schwarzen Kleid reizend, war Nené das Gegenteil. In den Trauerkleidern sah sie noch strenger, noch ernster und unnahbar aus. Vielleicht war der erste Eindruck, den die beiden Prinzessinnen machten, unbewußt entscheidend.

Die Familie und die bayerische Verwandtschaft versammelte sich bei Sophie zum Tee. Franz Joseph sah erstmals die ihm zugedachte Braut. Die Königin von Preußen war auch anwesend. Als Franz Joseph aber die kleine Sisi sah, war das die sprichwörtliche Liebe auf den ersten Blick. Karl Ludwig, der ja für Sisi schon einige

Gefühle hatte, beobachtete eifersüchtig seinen Bruder, der kein Auge von ihr wandte, und ihm war sofort klar, für wen sich Franz Joseph entscheiden würde. Da die vierte Schwester, die Königin von Sachsen, nicht anwesend war, berichtete Sophie ihr alles bis ins kleinste Detail:»Er strahlte und Du weißt, wie sein Gesicht strahlt, wenn er sich freut. Die liebe Kleine ahnte nichts von dem tiefen Eindruck, den sie auf Franzi gemacht hatte...« Sisi war eher verstört und aß vor Aufregung nichts. Sie bemerkte gar nicht, daß der Kaiser nur Augen für sie und nicht für Nené hatte. Der Tee endete in einer Konfusion der Gefühle.

Franz Joseph trat bei seiner Mutter ein und begann sofort, ihr von Elisabeth vorzuschwärmen. Sophie berichtete ihrer Schwester:»Er sagte mir mit strahlender Miene, daß er Sisi reizend fände. Ich bat ihn, die Sache nicht zu überstürzen, es genau zu überlegen, aber er meinte, man dürfe es auch nicht in die Länge ziehen.«[98] Sophie in ihrem Tagebuch:»Der Kaiser schwärmte. Nein, wie süß Sisi ist. Sie ist wie eine aufspringende Mandel und welche herrliche Haarkrone umrahmt ihr Gesicht! Was hat sie für liebe Augen und Lippen wie Erdbeeren!«[99] Sophie fand es nun angebracht, Franz Joseph daran zu erinnern, er möge sich mehr um seine Braut annehmen und nicht um die kleine Sisi. Schließlich sei Nené klug und schön und würde sicherlich eine gute Kaiserin abgeben.»Nun ja«, meinte der Kaiser, »etwas ernst und schweigsam, gewiß nett und lieb, ja aber Sisi – Sisi – dieser Liebreiz, diese kleinmädchenhafte und doch so süße Ausgelassenheit!«[100] Es herrschte totale Verwirrung. Die beiden Mädchen waren verstört, Sophie wußte nicht ein und aus, Carl Ludwig war eifersüchtig und böse auf seinen älteren Bruder, nur Franz Joseph strahlte.

Abends war ein Hausball angesetzt. Nené erschien in einer schönen weißen Robe, ein Efeukranz war in ihr Haar geflochten, daneben stand Sisi in einem schlichten rosa Kleid. Sie wirkte sehr kindlich. Den ersten Tanz ließen Franz Joseph und die Mädchen aus. Als der zweite begann, forderte Sophie den Adjutanten des Kaisers, FML Hugo von Weckbecker, auf,»er möge mit Prinzessin Elisabeth tanzen, die bisher nur beim Tanzmeister gelernt hatte und für ihr erstes Debut einen sicheren Führer bedürfe... Sie stellte mich der in äußerster Verlegenheit befangenen, liebreizenden Prinzessin vor, die mir schüchtern sagte, sie wisse gar nicht, ob und wie es ohne

Tanzmeister gehen werde... war ich doch ängstlich, denn ich wußte... daß bayerische Prinzessinnen nicht gut tanzten... Zum Glück war Prinzessin Elisabeth musikalisch und hielt wenigstens Takt...«[101] Den Kotillon tanzte Franz Joseph mit Sisi und überreichte ihr zum Schluß das Blumensträußchen, als Zeichen, daß sie seine Auserwählte war. Alle verstanden diese Geste, nur nicht die Braut, die meinte, »es hat mich nur geniert«.

Sophie berichtete ihrer Schwester Marie von Sachsen weiter, daß Sisi entzückend ausgesehen hätte, ihre Haltung wäre anmutsvoll, bescheiden, graziös, mit einem Wort untadelig gewesen. Was sie vor allem hervorhob, war, daß Sisi »so anziehend und so kindlich bescheiden« wirkte.

Der 18. August war der 23. Geburtstag des Kaisers, und an diesem Tag sollte die Entscheidung fallen. Franz Joseph bat seine Mutter, bei Tante Ludowika vorzufühlen, ob es ihr angenehm wäre, ihr Schwiegersohn zu werden. In des Kaisers Brust kamen doch Zweifel auf, ob es eine Frau neben ihm, der er einen sehr schweren Beruf hat, aushalten könne. Die Mutter zerstreute sofort alle pessimistischen Gedanken. Die Braut selbst war auch im Zweifel, war sie doch, in ihren Augen, eine kleine, unbedeutende Person. Nur die beiden Mütter waren sich handelseins. Sophie notierte: »Ludowika drückte mir bewegt die Hand, denn sie hatte in ihrer Bescheidenheit immer gezweifelt, daß der Kaiser wirklich an eine ihrer Töchter denken würde...« Nun fielen auch von Sisi die letzten Zweifel ab und sie meinte, »wie soll man *den* Mann nicht lieben können«, und versprach Tante Sophie, sie wolle »immer ein zärtliches Kind sein«. Allerdings, auch das betonte sie, es wäre ihr lieber, Franz Joseph wäre kein Kaiser. »Das ist es«, so Sophie, »was sie scheu macht, diese künftige Stellung...« Vielleicht hatte auch Mutter Ludowika in der Entscheidungsfindung etwas nachgeholfen, denn sie meinte: »Einem Kaiser gibt man keinen Korb!«[102]

Am nächsten Tag gab Ludowika eine schriftliche Erklärung ihrer Tochter Elisabeth bekannt, die sich bereit erklärte, die Gemahlin Franz Josephs I. zu werden. Der Kaiser erschien im Hotel und durfte nun erstmals allein mit seiner Braut sprechen. Nach kurzer Zeit fuhr er mit Elisabeth zu seiner Familie und machte sie mit seiner Suite bekannt, besonders mit Grünne, auf dessen Urteil er großen Wert legte. Ludowika, nun Schwiegermutter eines Kaisers, berichtete:

»Es ist ein so ungeheures Glück und doch eine so wichtige und schwere Stellung, daß ich in jeder Beziehung sehr bewegt bin. Sie ist so jung... ich hoffe aber, man hat Nachsicht mit ihrer Jugend... Tante Sophie ist aber so gut und lieb für sie, und welch ein Trost für mich, sie einer so lieben Schwester als zweite Mutter übergeben zu können...«[103] Erst viel später, leider zu spät, erkannte Elisabeth die Tragweite ihres nicht ganz freiwilligen Entschlusses. »Die Ehe ist eine widersinnige Einrichtung. Als fünfzehnjähriges Kind wird man verkauft und tut einen Schwur, den man nicht versteht und dann dreißig Jahre oder länger bereut und nicht mehr lösen kann!«[104]

Um 11 Uhr fuhr der Hof zur Stadtpfarrkirche in Ischl. Als man in die Kirche eintrat, blieb EH Sophie – sie beherrschte das Protokoll – zurück und ließ Elisabeth den Vortritt. Nun wußten alle, was dies bedeutete, und das Volk sang die Kaiserhymne. Der Pfarrer kam dem Brautpaar mit Tränen in den Augen entgegen. Eine Augenzeugin berichtete: »Man muß hier die Augen offen halten, denn alle Augenblicke stößt man auf einen Kaiser, König oder Herzog. Dabei machen sie alle so fröhliche Gesichter, und es bereitet wirklich Freude, die beiden Vergnügtesten unter ihnen, das Brautpaar, diese schöne und poetische Lebensepoche genießen zu sehen...« Dann erzählte sie, wie die Braut die Kirche verließ und in den Wagen steigen wollte und wie einem ungeschickten Lakai, der ihr Gebetbuch trug, dieses auf das Pflaster fiel, aus dem »eine ganze Ladung« von Blumen und Blättern herausfiel, »wahrscheinlich sehr theure Pfänder, Zeugen der letzten Tage, denn sie waren noch feucht und frisch.« Elisabeth war das sehr peinlich und sie »floh in den Hintergrund der Anwesenden«, und EH Sophie rief bedauernd, »Ach, die Kleine!« und bückte sich, um die Blumen und Blätter einzusammeln. Unsere Augenzeugin sammelte auch einige Blüten ein und übergab sie der Erzherzogin, die dankte, die schüchterne Elisabeth aus dem Hintergrund holte und leutselig sagte: »Jetzt stelle ich Ihnen unsere zukünftige Kaiserin vor!«[105] Kempen notierte an diesem Tag: »Major Jankowsky aus Ischl meldet mir, daß S.M. der Kaiser, mit der jüngeren Tochter Elisabeth des Herzogs Max in Bayern sich verlobt habe.«[106]

Bei herrlichstem Wetter ging es weiter zum Diner nach Hallstatt. Der Kaiser nahm seine Braut an der Hand und zeigte ihr das herrliche Panorama, die Königin von Preußen war den Tränen nahe und sagte: »Es ist so schön, ein so junges Glück in einer so wunderbaren Landschaft zu sehen.« Sophie schrieb, wie fürsorglich ihr Franzi zu seiner Braut war, als er ihr einen Militärmantel um die Schultern legte: »Ich kann Dir gar nicht ausdrücken, wie glücklich ich bin.«[107] Von den Vätern des Brautpaares war in Ischl nicht die Rede; eigentlich waren nur die Mütter glücklich und waren bestrebt, ihren Kindern eine bessere Ehe zu ermöglichen, als sie sie gehabt hatten. Ludowika war einst in Prinz Miguel von Braganca, den späteren König von Portugal verliebt. Diese Romanze wurde von ihren Eltern abrupt beendet. Sie mußte dieses bayerische »Urviech« Max heiraten, der ihr sofort erklärte, sie nicht lieben zu können, weil er sein Herz einer Bürgerlichen geschenkt hatte, jene aber wegen des Standesunterschiedes nicht heiraten dürfe. Trotzdem bekam Ludowika von ihm acht Kinder, und in deren Erziehung fand sie ihre Erfüllung. Sophie war es nicht besser ergangen. Sie war unglücklich, als sie hörte, sie müsse den beschränkten EH Franz Karl heiraten. Nächtelang weinte sie in die Kissen, und als ihre Erzieherin die Mutter darauf aufmerksam machte, sagte die nur: »Was wollen Sie? Die Sache ist beim Wiener Kongreß entschieden worden!« Als sie dann tatsächlich »den an Körper und Geist schwachen EH Franz Karl« heiratete, erlebte sie die zweite Hiobsbotschaft, als ihr der Schwiegervater erklärte, »beim Zustand meines Sohnes müssen Sie alles selbst in die Hand nehmen«. Sie wußte also, was ihr in Wien bevorstand, doch sie beschloß, trotz der Enttäuschungen glücklich zu werden. Beide Mütter waren überzeugt, daß dieses junge Brautpaar alle Voraussetzungen erfüllte, ein Leben lang froh zu sein! Das Schicksal ihrer Mütter würden die beiden Verliebten bestimmt nicht teilen müssen.

Sophie hatte mit der Weigerung ihres Sohnes, die ihm zugedachte Braut zu akzeptieren, ihre erste Niederlage erlitten. Die Erzherzogin war in ihrem Denken noch so dem 18. Jahrhundert verhaftet, daß sie von Gefühlen oder Individualität nichts hielt. Menschen waren in ihren Augen jederzeit austauschbar, und daher war es ihr egal, ob ihre Schwiegertochter Helene, Elisabeth oder sonstwie hieß. Hauptsache war die entsprechende Abstammung, die Ebenbürtigkeit und die Religion.

Über Gefühlsregungen der Brautleute wissen wir nur, daß Franz Joseph im siebenten Himmel schwebte und die Braut andauernd weinte. »Du kannst Dir nicht vorstellen«, schrieb Sophie ihrer Schwester, »wie reizend Sisi ist, wenn sie weint.« Der Kaiser begann jetzt bereits, seine Braut mit Schmuck zu umwerben. Drei Bälle standen in Ischl noch auf dem Programm. Die bedauernswerte Nené mußte alles mitmachen. Sophie versicherte ihr zwar mehrmals, wie sehr sie von ihr geschätzt werde, doch das war für die Blamierte kein Trost, und sie sehnte sich danach, so schnell wie möglich nach Hause zu kommen. Der Brautvater Max wurde verständigt, nach Ischl zu reisen. Der König von Bayern gab sein Einverständnis zur Verlobung, und Franz Joseph dankte ihm dafür: »... Ich bin doppelt glücklich, daß ich bei der Wahl meiner zukünftigen Lebensgefährtin zugleich mein eigenes innigstes Gefühl zu Rathe ziehen konnte und gebe mich vollkommen der freudigen Hoffnung hin, in den vortrefflichen Eigenschaften meiner Braut mein Lebensglück zu finden...«[108]

Der »göttliche Ischler Séjour«, wie Franz Joseph meinte, dauerte bis zum 31. August. Der Kaiser begleitete seine Braut bis nach Salzburg, von wo aus sie die Heimreise antrat, er fuhr wieder nach Wien. Am 6. September schrieb er seiner Mutter einen Brief, in dem er sich über seine papierene Schreibtischarbeit beklagte und mit dem Satz endete: »... Mit unendlicher Sehnsucht nach Westen, während ich nach Olmütz gegen Norden muß!« Schon neun Tage später schrieb er der Mutter: »... Ich kann den Augenblick gar nicht erwarten, wo ich nach Possenhofen reisen kann, um Sisi wieder zu sehen, an die ich unaufhörlich denken muß. Ich habe schon zwei sehr liebe Briefe von ihr bekommen, die mich ganz beglücken...«[109] Ein gutes Omen für die allgemeine Jubelstimmung war wohl die Meldung Kempens: »9. 9. 1853: um 17 Uhr 30 erhielt ich ein um 15 Uhr 30 chiffriertes Telegramm von FML Coronini aus Temesvár, daß der Majorauditor von der Marinestelle Triest Titus Karger und der ungarische Polizeiagent Josef Varga am Berge Allion bei Alt-Orsova die ungarischen Kronjuwelen, von Kossuth auf der Flucht vergraben, gefunden haben.«[110]

Sophie mußte die Neuigkeit aus Ischl, ohnehin schon von der Presse bekanntgemacht, aus erster Hand an ihre junge Tiroler Freundin weitergeben: »... Und da (Ischl) brachten wir eine glückselige Zeit zusammen zu, da unser geliebter Kaiser die zweite Tochter, Elisabeth, meiner Schwester Luise lieb gewann und sich mit ihr verlobte.

Das junge, holde Brautpaar liebt sich so innig und ist so glücklich, daß es für mein Mutterherz, für meinen Mann, für uns alle, eine unaussprechliche Wonne war, ihr Liebesglück mitanzusehen... Im nächsten Frühjahr, wahrscheinlich am 24. April, wird die Hochzeit des Kaisers sein und wir werden dann eine schöne, junge Kaiserin bekommen, die Euch gewiß bald der Kaiser bringen wird; sie ist fromm und gut und wird Euch recht lieben haben...«[111] Kaum war Franz Joseph aus Ischl abgereist, begab sich Sophie auf Herbergsuche für das junge Brautpaar. Der Kaiser, der bisher bei der Mutter in Sommerau No 50 logiert hatte, benötigte ein eigenes Domizil. Sophie fand ein solches. Eine schöne Villa inmitten eines herrlichen Parks. Besitzer war ein gewisser Dr. Eltz.»Früher bewohnte sie der Eigner Herr Dr. Eltz zur Sommerzeit meist selbst mit seiner Familie. Seit einigen Jahren ist sie vermietet und ist der herrlichen Lage wegen, und da sie ganz geeignet zur Aufnahme größerer Familien ist, gewöhnlich vom höchsten Adel bewohnt...«[112] Sophie erwarb die Villa und unterbreitete ihrem Sohn Vorschläge für die Vergrößerung des Objektes, worauf Franz Joseph sehr furchtsam wurde, da er nicht über so viel Geld verfügte.»Ich kann nur wünschen«, schrieb er der Mutter, »und ersuche Sie, liebe Mama, es auch Purgold ans Herz zu legen, daß das Ganze nicht mehr koste als vorangeschlagen ist, da es mir mit meinen Finanzen sehr knapp geht...«[113] Trotzdem baute die Erzherzogin die Villa großzügig aus. Links und rechts wurden zwei Flügel an das Haupthaus in der Mitte gebaut, so daß der Grundriß ein großes »E« bildete. Alexander von Hübner wird später darüber schreiben: »11. 10. 1856: Besuch in Ischl. Um 11 Uhr beim Kaiser in seiner Villa, die schön gelegen, aber architektonisch ein Scheusal ist.«[114]

In diesen Tagen erhielt die Erzherzogin den ersten Brief ihrer Nichte und zukünftigen Schwiegertochter: »Possenhofen, 29. September 1853. Liebste Tante! Es ist mir nicht möglich, Dir zu sagen, wie unaussprechlich dankbar ich Dir bin für diese schönen Zeichnungen, die mir die glücklichsten Erinnerungen meines Lebens zurückrufen und die mir schon als Geschenk aus Deiner lieben Hand ewig wertvoll sein werden, wie auch für die freundlichen gnädigen Zeilen, die sie begleiteten und die mich ungemein beglückten. Jetzt zähle ich schon mit Ungeduld die Tage bis zur Ankunft des Kaisers, denn wie sehr ich mich auf den Augenblick freue, ihn nach so langer Zeit wieder zu sehen, begreifst wohl Du, liebe Tante am besten. Erlaube mir noch, liebste Tante, Dir nachträglich für die große Güte und Freundlichkeit zu danken, mit der Du mich in Ischl immer behandelt hast, und Dich bittend, mich auch ferner lieb zu behalten, küsse ich Deine und des Onkels Hände und verbleibe, liebe Tante, Deine dankbare, ergebene Nichte Sisi.«[115] Nachdem Elisabeth nie dazu ausersehen war, eine so »tolle Partie« zu machen, war ihre Schulbildung und Ausbildung nur mangelhaft. Jetzt mußte in Eile alles nachgeholt werden. Obenan standen die Sprachen Französisch, Italienisch und Geschichte des Staates Österreich. Ludowika gab zu, daß ihre Kinder kein Talent zum Erlernen fremder Sprachen besäßen. Geschichtsunterricht erhielt Elisabeth von dem Historiker Johann Graf Mailáth, der aus seinem Werk »Geschichte des österreichischen Kaiserstaates« vortrug. Von seinen Kollegen war er nicht anerkannt, da er die Geschichte nur poesievoll auslegte. Trotz seiner Loyalität zum Kaiserhaus blieb er in seinem Innersten Ungar. Obwohl bei seinen Landsleuten als Altkonservativer verschrien, lehrte er seine junge Schülerin, daß nur eine Republik die ideale Regierungsform wäre. Elisabeth nahm diesen Unterricht mit vollen Zügen auf und entflammte in Begeisterung für alles Ungarische. Wenn sie später ihre Schwiegermutter provozieren wollte, meinte sie nur, daß eine Republik erstrebenswert wäre; dies hätte sie Graf Mailáth gelehrt.[116] Zwischen Wien und Possenhofen begann nun ein reger Schriftverkehr wegen der Brautausstattung, dem Trousseau, der rasch zusammengestellt werden mußte. Sophie gab außerdem Order, Elisabeth hätte sie in Zukunft mit »Sie« anzusprechen und sich die Zähne zu putzen, die ganz schwarz wären. Die Angst des jungen Mädchens wuchs, denn sie glaubte immer mehr, in Wien nicht bestehen zu können. Die Vorbereitungen für die Hochzeit gingen ihr auf die Nerven, Kleider und Schmuck bereiteten ihr keine Freude. Fröhlich stimmte sie nur ein Papagei, den ihr Franz Joseph schenkte. Sie zog sich immer mehr zurück, wurde stiller und stiller. Ihre Mutter bekam es nun auch mit der Angst zu tun. Am liebsten hätte sie die Hochzeit verschoben. »Überhaupt denke ich nicht gerne an Sisis Entfernung und möchte die Zeit immer mehr hinausschieben.«[117] Im Oktober war Franz Joseph bei seiner Braut in Possenhofen. »...um Ihnen zu sagen«, berichtete er seiner Mutter, »wie unaussprechlich glücklich ich hier (München) und in Possenhofen war, wo ich in aller Ruhe meinem Glück leben konnte. Nie werde ich es Ihnen, liebe Mama, genug danken können, mir ein so inniges Glück gegründet zu haben. Alle Tage liebe ich Sisi mehr und immer mehr überzeuge ich mich, daß keine besser passen kann als sie . . .«[118] Der Kaiser, nur noch in Gedanken an seine Braut, konnte es kaum erwarten, zu Weihnachten wieder nach Bayern zu fahren. Sisi feierte am Heiligen Abend 1853 ihren 16. Geburtstag. Franz Joseph brachte Juwelen zum Geschenk, ein Porträt und ein silbernes Frühstücksservice. Sophie hatte einen Strauß roter Rosen gesandt, »das hier, wo solche Rosen nicht zu finden sind, sehr viel Effekt machen wird«.[119] Darauf antwortete Sisi: ». . . Erlauben Sie mir, Ihnen meinen innigsten Dank für die schönen frischen Rosen auszusprechen, die Mama mir in Ihrem Namen zu meiner Weihnachtsüberraschung legte und die mich freudig überraschten. Empfangen Sie . . . meine innigsten Wünsche zum neuen Jahr, das mich in Ihre liebe Nähe bringen soll . . .«[120]

Am 1. Januar 1854 erklärte das Osmanische Reich Rußland den Krieg. Der Zar erwartete mit Bestimmtheit Österreichs Eingreifen an seiner Seite, doch in Wien herrschte Konfusion. Erst Ende Oktober waren große Teile der Armee aus Geldmangel demobilisiert worden, der lang anhaltende Belagerungszustand hatte die Kassen geleert. Der Minister des Äußern war unentschlossen, der Kaiser hatte letztendlich und allein die Entscheidung zu fällen, doch der war verliebt und hatte andere Sorgen: Wie herrlich und groß würde der Trousseau seiner Braut und würde er überhaupt rechtzeitig fertig werden? »Mit dem Trousseau geht es, scheint mir, nicht recht vorwärts und ich kann mir nicht mehr denken, das es hübsch wird . . .«, schrieb er seiner Mutter.[121] Die politische Lage war aber so brisant geworden, daß Franz Joseph seinen Urlaub abbrechen mußte. Der belgische Gesandte in München berichtete: »Die ernste Lage zwingt den Kaiser, seine Rückkehr zu beschleunigen . . . Die politische Situation gibt ihm viele Sorgen . . .«[122]

Als der Kaiser nach über vierundzwanzigstündiger Fahrt wieder in Wien eingetroffen war, wurde Kempen zur Audienz bestellt. Der Polizeiminister sprach Franz Joseph gegenüber vom perfiden Verhalten Frankreichs und Englands, die Flottenverbände in das Schwarze Meer entsandt hatten. Darauf der Kaiser: »Dies gibt den

Anlaß, sich von ihnen loszumachen und an dem freien, selbständigen Auftreten mit Preußen, welches Alles Gute versprach, und mit Deutschland festzuhalten.« Sowohl Kempen als auch Grünne war aufgefallen, daß der Kaiser nach seinem Urlaub in München verändert zurückkam und plötzlich die Politik Rußlands verdammte.[123] Kübeck gibt an, daß der Kaiser in diesen Tagen angeblich an »Gehirn-Affekzionen und Halbsehen«, als Nachwirkung auf das Attentat, gelitten haben soll.[124] Das ist sicher nicht richtig, denn die Verletzung durch das Messer war eher geringfügig und konnte niemals Sehstörungen und zentrale Affektionen hervorrufen. Waren diese Entscheidungen – wenn sie tatsächlich aufgetreten waren – nicht eher ein neurotisches Fehlverhalten, eine Flucht in die Krankheit, als ernste Entscheidungen und Arbeiten anstanden?

Der Fasching 1854 verlief flau, die »Kaiserkomtesserln« hatten in Franz Joseph keinen Tänzer mehr. EH Sophie hatte alle Hände voll zu tun, die Bauarbeiten in Ischl mußten überwacht, sechs große Zimmer in der Hofburg auf Hochglanz gebracht werden. Zur Inneneinrichtung plünderte sie Schatzkammer, kaiserliche Sammlungen in Wien und Schloß Ambras. Das Brautpaar sollte es gemütlich haben. Sophie gab sich tatsächlich große Mühe, die von ihrer Schwester sehr anerkannt wurde:»Meine gute Sophie . . . wie immer die persönliche Selbstverleugnung, will Alles hingeben und entbehren für die zukünftige Schwiegertochter und bedenkt jede Kleinigkeit, die zum Glück und Comfort des jungen Paares beytragen kann. Auch schrieb mir Luise neuerlich mit Recht, es sey wohl noch nie so liebevoll für eine Braut gesorgt worden, wie für ihre Tochter . . .«[125]

Anfang März fand in München der Renunziationsakt statt, das war die Verzichtserklärung Elisabeths vor dem König auf eine etwaige Thronfolge. In diesen Tagen wurde auch der Ehepakt zwischen Franz Joseph und Elisabeth unterschrieben. Weil die Mitgift gar so mickrig ausfiel, stockte sie der Kaiser mit hunderttausend Gulden auf. Am Tag der Hochzeit erhöhte der Kaiser die Apanage seiner Mutter von dreißig- auf fünfzigtausend Gulden jährlich.[126] Wochen vor der Hochzeit traf der Trousseau Elisabeths in 25 Reisekörben in Wien ein. Hocharistokraten rümpften über diesen bescheidenen und provinziellen Plunder die Nasen. Die wenigen guten Stücke waren ohnehin Geschenke des Kaisers und der EH Sophie. Vier Wochen vor der Hochzeit fuhr Franz Joseph nochmals zu seiner Braut und überbrachte ihr Schmuck seiner Mutter; ein Diamentendiadem mit großen Opalen und entsprechende Ohrgehänge. Sophie hatte diesen Schmuck bei ihrer eigenen Hochzeit getragen. Franz Joseph beruhigte sie sofort, »er wird gewiß sehr gut aufgehoben und gleich versperrt werden«.[127] Sisi bedankte sich bei der zukünftigen Schwiegermutter mit artigen Worten: »Liebe Tante, der Kaiser übergab mir Ihr herrliches Geschenk, und ich kann keine Worte finden, um Ihnen meine freudige Überraschung sowohl als auch meinen innigen Dank auszusprechen... Doppelt wert ist mir Ihr prächtiges Geschenk, weil, wie mir Mama sagte, Sie selbst es getragen haben...«[128]

In Wien begannen die Hof-Schönschreiber bereits die Federn zu spitzen und Elogen auf die Braut des Kaisers zu verbreiten. »Prinzessin Elisabeth gab bereits im zarten Kindesalter, beim Unterrichte und beim Spiele, in tausend Zügen Proben von Intelligenz und rastlosem Wissensdrang, von tiefer Religiosität und rührender Güte und Mildherzigkeit.«[129] Die Österreicher durften sich also freuen, ein solches Wunderkind als Kaiserin und Landesmutter zu erhalten, die ein Bindeglied zwischen Volk und Kaiser darstellen würde, von Fürsorge und Mildtätigkeit erfüllt. Die Zuneigung Sisis zu ihrem Bräutigam stieg zwar, aber für seinen »Beruf« hatte sie weder Verständnis noch Interesse. Sie sah nur, daß jeden Tag ein Kurier mit dicken Ledermappen erschien und Franz Joseph auch im Urlaub die Staatspapiere aufarbeiten mußte, und daß er sogar die Tage bei ihr abzukürzen hatte, was sie wahrscheinlich »sehr geniert« hat. Wenn Franz Joseph schon keinen Kontakt zur Bevölkerung hatte und, wie wir gehört haben, es nicht verstand, die Herzen seiner Untertanen zu gewinnen, würde diese Gabe wenigstens die Kaiserin beherrschen. Sehr bald nach seiner Thronbesteigung hatte sich das Verhalten Franz Josephs abrupt geändert, wie auch der Umgang mit seiner Familie. Sein Amt und die Etikette schufen eine unüberbrückbare Distanz zwischen dem Kaiser und dem Rest der Familie, die durch die Beachtung sprachlicher Formen noch deutlicher wurde. Diese Regeln galten selbst für seine Brüder und später seine Kinder. Wenn er sie auch duzte, mußten ihn alle, bis auf seine beiden Töchter, mit einem respektvollen »Sie« ansprechen. »Er ließ sich nie zu einer gefährlichen Vertraulichkeit, weder mit seiner

Umgebung noch mit den Erzherzögen hinreißen.«[130] Neben der Monarchie regierte Franz Joseph mit strenger Hand auch seine Familie. »In Wahrheit bereitete sie ihm mindestens ebensoviel Sorgen, Verdruß, Schwierigkeiten wie seine Länder. In seinen späteren Jahren war sie ihm auch fremd geworden. Er erwartete sich von ihr nichts Gutes und freute sich, wenn ein Jahr ohne Familienskandale verging...«[131]

Während des Märzaufenthaltes Franz Josephs in Possenhofen trieb die Krimkrise ihrem Höhepunkt entgegen, doch den Kaiser berührten politische Fragen kaum, war er doch mit den Hochzeitsvorbereitungen voll ausgelastet und ließ sich nur ungern in die Realität zurückholen. Die »Augsburger Allgemeine Zeitung« schrieb: »Wir wollen nicht behaupten, daß der österreichische Monarch während des Besuches bei seinen Schwiegereltern viel an die orientalische Frage gedacht habe, aber ganz darüber hinwegsehen konnte er wohl unter keinen Umständen. Er hat in München daran denken müssen. Sobald die Lichter in den Sälen des Herzogs Max Palais gelöscht waren, wurden die Lampen im kaiserlichen Arbeitscabinet des österreichischen Gesandtschaftshotels angezündet... Am Tage, bei seinem öffentlichen Erscheinen an der Seite seiner Braut aber... war von der drückenden Schwere der Ereignisse, von den gewichtigen Gedanken, welche das Flottenfeuer des Ost und West in ihm aufrütteln mußte, keine Spur zu lesen. Der Kaiser schien während seines Aufenthaltes hier unendlich glücklich und heiter...«

Wenn auch durch Unentschlossenheit, Naivität und Ablenkung Franz Josephs dem Staat unermeßlicher Schaden zugefügt worden war, verstanden es die Hof-Schönschreiber, diese Eigenschaften ins Gegenteil zu verkehren und ihn als den weitblickenden Staatsmann hinzustellen, der mit seinen einsamen Entschlüssen das Reich vor Ungemach bewahrt und zu neuem Glanz geführt hatte: »Mit Stolz darf darauf hingewiesen werden, daß unser Kaiser die Haltung Österreichs im Krimkrieg ganz nach seiner eigenen, hochherzigen Gesinnung bestimmte. Im Lande selbst bekämpften sich die widersprechendsten Neigungen; während z. B. die Wiener Aristokratie in geradezu demonstrativer Weise ein Zusammenwirken mit Rußland zur Aufteilung der Türkei befürwortete, hätte man in anderen Kreisen, namentlich in ungarischen, gerne einen blutigen Krieg wider Rußland gesehen, und es erhoben sich genug rücksichtslose

Stimmen mit der Behauptung, daß Österreich mit oder gegen Rußland eine Machtvergrößerung anstreben sollte. Aber unser edler Monarch war nur von dem Gedanken beseelt, seinem Volke die blutigen Opfer eines Krieges zu ersparen und so lange es sich mit der Ehre Österreichs vereinbaren ließ, den Frieden zu erhalten. Ihm gebührt denn auch das Verdienst den Abschluß des Pariser Friedens beschleunigt zu haben . . .«[132] Der Diplomat Hübner sah die Folgen der Krimkrise für Österreich wesentlich realistischer: »Man schmeichelt sich in Wien den Frieden zu erreichen, ohne am Krieg teilgenommen zu haben. Diese Hoffnung, man möchte sie Täuschung nennen, gibt unserer Politik eine unsichere und schillernde Färbung und schadet der ganzen Weltgeltung.«[133] Andere behaupteten: Die EH Sophie hat sich gegen den Krimkrieg gesträubt. ». . . Die Partei der Erzherzogin, die Militärpartei, sowohl Graf Grünne, als auch Windischgraetz, als auch Radetzky, sprachen sich auf das entschiedenste gegen die Teilnahme am Krimkrieg aus . . .«[134]

Aus Anlaß der Hochzeit ließ Franz Joseph den Belagerungszustand über Ungarn und Galizien aufheben.

Am 20. April verließ Sisi ihr Elternhaus. Mit einer Kutsche ging es bis nach Straubing, weiter auf einem Donaukahn bis Linz, dort bestieg sie das Dampfboot »Franz Joseph« und fuhr mit ihm bis Wien-Nußdorf. Samstag, 22. April 1854: »Kaum hatte das Dampfschiff am Kai angelegt, als der junge Kaiser auf seine zukünftige Gemahlin zueilte und sie coram publico umarmte. Die Prinzessin, groß, schlank, von majestätischer Haltung und klassischen Zügen, obwohl fast noch ein Kind, eroberte im Fluge alle Herzen. Viel Landvolk, aber wenig Personen vom Hof und aus der Gesellschaft standen längs des Ufers. Auf allen Physiognomien war eine sanfte und freudige Gemütsbewegung zu bemerken. Jeder schien sich mit dem kaiserlichen Brautpaar eng verbunden zu fühlen . . .«[135] Hierauf begrüßte EH Sophie die Braut, die ihr die Hand küßte. Kardinal Rauscher hielt eine kurze Begrüßungsrede, dann fuhr der Konvoi der Wagen in die Stadt. Im ersten saß der Kaiser mit seinem Bruder Ferdinand Max, im zweiten EH Sophie mit Sisi und im dritten EH Franz Karl mit Ludowika, der Mutter der Braut. Über Döbling, Währing, Hernals, Schmelz, Mariahilferstraße ging es zum Schloß Schönbrunn. Im großen Salon wurde eine Revue abgehalten, Sophie stellte zuerst alle Erzherzoginnen vor, anschließend der Kaiser die männlichen Familienmitglieder. Max übernahm die Vorstellung der österreichischen und bayerischen Verwandtschaft. Sophie vermerkte in ihrem Tagebuch, daß außer ihren Söhnen noch fünfzehn Erzherzoge anwesend waren. Nun überreichte Franz Joseph seiner Braut die Hochzeitsgeschenke: von ihm eine wertvolle Diamantenkrone mit Smaragden, Kaiser Ferdinand hatte aus Prag ein Brillantendiadem gesandt. Anschließend wurde Elisabeth ihr zukünftiger Hofstaat vorgestellt: Obersthofmeister Fürst Joseph Lobkowitz, zu dem sie sofort Vertrauen faßte. Obersthofmeisterin wurde Sophie Gräfin Esterházy, eine enge Vertraute Sophies. Sie war 56 Jahre alt, sittenstreng und beherrschte das Zeremoniell bis in die kleinsten Details. Eigentlich war sie mehr Gouvernante als Obersthofmeisterin. Ihr würde nichts entgehen, und alles würde sie der Erzherzogin berichten. Sisi entwickelte gegen diese Frau sofort eine Aversion. »... denn auf der einen Seite behandelte sie die junge Kaiserin ein bißchen gouvernantengemäß, auf der anderen erblickte sie eine ihrer Hauptaufgaben darin, die angehende Herrscherin in allen möglichen Familienklatsch der Hocharistokratie einzuweihen, wofür die bayerische Prinzessin natürlich nur geringes Interesse aufbrachte ...«[136] Zwei Hofdamen waren ihr auch zugeteilt, Paula Gräfin Bellegarde und Karoline Gräfin Lamberg. Sophie machte ihre Schwiegertochter sofort darauf aufmerksam, daß sie mit diesen beiden Damen nicht vertrauensvoll verkehren dürfe, sondern immer Distanz zu ihnen zu bewahren hätte. Abends war in Schönbrunn Galadiner.

Am Sonntag den 23. April erfolgte der Einzug der Braut in die Favorita. Die goldene Kutsche wurde von acht Schimmeln gezogen. »Der feierliche Einzug der jungen Prinzessin hat mit dem ganzen durch die Tradition und die Etikette erforderlichen Gepränge stattgefunden und war wahrlich prachtvoll. Von der Teilnahme und dem Enthusiasmus der Bevölkerung macht man sich keine Vorstellungen.«[137] Am späten Nachmittag fuhr die Braut von der Favorita in die Hofburg. Die neue Kaiserin hatte Einzug in die Residenz gehalten. In der Burg erwartete sie bereits die Familie, und Sophie notierte in ihr Tagebuch, daß Sisi »entzückend« ausgesehen hätte und »das Benehmen des lieben Kindes war vollendet, voll süßer und graziöser Würde«.

Montag, der 24. April. Gegen Abend fand die Trauung in der

Augustinerkirche statt. 15 000 Kerzen erhellten das Gotteshaus. »Nahe an die fünfzig Bischöfe umstanden den Hochaltar. Kardinal Rauscher, der Erzbischof von Wien, hielt die Ansprache, die man zu lange fand und die ihm, noch bevor er seine Lobrede beendet hatte, den Spitznamen ›Kardinal Plauscher‹ eingetragen hat. Der Kaiser und die Kaiserin bildeten ein reizendes Paar. Die Herren glänzten durch den Reichtum ihrer Uniformen, die Frauen blendeten durch ihre elegante Erscheinung, viele darunter durch ihre Schönheit, fast alle durch den Adel durch Wuchs und Haltung, den Reichtum und Glanz ihrer Toiletten. Um ½9 Uhr verkündeten Artilleriesalven, daß der Austausch der Eheringe stattgefunden habe.«[138] Kardinal Rauscher beendete seine phrasenreiche Ansprache mit den Worten: »Die Liebe, die Euer Majestät Ihrem erhabenen Gemahle weihen, wird Ihm inmitten der Herrschersorgen gleich einem Eilande sein, welches inmitten des Wogensturmes friedlich grünend daliegt und die lächelnde Rose und das anmutige Veilchen keimen läßt. Alles Reine, alles Schöne und Zarte finden an der Kaiserin Elisabeth ein Vorbild, eine Hüterin und Pflegerin! Neben Franz Joseph, dem Retter und Helden Österreichs, dem Erneuerer durch gesetzgebende Weisheit, dem Vorkämpfer allüberall wo es die Ehre Gottes und das Heil des Menschengeschlechtes gilt, glänze die kaiserliche Gemahlin als die erste der Frauen nicht durch die Krone, welche ihre Stirn bekränzt, sondern mehr durch Tugenden die von den Höhen des Thrones herab ihren milden Schein über die Völker verbreiten…«[139] Polizeiminister Kempen notierte: »Zum Ärgernis aller sprach Kardinal Rauscher dreiviertel Stunden lang!«[140]

Nach der Zeremonie ging es zurück in die Hofburg, und die siegreichen Generale der Revolutionsjahre 1848/49 wurden als erste Gratulanten vorgelassen: Radetzky, Windischgraetz, Jellačić und FM Laval Graf Nugent. Anschließend war die Vorstellung des Diplomatischen Corps und deren Frauen. Es folgten die höchsten Hofchargen, »worauf die Damen zum Handkuß zugelassen wurden… Die Damen näherten sich einzeln dem Thron, auf welchem die Majestäten Platz genommen hatten, verbeugten sich vor dem Kaiser und küßten der Kaiserin die Hand. Die Herren defilierten einfach vorüber. Nachträglich erfuhren wir, daß die Kaiserin vom Handkuß nichts hören wollte. ›Wie‹ sagte sie, ›kann ich mir von älteren

Damen als ich bin, die Hände küssen lassen? Niemals!‹ Der Kaiser
mußte sich ins Mittel legen, um sie zu bewegen, sich den Vorschriften der Etikette zu fügen...«[141] Sisi verlor im Trubel der vielen
fremden Menschen die Nerven, begann zu weinen und flüchtete in
ein Nebenzimmer. Sofort begann ein Getuschel, und die Situation
war peinlich. Endlich begann die Kaiserin, völlig verwirrt, mit dem
Cercle. Da sie keine Konversation zusammenbrachte, mußte die
Gräfin Esterházy für Unterhaltung sorgen. Endlich sah Sisi im Men-
schengewühl zwei bekannte Gesichter, die ihrer Cousinen Adel-
gunde und Hildegard von Bayern, auf die sie zueilte und sie umar-
men wollte. Beiden verwehrte sie den Handkuß, doch da schritt EH
Sophie ganz energisch ein, wies Sisi auf ihre hohe Stellung hin und
bestand auf dem Handkuß. »Aber wir sind doch Cousinen!« sagte
die Kaiserin entschuldigend.[142]
Endlich neigte sich der Tag zu Ende. Elisabeth hatte sich in Begleitung ihrer Mutter zu Bett begeben. »Luise und ich führten die
Jungvermählten noch in ihr Zimmer. Ich ließ sie mit ihrer Mutter
allein und blieb in einem der an das Schlafzimmer angrenzenden
Gemächer, bis sie zu Bette gegangen war, worauf ich meinen Sohn
aufsuchte und ihn zu seiner jungen Frau führte, die, als ich ihr gute
Nacht sagte, ihr hübsches, von reichem, schönen Haar umrahmtes
Gesicht im Kopfpolster verbarg, wie sich ein verschreckter Vogel in
seinem Nest verbirgt.«[143] Diese Szene gestaltete sich in Wien wesentlich privater und schlichter als an anderen Höfen. Dort mußte
das gekrönte Haupt vor einer Reihe von Zeugen gemeinsam ins
Ehebett steigen. Hier wurde es auf Wunsch der Mütter ohnehin
stark abgekürzt. Sophie wollte ihre Schwiegertochter sicherlich
nicht einer Prüfung unterziehen oder gar indiskret und aufdringlich
sein. Weit davon entfernt, Sisi zu belästigen, war Sophie vielleicht
der Meinung, daß die Gegenwart von Mutter und Schwiegermutter
vor jenem Akt, in dem die Ehe vollzogen werden sollte, sie eher
beruhigen würde. Was auch immer ihre Absicht gewesen sein mag,
so hat dieses Vorgehen die Empfindlichkeit Elisabeths sicherlich
verletzt. Möglicherweise lag darin schon die Wurzel jener Krise, die
in Zukunft ihre Beziehungen zu Sophie überschatten sollte.[144]
Am nächsten Morgen erschienen sofort wieder die beiden Mütter
bei dem jungen Ehepaar, das schon am Frühstückstisch saß. Sie
wollten zwar gleich wieder gehen, doch der Kaiser war so Kavalier,

daß er die beiden zum Frühstück einlud, was jene nur allzu gerne annahmen, in der Hoffnung, über die vorhergehende Nacht etwas zu erfahren. »Wir fanden das junge Paar beim Frühstück im hübschen Schreibkabinett, mein Sohn strahlend und ganz ein Bild süßen Glückes, Gott sei Dank! Sisi bewegt, als sie ihre Mutter umarmte. Wir wollten sie zuerst wieder verlassen, aber der Kaiser hielt uns mit einem rührenden Eifer zurück... Danach vertrauliche Unterredung eines jeden Kindes mit seiner Mutter.«[145] Dabei werden die beiden Mütter wohl erfahren haben, daß der Vollzug der Ehe nicht stattgefunden hat; das wußten die Dienstboten schon vor den Müttern. Erst in der dritten Nacht wurde die Ehe vollzogen, und am Morgen mußte der Kaiser allein zum Frühstück zu seiner Mutter gehen. Sisi genierte sich derart, daß sie sich weigerte mitzugehen und Franz Joseph »wartete, bis seine liebe Sisi aufstehen würde«.[146] Der junge Ehemann ging sicher stolz und erhobenen Hauptes zu seiner Mutter und konnte es nicht verstehen, daß seine Frau jetzt lieber allein sein und sich nicht den neugierigen und fragenden Blicken der Familie aussetzen wollte. Später wird Elisabeth ihrer Vertrauten, der Gräfin Maria Festetics über diesen Morgen berichten: »Der Kaiser war gewohnt, zu folgen, daß er sich auch darein ergab. Aber mir war das gräßlich. Ihm zulieb ging auch ich.«[147]

Am Vormittag wurden vom Kaiserpaar verschiedene Abordnungen empfangen. Für den Empfang der ungarischen Delegation hatte Sophie ihrer Schwiegertochter eine ungarische Nationaltracht anfertigen lassen, obwohl sie alles, was nach Ungarn roch, haßte. »Sie und der Kaiser in seiner Husarenuniform«, notierte Sophie am 27. April in ihrem Tagebuch, »waren ein schönes und graziöses Paar.« Abends war ein Hofball angesetzt, alle Augen der Gesellschaft ruhten auf Elisabeth, der das alles furchtbar peinlich war, dazu noch, weil ganz Wien wußte, daß in der vergangenen Nacht endlich die Ehe vollzogen wurde. Das Kaiserpaar saß auf einem Thron unter einem goldenen Baldachin. Beide mußten mit vorherbestimmten Partnern tanzen, was die Kaiserin wieder völlig enervierte, weil sie eine schlechte Tänzerin war und alle Augen auf ihr ruhten. Ludowika, bereits vom Wiener Hofleben ernüchtert, schrieb ihrer Verwandtschaft: »Der gestrige Hofball war sehr schön, ungeheuer voll, glänzend... es war ein solches Gedränge, daß man beinahe zerquetscht wurde... Ich sehe Sisi wenig, sie ist sehr in

Anspruch genommen und ich fürchte sehr, den Kaiser zu genieren, ein junges Paar soll ungestört bleiben.«[148]
Die Hochzeitsfeierlichkeiten und der ganze Rummel waren so anstrengend, daß der Kaiser am vierten Tag alle Veranstaltungen absagen ließ und mit seiner jungen Gemahlin in den Prater fuhr. Wenige Tage später übersiedelte das Kaiserpaar nach Laxenburg, um dort seine Flitterwochen zu verbringen. Wer nun glaubte, sie wären nun allein, irrte, denn EH Sophie kam nach Laxenburg mit. Die zweite Enttäuschung erlebte Sisi, als ihr Gemahl täglich frühmorgens nach Wien »in die Arbeit« fuhr und erst abends zurückkam. Elisabeth war tagsüber von fremden Personen umgeben, davon abgesehen, daß mehrmals die Schwiegermutter vorbeikam, um zu kontrollieren, was Sisi tat. Das legte den Grundstein für den Konflikt zwischen den beiden Frauen. Elisabeth, furchtbar enttäuscht, begann elegische Gedichte zu verfassen und klagte in ihnen über die Freiheitsberaubung, der sie unterworfen war. Es ist interessant, wie sehr sie sich diese Frustration von der Seele schrieb:

>> »Nur einmal konnt' ich wahrhaft lieben
> Es war das erstemal,
> Nichts konnte meine Wonne trüben
> Bis Gott mein Glück mir stahl...«[149]

Franz Joseph war ein glücklicher strahlender Ehemann, und Sophie wurde nicht müde, über ihre weitschichtige Verwandtschaft in ganz Europa die Mär von diesem häuslichen Glück zu verbreiten. Den Rest erledigten die Zeitungen mit ihren lächerlich-übertriebenen Artikeln. Sophie sah, wie durch Scheuklappen behindert, nur das Glück ihres Sohnes und war bestrebt, alles zu tun, um ihm dies zu erhalten. Wer da an seiner Seite stand, war völlig belanglos, Hauptsache, daß ihr Sohn glücklich war. Sophie schrieb nach Bayern über »unser junges Ehepaar, das in der ländlichen Abgeschiedenheit Laxenburgs die glücklichsten Flitterwochen verlebt. Ein herzerquickender Anblick ist das wahrhaft christliche Glück meiner Kinder...«[150] Die Wirklichkeit sah anders aus.
Viel später wird Elisabeth ihrer jüngsten Tochter Marie Valerie über diese »traurigen Flitterwochen in Laxenburg« erzählen, wie sie sich vor Heimweh verzehrte und ihr die Schwiegermutter diese Tage

vergällte. Der Gräfin Festetics gegenüber sagte sie: »... war ich den ganzen Tag allein und hatte Angst vor dem Augenblick, da EH Sophie kam. Denn sie kam jeden Tag, um jede Stunde zu spionieren, was ich tue. Ich war ganz à la merci dieser ganz bösartigen Frau. Alles war schlecht, was ich tat. Sie urteilte abfällig über jeden, den ich liebte. Alles hat sie herausbekommen, weil sie ständig gespitzelt hat. Das ganze Haus hat sie so gefürchtet, daß alle vor ihr zitterten. Natürlich haben sie ihr alles mitgeteilt. Die kleinste Sache war eine Staatsaffäre!... EH Sophie hatte die junge Kaiserin, aber auch den Kaiser wie ein Schulkind gescholten. Einmal hatte ich den Kaiser gebeten, mich nach Wien mitzunehmen. Dort war ich mit ihm den ganzen Tag. Einen Tag hatte ich sie nicht gesehen!... aber kaum waren wir abends zuhause, kam sie schon herübergerannt. Sie hat mir verboten, so etwas noch einmal zu tun. Sie hat mich so beschimpft, weil es für eine Kaiserin unschicklich ist, ihrem Mann nachzulaufen und hin und her zu kutschieren wie ein Fähnrich. Natürlich ist es dann unterblieben...«[151] Selbst bei der einzigen gemeinsamen Mahlzeit war das Ehepaar nicht allein, denn auf Befehl Sophies mußte der Adjutant Weckbecker neben Sisi sitzen, um danach »zu trachten, sie zu einem Gespräch zu bewegen, da sie noch gar so schüchtern war und nun gesellschaftlich geschult werden sollte...«[152] Langsam begann der Feldzug der Intrige und der fein gesponnenen Verleumdungen, der von EH Sophie geleitet wurde. Das absurde Ehe-Dreieck, bestehend aus einer jungen schönen Frau, einer eifersüchtigen Schwiegermutter und einem energielosen Gemahl, ist altbekannt. In dem vorliegenden Fall gesellten sich jedoch noch einige besondere Elemente hinzu. Sophie hatte auf die Krone einer Kaiserin verzichtet, um sich, wie sie glaubte, in der absoluten Ergebenheit eines stets gehorsamen und dankbaren Sohnes noch größere Macht zu sichern. Nie wollte sie sich von einem unbedeutenden Mädel in den Hintergrund drängen lassen. Selbstverständlich wußte sie, daß ihr Sohn einmal heiraten würde, doch es war ihre Angelegenheit, wer da ins Haus kam. Sie hatte die mögliche Ehe ihres Sohnes mit EH Elisabeth d'Este hintertrieben, weil diese schön und klug war. Ihre Nichte Helene (Nené) wäre nach ihrem Geschmack gewesen: die war nicht besonders schön, auch nicht klug, wäre aber leicht zu einer Kaiserin zu erziehen gewesen, immer dankbar und gefügig. Doch dieser ungebildete, sechzehnjährige Wildfang Elisabeth machte ihr einen gehörigen Strich durch die Rechnung. Dies wollte sich Sophie keinesfalls bieten lassen. Heute ist noch zu lesen, daß die oft lächerlich dargestellte Erzherzogin sich diabolisch freute, ihrer Schwiegertochter bei jeder Gelegenheit weh zu tun, sie zu tyrannisieren und sie mit Gewalt unter die ungeschriebenen höfischen Gesetze zu zwingen. So arg war es natürlich nicht, doch Sophie verfügte über beträchtliche Konsequenz und Härte. Sie allein wußte, was man als Angehöriger der kaiserlichen Familie der Krone schuldig war.

Sophie konnte erbarmungslos sein. Sie hatte bereits zwei Kaiserinnen gegenüber ihre Stellung bei Hof behauptet. Die eine, Kaiserin Maria Anna, lebte in glücklicher Abgeschiedenheit mit ihrem »Nandl« auf dem Prager Hradschin. Diese gute Frau wollte eigentlich nur täglich der hl. Messe beiwohnen und war froh, den spitzen Bemerkungen und den Intrigen des Hofes entkommen zu sein. Anders war es mit der Kaiserin, Karoline Auguste, der vierten Gemahlin des Kaisers Franz, die zugleich die älteste Stiefschwester Sophies war. Keine Mutter hing mit einer größeren und innigeren Liebe an ihrem Sohn, als diese kinderlose Frau an ihrem Enkel, der zugleich ihr Neffe war. Für sie war er nie der Kaiser, sondern immer nur ihr »kleiner Franzi«. Sophie ließ sie nach Salzburg verbannen. Die alte, friedfertige Dame hätte als Kaiserin-Witwe Sophie den Rang streitig gemacht, und die Erzherzogin wollte unter keinen Umständen hinter jemanden zu Tisch gehen.

Einem Brief der Kaiserin-Witwe an ihren Enkel Franz Joseph entnehmen wir, daß sie Beschwerde geführt hatte, weil man ihrer ersten Hofdame Auguste Gräfin Coudenhove die Dienstwohnung in der Hofburg weggenommen und bereits anderweitig vergeben hatte. Da ein derartiger Vorgang nicht von einem Hofbeamten allein vorgenommen werden konnte, darf angenommen werden, daß diese Maßnahme nur auf allerhöchsten Befehl hin durchgeführt wurde. Nur eine Erklärung ist möglich: »Hatte EH Sophie ihrem Sohn das Opfer gebracht, auf die Krone zu verzichten, so forderte sie aber damit von ihrem Sohn, ihr, Sophie, den Platz der ersten Dame in der Hofburg zu sichern... Es ist also fast sicher, daß EH Sophie hier die Hand im Spiel hatte, also ihre Schwester, die Großmutter des Kaisers, von Wien ferngehalten hatte und ihr Salzburg als Wohnsitz anwies...«[153] Der Kaiser entwarf persönlich zwei Antwortschreiben an die Großmutter, die um die Rückkehr nach Wien gebeten hatte. Sicher hat Franz Joseph seiner Mutter beide Briefe vorgelegt, und sie bestimmte auch, welchen er abschicken sollte; den sehr kühl und abweisend gehaltenen.[154] In untertänigsten und tränenreichen Briefen bat später die Großmutter mehrmals, ihr doch zu gestatten, nach Wien zurückzukommen und in seiner Nähe bleiben zu dürfen und hier ihr Leben zu beschließen. Immer stieß sie auf beinharten Widerstand Sophies. Erst in der allerletzten Zeit ihres Lebens durfte sie nach Wien übersiedeln und starb neun Monate nach ihrer Schwester Sophie.

Die Erzherzogin lebte mehr denn je in dem Glauben, ja in dem Wahn, daß ein Herrscherpaar unbedingt von einem Nimbus umgeben sein müßte, der eine riesige Distanz zu normal Sterblichen schuf. Dieser Nimbus erforderte die peinlichste Befolgung der Etikette und des höfischen Protokolls, um die Majestät »von Gottes Gnaden« gebührend herauszustreichen. Es kam ihr nie in den Sinn, daß ihre Schwiegertochter hier nicht mitspielen könnte, sondern Ausbruchsversuche unternehmen würde. Sie wußte, wie »wild« Elisabeth daheim aufgewachsen und wie wenig sie mit der Subtilität eines Hofes vertraut war. So wie sie ihren Sohn zur Majestät gedrillt hatte, versuchte sie nun auch ihre Schwiegertochter zu erziehen, damit sie neben dem Gemahl bestehen könnte. Sophie dachte bei ihren gutgemeinten Bestrebungen nie daran, auf Widerstand oder gar Widerrede zu stoßen. Seit sie 1824 nach Wien gekommen war, kommandierte sie. EH Franz Karl und ihre Söhne hatten von Anfang an gelernt zu gehorchen, und niemand kam auf die Idee, Widerstand zu leisten oder gar eigene Wege zu gehen. Franz Joseph war das beste Beispiel ihrer Erziehung, er vertrat das Gottesgnadentum der Herrscher in bester Manier. Das war das alleinige Werk Sophies. Sophie hatte sich immer gewünscht, die Stellung, die diesem jungen Ding wahrlich über Nacht in den Schoß gefallen war, inne zu haben. Sie war daher enttäuscht, sogar wütend, mit ansehen zu müssen, daß sich dieses Mädchen überhaupt nichts aus seiner Stellung machte, sondern alles, was damit zusammenhing, als lästig empfand. Erst viel später sah Elisabeth ein, daß Sophie lediglich im Interesse des Kaiserhauses gehandelt hatte, konnte ihr aber nie verzeihen, daß sie die Schuld an dieser verfahrenen Ehe trug. »Wie die EH Sophie gewiß Alles gut gemeint habe – aber wie die Wege mühsam und die Art schroff war – wie auch der Kaiser darunter litt und wie sie immer lenken wollte ... und wie vom ersten Tag sie ihrer Zufriedenheit und dem Glück hinderlich war und sich in Alles mischte und ihnen das Beisammensein – das Ungestörte – erschwerte!«[155]

Es war höchste Zeit, daß Sophie in diese Ehe eingriff, denn fast hätte dieses unbedarfte Mädchen ihren Sohn »verdorben«. In jugendlichem Übermut zog das Kaiserpaar, Hand in Hand, über Gänge und Säle durch die Hofburg in das Hofburgtheater. Die Mutter stellte das sofort ab, denn das Kaiserpaar hätte nur in Begleitung höchster Würdenträger gehen dürfen. Kempen notierte: »Das Neueste ist, sagt Grünne, daß der Kaiser mit der Kaiserin allenthalben hingeht und -fährt, ohne jemanden etwas zu sagen und ohne einen Adjutanten mitzunehmen.«[156] Auch das wurde sofort abgestellt. Es kam fast zum Eklat, als Sophie ihrer Schwiegertochter verbot, in ihren kleinen Gärten in Schönbrunn und in der Hofburg zu arbeiten. Dies wäre einer Kaiserin unwürdig! Eine Kaiserin könne nicht Beete umstechen und Gemüse pflanzen. Das waren natürlich nicht weltbewegende Dinge, aber ständig Anlässe zu Mißstimmungen und Kränkungen.

Eigentlich hatten die beiden Frauen von ihren Standpunkten aus recht. Sisi regredierte und weigerte sich, erwachsen zu werden, wollte sich ein gewisses Maß an Freiheit bewahren. Sophie dagegen war überzeugt, daß sich eine Kaiserin nicht mehr selbst gehöre, Opfer bringen müßte und ihre Privatinteressen ihrer Stellung unterzuordnen habe. Noch begehrte Sisi nicht auf, das kam später. Als Elisabeth einmal bei der Hoftafel erschien, hatte sie die zum Hofzeremoniell vorgeschriebenen langen weißen Handschuhe ab- und neben ihr Gedeck gelegt. »Die Kaiserin von Österreich speist nicht mit bloßen Händen«, tadelte Sophie. »Ab heute tut sie es«, erwiderte Elisabeth frech.[157] Ein Kenner des Hofes sagte: »EH Sophie ist es gewöhnt, mit ihrer ausgesprochen energischen Persönlichkeit die Individualität aller Menschen um sich herum zu brechen!«[158]

Die ständigen Ermahnungen, die Bespitzelungen, die ununterbrochenen Zurechtweisungen, ohne aufmucken zu dürfen, wirkten sich bei der Kaiserin nachteilig aus. Sie produzierte Krankheiten am laufenden Band. Husten, Unwohlsein und Migräneanfälle wechselten einander ab. Heute würden wir diese Erscheinungen als psychosomatische Krankheitsbilder bezeichnen. Franz Joseph stand diesen Dingen völlig hilf- und verständnislos gegenüber. Er zog den Gedanken, »Mama« könnte die Ursache dieser Übel sein, gar nicht in Betracht. Er verstand auch seine Gemahlin nicht. Warum lehnte sie sich auf? Wenn man seiner Mutter bedingungslos gehorchte, so wie er es sein Leben lang tat, war doch alles in bester Ordnung.

Anfang Juni 1854 fuhr das Kaiserpaar nach Böhmen und Mähren. Das Programm war so umfangreich, daß für eine Zweisamkeit keine Zeit blieb. Kaum daheim, wurde Sisi von Sophie gezwungen, mit Franz Joseph an der Fronleichnamsprozession teilzunehmen. Sisi fühlte sich noch gar nicht reif, hinter dem »Himmel« einherzuschreiten. Die Schwiegermutter bestand darauf. »Die Haltung der Kaiserin war entzückend, fromm, gesammelt, beinahe demütig.«[159]

Sophie hatte Elisabeth den Krieg erklärt. Natürlich konnte sie ihre Feindseligkeiten nicht bis ins Schlafzimmer tragen, doch knapp bis an die Schwelle. Ihr Bestreben war, Elisabeth »gefügig« zu machen, doch das war das letzte, was Sophie von Sisi erwarten konnte. Ihr Stolz war unbeugsam und empfindlich. Doch da sie unerfahren war und Gemeinheiten verabscheute, lieferte sie sich ganz unbewußt der Schwiegermutter aus. Sophie verstand es, ihrem Sohn feine Keime des Mißtrauens einzuimpfen. Gelegenheit dazu hatte sie genug. Wie in alten Zeiten erschien der junge Kaiser zum Frühstück und zum abendlichen Tee regelmäßig bei seiner Mutter. Zu besprechen gab es dabei immer etwas. So berichtete Kempen: »19. 6. 1854: Nach 1 Uhr wurde ich nach Aufhebung der Audienz empfangen. Kaum hatte ich angefangen zu referieren, als die Erzherzogin Sophie eintrat und ich mich entfernen mußte...«[160] Später schreibt er: »Früh bei Grünne. Er weist im Verlaufe unserer Besprechung auf den ungeheuren Einfluß hin, den die unsichtbaren Fäden, welche die Geistlichkeit spinnt, auf die Staatsmaschine üben. ›Hier oben ist es die Mutter‹, wobei er zu den Fenstern der Erzherzogin Sophie zeigt, ›welche dem geistlichen Einfluß ihre Unterstützung leiht.‹ ... «

Sophies Vertraute verstärkten noch die Zweifel. Einer von ihnen war Kardinal Rauscher, ein anderer Graf Grünne. Ersterer weil er berechtigte Zweifel an der Tiefgläubigkeit der Kaiserin hegte, letzterer, weil er sich aus Prinzip immer auf die Seite des Stärkeren schlug. Gegen diesen mächtigen Dreibund war die junge Kaiserin chancenlos. Sie wurde zwar von Tag zu Tag schöner und der Kaiser verliebter, trotzdem verlor sie die Schlacht. Eine alte, harte, eifersüchtige Frau, ein fanatischer Geistlicher und ein schwatzhafter Höfling besaßen mehr Macht über ihren Gemahl als sie mit ihrem ganzen Liebreiz. Wenn wir die Konstellation der ersten Ehejahre und die kommenden vierzig analysieren, müssen wir immer mehr feststellen, daß Franz Joseph und Elisabeth als Mann und Frau nie zueinander gepaßt haben. Die Frage bleibt offen, ob es überhaupt möglich gewesen wäre, für diesen Neurotiker die passende Gemahlin zu finden.

5

Am 29. Juni 1854 erhielt Franz Joseph von seiner Mutter einen Brief, daß sie sich über die Schwangerschaft Elisabeths außerordentlich freue, er sich aber sofort als Liebhaber zurückzuhalten hätte, um die Schwangerschaft seiner Gemahlin nicht zu gefährden. Wenn wir an die gynäkologischen Komplikationen der Erzherzogin von 1825 bis 1830 zurückdenken, waren die Sorgen Sophies um das keimende Leben, das Elisabeth in sich trug, keineswegs unberechtigt. Das war kein Vordrängen und keine Einmischung, sondern Ratschläge einer erfahrenen Frau, die unter dem Unvermögen ihrer Natur bitter gelitten hatte. Sie machte sich eigentlich nur Sorgen um den Weiterbestand der Dynastie. Und sie war mit Recht aufgebracht, weil dieses junge, naive Ding auf ihren Zustand keine Rücksicht nahm und die Schwangerschaft als einen harmlosen natürlichen Vorgang auffaßte. Es kostete Sophie einige Mühe, der Schwiegertochter klar zu machen, daß sie in diesem Zustand nicht mehr reiten dürfe und sich äußerste Schonung auferlegen müsse. Elisabeth verstand das ganze Theater um ihren Zustand nicht. Die Schwiegermutter hätte sie am liebsten bis zum Geburtstermin in Watte gepackt. So saß Elisabeth tatenlos in ihrem Appartement und hatte als Ansprache nur noch ihre Papageien. Sophie bestand jedoch darauf, daß diese Vögel entfernt werden müssen, denn Schwangere hätten – einem alten Volksglauben nach – nur schöne Dinge zu betrachten und nicht komische Vögel. Elisabeth könnte sich »verschauen«, und zum Schluß kämen Kinder mit einem Papageiengesicht zur Welt. Also, weg mit ihnen! Wie weit die Schwangerschaft oder die Maßnahmen Sophies Schuld an den nun auftretenden Depressionen der werdenden Mutter waren, ist heute nicht mehr zu klären.

Sophie war stolz, daß sich bereits nach so kurzer Zeit Nachwuchs ankündigte, und verkündete aller Welt diese Neuigkeit. Wieder ging ein Brief an Walpurga Schindl nach Tirol. Am 7. August 1854 schrieb sie aus Ischl, daß die gesamte Familie hier versammelt wäre, auch Ferdinand Max, der sich wegen seiner angegriffenen Leber einer Trinkkur unterziehen mußte, und daß die Schwangerschaft der Kaiserin gute Fortschritte mache.[1] Kempen gegenüber sagte die Erzherzogin, »daß er uns von Gott gegeben sei, so daß die Katastrophe von 1848 zur Wohltat werde... Die Erzherzogin sprach auch ohne Rückhalt von der erfeulich fortschreitenden Schwangerschaft der Kaiserin, die Gott glücklich vollenden möge.«[2]

Am 29. Juli traf das Kaiserpaar mit 45 Begleitpersonen, darunter der kaiserliche Leibarzt Dr. Seeburger, in Ischl ein und bezog die eigens gemietete Villa Marstallier. Am 3. August kam EH Sophie mit 48 Leuten in Ischl an und logierte, wie alle Jahre, in Sommerau No 50 an der Esplanade. Einen Tag später traf EH Franz Karl ein, der einen Umweg über Mariazell genommen hatte. Am 12. August kam der jetzt zwölfjährige EH Ludwig Viktor in Begleitung seines Kämmerers Oberst Freiherr von Königsbrunn und dem Kammerdiener Franz Held im Kurort an. Zwei Tage später reiste die bayerische Verwandtschaft an: Ludowika mit ihrem Sohn Prinz Carl Theodor (»Gackl«) und den jüngsten Töchtern Marie und Mathilde (»Spatz«). Ludowika logierte mit 18 Begleitpersonen im Hotel »Kaiserin Elisabeth«. Am 16. August trafen Kaiserin Karoline Auguste (Hotel »Kaiserin Elisabeth«) und EH Ludwig (Posthof 6), sechs Tage später Prinzessin Helene (Nené) im Kurort ein. Ende des Monats besuchte das bayerische Königspaar Ischl und logierte ebenfalls im Hotel »Kaiserin Elisabeth«.[3] Die gesamte Familie war versammelt, und sie konnte sich dem Volk in ihrem Glück zeigen. Nur Elisabeth nicht, die wieder einen Haß auf »diese bösartige Frau« entwickelte. »Kaum war sie da, schleppte sie mich schon hinunter in den Garten und erklärte, es sei meine Pflicht, meinen Bauch zu produzieren, damit das Volk sehe, daß ich tatsächlich schwanger bin. Es war schrecklich. Dagegen erschien es mir als Wohltat, allein zu sein und weinen zu können.«[4]

Der Kaiser mußte vorzeitig nach Wien zurück. Sophie trat eine Reise nach Dresden zu ihrer Schwester an. Ludowika übernahm in Ischl das Kommando und war dabei überfordert. »Ich möchte jetzt doppelt, Sophie wäre hier«, schrieb sie voll Verzweiflung, »denn sie ist doch die Seele von allem, und ohne sie weiß man nicht, an wen sich wenden. Man sieht auch, mit welcher Liebe der Kaiser an seiner Mutter hängt, es ist ein herrliches Verhältnis.«[5] Wie es in

Ischl drunter und drüber ging, schilderte EH Ludwig Viktor in einem Brief an seine Mutter: »Liebe Mama, seit Du weg bist, geht es hier zur Verzweiflung von Papa eigens zu, nämlich die Kaiserin und Lenza (Joseph Legenzi, erster Kammerdiener Franz Josephs) machen was sie wollen. Der arme Papa klagt mir jeden Morgen beim Frühstück... Der arme Zehkorn (Konzipist der EH Sophie) läuft ganz toll herum... Gräfin Esterházy und Paula (Bellegarde) ringen die Hände...«[6] Man sieht, Sophie war tatsächlich der unumstrittene Mittelpunkt der Familie. Über Reichstadt, wo sie Kaiser Ferdinand und Kaiserin Maria Anna traf, kehrte Sophie im September wieder nach Ischl zurück.

Franz Joseph war wegen der Krimkrise noch immer stark beschäftigt und erstattete seiner Mutter Bericht über das Vorgehen Österreichs. So schrieb er: »...Die Russen haben wieder eine Hauptschlacht vor Sewastopol verloren, wo ihr verschanztes Lager in zwei Stunden von den Franzosen und Engländern mit ungeheurer Tapferkeit mit dem Bajonett genommen wurde. Dem Fürsten Menschikow, der dort kommandiert, gönne ich diese ... wohlverdiente Strafe. Ich erwarte jeden Augenblick die Nachricht des als uneinnehmbar ausposaunten Sewastopol, wo dann die ganze russische Flotte des Schwarzen Meeres verloren ist... Ich bin Donnerstag nachmittag nach Neuberg gefahren, bis Freitag in aller Frühe bei gefrorenem Boden und starker Kälte, auf die Schneealpe gestiegen, wo wir (Weckbecker und Königsegg waren bei mir) meist im frischen Schnee auf Gemsen jagten, deren wir ziemlich viele sahen, ohne eine zu Schuß zu bekommen. Von der Schneealpe, von der wir die herrliche Aussicht auf das steirische und oberösterreichische Gebirge genossen haben, gingen wir, unterwegs auf Hirsche jagend, deren wir keine zu Gesicht bekommen haben, auf die Lachalpe, wo wir übernachteten. Samstag bei Tagesanbruch pirschte ich auf Hirsche, deren ich viele rufen hörte, ich schoß auch einen, weiß aber nicht, ob ich ihn traf, da wir ihn nicht fanden. In drei Stunden weniger zehn Minuten fuhr ich von Mürzzuschlag nach Hetzendorf, so daß ich schon um ½2 Uhr wieder hier war...«[7]

Einige Tage später kam der Kaiser nochmals seiner Mutter gegenüber auf die orientalische Krise zu sprechen: »...Ich bin übrigens trotz aller politischen Verwirrungen guten Mutes, da nach meiner Ansicht aus dieser orientalischen Geschichte, wenn wir kräftig und energisch auftreten, für uns nur Vorteile herausspringen können, denn im Oriente liegt unsere Zukunft und wir werden Rußlands Macht und Einfluß in jene Grenzen drängen, aus welchen es nur durch die Schwäche und Uneinigkeit der früheren Zeiten nach und nach vordringen konnte, und langsam und – dem Kaiser Nikolaus vielleicht unbewußt, aber doch sicher – unsern Ruin herbeizuführen. Es ist hart, gegen frühere Freunde auftreten zu müssen, allein in der Politik ist dies nicht anders möglich und im Oriente ist Rußland jederzeit unser natürlicher Feind. Mit der so gefürchteten Revolution werden wir auch ohne Rußland fertig werden und ein Land, welches in einem Jahr 200 000 Rekruten ohne Anstand aushebt und ein Anlehen von über 500 Millionen fl im Inlande zustande bringt, ist noch gar nicht so revolutionskrank. Vor allem muß man Österreicher sein, und daher freue ich mich, die Person des Kaisers Nikolaus aus dem Spiele lassend, über die Schwäche, die Rußland beweist...«[8]

Franz Joseph und seine Mutter waren stolz auf dieses Land, das eine 500 Millionen-Anleihe zusammenbrachte, mit der eine stattliche Armee von über 300 000 Mann ins Feld gestellt werden konnte. Beide hatten keine Ahnung, wie diese Anleihe zustande kam, wie dieser Betrag aus den Provinzen herausgepreßt wurde und welche Verbitterung diese Methoden in der Bevölkerung auslösten. Kübeck schilderte diese Situation: »Der Kaiser schien mir sehr froher Dinge zu seyn und den Täuschungen vollends hingegeben, die man ihm verbreitet... Wie in allen Kreisen der Bevölkerung von den Mitteln der Subskriptions-Ergebnisse gesprochen wird, scheint in diesen Regionen nicht bekannt zu seyn...«[9] Das Liebkind der Erzherzogin war Finanzminister Ludwig Bruck, der mit dubiosen Bankgarantien und -manipulationen jonglierte, um das Geld aufzutreiben. Als auch das nicht mehr zum Ziele führte, verkaufte Österreich seine Eisenbahnen an eine französische Gesellschaft, jedoch nur zum halben Preis von der Summe, die man erwartet hatte. Als einige Jahre später in Norditalien der Krieg ausbrach und Österreich seine Truppen verschieben wollte, streikte das französische Bahnpersonal und sabotierte so den Aufmarsch österreichischer Truppen. Um nicht wieder so ein Desaster erleben zu müssen, kaufte Österreich seine Eisenbahnen, jetzt allerdings zum doppelten Preis, wieder zurück. Im ganzen Land herrschte Hungersnot und Elend, doch diese Zustände blieben EH Sophie und ihrem Sohn verborgen. Sophie, die fünfzigtausend Gulden jährlich als Apanage erhielt, konnte sich nicht vorstellen, daß ein Arbeiter, der täglich sechzehn Stunden arbeitete, nur dreihundert Gulden jährlich erhielt und davon noch Steuern zahlen mußte. Doch Sophie brachte in dieser Zeit auch große finanzielle Opfer. Sie spendete Kempen zweihundert (!) Gulden für seinen Fond, der im Dienst verunglückte Gendarmen versorgte.[10]

Wegen der türkischen Frage kam es zwischen Österreich und Rußland zu einer ernsten Krise in den Beziehungen, die seit Jahrzehnten bestehende Freundschaft bekam einen Riß. Der Zar war über die Haltung der Habsburgmonarchie empört, denn Franz Joseph verlangte die Integrität des Osmanischen Reiches. War das die Dankbarkeit des Kaisers von Österreich, dem der Zar 1849 den Thron gerettet hatte? In dieser Zeit stieg das Ansehen des Ministers Alexander Bach, der sich der besonderen Gunst der Erzherzogin erfreute, ganz ungeheuer, und Sophie schlug sich mit der ihr eigenen Agilität auf die Seite der Westpartei. Sie sah in einem Zusammengehen mit England und Frankreich größere Chancen »das Reich zu mehren«, als mit Rußland weiter im Bündnis zu bleiben. Zugleich hoffte sie, ihren Sohn aus der wohlwollenden und gönnerhaften Freundschaft des Zaren herauslösen zu können. Sie sah nicht, daß sie durch die Lockerung des Vertrauens, das seit mehr als einer Generation die beiden Kaiserreiche zusammengehalten hatte, die Grundpfeiler der Autokratie untergrub, die zu stützen sie doch mit so großer Leidenschaft betrieben hatte. Einen Moment bedrückten auch sie die Verpflichtungen aus dem Jahre 1849, aber ihr weiblicher Instinkt für das Praktische, völlig frei von Dingen wie Männertreue und -ehre, glaubte einen Ausweg gefunden zu haben: die völlige Negierung aller Verpflichtungen. Man tat einfach so, als ob sie nie existiert hätten. Der Kaiser, zur Entscheidung gedrängt, wählte einen dritten Weg. Er besann sich darauf, daß er auch ein deutscher Fürst war, erneuerte den Bundesvertrag von 1851, begann Verhandlungen mit Preußen und forderte zusammen mit dem König von Preußen Rußland auf, die Donaufürstentümer sofort zu räumen. Als Drohung stellte er 330 000 Mann ins Feld. Zuerst weigerte sich der Zar, an diesen Schritt seines jugendlichen Freundes zu glauben. England und Frankreich schickten sich an, das

Zarenreich anzufallen, und in diesem Augenblick fiel ihm der Kaiser von Österreich in den Rücken! Franz Joseph verbündete sich nun mit Preußen, obwohl ihn sein neuer Minister des Äußeren, Karl Ferdinand Graf von Buol-Schauenstein, vor diesem Schritt warnte; Preußen könnte nie Freund der Habsburgmonarchie werden, da beide immer Gegner in Deutschland sein würden. »Der Grundgedanke der preußischen Politik ist, uns in Deutschland den Rang abzugewinnen, die Wurzeln der deutschen Stellung Österreichs zu lockern und endlich herauszureißen, sich erst des vorherrschenden Einflusses, dann der ausschließlichen Führerschaft, zuletzt der völligen Herrschaft zu bemächtigen.«[11] EH Sophie glaubte, Österreich wäre allein stark genug, sich eine derartige Politk leisten zu können. Erst später wird sich zeigen, daß sich der Kaiser von Österreich zwischen zwei Sessel gesetzt hatte. Sisi hatte von der hohen Politik keine Ahnung, sie glaubte sogar, daß ihre Schwiegermutter wenigstens auf diesem Gebiet ein Fachmann war. Die verächtlichen Bemerkungen des Königs von Württemberg über die jesuitischen Einflüsse in der Erziehung Franz Josephs machten in Europa die Runde.

Sophie übernahm die Vorbereitungen für die Geburt. Sie allein bestimmte, was zu geschehen hätte, die Schwiegertochter wurde gar nicht gefragt. Sisi war machtlos. Sie wußte, wie ihr Gemahl vor der Mutter zusammenklappte, wie sehr er von ihrem Wohlwollen abhing, wie sehr er sie liebte, aber auch, wie sehr er selbst unter ihrer Fuchtel litt. Nur, er traute sich nie aufzubegehren. So hatte Sophie bestimmt, daß die Kindkammer neben ihr Zimmer verlegt wurde, weit weg von der leiblichen Mutter. Ebenso engagierte sie, ohne Sisi zu fragen, die Aja. Es war Karoline Freifrau von Welden, Witwe des FZM von Welden, der sich 1849 auf dem ungarischen Kriegsschauplatz nicht gerade mit Ruhm bekleckern konnte. Sie hatte keine Kinder und verstand von Kindererziehung gar nichts. Dazu hatte Sophie die Kinderfrau Leopoldine Nischer verpflichtet, der sie mehrstündigen Unterricht bezüglich Kinderaufzucht erteilte. Die Kaiserin hatte nichts zu reden, sie hatte zu repräsentieren und Kinder zu gebären.

Am 5. März 1855 wurde Elisabeth in der Hofburg von einem gesunden Kind entbunden. Es war ein Mädchen, das, ohne daß die Mutter gefragt worden wäre, den Namen der verhaßten Schwiegermutter in der Taufe erhielt: Sophie. Die Geburt einer Tochter war schon eine herbe Enttäuschung, denn eine Kaiserin hatte Söhne zu gebären und nicht unnötige Töchter. Von der biologischen Tatsache, daß nur der Vater das Geschlecht bestimmt, wußte man damals noch nichts. EH Sophie konnte für das Weiterbestehen der Dynastie nur besorgt sein.

Es war damals in guten Häusern üblich, daß die Mutter der Gebärenden ihrer Tochter bei diesem Ereignis beistand, doch Mutter Ludowika blieb aus. »Die Mutter der Kaiserin verweilt auf ihrem Landsitz, worüber man sehr erstaunt ist. Sie soll keine Einladung erhalten haben. Jedes Ding hat seine Ursache . . .«[12] Sophie hat diesen ereignisreichen Tag genau in ihrem Tagebuch geschildert. Um 7 Uhr morgens kam Franz Joseph zu ihr und berichtete, daß bei Sisi die Wehen eingesetzt hätten. Sophie setzte sich mit einer Handarbeit vor die Tür des kaiserlichen Schlafgemachs und »der Kaiser ging und kam von ihr zu mir«. Gegen 11 Uhr wurden die Wehen stärker, Sophie setzte sich ans Bett der Kreißenden und beobachtete das Paar. »Sisi hielt die Hand meines Sohnes zwischen den ihren und küßte sie einmal mit einer lebhaften und respektvollen Zärtlichkeit, das war so rührend, daß ich weinte; er küßte sie ohne Unterlaß, tröstete sie und klagte mit ihr und schaute mich bei jeder Wehe an, um zu sehen, ob ich damit zufrieden war. Als sie jedesmal stärker wurden und die Entbindung begann, sagte ich es ihm, um Sisi und meinem Sohn Mut zu machen. Ich hielt den Kopf des lieben Kindes, die Kammerfrau Pilat die Knie und die Hebamme hielt sie von hinten. Endlich, nach einigen guten Wehen kam der Kopf und gleich danach war das Kind geboren (nach 3 Uhr) und schrie wie ein Kind von sechs Wochen. Die junge Mutter sagte mit einem Ausdruck rührender Seligkeit: ›Oh, jetzt ist alles gut, jetzt ist mir einerlei, was ich gelitten!‹ Der Kaiser brach in Tränen aus, er und Sisi hörten nicht auf sich zu küssen und umarmten sich mit der lebhaftesten Zärtlichkeit. Sie schaute ihr Kind mit Entzücken an und sie und der junge Vater waren voll Sorge um das Kind, ein großes, starkes Mädchen.« Der Kaiser ging nun hinaus und nahm die Gratulationen entgegen. Er rauchte mit seinem Bruder Max eine Zigarre, dann »nahm man den Tee«. Sophie setzte sich mit dem gebadeten und festlich gekleideten Säugling an das Bett ihrer Schwiegertochter, die gegen 18 Uhr vor Erschöpfung einschlief.

Gerade an diesem Tag sah man die dominierende Stellung der Erzherzogin am Hof. Sophie kommandierte die Hebamme und die Kammerfrau, der Sohn blickte trostheischend zur Mutter empor, ob auch alles seinen natürlichen Lauf nehme. Wenn es auch nicht der erwünschte Thronfolger wurde, die Großmutter liebte dieses Kind ganz besonders.

Sophie war auch die Patin dieses Mädchens. Die Taufe war ein großes Ereignis, das gesamte Diplomatische Corps, bis auf den russischen Botschafter, nahmen an diesem Akt teil. Daraufhin entschwand die kleine Sophie in die Kindkammer in unmittelbarer Nähe der Großmutter. Elisabeth wurde eigentlich nicht mehr gebraucht, denn nach den Vorschriften des Zeremoniells war es ihr ohnehin nicht gestattet, ihr Kind zu stillen. Sie hatte so schnell wie möglich für Repräsentationszwecke wieder auf die Beine zu kommen und sich für die nächste Schwangerschaft bereitzuhalten. Später wird Elisabeth ihrer Tochter Marie Valerie über dieses enttäuschende Jahr erzählen, »von Mamas trauriger Jugend, wie Großmama Sophie zwischen ihr und Papa gestanden, immer sein Vertrauen beansprucht und dadurch ein Sichkennenlernen und Verstehen zwischen Papa und Mama für immer unmöglich gemacht hatte«.[13]

Nach der Geburt der Tochter begann Elisabeth, sich für Literatur und Theater zu interessieren, aber auch in diesem Bereich hatte sie mit Franz Joseph nichts gemeinsam. Privat las der Kaiser nur den Militärschematismus, und was er vom Theater hielt, schrieb er seiner Mutter in einem Brief: »Gestern war ich mit Sisi im Sommernachtstraum von Shakespeare im Burgtheater. Max kam auch hin. Es war ziemlich langweilig und dumm...«[14]

Ende Juni fuhr Elisabeth mit ihrer Tochter nach Possenhofen zu ihrer Familie. Franz Joseph hatte sie verpflichtet, regelmäßig seiner Mutter zu schreiben, wie es dem Kind erginge. Sisi schrieb sehr förmliche Briefe, die stets mit »Liebe Schwiegermutter« beginnen und mit der Floskel »Mit dem Kaiser ihre Hände küssend, Ihre ergebene Schwiegertochter Elise«, enden.[15] Von Bayern aus fuhr sie nach Ischl und später nach Wien zurück. Im Herbst war die Kaiserin neuerlich schwanger.

Bereits im Frühjahr 1855 begann die »klerikale Partei« bei Hof – EH Sophie, Kardinal Rauscher und ihre Günstlinge – das Verhältnis

Krone zur Kirche zu intensivieren und einen Kampf gegen die letzten josephinischen Gesetze aufzunehmen. Irgendwie geriet die Kaiserin, ohne ihr Zutun, in das politische Tagesgeschehen. Die Gegner der Klerikalen wußten um das gespannte Verhältnis zwischen den beiden Frauen, das längst kein Geheimnis mehr war. Kempen notierte: ».. . Ich entnehme ferner aus den Äußerungen des Fürsten (Karl Liechtenstein), daß zwischen der EH Sophie und ihrer Schwiegertochter keine Sympathie besteht, indem erstere sich manche Anordnungen und Kritiken herausnehmen will, welche der jungen Kaiserin höchlich mißfallen.«[16] Nun glaubten die Liberalen, daß die Ursache dieser Zerwürfnisse politische Divergenzen der beiden Frauen wären. Die Kaiserin würde also mit ihren Ideen sympathisieren. Das war nie der Fall. Die Ursachen der Unstimmigkeiten lagen einwandfrei auf dem privaten Sektor. Wie weit der Kaiser von seiner Mutter und ihrer Clique puncto Verhältnis Kirche-Staat schon beeinflußt war, zeigte der Vorfall mit dem Prior des Jesuitenordens in Wien, der sozusagen den Kreuzzug der katholischen Kirche in Österreich eröffnete. Kempen: ».. . Daß der Jesuitenpater Josef Klinkowström in seiner letzten Predigt den Staat in der Kirche stehend, also unter ihrer Hoheit, jede Einsprache gegen ihre Rechte als Empörung und Sünde dargestellt hatte und eine Notiz, die ich für den Kaiser eingerichtet habe. . .«[17] Diese Notiz war die Mitschrift eines Polizeiagenten der Predigt des Priors, die dieser am 25. März 1855 in der Kirche Am Hof gehalten hatte. Sie lief darauf hinaus, die Kirche stünde höher als der Staat. Der Kaiser hatte diese Predigt gelesen und zur Verblüffung seiner Mitarbeiter mit »vollkommen korrekt. FJ« abgezeichnet.[18]

Das österreichische Konkordat, das gesetzliche Übereinkommen über das Verhältnis des Staates mit dem Hl. Stuhl, hatte eine lange Vorgeschichte, auf die hier kurz eingegangen werden muß, um die Situation im Jahre 1855 verstehen zu können. Kaiser Joseph II. hatte bezüglich der neuen Kirchenordnung die Rechte drastisch beschnitten und verfügt: Detaillierte Gottesdienstordnung (Anzahl der Messen, Anzahl der Kerzen am Altar), Aufhebung von Wallfahrten, Prozessionen, Andachten und kirchlichen Bruderschaften. Verkündung landesfürstlicher Verordnungen durch die Pfarrer, Verbot des direkten Verkehrs der Priester mit dem Vatikan, weltliche Gerichtsbarkeit über die Priester, josephinischer Ehepakt von

1783, staatliche Verwaltung frommer Stiftungen und des Religionsfonds, Entziehung der Abhandlungen geistlicher Verlassenschaften durch die Bischöfe.[19]

Kaiser Franz und Metternich hatten sich bereits seit 1816 bemüht, mit Rom ein neues Übereinkommen zu treffen, doch es kam nie dazu. Im letzten Jahr seines Lebens gab Franz daher neuerlich den Auftrag, sich mit dem »Hof in Rom« zu arrangieren. Dazu unterzeichnete er am 28. Februar 1835 ein kirchenpolitisches Testament an seinen Nachfolger Ferdinand, in dem es hieß: »Da ich als treu ergebener Sohn Meiner Mutter der katholischen Kirche, zu leben und zu sterben entschlossen bin, so gewärtige ich von Deiner mir wohlbekannten kindlichen Liebe die Erfüllung Meines Wunsches, daß das von mir angefangene Werk der Berichtigung und Modifizierung jener Gesetze, Grundsätze und Behandlung kirchlicher Angelegenheiten, welche seit dem Jahre 1780 in Meinen Staaten eingeführt worden sind und die freie Wirksamkeit oder andere Rechte der Kirche mehr oder minder verletzen und mit der Lehre, Verfassung oder Disciplin der Kirche, insbesondere mit den Satzungen des heiligen Kirchenrathes von Trient nicht im Einklang stehen, von Dir ehemöglich auf eine den Heiligen Vater befriedigende Weise zu Ende geführt werden möge. Du wirst, vielgeliebter Ferdinand, wohl thun, wenn Du Dich in dieser Angelegenheit des Rathes des Fürsten Metternich und des Bischofs Wagner bedienen wirst.«[20] Es hat lange geheißen, daß dieses Dokument gefälscht und von Metternich verfaßt worden wäre, um mehr Einfluß, besonders gegenüber seinem Gegenspieler, dem Grafen Kolowrat, zu erlangen. Fest steht aber, daß dieses Dokument nach Diktat des Kaisers von Bischof Wagner geschrieben wurde.[21] Das Originaldokument ging im 2. Weltkrieg verloren, es besteht nur mehr eine einzige authentische Abschrift. Metternich wurde von Kaiser Franz dazu ausersehen, mit dem Heiligen Stuhl ein Übereinkommen zu schließen, da EH Ludwig, Präsident der Staatskonferenz, zu unfähig und zu faul war, einen solchen Vertrag auszuhandeln; und Kolowrat, der Liberale und Jesuitenhasser, war an einer Aussöhnung mit der Kirche nicht interessiert. Das erzherzogliche Paar Franz Karl und Sophie waren wegen ihrer betont klerikalen Einstellung beim Volk nicht beliebt, Kolowrat sagte, »sie wollen Österreich mit Verboten und Pfaffen umgarnen.«[22] Und Metternich wurde beschuldigt, er stünde »auf der Seite der Bayerinnen bei Hof und habe es mit Hilfe der ganzen Weiber-Pfaffenpartei ordentlich auf einen Sieg des Katholizismus über den Protestantismus abgesehen.«[23]

Bischof Wagner scheiterte mit seinen Bemühungen, daher wurde dieser Fragenkomplex dem neuen aufgehenden Stern am Kirchenhimmel Wiens, Joseph Othmar von Rauscher, übergeben. Metternich mußte im März 1848 gehen, und mit ihm verlor die Kirche ihren eifrigsten Fürsprecher. Die Märzereignisse veranlaßten viele Priester, sich politisch zu betätigen, doch wurde ihnen diese Tätigkeit durch einen Erlaß des Bischofs Vinzenz Eduard Milde am 17. März 1848 strikt untersagt. Othmar von Rauscher hielt sich während der Revolution sehr bedeckt und kam der Aufforderung der EH Sophie vom 1. November 1848 gerne nach, nach Olmütz zu reisen, um den Unterricht bei ihren Söhnen wieder aufzunehmen.[24]

Sofort nach der Thronbesteigung Franz Josephs überreichte der österreichische Episkopat am 23. Januar 1849 dem Reichstag von Kremsier eine Adresse, in welcher der Abschluß eines Konkordates urgiert wurde. Der junge Kaiser, sicherlich von EH Sophie, Bischof Rauscher und Fürst Schwarzenberg gedrängt, war damit einverstanden und versprach, sich intensiv mit diesen Fragen zu beschäftigen. Am 30. April 1849 tagte in Wien die erste Bischofkonferenz. Über den Verlauf dieser Zusammenkunft wurde Franz Joseph regelmäßig von Rauscher und seiner Mutter am laufenden gehalten.[25] Längere Debatten über noch strittige Punkte wurden vom jungen Kaiser regelmäßig abgeschmettert und sein Wille kundgetan: »Über Anregung von Seite Sr. Majestät wurde beschlossen, daß der Kulturminister einen Entwurf derjenigen Zugeständnisse verfasse, welche geeignet wären, den billigen Erwartungen des Episkopates über den Verkehr mit Rom und ihren Gemeinden über die geistliche Gerichtsbarkeit und über das Studienwesen zu entsprechen, damit die von der Regierung selbst hervorgerufenen Verhandlungen nicht ohne Resultat abgebrochen werden...«[26] Damit waren bereits Entscheidungen gefallen, bevor Minister überhaupt Einwendungen vorbringen konnten. Der Kaiser selbst war der Antreiber der Verhandlungen. Gab es Schwierigkeiten, hieß es: »Über Anregung Sr. Majestät des Kaisers wurde beschlossen...«

Der letzte Absatz des Protokolls über die Ministerratssitzung vom 22. März 1850 erhielt die lapidare Feststellung, daß nunmehr auf

Wunsch des Kaisers eine wesentliche Epoche der österreichischen Kirchengeschichte ihr offizielles Ende gefunden habe.[27] Am 16. Juni hatte Ferdinand Max, der sich gerade in Rom aufhielt, seinem Bruder Franz Joseph über eine Unterredung mit dem Papst berichtet: »... Es folgte eine lange Unterredung bei welcher der hl. Vater mit einiger Zufriedenheit vom Concordate sprach; nur scheint es ihm jetzt noch bange vor den Kämpfen, die Euer Majestät ob des Concordates mit dem Ministerium auszukämpfen haben werden. Von dem echten Katholizismus Euer Majestät ist der hl. Vater vollstens überzeugt. Nicht so von dem Euer Majestät Dienern. Von dem Concordate erwartet er den vollsten Segen und die glücklichste Eintracht. Die Arbeiten Rauschers für dieses wichtige Werk waren enorm, und dies wird in Rom vollstens eingesehen und geschätzt. Daß das Concordat ein wichtiger Hebel für die Einigkeit unserer Monarchie sei, sieht der hl. Vater vollstens ein.«[28]

Die letzten Konkordatsverhandlungen fanden am 4. und 6. August 1855 in Wien statt, und Franz Joseph erklärte kategorisch, es wären nur noch einige unwesentliche Punkte offen, doch er wünsche keine Verzögerung mehr. Am 18. August 1855 unterzeichneten Rauscher und der Nuntius Kardinal Michaele Viale-Prelà das Konkordat, bestehend aus 36 Artikeln und einer Geheimklausel.

Nach der Unterzeichnung gab der Kaiser seine Stellungnahme bekannt: »Ich rechne es Mir zur Ehre an, Meinen Glauben und Meine Hoffnung auf den, durch welchen die Könige herrschen, durch die That zu bekennen, und weiß sehr wohl, wie wirksam das Band der bürgerlichen Gesellschaft durch die Innigkeit der religiösen Überzeugung gefestigt wird...«[29] Der Mutter telegrafierte er aus Laxenburg nach Ischl: »Ich danke Ihnen und dem lieben Papa von ganzem Herzen für die Glückwünsche und Ihnen auch für den Brief. Heute wird das Konkordat unterschrieben.«[30]

Die gesamte katholische Welt, an der Spitze Papst Pius IX., feierten dieses Vertragswerk, »den staatsrechtlichen Höhepunkt der katholischen Restaurationsbewegung gegen den absoluten Staat und die liberale Zeitströmung.«[31] Gefühlsmäßig hing der Kaiser wie seine Mutter an diesem Vertrag. Hochadel, Kleinbürgertum und Bauernstand, das waren die Schichten, immer schon gegen Revolutionen eingestellt, die das Konkordat begrüßten. Der Rest der noch amtierenden josephinischen Beamten, vor allem die im Aufstieg befindliche liberale Partei, wurden zu Gegnern dieses Vertrages. Diese fanden sich sogar in der nächsten Umgebung des Kaisers. Kempen schrieb, er hätte mit Grünne über das Konkordat gesprochen, »das ein Unglück für Österreich darstelle. Er (Grünne) staunt, daß der Kaiser, der bei vielen Gelegenheiten mit scharfer Eifersucht seine Rechte hütet, durch das Konkordat sich lähmen ließe; Erzbischof Rauscher habe ihn betört!«[32] Durch das kaiserliche Patent (R. G. Bl. n. 185) vom 8. Oktober 1856 wurden im Sinne des Konkordats das Allgemeine bürgerliche Gesetzbuch für Katholiken außer Kraft gesetzt und das katholische Eherecht sowie die kirchliche Ehegerichtsbarkeit eingeführt. »Grünne spricht über dieses kaiserliche Patent. Er bedauert die Bestrebungen der klerikalen Partei und will Erwähnungen über das neue Ehegesetz vermeiden und keine Bemerkungen gegenüber dem Kaiser machen. ›Dies ist ein Weg, auf welchem noch manches erreicht werden wird; er führt durch die da oben!‹ und zeigt aufwärts, zur Wohnung der Erzherzogin Sophie.«[33] Reichsratspräsident Kübeck sagte, er sei froh, schon so alt zu sein, um nicht die Folgen des Konkordats erleben zu müssen! Wessenberg meinte, daß Kaiser Franz I. das Placet nie aufgegeben hätte und bedauert, »daß ein so unerfahrener Herr wie Franz Joseph auf einmal das ganze Gebäude unserer kirchlichen Politik umwerfe.« Maximilian II. von Bayern und Napoleon III. von Frankreich kritisierten übereinstimmend, daß das Konkordat viel zu weitgehende Zugeständnisse an die Kirche beinhalte, während die Kaiserin Eugenie den österreichischen Gesandten, Baron von Hübner, fragte, welche Gründe den Kaiser von Österreich dazu bewogen hätten, dieses »rein mittelalterliche Konkordat abzuschließen«. Und eine holländische Zeitung brachte es kurz und bündig auf den Punkt: Kaiser Franz Joseph habe »als unerfahrener Knabe Landesverrat verübt!«[34] Allgemein wird heute anerkannt, daß das Konkordat einzig und allein das Machwerk der EH Sophie gewesen ist, der Sohn war nur ihr Sprachrohr und kraft seines Amtes der Vollstrecker.[35]

Die Gegner des Konkordates, zahlreich vorhanden und im Untergrund agierend, artikulierten sich erstmals öffentlich in der Sitzung des Reichsrates am 10. September 1860. Ihr Sprachrohr war der aus Siebenbürgen stammende protestantische Abgeordnete Maager. Noch konnten die kritischen Stimmen niedergehalten werden. Das

Konkordat von 1855 mußte außenpolitischen Ereignissen weichen. Die zwielichtige Haltung der Habsburgmonarchie im Krimkrieg löste die heilige Allianz mit Rußland. Das kleine Königreich Piemont war durch seine Teilnahme am Krimkrieg auf Seite der liberalen Westmächte getreten und hatte sich deren Hilfe bei der Einigung Italiens versichert, was für Österreich noch verheerende Folgen nach sich ziehen würde.

Als einmal Bischof Rauscher auf diesen »Vasallenvertrag« angesprochen wurde, sagte er nur achselzuckend: »Was wollen Sie? Ich habe als Erzbischof gehandelt und die geistlichen Rechte vertreten, aber die politischen Behörden haben ja alles in dieser Weise Vorgeschlagene gebilligt – an ihnen wäre es gewesen, Anstände zu erheben.«[36] Und grantelnd und sarkastisch setzte der Herr Hofrat Franz Grillparzer hinzu: »Wir haben nur noch ein Talent zur Musik und zum Konkordat.«

Wenn auch strenger und überzeugter Katholik, war der Kaiser nicht bigott. Vor allem fehlte ihm jener Überschwang der Gefühle, der dem Fanatiker eigen ist. Er war nur ein treu ergebener Sohn Roms, und die kalte rituale Pünktlichkeit, mit der er seinen religiösen Verpflichtungen nachkam, offenbarte eine Hochachtung vor dem Papsttum. Den inbrünstigen Mystizismus seiner Mutter verstand er bei seiner Gefühlsleere allerdings nicht. »Madame Mère«, wie die Erzherzogin heimlich genannt wurde, war mit den beiden Hauptverhandlern in den Konkordatsfragen, Rauscher und Minister Bach, außerordentlich zufrieden. Rauscher rettete die Seele ihres Sohnes, Bach seinen Thron. Darüber bestand im Innersten Sophies kein Zweifel, und die ganze Familie schloß sich ihrer Meinung an.

Ein großer Günstling Sophies war anfangs der Generaladjutant Grünne, der durch ihre Protektion in dieses Amt kam. Grünne hatte sich innerhalb der Armee durch Freunderl- und Protektionswirtschaft unheimlichen Einfluß verschafft. An Grünne ging kein Akt, kein Dokument vorbei. Grünne versuchte, den Kaiser dahin zu beeinflussen, keinen Kriegsminister mehr zu ernennen, sondern selbst die Armeeführung in die Hand zu nehmen. Franz Joseph war zwar der Oberste Befehlshaber, die Macht lag jedoch in den Händen Grünnes. Innerhalb kurzer Zeit war es ihm gelungen, alles, was in der Armee an Gutem und Traditionellem vorhanden war – Ehre, Selbstachtung, unabhängiges Denken – zu unterdrücken. In der

Zeit zwischen 1850 und 1860 begann die Ära der »groben Oberste«. Das Wichtigste wurden wieder die Paraden, Gewehrgriffe und der Paradeschritt. Der Kaiser liebte so ein Heer.

Grünne war in der Armee unbeliebt und im Volk verhaßt. Wenn die Menschen in diesen Jahren von Tyrannei und einer geheimen Regierung sprachen, dann meinten sie EH Sophie und Graf Grünne. Was das Volk vom Generaladjutanten des Kaisers hielt, davon konnte er täglich in den Polizeiberichten lesen, die ihm vorgelegt werden mußten: »Gegen FML Grünne spricht sich, heftiger als früher, ein allgemeines Mißfallen über seine Handlungsweise aus. Der eine Zeitlang verhaltene Unwille gegen diesen hochgestellten Herrn macht sich mit dem ausdrücklichen Wunsch Luft: ›Möge sich der Kaiser doch endlich überzeugen, wie eigenmächtig, rauh und willkürlich Graf Grünne handle und wie er es ist, der manche heiße Sympathie für die Dynastie schon im Entstehen durch sein unloyales Benehmen ersticke.‹ Solcherart Empfindungen trifft man allgemein unter Militär, der Aristokratie und selbst unter den Beamten und Dienern des Hofes an. Den stärksten Ausdruck finden sie in der direkten Umgebung des Generaladjutanten. Der öffentlichen Stimme nach sollen alle Herrn Minister dies bereits wissen, fühlen und beklagen, ohne den Souverän von seiner Ansicht abbringen zu können.«[37]

Dabei war zu bemerken, daß sich die beiden »Bösewichte«, zumindest was Grünne betraf, längst auseinandergelebt hatten. Wir haben schon mehrmals über seine negative Kritik an EH Sophie gehört. Gerade ihre »Weiber- und Protektionswirtschaft« hatten ihn im Laufe der Jahre zermürbt. Auch im Mai 1856 konnte er sich, nach einem eher harmlosen Vorfall, mit seiner abwertenden Kritik nicht zurückhalten. Folgen wir den Aufzeichnungen Kempens. Am 14. Mai war der Polizeiminister für 13 Uhr bei EH Sophie geladen. Er und zwei Damen wurden in den Salon gebeten, wo man sich in allgemeiner Konversation übte. »Als die Damen verabschiedet waren, klagte die Erzherzogin über die Entsittlichung der Mädchen in der Zigarrenfabrik, wozu die lockeren Grundsätze der Vorsteher beitragen sollen. Die Erzherzogin will darüber mit Minister Bruck sprechen, ich versicherte indes von meiner Seite Abhilfe.« Tags darauf war Kempen um 13 Uhr bei Grünne: »Ich teilte ihm auch meine gestrige Unterredung mit der Erzherzogin Sophie mit. Er sagte mir: ›Das geht dieselbe überhaupt nichts an! Sie spielt oft die Kaiserin; lassen Sie sich auf derlei Dinge gar nicht ein, sonst werden Sie solche nicht mehr los!‹...«[38]

12. Juli 1856. Um 6 Uhr morgens wurde Kempen in Payerbach an der Rax, wo er gerade seinen Urlaub verbrachte, von Laxenburg aus, wohin sich die Kaiserin zur Entbindung begeben hatte, darüber verständigt, daß bei Elisabeth die Wehen eingesetzt hätten. Als er eine Stunde später auf die Station kam, um mit dem Extrazug nach Laxenburg zu fahren, erfuhr er, daß die Kaiserin bereits ein Mädchen geboren hätte. Er fuhr sofort nach Wien weiter und kam gerade zum Te Deum im Stephansdom zurecht, wo Vertreter aller Ämter anwesend waren. »Das Bedauern, nicht für einen Kronprinzen danken zu können, war allgemein!«[39]

Die zweite Geburt Elisabeths verlief rasch und komplikationslos. Es kam wieder ein gesundes Mädchen auf die Welt und nicht der ersehnte Thronfolger. EH Sophie legte die Stirn in Falten und kräuselte die Lippen. Ihre Schwiegertochter, dieses junge Ding, war wirklich für nichts gut. Nicht einmal einen Sohn konnte sie gebären! Am nächsten Tag erhielt das Kind in der Taufe – der Falkensaal in Laxenburg war schnell in eine Kapelle umgewandelt worden – den Namen Gisela. Später wird es von ihr heißen: »Sie gehörte wohl zu den häßlichsten Frauen am Hof, die man sich vorstellen konnte, mit einer Wespentaille, die damals längst nicht mehr Mode war. Nur ihre Füße, die sie gerne vorzeigte, waren von untadeliger Schönheit...«[40] Ludowika war Taufpatin, doch war sie auch diesmal nicht anwesend, sondern ließ sich von Schwester Sophie vertreten. Auch jenes Kind kam sofort in die Obhut der Großmutter, die es zu sich in die Kindkammer nahm.

Später klagte Elisabeth ihre Schwiegermutter Sophie an, daß sie selbst nie ein Verhältnis zu ihren Kindern bekam und aufbauen konnte. Erst bei ihrem vierten Kind im Jahre 1868 wäre das endlich anders geworden, aber auch nur, weil EH Sophie, durch schwerste Schicksalschläge mürbe geworden, resigniert hatte. Vielleicht hätte die Erzherzogin, wenn es ein Knabe geworde wäre, nochmals alle ihre Energien mobilisiert, doch das vierte Kind Elisabeths wurde wieder »nur« ein »unnötiges« Mädchen. Elisabeth erzählte später: »Erst jetzt weiß ich, welche Glückseligkeit ein Kind bedeutet. Jetzt habe ich schon den Mut gehabt, es zu lieben und bei mir zu behalten. Meine anderen Kinder hat man mir sofort weggenommen. Es war mir nur dann erlaubt, die Kinder zu sehen, wenn EH Sophie die Erlaubnis dazu gab. Sie war immer anwesend, wenn ich die Kinder besuchte. Endlich gab ich den Kampf auf und ging nur noch selten hinauf.«[41] Sisi war nach der Geburt ihres zweiten Kindes selbstbewußter und trat immer öfter gegen die Schwiegermutter auf. Sie begriff, daß sie die Kaiserin war. Wenn die Zwistigkeiten wieder dem Höhepunkt zusteuerten, sagte Elisabeth leichthin gegenüber Sophie, daß die ideale Regierungsform doch eine Republik und nicht eine Monarchie wäre. Das brachte Sophie jedesmal in Rage. Vorläufig ging der Streit der beiden Frauen um die »Kindkammer«, um die Sisi kämpfte.

Das Kaiserpaar trat im September gemeinsam eine Reise in die Steiermark und nach Kärnten an, vorher nützte Sisi die Gelegenheit, auf ihren Gemahl Druck auszuüben; endlich sollte er sie in ihren Bemühungen unterstützen und einmal energisch gegen seine Mutter auftreten. Bis jetzt hatte sie ja von ihm diesbezüglich noch nie die geringste Unterstützung erfahren. Sisi verlangte nichts anderes, als daß die Kindkammer in ihre Nähe verlegt werde.

Der Kaiser wurde damit in eine Zwangssituation gebracht, die ihm gar nicht behagte und seinem Naturell nicht entsprach. Feige wie er war, traute er sich nicht, fordernd oder bestimmend vor die Mutter zu treten. Er schrieb ihr daher am 28. August einen ausführlichen Brief, in dem er seine Wünsche deponierte, befahl aber, daß dieser erst am 30. August seiner Mutter zuzustellen wäre; am 2. September reiste er nämlich ab und vermied so eine persönliche Aussprache. Noch während der Fahrt erreichten ihn zwei bitterböse Briefe der Mutter, in denen sie gegen die Wünsche des Sohnes protestierte und drohte, nicht nur aus ihrer Wohnung, sondern überhaupt aus der Hofburg auszuziehen! Der Kaiser dachte jetzt schon mit Grauen an die erste Begegnung mit der Mutter nach der Heimkehr. Am 18. September schrieb er wieder einen ausführlichen Brief und legte der Mutter nochmals seinen Standpunkt dar:

»...Nach reiflicher Überlegung und nachdem ich die Sache nochmals mit Sisi besprochen, bin ich der festen Überzeugung, daß es am besten ist, wenn die Kinder in die Radetzky-Zimmer kommen...«
Der Kaiser hatte schon im Brief vom 28. August Andeutungen gemacht, daß die Kinder übersiedeln sollten. Sophie war deswegen

pikiert und brachte mehrere Einwände vor, um die Kinder bei sich zu behalten, unter anderem, daß die Kinder in den Radetzky-Zimmern keine Sonne hätten. Franz Joseph schrieb, daß die meisten Wiener Kinder ohne Sonne aufwachsen müßten, und er es ebenfalls nicht besonders hell gehabt hätte. Sophie argumentierte, man wolle ihr die Kinder nur wegnehmen! »Sie haben, liebe Mama, einen Grund, der uns diesen Wechsel wünschen mag, gleich erraten. Ich bitte Sie jedoch inständigst, Sisi nachsichtig zu beurteilen, wenn sie vielleicht eine zu eifersüchtige Mutter ist und sie ist ja doch nur eine hingebende Gattin und Mutter! Wenn Sie die Gnade haben, die Sache ruhig zu überlegen!« Der Kaiser argumentierte ferner, daß die Kinder völlig von ihrer Großmutter okkupiert werden, daß sie nie bei ihren leiblichen Eltern sein könnten, die sich immer erst zum Besuch anmelden müßten. Und wenn die Eltern endlich Zutritt hätten, wäre die Kindkammer immer voll mit fremden Leuten, so daß die Besuche der Eltern nur sehr kurz und förmlich verliefen, »... abgesehen davon, daß das Produzieren und dadurch Eitelmachen der Kinder mir ein Greuel ist, worin ich übrigens vielleicht Unrecht habe. Übrigens fällt es Sisi gar nicht ein, Ihnen die Kinder entziehen zu wollen...« Als weiteres Argument führte der Kaiser an, daß sich die Familie noch vergrößern könnte und dann die jetzige Kindkammer ohnehin zu klein wäre. »Sehr betrübt hat mich alles, was Sie, liebe Mama, an diese so einfache Maßnahme knüpfen. Nie würde ich es zugeben, daß Sie Ihre jetzige Wohnung verlassen, oder gar, was ich nicht gelesen haben will, ganz aus der Burg ausziehen würden. Ich hoffe noch immer, daß sich alles gut machen wird...«[42]

Es ist psychologisch interessant, daß sich gerade zu diesem Zeitpunkt das Kaiserpaar von dieser »überwärtigen« Mutter abzunabeln begann. Der Sohn war nicht mehr so restlos von der überragenden Weitsicht seiner Mutter überzeugt, die ihm bis jetzt in der Politik den richtigen Weg gezeigt hatte, dem er blindlings gefolgt war. In der Krimkrise hatte sie ihn schlecht beraten, die heilige Allianz war durch seine Schuld zerbrochen, und ein Fluch lastete auf ihm. Als im Jahre 1854 der russische Botschafter Meyendorff aus Wien abberufen wurde, sagte er zum Abschied: »Mich dauert nur der junge Kaiser, denn seine Politik hat uns Russen tief verletzt, daß er darauf zählen kann, keine ruhige Minute mehr zu haben, solange er regiert!«[43] Und der politische Traum Sophies, Deutschland würde sich Österreich anschließen und siebzig Millionen Menschen wären in einem Reich vereinigt, dieses Hirngespinst war fern jeglicher Realität. Erstmals hatte Elisabeth über ihre Schwiegermutter einen Sieg gefeiert, doch war damit noch nicht die Unterstützung des Hofes gewonnen. »Sophie erreichte es nicht, Elisabeth nach ihren Vorstellungen zu erziehen. Durch den langen erbitterten Kampf aber entzog sie der Monarchie und der kaiserlichen Familie eine vielversprechende, begabte Persönlichkeit und trieb Elisabeth in die Isolation.«[44] Die Kaiserin sprach später mit ihrer Vertrauten über diese Zeit: »Ihre (Sophies) Ambition drängte sie immer zwischen die beiden Gatten – immer mit einer Entscheidung zwischen Mutter und Frau und es ist eine Gnade Gottes, daß es nicht zu einem Bruch führte. Sie wollte den Einfluß der Kaiserin auf den Kaiser brechen. Das ist ein gefährlicher Weg gewesen...«[45] Sophie spürte, daß ihr Einfluß auf den Sohn immer mehr verlorenging.

Am 30. März wurde in Paris der Friedensvertrag, der den Krimkrieg beendete, unterzeichnet und trieb Österreich in die vollkommene Isolation. Das kleine Königreich Piemont hatte sich mit seinem fünfzehntausend Mann-Kontingent, welches auf der Seite der Westmächte kämpfte, das Bündnis mit Frankreich erkauft. Für jeden Politiker war klar vorauszusehen, daß Österreich seine italienischen Besitzungen nicht werde halten können, nur dem Kaiser fehlte diese Voraussicht. Er glaubte, mit Strenge, Unterdrückung, Militärgerichten und Todesurteilen könnte er die Provinzen befrieden. Zur Demonstration kaiserlicher Macht entschloß sich daher das Kaiserpaar, den Winter 1856/57 in Italien zu verbringen. Trotz des Protestes Sophies nahm das Kaiserpaar die älteste Tochter auf diese Reise mit. Sisi führte ins Treffen, daß sich die Kleine in Italien besser erholen könnte als im frostigen Wien. Italienische Zeitungen dagegen vermuteten, die kleine Tochter sollte in erster Linie die Eltern vor Attentaten schützen.[46]

Wo immer das Kaiserpaar in Venetien hinkam, war der Empfang durch die Bevölkerung unterkühlt, wenn nicht eisig. Erst allmählich besserte sich das Klima. Der Kaiser berichtete seiner Mutter: »Die Bevölkerung war sehr anständig, ohne besonderen Enthusiasmus zu zeigen. Seitdem hat sich die gute Stimmung aus verschiedenen Ursachen gehoben, besonders durch den guten Eindruck, den Sisi gemacht hat.« Dagegen war der Kaiser über Radetzky erschüttert, der von Verona nach Venedig gekommen war. Ein tattriger, läppischer Greis kam ihm da in Feldmarschalluniform entgegen. »Den Feldmarschall habe ich entsetzlich verändert und verkindert gefunden«, schrieb Franz Joseph der Mutter.[47] Radetzky war jetzt neunzig Jahre alt, und der Kaiser entschloß sich sofort, den Feldmarschall in allen Ehren zu verabschieden und eine getrennte, zivile und militärische Verwaltung einzuführen. Die zivile sollte sein jetzt 24 Jahre alter Bruder Ferdinand Max, gegen massive Bedenken der Mutter, übernehmen. Franz Joseph konnte sie beruhigen: »...Über sein Réussieren auf dem ihm zugedachten Posten sollten Sie, liebe Mama, sich gar keine Sorgen machen... Ich halte ihn für gänzlich geeignet, um mit Festigkeit und doch Höflichkeit die hiesigen, der Erziehung noch sehr bedürftigen Leute nach und nach heranzubilden und aus dem einen Hofe gebührenden Respekt zu gewöhnen... Daß Max selbst etwas bange ist, halte ich für ein erfreuliches Zeichen, daß er von der Wichtigkeit seiner Aufgabe ganz durchdrungen und sie desto gewissenhafter erfüllen wird...«[48]

Max hatte einen hellen und wachen Verstand und war seinem älteren Bruder schon seinerzeit beim Unterricht in der Auffassungsgabe weit voraus. Leider hatte der Jüngere eine allzu blühende Phantasie, die eine objektive Urteilskraft nicht zuließ. Er liebte den Gesellschaftstratsch, hatte einen Hang zur Bequemlichkeit, und die Disziplin des Alltags war ihm lästig. Er war von der Größe des Hauses, dem er angehörte, und von der göttlichen Berufung der Habsburger überzeugt. Leider dürfte er in krankhafter Weise dieses Sendungsbewußtsein gehabt haben, denn sonst wäre sein Leben anders verlaufen. Hätte er nicht in Verblendung an die wunderbare Mission des Hauses Habsburg gedacht, es wäre nie zu jenem Ende gekommen, das er erleben mußte.

Beide älteren Brüder liebten sich seit ihrer Kindheit sehr und taten alles, um sich gegenseitig zu helfen und zu erfreuen. Ihre hier publizierten Briefe aus der Kindheit geben davon ein beredtes Zeugnis. Vor Jahren hatte Franz Joseph seinem Bruder Max geschrieben: »Ich habe einen sehr starken Schnupfen, welcher mich zwingt, alle Nächte ein Spermazett-Pflaster auf den Hals zu legen, doch verhindert es mich nicht, Dir zu zeichnen und zu schreiben, bis zum theuren Tag des Wiedersehens...«[49]

Je älter sie wurden, desto distanzierter wurde ihre gegenseitige Zuneigung, ihr Verhältnis wurde kälter. Max hatte mehrmals den Versuch gewagt, sich zu einer Mitarbeit anzubieten, doch Franz Joseph stieß ihn mit kühler und bestimmter Ablehnung fort. Max war für Franz Joseph ein Gegenstand ständiger Ängste und Sorgen. Dazu kam noch der wichtige psychologische Moment des Verhältnisses Kaiser-Prinz, der zu allem Überfluß noch durch die Beliebtheit der beiden beim Volk gesteigert wurde. Franz Joseph, der unnahbare, zurückhaltende Kaiser war bei weitem nicht so populär und geliebt, wie der sich jovial gebende Bruder. Franz Joseph war sehr froh, wenn er Max weit vom Machtzentrum wußte. So übertrug er ihm Ämter, die ihn von Wien fernhielten. Im Jahre 1854 ernannte der Kaiser seinen Bruder zum Konteradmiral und Befehlshaber der österreichischen Kriegsmarine. Am 27. Juli 1857 verehelichte sich Max mit der ehrgeizigen belgischen Prinzessin Charlotte aus dem Hause Sachsen-Coburg-Saalfeld. EH Sophie war ihre neue Schwiegertochter sehr sympathisch, trug sie doch ein königliches, stolzes Gehabe zur Schau und unterschied sich von ihrer Schwägerin Elisabeth in jeder Beziehung. In den Tagebüchern und Briefen Sophies kam ihre Vorliebe für ihre neue Schwiegertochter ans Tageslicht und sie betonte, mit welcher Zärtlichkeit Charlotte ihr entgegenkam.»Charlotte ist charmant, schön, anziehend, liebevoll und zärtlich zu mir. Es kommt mir vor, als hätte ich sie schon immer geliebt... Ich danke Gott von Herzen für diese charmante Frau, die er Max geschenkt hat und für das weitere Kind, das er uns gegeben...«[50] Die beiden jungen Frauen, Elisabeth und Charlotte waren sich von der ersten Begegnung an odios.

Nun hatte der Kaiser seinem Bruder das Gouverneursamt der lombardo-venezianischen Provinzen übergeben. Ob das seitens Franz Josephs so freiwillig geschah, muß bezweifelt werden. Eher dürfte diese Ernennung auf Intervention des Schwiegervaters von Max, Leopold I. von Belgien, erfolgt sein, der für seinen Schwiegersohn einen adäquaten Posten verlangte.

Der Kaiser fuhr von Venedig aus nach Pola und legte dort den Grundstein für das große Marinearsenal. Zurück aus Istrien, ging die Reise nach Mailand weiter. Dort erlebte das Kaiserpaar nicht nur einen eisigen Empfang, sondern eine noch nie dagewesene Provokation. Der Kaiser hatte die gesellschaftliche Creme der Stadt zu einer Galavorstellung in die Scala geladen. Als das Kaiserpaar die Loge betrat, saßen dort nicht die Adeligen und Honoratioren, sondern deren Bedienstete, Zofen, Lakaien, Köchinnen und Kutscher lümmelten in den samtbezogenen Sitzen. Als Sophie von diesem Eklat hörte, war sie einer Ohnmacht nahe. Sie wurde regelmäßig von Kempen über die Ereignisse in Italien am laufenden gehalten, der ihr alle Depeschen vorlegen mußte. Nun waren in ihren Augen nicht nur die Magyaren Verbrecher und notorische Rebellen, sondern auch die Italiener. Bei dem von ihr gegebenen Weihnachtsdiner, am 25. Dezember 1856, machte sie sich gegenüber dem Polizeiminister Luft und führte ein Beispiel an, wie gegen solche Menschen vorgegangen werden sollte. Sie war hochbefriedigt, daß der Soldat Milano, der am 8. Dezember ein Attentat auf den König von Neapel versuchte, bereits am 16. Dezember hingerichtet werden konnte.[51] Auch sie trat, wie der Kaiser, in diesen Ländern, jenen Untermenschen gegenüber für härteste Strafen und Maßnahmen ein. In den ersten Märztagen reiste das Kaiserpaar nach Wien zurück. Elisabeth mußte die Feststellung machen, daß Gisela ihr völlig entwöhnt war und bei Annäherung sofort zur Großmutter flüchtete und Schutz suchte. Der Haß der Frauen und ihre gegenseitige Antipathie flammte sofort wieder auf.

Vom Vater des Kaisers sprach eigentlich niemand mehr; der lebte irgendwo in der Hofburg und tanzte nur brav an, wenn abends im Appartement seiner Gemahlin die gesamte Familie »den Tee nahm«. Kempen erwähnte ihn einmal im Jahr, wenn er bei dem Erzherzog die Neujahrscour absolvierte. Die Äußerungen des Erzherzogs waren alle Jahre die gleichen: »Er komme viel herum, höre alles; große Ordnung wie noch nie; gute Stimmung wie noch nie; die religiösen Vereine wirken vortrefflich, nur im adeligen Casino werde frondiert usw.«[52] Es wurden bereits Stimmen bei Hof laut, die sagten, der Erzherzog, vor allem aber die Mutter solle sich nicht so auffallend in die Ehe ihres Ältesten drängen, sondern sich mehr um die Erziehung der noch daheimweilenden Söhne, EH Carl Ludwig und EH Ludwig Viktor, kümmern. Ersterer war eine taube Nuß. Kempen: »Besprechung mit EH Carl Ludwig. Ich bin entsetzt über dessen naive politischen Ansichten und wundere mich, was für ein Einfaltspinsel der Erzherzog ist.«[53] Und nach Aussagen der Lehrer und Erzieher des EH Ludwig Viktor, soll dieser das frechste, lügenhafteste und widrigste Kind gewesen sein. An ihm war jede Erziehung spurlos vorübergegangen. »Vor ihm mußten sich alle hüten ... er war schwächlich, unmännlich, geziert und von garstigem Aussehen ... seine Zunge war scharf wie eine Giftschlange. In alles mischte er sich ein, spann daraus Intrigen und freute sich, wenn kleine Skandälchen daraus wurden. Man hatte allen Grund, seine Indiskretionen zu fürchten...«, schrieb später eine Vertraute des Hofes.[54]

Am 30. April 1857 bekam der Polizeiminister eine ernste Warnung vor einem Attentat auf den Kaiser, das im Prater stattfinden sollte.[55] Es wurden Abwehrmaßnahmen getroffen. Fünf Tage später reiste das Kaiserpaar, gemeinsam mit den beiden Kindern, trotz schärfsten Protest der EH Sophie, nach Ungarn. Nun überlegte sie mitzukommen, nahm aber im letzten Augenblick davon Abstand, da sie Widersprüche der Magyaren befürchtete. Jene hatten ihre Haltung im Jahre 1849 noch nicht vergessen. Die Ungarn erwarteten sich von der Kaiserin sehr viel, um so mehr, als sich ihr gespanntes Verhältnis zur verhaßten Sophie bis in dieses Land herumgesprochen hatte. Die Magyaren hofften, sie würde sich bei ihrem Gemahl für die Unterdrückten einsetzen. Elisabeth war von dem Prunk, der ihr geboten wurde, hingerissen. Von den Zigeunern, vom Czardas und den schmeichelnden Komplimenten der Magnaten. Die Menschen dagegen begeisterten sich an der Schönheit der Kaiserin. Großes Aufsehen erregte sie, als sie an der Seite ihres Gemahls, hoch zu Roß, an einer Militärparade teilnahm. Den begleitenden österreichischen Adeligen gefiel dies allerdings gar nicht.[56] Der Kaiser lockerte in Ungarn einige Verbote, unter anderem gestattete er dem Grafen Andrássy, der 1849 in absente gehängt worden war, die Heimkehr.

Als das Kaiserpaar die Reise in die Provinz antreten wollte, erkrankte Gisela an fieberhaftem Durchfall, und die Reise mußte um einige Tage verschoben werden. Kaum hatte sich Gisela erholt, erkrankte die kleine Sophie. Hofrat Dr. Seeburger beruhigte die Eltern, das Fieber käme nur vom Zahnen, die Herrschaften könnten getrost die Reise antreten. Franz Joseph fand sogar noch Muße, auf die Jagd zu gehen, bei der er 75 Reiher und Kormorane schoß. Nach fünf Tagen, das Kaiserpaar befand sich gerade in Debrecin, erhielt es schlimme Nachrichten über sein krankes Kind. Die Eltern eilten sofort nach Ofen zurück. Franz Joseph berichtete am 19. Mai seiner Mutter über den Zustand seines Kindes: »Unser armes Baby ist am Tage, wo ich in Wien war, mit Fieber und Diarrhö unwohl geworden. Die Ärzte sagten, es sei vom Zahnen. Es wurde jedoch bald eine Ruhr daraus, denn sie machte auch etwas Blut und hatte einen beständigen Drang zu Entleerungen, ohne viel machen zu können. Seit drei Tagen hat das Fieber fast ganz aufgehört, sie hat gar keine Hitzen, schwitzt aber viel und der Drang dauert fort, jedoch ohne Blutentleerungen, nur Schleim und Galle... In der Nacht war sie sehr unruhig, hatte starke Schmerzen im After und ein beständiges Drängen... Sie hatte die ganze Nacht nur 1½ Stunden geschlafen, sie ist sehr nervös und schreit und weint immerwährend, daß es einem das Herz zerreißt... Was Sisi und ich dabei leiden, können Sie sich denken. Seeburger ist jedoch nicht besorgt und sagt, es sei nur der Mastdarm und werde sich in einigen Tagen geben. Jedenfalls wird die Kleine lange brauchen, um sich zu erholen...« Trotzdem mußte das Kaiserpaar weiter nach Tokaj und das kranke Kind in den Händen der Ärzte und Kammerfrauen zurücklassen. EH Sophie und ihr Gemahl weilten in diesen Tagen zuerst in Dresden, dann in Prag. Der Kaiser hatte die Ärzte Dr. Seeburger, Professor Dr. Sauer und Dr. Götz beauftragt, regelmäßig ärztliche Bulletins an seine Mutter zu senden. Der Zustand der kleinen Sophie verschlechterte sich in kurzer Zeit derart, daß die Eltern zurückgerufen werden mußten. Am 27. Mai sandte Hofrat Dr. Seeburger noch folgendes Bulletin an die Militärkanzlei nach Wien: »Der Krankheitszustand ist im wesentlichen nicht schlimmer ... er ist daher ein gegenwärtiger Augenblick ... als daß ich nach meinem Gewissen auf eine schnelle Rückreise Ihrer Majestäten einrathen könnte... Gegenwärtig schläft die durchl. Erzherzogin mit kleinen Unterbrechungen noch immer leise und zeigt, daß nach und nach, wenn auch langsam, die Krankheit ihrer glücklichen Lösung entgegengeht.«[57] Bereits am nächsten Tag mußte der Arzt nach Wien depeschieren: »Der Zustand der durchl. Erzherzogin Sophie zeigt sich jetzt mehr als besorgniserregend...«[58]

Am 29. Mai, um 12 Uhr 15 telegrafierte der Kaiser seiner Mutter nach Prag: »Wir sind um ½11 Uhr angekommen und haben die Kleine sehr schlecht gefunden. Sie ist sehr schwach, hat immerwährende Diarrhö, welche jetzt allerdings etwas vermindert ist. Die

Augen sind matt, das Erbrechen hat heute aufgehört. Die Ärzte geben noch nicht die Hoffnung auf. Wir sind in der schrecklichsten Angst.« Sisi wich nicht vom Bett ihres Kindes, dessen Zustand sich zusehends verschlechterte. Um 22 Uhr sandte der Kaiser folgende Botschaft an den Obersthofmeister seiner Mutter, Oberst Graf Wurmbrand: »Sorgen Sie, daß der Inhalt der folgenden Depesche meinen Eltern mit Vorsicht beigebracht werde: Unsere Kleine ist ein Engel im Himmel. Nach langem Kampfe ist sie zuletzt um ½10 Uhr verschieden. Wir sind vernichtet. Sisi ist voller Ergebung in den Willen des Herrn.« Im dritten Telegramm vom 30. Mai teilte der Kaiser seiner Mutter mit, daß er nach Wien reise. Auch EH Sophie hatte morgens in Prag die Eisenbahn bestiegen, um sich in die Residenz zu begeben. Nochmals sandte der Kaiser seiner Mutter ein Telegramm, das ihr auf der Durchfahrt in Brünn übergeben werden sollte: »Wir danken innigst für Ihre liebevolle Depesche. Wir kommen um 6 Uhr nach Wien. Könnten wir Sie heute noch in der Burg sehen?«[59]

Das Kaiserpaar kehrte mit einer Leiche im Gepäck nach Wien zurück. Sisi hatte nun Angst vorm Zusammentreffen mit der Schwiegermutter. Hatte Sophie nicht protestiert, hatte sie nicht Elisabeth beschworen, die Kinder in ihrer Obhut zu belassen? Nun würde sie wieder triumphieren, sie hatte doch Recht gehabt. Doch Sophie hielt sich bei der Begrüßung zurück und verlor kein Wort des Vorwurfes. Der gemeinsame Schmerz über den Verlust des Kindes war stärker als alle anderen Gefühle. Nur wurde das Verhältnis Sophies zu Elisabeth und umgekehrt von nun an eisig.

In den nächsten Wochen litt die Kaiserin an schweren Depressionen und überließ ihre Tochter Gisela völlig der Großmutter. Als sich der Zustand nicht besserte, machten sich Franz Joseph und seine Mutter bereits ernste Sorgen, und ein Hilferuf Sophies ging an Ludowika nach Possenhofen, sofort nach Wien zu kommen. Die Mutter kam mit Elisabeths jüngsten Geschwistern. »Sisi schien der Umgang der jungen heiteren Geschwister sehr wohltätig; da ihr der Abschied von uns so schwer wurde, hat sie mir das Versprechen, womöglich nach Ischl zu kommen, abgebettelt.«[60] Am 18. Juli fuhr das Kaiserpaar nach Ischl, am 22. August traf EH Sophie ein, ihr Gemahl kam zwei Tage später.[61]

Selbst im Spätherbst waren die Depressionen noch immer nicht verschwunden. Im November schrieb der Kaiser an seine Mutter: »Die arme Sisi ist sehr ergriffen von allen Erinnerungen, die ihr hier (Wien) überall begegnen und weint viel. Gestern ist Gisela bei Sisi in dem kleinen roten Fauteuil unserer armen Kleinen, der in dem Schreibzimmer steht, gesessen und da haben wir beide geweint...«[62]

Am 13. Juli 1857 berichtete Kempen von einer interessanten Begebenheit mit dem Kaiser: »...Ferner erhielt ich von ihm eine Denkschrift über die Verwerflichkeit der Freimaurerei, welche Advokat Emil Eckert der Erzherzogin Sophie – der Kaiser sagte ›Mama‹ – zuzustellen wußte...« Franz Joseph beauftragte den Polizeiminister, über Eckert sofort Erkundigungen einzuholen, welche er am 1. August erhielt. Der Advokat bekam als Anerkennung fünfhundert Gulden und Kempen den Auftrag, Freimaurer ausfindig zu machen. Anfang September erschien, von Italien kommend, FML Johann Graf Coronini beim Kaiser zum Rapport. Anschließend besuchte er Graf Grünne und Kempen berichtete über die ungünstige Situation der Österreicher in Italien, »...und verhehlte nicht einen Tadel über die Prunksucht des Erzherzogs-Gouverneur (Ferdinand Max), die teils lächerlich sei, teils als unnützer, dem Volk lästiger Aufwand erscheine. Er fragte mich, ob ich derlei Wahrnehmungen dem Kaiser nicht verschweige. ›Nein, aber die Erwähnung muß sehr behutsam geschehen!‹...« Vierzehn Tage später notierte Kempen, daß er mit Fürst Karl Liechtenstein eine Unterredung hatte: »Er sprach mit Geringschätzung von EH Ludwig Viktor. Liechtenstein sagte, der Bub ist seiner Falschheit wegen seinem Obersthofmeister im Innersten zuwider.« Am 10. November war Hofjagd. »...Zu Holitsch wurden dreitausend Fasane geschossen. EH Franz Karl allein erlegte 364 Stück. Bei Hradischkowitz wurden 1150 Hasen und 44 Rehe geschossen. Der Kaiser allein schoß 135 Stück.«[63] Kempen erwähnte auch, daß er seit der Audienz, in der ihm der Kaiser befahl, Freimaurer zu enttarnen, jedesmal gefragt wurde, wie weit er mit seiner Arbeit sei. Kempen erwiderte, er hätte schon öfter mit Erzbischof Rauscher darüber gesprochen, doch von diesem keine Hinweise erhalten. »Der Kaiser bedauert dies sehr«, forderte aber den Polizeiminister auf, in seinen Bemühungen nicht nachzulassen. Kempen notierte, daß er mit EH Sophie wieder eine längere Besprechung hatte, und dabei fiel ihm auf, »daß sie eine große Vorliebe für ihren Sohn Max und für den jüngsten Ludwig entwickle; auch von der Schwiegertochter Charlotte sprach sie mit Begeisterung...«[64]

Im Dezember 1857 traten wieder Symptome einer Schwangerschaft bei der Kaiserin auf. Sophie wurde auf diese Botschaft hin sofort liebenswürdiger zu ihrer Schwiegertochter, doch sie stieß auf eisige Abwehr. Aus der gesamten Monarchie erhielt Elisabeth gute Ratschläge, um diesmal einen Knaben zur Welt zu bringen. Sie studierte die Vorschläge sehr genau, denn sie war sehr abergläubisch. Sophie war froh, daß Sisi nun das Reiten aufgeben, ihre unsinnigen Turnübungen und die Hungerkuren einstellen mußte. Auch das abnorme Schnüren ihrer Taille konnte jetzt nicht mehr durchgeführt werden. Sophie berichtete ihrer Schwester Ludowika, die sehr beruhigt darüber war, »daß Sisi jetzt so vernünftig und gewissenhaft ist hinsichtlich des Schnürens und der engen Kleider, eine Sache die mich immer ängstigte und quälte, ich glaube selbst, daß es Einfluß auf die Stimmung haben kann, denn ein unbehagliches Gefühl, wie das immer geniert zu sein, mag wirklich verstimmen...« Einige Monate später schrieb sie nochmals Sophie: »Ich möchte hoffen können, daß sich alle Verhältnisse freundlicher gestaltet haben ... und Du Ursache hättest, zufrieden zu sein, was mir so am Herzen liegt...«[65]

Am 16. August 1858, die Kaiserin sah bereits der Entbindung entgegen, donnerte, ohne sichtbaren Anlaß, der riesige Kronleuchter im Zeremoniensaal in Schönbrunn zu Boden. Der Vorfall wurde Elisabeth verschwiegen, denn sie hätte ihn als böses Omen auffassen können. Die Kaiserin begab sich nach Laxenburg. Am 21. August erhielt EH Sophie in der Hofburg folgendes Telegramm: »Ihre Majestät die Kaiserin geht zum Kinde.« Sophie fuhr sofort hinaus, ließ das Allerheiligste aussetzen, und jeder, der im Schloß abkömmlich war, hatte dort zu beten. Die Geburt war schwerer als die vorhergehenden, es dauerte sehr lange, und abends steigerten sich die Wehen derart, daß die Erzherzogin und die Gräfin Esterházy vom Bett auf die Knie fielen und laut zu beten begannen. Die Hebamme Gartner hatte alle Hände voll zu tun. Endlich, um 22 Uhr 15, wurde ein Knabe geboren. »Er ist zwar nicht schön, aber magnifique gebaut und sehr stark.« Das Kind erhielt in der Taufe den Namen Rudolf. Der Kaiser verlieh ihm, ganz gegen die Tradition,

jetzt schon das Goldene Vlies, und die Mutter erhielt eine dreireihige Perlenkette im Wert von 75 000 Gulden. Da Elisabeth nicht stillen durfte, Rudolf bekam eine mährische Amme namens Marianka, kam es zu einer Milchstauung mit septischen Temperaturen. Unter diesen Umständen war es selbstverständlich, daß das Neugeborene sofort wieder in die Obhut Sophies kam. Da sich Sisis Zustand bis zum Winter nicht besserte, wurde wieder ihre Mutter nach Wien beordert. Sie brachte ihren Hausarzt Dr. Fischer mit, der Elisabeth untersuchte, denn die Kaiserin hatte zu Dr. Seeburger jegliches Vertrauen verloren. Welche Krankheiten der neue Arzt diagnostizierte, ist nicht bekannt geworden. Auch die Aufzeichnungen Sophies ergeben keine Anhaltspunkte. Es wurde nur bekannt, daß die Kaiserin ständig Fieber hatte und appetitlos war. Die Auseinandersetzungen zwischen Schwiegermutter und Schwiegertochter erlebten neue Höhepunkte, die aber doch alle einen realen Hintergrund hatten. Zuerst weigerte sich Franz Joseph, eindeutig für seine Gemahlin Stellung zu beziehen, und fand selber, daß seine Mutter den Thronfolger besser erziehen könnte als die leibliche Mutter, die derzeit viel zu nervös sei. Außerdem zeigte sich der Kaiser in dieser Zeit »anderen Frauen nicht abgeneigt«.[66] Dieses Verhalten kränkte Sisi noch zusätzlich, dazu hörte sie von den Bediensteten, daß ihre Schwiegermutter »unsere wahre Kaiserin« wäre und nicht sie. Es war daher kein Wunder, daß der Haussegen bei den Habsburgern permanent schief hing. Sophie mußte sich diesbezüglich bei ihrer Schwester Ludowika beschwert haben, denn diese antwortete: »Dein Brief hat mir in einer Beziehung sehr leid gethan, ich glaubte, es ginge viel besser, und solche Sachen, wie Du mir schreibst, kämen gar nicht mehr vor. Es ist mir ein wahrer Kummer, daß es immer so bleibt und die Jahre darin keine Änderung hervorbringen. Es ist ein unbegreifliches Benehmen, ein Unrecht, das mich quält und ängstigt, der einzige Kummer...«[67]
Elisabeth produzierte die verschiedensten Leiden, nur wenn Besuch aus Bayern kam, war sie gesund. So auch, als ihre Schwester Marie auf der Durchreise nach Neapel, wo sie sich mit dem Thronfolger verlobte, vierzehn Tage in Wien Station machte. Wieder war es im Haushalt zu einer Neuerung gekommen, dessen nähere Umstände nicht geklärt werden konnten. Kempen erfuhr von Grünne, der gerade vom Frührapport beim Kaiser kam, daß Hofrat Dr. Seebur-

ger die Prinzessin Gisela nicht mehr behandeln dürfe. »Dieses Geschäft soll nun Dr. Mayer ausüben, der schlecht notiert und obendrein Jude ist, aber die EH Sophie hatte sich diesbezüglich durchgesetzt...«[68]

Das Jahr 1859 warf bereits zu seinem Beginn bedrohliche Schatten auf das Kaiserhaus. In den ersten Märztagen wurde ein Mordkomplott gegen den Kaiser aufgedeckt.[69] Auch außenpolitisch begann sich der Himmel über Österreich zu verdüstern. Beim Neujahrsempfang des diplomatischen Corps in Paris sprach Kaiser Napoleon den österreichischen Gesandten, Baron von Hübner, an und sagte ihm vor allen: »Ich bedaure sehr, daß unsere Beziehungen zu Ihrer Regierung nicht mehr so gut sind wie früher.« Was so leichthin dahingesagt erschien, klang in den Ohren der Diplomaten als eine ernste Warnung. Nicht so in den Ohren Hübners, der sogar noch Falschmeldungen nach Wien bringen wird. Am 20. Juli des Vorjahres war es zwischen Napoleon III. und dem ersten Minister König Viktor Emanuels von Sardinien, Graf Camillo Benso di Cavour, in Plombières zu einem Geheimtreffen gekommen. Der Sarde erhielt die Zusicherung französischer Hilfe im Falle eines Krieges. Dafür war er bereit, das Gebiet Nizza und Savoyen an Frankreich abzutreten. Am 10. Januar 1859 erklärte Viktor Emanuel, daß sein Land dem »Schmerzensschrei Italiens« nicht mehr gleichgültig gegenüberstehen könne. Österreichs Antwort darauf war die Verhängung des Kriegsrechts in der Lombardei.

Es schien, als ob das Taktieren Frankreichs eine ernste Auseinandersetzung verhindern könnte. Für Graf Cavour war das eine große Enttäuschung. Sardinien-Piemont konnte unmöglich allein gegen Österreich bestehen. Die französische Hilfe war nur für einen Defensiv-, nicht für einen Offensivkrieg vorgesehen. Noch einmal rückten die Aussichten, die Lombardei und Venetien von der Fremdherrschaft zu befreien, in weite Ferne. Da plötzlich wurde die Regierung in Turin von einem unerwarteten Wohltäter aus dieser traurigen Lage befreit. Dieser war der Kaiser von Österreich persönlich!

Am 23. April stellte Franz Joseph Piemont ein Ultimatum und verlangte, unter Androhung des Truppeneinmarsches, die Demobilisierung der piemontesischen Armee und die Auflösung des Freikorps des Giuseppe Garibaldi innerhalb von drei Tagen. Der Kaiser hatte noch den greisen Metternich um politischen Rat für diese Situation gefragt; der ehemalige Staatskanzler ließ ausrichten:»Nur kein Ultimatum!« Der Kaiser mußte darauf antworten, daß ein solches bereits abgegangen war. Cavours Hemmungen verflogen im Nu. Er demobilisierte nicht. Daraufhin erklärte Österreich am 27. April den Krieg. Endlich war der casus belli eingetreten. Napoleon war nun gezwungen, an die Seite Piemonts in den Krieg einzutreten. Der Mann, der am meisten über diese Entwicklung überrascht war, war der österreichische Minister des Äußeren, Karl Friedrich Graf Buol-Schauenstein, der sozusagen aus der Zeitung erfuhr, daß sich Österreich mit Piemont-Sardinien im Krieg befand. Die Kriegserklärung war über seinen Kopf hinweg von der Militärkanzlei des Kaisers, also von Grünne, abgesandt worden. Hinter diesem, gleichsam die Hand führend, stand die asketische Gestalt des Erzbischofs Rauscher. Nun war die Zeit gekommen, so meinte die österreichisch-katholische Partei, diese Ungläubigen, welche die weltliche Macht des Papstes bedrohten, ein für allemal zu vernichten. Hier erhebt sich die Frage, wie weit EH Sophie von diesen, doch eher geheimen, Vorgängen, die nur wenigen bekannt waren, gewußt hatte.

Österreich war weder militärisch noch wirtschaftlich für einen Krieg gerüstet. Die Steuern mußten erhöht werden, um die Kriegsmaschinerie zu finanzieren. Österreich stand vor der Welt als Kriegstreiber und Aggressor da. Franz Joseph, der auch »Deutscher Fürst« war, bat Preußen um militärischen Beistand, der abgelehnt wurde. Österreich blieb ohne Hilfe.

Die kaiserliche Familie, umgeben von der habsburgischen Verwandtschaft, die bereits aus Italien geflohen war und nun in Wien saß, gab sich noch immer Illusionen und einem Wunschdenken hin. Der Kaiser erzählte seiner Mutter, um die Lage etwas zu beschönigen, die französische Armee hätte durch Hunger und Kälte bereits tausend Mann verloren. Befriedigt notierte sie in ihrem Tagebuch: »Diese armen Menschen und wegen so einer ungerechten Sache. In Deutschland organisieren sich Armeen.«[70] Anfang Mai wurde der österreichische Gesandte in Paris nach Wien zurückberufen, am 11. Mai wurde er vom Kaiser in Audienz empfangen und erstattete Bericht: »Er glaubt, Napoleon III. ginge nun rasch seinem Untergang zu; er habe keine Generäle und mittelmäßige Stabsoffiziere; der gemeine Soldat sei findig und brav.«[71]

Am 12. Mai traf Napoleon in Turin ein und übernahm den Oberbefehl über die vereinigte französisch-piemontesische Armee. Acht Tage später begannen Scharmützel, bei denen die Österreicher immer weiter zurückgedrängt wurden. Der österreichische Nachschub funktionierte nicht, viele – auch hohe Offiziere – bereicherten sich und unterschlugen Lebensmittel. EH Sophie spendete fünfhundert Gulden zum Ankauf von Tabakwaren für die Front. Wie viele Zigaretten tatsächlich davon dort ankamen, ist nicht feststellbar.[72] In den Wiener Salons wurde es Mode, Charpies (Verbandzeug) zu zupfen. Auch Sophie verpflichtete Sisi und alle in Wien anwesenden Erzherzoginnen in ihrem Appartement zu dieser Arbeit. Doch dies war keine Beschäftigung für die Kaiserin. Sie ging auch in diesen schicksalsschweren Tagen eigene Wege: Reiten, turnen und hungern, um schlank zu bleiben. Ihr Verhalten löste starke Kritiken aus. Niemand verstand die Kaiserin, die in diesen Stunden ihren Gemahl allein ließ und sich vergnügte. Die ersten Verwundeten kamen vom Kriegsschauplatz; sie verfluchten die unfähigen Generäle, die sie geführt hatten. Der Kaiser war felsenfest davon überzeugt, daß er »für eine gerechte Sache, gegen Infamie und Verrat kämpfe«. Sein treuer Vasall, Franz Graf Gyulay, hatte jämmerlich in der Truppenführung versagt. Gerade in ihn hatte er so große Hoffnungen gesetzt, »auf den ich mich wie auf niemanden anderen verlassen kann«, hatte er seinerzeit der Mutter geschrieben.[73]

Am 4. Juni kam es bei Magenta zur ersten großen Schlacht, die neun Stunden währte. Trotz hoher Verluste – 1368 Tote und 4358 Verwundete auf österreichischer Seite – gab es noch genügend Reserven, und der Generalstab entwarf neue, aussichtsreiche Taktiken zur Weiterführung der Schlacht. Gyulay befahl, ohne sichtbare Notlage, die Räumung der Lombardei und zog sich in das Festungsviereck Peschiera-Mantua-Verona-Legnago zurück. Die Militärkanzlei Seiner Majestät erreichte folgende Agentenmeldung: »Lord Cowley schreibt aus Paris, es sei bedauerlich, daß die k.k. Armee nach dem Übergang über den Po am Mittwoch den 4. Mai nicht sofort zum Angriff schritt, die Franzosen und Piemontesen seien durchaus nicht in der Verfassung und kaum 50 000 Mann und 80 Kanonen stark gewesen. Der Rückzug der Österreicher auf das linke Ufer habe in Paris einer schweren Besorgnis ein Ende gemacht.«[74] Kempen berichtete in seinem Tagebuch am 6. Juni 1859 folgendes: Er erhielt um 6 Uhr morgens aus Wien eine Depesche nach Schwarzau, wo er sich gerade auf Urlaub befand, mit der Nachricht, daß die Schlacht von Magenta verloren war. Auf der Reise nach Wien, die er sofort angetreten hatte, stieg in Mödling zufällig Hofrat Dr. Seeburger zu; Kempen berichtet über dieses Treffen: »Es dauerte nicht lange, und er ergoß sich in Tadel und Klagen gegen die Kaiserin, die weder als diese, noch als Frau ihrer Bestimmung entspräche; während sie eigentlich unbeschäftigt sei, sind ihre Berührungen zwischen den Kindern nur höchst flüchtig, und während sie um den abwesenden edlen Kaiser trauert und weint, reitet sie stundenlang zum Abbruch ihrer Gesundheit; zwischen ihr und der EH Sophie besteht eine eisige Kluft, und die Obersthofmeisterin Gräfin Esterházy besitzt gar keinen Einfluß auf die Kaiserin.«[75] Zwei Tage später wurden Kempen geheime Berichte, die sich auf die Schlacht von Magenta bezogen, in die Hände gespielt: »Der Bericht über diese ist jedoch eine bedauerliche Anklage von zwei Korpskommandanten (Graf Clam-Gallas und Fürst Eduard Liechtenstein), noch mehr aber des Feldherrn selbst, der jedem gefährlichen Moment auswich.«[76]

Der Kaiser reagierte in dieser Situation, getreu seiner Erziehung, als Soldat. Er begab sich auf den Kriegsschauplatz nach Italien, feuerte Gyulay, und übernahm selbst den Oberbefehl. Damit wurden die diplomatischen Verhandlungen in Wien, die einen größeren Krieg vermeiden sollten, abgebrochen. Der Abschied von der Familie war tränenreich. Die Mutter weinte, die Kinder, die den Vater zum Bahnhof begleiteten, weinten, und Sisi hing an ihm wie eine Klette und wollte ihn nicht ziehen lassen. Sie fuhr mit ihm bis nach Mürzzuschlag. Ständig beschwor sie Grünne, er möge auf den Kaiser aufpassen, ihn beschützen und zusehen, daß ihr Gemahl bald wieder nach Wien zurückkäme, denn hier würde er, vor allem von ihr, gebraucht. Als sie allein nach Wien zurückkehrte, weinte sie ständig und steckte damit die Kinder an. Von Verona aus schrieb Franz Joseph seiner Mutter: »Ich danke Ihnen von ganzem Herzen für den warmen Anteil, den sie an meinem Kummer nehmen, und für die vielen Gebete, die Sie zu unserem Besten zum Himmel senden. Gott wird dieselben erhören und die gerechte Sache gegen Infamie und Verrat siegen lassen. Unsere Lage ist allerdings schwierig. Wir haben einen, uns an Zahl überlegenen, sehr tapferen Feind gegenüber, dem jedes, auch das schlechteste Mittel gut ist, der die Revolution als Bundesgenossen hat und dadurch neue Kräfte schafft. Wir sind im eigenen Land verraten, es sind große Fehler in der Führung der Armee gemacht worden... Seit der Schlacht von Magenta habe ich den Entschluß gefaßt, meinen treuen Freund Gyulay, dessen Feldherrntalent leider mit seinen sonstigen militärischen Eigenschaften und seiner unbegrenzten Hingebung an mich nicht gleichen Schritt hält, im Kommando der 2. Armee durch Schlik abzulösen...«[77]

Sisi hungerte wieder und ritt stundenlang. Sie vermied jegliche Zusammenkunft mit Sophie. Plötzlich hatte sie die wahnwitzige Idee, ins Hauptquartier zu ihrem Gemahl zu fahren, doch er lehnte ab: »Ich kann leider Deinem Wunsch für jetzt nicht entsprechen, so unendlich gerne ich das thäte. In das bewegte Hauptquartierleben passen keine Frauen, ich kann meiner Armee nicht mit schlechtem Beispiel vorausgehen...«[78] Er gab ihr den Rat zu reiten, nicht mehr zu hungern und auf ihre Gesundheit zu achten. »Suche Dich auch recht viel zu zerstreuen, um nicht traurig zu sein!« Er bat seine Schwiegermutter Ludowika, mit Dr. Fischer nach Wien zu reisen. Sophie war mit Elisabeth völlig überfordert. Sisi nahm sich den Rat des Gemahls zu Herzen und ritt stundenlang, jedoch nicht allein, sondern immer in Begleitung des Stallmeisters Henry Holmes; das war dem Kaiser nun auch nicht recht. »Wegen Deinem Reiten«, mahnte er sie, »habe ich nachgedacht. Mit Holmes allein kann ich Dich nicht reiten lassen, denn das schickt sich nicht...«[79] Die Menschen schüttelten über die Kaiserin nur noch die Köpfe. Sie wurde Gesprächsthema in Europa, weil sie jetzt bei Kutschenfahrten öffentlich rauchte! Selbst für Queen Victoria war es »shocking«, als sie dies hörte. Der Schloßhauptmann berichtete dem Polizeiminister, »über die Haltung der Kaiserin, welche während des Kutschierens rauchte, daß es mir wahrlich unangenehm war, derlei anhören zu müssen«.[80]

Der Kaiser flehte seine Gemahlin an, sie möge in die Spitäler gehen und verwundete Soldaten besuchen, das würde gut aussehen und ihm viel helfen. Sie sollte Verbandzeug und Tabakwaren kaufen oder zusammenbetteln und an die Front senden. Er erwähnte dabei die schweren Verluste seiner Armee, vor allem die Ausfälle im Offizierskorps, die große Lücken gerissen hatten. Trotzdem setzte der Kaiser die Vorbereitungen zur Entscheidungsschlacht fort, die den Sieg bringen sollten. Am 24. Juni begannen bei Solferino, einem Ort südlich des Gardasees, bereits im Morgengrauen die Gefechte, die sich im Laufe des Tages zu einer blutigen Schlacht steigerten. Ein heftiges Gewitter am Nachmittag beendete das Ringen, bei dem die Österreicher über dreizehntausend Mann einbüßten. Ohne verfolgt worden zu sein, zogen sich die Kaiserlichen hinter den Mincio zurück. Franz Joseph hatte als Feldherr jämmerlich versagt. Ein Schlagwort ging durch die Reihen: »Löwen geführt von Eseln!« Seine ganze Soldatenspielerei, die Millionen verschlungen hatte, endete in einer riesigen Blamage und im Blutbad.

EH Sophie sah die schwierige Lage ihres Sohnes und war jetzt wieder bestrebt, für ihn die Propagandatrommel zu rühren, wo es nur möglich war. So schrieb sie in diesen Tagen an eine unbekannte Gräfin: »Es ist ja mein einziger Trost in diesen schweren Zeiten, daß alle frommen Seelen für den Kaiser und seine herrliche Armee beten. Beide bedürfen so sehr dieser geistigen Hilfe, aber beider Muth ist Gottlob ungebrochen. Da las ich gestern noch in einem, ich darf wohl sagen, herrlichen Brief des Kaisers an mich, in welchem er sagt, die Truppen sind gut! Vom besten Geist beseelt, sehr kampfeslustig, so bin ich guten Muthes im Vertrauen auf Gott und unsere gute Sache ... Ich sehe mit Beruhigung in die Zukunft, bin entschlossen, den Kampf bis aufs Äußerste fortzuführen und hoffe, daß vielleicht Deutschland und Preußen uns noch im letzten Augenblick beistehen werden. Gott gebe, daß dieser letzte Augenblick nicht zu spät eintrifft. Aber trotzdem, daß wir allein gegen Revolution, Lug und Trug kämpfen, wird doch die gerechte Sache meines Sohnes nicht untergehen ...«[81]

Der Kaiser war noch nie so verhaßt wie jetzt. Hohe Steuern, Not, Hunger und die vielen Toten wurden ihm allein angelastet. Das Volk murrte und verlangte seinen Rücktritt. Er solle seinem Bruder Ferdinand Max Platz machen. Die österreichischen Zeitungen standen unter der Zensur, doch die ausländischen schrieben, was das Volk dachte. Der Kaiser wurde als »arroganter Junge und jämmerlicher Schwächling« hingestellt. Die tapferen österreichischen Soldaten seien »nicht von den Franzosen geschlagen, sondern von dem anmaßenden Schwachsinn ihres eigenen Kaisers!«[82] Graf Creneville berichtete in diesen Tagen seiner Gemahlin: »Der Generalstabschef ist ein fauler Esel, das Hauptquartier mit Müßiggängern gefüllt, die Verpflegung schlecht geregelt. Gestern hatten meine Soldaten kein Brot und Pferde keine fourage. Es ist nicht Mangel, sondern größte Unordnung!«[83]

Die Hof-Schönschreiber flochten allerdings dem überragenden Feldherrn den Lorbeer: Als die Truppen der Österreicher bei Solferino zurückgingen, sprengte »plötzlich der Kaiser heran, setzte sich an die Spitze eines Grenzer-Bataillons und rief: Vorwärts ihr Braven! Auch ich habe Weib und Kinder zu verlieren!«[84] Das war natürlich eine nette Geschichte, entsprach aber nicht der Wahrheit. Der Kaiser blieb diesmal weit vom Schuß, denn er war ja der Feldherr. Selbst seine Schwiegermutter Ludowika übte Kritik an seinen Ambitionen als Schlachtenlenker und schrieb an ihre Schwester: »...eine solche Niederlage einmal über die andere hatte ich mir doch nicht erwartet ... und dass gerade der Kaiser das Commando führte, finde ich, machte die Sache noch trauriger; ich konnte es ohnehin nicht gut finden, dass er Wien in so schwerer Zeit verließ, und nun wird die Rückkehr eine höchst unangenehme seyn...«[85]

Angesichts der verheerenden Niederlage, des großen Elends der Verwundeten und der fast revolutionären Stimmung gegen das Kaiserhaus, entschloß sich die Kaiserin, ihrer Bestimmung und eigentlichen Aufgabe nachzukommen. Über sechzigtausend Verwundete und Kranke mußten im Reich untergebracht und versorgt werden. Sisi machte Laxenburg zur Lazarettstadt, und der Kaiser gab ihr dazu Ratschläge: »Gebe die Verwundeten wohin Du willst, in alle Häuser Laxenburgs... Ich kann Dir nicht genug danken dafür.«[86]

Die Kaiserin wurde nun erstmals mit der Realität des Lebens und mit den Schrecken des Krieges konfrontiert. Immer mehr geriet sie, nun auch auf politischem Gebiet, in die Opposition gegen ihre Schwiegermutter, die sie als stille Drahtzieherin hinter den Kulissen dieses Staatsapparates vermutete. Die Schuld an dieser Katastrophe schrieb sie allein ihr zu. Nachdem die Kaiserin diese unselige Politik zu durchschauen glaubte, versuchte sie nun, politisch aktiv zu werden. Sie gab ihrem Gemahl den wohlmeinenden Rat, sofort Frieden zu schließen und Grünne, den sie als den verlängerten Arm Sophies im Hauptquartier auszumachen vermeinte, zu entlassen. Sie stieß mit diesen Vorschlägen bei ihrem Gemahl auf wenig Gegenliebe, und er verzichtete auf die Ratschläge seines kleinen »Tschapperls«, das nur mit Emotion und keinem kühlen Verstand die politische Lage beurteilte. Franz Joseph belehrte seine Gemahlin, daß der Krieg weitergehe, »weil Preußen und Deutschland uns doch helfen werden«. Die dachten nicht daran, für Österreich auch nur einen einzigen Grenadier zu opfern. Und was Grünne betraf, stand seine Entlassung überhaupt nicht zur Debatte, denn er war nicht zu ersetzen; die Kaiserin sollte nicht alles glauben, was die Zeitungen schrieben, »sie solle viel mehr schlafen und weniger reiten!«[87] Ludowika, vor allem aber Sophie, waren entsetzt über die plötzlich auftretenden politischen Aktivitäten Elisabeths. Die Mutter sah nur insoferne einen Ausweg aus dieser Lage, daß der Kaiser bald zurückkäme und dann ein normales Familienleben beginne. Vielleicht dachte sie sogar an eine neuerliche Schwangerschaft, dann hätte ihre Tochter andere Sorgen als diese verflixte Politik. »...Ich denke, die Gegenwart der Kinder wird viele Stunden des Tages ausfüllen, sie beruhigen, fesseln, die häuslichen Sinne beleben, eine neue Richtung ihren Gewohnheiten und Geschmäckern geben...«[88]

Wenige Tage nachdem der Kaiser seiner Gemahlin geschrieben hatte, daß der Krieg weitergehe, weil Preußen und Deutschland zu Hilfe kommen würden, und die Erzherzogin in ihrem Tagebuch notierte, daß sich »in Deutschland ganze Armeen organisieren«, mußte sich Franz Joseph eingestehen, daß er ein geschlagener Feldherr war und um einen Waffenstillstand anzusuchen hatte. Am 11. Juli traf der Kaiser mit dem Sieger, Napoleon III., in Villafranca zusammen und mußte der ersten Friedensbedingung, Abtretung der Lombardei, zustimmen. Kempen: »13. 7. 1859: Heute kam die Nachricht, daß die Abtretung der Lombardei an Frankreich eine Friedensbedingung sei... Ich erstarrte; noch kann ich solche Demütigung nach so viel vergossenem Blut nicht glauben. Mein guter Kaiser ist zaghaft geworden; mutiger ist – ich glaube es – das Volk.«[89] Der Schweizer Gesandte berichtete seiner Regierung über den verheerenden Eindruck, den dieser Verlust bei der Bevölkerung hervorrief, und stellte Prognosen für die Zukunft Österreichs an: »Nun sieht man ein, daß Millionen und Millionen hinausgeworfen wurden, um ein Spielzeug und eine Waffe für den Ultramontanismus und die Aristokratie zu erhalten. Wenn der Kaiser mit der

Idee zurückkommt, das jetzige Regierungssystem zu erhalten und durch Hilfe des Concordates und der militärischen Günstlinge zu regieren, so würde die Monarchie einer trüben Zukunft entgegengehen. Dieses System ist durch und durch faul und muß brechen.«[90] In Ungarn drohte wieder eine Revolution, und wie die Stimmung in Wien war, beschrieb Kempen, der mit Dr. Seeburger eine Unterredung hatte: »Die Stimmung sei eine nie schlechtere gewesen wie jetzt, dies wolle aber die EH Sophie, welcher er es gesagt hat, nicht glauben. In Gast- und Kaffeehäusern scheue man sich nicht, den Kaiser zu schmähen, dieser aber gehe morgen auf die Jagd nach Reichenau und die Kaiserin ebendahin, um dort herumzureiten.«[91] Auch Sophies Gemahl, EH Franz Karl, gab sich noch immer Illusionen hin. Er sprach zwar »offen über die herrschende Mißstimmung in Wien, indessen leugnete er jede höhere Bedeutung derselben, weil man ihn noch grüße. Welch armselige Beruhigung!«[92] Kempen berichtete, daß in diesen Tagen neue Attentatspläne und Morddrohungen gegen den Kaiser aufgedeckt wurden. In der Hofburg wurde sogar ein Lakai verhaftet, der einen Mordanschlag auf den Kaiser und die EH Sophie durchführen sollte. Trotz allem war Franz Joseph vollkommen unbedarft und unberührt aus Italien zurückgekehrt. Das rief bei allen großes Befremden hervor, sogar bei seiner Mutter, die in ihr Tagebuch schrieb, der Kaiser »war so harmlos, denn er ist heiter, das hat mich eigentlich verwundert«. Nur über seinen Widersacher Napoleon, der ihn gedemütigt hatte, konnte er sich noch aufregen und zur Bekräftigung schrieb er seiner Mutter: »... Der Kaiser Napoleon ist und bleibt trotz allem ein Erzschuft!«[93] Die Hof-Schönschreiber sahen die Niederlage allerdings mit anderen Augen: »Aber in diesem unglückseligen Krieg sollte sich nur erweisen, daß die heldenmüthige Tapferkeit des Heeres die Unzulänglichkeit seines Führers (gemeint FML Gyulay) nicht wettmachen kann. Zudem waren unsere braven Truppen in den italienischen Provinzen nicht nur von einer feindseligen Bevölkerung umgeben, sondern auch von niederträchtigen Speculanten verrathen und verkauft...«[94] Der Ruf der Bevölkerung, Franz Joseph seines Thrones für verlustig zu erklären und an seiner Stelle den Bruder Ferdinand Max zu berufen, wurde immer lauter. Das Verhältnis der Brüder zueinander war jetzt noch gespannter. Dies zeichnete sich schon längere

Zeit ab. Franz Joseph war mit der Art, wie sein Bruder sein Gouverneursamt ausübte, unzufrieden, und im Briefverkehr der beiden kommt diese grundlegende Meinungsverschiedenheit zum Ausdruck. Max hielt sich nicht an die Direktiven aus Wien. Der Kaiser beschwor ihn regelmäßig, er möge die Zügel nicht schleifen lassen, sondern ganz energisch vorgehen: ». . . Doch müssen wir dabei ein sehr wachsames Auge auf alle revolutionären Umtriebe haben und den ersten Versuch des Ausbruches schon im Keim ersticken«, beschwor Franz Joseph den Bruder. »Ich empfehle Dir daher große Wachsamkeit und entschiedene Strenge. Die Venezianer sind, trotz ihrer geringeren Gefährlichkeit, wieder recht tückisch . . . Die Studentendemonstrationen in Padua hätten gehindert werden sollen, denn 300 Studenten sollen sich nicht verabreden können, ohne daß die Behörde es weiß. Melde mir das Resultat der Untersuchung und sorge dafür, daß die Rädelsführer der gerechten Strafe nicht entgehen . . .«[95]

Max war schon immer auf seinen Bruder eifersüchtig und beneidete ihn um die Krone, haßte ihn aber jetzt, weil er ihn aus seinem Amt gejagt hatte. Die Mutter stand zwischen den beiden und war in ihren Gefühlen hin- und hergerissen. Sophie schätzte ihren Ältesten, Max liebte sie. In ihm lebte das Emotionale von ihr, die schnelle Begeisterungsfähigkeit, das Fröhliche, das Romantische und auch die Sentimentalität ihrer Jugend. Mit allen Komplexen eines Zweitgeborenen glaubte der Erzherzog, sich ununterbrochen etwas beweisen zu müssen. Ganz bewußt gab er sich so, damit er sich von seinem introvertierten, mürrischen und pflichtbewußten Bruder abhob. Wie wir gelesen haben, war Franz Joseph überzeugt, in der Person seines Bruders Max den richtigen Statthalter für die italienischen Provinzen gefunden zu haben. Er erwartete von ihm, wie von allen Familienangehörigen, unbedingten Gehorsam, Disziplin und eiserne Pflichterfüllung. Dazu war Max der falsche Mann. Der wollte selbst ein wenig »Kaiser spielen«, genoß das Zeremoniell und den höfischen Pomp, tat sogar noch etwas hinzu und wollte sich in allem von seinem Bruder unterscheiden. Daher war er bald seine Ämter los und konnte sich nur schmollend, ohne Aufgabe, in sein Traumschloß Miramare in der Bucht von Triest zurückziehen. Seiner Mutter schrieb er theatralisch: »Wären nicht die religiösen Pflichten, ich wäre schon längst ferne von diesem Land der Qual, wo man die Demütigung doppelt fühlt, eine tat- und gedankenlose Regierung, die den Verstand vergebens zu verteidigen sucht, repräsentieren zu müssen ... Wo es brennt, da helfe ich bis zum letzten Augenblick und sollte ich mitten im Flammenmeer stehen, wo es gilt, den Karren der Mittelmäßigkeit mit fortzuwälzen, da spanne man andere Gäule ein!«[96]

An der Spitze gab es zwar keine Veränderungen, dafür aber im Mittelbau. Und die Mutter stand wieder hinter ihrem Ältesten und führte Regie. Am 15. Juli erließ der Kaiser ein Manifest, in dem er den bevorstehenden Frieden, aber auch Änderungen in der Innenpolitik ankündigte. Wie ein Blitz ereilte den Polizeiminister Kempen am 21. Juli seine Entlassung, er wurde durch Baron Hübner ersetzt. Auch der Liebling Sophies, Innenminister Dr. Alexander Bach, erfuhr dieses Schicksal. Es kam in der Verwaltung zu ausgiebigen Postenrochaden; Kempen schrieb: »Die EH Sophie hat erst dann Wien verlassen, als sie der letzten Entschlüsse des Kaisers sicher war.«[97] Tatsächlich traf die Erzherzogin mit ihrem Gemahl am 23. August mit 78 Begleitpersonen zum Sommeraufenthalt in Ischl ein.[98] Das heißt also, daß sie an den Veränderungen des Staatsapparates kräftig mitgewirkt und ihren Sohn beeinflußt hat und so lange in Wien verblieben war, bis der Kaiser endgültig – vielleicht nicht ganz freiwillig – die Veränderungen vornahm und bestätigte. Am 22. August wurden die Neubesetzungen in der »Wiener Zeitung« offiziell verlautbart, 24 Stunden dauerte die Fahrt von Wien nach Ischl. Es entspricht daher der Wahrheit, wenn Kempen schrieb, daß EH Sophie so lange in Wien geblieben war, bis sie sicher sein konnte, daß ihr Sohn in den Neubesetzungen der Ämter nicht mehr zurückkonnte. Eine Woche später notierte Kempen in seinem Tagebuch: »Hofrat Dr. Seeburger trat in großer Gemütsauffassung bei mir ein und sprach offen und derb über die mir widerfahrende Behandlung, wobei er den Kaiser nicht schonte, noch mehr aber dessen Mutter deshalb hineinzog, weil sie ihm einmal vorwurfsweise bemerkte, ich sei immer auf dem Lande; also auch von dieser Seite zog das Gewitter über mich heran!«[99]

Noch immer wußte der Polizeiminister nicht den wahren Grund seiner Entlassung. Erst Anfang September erfuhr er auf Umwegen, wer die treibenden Kräfte waren, die zu seinem fristlosen Hinauswurf rieten. »...Schon vor einiger Zeit wirkten Bach und Bruck gegen mich, aus Eifersucht und Furcht; man beschuldigte mich nach oben, der Presse allzuviel Spielraum, zumal in kirchlichem Tadel, zu lassen und brachte es endlich dahin, des Kaisers Mutter gegen mich einzunehmen; dem Kaiser selbst sei ich sympathisch gewesen, indessen er ließ sich überreden und ich fiel...«[100] Wenige Tage später, »war Lewinsky bei mir und vergnügt darüber, daß die EH Sophie den Wunsch aussprach, in den Zeitungen zu verlautbaren, daß Pater Kinkowström nicht auf ihr Verlangen und Wunsch nach Ischl gekommen sei...«[101] Diese Nachricht kann wohl nur so zu verstehen sein, daß damals der Prior des Jesuitenordens in Wien tatsächlich als großer Gegner Kempens genannt wurde. EH Sophie, offenbar in Sorge, die Öffentlichkeit könnte sie mit dem Abgang Kempens in Verbindung bringen, wollte dieser Möglichkeit durch die Zeitungsnotiz des Inhaltes, der Prior sei freiwillig zu ihr nach Ischl gekommen, vorbeugen.[102] Es ist allzu menschlich, daß Mächtige, die gewohnt sind, hinter den Kulissen die Fäden zu ziehen, alles vermeiden, um nicht plötzlich vor der Rampe zu stehen und sich der Kritik auszusetzen. Am 20. Oktober fiel auch Grünne in kaiserliche Ungnade und dazu auch der neue Polizeiminister Baron von Hübner, der sich gerade acht Wochen im Amt halten konnte.

Voll Empörung beklagte sich Franz Joseph bei seiner Mutter über die Stimmen, die eine liberale Verfassung verlangten: »Eine solche Niederträchtigkeit einer- und Feigheit andererseits, wie sie jetzt die Welt regiert, ist doch noch nie dagewesen; manchmal fragt man sich, ob alles, was geschieht, wirklich wahr ist... Ich bitte um Entschuldigung, daß die Räubereien des Garibaldis, die Diebstähle Viktor Emanuels, die noch nie dagewesenen Gaunerstreiche des Erzschuften in Paris, der sich jetzt selbst übertrifft – der jetzt glücklich und über Erwarten gut und friedlich begrabene Reichsrat, die ungarischen Mißstände und die unerschöpflichen Wünsche und Bedürfnisse aller Provinzen ect. mich derart in Anspruch nahmen und mir so meinen armen Kopf erfüllen, daß ich kaum einen Augenblick für mich hatte...«[103] Bis zuletzt wehrte sich der Kaiser, eine Beschneidung des absoluten Herrschertums hinzunehmen, und seine Mutter unterstützte ihn dabei tatkräftigst. Sie haßte diesen sogenannten »Volkswillen«, der nichts anderes war als ein Verbrechen gegen die absolute Majestät; und da Majestäten, nach ihrer und ihres Sohnes Ansichten, von Gott selbst eingesetzt waren, war die

Meinung des Volkes zugleich eine Erhebung gegen Gott. Sie klagte, daß »mein armer Sohn, hart bedrängt durch den Sieg des Unrechtes über das gute Recht, durch Verrath und Treulosigkeit, dennoch von vielen verkannt wird...«[104]

In diesen Tagen ging es nicht nur im Staatsapparat, sondern auch in der kaiserlichen Familie drunter und drüber. Gerade jetzt, da das Image der Familie fast am Nullpunkt angelangt, wo Zusammenhalt angesagt war, schlossen sich nur Mutter und Sohn eng zusammen. Der Kaiser benötigte eine starke Schulter, an die er sich anlehnen, einen verständigen Menschen, bei dem er sich »ausweinen« konnte, und der ihm Halt und Trost gab. Seine Gemahlin war dieser Mensch nicht, sie wurde von beiden beiseite geschoben. Nur die Mutter wußte ihm den entsprechenden Rat zu geben. Sisi wurde von beiden als »Tschapperl« angesehen, die mit sich selbst genug Probleme hatte. Die Aversion der beiden Frauen erreichte jetzt ihren Höhepunkt. Der Kaiser ging, wie viele Männer in solchen Situationen, den leichtesten Weg: Er begann sich für andere Frauen zu interessieren, was Sisi wiederum als tödliche Beleidigung auffaßte. Obwohl die Stimmung gegen das Kaiserhaus ohnehin frostig genug war, begann sie ihre Familie, wo es nur möglich war, zu provozieren. Die abendlichen Gesellschaften in den Wiener Salons waren wegen des verlorenen Krieges und des allgemeinen Elends eingestellt worden. Gerade deswegen veranstaltete Elisabeth in ihren Appartements sechs Hausbälle mit jugendlichen Aristokraten, wobei sie selbst fleißig mittanzte. Um diesen Affront noch auf die Spitze zu treiben, wurden die jungen Leute, gegen den allgemeinen Usus, ohne ihre begleitenden Mütter eingeladen, das heißt, auch die EH Sophie konnte nicht teilnehmen. In diesen Tagen besuchte die Kaiserin allein einen Privatball bei den Pallavicinis, tanzte die Nacht durch und kam erst um halb sieben Uhr morgens nach Hause. Zu diesem Zeitpunkt war der Kaiser schon auf der Jagd.[105]

Im Mai 1860 bedrohte Garibaldi mit seinen Freischaren das Königreich Neapel und damit Sisis Schwester, die sie um Hilfe bat. EH Sophie und der Kaiser bedauerten zwar aufrichtig das Schicksal der Schwester, weigerten sich aber, dem neapolitanischen Königshaus finanziell oder militärisch zu helfen. Sisi war über diese Haltung empört. Im Juli dieses Jahres floh sie mit Gisela nach Possenhofen zu ihrer Familie. Den Geburtstag mußte der Kaiser allein mit seinen

Eltern in Wien feiern. Die Mutter fuhr mit Ludwig Viktor und ihrem Gemahl erst nach diesem Festtag nach Ischl, wo sie am 23. August mit 90 Begleitpersonen eintraf.[106]

Am 20. Oktober 1860 erließ der Kaiser, trotz warnender und besorgter Briefe der Mutter, die meinte, der Sohn könnte der »Volksmeinung« zu große Zugeständnisse gemacht haben, das sogenannte »Oktoberdiplom«. Es war ein Manifest, wodurch die Grundzüge einer neuen Konstitution in Österreich in föderalistischem Sinne festgelegt wurden, entsprechend dem Majestätsvotum des Parlamentes. Der Kaiser schrieb dazu der besorgten Mutter: »Wir werden zwar etwas parlamentarisches Leben bekommen, allein die Gewalt bleibt in meinen Händen und das Ganze wird den österreichischen Verhältnissen gut angepaßt sein...«[107] Die Mutter sah diese Veränderungen nicht wie der Sohn durch die rosarote Brille. Sie wußte und ahnte, was das für die Zukunft der Monarchie bedeutete, wenn sie schrieb, daß diese Demütigung, »den Ruin des Reiches bedeutet, dem wir uns in großen Schritten nähern«.[108]

Ende Oktober hatte sich der körperliche Zustand der Kaiserin derart verschlechtert – sie hüstelte ununterbrochen – so daß mehrere Ärzte zu Rate gezogen werden mußten. Diese konstatierten zwar nur Halsweh, an dem Sisi ständig litt, doch die Symptome verschwanden nicht. Die Kaiserin bestand plötzlich auf einem Aufenthalt auf der Insel Madeira während des Winters, weil sie befürchtete, die Wiener Kälte nicht zu überstehen. Diese Insel wurde ihr durch ihren Schwager Ferdinand Max bekannt, der sich auf der Überfahrt nach Südamerika länger dort aufgehalten hatte. Der wahre Grund, dort überwintern zu wollen, dürfte jedoch die weite Entfernung von Wien gewesen sein, so daß sie ihre Ruhe hätte und ihr niemand dorthin nachkommen würde. Es wurde Professor Skoda von der Universität konsultiert, der eine Lungenaffektion »feststellte« und Madeira befürwortete. Graf Brey, der bayerische Gesandte in Wien, meldete seiner Regierung, daß es sich bei der Kaiserin um eine »Halsröhrenschwindsucht« handle.[109] Sofort trafen bei Hof wieder hundert guter Ratschläge ein, wie sich Sisi verhalten sollte, um zu gesunden. Selbst »Wunderquell-Wasser« und Malzextrakte wurden geschickt. Ganz Österreich nahm an der Krankheit Sisis Anteil. Eingeweihte des Hofes sahen die Reise nach Madeira mit anderen Augen und durchschauten das ganze Theater.

EH Therese, Tochter EH Albrechts, bedauerte mehr den Kaiser als seine Gemahlin: »Ich bedaure *ihn* unendlich, eine solche Frau zu haben, die vorzieht, ihren Mann und ihre Kinder auf sechs Monate zu verlassen, statt ein ruhiges Leben in Wien zu führen.«[110] Sophie kannte natürlich den wahren Grund der Reise, schrieb aber nur in ihr Tagebuch: »Sisi wird von ihrem Mann und von ihren Kindern fünf Monate lang getrennt sein... Ich war von dieser Nachricht vernichtet!«[111] Sophie hoffte, daß sie während der Abwesenheit der Schwiegertochter bei ihrem Sohn wieder Terrain gutmachen könnte, denn gerade jetzt brauchte er Rat und eine moralische Stütze.

Die Fahrt nach Madeira war für die Weltmacht Österreich eine Blamage, weil die Monarchie keine einzige hochseetüchtige Yacht besaß. Der Kaiser mußte auf das Angebot der Queen von England zurückgreifen, die ihre Privatyacht »Victoria and Albert« zur Verfügung stellte. Franz Joseph begleitete seine Gemahlin nach München und weiter nach Bamberg, wo er sich verabschiedete. Sisi fuhr mit ihrer Suite nach Antwerpen, wo sie an Bord ging. Während der Fahrt durch die stürmische Biskaya waren alle, bis auf Sisi, seekrank. Zu ihrer Suite zählten: Karoline Gräfin Hunyady, Oberleutnant Paul Graf Hunyady und Fürstin Helene von Thurn und Taxis.

E. Corti schrieb in seinem ersten Manuskript der Elisabethbiographie über die Krankheiten der Kaiserin und auch über die Ansichten der Schwiegermutter Sophie bezüglich der Beschwerden der Schwiegertochter. Aus übergroßer Loyalität gegenüber dem Kaiserhaus strich er allerdings später diese Stelle wieder. Über Sophie hatte er geschrieben: »Sie aber weiß genau Bescheid und ist bloß empört über die pflichtvergessene Elisabeth, die, wie sie meint, nur eine Krankheit vorspiegelt, um dem Winter zu entfliehen und ihren merkwürdigen Lebensgewohnheiten ungenierter nachleben zu können.«[112]

Madeira dürfte für die Kaiserin doch nicht der ideale Aufenthaltsort gewesen sein, denn sie litt unter der Einsamkeit und unter einem gewissen Trennungsschmerz, wie ihre Mutter ihrer Schwester nach Dresden berichtete. Der Kaiser sandte regelmäßig Kuriere nach Madeira, die Post brachten und sich um das Wohlergehen der Kaiserin erkundigten. Einem von ihnen muß aufgefallen sein, daß sich ein Ehrenkavalier, Imre Graf Hunyady, in der Einsamkeit in die Kaiserin verliebt hatte, worauf er sofort die Heimreise antreten mußte. Die Kuriere berichteten dem Kaiser, daß die Gemahlin sehr melancholisch wäre, stundenlang auf das Meer blicke und mit der Begleitung Karten spiele. Einer brachte eine Fotografie nach Wien mit, die Sisi als Mandolinenspielerin zeigte. Die höchsten Kreise Wiens waren über ihre Kaiserin entsetzt. Die Monarchie in schwerster Bedrängnis, Franz Joseph ohne Gemahlin, die Kinder ohne Mutter, und die Kaiserin und Landesmutter saß auf einer einsamen Insel, blickte auf's Meer, zupfte die Mandoline und spielte Karten! Sisi hatte ihrer Schwiegermutter während der ganzen Zeit keine Zeile zukommen lassen, nicht einmal, als diese ihr eine Statue des hl. Georg überbringen ließ. Nur mit Grünne war sie noch in Kontakt und fachsimpelte mit ihm über Pferde. Einmal ließ sie sich sogar zu einer privaten vertraulichen Mitteilung hinreißen, als sie ihm schrieb: ». . . Um Ihnen ganz offen zu gestehen, hätte ich nicht die Kinder, so würde mir der Gedanke, wieder das Leben, das ich bisher geführt habe, wieder aufnehmen zu müssen, ganz unerträglich sein. An die E . . . (EH Sophie) denke ich nur mit Schaudern, und die Entfernung macht sie mir noch zuwiderer.«[113] Sie schrieb auch, daß sie die Absicht habe, so spät wie möglich nach Wien zurückzukommen, um nicht zu früh »Jemanden« sehen zu müssen, der ihre Abwesenheit sicherlich dazu genützt haben wird, den Kaiser und die Kinder zu dirigieren und zu überwachen.

Natürlich war das so. Jemand mußte sich ja um die Kinder kümmern, da die Mutter nicht da war, und wenn, doch nur wie eine schöne Fee aus dem Nichts auftauchte, kurz durch die Kindkammer schwebte, Süßigkeiten und Spielsachen verteilend, wieder verschwand. Der wahre Grund dieser Familientragödie lag wohl darin, daß keiner dieses Trios menschlich zum andern paßte, daß jeder vom Leben, von den Pflichten und der hohen Stellung, die er bekleidete, eine andere Vorstellung hatte. Eine Mutter war vom Gottesgnadentum ihres Sohnes so restlos überzeugt, daß alle seelischen Regungen hintanzustellen waren, und machte aus ihrem Sohn nicht einen Menschen, sondern eine verläßliche, pedantische, gutgeölte Maschine, ohne menschliche Gefühle und Rücksichten auf andere. Und eine unfertige, unreife Person, nur mit sich selbst beschäftigt, war hier als Frau, Mutter und gar als Kaiserin völlig fehl am Platz. Elisabeths jüngste Tochter, EH Marie Valerie, die 1868

geboren wird, hatte bereits in jungen Jahren die »Eigenheiten« ihrer
Mutter sehr gut beobachtet und durchschaut und ein vernichtendes
Urteil über sie in ihrem Tagebuch zu Papier gebracht: ». . . Man
möchte ihr den Vorwurf machen, daß sie überhaupt lebt – denn ist
es nicht Raub zu essen, zu trinken, zu schlafen – und nichts nichts zu
leisten? Sie lebt blind in den Tag hinein, langweilt sich immer und
überall und sieht Mann und Kinder oft wochenlang nicht: sündhaft
unnütz Leben.«[114]
Niemand bei Hof kam an EH Sophie vorbei. Diese »bösartige
Frau«, die alles dominierende und tonangebende Familienmutter,
eine »Glucke«, die leider, so lange sie am Hof lebte, nie eine
ernstzunehmende Konkurrentin hatte. Die Schwägerin Maria Anna
hatte mit ihrem hinfälligen Gemahl alle Hände voll zu tun und
konnte aus diesem Grund Sophie niemals in die Schranken weisen
oder ihr Grenzen setzen. EH Franz Karl, der Gemahl Sophies, debil
und desinteressiert, war auch nicht der Mann, der sie beherrschen
und ihr seinen Willen aufzwingen konnte. So ist Sophie tatsächlich
»der einzige Mann« am Wiener Hof geworden und geblieben. Sie
hatte seinerzeit, als sie nach Wien kam, beschlossen, unter allen
Umständen glücklich zu werden. Nach vielen Fehlversuchen, die sie
sehr deprimierten, hatte sie vier Söhne geboren. Nun war sie am
Hof anerkannt und eine glückliche Frau und sah ihr Glück darin,
ganz in ihren Kindern aufzugehen. Vor allem lebte sie für ihren
vergötterten Erstgeborenen, der einmal Kaiser werden sollte, Nachfolger der Cäsaren, Beherrscher einer der größten Mächte der Christenheit. Ihre Leidenschaften, ihre Stärke, Liebe und Entschlossenheit gipfelten darin, ihn für diese Stellung optimal vorzubereiten.
Sie arbeitete ganz bewußt und systematisch auf den einen Zweck
hin: Ihrem Franzi den Weg zu ebnen. Für sie war nur das Endziel
wichtig und dafür betete sie Tag und Nacht und vertraute ganz dem
Schicksalslenker – Gott.
Der Anfang in Wien war schwer für sie. Tatenlos mußte sie mitansehen, wie sich drei unfähige alte Männer gegenseitig boykottierten
und das Erbe der Vorväter verschleuderten. Wie sie sie haßte!
Diesen faulen, blödsinnig grinsenden Onkel EH Ludwig, dieses
asthmatische, essende und schnarchende Abbild des Stillstandes.
Und dazu der greisenhafte Geck Metternich, mit seinen pomadigen
Locken und einstudierten Posen, der immer nur redete und nichts

tat. Der in den vierziger Jahren noch immer glaubte, er lebe im Jahr 1815. Sophie war keine Liberale; sie hielt nichts von diesem modernen, demokratischen Kram, der trotz Metternichscher Polizei von Demagogen überall verbreitet werden konnte. Aber sie hatte ihren Vater in ihrer Heimat mit einer freiwillig gewährten Verfassung zur Zufriedenheit der Untertanen regieren sehen. Für sie hatte anfangs das Wort »Konstitution« nicht diese schreckliche Wirkung wie auf den Kaiser Franz oder den senilen Metternich. Sie dachte, mit fein dosierten Zugeständnissen könnte die revolutionäre Stimmung besänftigt werden. Als es dann so weit war, sah sie selbst, daß dies ein vergebliches Hoffen war, und daß Ereignisse heranbrachen, die die Dynastie fast um den Thron und damit ihren Sohn um das Erbe gebracht hätten. Ihre Rolle, die sie in den Monaten der Revolution gespielt hatte, bestärkte ihre Überzeugung, daß ohne sie im Staat nichts mehr ging. Es entspricht der Wahrheit, daß kein offizielles Dokument existiert, in dem sie in irgendeiner Funktion aufscheint, sie hat nie einem Ministerrat oder einem anderen Gremium präsidiert. Und doch hat sie durch das tägliche Beisammensein oder durch brieflichen Verkehr mit dem Sohn diesem ihre Gedanken und Ideen mitgeteilt und ihn dadurch in ihrem Sinne ständig beeinflußt; und er ließ sich dies, gehorsam und dankbar wie er war, gerne gefallen. Der ganze Hof sprach von der »Pfaffenpartei« und der »Weiberwirtschaft« und meinte damit die Mutter des Kaisers. Kempen überlieferte, daß die Zeitgenossen EH Sophie als eine »herrschsüchtige Frau« ansahen, die sich um *alles* kümmerte.[115] So zum Beispiel um Kriegführung und Truppenbewegungen, um Beförderungen, Bittschriften und Staatsfinanzen.[116] Sie war stets die Vertreterin extrem-kirchlicher Anschauungen, und Kempen war überzeugt, daß er seinen Sturz nur einer Person verdankte: der »frommen Ratgeberin« des Kaisers – der EH Sophie, hinter der eine geballte »geistliche Phalanx« stand.[117]

Sophies größter Mißerfolg war wohl die Hochzeit ihres Sohnes. Erstmals war Franz Joseph seiner Mutter gegenüber ungehorsam und heiratete nicht die Kandidatin, die sie ihm ausgesucht hatte, sondern deren Schwester, den völlig unreifen, unerzogenen, aber hübschen Backfisch Elisabeth. Sie war, als sie an den Wiener Hof kam, noch biegsam und formbar, und eine vernünftige und aufgeschlossene Person hätte ihr zweifellos vorhandene gute Anlage erkannt, und sie zu einer großartigen Kaiserin und Landesmutter heranziehen können. Sophie war jedoch in den Augen dieses noch halben Kindes eine verzopfte, bigotte, erzkonservative Matrone, die dazu noch streng und autoritär war und bei Elisabeth gerade das Gegenteil von dem erzielte, was sie erreichen wollte. Franz Joseph selbst war ebenfalls noch unreif und kam mit seiner Gemahlin nicht zurecht. Elisabeth, in die Enge getrieben, reagierte mit allen Mitteln gegen die Zwänge, die ihr auferlegt wurden, zuerst mit Provokationen, dann mit Verweigerung. Sie regredierte, schrieb sich ihre Frustration mit kindlich-kindischen Versen von der Seele, liebte Pferde und spielte mit ihren Papageien. Als auch das kein Ausweg mehr für sie war, produzierte sie die verschiedensten psychosomatischen Krankheiten, die sich bis zur Anorexia nervosa (nervös bedingtes Nichtverlangen nach Nahrung) steigerte.

Dieses Krankheitsbild, das vorwiegend weibliche Personen – auf fünfzig Mädchen kommt ein Junge[118] – betrifft, war damals bereits bekannt. Schon im Jahre 1694 beschrieb der britische Arzt R. Morton diese Krankheit.[119] Am häufigsten wird sie als Neurose angesehen, die ihren Ursprung in einer Reifungskrise infolge frühkindlicher Fehlentwicklung haben soll und bei jungen Mädchen um die Pubertät oder wenige Jahre danach aufzutreten pflegt.[120] Hand in Hand geht diese Erkrankung mit einer Herabsetzung des Eisenspiegels im Blut. Wenn damals auch Laboratoriumsbefunde unbekannt waren, liegt doch insoferne eine Bestätigung dieser Krankheit bei der Kaiserin vor, daß sie jahrelang von den Hofärzten Eisenpräparate in Form von Eisenpillen und China-Eisenwein verabreicht bekam.[121]

Wie sollte sich nun EH Sophie gegenüber diesem »ätherischen Wesen« verhalten, als sich auch noch Nachwuchs in der Ehe des Sohnes einstellte? Konnte dieser komplexbeladenen Ehefrau die Aufzucht eines Kindes überhaupt zugemutet werden, wenn sie schon mit sich selbst nicht zurechtkam? Es wurde ja nicht irgendein Kind geboren, sondern das des Kaisers, vielleicht sogar der Thronfolger! Sophie war nun gezwungen, die Initiative zu ergreifen und die Erziehung des Kindes zu übernehmen. Elisabeth mußte also im Interesse der Dynastie ausgeschaltet werden. Dasselbe geschah beim zweiten Kind. Einmal nur gab die Schwiegermutter den Launen der Kaiserin nach, und diese durfte ihre Erstgeborene mit auf die Reise nehmen; dieses unnötige Abenteuer endete letal. Neuerlich wurde EH Sophie darin bestätigt, daß eigentlich sie die wahre Mutter war, die das Beste für die Kinder tat. Es war nur zu verständlich, daß auch das dritte Kind – der heißersehnte Thronfolger – ebenfalls in ihre Obhut kam. Der 1858 geborene Rudolf wurde bis zur Großjährigkeit nur von der Großmutter und dem von ihr ausgewählten Pflege- und Erziehungspersonal betreut. Für Sophie war es selbstverständlich, daß dieses Kind zum künftigen Herrscher erzogen wurde: Disziplin, Gehorsam und Pflichterfüllung waren die Grundlagen ihres pädagogischen Rezeptes. Dazu kamen das Soldatische und Religiöse. Rudolf erlangte die unumschränkte Liebe der Großmutter. Psychisch und physisch wurde dieses Kind sofort in den Trakt der Hofburg verpflanzt, in dem Sophie wohnte und regierte. Die gegensätzlichen Auffassungen der EH und der Kaiserin waren für die weitere Entwicklung des Kindes von größter Bedeutung. Es gibt genügend Anhaltspunkte, daß sich Sisi um ihren Sohn nur wenig kümmerte. Viele Jahre später gestand sie ihrer Mutter, daß sie unfähig sei, sich mit kleinen Kindern zu beschäftigen.[122]

Rudolfs Kindheit und frühe Jugend waren von den ständigen Ehekrisen seiner Eltern überschattet. Große Bedeutung gewann der Umstand für den damals Zweijährigen, daß die Mutter für sechs Monate die Familie verließ, und, kaum zurückgekehrt, nach Korfu fuhr und die Familie wieder allein ließ. Rudolf fand in der Großmutter Sophie einen teilweisen Ersatz für die immer abwesende Mutter. Sophie war eine warmherzige Frau, doch auch streng und anspruchsvoll. Wie weit sich der Thronfolger eng an die Großmutter anschließen konnte, geht aus der vorhandenen Dokumentation nicht hervor. Bei der ausgedehnten Korrespondenz, den die EH mit dem Sechs- bis Achtjährigen pflegte, fällt ihr Bemühen auf, dem Enkel die ferne Mutter in einem sehr positiven Licht zu schildern. Sie sprach immer von »Deiner guten Mutter«, »Deiner werten Mutter«, auch von »Deiner tapferen Mutter«.[123]

Jener Mann, der Rudolf »brach«, war sein erster Erzieher General Leopold Graf Gondrecourt, ein Günstling der EH Sophie, ein »Kommißknopf« par excellence. Da sowohl der Kaiser als auch dessen Mutter auf einer strengen, harten, militärischen Ausbildung beharrten – Rudolf sollte einmal ein hervorragender Soldat werden

– sahen sie nicht, was dieser General mit dem Kind anstellte. Er zerstörte mehr in diesem Kind, als er aufbaute. Nur Sisi fielen die unguten Veränderungen ihres Sohnes auf, als sie daheim wieder einmal ein Gastspiel gab. Ihre Warnungen wurden jedoch von Franz Joseph und Sophie in den Wind geschlagen. Erst als die Mutter endgültig eingriff und dem Kaiser in bezug auf die Erziehung des Sohnes ein Ultimatum stellte, wurde Gondrecourt entlassen. Als Elisabeth im Kampf gegen die Schwiegermutter als Siegerin hervorging, verringerte sich der Einfluß auf den Enkel sehr rasch. Er revoltierte später sogar sehr heftig gegen all das, was der Erzherzogin heilig war und was sie vertrat. Wie gut das Verhältnis des Kronprinzen zu der fürsorgenden Großmutter auch gewesen sein mag, den direkten Verlust der Mutter konnte sie bei aller Liebe doch nicht ersetzen. Obwohl Sophie zurückgedrängt worden war, blieb sie stets dem Enkel in Liebe verbunden. Sie schrieb dem »innigst geliebten Kind« viele Briefe und ging darin auf seine Vorlieben, Ornithologie und Jagd, ein. Sie selbst beklagte ihren Gesundheitszustand und kommentierte die politische Lage, besonders die Kriegsgeschehen in den Jahren 1866 und 1870/71.[124]

Im Mai 1861 kehrte die Kaiserin über Korfu nach Österreich zurück. Der Kaiser erwartete sie in Triest. Kaum in Wien angekommen, mußte sie die Feststellung machen, daß die Kinder ihr völlig entwöhnt waren und ganz unter dem Einfluß der Großmutter standen. Wenig taktvoll gab man ihr zu verstehen, daß sie die Familie verlassen hatte und sich jemand notgedrungen um die Kinder kümmern mußte. Ludowika schrieb an ihre Schwester einen Brief, in dem sie die Hoffnung aussprach, nun würde wohl alles gut werden. ». . . Gott gebe nur, daß ihm (Franz Joseph) Sisi eine recht glückliche Häuslichkeit gewährt und er in seinem Inneren das Glück und den stillen Genuß findet, dessen er so würdig ist. . .«[125] Die Hoffnung auf eine »glückliche Häuslichkeit« war vergebens. Bereits nach wenigen Tagen stellten sich bei der Kaiserin wieder die schon altbekannten Symptome ihrer diversen Krankheiten ein, die sich nach dem ersten Cercle mit der Wiener Hocharistokratie noch verstärkten. Wie sich die Kaiserin nach solchen gesellschaftlichen Anlässen aufführte, schilderte einmal später ihre Tochter EH Marie Valerie: »Mama hat furchtbares Hofballkopfweh, ganzen Tag speiend und auf der Chaiselongue liegend.«[126] Der neue Minister des Äußern,

Graf Rechberg, berichtete von »einer gedrückten Stimmung bei Hof« und über eine »tiefe Betrübnis«, die den Kaiser erfaßt hatte. »Die Kaiserin hat seit ihrer Rückkehr den tiefsten Abscheu vor jeder Nahrung. Sie ißt nichts mehr, und ihre Kräfte erschöpfen sich um so mehr, als der Husten andauert und starke Schmerzen ihr den Schlaf rauben . . .«[127]

Die Wiener nannten die vielseitigen Krankheiten Elisabeths »Kaiserinnenweh«, und seit sie wieder in der Hofburg logierte, verstärkten sie sich zusehends. Ende Juni mußte Professor Skoda nochmals konsultiert werden. Diesmal stellte er eine »galoppierende Schwindsucht« fest und empfahl einen sofortigen Aufenthalt im Süden. Die Kaiserin entschied sich für Korfu. Noch kein Arzt hatte diese Insel für eine Klimatherapie gegen diese Krankheit empfohlen. Im Gegenteil, war doch diese Insel stark malariagefährdet. Geschwächt, bei einer Größe von 172 Zentimetern und einem Gewicht von unter fünfzig Kilogramm, trat die Kaiserin in Begleitung ihres Schwagers Ferdinand Max die Reise nach Korfu an. Franz Joseph bat ihre Schwester Nené, ebenfalls dorthin zu fahren und Elisabeth Gesellschaft zu leisten. Sofort besserte sich der Zustand Sisis, und die Schwester meldete nach Wien, daß die Kaiserin nun dreimal täglich Fleisch esse und Bier trinke. Psychisch ging es ihr noch immer nicht gut. Sie schrieb ihrer Schwiegermutter, daß sie für alle nur noch eine Belastung sei, und daß es besser wäre, wenn sie sterben würde. Dann könnte Franz Joseph wieder heiraten und glücklich werden. Sophie war darüber sehr bestürzt, ihr taten zunächst die Kinder leid, weil sie einem großen Unglück durch den Verlust der Mutter entgegengehen würden. »Traurige Trennung von unserer armen Sisi, vielleicht fürs Leben. Sie weinte und war extrem bewegt und bat mich um Verzeihung, daß sie nicht so gewesen ist, wie sie hätte sein sollen. Ich kann meinen Schmerz, den ich empfand, nicht ausdrükken, es zerreißt mir mein Herz.«[128]

Der Kaiser sandte Graf Grünne nach Korfu, der das gespannte Verhältnis der Ehegatten wieder normalisieren sollte. Der Versuch endete mit einem großen Krach, und Grünne mußte unverrichteter Dinge heimkehren. Der Kaiser bekam über seine Gemahlin widersprechende Auskünfte und war schon leicht verärgert. »Die Zeit, die mir die Korrespondenz mit Korfu wegnimmt«, beschwerte er sich bereits bei der Mutter.[129] Da beschloß er, selbst nach Korfu zu reisen, um sich ein Bild vom Zustand seiner Gemahlin zu machen. Er war von der Insel beeindruckt und schrieb seiner Mutter: »Die Vegetation und die Beleuchtungen des Meeres und der Berge lassen sich gar nicht beschreiben. Ich habe teils mit Sisi, teils allein schon einige Promenaden in das Innere der Insel gemacht, wo man in einem immerwährenden Garten geht und fährt und beständig neue schöne Punkte mit herrlichen Fernsichten entdeckt...«[130]

Der Kaiser war nun überzeugt, daß Sisi völlig gesund wäre, doch sie hatte panische Angst, den Winter in Wien zubringen zu müssen. So willigte Franz Joseph ein, daß Elisabeth den Winter über in Venedig bleiben sollte; die Kinder würden zu ihr gebracht werden. »Noch ein Opfer mehr für unseren Märtyrer, ihrem vortrefflichen Vater!« schrieb Sophie empört in ihr Tagebuch.[131] Wieder protestierte sie, daß die Kinder den Winter über in Venedig bleiben sollten, und führte als Argument das »schlechte Wasser Venedigs« an, das gesundheitsgefährdend wäre. Daraufhin befahl der Kaiser, daß täglich ein Faß frisches Wasser aus Kaiserbrunn an der Rax nach Venedig gebracht werden mußte. Am 20. Oktober traf die Kaiserin mit dem Dampfboot »Lucia« in der Lagunenstadt ein, am 3. November wurden die Kinder zu ihr gebracht. Sophie setzte wenigstens durch, daß Sisis Obersthofmeisterin, Gräfin Esterházy, ihre Spionin, ebenfalls nach Venedig kam, die ihr über das Treiben Elisabeths berichten sollte. Das konnte nicht gut gehen. Die Kaiserin setzte nach langem Kampf durch, daß der Kaiser die Gräfin entließ. Weinend kam diese in Wien an und schüttete Sophie ihr Herz aus, beide waren unglücklich, daß sich die Esterházy vom Kaiser und der Kaiserin trennen mußte. »Wir weinten zusammen und sprachen vom Kaiser...«, schrieb Sophie am 27. Januar 1862 in ihr Tagebuch. Neue Obersthofmeisterin bei der Kaiserin wurde Paula Gräfin Bellegarde, die mit einem Grafen Königsegg-Aulenhof verheiratet war, der zugleich zum Obersthofmeister avancierte. Das war neuerlich ein schwerer Schlag, den EH Sophie einstecken mußte.

Der Kaiser besuchte seine Gemahlin zweimal in Venedig, Mutter Ludowika kam einmal. Sie hatte auch Dr. Fischer mitgebracht, der die Kaiserin untersuchte und das »Lungenübel« als gar nicht so schlimm attestierte. Sorgen bereiteten ihm eher die Hungerödeme, an denen Elisabeth jetzt litt, deretwegen sie ohne Unterstützung nicht mehr gehen konnte. Endlich reiste die Kaiserin ab. Ihr Aufenthalt in Venedig hatte den Staatssäckel immerhin 68 000 Gulden gekostet.[132] Sie fuhr aber nicht nach Wien in die Nähe der verhaßten Schwiegermutter, sondern nur bis Reichenau an der Rax, von dort kurze Zeit später zur Kur nach Bad Kissingen. Nach absolvierter Kur reiste sie zu ihrer Familie nach Possenhofen. Sie machte keine Anstalten, je wieder in die Residenz zurückzukehren, bis ihrem Vater Max in Bayern die Geduld riß und er seine Tochter zur Tür hinauskomplimentierte.

Sophie und Franz Karl waren in diesem Jahr am 3. August in Ischl eingetroffen. Franz Joseph war in Wien zurückgeblieben und schrieb sehnsuchtsvolle Briefe ins Salzkammergut. »Wie schön muß es jetzt in Ischl sein, das heißt, wenn weniger Badegäste und Juden dort wären...«[133] Die Kaiserin weigerte sich, nach Ischl zu fahren. Franz Joseph mußte sie an der österreichischen Grenze abholen und mit ihr nach Wien reisen. Sofort schrieb er seiner Mutter: »Wie glücklich ich bin, Sisi wieder bei mir zu haben und dadurch endlich nach langem Entbehren ein ›zu Hause‹ zu besitzen. Der Empfang durch die Wiener Bevölkerung war wirklich sehr herzlich und wohltuend...«[134] Der Kaiser hatte geirrt; der »sehr herzliche und wohltuende Empfang« galt weniger Sisi, als vielmehr dem Geburtstag des Turnvaters Jahn, den die deutschen Turnvereine veranstaltet hatten. Fünfzehntausend Fackelträger mit zehn Musikkapellen zogen mit schwarz-rot-goldenen Fahnen und Schärpen, das waren die Farben der achtundvierziger Revolution, nach Schönbrunn. Als Sophie davon erfuhr, trug sie am 21. August 1862 schockiert in ihr Tagebuch ein, daß täglich »unzählige Vereine« in Wien gegründet werden, »deren Tendenz mehr oder weniger schlecht ist...«

Franz Joseph war nun wieder ein glücklicher Mann, lebte mit seiner angebeteten Sisi in Wien, weit weg von der Mutter. Grund genug, daß die Kaiserin ruhige Tage in der Residenz verleben konnte. Trotz dieser ungetrübten Zweisamkeit wurde, übereinstimmenden Berichten nach, die eheliche Gemeinschaft nicht aufgenommen. Dr. Fischer, der bayerische Arzt, war strikt dagegen, denn die Kaiserin sollte erst mehrere Kuren in Bad Kissingen absolvieren. Die weitere Familienplanung wurde daher auf einige Jahre verschoben. Der Kaiser war nach wie vor in seine Ehegemahlin verliebt, das große, ungetrübte Glück lag jedoch in weiter Ferne.

6

In der großen Politik der sechziger Jahre geschahen Dinge, die kaum den Intentionen der EH Sophie entsprachen. Sie ließ sich zwar von ihrem Sohn berichten, sie war nach wie vor seine einzige Ansprechpartnerin, doch es schien, als ob ihr Kampfgeist gebrochen war. Private Sorgen überschatteten die politischen. Oder war es die hereinbrechende Altersmüdigkeit?

Im Hause Wittelsbach war es im Jahre 1862 zu einem Skandal gekommen, und wie sehr EH Sophie noch immer als moralische Instanz auch am Hof in München galt, zeigte folgende Begebenheit: Bekanntlich heiratete Elisabeths Schwester Marie Sophie den verwitweten König Franz II. von Neapel und weilte auf ihrer Brautfahrt noch in Wien. Sie erlebte am Hof von Neapel große private und politische Enttäuschungen. Es stellte sich heraus, daß ihr Gemahl durch eine Phimose zeugungsunfähig war. Zwei Jahre später begannen die politischen Schwierigkeiten. Am 7. September 1860 hatte Garibaldi mit seinen Freischaren Neapel erobert und das Königspaar vertrieben. Der König zog sich mit 40 000 Mann hinter die Linie des Volturno zurück und wurde mit 13 000 Mann in der Festung Gaeta eingeschlossen. Nachdem sich die französische Flotte aus dem Golf zurückgezogen hatte, konnte das Bombardement von der Seeseite her auf die Festung aufgenommen werden. Nach tapferem Widerstand, bei dem sich besonders die Königin auszeichnete, mußte auf Grund von Lebensmittel- und Munitionsmangel und nach Ausbruch von Seuchen am 13. Februar 1861 kapituliert werden.

Das Königspaar emigrierte nach Rom, ein Jahr später gebar die Königin heimlich ein uneheliches Kind – über den Vater gab es verschiedene Vermutungen – und kehrte am 1. Juli 1862 vorübergehend nach München zurück. Intensive Besprechungen innerhalb der Familie brachten kein zufriedenstellendes Ergebnis. Als letzte Instanz wurde EH Sophie am 20. September nach München gerufen. Sie reiste inkognito als Gräfin Weidegg in die bayerische Metropole und logierte in einem Hotel. Wie weit der Rat Sophies von der kompromittierten Familie angenommen wurde, blieb unbekannt.[1]

Österreich sah im aufkommenden und an Macht und Einfluß gewinnenden Königreich Preußen den schärfsten Konkurrenten im deutschen Land. Franz Joseph versuchte daher als »Deutscher Fürst«, Preußen unter die Autorität der Monarchie zu stellen. Der Kaiser von Österreich berief zu diesem Zweck den »Deutschen Fürstentag« für die Zeit vom 16. August bis 1. September nach Frankfurt ein. Vorher traf er sich mit König Wilhelm I. von Preußen in Bad Gastein. Der König hörte sich mit größter Skepsis und Reserviertheit die Vorschläge Franz Josephs an und gab später bekannt, daß er am »Deutschen Fürstentag« in Frankfurt nicht teilnehmen werde. Der Kaiser berichtete seiner Mutter und schilderte ihr seine Ansichten: »Es ist der letzte Versuch, Deutschland zu einigen, um es der Aufgabe gewachsen zu machen, die es zum Gleichgewichte und Frieden Europas erfüllen sollte – es ist das letzte Mittel, um die vielen Souveräne Deutschlands vor dem Untergange durch die wachsende Revolution zu retten. Leider will sich Preußen aus Eifersucht und Verblendung an dem Werke nicht beteiligen, wodurch die Sache sehr erschwert wird; dafür kommen die Zustimmungen von allen Seiten, ja selbst von Regierungen, die bis jetzt ganz Preußens Sklaven waren...«[2]

Am 17. August hatte Franz Joseph den »Deutschen Fürstentag« in Frankfurt im Prunksaal des Palais des Fürsten Thurn und Taxis eröffnet. Seine Reise über Bayern und Württemberg hierher gestaltete sich zu einem Triumphzug, doch nach der Begrüßungsansprache wurden seine Hoffnungen arg gedämpft und voll Bitterkeit schrieb er seiner Mutter: »Die Sitzungen waren lang und anstrengend, und außerdem hatten wir eine Menge Besprechungen und mußten in einemfort mit Mißtrauen, Ängstlichkeit und grenzenloser Dummheit kämpfen, so daß die Nerven in beständiger Aufregung und Spannung waren...«[3] Die Souveräne der deutschen Mittelstaaten ließen sich weniger beeinflussen, als es Franz Joseph erwartet hatte. Manche glaubten, von der österreichischen Diplomatie einfach überrollt zu werden, manche waren über die Art und Weise der Österreicher pikiert, aber alle bedauerten es, daß der preußische König nicht am Verhandlungstisch saß. Der König von Sachsen wurde daher beauftragt, mit König Wilhelm Kontakt auf-

zunehmen. Fast wäre es gelungen, ihn zu überreden, nach Frankfurt zu kommen, da schritt dessen Kanzler Bismarck ein, der dem König die Reise an den Main verbot. Die nun in Frankfurt versammelten Mächte wollten sich nicht unter das Diktat Österreichs stellen und verteidigten ihre souveränen Rechte. Nur wenige Länder waren mit den Plänen Österreichs einverstanden, wie Franz Joseph seiner Mutter schrieb: »Meine Vorschläge sind mit nicht sehr bedeutenden Abänderungen von allen anwesenden Fürsten und den freien Städten angenommen worden, mit Ausnahme von Baden, Weimar, Schwerin, Luxemburg und Waldeck...«[4]
Die Zustimmung enthielt jedoch zahlreiche Einschränkungen. Die Versammlung war übereingekommen zuzuwarten, welche Gegenvorschläge die hier nicht Anwesenden einbringen würden. Tatsächlich verlangte Bismarck unter anderem die völlige Gleichstellung Preußens mit Österreich und die Wahl einer neuen Nationalversammlung, basierend auf einem allgemeinen Wahlrecht. Die Mehrzahl der Mächte nahm die Vorschläge zwar reserviert auf, doch schienen sie ihnen eine Garantie, sich damit der Unterwerfung durch die Habsburgermonarchie zu entziehen. Franz Joseph berief nun alle Vertreter, die ursprünglich seinen Intentionen wohlwollend gegenüberstanden, zu einer Konferenz nach Nürnberg ein, doch blieb er dort allein. Graf Rechberg, der den Kaiser schon vor dem Fürstentag in Frankfurt gewarnt hatte, aber überstimmt worden war, hatte Recht behalten. Die Klugheit gebot es nun, daß sich Österreich mit Preußen allein arrangieren mußte. Da kam die Schleswig-Holsteinsche Frage gerade recht.
Während der Kaiser in Frankfurt mit den Deutschen Fürsten über seine Pläne rang, war seine Mutter auf Reisen. Am 5. August traf sie mit ihrem Gemahl und 96 Begleitpersonen in Ischl ein.[5] Ende August trat sie mit Franz Karl eine Reise nach Württemberg an, wo sie die Großherzogin Sophie von Württemberg besuchte.[6] Anschließend reiste sie nach Baden-Baden weiter: »Erzherzogin Sophie von Österreich, die Mutter des Kaisers, ist zu einer Zusammenkunft mit der Königin von Preußen (Auguste) in Baden angekommen.«[7] Sie fuhr natürlich ahnungslos nach Baden-Baden und wußte nicht, daß dort einiges über sie bekannt war. Heute wissen wir, daß da eine bestimmte Person Verschiedenes über sie zusammengedichtet hatte, was den Tatsachen nicht entsprach.

Wir haben in den Wiener Revolutionstagen 1848 Fürst Alexander Radziwill, der in den Wiener Sicherheitsausschuß gewählt worden war, kennengelernt, der zum Schrecken betrügerischer Bäcker und Fleischer mutierte. Über den Sicherheitsausschuß wurde er als Vertreter Wiens in den Reichstag entsandt und ging mit diesem nach Kremsier. Nach der gewaltsamen Auflösung des Reichstages am 7. März 1849 verlor er sein Abgeordnetenmandat, verblieb mit seiner Frau noch ein Jahr in Olmütz und übersiedelte anschließend nach Deutschland.

Der Fürst war eine geborene Spielernatur, ein Hochstapler, und dürfte von dem bedeutenden Besitz des Fürsten Dominik Radziwill nur sehr wenig geerbt haben. Er war ständig in Geldnöten. Seit dem Jahr 1846 unterhielt er mit dem in Baden-Baden ansässigen Privatbankier I. H. Theodor von Mülhens eine ausgedehnte Korrespondenz, in der es immer um Zuwendungen von Geldbeträgen ging. Ab 1850 schilderte er seinem Gönner sein Leben, das auf den ersten Blick bestechend anmutet, doch bei genauerer Untersuchung nichts anderes ist, als die phantastische Erzählung eines Hochstaplers, der auf seinen »Brötchengeber« Eindruck machen wollte. So schrieb er in einem Brief vom 28. Mai 1857, er hätte für tapferes Verhalten auf der Flucht des Kaisers Ferdinand und der EH Sophie im Oktober 1848 nach Olmütz das Militär-Maria Theresienkreuz, die höchste Tapferkeitsauszeichnung Österreichs, erhalten. Anfragen im hiesigen Kriegsarchiv ergaben, daß der Fürst niemals Theresienritter war, da er erstens 1848 kein Offizier der k.k. Armee, und zweitens die »Flucht« des Hofes kein Kriegsereignis und daher kein Grund, Tapferkeitsauszeichnungen zu verleihen, war. Nach Mitteilung dieses Archivs wurde Fürst Alexander Radziwill, geboren am 29. Februar 1808 in Graz, am 9. April 1830 als unobligater Privatkadett zum 9. Jägerbataillon assentiert. 1831 wurde er Fähnrich im Infanterie-Regiment No 39 Dom Miguel Prinz von Portugal, im selben Jahr zum Infanterie-Regiment No 60 Gustav Prinz von Wasa transferiert, 1832 zum Unterlieutenant befördert, 1832 zum Oberlieutenant im Kürassier-Regiment No 1 Kaiser Franz avanciert, und am 21. Dezember 1832 ist er ohne Beibehalt des Offizierscharakters aus der k.k. Armee ausgeschieden.[8]

Abgesehen von ständigen Bitten um Geldspenden enthielten einige

Briefe des Fürsten Intimitäten des Hofes, vor allem über die EH Sophie, so daß es wohl besser war, diese Korrespondenz im Tresor der Bank des Herrn Theodor von Mülhens gut zu verwahren. So schrieb Radziwill im Brief vom 4. Juni 1857, daß die EH Sophie seine »erste und einzige Liebe« in seinem Leben gewesen sei, die von ihm ein Kind – Elisabeth genannt – in der Wohnung ihres Leibarztes Dr. Seeburger zur Welt gebracht hätte (la fille unique qui a été la mienne aussi).[9] Es ist wahr, daß EH Sophie in Kreisen der Wiener Gesellschaft verschrien war, kein Kind von Traurigkeit zu sein. Wie wir gehört haben, tauchten seinerzeit Gerüchte über ihr Verhältnis zum Herzog von Reichstadt auf, das nicht ohne Folgen geblieben sein soll; das Produkt soll EH Ferdinand Max gewesen sein. Auch ihre Freundschaft zum Prinzen Gustav von Wasa wurde dahingehend interpretiert, daß die beiden Erstgeborenen der Erzherzogin als »Wasa-Buben« bezeichnet wurden. In den Briefen berichtete der Fürst weiter, daß ihm die Erzherzogin mehrmals die Schulden bezahlt, er zeitweise in der Hofburg logiert und Hofdiäten erhalten hätte. Er reiste nach Dresden, Berlin und Pillnitz, in der Hoffnung, dort seine »angebetete Frau Erzherzogin Sophie« zu treffen, die ihm immer wieder verzieh, seine Schulden zahlte und ihm auch das Versprechen abnahm, niemals mehr Spielkarten anzufassen. Einmal mußte er vor seinen Gläubigern in die Schweiz flüchten, in mehreren deutschen Staaten hatte er Aufenthaltsverbot, in Laxenburg bestand er ein Duell, für dessen guten Ausgang Sophie für ihn betete. Ansonsten enthält die umfangreiche Korrespondenz nur Bitten um Geldzuwendungen. Endlich kehrte Radziwill nach Wien zurück. Am 10. Oktober 1859 setzte eine »Lungenlähmung« in Ober-Döbling seinem abenteuerlichen Leben ein Ende. Am 12. Oktober wurde er am St. Marxer-Friedhof zur letzten Ruhe bestattet.[10] Außer den Schilderungen seiner kurzen Militärzeit und der politischen Laufbahn in den Revolutionsjahren, sowie den langdauernden finanziellen Kalamitäten des Fürsten, dürfte in seinen Erzählungen kein Wort wahr sein. Die Geburt einer Tochter Sophies, in deren Adern Radziwills Blut pochte, kann wohl als absurder Gedanke abgetan werden. Wir haben von den großen Schwierigkeiten der EH Sophie beim Gebären ihrer Kinder gehört, die von 1825 bis 1842 fast ständig – mit und ohne Erfolg – schwanger war. Nur in den Jahren 1834 bis 1842 wären

»Fruchtbarkeitsfenster« für außereheliche Geburten offen gewesen. Mit an Sicherheit grenzender Wahrscheinlichkeit können wir Radziwills Erzählungen in die Märchen über Reichstadt und Prinz Wasa einordnen.

Franz Joseph bedrängten nicht nur außen-, sondern auch innenpolitische Probleme. Der Kampf gegen tatsächliche und vermeintliche ungarische Revolutionäre war noch immer nicht beendet. Davon zeugt ein Brief des ehemaligen ungarischen Ministerpräsidenten an den Generaladjutanten des Kaisers, Graf Creneville: »... Daß es einem alten Mann, der sein ganzes aktives Leben dem Wohl der herrschenden Dynastie und dem Vaterlande ... treu und ehrlich widmete, sehr schmerzlich sein muß bis in ein Irrenhaus, wohin er sich mit vollkommen gebrochenen Hoffnungen flüchtete, einer Recherche domicilare ausgesetzt zu sein, die gestern bei mir stattfand, das können sich Euer Exzellenz wohl vorstellen! ... Glaubt man, ich spiele Komödie und habe mir ein Irrenhaus ausgesucht, um von hier aus Aufruhr und Umsturz zu predigen, ich ein wohlhabender und sehr rangierter Familienvater?«[11]

In dieser Zeit trat auch erstmals ein Soldat der kaiserlichen Armee in den Gesichtskreis der Obersten Militärbehörden, der später noch eine große und unheilvolle Rolle für den Kaiser und die Monarchie spielen sollte. Ihm muß aber bestätigt werden, daß er sich nie ehrgeizig in den Vordergrund drängte, sondern im Gegenteil, die vorgesetzten Behörden sogar vor sich warnte, aber als kaiserlicher Offizier gewohnt war, den Posten auszufüllen, der ihm zugewiesen wurde. Dieser Mann war FZM Ludwig von Benedek. Bereits im Jahre 1860 schrieb er Graf Creneville: »Mein Unglück ist, daß der Kaiser eine magnetische Einwirkung auf mich hat, daß ich ihm gegenüber auf Gift und Galle vergesse und ganz entwaffnet bin ... Das Unglück eines braven und disciplinierten Soldaten ist, daß er am Ende, trotz Gift und Galle tut, was man von ihm will.«[12] Drei Jahre später warnte dieser General nochmals die Oberste Militärinstanz, nachdem er gehört hatte, er wäre für höhere Aufgaben ausersehen. In diesem Brief klagte Benedek über seine nachlassende physische Konstitution, »weil ich mich in den letzten Monaten periodenweise, mühsam fortschleppen konnte. Jedenfall habe ich nicht mehr viel Zeit vor mir und sind anhaltende gute Dienste von mir nicht mehr zu erwarten. Ich kann das Alter des FM Radetzky nicht als Beispiel gelten lassen, denn ich habe es leider selbst erfahren und durch sieben Jahre ganz in der Nähe mit angeschaut, was die körperliche Hinfälligkeit eines alten Armee-Kommandanten der Armee und dem Staat geschadet hat. Das Alter und die phisische Hinfälligkeit des Hess, Schlik, Wimpffen, Strtnik etc. etc. hat im Feldzug 1859 ebenfalls auf die moralischen und geistigen Kräfte dieser Herren gewirkt und dem Kaiser schlechte Früchte getragen...«[13]

Im Brief vom 2. September 1863, den der Kaiser noch von Frankfurt an seine Mutter richtete, erwähnte er erstmals das »mexikanische Abenteuer«, das sein Bruder Ferdinand Max eingehen wolle: »Was die mexikanische Angelegenheit betrifft, so rede ich Max beständig zu, an den von ihm von Anfang hergestellten Bedingungen festzuhalten und sich nicht dazu hinreißen zu lassen, allein im Schlepptau Frankreichs vorzugehen. Ich hoffe, er wird besonnen bleiben, wie er es bei seiner letzten Anwesenheit in Wien war, und den von außen kommenden Vorspiegelungen widerstehen...«[14]

Diese mexikanische Angelegenheit schwelte bereits seit zwei Jahren, und Max selbst war, seinem Naturell entsprechend, von diesen zukunftsträchtigen Plänen hin- und hergerissen. Zuerst geschmeichelt, begeistert, optimistisch, dann wieder zögernd, zweifelnd, pessimistisch und depressiv. Klare, logische, alles abwägende Gedankengänge waren ihm fremd, dazu war er leicht zu beeinflussen. Gerade in diesem Jahr wurde ihm immer klarer, daß die Monarchie seines Bruders morsch und faul war und unaufhaltsam dem Untergang entgegenging. Kurz nachdem der Krieg mit Italien verloren war, besuchten Max und Charlotte Wien und sahen, wie der Staat wirtschaftlich in den Ruin trieb. Nach seiner Heimkehr nach Miramare schrieb er an seinen Schwiegervater nach Brüssel: »Die Zustände unseres armen Landes fand ich, wie erwartet, wirr und dunkel. Die Fäulnis einerseits, die Gärung andererseits treten immer stärker und beängstigender hervor. Es herrscht wie zu Zeiten Ludwigs XVI. Rat- und Tatenlosigkeit; man begreift die Situation nicht und will sie nicht begreifen... Vielleicht sehe ich zu schwarz, aber ich treffe in meinem Privatleben alle Vorbereitungen zu einer Krise...«[15]

Der Erzherzog war jetzt 29 Jahre alt, tatendurstig, ehrgeizig und voll von Ideen. Die zwei Posten, die er gnadenhalber von seinem

Bruder zugewiesen bekam, Marinekommandant und Gouverneur, konnten seine hochfliegenden Pläne nicht befriedigen. Nun saß er als »Privatier« im Golf von Triest auf seinem Traumschloß und war zum Nichtstun verurteilt; an seiner Seite eine ehrgeizige Frau. Sie hatte noch vor kurzem an ihre Erzieherin Gräfin d'Hulst geschrieben: »Selbst wenn das Leben, das wir gegenwärtig führen, nicht so ist, wie ich es mir vorgestellt habe, so kann ich Ihnen doch versichern, daß ich zuweilen Gott dafür danke, denn so, wie die Dinge jetzt stehen, ist es besser, abseits der Welt zu leben... Ich weiß nicht, was die Zukunft bringen wird, aber sollte die Situation wieder normal werden, dann glaube ich – und ich lasse mich dabei nicht vom Ehrgeiz blenden – wird der Tag kommen, an dem der Erzherzog wieder eine führende Rolle in den Geschicken der Welt spielt, denn er ist zum Herrschen geschaffen, begnadet mit allen Eigenschaften, die Menschen glücklich zu machen. Es scheint mir unmöglich, daß alle diese Gaben vergeudet sein sollen, nachdem sie sich in weniger als drei Jahren so glänzend bewährten...«[16] Die psychische Verfassung des Ehepaares erscheint nur allzu verständlich. Selbst dem geduldigsten Privatier geht sein Traumschloß eines Tages auf die Nerven, und selbst die phlegmatischste und untertänigste Frau hat es eines Tages satt, von einem Felsen auf das Meer hinauszuschauen. In dieser so wenig erfreulichen Atmosphäre führte der Zufall Regie.

Dem Haushalt des erzherzoglichen Paares in Miramare stand Josepha von Lützow vor. Ihr Schwiegersohn war der in Rom lebende mexikanische Monarchist Gutierrez de Estrada. Anfang des Jahres 1861 wurde er durch einen Brief seiner Schwiegermutter auf den Privatier in Miramare aufmerksam gemacht. Er glaubte, in Ferdinand Max den geeigneten Kandidaten für die Kaiserkrone Mexikos gefunden zu haben. Der österreichische Erzherzog erfüllte alle Voraussetzungen: Er stammte aus dem ältesten und vornehmsten Herrschergeschlecht Europas, war jung, agil, voller Pläne, hispanophil und, was das Wichtigste war, er war mit seinem derzeitigen Leben äußerst unzufrieden.[17]

Ende der fünfziger Jahre tobte in Mexiko ein Bürgerkrieg, aus dem der ehemalige Vizepräsident Benito Juarez als Sieger hervorging. Wegen der anarchischen Zustände kam es auch zu außenpolitischen Komplikationen, welche hauptsächlich durch die Geldnot des Staates veranlaßt wurden. Ausländische Gläubiger konnten nicht mehr bedient werden. Da schlossen sich die drei Mächte England, Spanien und Frankreich zusammen und beschlossen am 31. Oktober 1861 in der Konvention von London eine militärische Intervention in Mexiko. Durch den Streit innerhalb der Alliierten zerbrach sie, die spanischen und britischen Truppen verließen das Land, während die französischen Einheiten ihren Eroberungsfeldzug fortsetzten. Am 10. Juni 1863 konnte die Hauptstadt eingenommen werden. Eine von der Besatzungsmacht eingesetzte klerikale Notabelnversammlung beschloß im Juli als zukünftige Regierungsform die Einführung einer erblichen Monarchie.

Für diese große Idee arbeiteten in Europa einige mexikanische, monarchistische Kreise, wie der in Rom tätige und bereits erwähnte Schwiegersohn der Gräfin Lützow. In Paris antichambrierte Don José Manuel Hidalgo, der sich an die Kaiserin Eugénie und an den Halbbruder Napoleons III., den Herzog Charles Auguste de Morny, heranmachte und sie für die mexikanische Sache interessieren konnte. Schon wurde der Name des EH Ferdinand Max in diesen Kreisen genannt, und auch Kaiser Napoleon fand an diesem Gedanken immer mehr Gefallen. Der ehemalige französische Außenminister Florian Alexandre Walewski, ein unehelicher Sohn des großen Korsen, machte den österreichischen Gesandten in Paris, Fürst Richard Metternich, mit der Idee Napoleons, dem Erzherzog die Kaiserkrone Mexikos anzubieten, bekannt. Obwohl Metternich diesem Gedanken keinerlei Chance einräumte, verständigte er den Minister des Äußern in Wien und dieser den Kaiser. Der haßte zwar den »Erzschuft« Napoleon, doch verwarf er nicht gleich diesen Plan, sondern sandte Rechberg nach Miramare. Der Kaiser hörte immer noch von der negativen Einstellung seines Bruders zur Monarchie. Max war der »Störenfried« der Familie, und vielleicht überlegte der Kaiser, seinen Bruder auf diese elegante Weise loszuwerden. Als der Minister nach Triest kam, hatte Max schon von diesem phantastischen Plan gehört und war, seinem Naturell entsprechend, voll widersprüchlicher Empfindungen. Charlotte, sich vor Ehrgeiz verzehrend, dürfte aber mitgeholfen haben, daß sich ihr Gemahl ernstlich mit dem Gedanken vertraut machte, diesen Plan zu studieren. Der Erzherzog sandte nun seinen Privatsekretär Sebastian Scherzenlechner, einen völlig ungebildeten Mann, der seinerzeit in

Schönbrunn den Posten eines Kammerdieners wahrgenommen hatte und bestimmt nicht wußte, wo Mexiko überhaupt lag, nach Paris, um dort mit den Exilmexikanern – de Estrada, Hidalgo und dem ehemaligen Botschafter Mexikos in Frankreich, Juan Almonte – zu verhandeln. Der Sekretär brachte nur positive Eindrücke aus Paris mit. Daraufhin wurde er vom Erzherzog nach Rom zum Papst gesandt. Der Kardinalstaatssekretär Giacomo Antonelli gab weder eine Zusage für Garantien, noch lehnte er den Plan ab. Der Vatikan verhielt sich neutral. Scherzenlechner, nach Triest heimgekehrt, empfahl dem Erzherzog unbedingt die Krone Mexikos anzunehmen. Noch eine Person redete auf Max ein: Carl Graf Bombelles, ein geborener Spieler und Hasardeur. Der versprach sich von diesem Unternehmen das große Abenteuer und viel Geld. Zum Weihnachtsfest 1861 erschien Don de Estrada in Miramare und schilderte Max das Land in den buntesten und phantastischsten Farben. Dazu sagte er, daß das gesamte mexikanische Volk eine Monarchie und den österreichischen Erzherzog zum Kaiser seines Landes wünsche. Dabei war Estrada vor zwanzig Jahren aus Mexiko emigriert und hatte keine Ahnung von der jetzigen Stimmung des Volkes. In diesen Tagen war der ehemalige Präsident Mexikos, General Miguel Miramón, in Paris eingetroffen und warnte davor, dort eine Monarchie aufzurichten, da es im ganzen Land weder eine monarchistische Partei noch eine solche Bewegung gäbe. Die in Paris lebenden Exilmexikaner wollten ihn unbedingt zum Schweigen bringen und lanzierten üble Gerüchte über ihn, um seine Glaubwürdigkeit zu erschüttern. Doch die Presse berichtete weiterhin über ihn und seine profunden Kenntnisse über sein Land. Ferdinand Max und Charlotte müssen also seine Ansichten gehört haben, doch sie waren schon innerlich bereit, die Krone anzunehmen, und wollten sich nicht mehr beirren lassen. Neue Unterstützung fanden sie in der Person des Expräsidenten Mexikos, Antonio Lopéz de Santa Ana, der auf der Karibikinsel St. Thomas im Exil lebte. Er sagte, das mexikanische Volk sehne eine Monarchie herbei. Max und Charlotte hörten nur noch die Schmeicheleien, sahen über sich schon eine Krone schweben und verdrängten die ernsten Warnungen, die skeptischen Berichte und die unheilvollen Prophezeiungen. Richard Metternich kam extra nach Miramare, um den Erzherzog vor diesem Abenteuer zu warnen. Er meinte, »wie viele Kanonenschüsse wohl nötig wären, um in Mexiko einen Kaiser einzusetzen«. Er wurde nicht empfangen, um Max nicht aus seiner trügerischen Scheinwelt zu reißen. Der Generaladjutant des Kaisers, Graf Creneville, schrieb am 7. Oktober 1863 seiner Gemahlin in einem Brief, er hoffe noch immer, »daß diese Angelegenheit wegen der Garantien und sonstigen Komplikationen in Rauch aufgehe, obwohl es andererseits ein Glück wäre, diesen hohen Herrn loszuwerden, der unseren armen Kaiser noch viele Verlegenheiten und Verdruß bereiten wird«.[18]

Die drei Kommandanten des vereinigten Expeditionskorps hatten sich, wie bereits erwähnt, in der Stadt Orizaba zerstritten. Der spanische Befehlshaber General Juan Prim, bezeichnete die Idee der Franzosen, Ferdinand Max als Kaiser von Mexiko zu inthronisieren, als ein »wahnwitziges Hirngespinst«.[19] Diese Meinung teilte er dem französischen Kaiser brieflich mit. Metternich meinte, Napoleon III. sei bereits völlig der »mexikanischen Chimäre« verfallen; trotzdem versicherte der Kaiser dem Erzherzog: »... Ich werde zu gegebener Zeit alles, was von mir abhängt, tun, um die Verwirklichung der Ideen Eurer kaiserlichen Hoheit zu erleichtern. Ich glaube nicht, daß es in Mexiko ernsten Widerstand geben wird...«[20] Nebst Metternich war es der österreichische Gesandte in Washington, der den Erzherzog eindringlich vor diesem Abenteuer warnte und auf die Note des amerikanischen Präsidenten Lincoln verwies, die dieser im März 1862 den drei Kommandanten des Expeditionskorps hatte zukommen lassen: »Eine fremdstämmige Monarchie, in Anwesenheit europäischer Land- und Seestreitkräfte auf amerikanischem Boden errichtet, wäre ein Affront gegen die republikanische Regierungsform, die auf dem amerikanischen Kontinent am weitesten verbreitet ist, und würde nicht das Ende, sondern den Beginn der Revolution in Mexiko bedeuten...«[21]

Obwohl die französischen Truppen von den Mexikanern bei Puebla geschlagen worden waren, schrieb Kaiserin Eugénie an Charlotte einen enthusiastischen Brief, daß Mexiko kurz vor der Pazifierung stehe und daß es jetzt, wo Spanier und Briten abgezogen wären, viel besser vorangehe. »Das Land ist müde der Zwietracht und träumt von einer beständigen Regierung... weshalb es seine Hoffnung auf die Monarchie setzt...«[22]

Anfang 1862 war auch Franz Joseph überzeugt, die Franzosen könnten sich auf Dauer nicht in diesem riesigen Land halten. Die Brüder trafen sich in Venedig, und der Kaiser schärfte Max ein, den »Thron Montezumas« nur dann zu besteigen, wenn er eine Garantie aller drei Seemächte erhielte; doch Max hörte den Gesprächen gar nicht zu, sondern begann mit seinem Bruder über Verbesserungen im kommenden Hofstaat zu diskutieren. Plötzlich machte der Kaiser in seinen Ansichten einen Schwenk und stimmte Max zu, die Krone Mexikos anzunehmen. Er genehmigte sogar die Aufstellung eines aus österreichischen und ungarischen Offizieren bestehenden Freiwilligenkorps. Wollte er seinen Bruder tatsächlich nur als populären politischen Nebenbuhler los werden? Franz Joseph war immer von einer gewissen nervösen Eifersucht gegenüber Max geprägt. Wenn der Bruder weniger ehrgeizig gewesen wäre, hätte Franz Joseph niemals seine Einwilligung zu dem mexikanischen Abenteuer gegeben. Mutter Sophie sprach sich vehement gegen die Pläne ihres Sohnes aus. Sowohl die Mutter als auch Sisi waren sich ausnahmsweise in ihren Ansichten einig, daß dieses Abenteuer nicht gut ausgehen kann. Sophie vermerkte in diesen Tagen dankbar in ihrem Tagebuch, daß ihre Schwiegertochter Mitleid mit ihr habe. Die ursprüngliche Liebe Sophies zu Charlotte hatte sich schon längst abgekühlt. Sophie wußte, daß, wenn Max nach Mexiko gehen sollte, dies einem Abschied für immer gleichkäme. Die Mutter ertrank in Kummer und Tränen.

Ferdinand Max ließ seinen Bruder wissen, daß die in Mexiko-Stadt versammelte Notabelnkonferenz ihm offiziell die Krone Mexikos angeboten habe, worauf der Kaiser den Bruder sofort nach Wien bestellte. Hier war der Kaiser viel weniger optimistisch als im Vorjahr in Venedig. Immer wieder stellte Franz Joseph die Frage, warum sich England in der Mexikofrage so »lethargisch« verhalte? Von Spanien war nichts mehr zu erwarten, daher verlangte der Kaiser von England und Frankreich Garantien für seinen Bruder. Besorgt telegrafierte noch der Kaiser seinem Bruder aus Ischl: »Aus Deiner Antwort an die Deputation und aus dem Brief Napoleons ersehe ich, daß Du nicht bestimmt genug an der Garantie der drei Mächte, besonders Englands, festhältst. Ich muß Dir auf das Bestimmteste diese ursprüngliche ausgesprochene Bedingung in Erinnerung bringen. Du kannst Dich doch nicht in die alleinige Abhängigkeit Frankreichs begeben.«[23] Max forderte nun, vom Bruder gedrängt, von den beiden Mächten ausreichende Garantien für die nächsten zwanzig Jahre. England winkte sofort ab, Frankreich wand sich, vermied aber eine positive Antwort.

Max' Schwiegervater, Leopold I., König der Belgier, versuchte ebenfalls durch einen Brief an Königin Victoria von England für seinen Schwiegersohn ein gutes Wort bei den Briten einzulegen und sie vielleicht doch noch zu Garantien zu gewinnen. »... Max scheint zur Annahme entschlossen ... Das Unternehmen ist gefährlich, aber wenn es Erfolg hat, wird es eines der nützlichsten und größten unserer Zeit sein«, schrieb er der Königin. »Er hat den lebhaften Wunsch, sich auszuzeichnen und aus seinem gegenwärtigen dolce far niente herauszukommen. Die liebe Charlotte erhebt keinen Widerspruch, sie ist sehr unternehmungslustig und würde mit Max bis ans Ende der Welt gehen. Sie wird ihm von größten Nutzen sein und wenn sich Erfolg einstellt, wird er einen großen Teil ihr zu danken haben ...«[24]

In Paris traf nun die mexikanische Delegation unter Führung von Juan Almonte, de Estrada und Hidalgo ein und wurde mit allen Ehren empfangen. Von dort fuhr die Abordnung nach Miramare und machte in Wien Station, wo ihr ein eisiger Empfang zuteil wurde. Die gesamte österreichische Presse trat übereinstimmend gegen dieses mexikanische Abenteuer auf. Die Zeitung »Der g'rade Michel« schrieb am 15. August 1863: »Wie kann es reizen, in ein Land einzuziehen, das einem französischen General gehorcht, einen Thron zu besteigen, der sich auf französische Bajonette stützt, mit einer Partei zu regieren, welche im Lande die verhaßteste ist? Wie kann ein Prinz, selbst vom besten Willen beseelt, unter solchen Vorbedingungen sich die Liebe der Unterthanen erringen?« Auch die Großmutter Charlottes warnte, doch die Enkelin antwortete ihr, daß es eine moralische Verpflichtung vor Gott wäre, diesen Thron anzunehmen, zumal man zum Herrscher geboren sei. Max würde gegen sein Gewissen handeln und seine Pflicht gegen Gott versäumen, wenn er auf diesen Thron verzichten würde. Sie schloß: »Ich brauche einen weiteren Horizont, als ich ihn derzeit habe.«[25] Da hatte sie recht, ihr Horizont war nur der Golf von Triest und das war nicht viel.

Franz Joseph berichtete in dieser Zeit seiner Mutter, daß Bruder Max in der Familie nur noch »Montezuma« gerufen werde. Ferner teilte er ihr mit, daß er Carl Ludwig in Ischl besuchen wolle und er vermute, Max hätte dem Bruder die Stellung eines »Erbprinzen von Mexiko« angeboten.[26] Vielleicht hätte das Abenteuer, zur Freude der Mutter, in diesem Jahr noch abgebogen werden können, wenn der Erzherzog auf zwei Angebote eingegangen wäre: Die Griechen hatten gerade ihren König Otto I. vertrieben, und so war der Thron in Athen vakant. England hatte Max unterbreitet, der griechischen Angelegenheit näher zu treten. Das zweite Offert in diesem Jahr kam aus Polen. Max sollte die Krone dieses Landes übernehmen. In der Literatur heißt es übereinstimmend, EH Ferdinand Max hätte aus Stolz von sich aus diese Angebote abgelehnt. Im Archiv des Generaladjutanten des Kaisers liegt allerdings ein Telegramm auf, das diesen Vorgang ganz anders schildert: »Telegramm S.M. des Kaisers an EH Ferdinand Max, Miramare, chiffr. Von der englischen Regierung ist Deine Candidatur für den griechischen Thron hier vorgeschlagen worden. Da bestehende Rechte, Würde und Opportunität dagegen sprechen, so habe ich sogleich und definitiv abgelehnt. F.J.«[27] Aus diesem Telegramm geht eindeutig hervor, daß Franz Joseph, über den Kopf des Bruders hinweg, die Entscheidung allein getroffen hatte und Max einfach vor vollendete Tatsachen stellte.

Im März 1863 wurden Max und Charlotte nach Paris eingeladen und bereits wie ein Kaiserpaar empfangen, was nicht seine Wirkung verfehlte. Max wuchs rasch in die neue Rolle, Montezumas Thron zu besteigen, hinein. In seiner Euphorie verlor er den Blick für die Realität. Bei den folgenden Besprechungen mit der französischen Regierung zeigte sich nur allzu deutlich, welch' »Traumtänzer« Max war. Abgesehen davon, daß er auf dem Gebiet der Staatsfinanzen ein völliger Laie war, bemerkte er auch nicht, wie ihn die Franzosen »über den Löffel balbierten«. Der Erzherzog erhielt nicht nur keine Garantien Frankreichs, er stimmte auch zu, daß im Laufe von drei Jahren das französische Expeditionskorps in Mexiko auf zwanzigtausend Mann reduziert werden sollte. Nur achttausend Mann der französischen Fremdenlegion sollten bis zum Jahre 1874 in Mexiko stationiert bleiben. Zusätzlich verpflichtete sich Max, das gesamte Abenteuer der Franzosen in Höhe von 260 Millionen Francs zu finanzieren. Damit war der Staatsbankrott Mexikos bereits vorprogrammiert. Er benahm sich wie ein unreifes Kind, das Versprechungen auf Versprechungen macht, um nur ja sein Lieblingsspielzeug – in diesem Falle die Krone Mexikos – ausgehändigt zu bekommen. Nachdem nun die Franzosen und nicht Max die Garantien erhalten hatten, fuhr das künftige Kaiserpaar nach London. Die politischen Verhandlungen verliefen hier völlig negativ. Die Queen empfing zwar Max und Charlotte mit Wohlwollen, wurde aber wieder in ihrer Meinung bestärkt, daß österreichische Erzherzoge grundsätzlich »Taugenichtse« wären. Mit leeren Händen kehrte das Paar nach Wien zurück, wo es, seinem jetzigen Rang entsprechend, empfangen wurde.

Kurz nach seinem Eintreffen erhielt Max von seinem Taufpaten, dem jetzt in Prag lebenden Kaiser Ferdinand, ein Telegramm, in dem dieser seinen Neffen bat, von diesem wahnwitzigen Plan Abstand zu nehmen. Selbst dieser »Idiot«, wie er in der Familie genannt wurde, sah für seinen Neffen in diesem fernen Land keine Zukunft. Die gesamte kaiserliche Familie, voran die Mutter, bestürmten ihn, unter diesen politischen Aspekten auf die Krone Mexikos zu verzichten. Da griff der kaiserliche Bruder, der dieses Vorhaben nun auch wieder skeptisch sah, zum letzten Druckmittel. Er ließ Max durch Graf Rechberg den »Familienpakt« vorlegen, nach dem der Erzherzog, sollte er die Krone Mexikos annehmen, auf sämtliche Erbansprüche in Österreich verzichten mußte; also auch auf die Thronfolge nach Franz Joseph. Max war darüber entsetzt, nie hätte er daran gedacht, der Bruder würde zu diesem drastischen Druckmittel greifen. Er verweigerte die Unterschrift. Daraufhin ließ Franz Joseph seinem Bruder ein offizielles Schreiben, das mit »Euer Liebden« begann, zustellen und mitteilen, daß er bei Verweigerung der Unterschrift seine Erlaubnis, zum »Mexikoplan« nicht geben würde. Noch einmal kam die Familie, wie EH Sophie in ihrem Tagebuch am 24. März 1863 vermerkte, zu einer »Henkersmahlzeit« zusammen. Am nächsten Tag reiste Max mit seiner Gemahlin nach Miramare ab. Der Mutter brach das Herz.

Der Kaiser sandte EH Leopold nach Miramare, der seinen Bruder dazu bringen sollte, den Familienpakt zu unterzeichnen. Daraufhin sagte Max den Mexikanern ab: Er hätte es sich anders überlegt. Die Stellung eines österreichischen Erzherzogs schien ihm doch sicherer, doch er wollte der ganzen Welt mitteilen, wie gemein sein

Bruder an ihm gehandelt hatte. In Paris herrschte nach diesem Schritt Wut und Aufregung über den Herrn in Miramare. Kaiser Napoleon meinte öffentlich, die Habsburger sollten ihre Streitigkeiten innerhalb der Familie und nicht in der Öffentlichkeit austragen. Max müßte aber jetzt nach Mexiko gehen! Privat gab Napoleon gegenüber dem Chef des Hauses Sachsen-Coburg zu, daß die mexikanische Angelegenheit eine »äußerst ungute Sache« sei und er persönlich diesen unsicheren Thron nie besteigen würde; doch nun hätte er sich schon so weit exponiert, daß er nicht mehr zurückkönne, und daher müßte der Habsburger nach Mexiko. Max gab die Hoffnung nicht auf und begann neuerlich mit seinem Bruder in Wien zu verhandeln. Er würde den Familienpakt, wie gewünscht, unterschreiben, doch müßte ihm Franz Joseph die Garantie geben, ihn wieder in seine Privilegien einzusetzen, sollte das Unternehmen scheitern. Der Kaiser gab darauf weder eine positive noch eine negative Antwort. Max verfiel in Depressionen. Daraufhin ergriff Charlotte die Initiative und fuhr zu Verhandlungen zu ihrem Schwager nach Wien. Diese lehnte der Kaiser ab und sagte ihr nur, er würde persönlich nach Miramare kommen. In diesen schicksalsschweren Tage versuchte Dr. Jilek, der Leibarzt des Erzherzogs, ihm noch einmal dieses Abenteuer auszureden, doch Max antwortete nur, sein Ehrgefühl verlange es nun, nach Mexiko zu reisen.

Am 9. April 1864 traf der Kaiser mit großem Gefolge in Miramare ein. Die Brüder zogen sich zu einem stundenlangen Gespräch zurück, das zeitweise durch Schreiduelle, die durch die dicken Eichentüren zu vernehmen waren, unterbrochen wurde. Am Ende unterschrieb Max. Der Kaiser fuhr sofort nach Wien zurück. Die Brüder verabschiedeten sich vor der Begleitung militärisch knapp. Schon wollte Franz Joseph das Coupé besteigen, als er sich noch einmal zu seinem Bruder umwandte, spontan auf ihn zueilte und ihn umarmte. Es war einer der ganz seltenen Augenblicke, in denen Franz Joseph ein Gefühl zeigte. Dem Jüngeren traten die Tränen in die Augen, als der Kaiser ihn umarmt hielt und mehrmals seinen Namen nannte. Es war ein Abschied für immer!

Am nächsten Tag empfing Max die mexikanische Delegation und gab endgültig seine Zustimmung, den Thron zu besteigen. Er legte den Treueid für Mexiko ab und nahm den Titel sowie die Pflichten eines Kaisers an. Auf dem Schloßturm von Miramare wurde erstmals die mexikanische Flagge gehißt. Die in der Bucht von Grignano liegenden österreichischen Kriegsschiffe »Novara« und »Bellano« sowie die französische Fregatte »Themis« schossen den Ehrensalut. Den Kaiser Maximilian I. von Mexiko hatten diese Tage so aufgewühlt, daß er krank wurde und seine Abreise verschieben mußte.

Der jüngste Bruder, EH Ludwig Viktor, war in Miramare anwesend, als Max und Charlotte ihr Schloß verließen und sich auf die weite Reise begaben. Darüber berichtete Ludwig Viktor seiner Mutter am 14. April von Bord der »Novara«: »...Das Wetter war wundervoll, die See etwas bewegt. Die Novara und die Themis waren sehr nah gefahren. Zur Begleitung (mit Menschen überfüllt), waren folgende Schiffe, die uns in Piran verließen, gekommen: Imperatore, Carlo, Ludovico... Vielleicht 60 000 Menschen waren im Schloß und Garten, wo auch die Ehrencompanie mit Musik aufgestellt war, die zuerst die Volkshymne und dann ein mexikanisches Lied spielte (es war schrecklich). Max ging rechts und führte Charlotte links; er war in Tränen aufgelöst, sie eben vom Gabelfrühstück gekommen, seelencontent (empörend). Ich hab's ihr auch gesagt. Denn ich selbst ging von dem Moment an beinahe zu Grunde. So seine Heimat, seinen gnädigen Kaiser, alle Lieben zu verlassen, ist ja schrecklich; er fühlte das auch sehr... endlich waren wir am Admiralsboot und dann hier an Bord. Jetzt schossen alle Schiffe. Max grüßte noch einmal das ganze überfüllte Ufer entlang, sah noch einmal seine liebe Schöpfung an und er verschwand für längere Zeit in seiner Cabine... Auf seinem Schreibtisch hat er die Photographie von uns Vier und von Dir und ober seinem Bett das Heiligenbild, das Du ihm beim Abschied schenktest. Er kann gar nicht von Dir sprechen, ohne Tränen in den Augen...«[28] Vier Tage später war die Reisegesellschaft in Rom und wurde vom Hl. Vater empfangen. Dann hieß es für die beiden Brüder endgültig Abschied nehmen. »...Wir nahmen einen herzzerreißenden Abschied, heulten beide fürchterlich«, berichtete Ludwig Victor der Mutter. »Es war ganz schrecklich, er sagte mir noch für alle sehr hübsche, liebe Sachen, die ich Euch mündlich mittheilen will...«[29]

Den Sommer 1864 verbrachte EH Sophie in dem Rheumabad Wildbad im Schwarzwald und traf erst am 20. August in Ischl ein. Ihr

338

Gemahl EH Franz Karl, weilte bereits seit 14. Juli zur Sommerfrische im Salzkammergut.[30] In Ischl erwartete sie bereits ein Brief ihres Ältesten, der sie beruhigte. Voll Angst hatte sie bei ihm angefragt, was die Zeitungsmeldungen über die »brasilianische Heirat« ihres Jüngsten bedeuten sollten. Mehrmals berichtete die in- und ausländische Presse, daß der jetzt zwanzigjährige Ludwig Viktor die achtzehnjährige Kronprinzessin Isabella, Tochter des Kaisers Pedro II. von Brasilien heiraten werde. Sophie ängstigte sich, noch einen Sohn für immer in der Neuen Welt zu verlieren. Franz Joseph konnte jedoch die Mutter beruhigen: Diese Meldung wäre nur eine »Zeitungsente«.[31] Dieses Gerücht basierte auf einer seinerzeitigen »Schnapsidee« von Ferdinand Max, die er auf seiner Reise nach Brasilien im Jahre 1860 gebar. Der Erzherzog war mit Kaiser Pedro in dessen Sommersitz Petropolis bei Rio de Janeiro zusammengetroffen. Er lernte dort die abstoßend häßliche Gemahlin des Kaisers kennen und die leider ihrer Mutter ähnelnden Töchter. Der Erzherzog hatte daraufhin die abstruse Idee, Isabella mit seinem Bruder Ludwig Viktor, dessen homoerotischen Neigungen von der Familie als Staatsgeheimnis gewahrt wurden, zu verehelichen. Die Idee, in der Neuen Welt ein Habsburgerreich zu errichten, ließ Max nicht mehr los. Seine diesbezüglichen Pläne wurden daheim belächelt, und Ludwig Viktor weigerte sich, solch einem Plan überhaupt nur nahe zu treten. Jetzt, da Max als Kaiser von Mexiko regierte, erlangte diese »Schnapsidee« wieder Aktualität.

Elisabeth begann in dieser Zeit, sich immer mehr für Ungarn zu interessieren. Wurde sie vom Charme oder dem Pomp, den ungarische Magnaten zu verströmen wußten, eingenommen, oder war es doch nur eine neuerliche Provokation gegen die Schwiegermutter, der alles Ungarische seit 1849 verhaßt war? Sisi erlernte sogar mit großem Eifer die ungarische Sprache. Ein Vorfall kann wieder als symptomatisch angesehen werden: Eines abends ging das Kaiserpaar in das Hofburgtheater. Neben der Kaiserloge hatte sich bereits die Erzherzogin mit ihrer Begleitung niedergelassen. Die Kaiserin trug an diesem Abend eine Goldhaube, wie sie ungarische Frauen zu ihrer Nationaltracht zu tragen pflegten. Als die Erzherzogin ihrer Schwiegertochter ansichtig wurde, fixierte sie sie lange durch das Lorgnon, ja sie erhob sich sogar und beugte sich über die Logenbrüstung, um Elisabeth besser mustern zu können. Dann ließ sie sich kopfschüttelnd und mit dem Ausdruck des Mißfallens wieder in ihren Sessel nieder. Das Publikum hatte diesen Vorfall natürlich bemerkt, ein Flüstern und Raunen ging durch den Saal, das Kaiserpaar verließ das Theater.[32]

Solche Vorfälle waren dazu angetan, daß die Kaiserin sofort wieder die Kranke spielte, wie Creneville seiner Frau berichtete: »Die Kaiserin ist heute wieder unwohl und erschien heute beim Diner, das zu Ehren des Gen. Adjutanten des Herzogs von Nassau in Schönbrunn stattfand, nicht. Alle Leute glauben, daß sie guter Hoffnung sei, andere erzählen, sie habe Magenkrämpfe, weil sie nach Tisch kalt badet und sich zu sehr schnürt, ich weiß nicht, was an alldem wahr ist und bedaure nur meinen armen Herrn. Dr. Fischer kommt heute hier an. Wir werden hören, was er sagt.« Dr. Fischer, von München angereist, sagte nicht viel. »Er benützt hauptsächlich sein Herkommen, um Dukaten einzustecken und mit S.M. Erlaubnis Hirsche zu schießen. Gestern erlegte er im Prater vier, darunter einen Vierundzwanzig-Ender, den Liebling des Publikums, worüber der Oberstjägermeister wütend ist...«[33] Auch noch andere körperliche Beschwerden muß die Kaiserin in dieser Zeit produziert haben, denn Franz Joseph fragte sie in einem Brief, was mit ihrer »Gebährmutter« los sei und warum sie Professor Hebra, den Spezialisten für Haut- und Geschlechtskrankheiten konsultierte, der doch für dieses »Organ« gar nicht zuständig sei, und er warnte sie vor diesem »Charlatan«![34] Entsetzt stellte er zum Schluß die Frage, ob sie sich von dem Arzt habe untersuchen lassen.

Die Lage zwischen den beiden Frauen spitzte sich wieder zu. Der kleine Rudolf hatte seinen eigenen Hofstaat erhalten; sein erster Erzieher war Graf Gondrecourt, der vom Kaiser den Befehl erhalten hatte, Rudolf »anständig herzunehmen« und aus ihm einen tüchtigen Soldaten zu machen. Franz Joseph und EH Sophie sahen in diesem martialischen Drill, dem jetzt der Sechsjährige unterworfen wurde, nichts Böses, und als die »Abhärtung« bei Rudolf nicht gelang, führte Sophie dies auf die »schwache Constitution« des Kindes zurück. Jetzt erkannte die Kaiserin, in welcher Gefahr ihr Kind schwebte und griff erstmals energisch ein. »Als ich die Ursache seiner Krankheit erfuhr, da mußte ich Abhilfe schaffen; nahm meinen ganzen Muth zusammen, als ich sah, es sei unmöglich durchzudringen gegen diesen Protegé meiner Schwiegermutter, und sagte

Alles dem Kaiser, der sich nicht entschließen konnte, gegen den Willen seiner Mutter Stellung zu nehmen – ich griff zum Äußersten und sagte... entweder geht Gondrecourt oder ich!«[35] Es kam so weit, daß sich der Kaiser schriftlich verpflichten mußte, die gesamte Erziehungsgewalt auf seine Frau zu übertragen. Sie drohte, ja sie erpreßte den Kaiser, um ihren Willen endlich durchzusetzen. Sie mußte nur erwähnen, sofort abzureisen und nie mehr nach Hause zu kommen, und schon gab kleinlaut das »Männeken« Franz Joseph nach. Einen solchen Skandal konnte er sich nicht mehr leisten. Damit war der Einfluß der EH Sophie in Familienangelegenheiten endgültig gebrochen. Doch Sophie, ihr Leben lang gewohnt, daß das geschah, was sie wünschte, gab noch nicht auf.

Die großen Sorgen ihrer Schwiegermutter kamen Elisabeth in dieser Zeit entgegen, so daß sie leichtes Spiel hatte, Sophie auszuschalten. Die Gedanken der Erzherzogin waren von den schlechten Nachrichten, die aus Mexiko eintrafen, völlig okkupiert. Durch die schleppenden Nachrichtenverbindungen trafen nur selten Neuigkeiten aus dem Land, das jetzt ihr Sohn regierte, ein, und die trugen nicht gerade zur Beruhigung der Mutter bei. Anfangs sandte Maximilian noch enthusiastische Berichte, er sprach von dem großartigen Empfang, den ihm die Bewohner von Mexiko-Stadt bereitet hatten. Überschwenglich berichtete er von seinem neuen Palast Chapultepec, den er mit 1100 Zimmern auszubauen beabsichtigte; seine Phantasie ging wieder mit ihm durch. Gegenüber Sparappellen seiner Berater hatte er taube Ohren, die Staatsfinanzen schlitterten ins Fiasko. »Das Schlimmste, was ich bis jetzt in diesem Land fand«, schrieb er, »bilden drei Klassen: die Justizbeamten, die Offiziere der Armee und der größte Teil des Clerus. Alle diese kennen ihre Pflichten nicht und leben einzig und allein des Geldes wegen...«[36] In rascher Folge hatten sich die Ereignisse zuungunsten Maximilians verändert. Das Kaiserpaar überlegte bereits ernstlich, Mexiko sein zu lassen und in die Alte Welt zurückzukehren. Gedemütigt, aber heil würden sie die Gestade Europas erreichen. Trotzdem schrieb Maximilian seinem jüngeren Bruder Carl Ludwig noch überschäumende Briefe von seiner Tätigkeit als Herrscher. Er sah nicht, daß sich das Ende seiner Herrschaft abzeichnete. Er bemerkte nicht die Zeichen an der Wand.

Zu allem Überfluß begannen Maximilian und Charlotte uneins zu werden, immer öfter kam es zu quälendem Streit. Mit der Zeit blieb dem Volk dieser Zustand nicht verborgen. Charlottes Ehrgeiz kannte keine Grenzen mehr, sie spielte sich auf, als ob sie die herrschende Kaiserin wäre und nicht ihr Gemahl. Ihre Kinderlosigkeit wurde zum Thema unguter und ordinärer Witze, was »Mama Carlotta« noch bissiger und unfreundlicher machte. Trotzdem wahrte das Paar nach außen hin die Contenance und sandte beruhigende Botschaften nach Europa. In Wirklichkeit stand Maximilian bereits zwischen den Fronten: Von den Konservativen zunehmend abgelehnt, vom Klerus offen bekämpft, von den Liberalen mitleidig belächelt. Die meiste Zeit war der Kaiser auf Reisen, um sein Land kennenzulernen und sich an den Schönheiten der Natur zu erfreuen. Währenddessen regierte Charlotte mit zunehmender Härte in Mexiko-Stadt. Sie absolvierte wahrlich ein riesiges Arbeitspensum, wurde dabei immer nervöser, reizbarer und aggressiver. Den Hofdamen fielen immer mehr komische Angewohnheiten der Kaiserin auf, doch maßen sie diesen Dingen keine Bedeutung bei. Im Sommer 1865 erfuhr Maximilian vom französischen General Felix Charles Doway in einem vertrauten Gespräch, daß die Franzosen, entgegen den Abmachungen, beabsichtigten, das Expeditionskorps vorzeitig aus Mexiko abzuziehen. Trotz einiger kleinerer Erfolge der Franzosen und der kaisertreuen Armee auf dem Schlachtfeld nahmen die Juaristen überhand.

Für Maximilian wurde die Kinderlosigkeit seiner Ehe zu einem ernsten Problem. Der Kaiser kam in Zugzwang und, ohne sich mit Charlotte zu besprechen, stellte er sie vor vollendete Tatsachen. Maximilian sondierte bei seinem Bruder EH Carl Ludwig, ob er nicht einverstanden wäre, einen seiner drei Söhne, Franz Ferdinand, Otto oder Ferdinand, zur Adoption freizugeben. Maximilian machte den Vorschlag, »noch im Laufe des Jahres 1866 als Sohn und Erbe des Kaisers und der Kaiserin von Mexiko nach Mexiko zu reisen ... I.K.M. die Kaiserin Charlotte würde nach Wien kommen, um ihn abzuholen. Ihre Majestät würde den nötigen Hofstaat mitbringen, so daß von hier aus nur eine Kinderfrau und ein Arzt mitgingen. Sollte Kaiser Max noch ein Kind geboren werden, so würde der Prinz, mit einer seiner Stellung würdigen Apanage dotiert, nach Österreich zurückkehren ...«[37] Dieser Plan erhielt von der kaiserlichen Familie in Wien eine Abfuhr. Maximilian mußte sich vor Ort um einen Nachfolger umsehen, den er – gegen eine große Summe – in der Gestalt des zweijährigen Enkels Augustin, des unglücklichen Vorgängers Maximilians, Augustin de Iturbe, fand. Das zweijährige Kind wurde also der Vormundschaft des jetzigen Kaisers unterstellt.

In diesen Tagen erschien am Hof von Mexiko eine zwielichtige Figur, der deutschstämmige Jesuitenpater Augustin Fischer, der es verstand, das Vertrauen des Kaisers in kürzester Zeit zu erringen. Fischer drang in Maximilian, er möge sich mit dem Klerus aussöhnen, ihn wieder in allen Privilegien einsetzen und die sozialpolitischen Illusionen gegenüber den Indios begraben. Pater Fischer forderte Maximilian auf, endlich mit harter Hand durchzugreifen, den Menschen die eiserne Faust zu zeigen, und tatsächlich brachte er ihn so weit, das sogenannte »Todesmanifest« zu unterschreiben. Nach diesem konnte jeder Mensch, der mit einer Waffe in der Hand angetroffen wurde, ohne Gerichtsverfahren sofort erschossen werden. Dazu seine Begründung: »In Zukunft handelt es sich um einen Kampf zwischen dem achtbaren Teile der Bevölkerung einerseits und Banden von Räubern und gemeinen Verbrechern andererseits; alle Schonung muß aufhören...«[38] Dieses unselige Manifest mußte die Oppositionellen Mexikos, Amerikas und die Gegner im französischen Mutterland hervorrufen, und Napoleon III. wäre dann gezwungen, sich vom Kaiser von Mexiko zu distanzieren. Dieses Manifest wurde auch auf Kriegsgefangene ausgedehnt. So wurden zwei Generäle Juarez', die in Gefangenschaft gerieten, ohne Gerichtsurteil füsiliert. Daraufhin schwor Juarez Maximilian Rache. Er sandte einen Delegierten nach Österreich, um den Wiener Hof zu warnen.

Endlich erfuhr auch die kaiserliche Familie in Wien, wie es tatsächlich in Mexiko zuging, und daß das Kaiserreich in Agonie liege. Sie informierte Maximilian sofort vom Besuch des Sonderbevollmächtigten Juarez', Jesús Juan Teran, der dem österreichischen Minister des Äußern einen Besuch abstattete und der darauf hinwies, daß nur noch die Abdankung Maximilian retten könne. Dieser schlug jene Warnung in den Wind. In der Zwischenzeit begann der Kommandant des französischen Expeditionskorps, Marschall Francois Bazaine, die Nordprovinzen Mexikos zu räumen. Auch eine weitere Mahnung nahm der Kaiser nicht zur Kenntnis. Am 15. März 1866 hatte die Regierung in Wien beschlossen, weitere fünftausend Mann zum österreichischen Freiwilligenkorps zu entsenden, doch im letzten Augenblick wurde der Marschbefehl widerrufen. Der Grund dafür war, daß Amerika Österreich wissen ließ, eine weitere Truppenentsendung nach Mexiko würde von den amerikanischen Staaten als casus belli angesehen werden. Franz Joseph zog sich zurück. Er hatte selbst mit eigenen Schwierigkeiten zu kämpfen. Seine ganze Aufmerksamkeit galt jetzt der drohenden, scheinbar unausweichlichen Auseinandersetzung mit Preußen.

Am 17. Februar hatte der Kaiser seiner Mutter von einem Hofball in Ofen berichtet. Unter anderem schrieb er, Sisi wäre verkühlt und konnte an diesem Gesellschaftsereignis nicht teilnehmen. Dabei wären sechshundert Personen aus ganz Ungarn gekommen, um ihre schöne Königin zu sehen. Alle waren enttäuscht, weil sie nur ihren König vorfanden.[39] Elisabeth drängte jetzt immer öfter nach Ungarn. Sicherlich war dies auf einen gewissen Einfluß ihrer Vorleserin Ida von Ferenczy zurückzuführen, die durch den ungarischen Ministerpräsidenten Julius Graf Andrássy geschickt in die Nähe der Kaiserin plaziert worden war. So erfuhr er auch über den Gegensatz der EH Sophie zu ihrer Schwiegertochter in allen, auch politischen, Belangen. Elisabeth versuchte den Kaiser zu überreden, mit Ungarn endlich Frieden zu schließen und einen »Ausgleich« herbeizuführen. Seit sieben Jahren kam die ungarische Frage nicht vom Tisch, und Ende 1865 bahnten sich die ersten Gespräche zwischen diesen beiden Ländern an. Von ungarischer Seite war besonders der Politiker Ferenc Deák aktiv geworden. Er galt seit der Revolution 1849 eher als gemäßigt, ein Beschwichtiger und Bremser, besonders gegen die Loslösungsbestrebungen Ungarns von Österreich. Er meinte, eine Distanzierung von Österreich wäre der Tod Ungarns, ein Tod ohne Auferstehung. Andrássy schloß sich dieser Auffassung an, und beide fanden in Elisabeth eine große Fürsprecherin. Noch wehrte sich Franz Joseph, doch dunkle Wolken zogen aus einer anderen Richtung gegen Österreich.

Am 3. Mai 1866 berichtete der Kaiser seiner Mutter erstmals über eine ernste Kriegsgefahr mit Preußen: »Was die politischen Verhältnisse anbelangt, so geht es immer mehr dem Krieg entgegen. Ich kann mir nicht denken, wie er noch mit Ehre zu vermeiden sein könnte. Man tut zwar jetzt in Berlin sehr friedlich, um Zeit zu gewinnen und uns mürbe zu machen, allein es wird mir täglich klarer, daß jeder Schritt in Berlin und Italien ein berechnender und das Glied einer Kette von Maßregeln ist, die von lange her abgerechnet sind. Nur eine gründliche, Dauer versprechende Verständigung mit Preußen, könnte in unserer Lage von Nutzen sein und eine solche scheint mir rein unmöglich ohne Abdizierung unserer Großmachtstellung, und so muß man dem Kriege mit Ruhe und Vertrauen auf Gott entgegensehen, denn nachdem wir schon so weit gegangen sind, verträgt die Monarchie eher einen Krieg als einen langsam aufreibenden Frieden.«[40]

Franz Joseph lebte in der Überzeugung, daß die Allianz mit Preußen die einzig richtige Politik wäre. Aber das Entgegenkommen, das Österreich Preußen bewies, trug nicht die erhofften Früchte, und der gemeinsame Feldzug im Jahre 1864 gegen Schleswig-Holstein wurde Anlaß eines endgültigen Zerwürfnisses. Am 26. Januar 1866 richtete Preußen wegen der österreichischen Politik in Schleswig-Holstein eine scharfe Note an die Regierung in Wien, die vom Minister des Äußeren zurückgewiesen wurde. Fast gleichzeitig lehnte Österreich das Angebot Italiens ab, Venetien gegen Entschädigung abzutreten. Am 28. Februar entschloß sich der Ministerrat Preußens für einen Krieg gegen Österreich, und vierzehn Tage später befahl Franz Joseph die Aufstellung einer Nord- und Südarmee. Am 8. April schloß Preußen mit Italien ein Schutz- und Trutzbündnis. Darin verpflichtete sich Italien, sobald Preußen mit den Kriegshandlungen beginne, Österreich den Krieg zu erklären. Dafür würde Preußen Italiens Ansprüche auf Venetien unterstützen. Österreich war auf Grund dieser Entwicklung nun bestrebt, Frankreich unter allen Umständen aus diesem kommenden Waffengang herauszuhalten. Franz Joseph war gezwungen, mit diesem »Erzschuft in Paris« ein Neutralitätsabkommen zu schließen. Um dies zu erreichen, stimmte Österreich in diesem Vertrag der Abtretung seiner Provinz Venetien zu. Der Kaiser und seine Militärs waren der festen Überzeugung, daß sie am nördlichen Kriegsschauplatz gegen die Preußen siegen würden, und dann könnten sie große Gebietsansprüche in Schlesien fordern und damit den Verlust Venetiens kompensieren.[41] Der Kaiser berichtete seiner Mutter nach Ischl, während der Vater des Kaisers in Karlsbad kurte: ».. . Hier ist alles so mit Truppen und Transporten vollgepfropft, daß man in einem

Lager zu sein glaubt. Es sieht sehr kriegerisch in der Welt aus, und doch bin ich nicht ganz überzeugt, daß es zum Schlagen kommt. Ein Resultat müssen wir jedenfalls erreichen, nachdem wir so viel Geld ausgegeben haben und solche Opfer gebracht haben... Besser Krieg als Fortdauer des jetzigen Zustandes, den man uns mutwillig aufzwingt...«[42] Wir sehen daraus, daß EH Sophie für Franz Joseph noch immer die erste Ansprechpartnerin in politischen Dingen war. Am 21. April war die österreichische Südarmee unter dem Kommando EH Albrechts mobilisiert worden, fünf Tage später folgte die italienische Armee, und am 27. April erreichte die Nordarmee unter FZM Ludwig Ritter von Benedek dieser Befehl. Der Feldzeugmeister war also doch schwach geworden, als ihm der Kaiser die Nordarmee unterstellte. Vor Jahren schon hatte der General gebeten, davon abzusehen, ihm ein Kommando zu übertragen, doch nun war »das Unglück eines braven und disciplinierten Soldaten« eingetreten, daß er »am Ende, trotz Gift und Galle tut, was man von ihm will«. Zu seiner Ehrenrettung muß gesagt werden, daß sich Benedek mit allen Mitteln gewehrt hatte, bevor er das Kommando in Böhmen annehmen mußte. In der Konfrontation mit Preußen stand Franz Joseph, der »Deutsche Fürst«, allein und isoliert. Nur Sachsen hielt ihm die Treue, alle anderen deutschen Herrscher erklärten sich für neutral, selbst das verwandtschaftliche Bayern. Bereits am 6. Juni 1866 schrieb Franz Joseph an Albert von Sachsen und gab ihm Verhaltensmaßregeln, um den gemeinsamen Feind Preußen zu bekämpfen: »... Gegenüber der gegenwärtigen ernsten Situation und mit Rücksicht auf die Bewegungen der Preußen, hat sich die Annahme der Ursache ergeben, daß sie vielleicht nur beabsichtigen, Sachsen zu bedrohen ohne es anzugreifen, dagegen zwischen der sächsischen und österreichischen Armee in Böhmen einzudringen, um ersteren von dieser abzuschneiden... so sehe ich mich dringend veranlaßt, Dich dringend darauf aufmerksam zu machen, in einem solchen Falle mit der ganzen Armee aus Sachsen abzumarschieren und den Anschluß und die Vereinigung mit Meiner Armee sobald als thunlich zu ermöglichen... Wie ich mich freue, Dich an der Spitze der sächsischen Truppen zu wissen und einem baldigen Zusammenwirken derselben mit den meinigen entgegensehen zu können... In der Hoffnung, Dich bald im Feuer wiederzusehen, bleibe ich Dein treuer Vetter Franz.«[43]

Am 3. Mai mobilisierte die preußische Armee. Noch wurde fleißig mit dem Säbel gerasselt und ein Imponiergehabe eingenommen, um den Gegner abzuschrecken, und Franz Joseph hoffte noch, daß »es nicht zum Schlagen kommen« werde. Doch waren bereits derartige Truppenmassen auf dem Marsch, daß es kein Zurück mehr gab. Am 14. Juni ordnete Österreich die Mobilisierung der Truppen des Deutschen Bundestages an, worauf Preußen dieses Gremium für aufgelöst erklärte. Der casus belli war damit gefunden, die Armeen marschierten. Neun Tage später überschritt die italienische Armee unter General la Marmora den Mincio und rückte gegen Verona vor. Tags darauf entwickelte sich eine Schlacht bei dem Dorf Custozza, südlich des Gardasees, die für die Österreicher zwar verlust-aber siegreich verlief. Zur gleichen Zeit kam es zu ständigen Gefechten der Nordarmee mit den in Böhmen einmarschierenden preußischen Truppen.

Die Kinder des Kaisers waren nach Ischl gebracht worden. Von dort schrieb der jetzt achtjährige Kronprinz Rudolf dem Vater nach Wien: ». . . Ist es wirklich, daß die Preußen in Sachsen sind? Wo sind jetzt die Sachsen? Wie viele Brigaden hat jetzt der Benedek unter sich und der Onkel Albrecht, wie viele hat der? Papa, ist es wahr, daß beim Benedek die Musikbanden auch beim Sturm spielen müssen? Wann wird denn der Krieg losgehen? . . .« Am nächsten Tag sandte der kleine Rudolf wieder einen Brief an den Vater: »Mein lieber Papa! Ich schicke Dir mein Gebet, was ich in der Früh immer für Dich bete. Ich habe Dein Manifest gelesen, mir hat es sehr gefallen!«[44]

Der Befehl des Generalstabes, die Truppen mögen ihre Paradeuniformen für die Siegesparade in Berlin in den Tornister packen, war nach den ersten Feindberührungen hinfällig geworden. Die Ausrüstung der preußischen Armee mit den modernen Hinterladergewehren war durch die verstärkte Feuerkraft ausschlaggebend für den Verlauf der Schlacht. Vielleicht griffen sich jetzt einige österreichische Generalstäbler und selbst der Kaiser an den Kopf und erinnerten sich an das Gutachten des FZM Augustin vom 3. November 1851, der über dieses preußische Zündnadelgewehr ein vernichtendes Urteil gefällt hatte. Damals wurden von der österreichischen Armee zwanzig dieser modernen Gewehre von der preußischen Armee erworben und damit Schießübungen durchgeführt. Facit:

»Der einzige Vorteil dieser Gewehre ist die hohe und schnelle Feuerkraft.« Sonst bieten diese Modelle nur Nachteile: Keine große Schußdistanz, ungenaues Zielen, Gefahr des Schützen durch den Verschluß des Gewehres, Pulverdampfentwicklung nach hinten und vor allem der hohe Munitionsverbrauch.[45]

Wie schädlich sich das Verhalten des Kaisers auf seine Armee auswirkte, ist unter anderem aus dem obigen Memorandum ersichtlich. Jeder technische Fortschritt ist an Franz Joseph spurlos vorübergegangen. Die modernen Erkenntnisse der Strategie und der Logistik blieben ihm zeitlebens verschlossen. Für ihn blieb seine teure und imposante Wehrmacht immer nur eine Paradetruppe mit schönen Uniformen, exakten Gewehrgriffen, Kirchenparaden mit dem abschließenden Defilee, auf das höchster Wert gelegt wurde. Selbst Manöverkritiken waren nur kurz gehalten, doch der abschließende Vorbeimarsch der teilnehmenden Truppen fand ausführliche Behandlung. Die große Sicht für das militärisch Notwendige blieb dem Kaiser verschlossen, um so mehr beharrte er auf militärischem Kleinkram, den er stundenlang selbst behandelte. Hier seien als Beispiel zwei Vorfälle angeführt, die für die Arbeitsweise des Kaisers typisch erscheinen.

»Die Kaiserin ist soeben über den Platz gefahren, ohne daß die beiden Wachen, die eben ablösten, die Ehrenbezeugung erwiesen haben. Bei der dauernden Dienstnachlässigkeit des achten Jäger-Baons, bitte ich, die beiden Wachkommandanten zu ahnden. FJ« Oder:

»Die abziehende Wache hat sich durch besonders nachlässige Haltung während aller Postenablösungen, ins Gewehr treten ect. ausgezeichnet, ist auch mit aufgepflanztem Bajonett abmarschiert. FJ«[46]

Das sollen keine Beweise sein, daß dem Obersten Befehlshaber auch nicht die geringste Nachlässigkeit in seiner Wehrmacht entging, sondern typische Beispiele für seine Arbeitsweise darstellen: Ein Feldmarschall und Heerführer mit dem militärischen Verstand eines Leutnants.

In der Armee gab es gottlob doch noch einige vorausblickende Generalstäbler, die sie richtig einschätzten und ahnten, daß die Preußen bis Wien marschieren könnten, und verfügten daher den Ausbau eines Brückenkopfes am Donauufer bei Floridsdorf. Als dann die große Entscheidungsschlacht in Böhmen tatsächlich verloren ging, wurde in Wien, in der Zips und im südlichen Böhmen um Freiwillige geworben, die diesen Brückenkopf verteidigen sollten. Tatsächlich gelangten die preußischen Truppen bis Gänserndorf.[47] Die Kaiserin war bereits am 12. Juni mit ihren Kindern und 59 Begleitpersonen nach Ischl geflohen. Der Kaiser blieb mit seinen Eltern in Wien zurück. Am 29. Juni reiste Elisabeth nach Wien, um bei ihrem Mann auszuharren. In dieser Krise wollte sie ihn doch nicht allein lassen. Sie wurde von ihrer Schwiegermutter und deren Umgebung kritisch beargwöhnt. »Sie ist wenigstens hier, mehr verlangt man ja vernünftigerweise nicht«, schrieb eine Hofdame Sophies. Sofort sandte Sisi ihrem Rudolf nach Ischl folgenden Brief: »Ich schreibe Dir von Wien, da ich den Papa, dem es in der Stadt, wo er allen Nachrichten näher ist, heimlicher ist, hierher begleitete. Er dankt Dir und Gisela für eure Briefe, die ihn sehr freuten. Ich erzähle ihm viel von euch und unserem Leben in Ischl. Trotz der traurigen Zeiten und den vielen Geschäften, sieht der liebe Papa Gottlob gut aus, hat eine bewundernswerte Ruhe und Vertrauen in die Zukunft, obwohl die preußischen Truppen furchtbar stark sind und ihre Zündnadelgewehre einen ungeheuren Erfolg haben. Tante Marie schrieb aus Dresden an die Großmama, daß die ganze Stadt wie eine preußische Kaserne ist, in einem fort ziehen Truppen unter ihren Fenstern vorüber, oft stundenlang ohne Unterbrechung. Eine Truppe schöner wie die andere...«[48] EH Sophie, die Großmutter, fügte diesem Brief noch einige Sätze für Rudolf hinzu: »Einige Worte richte ich in aller Eile an Dich, mein geliebtes Kind, um Dir zum Troste zu sagen, daß der arme liebe Papa gottlob wenigstens körperlich wohlauf ist und die liebe Mama ihm wie ein guter Engel zur Seite steht, stets in seiner Nähe weilt und ihn nur verläßt, um von einem Spital zum anderen zu ziehen, um überall Trost und Hilfe zu spenden...«[49]

Nichts schildert die dramatische Situation der Nordarmee anschaulicher als die wenigen Telegramme, die zwischen dem Kaiser und dem Befehlshaber der Nordarmee gewechselt wurden:

Telegramm FZM Benedek an Kaiser Franz Joseph am 30. Juni 1866, 18 Uhr: »Das Zurückdrängen des 1. sächsischen Armee-Corps nöthigt mich, den Rückzug in Richtung Königgrätz anzutreten.«

Telegramm FZM Benedek an Kaiser Franz Joseph am 1. Juli 1866, 11 Uhr 30:

»Bitte Eure Majestät dringend um jeden Preis Frieden zu schließen. Katastrophe für Armee unvermeidbar. Oberstlieutenant Beck geht gleich zurück.«

Telegramm Franz Joseph an Benedek am 1. Juli 1866, 14 Uhr 10: »Einen Frieden zu schließen unmöglich. Ich befehle – wenn unausweichlich – den Rückzug in größter Ordnung anzutreten. Hat eine Schlacht stattgefunden?«[50]

Am 3. Juli begann um 7 Uhr 30 die Schlacht bei Königgrätz (auch Sedowa nach dem umkämpften Ort benannt) und endete erst in den Abendstunden, als die österreichische Artillerie verstummte. Auf dem Schlachtfeld wurden bis zum Abend zwei österreichische Generäle, 328 Offiziere und 5328 Mann getötet. 431 Offiziere und 7143 Marn waren verwundet. 43 Offiziere und 7367 Mann galten als vermißt und 509 Offiziere und 22 661 Mann wurden in preußische Gefangenschaft abgeführt.[51]

FML Mennsdorff berichtete dem Generaladjutanten des Kaisers aus seinem Hauptquartier in Zwittau: »Wer nicht den schauderhaften Zustand, in dem sich die Armee in dem Augenblick befindet, gesehen hat, kann sich keine Vorstellung davon machen. Die verheerende Wirkung des Zündnadelgewehres und die Übermüdung mit leeren Magen, haben diese Wirkung hervorgerufen. Eine Armee von 250 000 Mann bedarf schon eines selten begabten Führers. Mit Befehlen über gewichste Schnurrbärte reicht man da nicht aus. Benedek selbst ist vernichtet, will ... einen Bericht an das Kriegsministerium erstellen, wo er alle Schuld mit Recht auf sich nimmt ...«[52] Später wird der Generalstabschef der Nordarmee, FML Alfred von Henikstein, dem Generaladjutanten des Kaisers zu den Vorkommnissen in der Nordarmee in einem Memoire »reinen Wein« einschenken: »... Es ist klar ... daß der Feldzug noch vor der Eröffnung politisch schon verloren war. Die Haltung Frankreichs und Rußlands gestattete den Preußen freie Verfügung über ihre gesamten Kräfte, während auf eine Cooperation von Seite unserer Verbündeten gar nie zu zählen war ... Man hat aber doch uns beide (Henikstein und Krismanić) und Benedek herausgefangen und war froh, uns dem aufgeregten Volke und dem Zeitungsgesindel als faktisch vogelfrei erklärte Verbrecher vorzuwerfen, was seine Erklärung in der damals herrschenden Kopflosigkeit und Feigheit findet ...«[53]

Im nördlichen Niederösterreich und in Wien herrschten das Chaos und die Angst vor den Preußen. Der Generalvikar der Erzdiözese Wien, Johann Kutschker, richtete einen Aufruf an die Geistlichkeit, »die durch Furcht vor einer Invasion aufgeregte Landbevölkerung zu beruhigen und vor dem Verlassen der Heimat abzuhalten«.[54]

EH Sophie war wegen der Vorgänge in Königgrätz sicherlich schwerer betroffen als das Kaiserpaar, denn sie sah bereits alles zusammenbrechen, was einst ihr Streben und ihr Traum war: Der Anschluß Deutschlands an Österreich, ein vereintes siebzig Millionen-Volk unter der Krone ihres Sohnes – unter Habsburg. Und nun dieses Fiasko, diese Realität! Den Krieg gegen Preußen verloren und Venetien an Napoleon schmachvoll ausgehändigt, der diese Provinz den triumphierenden Italienern weitergab. An ihrem Lebensabend mußte sie feststellen, daß all ihre politischen Pläne und Träume wie Seifenblasen zerplatzt waren. Dazu noch die persönlichen Sorgen um ihren Sohn Maximilian im fernen Mexiko.

Wenn Rudolf auch noch nicht die Tragweite dieser Schlacht erfaßte, war ihm doch klar, daß der Vater eine wichtige Partie verloren hatte. Wie zum Trost schrieb er ihm: »Ich bin sehr traurig, daß wir uns haben zurückziehen müssen und ich glaube, es wird wieder besser werden. Ich denke sehr viel an Dich und die liebe Mama, daß ihr traurig sein werdet. Ich bete alle Tage...« Einige Tage später sandte er nochmals einen Brief an den Vater: »Ich bin sehr traurig, daß wir einen so großen Schlag erhalten haben. Ich werde heute beten, daß wir mit Gottes Hilfe wieder, was wir verloren haben, erobern!« Auch an die Großmutter sandte er einen Brief: »Meine liebe Großmama! Ich küsse Dir die Hand für Deinen lieben Brief, und ich bin sehr froh, daß der Papa und die Mama gesund sind, die jetzt so viel Kummer und Sorgen haben. Auch Du, liebe Großmama, wirst sehr traurig sein. Ich bitte jetzt jeden Tag den lieben Gott, daß er uns hilft. Ich glaube, der liebe Gott wird helfen, weil unsere Sache ist gerecht... Ich höre, Du kommst hierher. Ich freue mich sehr...«[55] Der Generaladjutant des Kaisers schrieb seiner Gemahlin betroffen: »Es ist eine fürchterliche Zeit, reich an Demütigungen und Schmach... Die früher Begeisterten sind kleinmütig. Armer Kaiser! Armes Österreich! Schanddiplomatie, elende deutsche Alliierte!«[56]

Die gemeinsame Gefahr, in der das Land schwebte, brachte die

Liebe Großmutter!

Weil wir heuer
zu deinem Ge-
burtstage nicht
zusammen sein
können, so bete
ich dir schrift-
lich meine inn-
igsten Wünsche für
deine demnächst
Geburtstag vor.
Ich habe vor dir
dem lieben Gott,
daß er dir ein
recht gute Ge-
sundheit und
ein glückliches
Leben schenken
werde.

[...] Heute ist ein [...] Morgen, die schön [...] ist [...] [...]

Rudolf

26. 1. 7[.]

beiden Frauen bei Hof nach so vielen Jahren erstmals menschlich näher. Auch die Landgräfin Fürstenberg stand der Kaiserin nun wohlwollender gegenüber. »Die Kaiserin ist in den ganzen Tagen in den Spitälern und wirklich wie eine Vorsehung, in alles eingehend, für alles sorgend, liebevoll und mütterlich. Gott sei gelobt. Endlich!... Es war Zeit qu'elle se reconcilie les coeurs du public; sie ist auf dem besten Wege!«[57]

Die Kaiserin fuhr nach Ischl und holte die Kinder zurück. Sophie protestierte zwar und meinte, die Kinder wären im Salzkammergut sicherer, doch ihre Einwände wurden nicht mehr gehört. Sisi reiste mit ihnen nach Ungarn. Nun zeigte sich, wie gut es war, daß die Kaiserin die Ungarnfeindlichkeit ihrer Schwiegermutter nie mitgemacht hatte. Von Ofen aus schrieb Rudolf der Großmutter nach Ischl: »Meine liebe Großmama! Wie geht es Dir? Die Preußen sind schon in Preßburg. Weißt Du schon, daß der Tegetthof ein feindliches Panzerschiff in die Luft gesprengt und ein anderes in Grund gebohrt und die italienische Flotte verjagt hat?... Ich bitte Dich, liebe Großmama, mich lieb zu behalten!...« Ihm gefiel es in Ofen, und er hatte schon viel gesehen: Die Bildergalerie, Altertümer, Waffen- und Mineraliensammlungen, doch am meisten hätte ihn, wie er schrieb, »das zoologische Cabinett mit den verschiedenen Gerippen und die Knochen des Mammuts«, interessiert.[58]

Elisabeths Zuneigung gegenüber den Magyaren beruhte auf Gegenseitigkeit. Das bestärkte sie in ihren Bemühungen, bei Franz Joseph den Ausgleich mit Ungarn zu forcieren und auf ihn zu drängen. Ja, sie ergriff sogar selbst die Initiative. Offen trat sie gegen den Minister Moritz Graf Esterházy auf, der, obwohl selbst Ungar, gegen seine Landsleute opponierte. An den ungarischen Hofkanzler Georg von Majláth schrieb sie: »Wenn nur Sie allein immer gewesen, wie anders stünde jetzt alles, aber da wir nun einmal so weit sind, so gehen Sie wenigstens nicht, ohne den Einfluß des Grafen Esterházy gebrochen zu haben...«[59] Nach einer langen Unterredung mit Andrássy drängte die Kaiserin Franz Joseph, mit den Magyaren ernstlich zu verhandeln: »...Zum letztenmal bitte ich Dich im Namen Rudolfs, versäume den letzten Moment nicht... daß ich, was immer auch geschehe, Rudolf einmal ehrlich sagen kann: Ich habe alles getan, was in meinen Kräften stand. Dein Unglück habe ich nicht am Gewissen...«[60]

Mitte August kam Elisabeth allein nach Wien, und eine eisige Kälte schlug ihr am Hof entgegen. Nun wurde ihr zum Vorwurf gemacht, daß sie diese traurigen Wochen nicht an der Seite ihres Gemahles ausgeharrt hätte. Am empörtesten über Sisi gebärdete sich Ministerpräsident Gustav Graf Belcredi, der ihr den Vorwurf machte, daß sie den angeschlagenen Seelenzustand des Kaisers nach der Niederlage schamlos ausgenützt habe, um die »spezifisch und egoistisch ungarischen Bestrebungen«, die sie schon lange verfolgte, nun mit noch mehr Nachdruck zu forcieren.

Kaum war die Kaiserin wieder abgereist und Franz Joseph allein in Wien zurückgeblieben, als er ihr sofort einen Brief hinterhersandte: »Mein lieber schöner Engel! Noch sind es nicht 24 Stunden, daß wir uns getrennt haben, wobei Du eine ganz besondere Heiterkeit gezeigt hast und schon schreibe ich Dir, um Dir zu sagen, wie einsam und traurig ich mich fühle und wie ich mich nach Dir sehne ... Ach könnte ich nur bald mit den Meinen vereint sein und etwas bessere Zeiten erleben. Ich bin sehr melancholisch und der Muth sinkt mir immer mehr ... Mein Pflichtgefühl allein hält mich aufrecht ... Dein Männeken.«[61] Und EH Ludwig Viktor berichtete EH Sophie nach Ischl: »Gestern war der Abschied der Kaiserin herzzerreißend. Sie läßt Dir noch ganz bewegt, alles Schöne und Liebe sagen; sie war den Abend todmüde und hatte starkes Kopfweh ...«[62]

Der Kaiser, allein in der Residenz, war abgespannt, niedergeschlagen und psychisch erschöpft. Wie gern wäre er jetzt in Ischl gewesen und dort auf die Jagd gegangen, doch wichtige Staatsgeschäfte fesselten ihn an seinen Schreibtisch. Der Mutter berichtete er: »... Erst jetzt kommt man so recht auf alle die Infamie und den Betrug, dem wir zum Opfer gefallen sind. Das war alles zwischen Paris, Berlin und Florenz lange vorbereitet, und wir waren sehr ehrlich und sehr dumm. Es ist ein Kampf auf Leben und Tod ... aber man muß sich so lange wehren, als es geht, seine Pflicht bis zuletzt tun und endlich mit Ehre zugrunde gehen ... Wir waren schon vor dem Krieg verraten und verkauft!«[63]

Im Februar 1866 hatte EH Sophie bei der Gemeinde Ischl einen Bauplan zum Umbau ihres Hauses Seeauer No 50 eingereicht. Das Gebäude sollte einen zweiten Stock erhalten.[64] Es war seit 1717 im Besitz der Familie Seeauer. Genau sechzig Jahre später wurde es durch einen Brand total zerstört und 1778 mit einer Rokokofassade wieder aufgebaut. Dieser Bau gehörte nun Wilhelm Seeauer, Bürgermeister von Ischl, Salzfertiger und Transportaufseher. Seit 1834 war das Haus jährliches Quartier der Eltern des Kaisers, 1850 wurde ein Stockwerk aufgesetzt und 1866 das Gesuch um Errichtung eines zweiten Stockwerkes eingereicht. Erst im Jahre 1877, mit dem Tod des EH Franz Karl, wurde dieses Sommerquartier aufgegeben. Der Kaiser wohnte bis 1864 bei seinen Aufenthalten ebenfalls in diesem Quartier. 1865 bezog er erstmals mit seiner Familie die »Kaiservilla«.

Am 28. Juni hatte der österreichische Gesandte in Mexiko an das Ministerium nach Wien berichtet: »Überall erhebt der Juarismus sein Haupt, die eifrigsten Anhänger werden apathisch, des Kaisers Volkstümlichkeit von einst, macht einer kalten, wenn auch respektvollen Gleichgültigkeit Platz, die Liberalen bleiben geschworene Feinde des Thrones, dem sie sich nur nähern, um ihn besser zu verraten...«[65] In dieser unheilschwangeren Atmosphäre versuchte Maximilian zu regieren. Als ihm vor Monaten Napoleon III. mitgeteilt hatte, er werde seine Truppen aus Mexiko abziehen, erwachte noch einmal der Stolz des Habsburgers, und großspurig erklärte er dem Kaiser der Franzosen: »Ziehen Sie Ihre Truppen augenblicklich zurück! Ein Habsburger, wie ich, wird mit Würde mit seinen mexikanischen Untertanen auszukommen versuchen...«[66] Obwohl er seinem Bruder in Wien »Wortbruch« und »Treulosigkeit« wegen der Zurückhaltung der Freiwilligen und Angst vor Amerika vorwarf, hatte er ihm noch einen optimistischen Brief geschrieben: »Unsere Angelegenheiten in Mexiko gehen langsam, aber gut vorwärts, und es gereicht mir zum besonderen Troste, daß unsere einheimischen Truppen sich sehr gut formieren und sich mit wahrem Löwenmut schlagen. Das Verhältnis mit unseren Nachbarn beginnt sich auch zu klären, durch Festigkeit und Konsequenz wird man manches mit ihnen erreichen...«[67]

Die Nachrichten aus dem Norden des Landes wurden immer unheilvoller; die Juaristen eroberten eine Stadt nach der anderen und begannen sofort, Franzosen und Kaisertreue zu massakrieren. Charlotte verfiel in Depressionen, sie hatte wieder eigenartige Ideen. So sollte Max der britischen Queen einen hohen Orden verleihen, damit er von ihr den Hosenbandorden bekäme. Maximilians Unterstaatssekretär Léonce Détroyat erstellte eine Analyse zur Lage und folgerte daraus, daß der Kaiser ohne Schutz der Franzosen unrettbar verloren sei und es besser wäre, abzudanken und nach Europa zurückzukehren. Maximilian mußte sich diesen glasklaren, logischen Argumenten beugen und sah ein, daß sein Traum vom Kaiserreich ausgeträumt war.

Doch er hatte nicht mit Charlotte gerechnet. Ihre Depressionen waren im Nu verflogen, energischer denn je trat sie auf. Die Angst, den Thron einzubüßen, machte sie schlagartig gesund. Jetzt, in der Stunde des Todes des Kaiserreiches, wuchs sie über sich selbst hinaus und zeigte, aus welchem Holz sie geschnitzt war. Sie verbot Maximilian, eine Abdankung auch nur ins Auge zu fassen, und übermittelte ihrem Gemahl ein Memorandum: »... Abdanken heißt, sich verurteilen, sich selbst ein Unfähigkeitszeugnis auszustellen, und das ist nur annehmbar bei Greisen und Blödsinnigen, das ist nicht die Sache eines Fürsten von vierunddreißig Jahren voller Leben und Zukunftshoffnungen. ... Man verläßt den Thron nicht, wie man aus einer Versammlung fliehen will, die ein Polizeikorps umschlossen hält. Im Augenblick, da man die Geschicke einer Nation übernimmt, tut man dies auf eigene Gefahr, und es steht einem nicht frei, sie zu verlassen. Ich kenne keine Lage, wo Abdankung etwas anderes wäre als ein Fehler oder Feigheit... Man verläßt seinen Posten vor dem Feind nicht, warum würde man eine Krone verlassen...«[68] Das Wort »Feigheit«, von seiner Gemahlin ausgesprochen, drang Maximilian tief ins Herz. Der Kaiser ließ sich umstimmen und verwarf den Gedanken einer Abdankung. In diesem Memorandum kündigte die Kaiserin an, sie würde nach Frankreich reisen und dort den Kaiser Napoleon an seine Verpflichtungen erinnern. Alle Differenzen des Ehepaares schienen behoben. Maximilian sah wieder bewundernd zu seiner Gemahlin auf.

Mit bewegten Worten schilderte der Kaiser seinem Bruder Carl Ludwig die bevorstehende Reise: »Die Reise Charlottes ist das schwerste Opfer, welches ich noch meinem neuen Vaterlande gebracht habe, umso schwerer, nachdem Charlotte in der schlechtesten Zeit die tödliche Region des gelben Fiebers durchziehen muß. Aber die Pflicht gebot dieses Opfer...«[69] Auch seiner Mutter berichtete er von der wichtigen Mission seiner Gemahlin: »Liebste beste Mama! Ich benütze die sichere Gelegenheit von Charlottes Exkursion nach Europa, um Ihnen, beste Mutter, diese Zeilen zu übersenden. Charlotte macht einen Ausflug in die Alte Welt, um als unser sicherster und geschicktester Botschafter in mexikanischen Angelegenheiten zu arbeiten. Sie ist versehen mit meinen geheimen Instruktionen und hat die Hauptaufgabe, an gewisse Versprechungen für das Wohl Mexikos zu erinnern und in einigen Punkten Unterstützung zu fordern. Wieviel es mich gekostet hat, mich von ihr zu trennen, können Worte nicht beschreiben... Die Zeit, da mich der Ozean von ihr trennt, wird wohl für mich die härteste Prüfung meines Lebens sein, aber für große Zwecke muß man große Opfer bringen. Nachdem uns Europa jetzt von allen Seiten auf die schmählichste Weise verläßt und die alt gewordene Welt vor Nordamerika feige zittert, ist hier die anstrengendste Aktion doppelt notwendig. Daß die europäischen Monarchen sich vor unserer Nachbarrepublik in unverzeihlicher Schwäche beugen, werden sie einstens bitter bereuen; doch das geht mich nichts an, ich muß nur Tag und Nacht sinnen, mein neues und schon heißgeliebtes Vaterland zu retten. In dieser Absicht der Pflicht und Liebe steht mir Charlotte treu, redlich und tätig zur Seite, und darin liegt die Erklärung ihrer rasch beschlossenen Reise nach Europa. Gott möge sie geleiten und uns wieder frisch, froh und zufrieden zurückführen... Brüssel und Wien kann Charlotte leider aus politischen Gründen jetzt nicht besuchen. Ich bitte Dich innig, bete recht inständig für mich, der ich allein in der fernen Welt stehe...«[70]

Dieser Brief an die Mutter enthielt mehrere offene und versteckte Angriffe und Vorwürfe an den kaiserlichen Bruder in Wien, und Maximilian war sicher, daß Sophie Franz Joseph von diesem Schreiben in Kenntnis setzen werde. Am 6. Juli erfuhren Maximilian und Charlotte von der fürchterlichen Niederlage der Österreicher in Böhmen. Trotzdem reiste Charlotte ab. Maximilian begleitete sie noch ein Stück des Weges, und beide nahmen in einem Indianerdorf voneinander Abschied. Als er wieder seine Kutsche bestieg, konnte er nicht ahnen, daß er sie nie wieder sehen sollte. Ihre Reise würde im Wahnsinn enden, mit der Zurückziehung seiner Abdankungserklärung hatte er sein Todesurteil unterschrieben.

Marschall Bazaine hatte von Napoleon den Befehl zur Rückkehr mit seinen Truppen für Anfang des Jahres 1867 erhalten. Er solle bis dahin »irgendein dauerhaftes Gebilde« an politischer Kompetenz hinterlassen. Zur Not auch – da die Monarchie anscheinend gescheitert war – eine Republik mit einem frei gewählten Präsidenten an der Spitze. Die Kaiserin hatte auf der Fahrt nach Puebla in einem Brief ihren Gemahl eindringlich aufgefordert, was immer auch kommen sollte, nie auf den Thron Mexikos zu verzichten. »Sei auf der Hut vor den Franzosen«, hieß es da. »Selbst der Netteste von ihnen soll gesagt haben, daß ich nie zurückkommen werde. Höre nicht auf ihn. Es würde mir, wo ich auch sei, das Herz brechen, wenn ich jemals hörte, Du hättest Dich überreden lassen, den Thron aufzugeben, für den wir so viele Opfer gebracht haben und der noch immer eine glorreiche Zukunft haben kann.«[71]

Am 13. Juli schiffte sich die »hysterisch wirkende Mama Carlotta« in Vera Cruz auf dem französischen Postschiff ein und landete, unter schwerer Seekrankheit leidend, am 8. August in St. Nazaire in Frankreich. Drei Tage später stand sie vor Napoleon. Es war kein gutes Gespräch. Der Kaiser litt an Gallenkoliken und Blasenbeschwerden, und Charlotte war zittrig, übernervös, nicht mehr zurückhaltend, sondern frech und fordernd. Es kam zu peinlichen Augenblicken. Die Kaiserin fiel weinend vor Napoleon auf die Knie, im nächsten Moment schrie sie ihn an und beschimpfte ihn, er sei ein Parvenu. Ohne angemeldet zu sein, erschien sie am nächsten Tag wieder in St. Cloud und drang bis zu Napoleon vor, der sie zu beruhigen versuchte. Er gab ihr den Rat, Maximilian solle abdanken und freie Wahlen ausschreiben. Sie schrie ihn an: »Wie konnte ich vergessen, wer ich bin und wer Sie sind! Ich hätte an meine Herkunft denken müssen und mich nicht vor einem Bonaparte demütigen, nicht mit einem Abenteurer verhandeln dürfen!«[72] Zu allem Überfluß lief ihr noch der französische Finanzminister Achille Fould über den Weg, den sie der Unterschlagung und des Betruges verdächtigte. Sowohl Napoleon als auch der Ministerrat lehnten die Forderungen Charlottes als »Diktatbedingungen einer hysterischen Frau« rundweg ab. Die Kaiserin war auf allen Linien gescheitert. Am 19. August kam es zwischen ihr und Napoleon zur letzten Aussprache, bei der sie bereits einen vollkommen verwirrten Eindruck machte. Maximilian erhielt die Note der französischen Regierung zugestellt, in der es hieß: ». . . Die Zeit für halbe Maßnahmen ist vorbei. Ich muß Euer Majestät erklären, daß es mir in Hinkunft unmöglich ist, Mexiko noch einen écu, noch einen einzigen Soldaten zu geben.«[73]

Bevor Charlotte am 22. August von Paris abreiste, hatte sie ihrem Gemahl noch einen langen Brief übermittelt, in dem »Hölle«, »Teufel«, »Apokalypse« und »Babylon« die bevorzugten Vokabeln waren und sich bereits Symptome eines akut hervorbrechenden Wahnes abzeichneten. Ihre letzte Hoffnung war der Papst. Am späten Abend des 25. Septembers erreichte sie Rom, zwei Tage später gewährte ihr Pius IX. eine Audienz, in der sich der Papst weigerte, für die mexikanische Sache bei Napoleon zu intervenieren. Weiters lehnte er ihre mitgebrachten Vorschläge für ein Konkordat zwischen Mexiko und dem Hl. Stuhl ab. Diese müßten erst vom mexikanischen Episkopat abgesegnet werden. Charlotte äußerte hierauf den Verdacht, daß Napoleon oder seine Häscher ihr nach dem Leben trachten würden. Sie lebe in panischer Angst, vergiftet zu werden. Sie aß und trank nichts mehr. Am 30. September eilte sie mit ihrer mexikanischen Ehrendame in aller Früh zum Trevibrunnen, um dort ihren Durst zu stillen und, völlig unvorbereitet weiter in den Vatikan, um vom Papst empfangen zu werden. Der empfing sie nach der Frühmesse. Sie erlitt einen Schreikrampf, warf sich ihm zu Füßen und flehte ihn an, bei ihm bleiben zu dürfen. Nur hier wäre sie sicher. Nach langen Bemühungen gelang es vatikanischen Beamten, sie abends in ihr Hotel zu bringen. Dort angekommen, fand sie ihr Appartement versperrt vor, deutete dies als Mordanschlag und fuhr in den Vatikan zurück. Um 22 Uhr trommelte sie den Papst aus dem Bett und bat, hier übernachten zu dürfen. In seiner Privatbibliothek wurde eine provisorische Schlafstätte errichtet. Am nächsten Morgen verfaßte Charlotte, im Glauben, einem Giftmord zum Opfer zu fallen, ihr Testament und schrieb an Maximilian einige Zeilen: »Innig geliebter Schatz! Ich nehme von Dir Abschied, Gott ruft mich zu sich. Ich danke Dir für das Glück, das Du mir gegeben hast. Gott segne Dich und mache Dir die ewige Seligkeit gewinnen. Deine Dir treue Charlotte.«[74]
Der Kardinalstaatssekretär hatte die Schwester Oberin eines in der Nähe liegenden Waisenhauses in den Vatikan gebeten. Sie sollte die Kaiserin überreden, ihr Institut zu besuchen. Charlotte ging auf diesen Vorschlag ein, machte wieder einen völlig geordneten Eindruck und richtete sogar einige Worte an die Zöglinge. Bei der Besichtigung der Küche kam es wieder zum Eklat. Die Köchin wollte der Kaiserin eine Kostprobe ihres Könnens servieren; Char-

lotte schrie die Verdutzte an, sie sei eine Mörderin und wolle die Kaiserin von Mexiko vergiften. Heißhungrig griff die Kaiserin mit bloßen Händen in eine kochende Brühe, in der Rindfleisch gar gekocht wurde. Dies wäre die einzige Möglichkeit, an kein vergiftetes Essen heranzukommen. Der rasende Schmerz beförderte sie in eine Ohnmacht. Als sie wieder erwachte, waren die Brandwunden verbunden, und sie steckte in einer Zwangsjacke. Sie wurde in ihr Hotel zurückgebracht, duldete aber nur mehr ihre österreichische Kammerzofe Mathilde Doblinger um sich. Tag und Nacht spielten sich nun in ihrem Appartement die fürchterlichsten Szenen ab, bis sie am 9. Oktober ihr Bruder, der Graf von Flandern, von Rom fortbrachte und mit ihr nach Miramare fuhr. Franz Joseph hatte den bekanntesten Wiener Irrenarzt, Professor Riedl, dorthin entsandt. Der mexikanische Außenminister General Castillo und Ministerpräsident Joaquin Velasquez de Leon telegrafierten schwerzen Herzens nach Mexiko, daß die Kaiserin an »schweren Kongestionen des Gehirns« leide.

Dieses Telegramm traf Maximilian wie ein Keulenschlag. Der Kaiser erkundigte sich bei seinem neuen Leibarzt, dem aus Prag stammenden Dr. Samuel Basch, welche Kapazität Professor Riedl sei und brach zusammen, als er vernehmen mußte, Dr. Riedl sei der Leiter der größten Irrenanstalt Wiens. Das Land in den Wirren des Bürgerkrieges zerrissen, Feinde wohin man blickte, die Franzosen mit dem Rückzug aus Mexiko beschäftigt, Charlotte als Geisteskranke im kleinen Schlössel im Park von Miramare dahindämmernd; das war die Situation, in der sich Maximilian befand. So entschloß er sich, endgültig auf den Thron Montezumas zu verzichten und nach Europa zurückzukehren. Maximilian ging nach Orizaba, das auf halbem Weg von Mexiko-Stadt nach Vera-Cruz lag. Sowohl Pater Fischer als auch Dr. Basch begannen nun auf den Kaiser einzureden, er möge doch in Mexiko bleiben. Mit seinem Fortgehen wäre auch ihre Karriere beendet gewesen. Ebenso bestürmten die nach Orizaba geeilten Kommandanten des österreichisch-ungarischen Freiwilligenkorps Maximilian zum Bleiben. Der Habsburger wurde wieder schwankend, und als nach einigen Worten der Adjutant Napoleons, General Henri Pierre Castelneau, hier eintraf und von seinem Herrn Maximilian ausrichten sollte, er möge auf den Thron verzichten und mit den französischen Truppen nach

Europa zurückkehren, empfing der Kaiser den General nicht und wollte von dieser Botschaft nichts mehr wissen. Daraufhin schrieb der Adjutant an Napoleon: »Er ist kein Empereur, sondern ein ›empireu‹, seine schwache Intelligenz, sein unentschiedener Charakter lassen alles befürchten. Er ist jedesmal begeistert, wenn er uns Franzosen unangenehm sein kann; und wenn es jemanden gibt, der uns mehr haßt als er, so ist es die Kaiserin Charlotte... Der Kaiser ist ein Mann, von dem alles zu fürchten ist.«[75]
Gefährliche Intrigen innerhalb des Beraterstabes des Kaisers wurden gesponnen. Maximilian erhielt nur noch »gesiebte Nachrichten«, die nur Gutes meldeten. Die Bevölkerung von Orizaba, aufgestachelt von Pater Fischer, bereiteten dem Kaiser immer wieder Ovationen. Zur Beruhigung seiner Nerven ging Maximilian auf Schmetterlingsjagd. Pater Fischer manipulierte eine von ihm eingesetzte Junta, die für den Fortbestand der Monarchie votierte. Der Pater stürmte mit dieser Siegesmeldung zu Maximilian, der sich geschmeichelt fühlte und sich zum Bleiben entschloß. Dazu kamen die mexikanischen Generäle Miguel Miramón und Leonardo Marquez, die den Kaiser ebenfalls zum Bleiben aufforderten. Außerdem war Maximilian ein Gerücht zu Ohren gekommen: Angeblich soll der österreichische Geschäftsträger in Mexiko-Stadt, Legationsrat Baron Eduard Lago, verlautbart haben, daß die österreichische Regierung dem Kaiser die Rückkehr nach Miramare verweigern würde. Er glaubte an dieses ungeheuerliche Gerücht, ohne es auf seinen Wahrheitsgehalt zu prüfen. Er mußte also hier bleiben und ausharren, ob er wollte oder nicht.
Die militärische Lage der Armee war deprimierend. Nur noch fünf Städte waren in ihrer Hand: Mexiko-Stadt, Puebla, Queretaro, San Luis Potosi und Vera Cruz. Alles übrige Land beherrschten die Juaristen. Ende November traf Maximilians Arzt aus Miramare, Dr. Bohuslavek, in Mexiko ein und schilderte dem Kaiser schonungslos den Zustand Charlottes. Dr. Riedl, der mit zwei Pflegern aus Wien angereist war, behandelte die Kaiserin, wie damals alle Geisteskranken, die Tobsuchtsanfälle erlitten, therapeutisiert wurden: Zwangsjacke, kalte Bäder mit eisigen Kopfgüssen, Eisbeutel auf den Kopf und Blutegel in die Nase. Diese martervolle Behandlung rief bei Charlotte noch mehr körperlichen Widerstand hervor, doch Dr. Riedl war bezüglich seiner Heilmethoden optimistisch.

Franz Joseph schrieb »über den Zustand der armen Charlotte«, seiner Mutter: »Riedl hat die begründete Hoffnung, Charlotte vollkommen herzustellen, wird nur viel Zeit und viel Geduld erfordern...«[76] Wahrhaftig, es dauerte über sechzig Jahre!

Maximilian war am Boden zerstört. Vielleicht wollte er jetzt im Sinne seiner Gemahlin handeln, die nie mit einem Thronverzicht einverstanden gewesen wäre. Vielleicht trieb ihn das schlechte Gewissen ihr gegenüber nach Mexiko-Stadt zurück. Als er sein Schloß Chapultepec in der Hauptstadt betrat, fand er nur leere Räume vor. Seine braven Untertanen, überzeugt, der Kaiser würde nie mehr zurückkommen, hatten ihm den letzten Schemel davongetragen. In der Stadt herrschte Chaos, das politisch noch dadurch verstärkt wurde, daß sich Maximilian zum Bleiben entschlossen hatte. Diese Nachricht versetzte Napoleon in Paris so in Wut, daß er sämtlichen Truppen Frankreichs in Mexiko den Marschbefehl nach Europa gab. Nochmals fuhr der französische Sonderbotschafter zum Kaiser, um ihn zum Thronverzicht und zur Rückkehr mit den Truppen zu bewegen. Stolz lehnte der Habsburger dieses Ansinnen ab und meinte, seine Ehre verlange es, hier auszuharren, bis das mexikanische Volk über die zukünftige Regierungsform in freier Wahl entschieden hätte. Die Gesandten Österreichs und Belgiens in Mexiko forderten die Angehörigen der österreichischen und belgischen Legion auf, so schnell wie möglich das Land zu verlassen, weil ihr Leben nicht mehr garantiert werden könnte. Achthundert Österreicher blieben trotzdem im Land und hielten Maximilian die Treue.

Auch Marschall Bazaine versuchte in einem Vier-Augen-Gespräch, Maximilian umzustimmen. Der Franzose hatte, trotz der jahrelangen Querelen, Mitleid mit dem jungen verblendeten Habsburger und setzte ihm die gegenwärtige hoffnungslose Lage auseinander und erklärte ihm, daß er nach dem Abzug der Franzosen untergehen würde, ja sogar um sein Leben zittern müsse. Maximilian argumentierte nur, daß er als ehemaliger Admiral auf der Kommandobrücke auszuharren habe und mit dem sinkenden Schiff untergehen müsse. Kopfschüttelnd verließ der Marschall den Kaiser.

In der Zwischenzeit hatte General Miramón Zacateca den Regierungssitz von Juarez angegriffen und beinahe den Präsidenten gefangengenommen. Maximilian war darüber so erfreut, daß er den General anwies, Juarez bei Gefangennahme sofort vor ein Kriegsgericht zu stellen. Allerdings behalte er sich die Füsilierung persönlich vor. Beim Gegenstoß der republikanischen Armee fiel dieses Schreiben in die Hände des Präsidenten. Juarez schwor dem Kaiser blutige Rache!

Bald danach erhielt Maximilian das Schreiben seiner Mutter, in dem sie ihm mitteilte, daß berechtigte Hoffnung auf Charlottes Heilung bestehe. Sophie gab die Nachricht Franz Josephs an Maximilian weiter. Gleichzeitig bestürmte sie ihren Sohn, auf seinem Posten »ehrenvoll« auszuharren und berichtete ihm von einer Wette: »Gustav von Sachsen-Weimar speiste gestern bei uns, und als ich ihn ansprach, sagte er mir mit einer treuherzigen Hast, die mich innerlich freute: Ich muß Eurer kaiserlichen Hoheit sagen, daß ich den Kaiser Max bewundernswert finde. Ich bin auch überzeugt, daß er sich in Mexiko hält. Ich habe eine große Summe gewettet, daß er im nächsten Mai noch dort ist.«[77] Nun verlangte auch die Mutter dezidiert von ihm, bis zuletzt, der »Ehre wegen«, in diesem schrecklichen Land zu verbleiben.

Miguel Miramón war nach seiner Niederlage mit den Resten der kaiserlichen Armee in die letzte Bastion der Monarchisten, nach Queretaro geflohen, die von dem fähigen General Tomás Mejia verteidigt wurde. Leonardo Marquez, ein wegen seiner Grausamkeit gefürchteter Mann, redete Maximilian den absurden Plan ein, der Kaiser solle sich sofort von allen Ausländern trennen, sich an die Spitze der Kaisertreuen setzen und hoch zu Roß in die Schlacht reiten. Das würde bei den Mexikanern einen ungeheuren Eindruck hinterlassen. Dazu müßte er nach Queretaro gehen und von dort aus das große Land neu erobern. Maximilian akzeptierte diesen wahnwitzigen Plan, trennte sich von seinen letzten Getreuen und fuhr am 13. Februar nach Queretaro ab.

Kehren wir in den Spätherbst des vergangenen Jahres zurück. Maximilian war in dieser Zeit in der wohl schwersten nervlichen Anspannung und im Zweifel, wie es mit ihm und diesem Land weitergehen sollte. In einem Moment persönlicher Verzweiflung muß er doch den ernsten Entschluß gefaßt haben, den Traum vom Kaiserreich zu begraben und nach Europa zurückzukehren, denn Franz Joseph schrieb diesbezüglich seiner Mutter: »... Danke Ihnen für das Telegramm mit der Nachricht von Max' baldiger Ankunft in Europa. Seine Lage muß wohl eine entsetzliche sein und dazu die Angst um

Charlotte auf diese Entfernung! Ich begreife, daß es ihn zu ihr drängt, auch abgesehen von der Unhaltbarkeit seiner Stellung in Mexiko. Ich habe gar keine Nachrichten von dort und weiß nur, was die Zeitungen sagen...« Er teilte Sophie ferner mit, daß Dr. Riedl noch nicht die Hoffnung aufgegeben hätte. »Nebst der weniger heftigen Vergiftungsidee ist sie jetzt mehr denn je von Größenwahn erfüllt und glaubt, daß Max, nachdem Napoleon gestorben sei, Kaiser von Frankreich, Spanien und Portugal werden muß. Mit der Apokalypse ist sie auch sehr beschäftigt und leitet viele ihrer Ideen aus derselben ab...«[78]

Über diese Diskrepanz erhebt sich die berechtigte Frage, warum EH Sophie im Februar 1867 ihren Sohn moralisch verpflichtete, »in Ehren auszuharren«, zumal ihr Ältester im Brief von Ende November 1866 die hoffnungslose Lage Maximilians schilderte? Franz Joseph schrieb doch von der »entsetzlichen Lage« und von der »Unhaltbarkeit seiner Stellung«. Die kaiserliche Familie war also voll orientiert und muß sich der tödlichen Bedrohung eines ihrer Mitglieder bewußt gewesen sein. Warum warnte die Mutter nicht ihren Lieblingssohn, warum bat sie ihn nicht heimzukehren? Statt dessen forderte sie von ihm, auf diesem verlorenen Posten auszuharren! Glaubte sie vielleicht, Rebellen würden vor einem Habsburger zurückzucken, sie würden den Bruder eines von Gottes Gnaden regierenden Kaisers von Österreich respektieren? Lebte Sophie in dem Glauben, daß ihr Sohn vielleicht den Thron Montezumas verlieren könnte, aber seine Person und sein Leben würden unangetastet bleiben? Dann hätte er, so wie es ihr Wunsch war, in Ehren ausgehalten und seine Pflicht bis zuletzt erfüllt. Hatte sie nicht aus der Geschichte gelernt? Rebellen schreckten seit der französischen Revolution nicht mehr vor einem gekrönten Haupt zurück.

Während sich in Queretaro der Vorhang zum letzten Akt im Drama um Maximilian hob, wurden in Wien die letzten Weichen für eine Neuordnung der Monarchie gestellt. Von 1848 bis 1867 war die alte ungarische Verfassung außer Kraft gesetzt worden, und das Land konnte nur mit Militärgewalt niedergehalten werden. Trotzdem weigerte sich Ungarn, Steuern nach Wien abzuführen, ja es bestanden sogar geheime Kanäle nach Preußen, um mit dessen Hilfe eine neue Revolution anzuzetteln.

EH Sophie sah in den ungarischen Adeligen nach wie vor nur

Rebellen, denn die Magyaren zeigten einen Stolz, den sie gegenüber einem Herrscher von Gottes Gnaden unangebracht und beleidigend empfand. Je mehr Sophie gegen die Magyaren hetzte, desto größer wurde Sisis Sympathie für dieses Volk. Diese ging so weit, daß sie bei ihrem Gemahl vehement auf einen »Ausgleich« mit diesem Land drängte. Der Kaiser, durch die Niederlage gegen Preußen geschwächt, mußte nachgeben und das Verhältnis mit Ungarn auf eine neue Basis stellen. Er tat es nicht gerne, fühlte sich erpreßt, mußte aber der Not gehorchen. Schließlich stand auch seine Ehre auf dem Spiel. Elisabeth war nun in der Lage, in der sie von Franz Joseph alles fordern konnte. Sie war nicht mehr das »Dummerchen«, das von ihrem Gemahl und ihrer Schwiegermutter beiseite geschoben werden konnte, sondern sie diktierte immer mehr das Geschehen in der Familie, und wenn es sein mußte, hatte sie als größtes Druckmittel die Verweigerung der ehelichen Pflichten zur Hand. Später schrieb ihre jüngste Tochter in ihr Tagebuch über das Eheglück ihrer Eltern: »Wie oft frage ich mich, ob das Verhältnis meiner Eltern nicht doch hätte anders werden können, wenn Mama in ihrer Jugend ernsten, mutigen Willen dazu gehabt hätte...«[79] Nun war Sisi am Höhepunkt. Sie hatte sich völlig von der Schwiegermutter emanzipiert, deren Einfluß bei Hof – bis auf ihren ältesten Sohn – immer mehr abnahm, deren politische Prognosen sich immer öfter als falsch erwiesen hatten, und die sich nur mehr auf eine kleiner werdende Clique Klerikaler stützen konnte. Es hätte menschliche Größe von der Kaiserin verlangt, endlich das Kriegsbeil gegen die Schwiegermutter zu begraben und Frieden in die Hofburg einziehen zu lassen. Dazu war es zu spät. Zu tief waren die Wunden, die sich die beiden Frauen im Laufe der Jahre geschlagen hatten. Sisi stand Sophie nach wie vor feindlich gegenüber.

Trotz der jahrzehntelangen Unterdrückung der Magyaren waren sie immer bestrebt, Franz Joseph zum König von Ungarn zu krönen, denn dabei hätte er auf die alte ungarische Verfassung schwören müssen, die ihnen gewisse Vorteile verschaffte. Elisabeth, nun ganz in den politischen Prozeß mit Ungarn integriert, mußte trotz ihres wachsenden Einflusses auf ihren Gemahl eine Niederlage einstecken. Franz Joseph ernannte nicht ihren Protegée, Graf Andrássy, zum neuen Minister des Äußern, sondern den ehemaligen sächsischen Ministerpräsidenten Ferdinand Graf Beust.

In der kaiserlichen Familie brachen hitzige Debatten aus, als sich die Verhandlungen mit den Magyaren dem Ende zuneigten. Sisi schob dabei stets die Interessen Rudolfs vor, tatsächlich war sie das Sprachrohr der beiden ungarischen Politiker Deák und Andrássy. Durch diese einseitige Stellungnahme kam es zu gefährlichen Zuspitzungen mit dem böhmischen Adel, der um seinen Einfluß bei Hof bangte. Auch EH Sophie vertrat deren Interessen, konnte jedoch nicht mehr energisch gegen diesen Privilegienabbau einschreiten. Ihr Stern war bereits verblaßt. Mit dem anderen Erzkonservativen des Hofes, EH Albrecht, ging sie ein Bündnis ein, um vom Konservatismus noch so viel wie möglich zu retten. Selbst der kleine Rudolf wurde in den Streit zwischen seiner Mutter, Sophie und EH Albrecht hineingezogen. Sophie resignierte jedoch bald und schrieb am 6. Februar 1867 in ihr Tagebuch: »Es scheint, daß man sich mit Ungarn arrangiert und ihm Zugeständnisse machen wird.« Und der Generaladjutant des Kaisers klagte seiner Frau: ». . . Ich möchte schon lieber tot sein, als solch eine Schmach erleben! Wo werden wir hinkommen? Das heißt nicht regieren, sondern von Canaillen Ratschläge befolgen. Andrássy verdient den Galgen mehr als 1849!«[80]

Wenn auch Franz Joseph erst mit dem Handschreiben vom 14. November 1868 die Bezeichnung »österreichisch-ungarische Monarchie« offiziell einführte, war ihr Beginn praktisch mit dem Abschluß der Verhandlungen mit Ungarn am 18. Februar 1867 festzusetzen. Der von Deák ausgehandelte »Dualismus«, von EH Sophie bis zuletzt vehement bekämpft und abgelehnt, war endlich zustandegekommen. Franz Joseph hatte diesem Bündnis nur schweren Herzens zugestimmt, er hatte das Gefühl, daß ihm dieses in einer Stunde schwerer Not abgerungen worden war. Noch immer konnte er sich nicht von den Erziehungsmaximen seiner Mutter gänzlich lösen. Während die freisinnigen Ansichten Elisabeths immer mehr an Boden gewannen, schwand überall der Einfluß der Erzherzogin. Ein großer Trost für sie war es zu sehen, wie der »Ausgleich mit Ungarn« einen solchen auch zwischen dem Kaiserpaar bewirkte. Das Familienleben schien jetzt nicht mehr nach außen, sondern auch nach innen intakt. EH Sophie, die Sorgen Elisabeths um den Kaiser bemerkend, schrieb ihrem Enkel Rudolf: »Gott vergelte es der guten Mama!«[81]

Am 8. Juni 1867 kam es in Ofen zur feierlichen Inthronisation des österreichischen Kaiserpaares zum König und zur Königin von Ungarn. Die Magyaren waren von ihrer schönen Königin begeistert. Das mußte auch Franz Joseph neidlos anerkennen und schrieb seiner Mutter: »Sisi ist mir von großer Hilfe durch ihre Höflichkeit, ihren maßhaltenden Takt und ihre gute ungarische Sprache, in welcher die Leute aus schönem Mund manche Ermahnungen lieber anhören.«[82] Durch den Ausgleich wurden die Böhmer und Mährer verprellt, ihre Landtage geschlossen, und resignierend schrieb EH Sophie in ihr Tagebuch, »wegen der fortschreitenden Zugeständnisse an Ungarn«. Der böhmische Adel hatte in Wien seine Fürsprecherin und wichtigste Anlaufstelle verloren. Die Erzherzogin war machtlos geworden.

Das Kaiserpaar hätte nun froh sein können. Auch privat war das Glück wieder vollkommen, und ein »zweiter Frühling« wehte durch die Kaisergemächer. Zehn Monate nach dem Ausgleich wurde Franz Joseph das vierte Kind geboren.

Schwere Schatten hatten sich schon vor dem Triumph in Ungarn auf das Haus Habsburg gelegt. Schlechte Nachrichten kamen von Maximilian in Mexiko. Bis jetzt hatte sich EH Sophie um ihren Sohn eigentlich wenig Sorgen gemacht. Er hatte ihr auch immer so optimistische Briefe geschrieben, allerdings war die Post nach Wien sechs Wochen unterwegs. Am 12. Januar 1867, als die Mutter von der endgültigen Entscheidung ihres Sohnes, in Mexiko auszuharren, erfuhr, trug sie in ihr Tagebuch ein: »Glücklicherweise bringt er seinem Land das Opfer, zu bleiben, was im Moment eine dringende Notwendigkeit ist. Denn das Land könnte in dem Moment, in dem Max es verläßt, eine Beute der Parteienanarchie werden. Er schrieb mir kürzlich, daß das Interesse und die Zuneigung, die ihm bewiesen wird, rührend sind. Indem er bleibt, hält er sich im Gegensatz zu dem schlechten Vorgehen von Louis Napoleon. Und wenn er eines Tages auf Betreiben der Vereinigten Staaten weichen und seinen Posten verlassen muß, wird er das doch in Ehre tun.«

Auf dem Weg nach Queretaro, das Maximilian am 19. Februar 1867 erreichte, wurde er mit seiner Suite von einem republikanischen Spähtrupp angegriffen, und dem Kaiser pfiffen die Kugeln um die Ohren. Die Stadt, die ihm einen jubelnden Empfang bereitete, stellte sich als »Mausefalle« heraus. In einem fruchtbaren Talkessel gelegen, war sie von Bergen umgeben, die wegen der geringen Truppenstärke nicht besetzt werden konnten. Die kaiserliche Armee verfügte über eine Kopfstärke von ungefähr neuntausend Mann, doch wenig Geld und unzureichend Verpflegung. Maximilian hatte sein Hauptquartier am Cerro de la Campañas, dem sogenannten Glockenhügel aufgeschlagen. Dort arbeitete er mit seinem Sekretär José Blasio seine Ideen für einen Volkskongreß als zukünftiges regierendes Organ aus. »Noch immer halte ich die Congreßidee als einzige Lösung zur Gründung einer dauerhaften Zukunft und als Basis aufrecht, um die Parteien, welche die Schuld am Unglück unseres Vaterlandes tragen, einander zu nähern. Mit dieser Idee trug Ich Mich schon bei meiner Ankunft im Lande...«[83] Daneben arbeitete er am Zeremoniell des mexikanischen Hofes, das er schon auf der Überfahrt von Europa begonnen hatte. Am 12. März hatten die republikanischen Truppen den Ring um die Stadt endgültig geschlossen. Es gab kein Entrinnen mehr. Acht Tage später versuchte General Leonardo Marquez mit 1200 Mann den Einschließungsring zu sprengen, was ihm tatsächlich gelang, so daß er Mexiko-Stadt erreichen konnte. Maximilian hatte dem General einen Brief an seinen Schloßverwalter in Miramare, Eduard Radonetz, mitgegeben, in dem er diesem sein neues Leben in den schillerndsten Farben schilderte: »...Alle meine alten Seekameraden werden sich wundern, Mich an der Spitze einer wirklichen Armee zu wissen. Der Admiral muß für den Augenblick ruhen, und für jetzt bin Ich ein activer General en Chef, mit hohen Stiefeln, Sporen und mit einem riesigen Sombrero... Ich ... finde in der Kriegsführung einen großen Reiz...«[84]

Nach dem Abzug Marquez' verblieben Maximilian noch siebentausend Mann, auf den Hügeln am Queretaro standen vierzigtausend gut bewaffnete und fanatische Kämpfer der Republikaner. Marquez wurde zum Verräter. Statt in Mexiko-Stadt die letzten Truppen und Peseten zusammenzukratzen und Queretaro zu entsetzen, schlug er sich nach Puebla durch, wurde dort von den Juaristen geschlagen und verließ im gestreckten Galopp auf Nimmerwiedersehen das Schlachtfeld.

Im belagerten Queretaro intrigierten die verbliebenen Generäle untereinander. Einige schlugen dem Kaiser vor, auszubrechen und in die Berge der Sierra Corda zu fliehen, doch konnte sich Max zu diesem Schritt nicht entschließen. »Dann können wir darauf zählen, daß wir alle erschossen werden«, sagte ihm Raoul Mendez.[85] Der Kaiser verlegte sein Hauptquartier in das Kloster de la Cruz und legte sich mit einer Ruhrerkrankung ins Bett. Am 23. April erschien vor den Linien ein Parlamentär der Republikaner. Maximilian würde freier Abzug gewährt werden, wenn er mit seinen Truppen bedingungslos kapituliere. Seine Generalität würde allerdings füsiliert werden. Stolz wies der Kaiser dieses Angebot ab.

Am 10. Mai faßten Maximilian und seine höchsten Offiziere den Entschluß, den Ausbruchsversuch zu wagen. Es war für ihn die letzte Chance, aus dieser Mausefalle herauszugelangen. Ein geheimes Losungswort wurde ausgegeben. Das genügte dem Kommandanten der Leibgarde Maximilians, Colonel Miguel López, Verrat zu üben. Er nahm Verbindung mit dem gegnerischen Oberbefehlshaber auf und verriet das Losungswort gegen eine schöne Summe Geldes. In der Nacht führte er die feindlichen Truppen in die Stadt. Maximilian und wenige Getreue konnten zu Fuß aus dem Kloster quer durch die Stadt zum Glockenhügel fliehen. Dort wurde jeder Widerstand zwecklos, und der Kaiser ließ die weiße Fahne, das Zeichen der Kapitulation, aufziehen. General Mariano Escobedo nahm ihn gefangen. Maximilian gab dabei eine Erklärung ab: »Ich habe bereits im März abgedankt und bitte, daß kein Blut mehr vergossen wird. Falls dies aber doch nötig sein sollte, so soll man mein Leben nehmen und sich damit begnügen. Andernfalls bitte ich, da ich nur den Wunsch habe, Mexiko zu verlassen, an irgendeinen Einschiffungsplatz gebracht zu werden...«[86]

Der Wiener Hof war seit der Abreise Maximilians nach Queretaro ohne Nachricht von ihm. Jetzt machte sich Franz Joseph ernste Sorgen um den Bruder und beauftragte den österreichischen Gesandten in Paris, bei Napoleon vorstellig zu werden und von ihm Garantien für Max zu verlangen. Napoleon lehnte jedoch ab. »Es ist selbstverständlich, daß ich alle Garantien biete«, ließ er ausrichten, »wenn der Kaiser mit meinen Truppen Mexiko verläßt, nach deren Abtransport aber kann ich bedauerlicherweise nichts mehr für ihn tun. Maximilian hat sich von der Hauptstadt entfernt und sich an die Spitze von Banden gestellt, und so wird er notwendigerweise die Folgen seines Verhaltens tragen müssen...«[87] Fast gleichzeitig wurde der österreichische Geschäftsträger in Washington, ohne von seiner Regierung beauftragt worden zu sein, im amerikanischen Außenamt vorstellig und bat um Intervention bei Juarez, den Kaiser zu schonen. Der amerikanische Außenminister teilte die Sorgen des Österreichers und nahm Kontakt mit dem mexikanischen Präsidenten auf. Er bat Juarez, den Kaiser, wie es die internationalen Usancen vorschreiben, in allen Ehren als Kriegsgefangenen zu behandeln. Die Antwort Juarez' war niederschmetternd. Der »österreichische Erzherzog Ferdinand Max« sei als Usurpator ins Land gekommen und hätte es ins Unglück gestürzt, somit hätte er keinen Anspruch auf eine ehrenvolle Behandlung eines Kriegsgefangenen.«[88] Benito Juarez hatte schon längst beschlossen, den Kaiser vor ein Kriegsgericht zu stellen, obwohl Maximilian jetzt beteuerte, sofort abzudanken, das Land zu verlassen und sich nie mehr in die inneren Angelegenheiten Mexikos einzumischen. Der Kaiser wurde in das Kloster La Teresita verlegt. Ihn plagten noch immer die Darmkrämpfe seiner Ruhrerkrankung, doch langsam erholte er sich und sah seine Lage wieder optimistisch. Er war überzeugt, Juarez werde ihn ausreisen lassen, und er würde bald in seinem Park in Miramare lustwandeln können. Brutal wurde er aus seinen Träumen gerissen, als er erfuhr, Juarez würde ihn als Kriegsverbrecher vor einem Militärtribunal anklagen. Nun erst erkannte Maximilian den Ernst seiner Lage und bat den preußischen Gesandten in Mexiko, Anton von Magnus, nach Queretaro zu kommen. Der Kaiser wurde endgültig im Kloster Capuchinas interniert.

Als Anton von Magnus Maximilian traf, war er von der Größe überwältigt, als ihm der Kaiser sagte: »Wenn man nicht die Macht besitzt, sich zu widersetzen, so muß man es eben ertragen. Ich bin nicht der erste Souverän, der gefangen ist. Franz I. war auch Gefangener. Und dann habe ich Pflichten gegenüber meinen Kollegen. Den Monarchen Europas und der Geschichte bin ich es schuldig, daß ich mich zuletzt ihrer würdig benehme.«[89]

Der österreichische Gesandte brachte gute Nachrichten nach Queretaro. Franz Joseph hatte den Familienpakt widerrufen und Maximilian in alle Rechte und Privilegien eingesetzt. Damit wollte der Kaiser in Wien seinem Bruder das Leben retten, denn die Mexikaner würden es dann nicht wagen, einen österreichischen Thronprätendenten – Maximilian kam nach Rudolf in der Thronfolge – womöglich zu hängen. Vielfach wird jedoch berichtet, daß Franz

Joseph nicht alles versucht hatte, den ungeliebten Bruder zu retten. »Als dann Maximilians Leben immer gefährlicher erschien, vergaß Franz Joseph – eine andere Erklärung ist nicht möglich – seinen Bruder ganz einfach. Wir müssen annehmen, daß er ihn vergaß, denn sonst wäre jener vollkommene Mangel an Angst und Sorge um den in sein Verhängnis Rennenden nicht zu verstehen.«[90] Anton von Magnus versuchte in einem persönlichen Gespräch mit Juarez, den Kopf des Kaisers zu retten. Der Präsident meinte jedoch, das mexikanische Volk fordere eben diesen Kopf.

Am 12. Juni begann das öffentliche Kriegsgerichtsverfahren gegen Maximilian, Miramón und Mejia im Theater von Queretaro. Es war ein gut inszeniertes Spektakel, wobei die Urteile schon zu Beginn der Verhandlungen feststanden. Der Kaiser, noch immer an der Ruhr leidend, war nicht anwesend. In absente wurde er in allen achtzehn Anklagepunkten für schuldig gesprochen, wobei ihm vor allem sein »Todesmanifest« vom 3. Oktober 1865 den Kopf kostete.

Die letzten Tage seines Lebens verbrachte Maximilian in Ruhe und Würde. Er war mit der Abfassung seines Testamentes beschäftigt, in dem er festlegte, was mit seinem Leichnam zu geschehen habe: »Meine letzten Wünsche betreffen nur noch meinen Körper, der bald von allen Schmerzen befreit sein wird, und dann meine Anhänger, die mich überleben werden. Der Arzt Dr. Basch wird meine Leiche nach Vera Cruz überführen lassen. Es ist mein Wille, daß dies ohne Feierlichkeit und Prunkentfaltung vor sich gehe und daß auf dem Schiff, das meine Leiche nach Europa bringen soll, keine besonderen Zeremonien stattfinden. Ich erwarte den Tod mit Ruhe und wünsche deshalb, daß auch um meinen Sarg Ruhe ist. Sollte sich das Gerücht über das Ableben meiner armen Frau nicht bewahrheiten, so soll meine Leiche vorläufig irgendwo beigesetzt werden, bis die Kaiserin mit mir im Tod vereint ist...«[91]

An seinen Bruder im fernen Wien, der ihn so schmählich im Stich gelassen hatte, richtete er noch einige Worte: »Lieber Bruder! Durch die Fügung des Schicksals gezwungen, schuldlosen und unverdienten Tod zu erleiden, sende ich Dir noch diese Zeilen, um Dir für Deine brüderliche Liebe und Freundschaft aus vollem Herzen zu danken. Möge Gott sie Dir durch Glück, Freude und Segen für Dich, die Kaiserin und die lieben Kinder reichlich vergelten. Für Fehler, die ich begangen, für Kummer und Verdruß, die ich Dir im

Leben bereitet, bitte ich Dich aus ganzem Herzen um Verzeihung. Eine einzige Bitte richte ich noch an Dich, daß Du der treuen belgischen und österreichischen Militärs, die mit Anhänglichkeit und Aufopferung bis zum Schluß meiner Laufbahn gedient haben, in Liebe gedenken mögest, um so mehr, als ich mit tiefem Schmerz einsehen muß, daß das hiesige Land nichts für sie getan hat. Indem ich Dich mit Liebe umarme, die Kaiserin und die lieben Kinder, grüße und Euch bitte, meiner armen Seele stets in Eurem Gebete zu gedenken, verbleibe ich bis ans Lebensende Dein Dir ewig treuer Bruder Max.«[92]

Für 16. Juni,15 Uhr, war die Vollstreckung der Todesurteile durch Erschießen angeordnet worden. Im letzten Augenblick wurde die Vollstreckung für drei Tage ausgesetzt. Schon glaubten alle, Juarez würde vor dem letzten Schritt zurückweichen und die drei Todeskandidaten begnadigen. Anton von Magnus nützte diese Zeit und sandte dem Präsidenten ein Telegramm und appellierte nochmals an das Gewissen Juarez': »Herr Präsident! Die Verurteilten sind, da sie unmittelbar vor der Hinrichtung zu stehen glaubten, nun moralisch schon zum Tode geführt worden. Ich bitte Sie, lassen Sie sie nicht zum zweitenmal sterben. Ich beschwöre Sie im Namen der Menschlichkeit und des Himmels, anzubefehlen, daß man nicht mehr an ihr Leben gehe, und wiederhole Ihnen nochmals, daß ich gewiß bin, daß mein Souverän, Seine Majestät der König von Preußen, und alle Monarchen Europas, durch die Bande des Blutes mit dem gefangenen Fürsten verwandt, nämlich sein Bruder, der Kaiser von Österreich, seine Cousine, die Königin von Großbritannien, sein Schwager, der König der Belgier und seine Cousine, die Königin von Spanien, wie die Könige in Italien und Schweden, sich leicht verständigen werden, um Seiner Exzellenz dem Herrn Benito Juarez alle Garantien zu geben, daß keiner der Gefangenen je zurückkehren und mexikanisches Gebiet betreten wird.«[93]

Juarez blieb unbeeindruckt. Auch das Angebot Maximilians, ihn allein zu exekutieren und die beiden Generäle zu begnadigen, konnte den Präsidenten nicht umstimmen. Bei der letzten Zusammenkunft Maximilians mit Magnus sagte der Kaiser zum Abschied: »Und wenn ich noch einmal die Gelegenheit hätte, dann würde ich ebenso handeln. Lieber mein jetziges Los erdulden als die Schmach, von den Franzosen gedrängt das Land zu verlassen.«[94]

Maximilian hatte mit seinem Leben abgeschlossen. Ruhig, gefaßt und würdevoll verbrachte er die letzten Stunden. Seiner Mutter Sophie ließ er folgenden Abschiedsbrief zukommen:

»Liebe beste Mama!

Fest im Glauben und treu meiner Ehre gehe ich mit ruhigem Bewußtsein dem unverdienten Tod entgegen. Nicht Schuld sondern Unglück hat mich nach Gottes Rathschluß in diese Verhältnisse gebracht; ich bin ehrenhaft unterlegen der Übermacht der Feinde und dem Verrathe. 72 Tage haben wir uns in einer Stadt, die eine offene unvorbereitete war, gegen einen siebenmal stärkeren Feind tapfer und ritterlich gehalten, nächtlicher Verrath hat uns in die Hände unseres Feindes geliefert. Durch Freunde werden Sie, beste Mutter, die näheren Details erfahren. Im Augenblick der Gefangennehmung war ich an Dissenteria schwer krank; in den verschiedenen Gefängnissen, in welche man uns brachte, litt ich noch viel. Meine letzten Gedanken auf dieser Welt sind für meine gute, arme Charlotte und für Sie, geliebte Mutter, der ich so viel Gutes zu danken habe. Ich schreibe nicht an meine arme Charlotte, da ich nicht weiß in welchem Gesundheitszustand sie sich befindet. Sie, beste Mutter, werden sie trösten und aufrichten. Seit diesem Jahr habe ich keine direkten Nachrichten weder von Ihnen noch von Charlotten. Papa küsse ich in Ehrfurcht die Hände, den Brüdern, Verwandten und Freunden sende ich die herzlichsten Grüße. Sie, beste Mutter, Charlotte und die früher Erwähnten bitte ich aus ganzem Herzen um Verzeihung für Kränkungen und Unrecht, die ich ihnen allenfalls angethan habe. Ich sterbe ruhig und mit dem wahren Trostgefühle das Gute gewollt und angestrebt zu haben und mit der Genugthuung viele und wahre Freunde in diesem Lande zurückzulassen, denen mein Andenken theuer bleiben wird. – Ein Freund bringt Ihnen, beste Mutter, mit diesen letzten Zeilen als Andenken für Sie den Ring mit den Haaren der seligen Amalie von Braganza, den ich täglich trug, und für meine arme, geliebte Charlotte den Ehering. Sie heißgeliebte Mutter um Ihren Segen und Ihre Gebethe bittend, verbleibe ich Ihr Ihnen ewig treuer Sohn Max.«[95]

Am 19. Juni 1867 stand Maximilian um drei Uhr morgens auf, hörte die Frühmesse und empfing die heilige Kommunion, die ihm Pater Soria reichte. Dann verabschiedete er sich von seinem Leibarzt Dr. Basch, übergab ihm die Abschiedsbriefe, einen Rosenkranz und seinen Trauring, die der Arzt der EH Sophie überbringen sollte. Eine goldene Medaille, die Maximilian einst von der Kaiserin Eugénie erhalten hatte, ließ er der Mutter jenes Mädchens senden, das er einst geliebt hatte – Amalie von Braganza. Der Arzt brach beim Abschied weinend zusammen und war nicht imstande, der Exekution beizuwohnen.

So begleiteten Maximilian nur Anton von Magnus, Pater Soria und der ungarische Koch Tüdös, als er mit Miramón und Mejia den Glockenhügel hinaufstieg und vor dem Exekutionspeloton Aufstellung nahm. Max trat auf die sieben Soldaten zu, die die Exekution ausführten, gab jedem ein Goldstück und bat, ihm nicht in das Gesicht zu schießen. Er nahm seinen Sombrero ab, wischte sich mit einem Tuch den Schweiß von der Stirn, übergab beides seinem Koch, trat noch einmal vor und rief auf spanisch: »Ich vergebe allen, bitte, daß auch mir alle vergeben und wünsche, daß mein Blut, das nun vergossen wird, dem Lande zum Wohle gereichen werde. Viva Mexiko! Viva Indepedencia!«[96] Der Degen des Kommandanten blitzte in der Sonne auf, eine Salve krachte über den Cerro de las Campañas, von fünf Schüssen getroffen, fiel Maximilian in den Sand und wälzte sich in seinem Blut. Ein Soldat trat heran und gab ihm aus nächster Nähe den Gnadenschuß, während der Kaiser noch »Hombre!« (»Mensch!«, oder »Um Gottes Willen!«) flüstern konnte.

»Ferdinand Maximilian von Habsburg, Erzherzog von Österreich, Verbündeter Napoleons III. zu dem Zwecke, Mexiko seine Unabhängigkeit und seine Institutionen zu rauben, welcher sich den Kaisertitel beigelegt, durch den Willen der Nation abgesetzt, durch die republikanischen Streitkräfte zu Queretaro am 15. Mai 1867 gefangen genommen, dem Gesetz gemäß über seine Verbrechen gegen die Unabhängigkeit der Nation gerichtet und durch das betreffende Kriegsgericht zur Todesstrafe verurtheilt, ist in Queretaro selbst am 19. Juni 1867 um 7 Uhr Morgens zugleich mit seinen Exgeneralen Miramón und Mejia hingerichtet worden. Frieden seiner Asche!« Das war die amtliche Mitteilung der republikanischen Regierung.[97]

Fast die gesamte zivilisierte Welt protestierte gegen diesen unmenschlichen Akt der Rache. Juarez blieb davon unbeeindruckt. In Frankreich schrieb ein unbekannter junger, radikaler Sozialist,

Georges Clemenceau, der den Habsburgern noch schwer zusetzen wird, einen Nachruf auf das mexikanische Kaiserpaar: »Warum Maximilian und Charlotte bedauern? Sie sind alle zauberhaft, diese Leute, schon fünf- sechstausend Jahre ist es so. Sie haben das Rezept für alle Tugenden und das Geheimnis der Grazie. Sie lächeln – wie anmutig... Ich kenne kein Bedauern mit solchen Leuten; den Wolf bedauern, heißt, ein Verbrechen am Schaf zu begehen. Seine Frau ist wahnsinnig geworden, sagt ihr. Nichts ist gerechter, fast möchte ich an die Vorsehung glauben. Waren es nicht die Ambitionen dieser Frau, die diesen Harlekin vorwärtstrieben?«[98]

Am 30. Juni erhielt Franz Joseph, der sich gerade in Bayern aufhielt, die Nachricht vom Tod des Bruders. Er eilte sofort nach Wien, um seiner Mutter diese Schreckensmeldung zu überbringen. EH Sophie brach weinend zusammen und flüsterte immer nur: »Erschossen! Erschossen!«

Der Schmerz der Mutter war grenzenlos. Tiefes Mitgefühl wurde ihr entgegengebracht, ihre Umgebung fühlte mit ihr und hatte Mitleid, »wie diese Arme hier, zu denen man quasi gehört, Schlag auf Schlag trifft und Sorgen auf Sorgen drücken und wie sie gar keine wahre Freude haben *können,* weil sie kein Familienleben kennen und ihnen nur die angeborene Elastizität hinüberhilft, so thun sie einem schrecklich leid!... Das sind die Größen der Welt, die von nahem besehen nichts sind als die erbarmungswürdigsten Unglücke!«[99] Für die jetzt 62 Jahre alte EH Sophie war der Tod ihres Lieblingssohnes der schwerste Schlag, den ihr das Schicksal bereiten konnte. Ihr geringer Trost war, »daß sie ihm stets abgerathen, es nicht einen Augenblick gebilligt hätte, nach Mexiko zu gehen«.[100] Ihr großer Schmerz wurde durch die Gewißheit ein wenig gemildert, daß ihr Sohn in tiefer Religiosität, in Würde und heldenmütiger Haltung von dieser Welt gegangen war. »Aber die Erinnerung an die Martern, durch die er gehen mußte, an seine Verlassenheit fern von uns, geht mir durch das Leben und ist ein unbeschreiblicher Schmerz...«[101]

Auch der kleine Rudolf versuchte, seine Großmutter zu trösten. Aus Ischl schrieb er ihr am 5. Juli: »Meine liebe Großmama! Ich habe bis heute gehofft, daß es nicht wahr ist, daß der liebe Onkel Max erschossen ist, aber heute habe ich gehört, daß es leider wahr ist. Mir ist um den Onkel Max sehr leid und ich bedaure Dich sehr, liebe

Großmama, weil Du wieder so viel Kummer und Schmerz hast. Ich will alles Mögliche thun, um Dir, liebe Großmama, Freude zu machen. Dem Großpapa küsse ich die Hand, sage ihm auch meinen Kummer...« Seinem Vater schrieb er: »... Gestern kamen die liebe Großmama und der Großpapa hier an. Die Großmama ist sehr traurig...«[102]

Es verging nur eine kurze Zeit nach dem Eintreffen der Todesnachricht, und der Kaiser begab sich auf die Jagd nach Ischl, was ihm von vielen Menschen als Pietätlosigkeit ausgelegt wurde. Wie zur Entschuldigung schrieb er seinem Freund Albert von Sachsen: »Liebster Albert! Auch in diesem Jahr der Trauer und des Schmerzes erlaube ich mir, Dir anzuzeigen, daß ich... vom 25. September bis ungefähr Anfang Oktober in Ischl jagen werde... Ist unsere alte Jagdgesellschaft auch durch den Tod unseres besten Jägers und threuen Freundes gelichtet, so können wir doch noch gute Jagden machen. Es scheint mir immer noch wie ein Traum, wenn ich daran denke, daß er nicht mehr mit uns ist, nie mehr mit uns jagen wird. Jeder Stein erinnert an den unvergesslichen Freund und man glaubt immer, er möge unter uns erscheinen auf den altgewohnten Plätzen...«[103]

Sophie schien über Nacht gealtert. Sie, die sonst gesellig war, zog sich vollends zurück. Sie wollte mit ihrem Schmerz allein sein. Ihr gehemmter Ältester war nicht der Tröster, wie ihn die Mutter jetzt benötigt hätte. Viele bei Hof dachten, daß dieser Schicksalsschlag die beiden Frauen versöhnen und einander näher bringen würde. Auch das war nicht der Fall. Sisi ging ihrer Schwiegermutter aus dem Weg, wo sie nur konnte. »Es ist nachgerade unmöglich, ruhig zuzusehen, wie sie allein gelassen wird«, schrieb die Landgräfin Fürstenberg. »Es packt einem manchmal ein gewaltiger Zorn, und wären nicht der gute Kaiser und die liebenden Kinder, man möchte wirklich, daß der Hagel dreinschlüge...«[104] Sophie fand keine Ruhe, nicht einmal mehr in Ischl. Ludowika erbarmte sich ihrer und nahm sie in Possenhofen auf. Doch war dort das Haus auch von Trauer erfüllt. Helene (Nené) war kurz vorher Witwe geworden, und auch der jüngere Bruder »Gackl« war als junger Witwer nach Hause gekommen. »Ein erbarmungswürdiger Anblick, ein wahres Bild des Jammers, um nicht Verzweiflung zu sagen«, schrieb die Fürstenberg, als sie die beiden Frauen sah.[105] Für Sophie war der

Aufenthalt bei ihrer Schwester keine Freude, da sie die Trauer ihrer Nichte mitansehen mußte. »Ich sagte mir«, schrieb sie, »da sind wirklich die tiefsten Schmerzen Seite an Seite, der Schmerz der Witwe des geliebten Mannes und der Schmerz einer Mutter über den Verlust und das Martyrium ihres getöteten Sohnes.«[106] Mit großer Genugtuung bemerkte sie, daß auch Nené in der Religion großen Trost fand. In Possenhofen erschien ein Bote und überbrachte Sophie letzte Andenken an ihren Sohn Max. Ein Stück seines braunen Paletots, den er bei der Erschießung getragen hatte, die Decke, in die der Leichnam gehüllt worden war und einen Zweig eines Strauches vom Ort der Exekution in Queretaro.[107]

Nach langwierigen und demütigenden Verhandlungen – Juarez kostete noch einmal seinen Triumph über das Haus Habsburg aus – war es endlich möglich, den Leichnam Maximilians nach Europa zu überführen. Sein alter Freund und Weggefährte, Wilhelm von Tegetthoff, übernahm diese ehrenvolle Aufgabe. Wie weit in dieser Zeit schon der Defätismus in der Armee und besonders in der Kriegsmarine fortgeschritten war, zeigt ein Brief des Admirals aus Mexiko an seine Freundin: »... Gott gebe, daß ich die Zustände in meinem Vaterlande weniger schwarz sehe, als Sie ... Hoffnung hegte ich jedoch nie weniger; an der Pfaffenherrschaft zu rütteln, hiezu scheint man sich noch immer nicht zu entschließen und solange Bischöfe und Generäle Österreich regieren, sehe ich keine Heilung ...«[108]

Vom 18. bis 23. August weilte das französische Kaiserpaar in Salzburg und traf mit dem österreichischen zusammen. Offiziell wurde die Zusammenkunft als »Kondolenzbesuch« wegen des Todes Maximilians bezeichnet. In Wahrheit gab es einen Gedankenaustausch der Monarchen über ihre Haltung gegenüber der ständig aggressiver werdenden Politik Preußens. EH Sophie hatte sich strikt geweigert, nach Salzburg zu kommen. Sie wollte Kaiser Napoleon, den »Mörder ihres Sohnes«, der ihn so schmählich im Stich gelassen hatte, nicht begegnen. EH Ludwig Viktor berichtete der Mutter von diesem Kaisertreffen. Sein Brief endete: »Kaiserin Eugénie trug mir unter Tränen alles Mögliche auf. Beide begriffen, Dich nicht zu sehen, so sehr sie's bedauern ...«[109]

Die schweren Schicksalsschläge, die die Familie getroffen hatten, waren, wie erwähnt, kein Kitt für das Zusammenleben der beiden

379

Frauen. Im Gegenteil, Elisabeth, die jetzt Oberwasser verspürte, ließ keine Gelegenheit aus, um sich für den jahrzehntelangen Terror der Schwiegermutter zu revanchieren. Sophie hatte vollends resigniert, und Landgräfin Fürstenberg konnte sich nur wundern, mit welcher »Güte und Nachsicht« die Erzherzogin sich das bieten ließ. Sophie suchte noch mehr Trost in ihrer Religion, kapselte sich ab und beobachtete nur noch die Vorgänge in der Familie.

Der Ausgleich mit Ungarn hatte auch ein freudiges Ereignis in der Familie ausgelöst. Zehn Monate nach der Krönung wurde dem Kaiser, wie bereits erwähnt, sein viertes Kind geboren. Elisabeth bestand darauf, daß es in Ungarn zur Welt kam. Franz Joseph berichtete am 23. April 1868 um 5 Uhr morgens aus Ofen seiner Mutter von der Geburt seiner jüngsten Tochter, Marie Valerie: um 3 Uhr morgens hatte ihn Elisabeth wegen einsetzender Wehen geweckt, zwei Stunden später war, dank der guten Arbeit der Hebamme Gruber, alles vorbei. Sisi hatte vor der Niederkunft große Angst gehabt, doch es ging diesmal alles sehr schnell. »...Es wäre mir ein kleiner Sohn lieber gewesen, so bin ich doch, dem lieben Gott auch für die kleine Tochter sehr dankbar...«[110] Die Kaiserin hatte sich fest vorgenommen, mit diesem Kind alles anders zu machen. Sie war jetzt in einer so starken Position, daß nur noch *ihr* Wille maßgebend war und nicht mehr der ihrer Schwiegermutter. Sie allein wollte dieses Kind nach ihren Vorstellungen großziehen, und niemand dürfe ihr dreinreden.

EH Sophie hatte diese Warnung verstanden. Sie war auch schon zu müde, um nochmals ihren Willen zu demonstrieren. Vielleicht hätte sie sich wiederum aufgerafft, wenn dieses Kind ein Sohn gewesen wäre. So aber war es nur ein Mädchen. Darüber war sie beinah froh und schrieb in ihr Tagebuch: Die Kleine sei mit Freude begrüßt worden, »vor allem durch die treuen Ungarn, die die Geburt eines Sohnes fürchteten. Denn sie hätte ein Vorwand sein können zur Lösung Ungarns von der Monarchie.«[111] Politisch war es in den Augen Sophies daher günstig, daß das vierte Kind des Kaisers ein Mädchen und kein Sohn geworden war.

Unter dem nichtigen Vorwand der spanischen Thronkandidatur des Erbprinzen von Hohenzollern wurde von Frankreich ein Konflikt heraufbeschworen, um den Sieg Preußens von 1866 rückgängig zu machen und mehr Einfluß über deutsche Länder zu erreichen. Zugleich war Kaiser Napoleon durch ein negatives Plebiszit politisch schwer angeschlagen und ließ sich von den Konservativen und Klerikalen, gegen seinen Willen, in einen Waffengang mit Preußen drängen. In Österreich wurde ernstlich überlegt, sich an die Seite Frankreichs zu stellen, um die Schande der Niederlage von 1866 zu tilgen. EH Sophie sah wieder einen verheißungsvollen Silberstreifen am Horizont. Ihre politischen Träume, die sie in den fünfziger und sechziger Jahren verfolgte, hätten bei einem Sieg Frankreichs über Preußen Realität werden können. Der »Anschluß« Deutschlands an Österreich unter der Führung und Herrschaft ihres Sohnes.

Der nichtige Vorwand wurde rasch zu einem todernsten Konflikt hochgespielt, die Ereignisse nahmen einen solch rasanten Verlauf, daß Österreich um die Entscheidung herumkam und nicht an die Seite Frankreichs trat. In Preußen fand die Kriegsbegeisterung einen fruchtbaren Boden. Sophie bedauerte »den tristen Enthusiasmus der Deutschen (angefacht zum großen Teil von den Freimaurern), die glaubten, für Deutschland zu kämpfen, und doch nur für Preußen kämpfen, das sie gänzlich zermalmen wird«.[112] Doch ihr Sohn hatte sie beruhigt und ihr verheißungsvoll geschrieben, daß er der festen Überzeugung wäre, daß es diesmal ein langer Krieg werden würde und daß Frankreich länger durchzuhalten imstande wäre, denn Berlin sei am Ende seiner Kräfte.[113]

Nebst diesen wichtigen politischen Mitteilungen Franz Josephs an seine Mutter enthielt dieser Brief mehrere Andeutungen über Erledigungen ihrer Wünsche bezüglich einiger Pensionszahlungen für Personen, für die die Erzherzogin interveniert hatte. Einige Wochen später, Sophie muß sich auf diesem Gebiet wieder engagiert haben, schrieb ihr der Kaiser, daß er der Witwe des Generals Heß 25 000 Gulden hat auszahlen lassen, »was mir nicht leicht war«.[114] Viele Menschen wußten also, welchen Weg sie einschlagen mußten, um Dotationen zu erlangen, und sie wußten auch, welchen Einfluß die Mutter noch immer auf ihren Sohn auszuüben imstande war.

Am 19. Juli 1870 hatte Frankreich Preußen den Krieg erklärt und erstmals in der Kriegsgeschichte marschierten Massenheere. Die süddeutschen Länder standen auf der Seite Preußens, sehr zum Leidwesen Sophies, und sie schrieb über deren Verblendung einen Brief an Rudolf: »Daß die Bayern sich so ausgezeichnet hatten, freut mich sehr, als Stammverwandte kann ich aber nur innig bedauern, daß es nicht lieber im Jahre Sechsundsechzig so kam und sie nun als echter deutscher Michel für den gänzlichen Ruin ihrer Unabhängigkeit und selbständigen Existenz fechten und bluten...«[115] Noch glaubte die Erzherzogin an einen Sieg Frankreichs und wurde bitter enttäuscht, als am 2. September die preußische Armee bei Sedan über die französische triumphierte. Napoleon III. ging in preußische Gefangenschaft, Kaiserin Eugénie floh mit ihrem Sohn nach England. Der schreckliche Krieg mit seinen abertausend Toten und Verwundeten ging der Erzherzogin ans Herz, und einem ihrer Briefe an Rudolf entnehmen wir, wie sehr sie plötzlich mit der Familie Napoleons Mitleid empfand und vollends vergaß, was dieser »Erzschuft aus Paris« Österreich im Jahre 1859 angetan und welch verräterische Rolle er bei ihrem Sohn Max gespielt hatte.[116]

Die Niederlage Frankreichs führte in Italien zu entscheidenden Veränderungen. Das Kaiserreich hatte bisher die weltliche Macht des Papstes, Souverän des Kirchenstaates, garantiert. Mit der Niederlage erlosch auch hier jegliche Einflußnahme; Truppen Viktor Emanuels marschierten in den Kirchenstaat ein und beraubten den Papst seiner weltlichen Macht. Sein Einflußbereich erstreckte sich von nun an nur noch auf die unmittelbare Umgebung der Kirche von St. Peter, die Vatikanstadt.

EH Sophie verstand die Welt nicht mehr. Der deutsche Sieg stürzte sie in Verzweiflung. »All diese Neuigkeiten für und wider... versetzen mich in einen Gewissenskonflikt. Meine armen Neffen von Sachsen und Bayern... müssen für die preußische Sache !! kämpfen, die der Ruin Sachsens und Bayerns ist !!... Daß Gott ihnen Hilfe gebe!«[117] Sie konnte die Tatsache nicht in ihr Weltbild einordnen, daß die Sachsen und Bayern jetzt für Preußen bluteten, während sie – mit Ausnahme Sachsens – im Jahre 1866 tatenlos zusahen, wie die Preußen die Führungsmacht Deutschlands, das katholische Österreich, das Reich ihres Sohnes, zu Boden warfen. »Wenn sie sich doch für eine bessere Sache verteidigen würden als jene des Königs von Preußen, die besudelt ist durch die ungerechte Annexion des Jahres 1866.«[118]

Auch Franz Joseph war über die Niederlage Frankreichs schockiert und berichtete der Mutter: »Die Katastrophe, die Frankreich heimgesucht hat, ist für unsere Zukunft nicht tröstlich... und der preußische König mit seinem Hochmut, seiner Eitelkeit und Scheinheiligkeit hat ein unverschämtes Glück.«[119] Weder der Kaiser noch seine Mutter konnten diesen Triumph Preußens fassen, und der Kaiser sah schwere Zeiten für die Monarchie heraufdämmern. »Die Preußen haben unerhörtes Glück«, schrieb er der Mutter, »und es wird jetzt noch schwerer mit ihnen auszukommen sein, um so mehr als das ganze übrige Europa von einer entsetzlichen Mattigkeit und Indolenz ist. Ich sehe sehr trüb in die Zukunft, die noch trauriger werden dürfte als die Gegenwart«.[120]

Kaiserin Elisabeth war politisch völlig desinteressiert geworden. Sie pflegte nur weiterhin ihre Abneigung gegen die verhaßte Schwiegermutter. Am 4. Juni 1870 war die Kaiserin mit ihrer Lieblingstochter Marie Valerie und 58 Begleitpersonen in die Kaiservilla nach Ischl gekommen. Fünf Tage später folgten Rudolf und Gisela.[121] Als am 6. Juli EH Sophie und EH Franz Karl in Ischl zum Sommeraufenthalt eintrafen, reiste Elisabeth mit den Kindern ostentativ nach Neuberg an der Mürz ab und schrieb ihrem Gemahl: »Den ganzen Sommer mit Deiner Mama zuzubringen, wirst Du auch einsehen, daß ich lieber vermeiden möchte.«[122]

Nicht genug damit, daß Sophie an ihrem Lebensabend das Erstarken Preußens mitansehen mußte, und daß am 18. Januar 1871 der preußische König Wilhelm I. zum »Deutschen Kaiser« proklamiert wurde, holte das Schicksal zum letzten Schlag gegen die Erzherzogin aus. Schon hieß es in weiten Kreisen der Gesellschaft:; »Wenn ich mich frage, wer verdient mehr, in Deutschland zu herrschen, so muß ich, so demütigend es ist, sagen, Preußen, weil es eine ungeahnte Kraft entwickelt, weil es mehr Kultur besitzt, weil es kein Konkordat hat!«[123]

Am 8. Dezember 1869 hatte Pius IX. das I. Vatikanische Konzil nach Rom einberufen, um die Lehre von der päpstlichen Unfehlbarkeit in Glaubens- und Sittenfragen zum Dogma, zum Glaubenssatz, zu erklären. Schon fünf Jahre vorher hatte der Papst in dem Rundschreiben »Quanta cura« eine Reihe falscher Lehren verworfen, die er in einem »Syllabus« (Zusammenfassung) verurteilte. Neben Pantheismus, Rationalismus wurden auch Sozialismus und Kommunismus und verschiedene Arten des falschen Liberalismus als häretisch, glaubensfeindlich oder für Glauben und Sitten als gefährlich verurteilt. Obwohl bis dahin Katholiken die Unfehlbarkeit des Papstes in Glaubens- und Sittenfragen anerkannt und geglaubt hatten, sah sich Papst Pius IX. veranlaßt, dies durch ein Dogma festigen zu müssen. Er stieß dabei innerhalb des Konzils auf heftigen Widerstand, vor allem bei den deutschen und österreichischen Bischöfen und bei dem Pariser Kardinal Georges Darboy. Vor allem die österreichischen Kardinäle Othmar von Rauscher, Friedrich von Schwarzenberg und Joseph Georg Stroßmayer machten sich zum Sprachrohr der Opposition, gaben aber im entscheidenden Moment nach, um eine Kirchenspaltung zu vermeiden. Die Liberalen nützten diese Gelegenheit, um gegen das Konkordat von 1855 Sturm zu laufen. Das konnten sie nur, weil die klerikale Partei bei Hof und die Schlüsselfigur, EH Sophie, über keinerlei Macht mehr verfügten. Franz Joseph beeindruckte der Widerstand der österreichischen Kardinäle im Konzil und er ließ sich vom Minister des Äußern überzeugen, daß der Augenblick gekommen wäre, das Konkordat zu kündigen.

Wie zur Entschuldigung berichtete der Kaiser seiner Mutter ausführlich, warum er sich zu diesem Schritt entschlossen hatte. »Für den Papst kann ich jetzt in der Lage, in der wir uns befinden und in der Europa ist, nichts tun. Ich glaube übrigens, daß seine Lage jetzt noch nicht so gefährdet ist, so lange die italienische Regierung die Gewalt in den Ländern behält. Auch ist man in Rom ziemlich ruhig und der Papst scheint entschlossen, jedenfalls in Rom zu bleiben, was mir auch das Beste scheint. Die Aufkündigung des Konkordates ist auch mir schwer geworden, doch habe ich mich dazu entschlossen, weil es der mildeste und nach meiner Ansicht richtigste Vorgang gegenüber den unglücklichen Beschlüssen Roms war, und weil dadurch an den Rechten und an der Stellung der Kirche in Österreich nichts geändert wird. Es ist auch mein innigster Wunsch, mit der Kirche wieder zu einer Einigung zu kommen, doch das ist mir mit dem jetzigen Papst nicht möglich. Wenn man die Erbitterung und Trostlosigkeit sieht, mit welcher unsere Bischöfe von Rom zurückgekommen sind, ohne jede Hoffnung, ohne jede Illusion, wie der Nimbus, der bis jetzt Rom umgab, für die jetzt ganz geschwunden ist, so möchte man an der Zukunft der Kirche verzweifeln, wenn man nicht fest im Glauben wäre und in der Hoffnung, daß Gott die Kirche vor weiterem Übel bewahren wird...«[124]

So feierlich einst die Unterzeichnung des Konkordates war, so still und unauffällig vollzog sich die Auflösung. Der Kaiser gab nur eine einfache Anweisung an den Minister für Kultus und Unterricht, der reichte sie an den Minister des Äußern weiter, und der beauftragte den Botschafter beim Hl. Stuhl, dem Kardinalstaatssekretär Mitteilung zu machen, daß sich Österreich-Ungarn an das Konkordat von 1855 nicht mehr gebunden fühle. Sophie bemerkte dazu in ihrem Tagebuch: »Der Liberalismus, mit all seinen Koryphäen, all seinen Unmöglichkeiten. Daß Gott Mitleid mit uns habe!«[125] »Ihr« Konkordat war also auch gestorben! »Der Höhepunkt des Ruhmes Österreichs ist überschritten«, schrieb sie nach so vielen Enttäuschungen und Schicksalsschlägen an ihrem Lebensabend. »Es schwindet jetzt unter den Schlägen der Revolutionäre schnell dahin aus Mangel an moralischem Gut, Grundsätzen und Religion, aus Materialismus und unter dem verderblichen Einfluß der unsinnigen und falschen Ideen, die jetzt die Welt regieren, bis endlich der liebe Gott ein Ende machen wird.«[126] Sie sah für die Monarchie ihres Sohnes das Schlimmste voraus!

Auch in der Familie gab es für Sophie wieder genug Gründe, sich zu kränken. Ende 1870 beschloß die Kaiserin, mit ihren beiden Töchtern den kommenden Winter in Meran zu verbringen. Nur ihrem Tagebuch vertraute die Erzherzogin ihren Kummer an: »Neuigkeit, daß Sisi wieder den Winter weit von Wien verbringen will, ihre beiden Töchter mit sich nach Meran nehmen will, um dort den Winter zu verbringen. Mein armer Sohn! Und Rudolf klagt sehr darüber, sich auf so lange Zeit von seinen Schwestern trennen zu müssen.«[127] Der jetzt zwölf Jahre alte Kronprinz ging erstmals gegen seine Mutter in Opposition und schrieb der Großmutter einen Brief, den sie in ihr Tagebuch aufnahm: »So muß denn der arme Papa in diesen schweren Zeiten von der lieben Mama getrennt sein. Ich übernehme mit Freuden das schöne Amt, die einzige Stütze des lieben Papa zu sein!«[128]

Schon vor längerer Zeit hatte Rudolf seiner Großmutter von seinem Vergnügen, sich mit dem Gewehr zu üben, geschrieben: ». . . Ich habe, seit Du von Ischl weg bist, viele Vögel geschossen und hier im Garten ein Eichkätzchen . . .« Sophie war mit dieser Leidenschaft ihres Enkels nicht einverstanden und aus Karlsbad, wo sie zur Kur weilte, versuchte sie auf den Enkel mäßigend einzuwirken, doch Rudolf antwortete ihr: ». . . Großmama bedaure nicht die Vögel, die ich geschossen habe, denn es waren ja Elstern, Krähen und Falken, und die letzteren zerreißen kleine Vögel, daher bin ich ein Beschützer der Gimpel und Finken.«[129] Mit solch verqueren Argumenten konnte natürlich auch die Jagdleidenschaft entschuldigt werden. Sophie erlebte auch noch den Aufstand der Pariser Kommune, als über den Barrikaden die roten Fahnen wehten. Das war nicht mehr ihre Welt, in der sie noch leben wollte. Viele Tugenden, die in ihrer Jugend noch Gewicht hatten und ihr viel bedeuteten, wurden plötzlich in Frage gestellt. Viele Untugenden, die sie bei sich bekämpfte und bemüht war, sie bei ihren Kindern zu verhindern, schienen sich jetzt durchzusetzen und sogar positiv betrachtet zu werden: Materialismus, Freisinnigkeit, Mißgunst, Neid, Haß und Vernichtung im Namen einer Verbesserung der Welt. Immer mehr Menschen glaubten, richtig gehandelt zu haben, wenn sie Böses taten oder Gutes unterließen. Werte, die früher den Menschen etwas bedeuteten, wurden jetzt umgewertet, ohne daß neue religiöse oder moralische Ordnungen in Sicht waren. Nein, das war nicht mehr ihre Welt. Sie hatte jetzt immer öfter den Wunsch sterben zu dürfen und in der Kapuzinergruft zwischen den Särgen ihres Sohnes Max, des Kaisers Franz und des Herzogs von Reichstadt begraben zu sein.

Nicht mehr aus eigenem Antrieb, sondern mehr aus Tradition heraus und vielleicht um den Schein eines intakten Familienlebens noch zu wahren, fand jeden Freitag abend bei EH Sophie ein Familiendiner statt. Minister Schäffle berichtet uns über eine Einladung und zeigt den Unterschied zwischen der Kaiserin und der Erzherzogin auf: »Kaiserin Elisabeth bin ich nur ein einziges Mal vor die Augen getreten. Sie hatte mich mit einem Kollegen zur Tafel geladen, der prunk- und geschmackvollsten, die ich je gesehen habe. Die Herren und Damen waren in gleicher Zahl bei Tisch, etwa dreißig. Die Frauen strahlten im Glanz der Edelsteine. Eine meiner Nachbarinnen, die polnische Gräfin S.B. . . . hatte die Bosheit, mich zu fragen, wo ich für den Hof erzogen worden sei . . . Zum ersten Male machte ich einen weiblichen allerhöchsten Cercle mit; ich hatte noch keine Ahnung von der Richtigkeit der Definition, die ich später aus durchlauchtigstem Munde gehört habe. ›Cercle ist die Gelegenheit, wo die höchsten Personen gezwungen sind, möglichst viel Unbedeutendes zu sagen.‹ Was die Kaiserin bemerkte, war vielleicht wenig wohlwollend, aber zweifellos unbedeutend. Sie hielt kaum einen Augenblick und sagte: ›Sie sind Schwabe und Protestant!‹ und ging weiter, um meinen Cerclenachbarn Graf Lonyay die Hand zum Kusse zureichen... Wahrhaft gemütlich dagegen war die Tafel bei der Mutter und dem Vater des Kaisers, EH Sophie und EH Franz Karl. Sie hatten meinen Kollegen vom Unterricht und mich geladen. Außer uns war nur ein Kavalier und eine Hofdame oberschwäbischer Abstammung dabei. Die Unterhaltung war äußerst animiert, und auch um die persönlichen Familienverhältnisse wurde ich von der Frau des Erzherzogs gefragt. Ich hatte mir die hohe Frau so vorgestellt gehabt, wie sie aus der Revolution her bei den Wienern schwarz in schwarz gemalt war: Finster, bigott, unbedeutend, Puppe des Kardinals Rauscher. Das Gegenteil fand ich. Ein wohlwollendes Auge, geistige Frische noch im Alter, und nahm den Eindruck einer Frau von nicht gewöhnlicher Begabung mit, welche ohne den Kardinal Rauscher imstande gewesen sein mußte, mitten im Zusammenbruch von 1848 für ihr Haus das Rechte zu tun und dafür auch auf die Kaiserkrone zugunsten ihres Sohnes zu verzichten...«[130]

Wie gespannt das Verhältnis Sophies zu ihrer Schwiegertochter bis in die letzten Lebensmonate der Erzherzogin war, zeigte ein typischer Vorfall im Januar 1872. Freitag, den 21. Januar, war Familiendiner bei Sophie. Elisabeth war kurz vorher aus Meran eingetroffen und stellte bei dieser Gelegenheit ihre beiden neuen Hofdamen vor. Zuerst die österreichische Gräfin Ludwiga Schaffgotsch, mit der sich Sophie in ein längeres Gespräch einließ. Die zweite Hofdame, die ungarische Gräfin Marie Festetics, wurde von der Erzherzogin nur mit einem flüchtigen, herablassenden Kopfnicken bedacht. Daraufhin lehnte es der EH Ludwig Viktor überhaupt ab, sich der Festetics vorstellen zu lassen.[131]

Wenige Tage später erlebte die Erzherzogin wieder eine herbe Enttäuschung. Ihr Sohn hatte erstmals auf ihren Geburtstag, den siebenundsechzigsten, es sollte ihr letzter sein, vergessen. Unbeholfen entschuldigte er sich bei ihr schriftlich: »Durch Nachdenken und Nachschlagen im Schematismus – (sein Lieblingsbuch und das einzige, das er las) – kam ich darauf, daß morgen Ihr Geburtstag ist, was ich total vergessen hatte. Sisi, die mich sonst erinnert, hat diesmal auch ganz auf Ihren Geburtstag vergessen...«[132] Kein Wunder, daß Elisabeth »vergessen« hatte. Der Auftritt vor einigen Tagen beim Diner ihrer Schwiegermutter war nicht dazu angetan, in besonderer Zuneigung an die Erzherzogin zu denken. Nur der

387

kleine Rudolf gedachte des Festtages der Großmutter, die sich darüber freute und ihm antwortete. Es war der letzte Brief, den Rudolf von seiner geliebten Großmutter erhalten sollte. »...Damals ging es mir noch gut«, schrieb sie dem Enkel, »aber seit zwei Tagen führt sich mein Knie immer schlechter auf, schmerzt mich sehr beim Aufstehen und Niedersetzen und ist recht unangenehm, wenn ich im Zimmer gehe, was ohnedem spärlich ausfällt. Innig freue ich mich über euer Zusammenleben, liebe Kinder, mit dem guten Papa...«[133]

Am 4. April 1872 hatte sich Gisela mit Prinz Leopold von Bayern verlobt, und der Kaiser teilte seiner Mutter mit, daß Gisela »eine unendlich glückliche und liebende Braut ist«. Als Grund dieser frühen Verlobung gab Franz Joseph an, daß jetzt in Europa ein großer Mangel an katholischen Prinzen herrsche, und daher müßte man sich rechtzeitig einen »katholischen Prinzen sichern«.[134] Es war zugleich der letzte Brief, den der Kaiser seiner Mutter schrieb. »Das häusliche Glück der Kleinen und des braven Leopold scheinen mir sicher, aber als Partie zählt diese Heirat nicht«, notierte Sophie enttäuscht in ihrem Tagebuch.[135] Die Erzherzogin war für Gisela mehr als nur Ersatzmutter, nachdem die leibliche Mutter seinerzeit wegen Pflege ihrer Neurosen ausgefallen war. Zur Hochzeit erhielt das junge Paar von Sophie eine halbe Million Gulden als Mitgift.[136] Im April war die Kaiserin wieder nach Meran abgereist. Am 9. Mai besuchte EH Sophie abends eine Vorstellung im Burgtheater. Wie immer war es dort heiß und zugig. Nach Hause zurückgekehrt, wollte sie noch die kühle Abendluft genießen, setzte sich auf den Balkon zur Bellaria, schlief ein und erwachte erst gegen Morgen zitternd und frierend. Die Folge war eine Lungenentzündung. Anfangs wurde der Zustand mißdeutet, erst am 14. Mai wurde das erste von vierundzwanzig Bulletins veröffentlicht, in dem noch von »gastrischen Beschwerden« die Rede war: »Ihre kaiserliche Hoheit, die durchlauchtigste Frau Erzherzogin Sophie, sind seit vier Tagen an gastrischen Erscheinungen, begleitet von nervösen Symptomen mäßigen Grades erkrankt, die seitdem ohne wesentliche Steigerung andauern.« Mitte Mai wurde die Kaiserin in Meran verständigt, sie möge sofort zurückkehren, die Schwiegermutter leide an »nervösen Störungen«, wie Schlafsucht und Zittern der Extremitäten. Sisi traf am 16. Mai in Wien ein.

Zehn Tage und Nächte verbrachte die Familie am Sterbebett der Erzherzogin. Es traten noch Zeichen zentraler Spasmen und Sprachstörungen auf. Die Hof-Schönschreiber berichteten: »Der Erzherzogin Befinden verschlechtert sich, sie bleibt aber geistig völlig klar und nimmt von jedem einzelnen Familienmitglied mit warmen Worten Abschied.«[137] Es ist eigenartig, welch' angenehmen und herrlichen Tod gekrönte Häupter und ihre Angehörigen erleiden. Schon der sterbende Kaiser Franz, durch mehrere Aderlässe zu Tode geschwächt und durch heroische Gaben von Laudanum benebelt, ließ mitten in der Nacht die gesamte Familie an seinem Lager versammeln, und bei Sophie soll es ebenso gewesen sein.

Der Kaiser verbrachte jede freie Minute am Bett der sterbenden Mutter. Er ließ im Burghof Stroh aufschütten, um das Rollen der Wagen und das Getrappel der Pferde zu dämpfen. Am 26. Mai verließ die Kaiserin für kurze Zeit die Erzherzogin, um sich um ihre Tochter Marie Valerie, die in Schönbrunn krank darniederlag, zu kümmern. Kaum in Schönbrunn angekommen, rief sie ein Telegramm in die Hofburg zurück, daß es mit der Erzherzogin zu Ende gehe.

»Der Kutscher fuhr was er konnte – die Kaiserin war furchtbar aufgeregt«, schrieb Gräfin Festetics, »und ich hatte Todesangst, die Erzherzogin würde sterben und wie die Menschen sind, hätten sie noch gesagt, die Kaiserin hätte es zu Fleiß gethan! ›Gott sei Dank‹, sagte Elisabeth atemlos bei ihrer Ankunft in der Hofburg, als sie hörte, Sophie wäre noch am Leben, ›weil sie sonst gesagt hätten – ich hätte es absichtlich gethan, weil ich sie so hasse. So sehr hasse ich sie!‹ . . . Der ganze Hof war versammelt, Minister des k. Hauses, Hofstaat nein! Das war gräßlich! Mittag war vorbei und es zeigte sich eine gewisse Unruhe unter den Wartenden, sie nahm mit jeder Minute zu – das Warten ist peinlich! Dann bekamen alle Hunger, der Tod wollte nicht eintreten. Nein! ich vergesse das nie; bei Hof ist alles anders wie bei den anderen Leuten, das weiß ich, aber das Sterben ist keine Ceremonie – der Tod keine Hofcharge.« Gegen 19 Uhr wurde das erlösende Wort gesprochen, »aber nicht durch den eingetretenen Tod veranlaßt, eine Stimme sagte ziemlich laut, ›die höchsten Herrschaften begeben sich zum Diner‹. Es klang fast lächerlich – und dann wurden alle Übrigen freigesprochen und liefen davon . . .«[138]

Die Kaiserin hatte schon seit zehn Stunden nichts gegessen, blieb aber am Sterbelager ihrer Schwiegermutter. Um 3 Uhr 15 morgens, des 28. Mai, verstarb Sophie, »diese geistesmächtige Frau«, wie Creneville sagte. »Das festeste Band zwischen dem Heute und der Vergangenheit ist gelöst«, schrieb die Hofdame Elisabeths. »Der Kaiser geht unten auf seinem Balkon auf und ab, jetzt um 11 Uhr nachts, das zeigt die tiefe Erregung der Seele. Gewöhnlich ist er um neun schon im Bett.«[139]

Der Toten wurde das Sterbekreuz Maria Theresias in die gefalteten Hände gelegt, die der großen Kaiserin in so vielem ähnlich war und die die Geschicke der Dynastie so nachhaltig beeinflußt hatte. Der Kaiser besaß nie eine mitfühlende Gemahlin, nun war seine Vertrauteste, seine mitdenkende Mutter, nach der er sich sein Leben lang wie nach einem Kompaß orientierte, für immer verloren. Sie war seine treueste Weggefährtin, die ihn nie verlassen hatte. Nun blieb Einsamkeit um ihn. »Für den Kaiser ist der Verlust seiner Mutter ein schwerer Schlag«, berichtete der Schweizer Gesandte seiner Regierung, »da sie allein ihm noch die Annehmlichkeiten eines Familienlebens gab, das er in seinem näheren Kreis missen mußte... Die Erzherzogin Sophie war ohne Zweifel unter allen Frauen des Kaiserhauses nach Maria Theresia die bedeutendste politische Erscheinung...«[140] Eine Wiener Tageszeitung widmete ihr folgenden Nachruf: »Ihr Geist war hochgebildet, ihr Verstand scharf, ihr Urteil durchdringend. Sie war eine merkwürdige Frau von ungewöhnlicher Art, fest, beinahe starr in ihren Grundsätzen, eine Frau von seltener Begabung, eine treffliche Mutter...«[141]

Eine Augenzeugin sagte über sie: »Sie besaß warmes, echt weibliches Empfinden, ein fein unterscheidendes, aufrichtiges Herz... Ich war von der Erzherzogin entzückt! Ich fand sie äußerst anziehend, sehr empfindsam und echt weiblich...«[142] Hugo von Weckbecker, der als Adjutant des Kaisers sehr viel mit der Erzherzogin zu tun hatte, schrieb über sie: »Ich kam damals oft mit EH Sophie zusammen, die mir stets besonderes Vertrauen zeigte und sich mir gegenüber ohne Rücksicht äußerte. Sie war eine sehr verständige Frau, die mit offenen Augen herumsah und von den besten Absichten für ihre glühend geliebten Kinder und für ihr Wahlvaterland Österreich erfüllt war. Durch ihre starke klerikale Erziehung war sie wohl in Vorurteilen befangen, in denen sie ja die Ereignisse von

1848 bestärkt hatten. Dennoch war sie eine der wenigen Persönlichkeiten des Hofes, die klaren Blick und Tatkraft bewahrt hatten...«[143] Alexander von Hübner, der großen Einblick in das Hofleben besaß, beschrieb die Mutter des Kaisers so: »Die Erzherzogin Sophie sprach mir von dem Thronwechsel, dem günstigsten Zeitpunkt welcher hierzu gewählt wurde... Sie ist eine hervorragende Dame: geistreich, energisch, sehr belesen... Nun freut sich die hohe Frau für das Werk, an dem sie so nahe betheiligt war, das glücklich zu Stande kam. Aber zu hellsehend um den Ernst der Lage zu verkennen, folgt sie, je nach wechselnden Stimmungen ihrer Seele, bald hoffend, bald fürchtend, mit zärtlicher Besorgniß den ersten Schritten ihres Sohnes auf der via triumphalis, oder vielmehr, auf dem Kreuzwege der Macht...«[144] In Deutschland erntete sie nur negative Stimmen: »Sophie von Bayern... die alte Dame starb erst 1872 und hat bis zu ihrem letzten Atemzug das auf Kosten des Hauses Österreich entstehende deutsche Kaiserreich mit allen Mitteln bekämpft...«[145]

Bis heute wird der EH Sophie eine sehr zwiespältige Beurteilung zuteil. Für die einen war sie als Mutter eines der mächtigsten Monarchen Europas von Gott mit dem Rüstzeug eines starken, wägenden Verstandes und eines sehr starken Willen ausgestattet worden. Für die anderen war sie der böse Geist der Hofburg, die dort die »Weiber- und Pfaffenwirtschaft« eingeführt hatte. Es erscheint nur selbstverständlich, daß sich um eine solche Persönlichkeit ein Kranz von Legenden bildete, und daß sie bald mit allen politischen und höfischen Ereignissen in Zusammenhang gebracht wurde, wobei der »Volkesstimme« nichts zu blöd und gemein war, negative Dinge auf die Schultern der Erzherzogin zu laden. Sie war bald für wenig populäre oder wenig glückliche Staatshandlungen zuständig. Sie wurde mit mehr oder weniger Recht für alle reaktionären Maßnahmen verantwortlich gemacht. In den Augen des Volkes war sie das Oberhaupt der Hofcamarilla. In echt österreichischer Gedankenlosigkeit nannte man sie eine Intrigantin, ohne Beweise zu haben. Sie wurde vom Großteil des Volkes gehaßt!

EH Sophie war für die damalige Zeit eine Seltenheit. Sie hatte Verstand, oft mehr als die Männer, den sie zu gebrauchen wußte, und das machte sie der von Männern dominierten Welt suspekt. Sie war »klug«. Verständig und vernünftig war jedes ihrer Worte, doch keineswegs blendend oder voll des schimmernden Esprits, der in den Salons intellektueller Damen gepflegt wurde. Doch mit Esprit allein erzieht man keine Kinder zu Herrschern und rettet nicht eine Dynastie vor dem Untergang in den Wirren der Revolution. Im Gespräch und bei zwanglosen Plaudereien, die sie liebte, berührte die Erzherzogin mit Bekannten gemeinsame Themen wie Jugenderinnerungen, Reisen, Kunst-, Mode- und Erziehungsfragen. Daraus konnte die Umgebung auf Verstand, schnelle Auffassungsgabe und auf den Charakter Sophies schließen. »Politischen Themen aber wich sie aus, wo es nur anging und wußte es wohl, warum!« Nur ein einziges Mal hatte sich Sophie gegenüber der Mutter der Gräfin Erdödy verbittert über jene liebenswürdigen Zeitgenossen geäußert, die alles über die Erzherzogin sagten, nur kein Lob und keine Anerkennung. »Nie in ihrem ganzen Leben, sagte sie, habe sie den Menschen Übles gewollt oder zugefügt, nie in ihrem ganzen Leben, sich niemals in Dinge gemischt, die sie nichts angegangen.«[146] Wenn sie um Rat oder um ihre Meinung gefragt wurde, hatte sie immer eine Antwort gegeben und ihren Standpunkt vertreten, jedoch nie auf deren Vollzug gepocht.

Sicherlich wurde der Erzherzogin in vielen Dingen Unrecht getan, und sie wurde beschuldigt, über ihren gehorsamen Sohn Einfluß auf Staatsangelegenheiten ausgeübt zu haben. Solch' großen Einfluß hat sie niemals besessen und wahrscheinlich gar nicht angestrebt. »Ihr wirklich vorhandener Einfluß resultierte daher, daß sie den Knaben von Kindheit an in jenen Auffassungen großzog und mit jenen Überzeugungen erfüllte, die für ihn viele Jahre Ziel und Leitstern seiner Regierungshandlungen wurde...«[147]

EH Sophie hinterließ ihrem ältesten Sohn einen Abschiedsbrief, den sie bereits 1862 verfaßt hatte, in dem sie nochmals ihre Grundsätze ausführte und die überragende Stellung des Kaisers und seiner Familie besonders hervorhob: »Bleibt alle, liebe Kinder, einzig in unwandelbarer Liebe und Treue und Ehrfurcht der jüngeren für ihren Kaiser und Herrn...« Auch hier ließ sie keine Zweifel für ihren Abscheu gegen den Liberalismus und den aufkommenden Materialismus: »Mein theuerer Franzi, da auf Dir eine schwere Verantwortung ruht für Dein katholisches Reich, das Du *vor allem* katholisch erhalten mußt, wenn Du auch dabei für die wenigen Millionen Andersgläubiger sorgst...« Nochmals, und das dürfte ihr ein Herzensbedürfnis gewesen sein, rief sie die Familie zur Stärke und zum Festhalten an den alten Grundsätzen auf: »Nur die Schwäche des Fallenlassens der Gutgesinnten... ermuthigt die Vorkämpfer der Revolution!«[148] Für den Sohn waren das Worte, die für ihn bleibenden Wert hatten. Eine der hervorstechendsten Charakterzüge Franz Josephs war die ehrerbietige, tiefe Liebe zu seiner Mutter, eine so übermächtige Liebe, die im reifen Mannesalter genau so stark war wie in seiner Kindheit und Jugendzeit.

Im Leben der Erzherzogin spielte die Religion eine übergroße Rolle, die sich bei ihr bis zur Bigotterie steigerte. Thron und Altar waren zeitlebens die Säulen, auf denen ihr Weltbild ruhte. Je mehr die Wellen des Liberalismus und der neuen Zeit dagegen brandeten, desto unbeweglicher, statischer und konservativer wurde sie. Sie hatte sich nun einmal ein Weltbild zurechtgelegt und lebte in der Hoffnung, wenn sie sich auf die Kirche stützte und sich mit ihr verbündete, könnte sie mit ihr die Bestrebungen des 19. Jahrhunderts heil überstehen und die Zeiger der Weltuhr anhalten. Was für sie gut war, mußte auch für den Sohn gut sein und damit auch für das Reich. Und was für das Reich gut war, müßte auch für die übrige Welt gelten; doch das war ihr großer Irrtum, und sie erlebte eine Enttäuschung nach der anderen. Ihr Sohn, fast ihr Spiegelbild, mußte deshalb bitteres Lehrgeld bezahlen, bis er endlich bemerkte, daß die geliebte Mutter doch nicht in allem Recht behielt, daß ihre politischen Prognosen immer öfter nicht eintraten. Doch die übermächtige Mutter blieb trotzdem sein Kompaß, nach dem er sich richtete. Später schrieb sein liberaler Sohn über ihn: »... Der Kaiser war vor drei oder vier Jahren schon bis zu einem gewissen Grad liberal und mit dem 19. Jahrhundert versöhnt. Jetzt ist Er wieder so, wie zu den Zeiten der armen Großmama: Klerikal, schroff und mißtrauisch...«[149]

Mit EH Sophie starb nicht nur der Fixpunkt der kaiserlichen Familie, sondern ein Symbol der alten Zeit. Sophies Tod war »ein großer Verlust für die kaiserliche Familie und für jene, die auf Hoftradition halten und deren Bedeutung verstehen.«[150] Mit ihr starb auch das Familienleben im Kaiserhaus. Sie hatte es bis zuletzt verstanden, durch gemeinsames Frühstück, Diners, Aussprachen mit den Kindern und Enkeln den Kontakt innerhalb der Familie aufrecht zu erhalten. Der Tod riß auch hier eine Lücke, die niemand mehr schließen konnte, am wenigsten die Kaiserin, und mit Recht sagten die Angehörigen des Hofstaates: »Wir haben jetzt *unsere* Kaiserin begraben.«[151]

Zurück blieb ein verlassener, deprimierter, unnahbarer, mißtrauischer und introvertierter Sohn, der zu allen eine kalte Distanziertheit aufbaute, die niemand – auch die Kinder nicht – überwinden konnte. Sein Herz wurde noch um einige Grade kälter und härter. Keine menschliche Regung, keine Gefühlsäußerung war ihm anmerkbar. Er war das Produkt einer Erziehung, die kleine menschliche Schwächen nie verzieh. Was sich bei ihm als Zwangsneurose manifestierte, wurde seinen Völkern als Pflichtbewußtsein verkauft, das nachahmenswert sein sollte. Der Erfolg dieser Handlung war sekundär, wichtig war nur die fast ununterbrochene Schreibtischarbeit, täglich von fünf Uhr morgens bis neun Uhr abends und das harte, eiserne Feldbett, in dem er einige Stunden Schlaf suchte.

Als seine Kinder erwachsen wurden, sahen sie erst, welche Versäumnisse ihre Eltern und die Großmutter Sophie an ihnen begangen hatten. Sie erkannten, daß die Großmutter an ihrem Sohn durch ihre Erziehung und spätere Beeinflussung schwer an der ganzen Familie, allerdings in bester Absicht, gesündigt hatte. Sie begriffen, daß ihre Mutter mit diesem knochentrockenen, distanzierten Mann absolut nicht konnte, obwohl auch Elisabeth von ihren Kindern herbe Kritik einstecken mußte. »... Unser Kaiser hat keinen Freund«, schrieb der 23 Jahre alte Kronprinz. »Sein Charakter, sein Wesen lassen dies nicht zu. Er steht verlassen auf seiner Höhe ... Es hat eine Zeit gegeben, wo die Kaiserin oft ... sich um die Politik gekümmert hat ... Diese Zeiten sind vorüber. Die hohe Frau kümmert sich nur mehr um den Sport ...«[152]

Viele Jahre später gab auch die Lieblingstochter der Kaiserin, EH Marie Valerie, der Großmutter die Schuld an dem Charakter des Vaters und an dem unpersönlichen, kalten Familienleben. »Es macht mich so traurig, und doch vermag ich es nicht zu ändern, daß das Beisammensein mit Papa mir ein Zwang ist wie mit dem fremdesten Menschen ...« Sie sah die Schuld des familiären Dramas einzig bei der Großmutter, obwohl diese schon lange tot war. Sie allein war verantwortlich für das gesamte Familienelend. »Noch nie so wie heuer schien mir das verknöcherte Hofleben erdrückend... legte es sich doch hemmend zwischen die innigsten Familienverhältnisse, gestaltet dieselben statt zu ungezwungener Freude nur zu unbeschreiblichem Zwang. Wenn das die Wirkung von Großmama Sophies System ist, mag es ihr wohl ein bitteres Fegefeuer bereiten...«[153]

Anmerkungen

Anmerkungen zu Kapitel 1

[1] »Wiener Zeitung« v. 11. 12. 1802

[2] Emmer, J., »Erzherzog Franz Karl«, Salzburg 1883, S. 8

[3] Haus Archiv, Familien-Correspondenz A, Kart. 29

[4] Nachl. EH Franz Karl, Kart. 1, Bl. 8, Maria Ludovika an Franz Karl v. 2. 10. 1810

[5] Ebenda, Bl. 19, Maria Ludovika an Franz Karl v. 23. 2. 1816

[6] Hanateau, J., »Lettres du Prince de Metternich à la Comtesse de Lieven, 1818–1819«, Paris 1909, S. 179

[7] Nachl. EH Sophie, Kart. 2 (zit. e. C. C. Corti-Materialien Kart. 30), EH Sophie an ihre Mutter Königin Karoline v. 19. 11. 1814

[8] Ebenda, EH Sophie an ihre Mutter v. 23. 11. 1816

[9] Ebenda, EH Sophie an ihre Mutter v. 20. 10. 1823

[10] Möring, C., »Sibyllinische Bücher aus Österreich«, Hamburg 1848, S. 120

[11] Weissensteiner, F., »Schmach vom Kaiserreich genommen« in »Geschichte« 1, 1992, 9

[12] Nachl. EH Franz Karl, Kart. 1, Bl. 94

[13] Ebenda, Bl. 176

[14] Corti, E. C. C., »Vom Kind zum Kaiser«, Graz Salzburg Wien 1950, S. 7

[15] Nachl. EH Franz Karl, Kart. 1, Bl. 30, Kaiser Franz an EH Franz Karl v. 12. 8. 1824

[16] Ebenda, Bl. 97, Karoline Auguste an EH Franz Karl v. 7. 9. 1824

[17] Ebenda, Bl. 99, Karoline Auguste an EH Franz Karl v. 9. 9. 1824

[18] Ebenda, Bl. 100, Karoline Auguste an EH Franz Karl v. 13. 10. 1824

[19] Tausig- P., »Berühmte Besucher Badens«, Wien 1912

[20] Montenuovo-Archiv, Kart. 1, No 106

[21] Nachl. EH Sophie, Sophie an ihre Mutter v. 27. 10. 1824

[22] Receptbücher der AH Familie, Hofapotheke HAp 52

[23] Herre, F., »Kaiser Franz Joseph. Sein Leben – seine Zeit«, Köln 1978, S. 13

[24] Markov, W., »Revolution im Zeugenstand. Frankreich 1789–1799«, Leipzig 1982, S. 13

[25] Herre, F., a. a. O. S. 15

[26] Haus Archiv, Varia aus der Kabinettsregistratur, Kart. 1, Konv. 4, Bl. 1
[27] Ebenda, Konv. 5, Bl. 9 v. 13. 10. 1824
[28] Ebenda, Konv. 5, Bl. 1–32
[29] Emmer, J., a. a. O. S. 11
[30] Nachl. EH Sophie, EH Sophie an ihre Mutter v. 18. 9. 1825
[31] Ebenda, EH Sophie an ihre Mutter v. 24. 9. 1825
[32] Ebenda, EH Sophie an ihre Mutter v. 15. 2. 1825
[33] Ebenda, EH Sophie an ihre Mutter v. 18. 1. 1825
[34] Archiv EH Marie Louise, Kart. 3
[35] Nachl. EH Sophie, EH Sophie an ihre Mutter v. 3. 9. 1825
[36] Holler, G., »Napoleons Sohn. Der unglückliche Herzog v. Reichstadt«, Wien München 1987
[37] Nachl. EH Sophie, EH Sophie an ihre Mutter v. 16. 5. 1826
[38] Ebenda, EH Sophie an ihre Mutter v. 23. 6. 1826
[39] Ebenda, EH Sophie an ihre Mutter v. 23. 5. 1827
[40] Herre, F., a. a. O. und Corti, E. C. C., a. a. O.
[41] »800 Jahre Bad Pirawarth« oJ, »Dokumentation des Heilbades Bad Pirawarth« oJ
[42] Haus Archiv, Familien-Correspondenz A, Kart. 52, Bl. 26
[43] Niel, A., »Die großen k. u. k. Bäder und Gesundbrunnen«, Graz Wien Köln 1984, S. 18 f.
[44] Nachl. EH Sophie, EH Sophie an ihre Großmutter Amalie v. Baden v. 4. 8. 1827
[45] Receptbücher der AH Familie, Hofapotheke HAp 52
[46] Nachl. EH Sophie, EH Sophie an ihre Mutter v. 23. 8. 1827
[47] Ebenda, EH Sophie an ihre Mutter v. 23. 11. 1827
[48] Ebenda, EH Sophie an ihre Mutter v. 31. 12. 1827
[49] Ebenda, EH Sophie an ihre Mutter v. 2. 11. 1827
[50] Ebenda, EH Sophie an ihre Mutter v. 18. 3. 1829
[51] Ebenda, EH Sophie an ihre Mutter v. 1. 10. 1828
[52] Ebenda, EH Sophie an ihre Mutter v. 3. 11. 1828
[53] Ebenda, EH Sophie an ihre Mutter v. 19. 11. 1828
[54] Bourgoing, J., »Marie Louise von Österreich«, Wien Zürich 1949, S. 539
[55] Ebenda, S. 540
[56] Prokesch v. Osten, A., »Mein Verhältnis zum Herzog v. Reichstadt«, Stuttgart 1878, S. 125
[57] Nachl. EH Sophie, EH Sophie an ihre Mutter v. 26. 6. 1829
[58] Ebenda, EH Sophie an ihre Mutter v. 11. 3. 1829
[59] Ebenda, EH Sophie an ihre Mutter v. 25. 3. 1829
[60] Ebenda, EH Sophie an ihre Mutter v. 13. 4. 1829
[61] Ebenda, EH Sophie an ihre Mutter v. 15. 1. 1830
[62] Ebenda, Eh Sophie an ihre Mutter v. 28. 1. 1830

[63] Ebenda, EH Sophie an ihre Mutter v. 17. 2. 1830
[64] Ebenda, EH Sophie an ihre Mutter v. 28. 4. 1830
[65] Ebenda, EH Sophie an ihre Mutter v. 13. 5. 1830
[66] Ebenda, EH Sophie an ihre Mutter v. 28. 5. 1830
[67] Haus Archiv, Familien-Akte, Kart. 68, Bl. 679 ff.
[68] Gentz, F. v., »Tagebücher von 1829–1831«, Zürich 1920, S. 189
[69] Prokesch v. Osten, A., »Aus den Tagebüchern des Grafen Prokesch von Osten 1830–1834«, Wien 1909, S. 19
[70] Ebenda, S. 49
[71] Ségur-Cabanac, V., »Kaiser Ferdinand I. als Regent und Mensch«, Wien 1912, S. 8
[72] Castelot, A., »Der Herzog von Reichstadt«, Wien Berlin Stuttgart 1960, S. 333
[73] Prokesch v. Osten, a. a. O. S. 84
[74] Holler, G., a. a. O. S. 225
[75] Sturmfeder, L. v., »Die Kindheit unseres Kaisers. Briefe der Baronin Luise von Sturmfeder, Aja Sr. Majestät. Aus den Jahren 1830–1840«, Wien oJ, S. 10
[76] Ebenda, S. 27
[77] Ebenda, S. 27 f.
[78] Ebenda, S. 28 f.
[79] Ebenda, S. 29
[80] Ebenda, S. 29 ff.
[81] Corti, E. C. C. in »Wiener Neueste Nachrichten« v. 18. 8. 1926
[82] Emmer, J., a. a. O. S. 12
[83] Kronfeld, E. M., »Franz Joseph I.«, Wien 1917, S. 1
[84] Sturmfeder, L. v., a. a. O. S. 31
[85] Ebenda, S. 32 ff.
[86] Ebenda, S. 35
[87] Ebenda, S. 36
[88] Ebenda, S. 37 ff.
[89] Ebenda, S. 40
[90] Nachl. EH Sophie, EH Sophie an ihre Mutter v. 24. 11. 1830
[91] Ebenda, EH Sophie an ihre Mutter v. 8. 12. 1830
[92] Sturmfeder, L. v., a. a. O. S. 43
[93] Ebenda, S. 45
[94] Ebenda, S. 48 f.
[95] Nachl. EH Sophie, EH Sophie an ihre Mutter v. 20. 12. 1830
[96] Ebenda, EH Sophie an ihre Mutter v. 11. 12. 1830
[97] Herre, F., »Metternich. Staatsmann des Friedens«, Köln 1983, S. 351
[98] Wandruszka, A., »Das Haus Habsburg«, Wien Freiburg Basel 1978, S. 177
[99] Nachl. EH Sophie, EH Sophie an ihre Mutter v. 31. 12. 1830

[100] Sturmfeder, L. v., a. a. O. S. 64
[101] Nachl. EH Sophie, EH Sophie an ihre Mutter v. 8. 3. 1831
[102] Ebenda, EH Sophie an ihre Mutter v. 23. 5. 1831
[103] Sturmfeder, L. v., a. a. O. S. 75
[104] Nachl. EH Sophie, EH Sophie an ihre Mutter v. 7. 3. 1831
[105] Ebenda, EH Sophie an ihre Mutter v. 31. 7. 1831
[106] Sturmfeder, L. v., a. a. O. S. 69
[107] Nachl. EH Sophie, EH Sophie an ihre Mutter v. 8. 5. 1831
[108] Ebenda, EH Sophie an ihre Mutter v. 20. 11. 1831
[109] Sturmfeder, L. v., a. a. O. S. 88
[110] Nachl. EH Sophie, EH Sophie an ihre Mutter v. 14. 1. 1832
[111] Sturmfeder, L. v., a. a. O. S. 92
[112] Ebenda, S. 97
[113] Ebenda, S. 105
[114] Receptbücher der AH Familie, Hofapotheke HAp 53
[115] Sturmfeder, L. v., a. a. O. S. 108 f.
[116] Ebenda, S. 115
[117] Ebenda, S. 85
[118] Roland, A., »Kaiser Franz Joseph und sein Haus«, Wien 1879, S. 7
[119] Sturmfeder, L. v., a. a. O. S. 119
[120] Ebenda, S. 121 f.
[121] Ebenda, S. 122 f.
[122] Haslip, J., »Maximilian. Kaiser von Mexiko«, München 1972, S. 13
[123] Haus Archiv, Familien-Akte, Kart. 67
[124] Haslip, J., a. a. O. S. 15
[125] Mesenhof, G., »Im Schatten der Zypressen. Habsburg und der Traum von Mexiko«, Gernsbach 1990, S. 240
[126] Prokesch v. Osten, A., a. a. O. S. 102
[127] Sturmfeder, L. v., a. a. O. S. 123
[128] Ebenda, S. 124
[129] Ebenda, S. 124 f.
[130] Haus Archiv, Familien-Akte, Kart. 67
[131] Metternich-Winneberg, R., »Aus Metternichs nachgelassenen Papieren«, Wien 1880, Bd. V, S. 281
[132] Moll, J. K., »Die letzten Tage des Herzogs von Reichstadt«, Hsgb. J. v. Bourgoing, Berlin Leipzig Wien 1948, S. 155
[133] Nachl. EH Sophie, EH Sophie an ihre Mutter v. 23. 7. 1832
[134] Sturmfeder, L. v., a. a. O. S. 128
[135] Nachl. EH Sophie, EH Sophie an ihre Mutter v. 28. 7. 1832
[136] Sturmfeder, L. v., a. a. O. S. 130
[137] Ebenda, S. 133
[138] Corti, E. C. C., a. a. O. S. 63
[139] Sturmfeder, L. v., a. a. O. S. 139

[140] Nachl. EH Sophie, EH Sophie an ihre Mutter v. 26. 12. 1832
[141] Ségur-Cabanac, V., a. a. O. S. 9
[142] Montenuovo-Archiv, Kart. 10, No 345
[143] Sturmfeder, L. v., a. a. O. S. 146
[144] Ebenda
[145] Nachl. EH Sophie, EH Sophie an ihre Mutter v. 23. 5. 1833
[146] Ebenda, EH Sophie an ihre Mutter v. 3. 8. 1833
[147] Sturmfeder, L. v., a. a. O. S. 149
[148] Nachl. EH Sophie, Kart. 8, EH Ludwig an EH Sophie v. 23. 10. 1833
[149] Sturmfeder, L. v., a. a. O. S. 150
[150] Nachl. EH Sophie, EH Sophie an ihre Mutter v. 28. 11. 1883
[151] Receptbücher der AH Familie, Hofapotheke Hap 53
[152] Nachl. EH Sophie, EH Sophie an ihre Mutter v. 2. 3. 1834
[153] Ebenda, EH Sophie an ihre Mutter v. 17. 3. 1834
[154] Ebenda, EH Sophie an ihre Mutter v. 28. 8. 1834
[155] Ebenda, EH Sophie an ihre Mutter v. 5. 10. 1834
[156] Ebenda, EH Sophie an ihre Mutter v. 29. 2. 1828
[157] Ebenda, EH Sophie an ihre Mutter v. 2. 2. 1835
[158] Receptbücher der AH Familie, Hofapotheke HAp 53, Pharmacopoea universalis, Weimar 1832
[159] Montenuovo-Archiv, Kart. 10, No 345
[160] Nachl. EH Sophie, EH Sophie an ihre Mutter v. 25. 2. 1835
[161] »Wiener Zeitung« v. 27. 2. 1835
[162] Dietl, J., »Der Aderlaß in der Lungenentzündung«, Wien 1848
[163] Nachl. EH Sophie, EH Sophie an ihre Mutter v. 2. 3. 1835
[164] »Wiener Zeitung« v. 2. 3. 1835
[165] Nachl. EH Sophie, EH Sophie an ihre Mutter v. 1. 3. 1835
[166] Haus Archiv, Familien-Akte, Kart. 68, Bl. 14
[167] Bibl, V., »Metternich. Der Dämon Österreichs«, Leipzig Wien 1936, S. 277
[168] Haus Archiv, Familien-Akte, Kart. 68, Bl. 15
[169] »Wiener Zeitung« v. 3. 3. 1835
[170] Nachl. EH Sophie, EH Sophie an ihre Mutter v. 2. 3. 1835
[171] Sturmfeder, L. v., a. a. O. S. 155
[172] Corti, E. C. C., a. a. O. S. 107
[173] Castelli, I., »Ausführliche Beschreibung der Erbhuldigung welche dem Allerdurchlauchtigsten Großmächtigsten Herrn Ferdinand dem Ersten, Kaiser von Österreich, König von Ungarn ect. von den Staenden des Erzherzogthums Österreich unter der Enns am 13. Juny 1835 geleistet ward«, Wien 1837, S. 1 f.
[174] Ebenda, S. 6
[175] Nachl. EH Sophie, EH Sophie an ihre Mutter v. 3. 3. 1835
[176] Haus Archiv, Varia aus der Kabinettsregistratur, Kart. 1, Konv. 2, Bl. 185

[177] Haus Archiv, Familien-Akte, Kart. 68, Bl. 52
[178] Vehse, E., »Geschichte des österreichischen Hofes und Adels und der österreichischen Diplomatie«, Hamburg 1852, Bd. X, S. 121
[179] Prokesch v. Osten, A., »Aus den Tagebüchern ect.«, a. a. O. S. 33
[180] Nachl. EH Sophie, EH Sophie an ihre Mutter v. 12. 3. 1835

Anmerkungen zu Kapitel 2

[1] »Wiener Zeitung« v. 3. 3. 1835
[2] Nachl. EH Sophie, Kart. 4, Sophie an ihre Mutter v. 31. 3. 1835
[3] Wolf, J., »Blut und Rasse des Hauses Habsburg-Lothringen«, Zürich Leipzig Wien 1940, S. 146
[4] Receptbücher der AH Familie, Hofapotheke HAp 53
[5] Nachl. EH Sophie, Sophie an ihre Mutter v. 18. 4. 1835
[6] Ebenda, Sophie an ihre Mutter v. 25. 5. 1835
[7] Ebenda, EH Sophie an ihre Mutter v. 17. 6. 1835
[8] Ebenda, EH Sophie an ihre Mutter v. 15. 8. 1835
[9] Sturmfeder, L. v., a. a. O. S. 156
[10] Emmer, J., a. a. O. S. 43
[11] Ebenda, S. 27
[12] Ebenda, S. 30 f.
[13] Ebenda, S. 37
[14] Ebenda, S. 27
[15] Creneville-Archiv, Creneville an seine Frau, Ischl v. 18. 6. 1865
[16] Zeremonialakte, HHStA Wien
[17] Emmer, J., a. a. O. S. 41
[18] Nachl. EH Sophie, EH Sophie an ihre Mutter v. 29. 4. 1835
[19] Ebenda, EH Sophie an ihre Mutter v. 11. 10. 1835
[20] Receptbücher der AH Familie, Hofapotheke, HAp 53
[21] Nachl. EH Franz Karl, Kart. 1, Bl. 180
[22] Haus Archiv, Varia aus der Kabinettsregistratur, Kart. 1, Konv. 10, Bl. 3
[23] Nachl. EH Sophie, EH Sophie an ihre Mutter v. 25. 1. 1836 und 8. 3. 1837
[24] Ebenda, EH Sophie an ihre Mutter v. 21. 6. 1836
[25] Corti, E. C. C., a. a. O. S. 122
[26] Metternich-Winneberg, R., a. a. O. Bd. VIII, No 1795 v. 8. 4. 1850
[27] Sturmfeder, L. v., a. a. O. S. 157
[28] Ebenda
[29] Ebenda, S. 134 f.
[30] Corti, E. C. C., a. a. O. S. 133

[31] Nachl. EH Sophie, EH Sophie an ihre Mutter v. 8. 7. 1836
[32] Haus Archiv, Varia aus der Kabinettsregistratur, Kat. 1, Konv. 16, Bl. 3–6
[33] Receptbücher der AH Familie, Hofapotheke HAp 53
[34] Nachl. EH Sophie, EH Sophie an ihre Mutter v. 2. 2. 1837
[35] Corti, E. C. C., a. a. O. S. 139
[36] Nachl. EH Sophie, EH Sophie an ihre Mutter v. 26. 3. 1838
[37] Ebenda, EH Sophie an ihre Mutter v. 26. 3. 1838
[38] Corti, E. C. C., a. a. O. S. 147
[39] Weidmann, F. C., »Der Führer nach und um Ischl«, Wien 1849
[40] Haus Archiv, Varia aus der Kabinettsregistratur, Kart. 1, Konv. 11, Bl. 3–9
[41] Bagger, F., »Franz Joseph – Eine Persönlichkeitsstudie«, Zürich Leipzig Wien 1927, S. 65
[42] Nachl. EH Sophie, EH Sophie an ihre Mutter v. 2. 8. 1838
[43] Ebenda, EH Sophie an ihre Mutter v. 27. 7. 1838
[44] Ebenda, Kart. 18, EH Sophie an EH Ludwig v. 26. 7. 1838
[45] Srbik, H. v., »Metternich. Der Staatsmann und Mensch«, München 1925, Bd. II, S. 183
[46] Nachl. EH Sophie, EH Sophie an ihre Mutter v. 12. 11. 1838
[47] Sturmfeder, L. v., a. a. O. S. 173
[48] Schnürer, F., »Briefe Kaiser Franz Josephs an seine Mutter, 1838–1872«, München 1930, S. 26 f.
[49] Nachl. EH Sophie, EH Sophie an ihre Mutter v. 28. 1. 1839
[50] Ebenda, EH Sophie an ihre Mutter v. 23. 1. 1839
[51] Sturmfeder, L. v., a. a. O. S. 158
[52] Nachl. EH Sophie, EH Sophie an ihre Mutter v. 17. 3. 1839
[53] Corti, E. C. C., a. a. O. S. 165
[54] Nachl. EH Sophie, EH Sophie an ihre Mutter v. 21. 7. 1839
[55] Nachl. EH Franz Karl, Kart. 1, Bl. 219
[56] Sturmfeder, L. v., a. a. O. S. 162
[57] Nachl. EH Sophie, EH Sophie an ihre Mutter v. 3. 11. 1839
[58] Srbik, H. v., a. a. O. Bd. I, S. 590
[59] Nachl. EH Sophie, EH Sophie an ihre Mutter v. 11. 2. 1840
[60] Ebenda, EH Sophie an ihre Mutter v. 27. 2. 1840
[61] Nachl. EH Franz Karl, Kart. 1, Bl. 578
[62] Nachl. EH Sophie, EH Sophie an ihre Mutter v. 26. 4. 1840
[63] Ebenda, Kart. 16, Ärztl. Parere des MR Dr, Graf München, Mai 1840
[64] Ebenda, EH Sophie an ihre Mutter v. 20. 7. 1840
[65] Ebenda, EH Sophie an ihre Mutter v. 22. 9. 1840
[66] Ebenda, EH Sophie an ihre Mutter v. 14. 1. 1841
[67] Habsburg-Lothringische Familien-Akte II/7 (Erkrankungen u. Todesfälle von 1463–1898) Kart. 69 (Dr. August Bielka-Karltreu)

[68] Hauslab, F., »Versuch eines Programmes zum Unterricht Sr. kaiserl. Hoheit des durchlauchtigsten Herrn Erzherzogs Franz Joseph in den militärischen Wissenschaften«, Wien 1843

[69] Haus Archiv, Varia aus der Kabinettsregistratur, Kart. 1, Konv. 16, Bl. 13–69

[70] Kugler, G. u. Haupt, A., »Uniform und Mode am Kaiserhof. Hofkleider und Ornate, Hofuniformen und Livreen des 19. Jahrhunderts«, Eisenstadt 1983

[71] Schneider, J., »Kaiser Franz Joseph I. und sein Hof«, Wien 1919, S. 35

[72] Möring, C., a. a. O. S. 291

[73] Schnürer, F., a. a. O. S. 33

[74] Nachl. EH Maximilian, Kart. 98, Bl. 13–19

[75] Ebenda, Kart. 79, Bl. 17

[76] Haus Archiv, Varia aus der Kabinettsregistratur, Kart. 1, Konv. 11, Bl. 27, 29

[77] Tagebuch EH Sophie, Kart. 22 v. 6. 3. 1841

[78] Nachl. EH Sophie, Kart. 18, EH Sophie an EH Ludwig, Ischl v. 21. 7. 1843

[79] Haus Archiv, Familien-Correspondenz A, Kart. 30, Konv. 28

[80] Originalien M-1-V-6/2, KA Wien

[81] Haus Archiv, Familien-Correspondenz A, Kart. 30, Konv. 28

[82] Nachl. EH Sophie, Kart. 18, EH Sophie an EH Ludwig, Ischl v. 24. 8. 1843

[83] Haus Archiv, Varia aus der Kabinettsregistratur, Kart. 1, Konv. 11, Bl. 16

[84] Ebenda, Bl. 18, 21, 23

[85] Tagebuch EH Sophie v. 14. 8. 1844

[86] Schnürer, F., a. a. O. S. 59

[87] Nachl. EH Franz Karl, Kart. 1, Bl. 583, EH Albrecht an EH Franz Karl v. 3. 10. 1844

[88] Tagebuch EH Sophie v. 5. 10. 1844

[89] Nachl. EH Sophie, Kart. 18, EH Sophie an EH Ludwig v. 18. 9. 1844

[90] Haus Archiv, Varia aus der Kabinettsregistratur, Kart. 1, konv. 16, Bl. 7–12

[91] Schnürer, F., a. a. O. S. 60

[92] Ebenda, S. 62

[93] Kühn, R., »Hofdamen-Briefe«, Berlin 1942, S. 55 u. 61

[94] Schnürer, F., a. a. O. S. 66

[95] Ebenda, S. 70

[96] Tagebuch EH Sophie v. 1. 10. 1847

[97] Schnürer, F., a. a. O. S. 65

[98] Ebenda, S. 66

[99] Möring, C., a. a. O. S. 141

[100] Ebenda, S. 231
[101] Reschauer, H., »Das Jahr 1848«, Wien 1878, S. 4
[102] Zenker, E. V., »Die Wiener Revolution in ihren socialen Voraussetzungen und Beziehungen«, Wien 1859
[103] Reschauer, H., a. a. O. S. 6
[104] Ebenda, S. 8
[105] Srbik, H. v., a. a. O. Bd. II, S. 27
[106] Ebenda, S. 84
[107] Ebenda, S. 181
[108] Ebenda, S. 589, Anhang No 182/2
[109] Ebenda, S. 263
[110] Ebenda, Bd. II, S. 8, Bericht des franz. Botschafters Saint-Aulair an Molé im November 1836
[111] Tagebuch EH Sophie, zit. Corti E. C. C., S. 249
[112] Tagebuch EH Sophie v. 6. 3. 1848
[113] Ebenda v. 8. 3. 1848
[114] Emmer, J., a. a. O. S. 19
[115] Herre, F., »Metternich ect.«, S. 370
[116] Corti, E. C. C., a. a. O. S. 262
[117] Ségur-Cabanac, V., a. a. O. S. XV

Anmerkungen zu Kapitel 3

[1] Kleindel, W., »Österreich. Daten zur Geschichte und Kultur«, Wien 1978, S. 240
[2] Hübner, A. v., »Ein Jahr meines Lebens. 1848–1849«, Leipzig 1891, S. 12 f.
[3] Kleindel, W., a. a. O. S. 240
[4] Hübner, A. v., a. a. O. S. 7
[5] Ebenda, S. 9
[6] Ebenda, S. 22
[7] Reinöhl, F., »Aus dem Tagebuch der EH Sophie« in »Historische Blätter«, Wien 1931, Heft 4, S. 109–136
[8] Herre, F., »Kaiser Franz Joseph ect.«, a. a. O. S. 52
[9] Ebenda, S. 53
[10] Kleindel, W., a. a. O. S. 239
[11] Reschauer, H., a. a. O. S. 95
[12] Ebenda, S. 94
[13] Möring, C., a. a. O. S. 296
[14] Reschauer, H., a. a. O. S. 108
[15] Srbik, H. v., a. a. O. Bd. II, S. 266

[16] Ebenda, S. 94
[17] Tagebuch EH Sophie v. 8. 3. 1848
[18] Ebenda v. 10. 3. 1848
[19] Reschauer, H., a. a. O. S. 183
[20] Anreiter, A., »Erlebnisse und Gedanken eines Wiener Studenten am 13. März 1848«, Wien 1848, S. 28
[21] Reschauer, H., a. a. O. S. 188
[22] Ebenda, S. 219
[23] Ebenda, S. 220
[24] »Morgenpost«, Wien v. 14. 3. 1848
[25] Reschauer, H., a. a. O. S. 276
[26] Ebenda, S. 294
[27] Ebenda, S. 295
[28] Ebenda, S. 308
[29] Ebenda, S. 311
[30] Ebenda, S. 296
[31] Mc Guigan, D. G., »Metternich, Napoleon und die Herzogin von Sagan« München Wien Zürich Innsbruck 1979, S. 8
[32] Metternich-Familien-Korrespondenz, Arch. Prag, Brief Metternich an Lorel Metternich v. 27. 5. 1814
[33] Minister Kolowrat-Akten Z1 640/1848
[34] Fourier, A., »Der Friede«, Leipzig 1919, Bd. III, S. 488
[35] Neuburger, H., »Die Wiener Medizinische Schule im Vormärz«, Wien 1921, S. 74 u. 98 f.
[36] Srbik, H. v., a. a. O. S. 291 u. 455
[37] Ebenda, Anhang Bd. II, No 265/1, S. 600
[38] »Neue Freie Presse«, Wien v. 13. 3. 1924
[39] Unveröff. Manuskr. zit. Reschauer, H., a. a. O. S. 348
[40] »Wiener Zeitung«, Amtsblatt v. 14. 3. 1848
[41] Reschauer, H., a. a. O. S. 346
[42] »Humorist«, Wien v. 14. 3. 1848
[43] Unterreiter, F., »Die Revolution in Wien«, Wien 1848/49, Bd. I, S. 23
[44] Reschauer, H., a. a. O. S. 347
[45] Barbacy, M., »Bekenntnisse eines Soldaten«, Wien 1850, S. 83
[46] Reschauer, H., a. a. O. S. 379
[47] Ebenda, S. 378
[48] Ebenda, S. 376
[49] Ebenda, S. 498
[50] Ebenda, S. 408
[51] Ebenda, S. 412
[52] Ebenda, S. 418
[53] Kaiserliches Manifest v. 15. 3. 1848
[54] »Aufruf an unsere Brüder in Stadt und Land«, Wien 15. 3. 1848

[55] Olscher, L., »Das habsburgische Kaiserhaus im Lichte der Publizistik des Revolutionsjahres 1848«, Dissert. d. phil. Fak. d. Univ. Wien 1979

[56] NN., »Kurzgefaßte Begriffe über Constitution oder die Rechte und Freiheiten der Staatsbürger«, Wien 1848, S. 5

[57] Reschauer, H., a. a. O., Bd. II, S. 19

[58] Neusser, E., »Erinnerungen eines Mitgliedes der akademischen Legion an die Märztage 1848« in »Neue Freie Presse«, Wien v. 27. 2. 1898

[59] Tagebuch EH Sophie v. 13., 14., 15., 16., 17., 19. 3. 1848

[60] Reschauer, H., a. a. O. S. 26

[61] Ebenda, S. 31

[62] Ebenda, S. 47, zit. Schuselka, F., »Das Vaterland ist in Gefahr!« in »Wiener Zeitung« v. 2. 4. 1848

[63] Tagebuch EH Sophie v. 25. 3., 31. 3., 4. 4. 1848

[64] Haus Archiv, Varia aus der Kabinettsregistratur, Kart. 1, Konv. 16, Bl. 72

[65] Reschauer, H., a. a. O. S. 65

[66] Tagebuch EH Sophie v. 20. 4. 1848

[67] Haus Archiv, Varia aus der Kabinettsregistratur, Kart. 1, Konv. 13, Bl. 1

[68] Tagebuch EH Sophie v. 25. 4. 1848

[69] Kaiserl. Kabinettschreiben an den Min. d. Inn. v. 25. 4. 1848

[70] Reschauer, H., a. a. O. S. 106

[71] »Wiener Abend-Zeitung« v. 27. 4. 1848

[72] Reschauer, H., a. a. O. S. 128

[73] Ebenda, S. 128

[74] Fiquelmont, K. I., »Aufklärungen«, Wien 1850

[75] Koch, M., »Was wollen die Wiener Radicalen vom ersten österreichischen Reichstag?«, Wien 1848, S. 27

[76] Reschauer, H., a. a. O. S. 204

[77] Tagebuch EH Sophie v. 17. 5. 1848

[78] »Augsburger Allgemeine Zeitung« v. 19. 5. 1848

[79] »Konstitutionelle Donau-Zeitung«, Wien v. 20. 5. 1848

[80] Reschauer, H., a. a. O. S. 206

[81] Mith., C., »Meine Brüder! Euer Zins ist ja schon bezahlt!«, Wien, April 1848

[82] »Wiener Zeitung« v. 18. 3. 1848

[83] Castelli, I. v., »Was ich jetzt seyn möcht?« in »Zuschauer«, Wien v. 21. 3. 1848

[84] »Wiener Zeitung« v. 21. 3. 1848

[85] »Aufruf an die Nationalgarde« v. 16. 3. 1848

[86] »Constitution«, Wien v. 10. 5. 1848

[87] »Der Volksfreund«, Wien v. 18. 3. 1848

[88] »Die Vertrauten«, Wien v. 28. 3. 1848

[89] »Wiener Zeitung«, Amtsblatt v. 1. 4. 1848

[90] »Wiener Zeitung« v. 2. 4. 1848

[91] »Politischer Studenten-Courier«, Wien v. 25. 7. 1848

[92] »Offene und ehrliche Briefe der getreuen Österreicher an ihren geliebten Kaiser« v. 30. 3. 1848

[93] »Der Demokrat«, Wien v. 15. 4. 1848

[94] »Wiener Abend-Zeitung« v. 27. 4. 1848

[95] »Der Zuschauer«, Wien v. 3. 5. 1848

[96] »Der Freimüthige«, Wien v. 6. 6. 1848

[97] Unterreiter, F., a. a. O. Bd. II, S. 68

[98] »Der Hans-Jörgel«, Wien v. 25. 5. 1848, Heft 14, S. 8

[99] Schnürer, F., a. a. O. S. 102, No 86

[100] Nachl. EH Sophie, Kart. 8, EH Ludwig an EH Sophie, Ischl o. Dat.

[101] Schnürer, F., a. a. O., S. 104, No 84

[102] »Wiener Abend-Zeitung« v. 18. 5. 1848

[103] »Wiener Zeitung« v. 18. 5. 1848

[104] Reschauer, H., a. a. O. S. 210

[105] Ebenda, S. 211

[106] »Wiener Zeitung« v. 25. 5. 1848

[107] Tagebuch EH Sophie v. 25. 5. 1848

[108] Reschauer, H., a. a. O. S. 229

[109] »Allgemeine österreichische Zeitung«, Wien v. 28. 6. 1848

[110] Tagebuch EH Sophie v. 30. 5., 1. 6., 7. 6., 8. 6., 12. 6. 1848

[111] Herre, F., »Kaiser Franz Joseph ect.«, a. a. O. S. 63

[112] Reschauer, H., a. a. O. S. 240

[113] Herre, F., a. a. O. S. 63

[114] Schnürer, F., a. a. O. S. 87, No 69

[115] Ebenda, S. 92, No 76

[116] Tagebuch EH Sophie v. 14. 6. 1848

[117] Herre, F., a. a. O. S. 64

[118] Reschauer, H., a. a. O. S. 264

[119] Ebenda, S. 276

[120] Ebenda, S. 327

[121] Ebenda

[122] »Konstitutionelle Donau-Zeitung«, Wien v. 2. 6. 1848

[123] »Österreichische constitutionelle deutsche Zeitung«, Wien v. 2. 6. 1848

[124] »Wiener Gassenzeitung« v. 9. 6. 1848

[125] »Der Volksfreund«, Wien v. 16. 6. 1848

[126] »Österreichische constitutionelle deutsche Zeitung«, Wien v. 31. 5. 1848

[127] »Der Demokrat«, Wien v. 28. 7. 1848

[128] »Kaiser Joseph und sein Freund der Dichter Blumauer«, Wien v. 27. 9. 1848

[129] »Österreichische constitutionelle deutsche Zeitung«, Wien v. 28. 6. 1848

[130] »Wiener Abend-Zeitung« v. 24. 6. 1848

[131] Tagebuch EH Sophie v. 5. 7. 1848

[132] Nachl. EH Sophie, Kart. 8, EH Ludwig an EH Sophie, Ischl v. 31. 8. 1848

[133] »Österreichische constitutionelle deutsche Zeitung«, Wien v. 18. 7. 1848

[134] Reschauer, H., a. a. O. S. 327

[135] Ebenda, S. 365

[136] Fasc. 64/IX, 1848-7-3 f., Juni-Ereignisse in Prag 1848, Bl. 16–21, KA Wien

[137] Reschauer, H., a. a. O. S. 404

[138] Tagebuch EH Sophie v. 2. 8. 1848

[139] »Österreichische constitutionelle deutsche Zeitung«, Wien v. 1. 8. 1848

[140] »Der Unpartheyische« v. 18. 7. 1848
»Der Omnibus« v. 18. 7. 1848
»Gerad' aus« v. 11. 7. 1848
»Der Radikale« v. 6. 8. 1848

[141] »Der Unpartheyische« v. 4. 7. 1848
»Allgemeine österreichische Zeitung«, Wien v. 18. 6. 1848

[142] »Der Hans-Jörgel von Gumpoldskirchen« v. 27. 4. 1848, Heft 10
»Die Geißel«, Wien v. 22. 9. 1848

[143] Reschauer, H., a. a. O. S. 467

[144] Brandl, A., »Erzherzogin Sophie von Österreich und eine tirolische Dichterin Walpurga Schindl«, Wien Leipzig 1902, S. 21

[145] Hübner, A. v., a. a. O. S. 189

[146] »Die Constitution« v. 13. 8. 1848
»Der Demokrat« v. 4. 8. 1848
»Der Omnibus« v. 11. 8. 1848

[147] Reschauer, H., a. a. O. S. 497

[148] »Königl. privilegierte Berlinsche Zeitung« v. 27. 8. 1848

[149] Reschauer, H., a. a. O. S. 523

[150] Brandl, A., a. a. O. S. 73 u. 75 f.

[151] »Wiener Gassenzeitung« v. 27. 9. 1848
»Die Reform« v. 15. 1. 1849

[152] »Kaiser Joseph und sein Freund der Dichter Blumauer« v. 7. 7. 1848

[153] Tagebuch EH Sophie v. 6. 9., 8. 9., 27. 9., 4. 10., 6. 10. 1848

[154] Helfert, J. A., »Die Thronbesteigung Kaisers Franz Josephs«, Prag 1872, Bed. I., S. 349

[155] Tagebuch EH Sophie v. 7. 10. 1848

[156] »Die Constitution«, Wien v. 7. 10. 1848

[157] Tagebuch EH Sophie v. 11. 10., 12. 10., 13. 10. 1848
Ferdinand I., »Meine Reise nach Olmütz am 7. October 1848« in Haus Archiv, Familien-Correspondenz A, Kart. 30, Konv. 26
[158] Ebenda
[159] Reschauer, H., a. a. O. S. 619
[160] Ebenda, S. 620
[161] Ebenda, S. 622
[162] »Der Volksfreund«, Wien v. 11. 10. 1848
[163] Johne, G. T., »Freie Äußerung des Wieners über die Flucht des Kaisers von Österreich«, Wien Oktober 1848
[164] »Der Radikale«, Wien v. 22. 10. 1848
[165] »Gerad' aus«, Wien v. 22. 10. 1848
[166] »Die Constitution«, Wien v. 24. 10. 1848
»Der Radikale« v. 24. 10. 1848
[167] »Wiener Katzenmusik« v. 25. 10. 1848
[168] Kleindel, W., a. a. O., S. 245
[169] Wolfsgruber, C., »Joseph Othmar Cardinal Rauscher«, Freiburg i. B. 1888, S. 57
[170] Reschauer, H., a. a. O. S. 269
[171] Ebenda, S. 655
[172] Nachl. EH Sophie, Kart. 18, EH Sophie an EH Ludwig, Olmütz v. 30. 10. 1848
[173] Emmer, J., a. a. O. S. 21
[174] Ebenda
[175] Corti, E. C. C., a. a. O. S. 327
[176] Haus Archiv, Familien-Correspondenz A, Kart. 30, Konv. 28
[177] Flugblatt No 15644/225, Stadtarch. St. Pölten
[178] Corti, E. C. C., a. a. O. S. 332
[179] Hübner, A. v., a. a. O. S. 317
[180] Haus Archiv, Familien-Correspondenz A, Kart. 30, Konv. 26
[181] Endler, F., »Wien im Biedermeier«, Wien 1978, S. 253
[182] Tagebuch EH Sophie v. 2. 12. 1848
[183] Nachl. EH Sophie, Kart. 18, EH Sophie an EH Ludwig, Olmütz v. 3. 12. 1848
[184] Helfert, A. J., a. a. O. Bd. III, S. 362
[185] Familienurkunden des kaiserl. Hauses No 2425–2430
[186] Bagger, E., a. a. O. S. 135
[187] Haus Archiv, Familien-Correspondenz A, Kart. 30, Konv. 26
[188] »Die Presse«, Wien v. 5. 12. 1848
[189] »Die Geißel«, Wien v. 4. 12. 1848
[190] Tagebuch EH Sophie v. 3. 12. 1848
[191] Ernst, O., »Franz Joseph I. in seinen Briefen«, Wien Leipzig München 1924, S. 44

[192] Nachl. EH Sophie, Kart. 8, EH Ludwig an EH Sophie, Ischl v. 4. 12. 1848
[193] Corti, E. C. C., a. a. O. S. 342

Anmerkungen zu Kapitel 4

[1] Helfert, J. A., a. a. O., Bd. II, S. 397
[2] Nachl. EH Sophie, Kart. 18, EH Sophie an EH Ludwig v. 16. 12. 1848
[3] Brandl, A., a. a. O. S. 77 ff.
[4] Tapié, V. L., »Die Völker unter dem Doppeladler«, Wien 1978, S. 288
[5] Janotyckh, J. von Adlerstein, »Chronologisches Tagebuch der magyarischen Revolution«, Wien 1851, Bd. II, S. 315
[6] Vajda, St., »Felix Austria«, Wien Heidelberg 1980, S. 504
[7] Tagebuch EH Sophie v. 30. 12. 1848
[8] Ebenda v. 28. 12. 1848
[9] »Laibacher Zeitung« v. 12. 12. 1848
[10] »Neue Constitution im September 1848 vom Constitutionsausschuß des Reichstages«, September 1848, Stadtarch. St. Pölten
[11] Weissensteiner, F., »Schmach vom Kaiserreich genommen« in »Geschichte«, Solothurn 1. 1992, 9 ff.
[12] Tagebuch EH Sophie v. 7. 3. 1849
[13] Weissensteiner, F., a. a. O.
[14] Herre, F., »Kaiser Franz Joseph ect.«, a. a. O. S. 84
[15] Ebenda, S. 85
[16] »Extrablatt Wiener Zeitung« v. 25. 8. 1849
[17] Herre, F., a. a. O. S. 87
[18] Schnürer, F., a. a. O. S. 111, No 91
[19] Laube, H., »Erinnerungen 1841–1881«, Wien 1882, S. 164
[20] Tagebuch EH Sophie v. 17. 5., 20. 5., 21. 5. 1849
[21] Herre, F., a. a. O. S. 87
[22] Tagebuch EH Sophie v. 24. 5. 1849
[23] Schnürer, F., a. a. O. S. 119, No 100
[24] Tagebuch EH Sophie v. 5. 7. 1849
[25] Horváth, J., »Graf Ludwig Batthyány, ein politischer Märtyrer«, Hamburg 1850
[26] Tagebuch EH Sophie v. 6. 8. 1849
[27] Kabinetts-Archiv, Geheime Acte No 9, FZM Haynau an Fürst Schwarzenberg, Ofen v. 18. 12. 1849
[28] Weckbecker, W., »Von Maria Theresia bis Franz Joseph«; Berlin 1929, S. 173
[29] Tagebuch EH Sophie v. 19. 8. 1849

[30] Bagger, E., a. a. O. S. 160

[31] Ebenda, S. 161

[32] Mayr, J. K., »Das Tagebuch des Polizeiministers Kempen von 1848–1859«, Wien Leipzig 1931, S. 155

[33] Bagger, E., a. a. O. S. 163

[34] Vitzthum von Eckstädt, F., »Berlin und Wien in den Jahren 1845–1852«, Berlin 1886, S. 298, Vitzthum an seinen Onkel Frh. v. Friesen

[35] Tagebuch EH Sophie v. 14. 9. 1849

[36] Kabinetts-Archiv, Geheime Acte No 9, FZM Haynau an Fürst Schwarzenberg, Ofen v. 8. 7. 1850

[37] Vitzthum v. Eckstädt, F., a. a. O. S. 283, Vitzthum an seinen Onkel Frh. v. Friesen v. 14. 7. 1850

[38] Ebenda, S. 288, Vitzthum an seine Mutter v. 8. 9. 1850

[39] Bagger, E., a. a. O. S. 175 f.

[40] Tagebuch EH Sophie v. 21. 11. 1850

[41] Mayr, K., a. a. O. S. 159

[42] Vitzthum v. Eckstädt, F., a. a. O. S. 281, Vitzthum an seine Mutter v. 27. 6. 1850

[43] Brandl, A., a. a. O. S. 82 ff., Briefe EH Sophie an W. Schindl v. 22. 11. 1849, 8. 4. 1850 und 7. 12. 1851

[44] Nachl. EH Sophie, Kart. 18, EH Sophie an EH Ludwig v. 9. 12. 1849

[45] Ebenda, EH Sophie an EH Ludwig v. 26. 7. 1838

[46] Ebenda, EH Sophie an EH Ludwig v. 7. 1. 1850

[47] Ebenda, EH Sophie an EH Ludwig v. 6. 2. 1850

[48] Schnürer, F., a. a. O. S. 139, No 119

[49] Vitzthum v. Eckstädt, F., a. a. O. S. 262, Vitzthum an seine Mutter v. 9. 3. 1850

[50] Nachl. E. C. C. Corti, Kart. 32, Bl. 408, Metternich Archiv, Plass

[51] Vitzthum v. Eckstädt, F., a. a. O. S. 273, Vitzthum an seine Mutter v. 3. 1. 1851

[52] Tagebuch EH Sophie v. 19. 9. 1851

[53] Srbik, H. v., a. a. O., Bd. II, S. 336 und 424

[54] Schnürer, F., a. a. O. S. 164, No 135

[55] Mayr, K., a. a. O. S. 168

[56] Ebenda, S. 218

[57] Ebenda, S. 289, 302, 335

[58] »Wiener Tagblatt« v. 25. 12. 1929, EH Sophie an Franz Joseph, Görz v. 8. 4. 1852

[59] Nachl. E. C. C. Corti, Kart. 32, EH Sophie an Franz Joseph, Görz v. 9. 4. 1852

[60] Vajda, St., a. a. O. S. 509

[61] Archiv Hübner, Metternich an Hübner v. 15. 8. 1853

[62] Brandl, A., a. a. O. S. 88, EH Sophie an W. Schindl v. 5. 7. 1852
[63] Bagger, E., a. a. O. S. 209
[64] Mayr, K., a. a. O. S. 259 und 267
[65] Klopfer, C. E., a. a. O. S. 68
[66] Ebenda
[67] »Wiener Zeitung« Extraausgabe v. 18. 12. 1853
[68] Mayr, K., a. a. O. S. 279, Fußnote
[69] Nachl. E. C. C. Corti, Kart. 31, Bl. 670, 671, Max O'Donall an seine Mutter v. 18. 2. 1853
[70] Haus Archiv, Familien Correspondenz, A, Kart. 54, Varia, Bl. 82, »Kundmachung d. kriegsgerichtlichen Section des k. k. Militär-Gouverments« v. 26. 2. 1853
[71] Mayr, K., a. a. O. S. 279
[72] Ebenda, S. 281
[73] Klopfer, C. E., a. a. O. S. 62
[74] Mayr, K., a. a. O. S. 283
[75] Herre, F., a. a. O. S. 111
[76] Klopfer, E. C., a. a. O. S. 64
[77] Herre, F., a. a. O. S. 110
[78] Nachl. E. C. C. Corti, Kart. 31, Bl. 688, EH Ferdinand Max an Metternich v. 7. 3. 1853
[79] Mayr, K., a. a. O. S. 286, 289, 297 f.
[80] Ebenda, S. 302, 303, 310, 314, 325
[81] Ebenda, S. 339
[82] Hamann, B., »Elisabeth. Kaiserin wider Willen«, Wien München 1980. S. 24
Sophie an Maximilian II. Joseph v. Bayern v. 12. 7. 1849
[83] Bagger, E., a. a. O. S. 235
[84] Bienek, G. K., »Die Nacht von Olmütz«, Wien 1951
[85] Ringel, E., »Die österreichische Seele«, Wien Köln Graz 1984
[86] Mayr, K., a. a. O. S. 239, 240, 243
[87] Bagger, E., a. a. O. S. 237
[88] Kronfeld, E. M., a. a. O. S. 24
[89] Bagger, E., a. a. O. S. 238
[90] Friedjung, H., »Österreich von 1848–1850«, Berlin 1912, Bd. II, S. 257
[91] Corti, E. C. C., a. a. O. S. 102
[92] Nachl. E. C. C. Corti, Kart. 31, Bl. 790, Bismarck in einem Brief v. 19. 12. 1853
[93] Ebenda, Kart. 31, Bl. 812
[94] Hamann, B., a. a. O. S. 27, Nachl. Sexau, Amélie v. Urach »Erinnerungen an ihre Großmutter Ludowika«
[95] »Ischler Badelisten«, 1853
[96] Schnürer, F., a. a. O. S. 207

[97] Hamann, B., a. a. O. S. 31, Nachl. Sexau
[98] »Reichspost« v. 22. 4. 1934
[99] Tagebuch EH Sophie v. 17. 8. 1853
[100] Corti, E. C. C., a. a. O. S. 121
[101] Weckbecker, W., a. a. O. S. 195
[102] Hamann, B., a. a. O. S. 35, Nachl. Sexau
[103] Hamann, a. a. O. S. 39
[104] Ebenda, S. 41, Tagebuch EH Marie Valerie
[105] Klopfer, C. E., a. a. O. S. 64 f., Antonie v. Arneth an ihren Sohn v. 19. 8. 1853
[106] Mayr, K., a. a. O. S. 300
[107] Hamann, B., a. a. O. S. 40, EH Sophie an Marie v. Sachsen v. 19. 8. 1853
[108] Ebenda, S. 41, Franz Joseph an Maximilian II. Joseph v. 22. 8. 1853
[109] Schnürer, F., a. a. O. S. 208, No 164
[110] Mayr, K., a. a. O. S. 302
[111] Brandl, A., a. a. O. S. 92, EH Sophie an W. Schindl v. 20. 9. 1853
[112] Weidmann, F. C., »Der Führer nach und um Ischl«, Wien 1849, S. 411
[113] Schnürer, F., a. a. O. S. 214, No 166
[114] Nachl. E. C. C. Corti, Kart. 31, Nachl. Hübner, Tagebücher XI, Oktober 1856
[115] Schnürer, F., a. a. O. S. 214, No 167
[116] »Pester Lloyd« v. 12. 9. 1898
[117] Hamann, B., a. a. O. S. 49, Nachl. Sexau, Ludovika an Marie v. Sachsen v. 16. 12. 1853
[118] Schnürer, F., a. a. O. S. 215, No 168
[119] Tagebuch EH Sophie v. 14. 12. 1853
[120] Schnürer, F., a. a. O. S. 220, No 169
[121] Ebenda, S. 217
[122] Scharding, C., »Das Schicksal der Kaiserin Elisabeth«, Wien oJ, S. 96
[123] Mayr, K., a. a. O. S. 315
[124] Walter, F., »Aus dem Nachlaß des Frh. Carl Friedrich Kübeck von Kübau«, Graz 1960, S. 134
[125] Obersthofmeisteramt 134/8
[126] Ebenda, Franz Joseph an Fürst Liechtenstein v. 21. 4. 1854
[127] Schnürer, F., a. a. O. S. 223, No 170
[128] Ebenda
[129] Klopfer, C. E., a. a. O. S. 66
[130] Hoetzsch, O., »Peter von Meyendorff. Ein russischer Diplomat an den Höfen von Berlin und Wien. Politischer und privater Briefwechsel 1826–1863«, Berlin Leipzig 1923, Bd. II, S. 132
[131] Ernst, O., a. a. O. S. 22
[132] Klopfer, C. E., a. a. O. S. 85

[133] Nachl. E. C. C. Corti, Kart. 31, Nachl. Hübner, Tagebücher XI, 16. 1. 1855

[134] Sternberg, A. v., »Die äußere Politik Österreich-Ungarns«, Berlin oJ, S. 120

[135] Hübner, A. v., »Neun Jahre der Erinnerungen eines österreichischen Botschafters in Paris 1851–1859 unter dem I. Kaiserreich«, Berlin 1904, Bd. I, S. 134

[136] Weckbecker, W., a. a. O. S. 204

[137] Hübner, A. v., a. a. O. S. 134

[138] Ebenda

[139] Klopfer, C. E., a. a. O. S. 76

[140] Mayr, K., a. a. O. S. 328

[141] Hübner, A. v., a. a. O. S. 135

[142] Hamann, B., a. a. O. S. 75

[143] Tagebuch EH Sophie v. 24. 4. 1854

[144] Bled, J. P., »Franz Joseph. Der letzte Monarch der alten Schule«, Wien Köln Graz 1988

[145] Tagebuch EH Sophie v. 25. 4. 1854

[146] Ebenda, v. 27. 4. 1854

[147] Hamann, B., a. a. O. S. 78, Tagebuch d. Gräfin M. Festetics v. 15. 10. 1872

[148] Ebenda, S. 79, Ludowika an Auguste v. Bayern, Nachl. Sexau

[149] Ebenda

[150] Ebenda, S. 85, EH Sophie an Maximilian II. Joseph, Nachl. Maximilian

[151] Ebenda, S. 86, Tagebuch d. Gräfin M. Festetics v. 14. 6. 1873

[152] Weckbecker, W., a. a. O. S. 204

[153] Ernst, O., a. a. O. S. 144

[154] Ebenda, S. 145

[155] Hamann, B., a. a. O. S. 85, Tagebuch d. Gräfin M. Festetics v. 15. 10. 1872

[156] Mayr, K., a. a. O. S. 329

[157] Eigl, K. u. Kodera, P., »Die Hofburg in Wien«, Wien 1977, S. 37

[158] Corti, E. C. C., »Elisabeth von Österreich. Tragik einer Unpolitischen«, Taschenb. Heyne, München 1979, S. 54

[159] Tagebuch EH Sophie v. 15. 6. 1854

[160] Mayr, K., a. a. O. S. 335

[161] Ebenda, S. 352

Anmerkungen zu Kapitel 5

[1] Brandl, A., a. a. O. S. 95

[2] Mayr, K., a. a. O. S. 352

[3] »Ischler Badelisten« 1854

[4] Hamann, B., a. a. O. S. 97, Tagebuch d. Gräfin M. Festetics v. 14. 6. 1873

[5] Ebenda, S. 96

[6] Nachl. EH Sophie, Kart. 6, EH Ludwig Viktor an EH Sophie, Ischl v. 3. 9. 1854

[7] Schnürer, F., a. a. O. S. 230 No 177

[8] Ebenda, S. 231 f., No 178

[9] Walter, F., a. a. O. S. 153 ff.

[10] Mayr, K., a. a. O. S. 398

[11] Vortrag und Handschreiben XXXX/48, Buol-Schauenstein an Franz Joseph v. 25. 3. 1854, Abschrift einer Instruktion an FML Frh. von Hess

[12] Kühn, R., »Hofdamen-Briefe um Habsburg und Wittelsbach«, Berlin 1942, S. 351

[13] Hamann, B., a. a. O. S. 100, Tagebuch EH Marie Valerie v. 26. 12. 1887

[14] Schnürer, F., a. a. O. S. 233 No 179

[15] Ebenda, S. 239

[16] Mayr, K., a. a. O. S. 404

[17] Ebenda, S. 363

[18] Gendarmeriedepartement Z 321, Akte Graf Grünne

[19] Weinzierl-Fischer, E., »Die österreichischen Konkordate von 1855 und 1933«, Wien 1960, S. 11

[20] Ebenda, S. 18

[21] Reinöhl, F. v., »Das politische Vermächtnis Kaiser Franz I.« in »Historische Blätter« 7, 1937, 78

[22] Srbik, H. v., a. a. O. Bd. II, S. 26

[23] Meisner, H. u. Schmidt, E., »Briefe an Wolfgang Menzel«, Wien 1908, S. 98 ff.

[24] Helfert, A. v., »Die confessionelle Frage in Österreich 1848« in Österreichisches Jahrbuch 7, S. 79 ff.

[25] Weinzierl, E., a. a. O. S. 56

[26] Ebenda, S. 57

[27] Ebenda, S. 58

[28] Haus Archiv, Familien-Correspondenz A, Kart. 52, Bl. 63

[29] »Wiener Zeitung« v. 19. 8. 1855

[30] Schnürer, F., a. a. O. S. 243 No 184

[31] Franz, G., »Kulturkampf«, München 1954, S. 56

[32] Mayr, K., a. a. O. S. 374

[33] Ebenda, S. 413

[34] Weinzierl, E., a. a. O. S. 91 und 92

[35] Drimmel, H., »Franz Joseph. Biographie einer Epoche«, Wien München 1983

[36] Bagger, E., a. a. O. S. 282

[37] Ebenda, S. 306

[38] Mayr, K., a. a. O. S. 398

[39] Ebenda, S. 404

[40] Lobkowicz, E., »Erinnerungen an die Monarchie«, Wien München 1989, S. 248

[41] Hamann, B., a. a. O. S. 107, Tagebuch d. Gräfin M. Festetics v. 26. 6. 1872

[42] Schnürer, F., a. a. O. S. 235 ff. No 194

[43] Corti, E. C. C., a. a. O. S. 65

[44] Hamann, B., a. a. O. S. 113

[45] Ebenda, S. 113, Tagebuch d. Gräfin M. Festetics v. 2. 6. 1872

[46] Corti, E. C. C., a. a. O. S. 74

[47] Schnürer, F., a. a. O. S. 259 No 195

[48] Ebenda, S. 259 No 196

[49] Haus Archiv, Varia aus der Kabinettsregistratur, Kart. 1, Konv. 11, Bl. 14

[50] Tagebuch EH Sophie v. 4. 8. 1857

[51] Mayr, K., a. a. O. S. 417

[52] Ebenda, S. 352

[53] Ebenda, S. 409

[54] Fugger, N., »Im Glanz der Kaiserzeit«, Wien München 1932, S. 216

[55] Mayr, K., a. a. O. S. 428

[56] Creneville Archic, Creneville an seine Frau v. 9. 5. 1857

[57] Mil. Kanzlei Sr. Majestät 33–2002 v. 27. 5. 1857, 11 Uhr vorm.

[58] Ebenda, 33–2002 v. 28. 5. 1857, ½ 4 Uhr nachm.

[59] Schnürer, F., a. a. O. S. 266 ff. No 198

[60] Hamann, B., a. a. O. S. 120, Ludowika an Auguste v. Bayern v. 23. 7. 1857, Nachl. Sexau

[61] »Ischler Badelisten« 1857

[62] Schnürer, F., a. a. O. S. 278 f. No 204

[63] Mayr, K., a. a. O. S. 437, 441, 448

[64] Ebenda, S. 455

[65] Hamann, B., a. a. O. S. 122, Ludowika an Sophie v. 31. 12. 1857 u. 27. 7. 1858, Nachl. Sexau

[66] Corti, E. C. C., a. a. O. S. 92

[67] Hamann, B., a. a. O. S. 126, Ludowika an Sophie v. 12. 3. 1859, Nachl. Sexau

[68] Mayr, K., a. a. O. S. 465

[69] Ebenda, S. 501

[70] Tagebuch EH Sophie v. 9. 5. 1859

[71] Mayr, K., a. a. O. S. 509

[72] Tagebuch EH Sophie v. 28. 5. 1859

[73] Schnürer, F., a. a. O. S. 261 f. No 196
[74] Mil. Kanzlei Sr. Majestät, Vertrauliche Mitteilung Mr. Birds v. Mai 1859
[75] Mayr, K. a. a. O. S. 516
[76] Ebenda
[77] Schnürer, F., a. a. O. S. 292 f. No 214
[78] Nostiz-Rieneck, G., »Briefe Kaiser Franz Josephs an Kaiserin Elisabeth«, Wien 1966, Bd. I, S. 10 f.
[79] Herre, F., a. a. O. S. 158
[80] Mayr, K., a. a. O. S. 532
[81] Nachl. EH Sophie, Kart. 16, EH Sophie an Gräfin?, Wien Mai 1859
[82] »Das Volk« v. 25. 6. 1859
[83] Creneville Archiv, Creneville an seine Frau v. 27. 5. 1859
[84] Klopfer, E. C., a. a. O. S. 96
[85] Hamann, B., a. a. O. S. 137, Ludowika an Sophie v. 1. 7. 1859, Nachl. Sexau
[86] Nostiz-Rieneck, G., a. a. O. Bd. I, S. 30
[87] Ebenda, S. 30 u. 35
[88] Hamann, B., a. a. O. S. 138, Ludowika an Sophie v. 20. 10. 1859, Nachl. Sexau
[89] Mayr, K., a. a. O. S. 522
[90] Hamann, B., a. a. O. S. 139
[91] Mayr, K., a. a. O. S. 524
[92] Ebenda
[93] Schnürer, K., a. a. O. S. 294 No 215
[94] Klopfer, C. E., a. a. O. S. 94
[95] Haus Archiv, Varia aus der Kabinettsregistratur, Kart. 1, Konv. 12, Bl. 1
[96] Herre, F., a. a. O. S. 149
[97] Mayr, K., a. a. O. S. 529
[98] »Ischler Badelisten« 1859
[99] Mayr, K., a. a. O. S. 529
[100] Ebenda, S. 533
[101] Ebenda, S. 534
[102] Ebenda, S. 534, Fußnote
[103] Schnürer, F., a. a. O. S. 300 No 217
[104] Hamann, B., a. a. O. S. 141
[105] Tagebuch EH Sophie
[106] »Ischler Badelisten« 1860
[107] Schnürer, F., a. a. O. S. 302 No 219
[108] Tagebuch EH Sophie v. 31. 12. 1860
[109] Corti, E. C. C., a. a. O. S. 93
[110] Bled, J. P., a. a. O. S. 112

[111] Tagebuch EH Sophie v. 31. 10. 1860
[112] Nachl. Corti, Kart. 31
[113] Hamann, B., a. a. O. S. 155
[114] Nachl. E. C. C. Corti, Kart. 30, Tagebuch EH Marie Valerie v. 21. 6. 1884
[115] Mayr, K., a. a. O. S. 73
[116] Schnürer, F., a. a. O. S. 89, 97, 145, 158 f.
[117] Mayr, K., a. a. O. S. 88
[118] Thomae, H., »Geschichte, Klinik und Theorien der Pubertätsmagersucht«, Bern 1961
[119] Morton, R., »Phthisiogia siu exercitationeum de phthisi«, Ulm 1714
[120] Jores, A., »Das Krankheitsbild der Anorexia nervosa«, Act. Neuroveget. 24, 1963, 607
[121] Receptbücher der AH Familie, Hofapotheke HAp 52
[122] Richter, W., »Kronprinz Rudolf von Österreich«, Zürich 1941
[123] Salvendy, J., »Rudolf. Psychogramm eines Kronprinzen«, Wien München 1987, S. 31
[124] Weissensteiner, F., »Geschichte« 1, 1992, 9
Kronprinz Rudolf Selekt, Kart. 2
[125] Hamann, B., a. a. O. S. 157, Ludowika an Sophie v. 21. 5. 1861, Nachl. Sexau
[126] Nachl. E. C. C. Corti, Kart. 30, Tagebuch EH Marie Valerie v. 8. 1. 1885
[127] Ebenda, Kart. 30
[128] Tagebuch EH Sophie v. 18. u. 21. 6. 1861
[129] Schnürer, F., a. a. O. S. 305
[130] Ebenda, S. 309
[131] Tagebuch EH Sophie v. 27. 10. 1861
[132] Obersthofmeisteramt 65/182 v. 4. 1. u. 6. 4. 1862
[133] Schnürer, F., a. a. O. S. 311 No 224
[134] Ebenda, S. 311 No 225

Anmerkungen zu Kapitel 6

[1] Sokop, B., »Jene Gräfin Larisch«, Wien Köln Graz 1985
[2] Schnürer, F., a. a. O. S. 320 No 227
[3] Ebenda, S. 323 No 228
[4] Ebenda, S. 324 No 229
[5] »Ischler Badelisten« 1863
[6] »Badeblatt« Baden-Baden v. 3. 9. 1863, S. 1048
[7] »Wochenblatt für Rastatt, Ettlingen und Gernsbach« v. 5. 9. 1863, S. 756

[8] Mitteilg. KA Wien v. 16. 11. 1971, Z 40442/1971 an Margot Fuss, Baden-Baden

[9] Stadtarch. Baden-Baden, Nachl. Theodor v. Mühlhens, pers. Mittlg. M. Fuss v. 28. 8. 1990

[10] Sterbebuch Pfarre Döbling-St. Paul tom. III/S. 18

[11] Creneville Archiv, Stefan Graf Széchényi an Min. Graf Rechberg v. 4. 3. 1860

[12] Ebenda, FZM Benedek an Graf Creneville v. 30. 10. 1860

[13] Ebenda, FZM Benedek an Graf Creneville v. 3. 4. 1863

[14] Schnürer, F., a. a. O. S. 324 No 230

[15] Corti, E. C. C., »Maximilian von Mexiko. Die Tragödie eines Kaisers«, München 1980, S. 34

[16] Haslip, J., a. a. O. S. 139

[17] Vogelsberger, H., »Kaiser von Mexiko. Ein Habsburger auf Montezumas Thron«, Wien München 1992, S. 81

[18] Creneville Archiv, Creneville an seine Frau v. 7. 10. 1863

[19] Vogelsberger, H., a. a. O. S. 97

[20] Corti, E. C. C., »Maximilian ect.«, a. a. O. S. 58 f.

[21] Haslip, J., a. a. O. S. 187

[22] Corti, E. C. C., a. a. O. S. 61 f.

[23] Nachl. E. C. C. Corti, Kart. 32, Bl. 2858, Franz Joseph an Maximilian, Ischl v. 4. 10. 1863

[24] Buckle, G., »Königin Victorias Briefwechsel und Tagebuchblätter während der Jahre 1862–1878«, Berlin Leipzig, Bd. I, S. 92
König Leopold I. an Königin Victoria v. 21. 9. 1863

[25] Haslip, J., a. a. O. S. 203

[26] Schnürer, F., a. a. O. S. 327 No 232

[27] Creneville Archiv, KA Wien No 25

[28] Nachl. EH Sophie, Kart. 6, EH Ludwig Viktor an EH Sophie v. 16. 4. 1864

[29] Ebenda, EH Ludwig Viktor an EH Sophie, Rom v. 20. 4. 1864

[30] »Ischler Badelisten« 1864

[31] Schnürer, F., a. a. O. S. 335 f. No 236

[32] Bethlen, B., »Begegnungen mit Kaiserin Elisabeth« in »Tagblatt« Budapest v. 18. 9. 1898

[33] Creneville Archiv, Creneville an seine Frau v. 26. 8. u. 28. 8. 1864

[34] Ebenda, Franz Joseph an Elisabeth v. 16. 6. 1864

[35] Hamann, B., a. a. O. S. 183, Nachl. Sexau

[36] Haslip, J., a. a O. S. 284 f.

[37] Kronprinz Rudolf Selekt, Kart. 21

[38] Haslip, J., a. a. O. S. 335

[39] Schnürer, F., a. a. O. S. 349 f. No 242

[40] Ebenda, S. 351 f. No 244

[41] Allgemeine Urkundenreihe, HHStA Wien

[42] Schnürer, F., a. a. O. S. 354 f. No 245

[43] Haus Archiv, Varia aus der Kabinettskanzlei, Kart. 1, Konv. 16, Bl. 67

[44] Kronprinz Rudolf Selekt, Kart. 12, Bl. 1 u. 48

[45] Separat Fascikel 3 v. 15. 11. 1851, Memorandum FZM Augustin an Franz Joseph, persönl.

[46] Kaiserl. Handzettel v. 18. 7. 1864 u. 8. 1. 1867

[47] Tuider, O. u. Rüling, J., »Die Preußen in Niederösterreich 1866«, Mitteilgn. histor. Schriftenreihe 4, Wien 1966

[48] Kronprinz Rudolf Selekt, Kart. 18, Konv. Kaiserin Elisabeth, Bl. 38

[49] Ebenda, Kart. 18, Konv. EH Sophie, Bl. 7

[50] Milit. Kanzlei Sr. Majestät 69–9, Bl. 1–3

[51] Kleindl, W., a. a. O. S. 263

[52] Creneville Archiv, FML A. Mennsdorff an Creneville v. 7. 7. 1866

[53] Nachl. E. C. C. Corti, Kart. 30, Memoire FML A. v. Henikstein, Wien April 1874

[54] Flugschriftensammlung ÖNB, Inv. No 1866/1

[55] Kronprinz Rudolf Selekt, Kart. 12, Bl. 4 u. 5

[56] Creneville Archiv, Creneville an seine Frau v. 22. 7. 1866

[57] Corti, E. C. C., »Elisabeth ect.»a. a. O. S. 137, Landgräfin Fürstenberg an ihre Mutter v. 8. 7. 1866

[58] Kronprinz Rudolf Selekt, Kart. 12, Bl. 6 u. 7, Rudolf an EH Sophie v. 22. 7. u. 6. 8. 1866

[59] Corti, E. C. C., a. a. O. S. 140

[60] Ebenda, S. 141

[61] Nachl. E. C. C. Corti, Kart. 30, Bl. 3292, Franz Joseph an Elisabeth v. 20. 8. 1866

[62] Nachl. EH Sophie, Kart. 6, EH Ludwig Viktor an EH Sophie v. 20. 8. 1866

[63] Schnürer, F., a. a. O. S. 357 No 246

[64] Gemeindeamt Bad Ischl, Bauplan No 1501 v. 21. 2. 1866

[65] Größing, S. M., »Schatten über Habsburg« Wien 1991, S. 239

[66] Ebenda, S. 241

[67] Vogelsberger, H., a. a. O. S. 239 f.

[68] Corti, E. C. C., »Maximilian ect.«, a. a. O. S. 173 f.

[69] Haslip, J., a. a. O. S. 378

[70] Corti, E. C. C., a. a. O. S. 172

[71] Haslip, J., a. a. O. S. 381

[72] Rieder, H., »Napoleon III. Abenteuer und Imperator«, Gerasbach 1989, S. 254

[73] Haslip, J., a. a. O. S. 399

[74] Corti, E. C. C., a. a. O. S. 232

[75] Ebenda, S. 230 f.

[76] Schnürer, F., a. a. O. S. 359 No 247

[77] Frýd, N., »Die Kaiserin« Stuttgart 1976, S. 352

[78] Schnürer, F., a. a. O. S. 362 No 249

[79] Hamann, B., a. a. O. S. 188, zit. Tagebuch EH M. Valerie v. 25. 10. 1889

[80] Creneville Archiv, Creneville an seine Frau v. 11. 6. 1867

[81] Kronprinz Rudolf Selekt, Kart. 12, Konv. EH Sophie, Bl. 16

[82] Schnürer, F., a. a. O. S. 351 No 244

[83] Hamann, B., »Mit Kaiser Max in Mexiko. Aus dem Tagebuch des Fürsten Carl Khevenhüller 1864–1867«, Wien München 1983, S. 244 f.

[84] Haslip, J., a. a. O. S. 472

[85] Corti, E. C. C., a. a. O. S. 252

[86] Ebenda, S. 258

[87] Ebenda, S. 250

[88] Vogelsberger, H., a. a. O. S. 323

[89] Haslip, J., a. a. O. S. 492

[90] Ernst, O., a. a. O. S. 85

[91] Corti, E. C. C., a. a. O. S. 268

[92] »Neues Wiener Journal« v. 4. 12. 1927

[93] Corti, E. C. C., a. a. O. S. 269

[94] Kühn, J., »Anton von Magnus. Das Ende des maximilianischen Kaiserreiches in Mexiko. Berichte des königlich preußischen Ministerpräsidenten an Bismarck 1866–1867«, Göttingen 1965, S. 241

[95] Hamann, B., a. a. O. S. 68 f.

[96] Haslip, J., a. a. O. S. 501

[97] »Der g'rade Michel«, Wien v. 27. 7. 1867, zit. Vogelsberger, H., a. a. O. S. 335

[98] Frýd, N., a. a. O. S. 394

[99] Hamann, B., »Elisabeth ect.«, a. a. O. S. 255, Tagebuch d. Landgräfin Therese Fürstenberg v. 1. 11. 1866

[100] Tagebuch EH Sophie v. 3. 7. 1967

[101] Hamann, B., a. a. O. S. 281, EH Sophie an Oskar v. Redwitz v. 15. 2. 1869

[102] Kronprinz Rudolf Selekt, Kart. 12, Bl. 23 u. 24

[103] Haus Archiv, Varia aus der Kabinettsregistratur, Kart. 1, Konv. 16, Bl. 32

[104] Hamann, B., a. a. O. S. 282, Tagebuch d. Landgräfin Th. Fürstenberg v. 30. 8. 1867

[105] Ebenda, v. 2. 9. 1867

[106] Tagebuch EH Sophie v. 29. 8. 1867

[107] Ebenda v. 2. 9. 1867

[108] Steinbrück, H., »Tegetthoffs Briefe an seine Freundin« Wien Leipzig 1926, S. 105

[109] Nachl. EH Sophie, Kart. 6, EH Ludwig Viktor an EH Sophie, Salzburg v. 20. 8. 1867

[110] Schnürer, F., a. a. O. S. 366 f. No 253

[111] Tagebuch EH Sophie v. 22. 4. 1868

[112] Ebenda v. 22. 7. 1870

[113] Schnürer, F., a. a. O. S. 374 No 255

[114] Ebenda, S. 378 No 259

[115] Kronprinz Rudolf Selekt, Kart. 18, Konv. EH Sophie, Bl. 41

[116] Ebenda, Bl. 42

[117] Tagebuch EH Sophie v. 5. 8. 1870

[118] Ebenda v. 25. 8. 1870

[119] Schnürer, F., a. a. O. S. 376 No 257

[120] Ebenda, S. 380 No 260

[121] »Ischler Badelisten« 1870

[122] Nachl. E. C. C. Corti, Kart. 31, Elisabeth an Franz Joseph v. 16. 7. 1870

[123] Frankl-Hochwart, B., »Briefwechsel zwischen Anastasius Grün und Ludwig August Frankl« Berlin 1897, S. 199

[124] Schnürer, F., a. a. O. S. 374 No 255

[125] Tagebuch EH Sophie v. 31. 12. 1871

[126] Corti, E. C. C., a. a. O. S. 270

[127] Tagebuch EH Sophie v. 25. 9. 1870

[128] Ebenda v. 5. 10. 1870

[129] Kronprinz Rudolf Selekt, Kart. 12, Bl. 15 u. 64

[130] Schäffle, A. E. F., »Aus meinem Leben«, Berlin 1905, Bd. I, S. 241 ff.

[131] Corti, E. C. C., a. a. O. S. 198

[132] Schnürer, F., a. a. O. S. 381 No 261

[133] Kronprinz Rudolf Selekt, Kart. 18, Konv. EH Sophie, Bl. 76

[134] Schnürer, F., a. a. O. S. 284 No 263

[135] Tagebuch EH Sophie v. 7. 4. 1872

[136] Ebenda v. 23. 4. 1872

[137] Corti, E. C. C., a. a. O. s. 201

[138] Hamann, B., a. a. O. S. 305, Tagebuch d. Gräfin Festetics v. 28. 5. 1872

[139] Herre, F., a. a. O. S. 267

[140] Hamann, B., a. a. O. S. 305

[141] »Neue Freie Presse« v. 29. 5. 1872

[142] Türheim, L., »Mein Leben. Erinnerungen aus Österreichs großer Welt«, München 1913, Bd. IV, S. 73

[143] Weckbecker, W., a. a. O. S. 199

[144] Hübner, A. v., a. a. O. S. 329

[145] Eulenburg-Hertefeld, Ph., »Aus 50 Jahren«, Berlin 1923, S. 25 Anmerkung

[146] Erdödy, H., »Fast hundert Jahre Lebenserinnerungen 1831–1923«, Zürich Leipzig Wien 1929, S. 101

[147] Schnürer, F., a. a. O. S. 7

[148] Hamann, B., a. a. O. S. 306, Nachl. Sexau

[149] Mitis, O., »Das Leben des Kronprinzen Rudolf«, Leipzig 1928, S. 263 Rudolf an Graf Latour v. 2. 12. 1881

[150] Hamann, B., a. a. O. S. 306, Tagebuch A. Graf Hübner v. 28. 5. 1872

[151] Ebenda, S. 306, Tagebuch d. Gräfin Festetics v. 2. 6. 1872

[152] Mitis, O., a. a. O. S. 263, Rudolf an Graf Latour v. 2. 12. 1881

[153] Hamann, B., a. a. O. S. 597, Tagebuch d. EH M. Valerie v. 25. 8. 1898

Literaturverzeichnis

Anreiter, A., »Erlebnisse und Gedanken eines Wiener Studenten am 11. März 1848«, Wien 1848

Bagger, E., »Franz Joseph – eine Persönlichkeitsstudie«, Zürich Leipzig Wien 1927
Barbacy, M., »Bekenntnisse eines Soldaten«, Wien 1850
Bibl, V., »Metternich: Der Dämon Österreichs«, Leipzig Wien 1936
Bienek, G. K., »Die Nacht von Olmütz«, Wien 1951
Bled, J. P., »Franz Joseph. Der letzte Monarch der alten Schule«, Wien Köln Graz 1988
Bourgoing, J., »Marie Louise von Österreich«, Wien Zürich 1949
Brandl, A., »Erzherzogin Sophie von Österreich und eine tirolische Dichterin Walpurga Schindl«, Wien Leipzig 1902
Buckle, G., »Königin Victorias Briefwechsel und Tagebuchblätter während der Jahre 1862–1878«, Berlin 1929

Castelli, I. v., »Ausführliche Beschreibung der Erbhuldigung welche dem Allerdurchlauchtigsten Großmächtigsten Herrn Ferdinand dem Ersten, Kaiser von Österreich, König von Ungarn etc. von den Staenden des Erzherzogtums Österreich unter der Enns am 14. Juny 1835 geleistet ward«, Wien 1837
Castelot, A., »Der Herzog von Reichstadt«, Wien Berlin Stuttgart 1960
Corti, E. C. C., »Vom Kind zum Kaiser«, Graz Salzburg Wien 1950
»Mensch und Herrscher«, Graz Wien Altötting 1952
»Elisabeth von Österreich. Tragik einer Unpolitischen«, München 1979
»Maximilian von Mexiko. Die Tragödie eines Kaisers«, München 1980

Dietl, J., »Der Aderlaß in der Lungenentzündung«, Wien 1848
Drimmel, H., »Franz Joseph. Biographie einer Epoche«, Wien München 1983

Eigl, K. u. Kodera, P., »Die Hofburg in Wien«, Wien 1977
Emmer, J., »Erzherzog Franz Karl«, Salzburg 1883
Endler, F., »Wien im Biedermeier«, Wien 1978
Erdödy, H., »Fast hundert Jahre Lebenserinnerungen. 1831–1923«, Zürich Leipzig Wien 1929

Ernst, O., »Franz Joseph I. in seinen Briefen«, Wien Leipzig München 1924
Eulenburg-Hertfeld, Ph., »Aus 50 Jahren«, Berlin 1923

Fiquelmont, K. L., »Aufklärungen«, Wien 1850
Fourier, A., »Der Friede«, Leipzig 1919
Frankl-Hochwart, B., »Briefwechsel zwischen Anastasius Grün und Ludwig August Frankl«, Berlin 1897
Franz, G., »Kulturkampf«, München 1954
Friedjung, H., »Österreich von 1848–1860«, Berlin 1912
Frýd, N., »Die Kaiserin«, Stuttgart 1976
Fugger, N., »Im Glanz der Kaiserzeit«, Wien München 1932

Gentz, F. v., »Tagebücher von 1829–1831«, Zürich 1920
Größing, S.-M., »Schatten über Habsburg« Wien 1991

Hamman, B., »Elisabeth. Kaiserin wider Willen«, Wien München 1980
»Mit Kaiser Max in Mexiko. Aus dem Tagebuch des Fürsten Carl Khevenhüller 1864–1867«, Wien München 1983
Hanateau, J., »Lettres du Prince de Metternich à la Comtesse de Lieven, 1818–1819«, Paris 1909
Haslip, J., »Maximilian. Kaiser von Mexiko«, München 1972
Hauslab, F., »Versuch eines Programms zum Unterricht Sr. kaiserl. Hoheit des durchlauchtigsten Herrn Erzherzog Franz Joseph in den militärischen Wissenschaften«, Wien 1843
Helfert, J. A., »Die Thronbesteigung des Kaisers Franz Joseph«, Prag 1872
Herre, F., »Metternich. Staatsmann des Friedens«, Köln 1983
»Kaiser Franz Joseph. Sein Leben – seine Zeit«, Köln 1978
Hoetzsch, O., »Peter von Meyendorff. Ein russischer Dipolomat an den Höfen von Berlin und Wien. Politischer und privater Briefwechsel 1826–1863«, Berlin Leipzig 1923
Holler, G., »Gerechtigkeit für Ferdinand. Österreichs gütiger Kaiser«, Wien München 1986
»Napoleons Sohn. Der unglückliche Herzog von Reichstadt«, Wien München 1987
Horwáth, J., »Graf Ludwig Batthýany, ein politischer Märtyrer«, Hamburg 1850
Hübner, A. v., »Neun Jahre Erinnerungen eines österreichischen Botschafters in Paris 1851–1859 unter dem I. Kaiserreich«, Berlin 1904
»Ein Jahr meines Lebens. 1848–1849«, Leipzig 1891

Janotyckh, J. v. Adlerstein, »Chronologisches Tagebuch der magyarischen Revolution«, Wien 1851
John, G. T., »Freie Äußerung des Wieners über die Flucht des Kaisers von Österreich«, Wien 1848

Jores, A., »Das Krankheitsbild der Anorexia nervosa«, Act. neuroveget. 1963

Kleindl, W., »Österreich. Daten zur Geschichte und Kultur«, Wien 1978
Klopfer, C. E., »Unser Kaiser«, Wien 1888
Koch, M., »Was wollen die Wiener Radicalen vom ersten österreichischen Reichstag?«, Wien 1848
Kugler, G. u. Haupt, A., »Uniform und Mode am Kaiserhof ect.«, Eisenstadt 1983
Kronfeld, E. M., »Franz Joseph I.«, Wien 1917
Kühn, R., »Hofdamen-Briefe um Habsburg und Wittelsbach«, Berlin 1942
Kühn, J., »Anton von Magnus. Das Ende des maximilianischen Kaiserreiches in Mexiko. Berichte des königl. preußischen Ministerpräsidenten an Bismarck 1866–1867«, Göttingen 1965

Laube, H., »Erinnerungen 1841–1881«, Wien 1887
Lobkowicz, E., »Erinnerungen an die Monarchie«, Wien München 1989

Markov, W., »Revolution im Zeugenstand. Frankreich 1789–1799«, Leipzig 1982
Mayr, J. K., »Das Tagebuch des Polizeiministers Kempen von 1848–1859«, Wien 1931
Mc Guigan, D., »Metternich, Napoleon und die Herzogin von Sagan«, Wien München Zürich Innsbruck 1979
Meisner, H. u. Schmidt, E., »Briefe an Wolfgang Menzel«, Wien 1908
Mesenhof, G., »Im Schatten der Zypressen. Habsburg und der Traum von Mexiko«, Gernsbach 1990
Metternich-Winneberg, R., »Aus Metternichs nachgelassenen Papieren«, Wien 1880
Mith, C., »Meine Brüder! Euer Zins ist ja schon bezahlt!«, Wien 1848
Mitis, O. v., »Das Leben des Kronprinzen Rudolf«, Leipzig 1928
Moll, J. K., »Die letzten Tage des Herzogs von Reichstadt«, Berlin Leipzig Wien 1948
Möring, C., »Sibyllinische Bücher aus Österreich«, Hamburg 1848
Morton, R., »Phthisiogia siu exercitationum de phtisis«, Ulm 1714

Neuburger, H., »Die Wiener Medizinische Schule im Vormärz«, Wien 1921
Niel, A., »Die großen k. u. k. Kurbäder und Gesundbrunnen«, Graz Wien Köln 1984
N. N., »Kurzgefaßte Begriffe über Constitution oder die Rechte und Freiheiten der Staatsbürger«, Wien 1848
Nostitz-Rieneck, G., »Briefe Kaiser Franz Josephs an Kaiserin Elisabeth«, Wien 1966

Olscher, L., »Das habsburgische Kaiserhaus im Lichte der Publizistik des Revolutionsjahres 1848«, Diss. d. phil. Fak. d. Univ. Wien 1979

Prokesch v. Osten, A., »Mein Verhältnis zum Herzog von Reichstadt«, Stuttgart 1878
»Aus den Tagebüchern des Grafen Prokesch von Osten 1830–1834«, Wien 1909

Reinöhl, F., »Aus den Tagebüchern der Erzherzogin Sophie« in »Historische Blätter« Wien 1931, Heft 4
»Das Politische Vermächtnis Kaiser Franz I.« in »Historische Blätter« Wien 1937, Heft 7
Reschauer, H., »Das Jahr 1848«, Wien 1872
Richter, W., »Kronprinz Rudolf von Österreich«, Zürich 1941
Rieder, H., »Napoleon III. Abenteurer und Imperator«, Gernsbach 1989
Ringel, E., »Die Österreichische Seele«, Wien Köln Graz 1984
Roland, A., »Kaiser Franz Joseph und sein Haus«, Wien 1879

Salvendy, J., »Rudolf. Psychogramm eines Kronprinzen«, Wien München 1987
Scharding, C., »Das Schicksal der Kaiserin Elisabeth«, Wien oJ
Schäffle, A. E. F., »Aus meinem Leben«, Berlin 1905
Schneider, J., »Kaiser Franz Joseph I. und sein Hof«, Wien 1919
Schnürer, F., »Briefe Kaiser Franz Josephs an seine Mutter, 1838–1872«, München 1930
Ségur-Cabanac, V., »Kaiser Ferdinand I. als Regent und Mensch«, Wien 1912
Sokopf, B., »Jene Gräfin Larisch«, Wien Köln Graz 1985
Srbik, H. v., »Metternich. Der Staatsmann und Mensch«, München 1925
Steinbrück, H., »Tegetthoffs Briefe an seine Freundin«, Wien Leipzig 1926
Sternberg, A. v., »Die äußere Politik Österreich-Ungarns«, Berlin oJ
Sturmfeder, L. v., »Die Kindheit unseres Kaisers, Briefe der Baronin Louise von Sturmfeder, Aja Seiner Majestät. Aus den Jahren 1830–1840«, Wien oJ

Tapié, V. I., »Die Völker unter dem Doppeladler«, Wien 1978
Tausig, P., »Berühmte Besucher Badens«, Wien 1912
Thomae, H., »Geschichte, Klinik und Theorien der Pubertätsmagersucht«, Berlin 1961
Thürheim, L., »Mein Leben. Erinnerungen aus Österreichs großer Welt«, München 1913
Tuider, O. u. Rüling, J., »Die Preußen in Niederösterreich 1866«, Mil. Histor. Schriftenreihe 1966

427

Unterreiter, F., »Die Revolution in Wien«, Wien 1848/49

Vajda, St., »Felix Austria«, Wien Heidelberg 1980

Vehse, E., »Geschichte des österreichischen Hofes und Adels und der österreichischen Diplomatie«, Hamburg 1852

Vitzthum von Eckstädt, C. F. v., »Berlin und Wien in den Jahren 1845–1852«, Berlin 1886

Vogelsberger, H., »Kaiser von Mexiko. Ein Habsburger auf Montezumas Thron«, Wien München 1992

Walter, F., »Aus dem Nachlaß des Freiherrn Carl Friedrich Kübeck von Kübau«, Graz 1960

Wandruszka, A., »Das Haus Habsburg«, Wien Freiburg Basel 1978

Weckbecker, W., »Von Maria Theresia bis Franz Joseph«, Berlin 1929

Weidmann, F. C., »Der Führer nach und um Ischl«, Wien 1849

Weinzierl-Fischer, E., »Die österreichischen Konkordate von 1855 und 1933«, Wien 1960

Wolf, J., »Blut und Rasse des Hauses Habsburg-Lothringen«, Zürich Leipzig Wien 1940

Wolfsgruber, C., »Joseph Othmar Cardinal Rauscher«, Freiburg i. B. 1888

Zenker, E. v., »Die Wiener Revolution in ihren socialen Voraussetzungen und Beziehungen«, Wien 1859

Quellenverzeichnis

Österr. Staatsarchiv:

Habsburg-Lothringisches Haus Archiv, Varia aus der Kabinettsregistratur, Kart. 1, 2

Habsburg-Lothringisches Haus Archiv, Familien-Correspondenz A, Kart. 28, 29, 30, 52, 54

Archiv EH Marie Louise, Kart. 3

Archiv Montenuovo, Kart. 1, 10

Nachlaß EH Franz Karl, Kart. 1

Nachlaß EH Ferdinand Max, Kart. 79, 98

Nachlaß EH Rudolf, Kart. 2, 12, 18, 21

Nachlaß EH Sophie (Corti Materialien), Kart. 2, 6, 8, 16, 18, 20–24

Familien-Urkunden des kaiserl. Hauses

Allgemeine Urkundenreihe

Kabinetts-Archiv, Geheime Acte

Zeremonial-Akte

Vortrag und Handschreiben

Obersthofmeisteramt

Kaiserliche Kabinettsschreiben 1848

Kaiserliche Handzettel 1864, 1867

Receptbücher der AH Familie, Hofapotheke 51, 52, 53

Nachlaß E. C. C. Corti (Corti-Materialien) Kart. 30, 31, 32

Hübner-Archiv

Creneville-Archiv (Korrespondenz)

Kolowrat-Akten

Österr. Kriegsarchiv:

Milit. Kanzlei SM Majestät d. Kaisers
Originalien
Sonder-Fascikel 1848

Sonstiges:

Flugschriftensammlung ÖNB
Nachlaß Theodor v. Mühlhens, Baden
Sterbebuch d. Pfarre Döbling-St. Paul
Metternich-Familien-Korrespondenz, Prag
Dokumentation des Heilbades Pirawarth
»800 Jahre Bad Pirawarth«
»Geschichte«, Braunschweig 1992
»Ischler Badelisten« 1845–1877
»Badeblatt Baden«, Baden 1863

Zeitungen:

»Neue Freie Pressse« 1872, 1898, 1924
»Neues Wiener Journal« 1927
»Pester Lloyd« 1898
»Reichspost« Wien 1924
»Tagblatt« Budapest 1898
»Wiener Neueste Nachrichten« 1926
»Wiener Tagblatt« 1929
»Wiener Zeitung« 1802, 1835, 1848, 1853, 1855, 1872
»Wochenblatt für Rastatt, Ettlingen und Gernsbach« 1863

Register

Folgende Personen sind wegen der Häufigkeit des Vorkommens nicht in das Personenregister aufgenommen: Kaiser Franz Joseph I., EH Franz Karl, EH Sophie.

434

Huber, Leopoldine, Kindermädchen 49

Hübner, Alexander von, Diplomat 129 f., 194, 229, 252, 258, 282, 298, 308 f., 391

Hügel, Baron 144

d'Hulst, Gräfin, Erzieherin Charlottes 329

Hunyady, Karoline Gräfin 312

Hunyady, Paul Graf, Oblt. 312

Hunyady, Imre Graf, Ehrenkavalier 312

Hussian, Dr. Emanuel, Leibarzt d. EH Sophie 149

Isabella, Kronprinzessin v. Brasilien 339

Jacob, Franz, Teichgräber 81

Jäger, Dr. Friedrich, Leibarzt Metternichs 144

Jäger, Prof. Dr. Maximilian, Lehrer Franz Josephs 172

Jahn, Friedrich, Turnvater 321

Jarcke, Karl Ernst, Rat 114

Jellačić de Buzim, Josef, Banus v. Kroatien 180, 187 f., 195, 209, 212 f., 260

Jellinek, Hermann, Journalist 185

Jilek, Dr., Leibarzt Maximilians 61, 337

Job, Pater Sebastian, Beichtvater d. EH Sophie 69

Johann EH v. Österreich, Bruder Kaiser Franz' 72, 100, 120, 140 f., 148, 153, 164, 171, 174, 180, 217

Johann König v. Sachsen 19

Josef Franz EH v. Österreich, Sohn Kaiser Franz' 15 ff.

Joseph II. Deutscher Kaiser 16, 97, 135, 278

Joseph EH v. Österreich, Palatin v. Ungarn 115, 195, 241

Juarez, Benito, mex. Präsident 329, 343, 364 f., 372 ff., 376, 379

Juhbal, ung. Attentäter 181

Karl Albert König v. Sardinien-Piemont 117, 174, 207

Karl Ferdinand EH v. Österreich 195, 242

Karoline Auguste Kaiserin v. Österreich, 4. Frau Kaiser Franz' 18, 22 f., 79, 88, 198, 265, 271

Karoline Leopoldine EH v. Österreich, Tochter Kaiser Franz' 15

Karoline Luise EH v. Österreich 15

Karoline Friederike Wilhelmine v. Baden, Königin v. Bayern, Mutter d. EH Sophie 18, 59

Keményi, ung. Journalist 233

Kempen von Fichtenstamm, Johann Frh. von, Polizeiminister 216, 220, 226 f., 231, 234 ff., 240, 249, 251, 254 f., 260, 267 f., 271, 274, 278, 282, 284 f., 291, 295, 297, 300, 302, 305 f., 308 f., 315

Klaar, August, Deputierter 141

Klaudi, Dr. Karl, Abg. 176

Klein, Obst. 181

Klementine EH v. Österreich, Tochter Kaiser Franz' 15

Klinkowstroem, Pater Joseph SJ 82

Knoth, Franz, Offz. d. Bürgergarde 141

Kohlbauer, Gastwirt 174

Kolowrat-Liebsteinsky, Franz Anton Graf, Minister 77, 79, 101, 119 f., 133 f., 140 f., 145, 148, 279

Königsbrunn, Frh. von, Oberstkämmerer d. EH Ludwig Viktor 271

Königsegg-Aulenhof, Graf, Obersthofmeister 320

Korn, Maximilian, Schauspieler 33

Kossuth, Lajos, ung. Ministerpräsident 124, 128, 132, 180, 202 f., 212 f., 235

Kotzebue, August Friedrich Ferdinand von, dt. Dichter 121

Kübeck von Kübau, Karl Friedrich, Präs. d. Reichrates 221, 226, 230, 255, 273, 282

Kudlich, Hanns, Abg. 178

Kunzek, Prof. Dr., Physiker 136

435

436